Steffen-M. Kühnel, Prof. Dr. rer. soc.; geb. 1956 in Hamburg; bis 1983 Studium der Soziologie, Sozialpsychologie, Politikwissenschaft und Informatik in Hamburg; wissenschaftlicher Mitarbeiter/Hochschulassistent an der Universität Bremen, der GH-Universität Siegen, dem Zentralarchiv für empirische Sozialforschung in Köln und der Universität zu Köln; Dozent an der Essex Summer School for Social Science Data Analysis and Collection (1991–2000); Professor für empirische Sozialforschung am Institut für Politikwissenschaft der Universität Gießen (1996–2000); 1998–2011 Gastprofessor an der katholischen Universität Brüssel, seit 2012 Gastprofessor an der katholischen Universität Leuven; seit 2000 Professor für Quantitative Methoden der Sozialwissenschaften an der Universität Göttingen.

Ausgewählte Buchpublikationen: Analyse von Tabellen und kategorialen Daten. Log-lineare Modelle, latente Klassenanalyse, logistische Regression und GSK-Ansatz 1997 (zusammen mit H.-J. Andreß und J. Hagenaars), Berlin: Springer. Wähler in Deutschland. Sozialer und politischer Wandel, Gender und Wahlverhalten 2009 (zusammen mit O. Niedermayer und B. Westle), Wiesbaden: VS Verlag für Sozialwissenschaften.

Dagmar Krebs, Prof. em. Dr. phil.; geboren 1943 in Hannover. Studium der Soziologie, Sozialpsychologie, Politikwissenschaft und öffentliches Recht an den Universitäten München und Mannheim. Freie Mitarbeiterin der Stadt Mannheim zur Durchführung eines Forschungsprojekts zur Obdachlosigkeit (1969–1971). Forschungsassistentin und Projektleiterin einer Längsschnittstudie über die Wirkungen von Gewaltdarstellungen im Fernsehen am Institut für Psychologie der RWTH Aachen (1972–1979). Habilitationsstipendium der Deutschen Forschungsgemeinschaft (1979–1981). Habilitation 1985 an der Universität Mannheim. Projektleiterin am Zentrum für Umfragen, Methoden und Analysen (ZUMA) in Mannheim (1981–1994). 1995–2008 Professorin für Methoden der Empirischen Sozialforschung am Institut für Soziologie der Universität Gießen.

Ausgewählte Buchpublikationen: New Directions in Attitude Measurement 1993 (hg. mit P. Schmidt), Berlin, New York: de Gruyter. Gewichtung in der Umfragepraxis 1994 (zusammen mit S. Gabler und J-H. P. Hoffmeyer-Zlotnik), Opladen: Westdeutscher Verlag. Aufgabensammlung zur «Statistik für die Sozialwissenschaften» 2012 (zusammen mit S.-M. Kühnel, A. Dingelstedt und A. Mays), Rowohlt Taschenbuch Verlag, Reinbek bei Hamburg.

Steffen-M. Kühnel
Dagmar Krebs

STATISTIK FÜR DIE
SOZIALWISSENSCHAFTEN

Grundlagen, Methoden, Anwendungen

rowohlts enzyklopädie
im Rowohlt Taschenbuch Verlag

rowohlts enzyklopädie

7. Auflage Juli 2014

Originalausgabe
Veröffentlicht im Rowohlt Taschenbuch Verlag,
Reinbek bei Hamburg, März 2001
Copyright © 2001 by Rowohlt Taschenbuch Verlag GmbH,
Reinbek bei Hamburg
Redaktion der Neuausgabe Bernd Schuh
Umschlaggestaltung any.way, Walter Hellmann
Satz aus Times und Syntax (PageOne)
bei Dörlemann Satz, Lemförde
Druck und Bindung CPI books GmbH, Leck
Printed in Germany
ISBN 978 3 499 55639 5

Inhalt

Vorwort

zur völlig überarbeiteten Neuauflage der
«Statistik für die Sozialwissenschaften»

Statistik als ein wichtiger Bestandteil der Sozialwissenschaften hat in den letzten Jahren an Bedeutung stetig zugenommen. Durch die ständige Weiterentwicklung der Computersoftware ist die Durchführung (komplexer) Datenanalysen immer einfacher geworden und gehört inzwischen zum Standard der sozialwissenschaftlichen Datenanalyse. Gerade wegen dieser Entwicklungen war eine gründliche Überarbeitung des Stoffes in diesem Buch notwendig, die nahezu einer Neubearbeitung gleichkommt. Da der zentrale Teil empirischer Forschungsarbeit die Interpretation der Forschungsergebnisse ist, erscheint es uns notwendig, die Grundlagen, auf denen die statistischen Verfahrensweisen basieren, zu vermitteln. Ohne statistische Grundkenntnisse dieser Art besteht die Gefahr fehlerhafter Interpretationen und unzutreffender Schlussfolgerungen.

Statistik fordert Studierende und Lehrende gleichermaßen. Gefürchtet ist das Fach Statistik vor allem deshalb, weil ihm der Ruf vorausgeht, dass es vor allem unverständliche mathematische Formeln beinhaltet und kaum lernbar ist.

Auch unsere Einführung in die Statistik kommt nicht ohne Formeln aus. Um die Berührungsängste mit dem Fach zu mindern, wird aber jede Formel ausführlich erklärt und erläutert, sodass ein Verständnis allein mit Kenntnis der Grundrechenarten möglich ist.

Verschiedene Vorabversionen des Manuskripts zu diesem Buch sind in Lehrveranstaltungen gemeinsam mit den Studierenden erprobt worden. Wir haben daraus viele Hinweise auf Verständnisprobleme erhalten, die wir bei der Erstellung des endgültigen Manuskripts berücksichtigt haben. Ein Lehrbuch kann nur im Austausch mit der Zielgruppe, für die es gedacht ist, gelingen. Den Generationen von Studierenden, die an diesem Prozess beteiligt waren, sprechen wir an dieser Stelle unseren herzlichen Dank aus.

Unser Dank gilt weiterhin den Kollegen, Freunden und insbesondere unseren Partnern, die uns durch Anregungen, Diskussionen und Aufmunterung unterstützt haben.

September 2012   *Steffen-M. Kühnel*
                                                          Dagmar Krebs

1 Einführung

1.1 Statistik und Sozialwissenschaften

Gibt es Unterschiede im Wahlverhalten von Männern und Frauen? Hat die Ungleichheit in Deutschland in den letzten 15 Jahren abgenommen, zugenommen, oder ist sie gleichgeblieben? Wie bewerten die Bürger die Europäische Union? Dies sind Beispiele für Fragestellungen, die sich nicht ohne statistische Analysen beantworten lassen. Für die Sozialwissenschaften ist Statistik eine Hilfswissenschaft, die für die Analyse empirischer Daten benötigt wird. Die Datenanalyse ihrerseits hat die Funktion, eine Verbindung zwischen der Realität und den theoretischen Überlegungen in den Sozialwissenschaften herzustellen.

Ob Aussagen über die Realität relevante Informationen liefern, hängt von der jeweiligen inhaltlichen Fragestellung ab. So dürfte die Haarfarbe von Befragten in den meisten sozialwissenschaftlichen Untersuchungen irrelevant sein. Wenn es jedoch in einer empirischen Untersuchung beispielsweise um Modephänomene ginge, wäre es denkbar, dass die Frage, ob die Haare einer Person in einer bestimmten Farbe getönt sind, eine bedeutsame Information darstellt. Es ist also eine inhaltliche Frage, ob die Informationen, die für eine statistische Datenanalyse gesammelt werden, tatsächlich von Belang sind oder nicht. Die Statistik kann hierüber keine Aussagen machen. Diese prinzipielle Einschränkung sollte stets beachtet werden. Auch eindrucksvolle Tabellen und schöne Grafiken können völlig belanglos sein.

Selbst wenn die vorliegenden Daten relevante Informationen für eine Fragestellung enthalten, kann die Datenanalyse in die Irre führen. Dies zeigt ein Beispiel aus der Umfrageforschung: In einer für die Bundesrepublik repräsentativen Umfrage aus dem Jahre 1991 war ein deutlicher Zusammenhang zwischen der Haltung zum Schwangerschaftsabbruch und dem Vorhandensein eines Telefonanschlusses in der Wohnung beobachtbar. Bei Befragten ohne Telefonanschluss trat eine liberale Haltung zum Schwangerschaftsabbruch deutlich häufiger auf als bei Befragten, die über einen Telefonanschluss verfügten. Begünstigt Telefonbesitz eine restriktive Haltung gegenüber Schwangerschaftsabbruch? Der Zusammenhang zwischen Telefonanschluss und Haltung zum Schwangerschaftsabbruch war in Deutschland im Jahr 1991 ein empirischer Fakt. Trotzdem ist die Schlussfolgerung, dass Telefonbesitz die Haltung zum Schwangerschaftsabbruch beeinflusst oder umgekehrt die Haltung zum Schwangerschaftsabbruch die Bereitschaft fördert, sich an das Telefonnetz anzuschließen, offensichtlich unsinnig. Der empirische Zusammenhang kam dadurch zustande, dass 1991 im Gebiet der ehemaligen DDR die Telefondichte wesentlich geringer war als im Westen und dass gleichzeitig bei Befragten im Osten häufiger eine liberale Haltung zum Schwangerschaftsabbruch zu beobachten war als bei Befragten im Westen.

Allein mit den Methoden der Statistik kann die fehlerhafte Interpretation dieser empirisch beobachtbaren Beziehung zwischen Telefonbesitz und Haltung zum Schwangerschaftsabbruch als Ursache-Wirkungs-Beziehung nicht ausgeschlossen werden. Zwar verschwindet der Zusammenhang zwischen Telefonbesitz und Haltung zum Schwangerschaftsabbruch, wenn die Analyse in den neuen und in den alten Bundesländern getrennt durchgeführt wird. Man muss aber erst einmal auf die Idee kommen, eine getrennte Analyse für Ost und West zu rechnen. Zudem muss in den Daten die Information enthalten sein, ob eine Person aus dem Osten oder aus dem Westen kommt.

Dieses Beispiel zeigt die zentrale Bedeutung inhaltlicher Überlegungen. Genau dies ist gemeint, wenn vom *Primat der Theorie* über die Empirie bei der Erhebung und der statistischen Analyse von Daten gesprochen wird. Empirische Daten als solche sind zwar Fakten. Daten können aber niemals für sich sprechen. Sie müssen stets interpretiert werden. Dies geht nur vor dem Hintergrund bereits vorliegenden Wissens aus der Literatur und den Forschungsergebnissen empirischer Studien oder auf der Basis von Hypothesen, die aus bisher nicht widerlegten Theorien abgeleitet werden können, und ist zudem nur mit dem prinzipiellen Risiko einer Fehlinterpretation möglich.

1.2 Warum Statistik?

Wozu, so mag man sich dann fragen, benötigen wir überhaupt Statistik, wenn es doch primär auf inhaltliche Überlegungen ankommt und das Risiko eines Fehlschlusses nicht auszuschließen ist? Hierzu zwei Antworten:

1. Es ist zum einen die reine Informationsmenge, die dazu zwingt, Statistik anzuwenden. Wenn in einer Umfrage z. B. 3000 Personen befragt werden und für diese Personen jeweils viele Eigenschaften erfasst werden, dann kann diese Informationsmenge nicht mehr ohne statistische Hilfsmittel bewältigt werden.

2. Datenanalyse bedeutet immer Informationsverdichtung und damit gleichzeitig Informationsverlust. Es muss daher stets eine Entscheidung darüber getroffen werden, *wie* die Informationsverdichtung erfolgen soll. Die Statistik liefert hierzu Entscheidungsregeln. Ohne Beachtung dieser Regeln besteht die Gefahr, durch unangemessene Informationsverdichtung der Daten unzutreffende Schlussfolgerungen zu ziehen.

1.3 Statistische Modelle

Für die statistische Analyse von Daten gibt es eine Vielzahl unterschiedlicher Methoden. Statt von Analysemethoden zu sprechen, bevorzugen wir die Bezeichnung *statistisches Modell*. In einem Modell werden bestimmte Eigenschaften hervorgehoben; andere bleiben dagegen unberücksichtigt. Eine Straßenkarte ist beispielsweise ein Modell eines geographischen Gebiets. Die

Karte weist die Straßenführung aus. Die Höhe der an einer Straße liegenden Gebäude oder die Anzahl der in dem Gebiet lebenden Menschen wird dagegen ignoriert. Dies ist sinnvoll, weil Straßenkarten über die Lage von Straßen informieren sollen und nicht über die Höhe von Gebäuden oder die Anzahl der Menschen. Analog informiert ein statistisches Modell über bestimmte Eigenschaften von Daten. Mit Hilfe eines solchen Modells kann z. B. der Zusammenhang zwischen Geschlecht und Wahlverhalten beschrieben werden. Dabei ist es irrelevant, ob es Herr Meier ist, der die CDU wählt, oder Herr Müller. Entscheidend ist allein, dass die Personen «Meier» und «Müller» männlich sind und nicht weiblich. Der individuelle Lebenshintergrund von Herrn Müller oder Herrn Meier ist für die Fragestellung nicht von Interesse. Das statistische Analysemodell abstrahiert daher von den konkreten Personen, über die Daten vorliegen. Dies bedeutet nicht, dass individuelle Erfahrungen in der Statistik grundsätzlich ausgeblendet werden. So werden in statistischen Modellen der Ereignisanalyse biografische Erfahrungen von Personen explizit berücksichtigt und es kann z. B. untersucht werden, ob und welche Auswirkungen die Erfahrung von Arbeitslosigkeit auf die nachfolgende Erwerbstätigkeit hat.

In der Statistikausbildung wird oft zwischen beschreibender (deskriptiver) und schließender (Inferenz-)Statistik unterschieden. Mit Hilfe der deskriptiven Statistik werden Aussagen über vorliegende Daten gemacht. In der Inferenzstatistik wird dagegen von beobachteten Eigenschaften in einer Stichprobe auf die unbekannten Eigenschaften in einer Grundgesamtheit geschlossen, wobei es vor allem um die Minimierung der dabei auftretenden Fehlschlussrisiken geht. Da die Vermeidung von Fehlschlüssen aber auch in der deskriptiven Statistik zentral ist, wird in dieser Einführung nicht strikt zwischen beschreibender und schließender Statistik unterschieden.

1.4 Aufbau des Buches

Die Statistik ist so umfangreich, dass wir in dieser Einführung nicht alle Bereiche der Statistik behandeln können. Wir konzentrieren uns in diesem Lehrbuch zum einen auf Grundlagen, die die Basis für die multivariaten Analysemodelle bilden, die in der sozialwissenschaftlichen Forschung eingesetzt werden. Zum anderen liegt der zweite Schwerpunkt bei der Vorstellung von Anwendungsmöglichkeiten linearer und nichtlinearer Regressionsmodelle. Die Regressionsanalyse ist nicht nur die am häufigsten eingesetzte Analysestrategie in den Sozialwissenschaften. Auch sehr viele spezielle Analysemodelle wie die erwähnte Ereignisanalyse oder auch die Mehrebenenanalyse oder die Panelanalyse sind Regressionsmodelle, die Besonderheiten von Datenkonstellationen berücksichtigen. Andere Modelle wie etwa die Faktorenanalyse, Skalierungsmethoden oder die Analyse von Strukturgleichungsmodellen mit latenten Variablen basieren auf regressionsanalytischen Vorstellungen. Kenntnisse der Regressionsanalyse bilden daher eine fruchtbare Basis für die Einarbeitung in weitere Analysemodelle.

Im *Teil A* (Kapitel 2 und 3) werden zunächst die *Grundlagen* der statistischen Datenanalyse vorgestellt. Ausgangspunkt ist die Erfassung von Informationen in einer Datenmatrix (Kapitel 2). Dabei werden die wichtigen Begriffe «Variable», «Ausprägung» und «Realisation» eingeführt sowie Eigenschaften *univariater Verteilungen* und deren Aufbereitung in Tabellen und Grafiken vorgestellt. Univariat bedeutet, dass jeweils nur ein Merkmal betrachtet wird, z. B. das Alter in einer Gruppe von Befragten. Relativ knapp wird die Operationalisierung theoretischer Konzepte und das Problem des Messens diskutiert.[1] Kapitel 3 behandelt

---

1 Die in der empirischen Sozialforschung eingesetzten Methoden der Operationalisierung und Messung sind Gegenstand von Einführungen in die empirische Sozialforschung: Diekmann (2012), Kromrey (1998) oder Schnell et al. (2011); speziell zur Durchführung sozialwissenschaftlicher Umfragen mit Interviews siehe Schnell (2012). Zur Messtheorie siehe Luce et al. (1990), Orth (1974), Savage (1992).

die Verdichtung von Information durch das Zusammenfassen von Realisierungen univariater Verteilungen zu *Kennwerten*.

Teil B (Kapitel 4–6) beschäftigt sich mit der Beziehung zwischen *Population* und *Stichprobe*. Anhand des Beispiels einer Zufallsauswahl von zwei aus sechs Haushalten werden die Idee des Zufallsexperiments und die Eigenschaften von Wahrscheinlichkeiten vorgestellt (Kapitel 4). Im Zusammenhang mit der Zufallsauswahl von Stichproben aus einer Population werden die Beziehungen zwischen den empirischen und bekannten Stichprobenkennwerten, den unbekannten Populationskennwerten und den *Wahrscheinlichkeitsverteilungen von Stichprobenkennwerten* bei einfachen Zufallsauswahlen aufgezeigt. In Kapitel 5 geht es um die *Kennwerteverteilungen von Häufigkeiten*, in Kapitel 6 um die *Kennwerteverteilungen von Anteilen und Mittelwerten*. Die drei Kapitel des zweiten Teils bilden damit die theoretische Basis für alle Anwendungen, die in den nachfolgenden Kapiteln diskutiert werden.

In *Teil C* (Kapitel 7–8) wird das *Schätzen* von Populationseigenschaften mit Hilfe von Stichprobendaten und das *Testen* statistischer Hypothesen vorgestellt. An die Beschreibung der Gütekriterien für Schätzer schließt sich die Konstruktion von Konfidenzintervallen für die Schätzung von Populationswerten (Mittelwerten und Anteilen) sowie für die Schätzung von Mittelwert- und Anteilsdifferenzen in der Population (das entspricht einem Gruppenvergleich) bei unabhängigen und abhängigen Messungen an (Kapitel 7).

Die Logik und Vorgehensweise beim statistischen Hypothesentesten ist Gegenstand von Kapitel 8. Als Anwendungsbeispiele werden hier Unterschiede zwischen Populationsanteilen und -mittelwerten in zwei Gruppen geprüft.

In *Teil D* (Kapitel 9–11) wird der Zusammenhang zwischen zwei Variablen mit Hilfe der *Tabellenanalyse* untersucht. Bei allen Zusammenhangsanalysen geht es um die Fragen, ob überhaupt ein Zusammenhang besteht, welches Muster der Zusammenhang hat und schließlich wie stark ein Zusammenhang ist. Ausgangspunkt ist der einfachste Fall eines Zusammenhangs zwischen zwei *dichotomen Variablen* mit jeweils zwei Ausprägungen (Kapitel 9). Die Zusammenhangsanalyse wird hier als bivariate gemeinsame Häufigkeitsverteilung in einer Vierfeldertabelle eingeführt, die in Kapitel 10 auf bivariate Kreuztabellen mit *kategorialen Variablen* verallgemeinert wird. Dabei wird zwischen der Analyse von nominalskalierten Variablen und der Analyse ordinaler Variablen unterschieden. Hier wird auch die Logik hierarchischer Modelltests an Beispielen demonstriert.

Kapitel 11 stellt die Logik der *Drittvariablenkontrolle* vor, bei der es darum geht, festzustellen, ob und wie sich der Zusammenhang zwischen zwei Variablen bei Kontrolle einer weiteren (dritten) Variable verändert. Da diese Veränderungen inhaltlich oft nur dann interpretierbar sind, wenn der datengenerierende kausale Prozess bekannt ist, werden die möglichen Zusammenhangskonstellationen linear-additiver Modelle oder linearer Modelle mit Interaktionseffekt hier zunächst an Hand konstruierter Daten diskutiert. Den Abschluss des Kapitels bildet die Drittvariablenkontrolle bei einem empirischen Beispiel.

In *Teil E* (Kapitel 12–16) wird die *multiple Regression* vorgestellt. Kapitel 12 beginnt mit den symmetrischen Zusammenhangsmaßen der Kovarianz und Korrelation zwischen zwei metrischen Variablen, um dann auf die Analyse gerichteter Zusammenhänge mittels (zunächst) bivariater Regression einzugehen. Die Drittvariablenkontrolle in der trivariaten und der Übergang zur multiplen Regression ist Gegenstand von Kapitel 13. Dabei wird auch die Möglichkeit der Modellierung und Analyse nichtlinearer Zusammenhänge mit multiplen Regressionsmodellen diskutiert.

Während Kapitel 14 die für inferenzstatistische Schätzungen und Hypothesentests notwendigen Anwendungsvoraussetzungen der multiplen Regression beschreibt und die Berechnung von Konfidenzintervallen und Anwendung von Tests in Regressionsanalysen vorstellt, zeigt Kapitel 15 in unterschiedlichen stufenweisen Anwendungen die Flexibilität und Vielseitigkeit des Analyseinstruments der multiplen Regression. Ein Schwerpunkt liegt hier bei der Berücksichtigung von nominalskalierten erklärenden Variablen mit *Dummy-Variablen* als Prädiktoren.

In Kapitel 16 werden varianzanalytische Modelle vorgestellt. Die im Kontext der Analyse experimenteller Daten entwickelte Varianzanalyse kann als ein spezielles lineares Regressionsmodell verstanden werden. Varianzanalysen mit Messwiederholungen und mit zufälligen Effekten können zudem als Basis für die Modellierung von Paneldaten und Mehrebenenproblemen dienen und erleichtern so den Einstieg in diese speziellen Analysemodelle.

In *Teil F* (Kapitel 17–18) wird die Regressionsanalyse mit der Einführung *nichtlinearer Regressionsmodelle* auf nichtmetrische abhängige Variablen erweitert. Zunächst werden in Kapitel 17 mit der *binären logistischen Regression* und der *binären Probit-Regression* zwei nichtlineare Regressionsmodelle vorgestellt, mit denen die Effekte von metrischen und kategorialen erklärenden Variablen auf eine dichotome abhängige Variable untersucht werden können. In Kapitel 18 erfolgt die Verallgemeinerung auf die Analyse polytomer Variablen mit der *multinomialen logistischen Regression* und der *konditionalen logistischen Regression* für nominalskalierte abhängige Variablen. Mit der ordinalen Logit- und Probit-Regression können schließlich auch Effekte auf ordinale Variablen untersucht werden.

Auch wenn Regressionsanalysen und darauf aufbauende multivariate Analysemodelle das Standardinstrument der sozialwissenschaftlichen Datenanalyse bilden, gibt es eine Vielzahl weiterer Modelle für spezifische Datenkonstellationen. Als Abschluss dieser Einführung werden in *Teil G* (Kapitel 19) *nichtparametrische und verteilungsfreie Tests* am Beispiel von Gruppenvergleichen und voraussetzungsarme Signifikanztests vorgestellt. Anhand computerunterstützter Permutationstests und Boot-Straps zeigen wir, wie Simulationsmethoden für inferenzstatistische Fragestellungen genutzt werden können.

1.5 Hinweise zum Arbeiten mit diesem Buch

Dieses Lehrbuch ist als Einführung konzipiert, die sich an BA- und MA-Studierende, aber auch an Doktoranden sowie Forscherinnen und Forscher in den Sozialwissenschaften richtet. Zunächst werden grundlegende Kenntnisse über die Prinzipien der Ziehung von Zufallsstichproben, über das damit verbundene Schätzen von Populationswerten und die Prüfung statistischer Hypothesen vermittelt. Ohne Kenntnis der entsprechenden Kapitel ist der nachfolgende Stoff nicht verständlich. Vor allem ist dann die korrekte Anwendung statistischer Analyseverfahren nicht möglich. Daher bilden neben den grundlegenden Kapiteln 2 und 3 die Inhalte der Kapitel 4 bis 8 die Basis der statistischen Datenanalyse. Diese Kapitel und die einfachen Grundlagen der statistischen Zusammenhangsanalyse (Kapitel 9 bis 11) gehören nach unserer Vorstellung zu einer Einführung in die Statistik im Rahmen eines sozialwissenschaftlichen BA-Studiums. Bei einem methodenorientierten BA-Studium ist zusätzlich die Einbeziehung der Kapitel 12 bis 14 sinnvoll.

Die Kapitel 15 bis 19 bieten Hilfestellungen für die Praxis der Datenanalyse. Sie eignen sich daher vor allem für die Vertiefung statistischer Kenntnisse in einem MA-Studiengang. Diese Kapitel sind allerdings auch für Promotionsstudierende geeignet, da insbesondere die Kapitel 15, 17 und 18 sehr anwendungsbezogen sind und Anregungen zur statistischen Auswertung eigener Forschungsergebnisse bieten. Die in diesen Kapiteln enthaltenen Hinweise auf mögliche Analysestrategien schließen auch Hinweise auf deren Grenzen ein, da neben der reinen Anwendungstechnik vor allem die Sorgfalt im Umgang mit den Daten und die angemessene Interpretation der erzielten Ergebnisse zu realistischen und tragfähigen Ergebnissen führt. Aus diesem Grund werden alle statistischen Verfahren an Beispielen demonstriert, wobei gerade auf die zuletzt genannten Punkte geachtet wird.

Da die Darstellung der Regressionsanalyse und deren vielfältige Anwendungsmöglichkeiten breiten Raum einnimmt, können weitere Analyseverfahren nicht mehr vorgestellt werden. Da die Regressionsanalyse aber Ausgangspunkt für viele dieser hier nicht behandelten statistischen Analysestrategien ist, erscheint uns die Intensität, mit der die Regression behandelt wird, gerechtfertigt. Die hier bereitgestellten Grundlagen ermöglichen es den Studierenden, sich andere Analyseverfahren zu erschließen. Auch Spezialbereiche wie z. B. Schätzverfahren für korrekte Standardfehler bei komplexen Stichproben, Panelanalyse, spezielle Erhebungsdesigns und vieles andere mehr haben wir nicht behandelt, weil es den Rahmen einer Einführung sprengen würde. Weiterhin haben wir nicht die Verfahren behandelt, die vor der eigentlichen Datenanalyse liegen, wie z. B. Skalierungsverfahren und Faktorenanalysen.

Die im Buch enthaltenen Datenbeispiele zur Verdeutlichung der Logik und Vorgehensweise in der statistischen Datenanalyse beziehen sich auf unterschiedliche Stichproben in verschiedenen Jahrgängen der Allgemeinen Bevölkerungsumfrage der Sozialwissenschaften (Allbus). Die Datensätze und Fragebögen sind beim GESIS-Datenarchiv in Köln (http://www.gesis.org) erhältlich. Die SPSS bzw. STATA-Syntax-Dateien zur Berechnung der Beispiele befinden sich auf der Homepage des Methodenzentrums Sozialwissenschaften der Universität Göttingen (http://www.uni-goettingen.de/de/87777.html). Dort finden sich auch aktuelle Informationen (Beispiele, ergänzende Hinweise, Errata) zu diesem Buch.

Neben dem Nachvollziehen der Beispiele ist vor allem das Einüben der Logik der vorgestellten statistischen Verfahrensweisen wichtig, um diese auf eigene Forschungsfragen anwenden zu können. Zu diesem Zweck haben wir ein Übungsbuch, die «Aufgabensammlung», zu diesem Lehrbuch verfasst, dessen Struktur dem Aufbau des Lehrbuchs entspricht. In diese Aufgabensammlung mit kommentierten Lösungen haben wir sog. Berechnungsformeln aufgenommen, die im Lehrbuch aus Platzgründen nicht enthalten sind, die aber das Berechnen von Statistiken mit dem Taschenrechner erleichtern. Weiterhin sind Rechenregeln zum Umgang mit dem Summenzeichen sowie zum Logarithmieren und Potenzieren in die Aufgabensammlung aufgenommen worden.

In einigen Kapiteln dieses Buches gibt es Abschnitte, die als *Hinweise* gekennzeichnet sind. Diese Abschnitte enthalten statistische Anwendungen (nicht Beispiele), Herleitungen, Vertiefungen und Diskussionsanregungen.

Wenn möglich, werden bei der Einführung statistischer Tests die biografischen Daten ihrer Urheber genannt, die wir zumeist Wikipedia – Die freie Enzyklopädie (de.wikipedia.org) entnommen haben.

A Grundlagen

2 Vom Erhebungsinstrument zu Verteilungen

Aus der Sicht der Sozialwissenschaften besteht die Aufgabe der Statistik darin, Methoden zur Datenanalyse bereit zu stellen. Zuvor müssen in einem ersten Schritt geeignete Daten, d. h. hier Messwerte, erhoben werden. Vorausgesetzt wird dabei, dass eine Beziehung zwischen den inhaltlich interessierenden Begriffen und messbaren Größen hergestellt wird.

2.1 Operationalisierung und Messung

Ausgangspunkt sind hierbei stets theoretische Überlegungen. Zur Klärung der Frage, welche Faktoren die Stabilität eines politischen Systems beeinflussen, kann z. B. die Theorie der Unterstützung des politischen Systems (Easton 1965; 1975) herangezogen werden, die besagt, dass westliche Demokratien umso stabiler sind, je zufriedener die Bürger mit dem politischen System ihres Landes sind. Die Zufriedenheit hängt u. a. von der Reaktionsbereitschaft und Beeinflussbarkeit der politischen Führung ab. Entsprechend dieser These sollten die Bürger in einer Demokratie umso zufriedener mit dem politischen System sein, je höher sie die Beeinflussbarkeit und die Reaktionsbereitschaft der politischen Führung einschätzen. Ob diese Vermutung zutrifft, lässt sich mit Hilfe einer Umfrage untersuchen. In Tabelle 2.1 ist ein kurzer Fragebogen wiedergegeben, der für eine Untersuchung zur Systemzufriedenheit eingesetzt werden könnte. Die Zufriedenheit mit dem politischen System wird in

Tabelle 2.1: **Beispiel eines Erhebungsinstrumentes**

.... Eingangsnr.	F R A G E	A N T W O R T		Code
1. Sind Sie mit der Art und Weise, wie die Demokratie in der Bundesrepublik funktioniert, alles in allem gesehen ...		... sehr zufrieden, ...		4
		... eher zufrieden, ...		3
		... eher unzufrieden, ...		2
		... oder völlig unzufrieden?		1
		weiß nicht[1]		8
		keine Angabe		9
2. Nun einige Aussagen, über die man verschiedener Ansicht sein kann. Sagen Sie mir bitte jeweils, ob Sie der Aussage eher zustimmen oder eher nicht zustimmen.		stimme eher zu / stimme eher nicht zu / *weiß nicht* / *keine Angabe*		
a) Leute wie ich haben so oder so keinen Einfluss darauf, was die Regierung tut		1 2 8 9		
b) Die Parteien wollen nur die Stimmen der Wähler, ihre Ansichten interessieren sie nicht		1 2 8 9		
ohne Abfrage eintragen! Das Interview wurde geführt mit ...		*einem Mann*		*1*
		einer Frau		*2*
3. Zum Schluss noch eine Frage zur Statistik. Sagen Sie mir bitte, in welchem Jahr Sie geboren sind.		*Geburtsjahr vierstellig eintragen!*		......
		keine Angabe		*9999*

1 Kursiv gedruckter Text ist für den Interviewer bestimmt und wird nicht vorgelesen.

diesem Beispiel durch Frage 1 erfasst (operationalisiert). Frage 2 misst die subjektiv wahrgenommene Beeinflussbarkeit (2a) sowie die subjektiv wahrgenommene Reaktionsbereitschaft der politischen Führung (2b).

Operationalisierung bezeichnet die Verknüpfung von theoretischen Begriffen (Konstrukten) mit empirisch beobachtbaren Sachverhalten durch *Korrespondenzregeln.* Diese ergeben sich aus *Korrespondenzhypothesen,* das sind Vermutungen darüber, welche beobachtbaren Sachverhalte aus theoretischen Begriffen folgen.[1] So kann vermutet werden, dass bei Zufriedenheit mit dem politischen System positive Antworten auf die Frage nach der Demokratiezufriedenheit geäußert werden und bei Unzufriedenheit negative Antworten. Die aus dieser Korrespondenzhypothese folgende Korrespondenzregel besagt dann, dass aus positiven Antworten auf die Frage nach der Demokratiezufriedenheit auf Zufriedenheit, aus negativen Antworten auf Unzufriedenheit mit dem politischen System geschlossen werden soll. In analoger Weise behaupten die Korrespondenzhypothesen zur Operationalisierung der Beeinflussbarkeit und der Reaktionsbereitschaft der politischen Führung, dass die Aussagen bei Frage 2a bzw. 2b abgelehnt werden, wenn die politische Führung als beeinflussbar bzw. reaktionsbereit angesehen wird.[2] Die Korrespondenzregeln besagen dann, dass bei Ablehnung der Fragen 2a und 2b Beeinflussbarkeit bzw. Reaktionsbereitschaft und bei Zustimmung keine Beeinflussbarkeit bzw. Reaktionsbereitschaft der politischen Führung wahrgenommen wird.

Die Anwendung der Korrespondenzregeln wird hier als *Messung* verstanden. Messung bezeichnet somit den Vorgang der Datengewinnung, bei dem festgestellt wird, ob der durch einen theoretischen Begriff bezeichnete Sachverhalt vorliegt oder

---

1 Die Bezeichnung «theoretischer Begriff» verweist auf die Unterscheidung zwischen empirischen und theoretischen Begriffen, wobei theoretische Begriffe nicht direkt beobachtbare Sachverhalte und empirische Begriffe direkt beobachtbare Sachverhalte bezeichnen sollten. Tatsächlich sind alle Begriffe in dem Sinne theoretisch, als sie sprachliche Konstruktionen sind, deren Bedeutung theorieabhängig ist.

2 Die Ablehnungen bei den Fragen 2a und 2b stehen hier für positive Aussagen über die politische Führung, da beide Frageformulierungen negative Behauptungen über Regierung und Parteien beinhalten.

nicht. Diese Informationen (z. B. Antworten auf Fragen) werden für statistische Analysen in Zahlen übertragen. Den entsprechenden Arbeitsschritt bezeichnen wir als *Codierung*.[3] Im Beispielfragebogen sind auf die Frage nach der Zufriedenheit mit der Demokratie vier Antwortmöglichkeiten vorgesehen. Bei der Codierung werden diesen vier Antwortvorgaben vier verschiedene Zahlenwerte (Codes) zugeordnet, die in der mit «Code» überschriebenen Spalte festgehalten sind. Die Regeln zur Umsetzung der Antworten in Zahlen wird durch den *Codeplan* festgelegt.

2.2 Das Skalenniveau von Messungen

Die Zuordnung der Zahlen zu den Antwortvorgaben bei Frage 1 erfolgt so, dass den empirischen Beziehungen zwischen den Antwortmöglichkeiten numerische Beziehungen zwischen den Codes entsprechen. Die Antwort «sehr zufrieden» bringt mehr Zufriedenheit zum Ausdruck als die Antwort «eher zufrieden». Entsprechend gilt bei den Codes für Frage 1, dass die Zahl 4 größer ist als die Zahl 3. Die numerische Größe der Zahlen entspricht also der Intensität der Zufriedenheit.

Nicht allen numerischen Beziehungen zwischen Zahlen entsprechen auch empirische Beziehungen zwischen den gemessenen Eigenschaftsausprägungen. So ist die Zahl 4 doppelt so groß wie die Zahl 2. Das bedeutet aber nicht, dass eine Person, die auf Frage 1 die Antwort «sehr zufrieden» (Code 4) gibt, genau «doppelt so zufrieden mit der Demokratie ist wie eine Person, die die Antwort «eher unzufrieden» (Code 2) gibt. Bei der Operationalisierung wurde lediglich angenommen, dass eine «sehr

---

3 Die axiomatische Messtheorie (Orth, 1974) bezeichnet die Übertragung von empirischen Sachverhalten auf Zahlen als «Messen». Um diese Übertragung von der Datenerhebung (Beobachtung) unterscheiden zu können, benutzen wir stattdessen den Ausdruck «Codierung».

zufriedene» Person zufriedener ist als eine «eher unzufriedene» Person.[4]

Bei der Zuordnung von Zahlen zu beobachtbaren Eigenschaftsausprägungen können also die Zahlen empirische Sachverhalte vortäuschen, die gar nicht vorliegen. Deshalb ist es notwendig, das *Mess-* oder *Skalenniveau* einer Messung zu beachten, das angibt, welchen numerischen Informationen empirische Sachverhalte entsprechen:

– Das *Nominalskalenniveau* enthält nur Informationen darüber, ob es sich um gleiche oder ungleiche Ausprägungen handelt (z. B. Geschlechtszugehörigkeit, Parteineigung).
– Das *Ordinalskalenniveau* gibt zusätzlich Auskunft über ein Mehr oder Weniger des Ausmaßes einer Eigenschaft (z. B. Intensität einer Einstellung, Berufsprestige).
– Das *Intervallskalenniveau* erlaubt zusätzlich die inhaltliche Interpretation des Abstands zwischen einzelnen Werten (z. B. Temperatur in Grad Celsius, Geburtsjahr).
– Das *Ratio-* oder *Proportionalskalenniveau* (auch: *Verhältnisskalenniveau*) ermöglicht zusätzlich, das Verhältnis zweier Werte von Eigenschaftsmessungen zu interpretieren (z. B. Alter[5], Einkommen).

Intervall- und Ratioskala werden zusammenfassend als *metrische Skalen* bezeichnet.

4 Wir unterstellen hier, dass Vergleiche zwischen den Antworten verschiedener Personen unproblematisch sind. Eigentlich wäre vor Anwendung eines Erhebungsinstruments (hier: Fragebogen) zunächst zu klären, ob z. B. die Antwort «eher unzufrieden» bei einer Person stets geringere Unzufriedenheit ausdrückt als die Antwort «völlig unzufrieden» bei einer anderen. In der Praxis wird diese Prüfung nur in seltenen Fällen vorgenommen.

5 Während das Geburtsjahr eine metrische Messung auf Intervallskalenniveau darstellt, ergibt sich für das Lebensalter in Jahren eine Ratioskala. Mit der Geburt des Befragten wird ein absoluter Bezugspunkt (Nullpunkt) festgelegt. Es wird dadurch möglich, das Verhältnis zwischen zwei Messwerten zu interpretieren. So ist eine vierzigjährige Person doppelt so alt wie eine zwanzigjährige Person. Beim Geburtsjahr ist dagegen der Nullpunkt «Christi Geburt» eine willkürliche Festsetzung, die von anderen Zeitrechnungen nicht geteilt wird. Daher hat das Geburtsjahr lediglich Intervallskalenniveau.

Allgemein gilt: Je höher das Skalenniveau ist, desto informativer ist eine Messung, das heißt, desto mehr Eigenschaften der Zahlen lassen sich inhaltlich interpretieren und desto mehr sinnvolle Vergleiche und Berechnungen sind möglich.[6] Die vier Skalenniveaus bilden eine hierarchische Abfolge, sodass ein höheres Skalenniveau alle Informationen der niedrigeren Skalenniveaus beinhaltet. Daher kann eine Ordinalskala wie eine Nominalskala, eine Intervallskala wie eine Ordinalskala und eine Ratioskala wie eine Intervallskala genutzt werden, wobei dann die Information des jeweils höheren Skalenniveaus nicht berücksichtigt wird. Umgekehrt sind dagegen die Informationen höherer Skalenniveaus bei niedrigeren Skalenniveaus grundsätzlich nicht vorhanden.[7]

Hinweis:

In der Praxis der sozialwissenschaftlichen Datenanalyse erfolgt häufig aus pragmatischen Gründen eine Missachtung des eigentlich theoretisch angemessenen niedrigeren Skalenniveaus. Besonders ordinale Messungen werden im Analyseprozess oft wie intervallskalierte Mes-

6 Die Unterscheidung von Messungen nach den vier Messniveaus ist nicht immer einfach. Bei Berufsabfragen wird z. B. bei Arbeitern oft zwischen ungelernten, angelernten und Facharbeitern (Arbeitern mit abgeschlossener Lehre) unterschieden und bei Beamten zwischen Beamten des einfachen, mittleren, gehobenen und höheren Dienstes. Innerhalb der Statusgruppen der Arbeiter und der Beamten ist eine Rangordnung des Berufsstatus im Hinblick auf zunehmende Autonomie bei der Ausübung der Tätigkeit feststellbar. Ohne Zusatzannahmen über berufliches Prestige oder sozialen Status, der auf beruflicher Autonomie beruht, ist es jedoch nicht möglich, Rangvergleiche zwischen den Gruppen der Arbeiter und Beamten durchzuführen. Die Berufsangabe eines Befragten wird daher in der Regel als eine nominale Messung aufgefasst. Generell ist das Messniveau keine Eigenschaft einer Messung, die *rein empirisch* zu klären ist. Die Entscheidung, welches Messniveau vorliegt, hängt auch von den *Theorien* ab, die der Messung zugrunde liegen.

7 Für jedes Skalenniveau gibt es *zulässige Transformationen*, durch die neue Skalen mit unterschiedlichen Zahlenwerten generiert werden, die aber die gleichen empirischen Informationen beinhalten. Allgemein gilt: Je weniger Spielraum man bei der Transformation (Recodierung) der Zahlen hat, ohne dabei Informationen zu verlieren, desto umfassendere Vergleiche zwischen Messwerten kann man sinnvoll interpretieren. Zur Vertiefung der zulässigen Transformationsregeln bei unterschiedlichen Skalenniveaus siehe Diekmann, 2007: S. 291.

sungen behandelt. Diese Missachtung des Skalenniveaus kann *eventuell* gerechtfertigt werden, wenn ordinale Messungen als ungenaue Messungen von Eigenschaften, die eigentlich metrischen Charakter haben, angesehen werden können und die Fehler, die durch das Ignorieren der Ungenauigkeit der Messung auftreten, im Vergleich zu anderen Fehlerquellen eher als vernachlässigbar anzusehen sind. In diesem Zusammenhang gilt die Faustregel: Je mehr Kategorien eine streng genommen ordinal gemessene Variable hat, desto eher kann sie wie eine metrische Variable behandelt werden.

Diese «Regel» darf nicht als Aufforderung verstanden werden, generell so zu verfahren. Stattdessen sollte vor jeder Datenanalyse überlegt werden, welches Messniveau bei einer Variablen erreicht wird und welche Erwartungen über die Art des Zusammenhangs der betrachteten Variablen mit anderen Variablen bestehen. Vor diesem Hintergrund kann dann die Auswahl eines Analysemodells erfolgen. Falls sich herausstellt, dass das für die Untersuchung der Fragestellung erforderliche Analysemodell ein höheres als das in den Daten erreichte Messniveau voraussetzt, so ist abzuwägen zwischen den Vor- und Nachteilen, die die Beachtung des Messniveaus im Vergleich zu den durch das Analysemodell erreichbaren zusätzlichen Informationen mit sich bringt. Falls zugunsten der zusätzlich erreichbaren Informationen ein höheres Messniveau unterstellt wird, sollte diese Entscheidung dokumentiert werden.

Wenn ein Analysemodell verwendet wird, für das das erforderliche Messniveau nicht vorliegt, besteht die Gefahr der Produktion von *Artefakten*. Die Ergebnisse einer Analyse werden dann als vermeintlich empirische Befunde interpretiert, obwohl sie tatsächlich nur Folge der Anwendung eines nicht adäquaten Analysemodells sind. Die Gefahr von Fehlschlüssen besteht jedoch auch dann, wenn grundsätzlich ein niedriges Messniveau angenommen wird und als Konsequenz Analysemodelle angewendet werden, die theoretisch relevante Informationen nicht erfassen können. Die «Kunst» der sozialwissenschaftlichen Datenanalyse liegt darin, die verschiedenen Fehlermöglichkeiten abzuschätzen und vor diesem Hintergrund die optimale Analysestrategie zu wählen. Fehlentscheidungen sind dabei nicht auszuschließen. Ihr Risiko lässt sich jedoch durch die Kenntnis der Analysemodelle und deren Annahmen verringern.

2.3 Datenmatrix, Variablen, Ausprägungen und Realisierungen

Ausgangspunkt der statistischen Datenanalyse ist eine *Datenmatrix*.[8] Eine Datenmatrix enthält Informationen über *empirische Objekte* (z. B. Menschen, Institutionen, Gesellschaften oder auch Ereignisse wie Scheidungen oder das Eintreten von Arbeitslosigkeit), die in diesem Zusammenhang auch als *Untersuchungseinheiten* oder *Fälle* bezeichnet werden. Die Eigenschaften oder *Merkmale* der Untersuchungseinheiten werden als *Variablen* bezeichnet. Die möglichen Auftretensformen einer Variablen (z. B: Eigenschaft ist vorhanden oder nicht vorhanden bzw. Eigenschaft ist in bestimmtem Ausmaß vorhanden) sind die *Ausprägungen* oder *Werte* (engl: *values* oder *codes*) einer Variablen; die Menge aller möglichen Ausprägungen bildet den *Wertebereich* einer Variablen. Die tatsächlich vorkommende Ausprägung einer Variablen bei einem Fall zu einem Zeitpunkt wird als *Realisierung* (engl: *realisation*) bezeichnet. Wenn in einer Menge alle Fälle bei einer Variablen die gleiche Ausprägung haben, reduziert sich die Variable in dieser Menge zu einer *Konstanten*.

Werden z. B. die Antworten von zehn Personen auf die Fragen im Beispielfragebogen entsprechend des Codeplans codiert, dann ist das Ergebnis eine Menge von Zahlen, die in Form einer Matrix dargestellt werden (Tabelle 2.2). Neben den Messwerten gibt es für jeden Befragten eine Identifikationsnummer (ID), die

---

8 «Matrix» ist die mathematische Bezeichnung für eine Tabelle.

Tabelle 2.2: **Beispiel einer Datenmatrix für zehn fiktive Personen**

		Merkmale der Untersuchungseinheiten (Variablen)				
	Fall-nummer[1]	Antwort Frage 1	Antwort Frage 2a	Antwort Frage 2b	Ge-schlecht	Geburts-jahr
	ID	F1	F2A	F2B	F3	F4
Untersuchungseinheiten (Fälle)	1	3	2	2	1	1943
	2	2	8	1	2	1960
	3	4	1	2	2	1957
	4	9	8	1	1	1939
	5	2	2	1	2	9999
	6	8	8	1	1	1956
	7	4	2	2	2	1970
	8	1	1	2	1	1920
	9	3	2	1	2	1956
	10	4	2	2	2	1966

1 Fragen aus Fragebogen in Tabelle 2.1

verhindert, dass die Angaben unterschiedlicher Befragter verwechselt werden (vgl. Tabelle 2.1).[9]

Jede *Spalte* der Datenmatrix enthält alle verfügbaren Informationen über eine Variable bei allen Untersuchungseinheiten. So enthält die mit F1 überschriebene Spalte die Realisierungen aller Fälle bei der Variablen «Demokratiezufriedenheit».

Jede *Zeile* der Datenmatrix enthält alle Informationen, die bei einer Untersuchungseinheit erhoben wurden. So enthält die fünfte Zeile der Datenmatrix alle Informationen über den 5. Fall bzw. die Realisierungen aller Variablen beim Fall mit der Identifikationsnummer «5». Der Datenmatrix in Tabelle 2.2 ist zu entnehmen, dass diese Person mit dem Funktionieren der Demokratie eher unzufrieden ist (Code 2 bei F1). Weiterhin wird die

9 Die Identifikationsvariable ist eine technische Variable und soll sicherstellen, dass aus der Datenmatrix *nicht* auf konkrete Befragte geschlossen werden kann.

Aussage zur Beeinflussbarkeit abgelehnt (Code 2 bei F2A) und derjenigen zur Reaktionsbereitschaft zugestimmt (Code 1 bei F2B). Aus der fünften Spalte der Datenmatrix (F3) ist ersichtlich, dass diese Antworten von einer Frau gegeben wurden (Code 2). Die letzte Spalte informiert darüber, dass die befragte Person keine Angabe zu ihrem Geburtsjahr gemacht hat. Entsprechend lassen sich die Informationen für die übrigen Befragten aus der Datenmatrix ablesen.

Bei der Erstellung einer Datenmatrix ist zu beachten, dass für jede Variable eine eigene Spalte bereitstehen muss. Wenn – wie bei Frage 2 – eine Frage in mehrere Unterpunkte unterteilt ist, muss für die Information aus jedem Unterpunkt eine eigene Spalte bereitgestellt werden. So sind die Antworten auf die beiden Teilfragen von Frage 2 in den Spalten 3 und 4 der Datenmatrix festgehalten.

Zu beachten ist weiterhin, dass eine Datenmatrix keine leeren Felder enthalten darf. In jeder Zeile und jeder Spalte der Matrix muss eine Zahl eingetragen sein. Hat eine Person – wie die fünfte Untersuchungseinheit – beim Geburtsjahr nicht geantwortet, dann liegt hierzu kein *gültiger Wert* (d. h. hier: eine Zahl, die das Geburtsjahr angibt) vor. Dies wird mit der Zahl «9999» (Code für «keine Angabe») festgehalten. Dieser Wert wird als *fehlender Wert* (engl.: *missing value*) oder ungültiger Wert bezeichnet. Analysemodelle der Statistik gehen meist davon aus, dass die zu analysierende Datenmatrix nur gültige Werte enthält. Für die Datenanalyse mit Statistikprogrammen müssen daher die Zahlen, die den fehlenden Werten zugewiesen wurden, im *Datensatz* eigens als «missing values» deklariert werden, sodass Fälle mit fehlenden Werten bei statistischen Analysen *nicht* berücksichtigt werden.[10]

10 Erst in jüngerer Zeit sind Analysemodelle entwickelt worden, die die Möglichkeit fehlender Werte berücksichtigen. Für einen Überblick siehe Särndal & Lundström (2005) sowie McKnight et al. (2007).

Da es unter Umständen interessant sein kann, festzustellen, bei welchen Fragen Häufungen bestimmter Arten von fehlenden Werten auftreten, gibt es Standardkonventionen für ihre Kennzeichnung, die die Handhabung fehlender Werte erleichtern. Bei Variablen (mit Ausprägungen zwischen 1 und 6) sind dies die Werte:

- 7 für «verweigert»,
- 8 für «weiß nicht»,
- 9 für «keine Angabe» und
- 0 für «trifft nicht zu».[11]

Falls die Zahlen 7, 8 und 9 für inhaltliche Antworten vergeben worden sind, werden für die fehlenden Werte die Zahlen 97, 98 und 99 verwendet. Bei fehlenden Werten mehrstelliger Variablen werden generell die ersten Stellen durch die Ziffer «9» gekennzeichnet und erst die letzte Stelle gibt Auskunft über die Art des fehlenden Werts.

Variablenformen in der Sozialforschung

Variablen lassen sich entsprechend den Eigenschaften ihrer Ausprägungen unterscheiden in **diskrete** und **kontinuierliche Variablen**. Die Ausprägungen *kontinuierlicher* oder *stetiger Variablen* lassen sich nur als *reelle Zahlen* darstellen, während Ausprägungen *diskreter Variablen* durch *ganze Zahlen* codiert werden können. Obwohl viele empirische Variablen konzeptionell kontinuierlich sein können (z. B. die Körpergröße von Personen), sind sie aufgrund begrenzter Messgenauigkeiten praktisch nur diskret messbar.

Diskrete Variablen mit wenigen möglichen Ausprägungen werden auch als *kategoriale Variablen* bezeichnet und ihre Werte entsprechend als *Kategorien*. Hat eine kategoriale Variable nur zwei Ausprägungen, heißt diese Variable *dichotom*, hat sie drei

---

11 Der fehlende Wert «trifft nicht zu» wird bei Befragungen verwendet, wenn die Frage gar nicht sinnvoll gestellt werden kann, wie etwa der Stundenlohn bei nicht berufstätigen Personen.

Ausprägungen, heißt sie *trichotom*. Generell werden diskrete Variablen mit mehr als zwei Ausprägungen als *polytom* bezeichnet.

Eine weitere Unterscheidung betrifft die zwischen beobachteten und latenten Variablen. Eine *latente Variable* bezieht sich auf eine nicht beobachtbare Eigenschaft einer Untersuchungseinheit, z. B. eine Einstellung. Latente Variablen werden auch als *Faktoren* bezeichnet, die nur indirekt über *Indikatoren* erfasst werden können. So werden z. B. Einstellungen durch die Zustimmung oder Ablehnung von Aussagen (Indikatoren) erfasst, deren Realisierung von der unbeobachteten Ausprägung der Einstellung (dem Faktor) abhängt.

2.4 Verteilungen

Die Häufigkeiten der Realisierungen einer Variablen werden in der Statistik als *Verteilung* bezeichnet. *Empirische Verteilungen* beziehen sich auf eine Menge empirischer Objekte oder Fälle. Die Gesamtmenge aller interessierenden Fälle bildet die *Grundgesamtheit* oder *Population*. Wird nur eine Teilmenge einer Population empirisch betrachtet, spricht man von einer *Stichprobe* (engl: *sample*).

Univariate Verteilungen

In der univariaten Datenanalyse wird die Verteilung der Ausprägungen jeweils einer einzelnen Variablen betrachtet. Da jede Spalte in der Datenmatrix die *univariate Verteilung* einer Variablen über die Menge der beobachteten Fälle wiedergibt, ist es sinnvoll, zwischen Variablen und Ausprägungen sowie Realisierungen von Variablen zu unterscheiden. So steht der große Buchstabe X in statistischen Texten und Formeln oft für eine beliebige Variable und der kleine Buchstabe x für eine Ausprägung oder Realisierung von X. Leider ist oft erst aus dem Kontext sichtbar, ob ein Symbol für eine Ausprägung oder eine Realisierung steht. Um eine konkrete Ausprägung oder Realisierung zu kennzeichnen, werden Indizes verwendet. So kann x_3 für die dritte Ausprägung von X oder für die Realisierung von X beim dritten Fall im Datensatz stehen. Zur Erleichterung geben wir in den Gleichungen dieses Buches jeweils an, worauf sich die verwendeten Indizes beziehen.

Im Beispiel aus Tabelle 2.2 steht F1 für die Demokratiezufriedenheit und die Realisierung von F1 beim dritten Fall wird als $f1_3$ (hier mit dem Wert «4») bezeichnet.[12] Die Bezeichnung $f1_3$ kann aber auch für die dritte Ausprägung der Variablen Demokratiezufriedenheit stehen, also für die Ausprägung «eher zufrieden» (Code: 3).

Für spezielle Berechnungen (z. B. für den Median, siehe Kapitel 3.1.2) ist es notwendig, anstelle der ursprünglichen Reihenfolge (Tabelle 2.3a) die Realisierungen der Fälle bei einer Variablen (aufsteigend) zu sortieren. In Tabelle 2.3a wurde aus dem Geburtsjahr (F4) eine zusätzliche Variable X berechnet, die das Alter der Befragten zum (fiktiven) Befragungszeitpunkt 2009 angibt. In Tabelle 2.3b sind die Fälle der Tabelle so angeordnet, dass das Alter aufsteigend sortiert vorliegt. Um die Positionen der Fälle bei aufsteigend geordneten Realisierungsreihen von den ursprünglichen Positionen (in der Reihenfolge der Eingangsnummer ID) zu unterscheiden, setzten wir die Indizes in Klammern: $x_{(4)}$ ist also die viertkleinste Realisierung von X in der Datenmatrix, im Beispiel der Fall mit der ID-Nummer 3 und der Ausprägung X = 52.[13] Wenn n die Anzahl der gültigen Fälle in der Datenmatrix bezeichnet, dann ist $x_{(n)}$ der größte Wert von X, d. h. der letzte gültige Wert nach der Sortierung. Im Beispiel ist

---

12 Steht ein Buchstabe für mehrere Variablen, wie in Tabelle 2.2 der Buchstabe F, kann eine doppelte Indizierung verwendet werden. Anstelle von F1 wird die Variable dann als F_1 bezeichnet und die Realisierung des i-ten Falles als f_{1i}. Kann es dabei zu Missverständnissen kommen, können Kommata zwischen die Indizes gesetzt werden, also z. B. $f_{1,3}$. So kann vermieden werden, dass f_{13} als die Realisierung des 13. Falles bei einer Variablen F gedeutet wird statt als dritter Fall der Variable F_1.

13 Wir bezeichnen die Indexzahlen für die Positionen bei (der Größe nach) geordneten Realisierungen als *Ordnungsnummern*.

Tabelle 2.3: **Sortierung der Datenmatrix aus Tabelle 2.2 nach dem Alter der Befragten (X)**

a. ursprüngliche Reihenfolge					b. Sortierung nach Alter (X)				
lfd. Nr.	ID	...	F4	X	lfd. Nr.	ID	...	F4	X
1	1	...	1943	66	1	7	...	1970	39
2	2	...	1960	49	2	10	...	1966	43
3	3	...	1957	52	3	2	...	1960	49
4	4	...	1939	70	4	3	...	1957	52
5	5	...	9999	999	5	6	...	1956	53
6	6	...	1956	53	6	9	...	1956	53
7	7	...	1970	39	7	1	...	1943	66
8	8	...	1920	89	8	4	...	1939	70
9	9	...	1956	53	9	8	...	1920	89
10	10	...	1966	43	10	5	...	9999	999

$n = 9$ und $x_{(9)} = 89$.[14] Es ist nicht ausgeschlossen, dass es mehrere Realisationen mit der gleichen Ausprägung gibt. So enthält Tabelle 2.3b zwei Fälle – $x_{(5)}$ und $x_{(6)}$ – mit dem Wert 53.

2.5 Häufigkeitstabellen

Ausgangspunkt der Datenanalyse ist oft die Verteilung einer einzelnen Variablen in einer Spalte der Datenmatrix. Bei sehr vielen Fällen und (zwangsläufig) wiederkehrenden Realisierungen ist es sinnvoll, die Werte einer Spalte der Datenmatrix in einer Häufigkeitstabelle zusammenzufassen. In Tabelle 2.4 ist eine solche Häufigkeitstabelle für die Antworten auf die Frage nach der Demokratiezufriedenheit in der Allbus-Stichprobe von 2008 wiedergegeben.

Eine *Häufigkeitstabelle* enthält neben den Beschreibungen der Ausprägungen (Spalte 2) und/oder ihrer Codes (Spalte 3) die

---

14 Die Datenmatrix enthält 10 Fälle, da aber eine Altersangabe fehlt, gibt es nur $n = 9$ gültige Fälle beim Alter (X).

absoluten Häufigkeiten (Spalte 4) aller Ausprägungen einer Variablen. Dabei werden die Ausprägungen meistens nach ihren Werten (Codes) aufsteigend sortiert. Zur Kennzeichnung der Ordnungsnummer für die Ausprägung einer Variablen wird ein tiefgestellter kleiner Buchstabe verwendet. Dieser Index, durch einen beliebigen Buchstaben, z. B. «j», benannt, gibt in einer Häufigkeitstabelle die Position einer Ausprägung an.[15] Die Häufigkeit, mit der die j-te Ausprägung x_j der Variablen X in der Tabelle vorkommt, wird durch n_j gekennzeichnet. Auf die Frage nach der Zufriedenheit mit der Demokratie haben von den 2392 Befragten des Allbus 2008 mit «sehr unzufrieden» (Code 1): $n_1 = 38$, $n_2 = 134$ mit «ziemlich unzufrieden» (Code 2), $n_3 = 319$ mit «etwas unzufrieden» (Code 3), usw. … und $n_6 = 222$ mit «sehr zufrieden» (Code 6): geantwortet. 40 Personen haben mit «weiß nicht» (Code 8) geantwortet, für fünf weitere Personen liegt bei dieser Frage «keine Angabe» (Code 9) vor.

2.5.1 Interpretation von Häufigkeitstabellen

Für die Interpretation von Tabellen werden im Allgemeinen relative Häufigkeiten oder Prozentwerte benutzt. Die *relative Häufigkeit* einer Ausprägung x_j ergibt sich als Quotient der absoluten Häufigkeit n_j dividiert durch die Gesamtzahl n aller Fälle. Zur Kennzeichnung wird der Buchstabe «p» (engl.: *proportion*) verwendet. Der Anteil p_j wird somit berechnet nach:

$$p_j = \frac{n_j}{n} \tag{2.1}$$

wobei j = Index für die Ordnungsnummer der Ausprägung
p_j = relative Häufigkeit der Ausprägung x_j
n_j = absolute Häufigkeit der Ausprägung x_j
n = Gesamtfallzahl bzw. Anzahl der gültigen Fälle.

---

15 In Tabelle 2.4 und 2.5 ist «j» zur Verdeutlichung aufgeführt, wird aber in nachfolgenden Tabellendarstellungen weggelassen, weil dieser Index vor allem für Formeldarstellungen relevant ist.

Tabelle 2.4: **Häufigkeitstabelle für die Antworten auf Frage F022[1] nach der Demokratiezufriedenheit im Allbus 2008**

j	Ausprägung	Code	Häufig-keit	Anteile	Gültige Anteile	Kumulierte Anteile
1	sehr unzufrieden[2]	1	38	0.016	0.016	0.016
2	ziemlich unzufrieden	2	134	0.056	0.057	0.073
3	etwas unzufrieden	3	319	0.133	0.136	0.209
4	etwas zufrieden	4	546	0.228	0.233	0.442
5	ziemlich zufrieden	5	1088	0.455	0.464	0.905
6	sehr zufrieden	6	222	0.093	0.095	1.000
	Summe		2347	0.981	1.000	
7	weiß nicht	8	40	0.017	Missing	
8	keine Angabe	9	5	0.002	Missing	
	Summe		2392	0.019	100.0	

Daten: Allbus 2008, Westdeutschland.

1 Frage nach der Zufriedenheit mit der Demokratie.
2 Im Allbus umgekehrte Reihenfolge der Antwortkategorien.

In Tabelle 2.4 ist in der Spalte «Anteile» $p_1 = 0.016$, d. h. 1.6% der Befragten sind sehr unzufrieden mit der Demokratie. Im Vergleich dazu sind $p_6 = 0.093$, also 9.3% der Befragten sehr zufrieden mit der Demokratie.

Anteile können sich auf die gesamte Fallzahl (Spalte «Anteile») oder nur auf die Zahl der Fälle mit gültigen Antworten (Spalte «Gültige Anteile») beziehen. Die Festlegung fehlender Werte hat daher Auswirkungen auf die Berechnung der Anteile bzw. der relativen Häufigkeiten. So ergibt sich in Tabelle 2.4 für die 1088 Befragten mit dem Code 5 eine relative Häufigkeit von $p_5 = 0.455$ (= 45.5%), wenn die Berechnung auf der Basis aller Fälle erfolgt. Werden nur die 2347 Fälle mit gültigen Antworten berücksichtigt, ergibt sich eine relative Häufigkeit von $p_5 = 0.464$ (= 46.4%).

In der letzten Spalte von Tabelle 2.4 werden die relativen Häufigkeiten der Fälle ohne fehlende Werte zu den *kumulierten Anteilen* aufsummiert. Die Zahl 0.073 in der j = zweiten Zeile mit dem Code 2 «ziemlich unzufrieden» ist also die Summe der Anteile von Personen, die diesen oder einen kleineren Wert aufweisen, hier also die Summe der sehr unzufriedenen ($p_1 = 0.016$) plus der ziemlich unzufriedenen ($p_2 = 0.057$) Personen. Bezieht man die Antworten der etwas Unzufriedenen mit ein, dann sind 20.9% ($20.9 = (0.016+0.057+0.136) \cdot 100$) der 2347 Personen in der Allbus-Stichprobe aus den alten Bundesländern (Westen), für die gültige Angaben vorliegen, mindestens etwas unzufrieden mit der Demokratie. Kumulierte Anteile werden im Folgenden durch die Zeichenfolge «cp» (engl.: *cumulative proportion*) symbolisiert. Der kumulierte Anteil cp_j ist dann die Summe der Anteile bis zur Ausprägung $X = x_j$. Allgemein gilt:

$$cp_j = p\left(X \leq x_j\right) = p_1 + p_2 + \ldots + p_j = \sum_{k=1}^{j} p_k = \frac{\sum_{k=1}^{j} n_k}{n} \tag{2.2}$$

wobei j = Index für die Ordnungsnummer der Ausprägung, bis zu der die Anteile aufsummiert werden

k = Index für die Ordnungsnummern der Ausprägungen, die aufsummiert werden

cp_j = kumulierter Anteil bis zur j-ten Ausprägung von X

n_k bzw. p_k = absolute Häufigkeit bzw. Anteil der k-ten Ausprägung von X

$\sum_{k=1}^{j} p_k$ = Summe der Anteile der Kategorien von x_1 bis x_j

Das letzte Gleichheitszeichen in Gleichung 2.2 ergibt sich aus Gleichung 2.1.

Da die Summe aller Anteile stets 1.0 ergeben muss, ist der größte (letzte) Wert der kumulierten Anteile stets 1.0. Kumulierte Prozentwerte erhält man durch Multiplikation der Anteile mit 100, sodass der maximale kumulierte Prozentwert immer 100% beträgt. Die Betrachtung kumulierter Anteile oder Prozentwerte ist nur bei Variablen sinnvoll, die mindestens auf Ordinalskalenniveau gemessen werden, da eine Abfolge auf der Dimension «kleiner – größer» erst bei ordinalem Messniveau eine inhaltliche Bedeutung hat.

Vor der Interpretation einer empirischen Häufigkeitstabelle sollte zunächst versucht werden, die Datenqualität zu beurteilen. Hinweise hierzu geben insbesondere:

– Angaben über die Datenquelle. Ist die Datenquelle nicht angegeben, ist Vorsicht angeraten.

   Im Beispiel von Tabelle 2.4 stammen die Daten aus der Allgemeinen Bevölkerungsumfrage (Allbus) 2008, die durch Interviewer eines Umfrageinstituts durchgeführt wurde.

– Hinweise über ungültige Fälle: Auf die Frage nach der Demokratiezufriedenheit haben nur 1.7% der Befragten eine ausweichende («weiß nicht») und 0.02% gar keine Antwort («keine Angabe») gegeben.[16]

– Fallzahl: Bei Stichproben, die nur auf wenigen Fällen (n<100 oder gar n<50) beruhen, ist damit zu rechnen, dass die Häufigkeitsverteilungen über unterschiedliche Stichproben deutlich variieren. Bei Prozentuierungen bzw. Anteilen sind dann Nachkommastellen nicht zu interpretieren, da selbst bei «guten» Auswahlverfahren mit Stichprobenschwankungen von ±10% (bzw. ±0.10) zu rechnen ist. Im Beispiel des Allbus 2008 ist die Fallzahl jedoch sehr hoch, weswegen die Schätzungen vermutlich genauer sind.

– Frageformulierung und Antwortvorgaben in Umfragen sollten explizit sichtbar sein. So stellt sich bei den Antwortvorgaben des Allbus 2008 die Frage, ob die Befragten zwischen «ziemlich» und «etwas» unterscheiden können.[17]

---

16 Bei der Kategorie «keine Angabe» ist nicht eindeutig feststellbar, ob die Befragten nicht geantwortet haben oder ob die Antwort versehentlich nicht notiert wurde.

17 Analog sollte bei Beobachtungen bzw. Inhalts- oder Dokumentenanalysen deutlich werden, wie das Vorliegen einer Kategorie festgestellt wurde.

– Interpretiert werden in erster Linie die relativen Häufigkeiten und ab ordinalem Messniveau auch die kumulierten Anteile. Der Anteil der mit der Demokratie sehr unzufriedenen Personen ist mit rund 2% gering. Insgesamt sind aber doch ein Fünftel (= 20.9%, siehe oben) aller Befragten zumindest etwas unzufrieden. Auf der anderen Seite ist aber mehr als die Hälfte der Befragten (= 55.9% = (0.464+0.095) · 100%) ziemlich oder sehr zufrieden.

2.5.2 Häufigkeitstabellen bei gruppierten Daten

Wenn eine Variable sehr viele Ausprägungen hat, was insbesondere bei stetigen Variablen wie z. B. dem Alter (Tabelle 2.5) der Fall ist, werden in einer Häufigkeitstabelle aus Gründen der Übersichtlichkeit Ausprägungen zu Klassen (Gruppen) zusammengefasst.

Messtheoretisch gesehen ist jede *Klassenbildung* eine unzulässige Transformation, da verschiedene Ausprägungen einer Variablen zu einem Wert zusammengefasst werden. Inhaltlich bedeutet die Zusammenfassung von Ausprägungen einer Variablen zu Klassen stets einen *Informationsverlust*.

Bei der Zusammenfassung von Ausprägungen zu Klassen sollten folgende Regeln berücksichtigt werden:

1. Die *Klassengrenzen* dürfen sich *nicht überschneiden*, d. h. jede Ausprägung darf nur einer einzigen Klasse zugeordnet werden.

2. Bei stetigen Variablen sollen die Klassen *lückenlos aufeinander folgen*, d. h. zwischen den Klassengrenzen darf es keine Zwischenräume geben.[18]

18 Dies ist das Prinzip der *exakten Klassenbildung*, bei dem Klassen direkt aneinander grenzen. Dabei gibt es einen Grenzwert (eine Trennstelle) zwischen zwei Klassen. Um sicherzustellen, dass es keine Überschneidungen gibt, ist die Obergrenze der unteren Klasse oft kleiner (<) als der Grenzwert und die Untergrenze der oberen Klasse größer/gleich (≥) dem Grenzwert, der i. A. in der Mitte zwischen den beiden Klassen gewählt wird.

3. Die *Klassenbreiten* sollen *möglichst jeweils gleich* sein. (Ausnahmen: ungleiche Klassenbreite bei der ersten oder letzten Klasse, wenn diese sonst sehr gering besetzt wären. Bisweilen werden Klassen aber auch bewusst so gebildet, dass sie in etwa gleich stark besetzt sind. Als Folge sind die Klassenbreiten dann oft unterschiedlich groß.)

Als Wert (Code) für die Ausprägungen der Klassen wird die Klassenmitte m_j einer Klasse j berechnet, das ist der Durchschnittswert aus Ober- und Untergrenze einer Klasse:

$$m_j = \frac{u_j + o_j}{2} \qquad (2.3)$$

wobei j = Index für die Ordnungsnummer der Klasse, für die die Klassenmitte berechnet wird

m_j = Klassenmitte der Klasse (Gruppe) j

$o_j; u_j$ = Ober- bzw. Untergrenze der Klasse j.

Tabelle 2.5: **Häufigkeitstabelle für gruppierte Altersangaben**

	Ausprägung in Jahren (exakte Klassengrenzen)	Code = Klassen- mitte	Häufig- keit	Prozente	Gültige Prozente	Kumulierte Prozente
j	$u_{(j)}$ $o_{(j)}$	$m_{(j)}$	n_j		p_j	cp_j
1	17.5 bis <29.5	23.5	376	15.7	15.8	15.8
2	29.5 bis <44.5	37.0	602	25.2	25.3	41.1
3	44.5 bis <59.5	52.0	653	27.3	27.4	68.5
4	59.5 bis <74.5	67.0	531	22.2	22.3	90.8
5	74.5 bis <96.5	85.5	219	9.1	9.2	100.0
	Summe		2381	99.5	100.0	
	Fehlende Werte: keine Angabe	999.0	11	0.5	Missing	
	Total		2392	100.0	100.0	

Daten: Allbus 2008, Westdeutschland

2.6 Empirische Verteilungsfunktion und Quantile

Verteilungsfunktion für ungruppierte Variablen

Die in einer Häufigkeitstabelle aufgeführten Werte lassen sich als Funktion (Abbildung) beschreiben, die eine Beziehung zwischen zwei Mengen angibt. Eine Funktion besteht aus Argumenten und Funktionswerten. In einer Häufigkeitstabelle sind die Argumente der Funktion die Ausprägungen (Werte) einer Variablen X und die Funktionswerte (F) sind die absoluten, relativen oder kumulierten Häufigkeiten der Variablen X. Von besonderem Interesse ist die sogenannte *Verteilungsfunktion* F(x), die angibt, wie hoch der Anteil (Funktionswert) der Realisierungen einer Verteilung ist, die kleiner oder gleich der Ausprägung (dem Argumentwert) x sind.

In Tabelle 2.4 gibt die letzte Spalte mit den kumulierten Prozentwerten oder Anteilen die Werte der Verteilungsfunktion für die Ausprägungen der Demokratiezufriedenheit wieder. Verteilungsfunktionen lassen sich grafisch darstellen, wobei entlang der X-Achse die Ausprägungen der Variablen und entlang der Y-Achse die (kumulierten) Anteilswerte der Verteilungsfunktion aufgetragen werden.

In Abbildung 2.1 ist die Verteilungsfunktion für die Häufigkeiten in Tabelle 2.4 dargestellt. Der kleinste vorkommende Wert ist der Code 1, wobei die empirische Verteilungsfunktion für alle Zahlen kleiner 1 den Wert Null hat. An der Stelle X = 1 (sehr unzufrieden) beträgt der Anteil der Fälle mit gültigen Werten 0.016. Die Verteilungsfunktion steigt somit an dieser Stelle um 0.016 an. Bei der nächsten Ausprägung X = 2 steigt die Funktion um weitere 0.057 auf 0.073 an. Zwischen den beiden Ausprägungen gibt es keine Realisationen, sodass der Wert der Funktion zwischen den Ausprägungen konstant bleibt. Die grafische Darstellung der Verteilungsfunktion ergibt eine treppenförmige Kurve (engl.: *step function*), die bei jeder Ausprägung der Variablen um den Anteil der Fälle ansteigt, der bei dieser Ausprägung vorkommt.

Abbildung 2.1: Verteilungsfunktion der Demokratiezufriedenheit im Allbus 2008

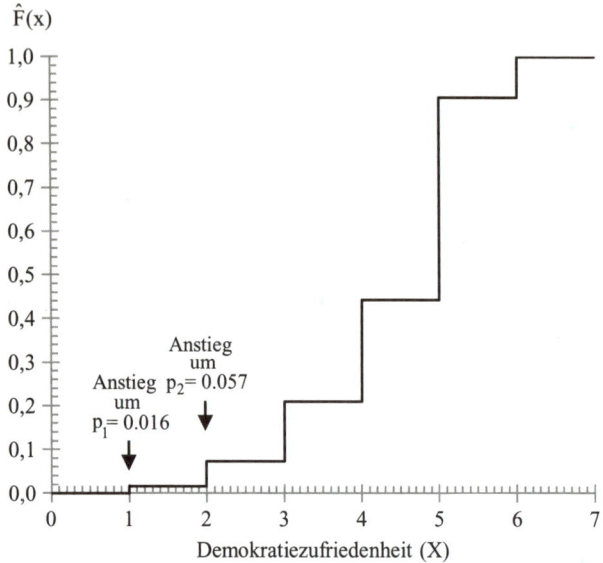

Daten: Tabelle 2.4

Da empirische Daten in der Regel auf Stichproben beruhen, die die Verteilungsfunktion in der Population schätzen, spricht man hier von der *empirischen Verteilungsfunktion*, die zur Unterscheidung der Verteilungsfunktion in der Population oft durch ein Dach «^» (engl: *hat*) auf dem «F», also durch $\hat{F}$ gekennzeichnet ist.[19] Die empirische Verteilungsfunktion lässt sich berechnen, indem für eine beliebige Ausprägung x der Variablen X, also für X = x, ausgerechnet wird, wie viele Fälle der Verteilung kleiner oder gleich diesem Variablenwert sind. Dazu müssen alle Fälle (in einer Spalte der Datenmatrix) zunächst der Größe nach sortiert werden.

---

19 In den Tabellen werden anstelle der Symbole F(x) bzw. $\hat{F}$(x) die Bezeichnungen kumulierte Anteile bzw. bei Prozentwerten kumulierte Prozente verwendet.

Bei stetigen Variablen kann es vorkommen, dass jeder Fall der Stichprobe einen unterschiedlichen Wert aufweist. Die Verteilungsfunktion berechnet sich dann durch Aufsummierung der einzelnen aufsteigend geordneten Werte über alle Fälle nach:

$$\hat{F}\left(X = x_{(i)}\right) = p\left(X \leq x_{(i)}\right) = \sum_{j=1}^{i} \frac{x_{(j)}}{n} \tag{2.4}$$

wobei   i   = Ordnungsnummer des Falles, bis zu dem
                       die Fälle aufsummiert werden
        j   = Index für die Ordnungsnummern der
                       Fälle, über die aufsummiert wird
        $\hat{F}(\ldots)$ = empirische Verteilungsfunktion
        $p\left(X \leq x_{(i)}\right)$ = Anteil der Fälle, bei denen X kleiner/
                       gleich ($\leq$) $x_{(i)}$ ist
        $x_{(j)}$ = Realisierung der Variablen X beim j-ten
                       Fall nach aufsteigender Sortierung.

Quantile für Verteilungen ungruppierter Variablen

Soll festgestellt werden, für welchen Wert einer Variablen X ein vorgegebener Anteil aller Realisierungen kleiner oder gleich diesem Wert ist, ergeben sich Quantilwerte. Im Folgenden wird ein beliebiger Anteil durch das Symbol α (griech. Buchstabe Alpha) gekennzeichnet. *Quantilwerte* Q_α ergeben sich aus der Umkehrung, d.h. aus der *Inversen der Verteilungsfunktion,* bei der die Rollen von X (Argumentwert) und F (Funktionswert) vertauscht werden:

$$Q_\alpha = \hat{F}^{-1}(\alpha) \tag{2.5}$$

wobei α = Anteil der Fälle, die kleiner/gleich X = x sind,
                   wobei x hier gleich dem Quantilwert ist.
        Q_α = Quantilwert (Variablenausprägung) beim An-
                   teil α
        $\hat{F}^{-1}(\alpha)$ = Umkehrfunktion (Inverse) der Verteilungs-
                   funktion von X an der Stelle α: $\hat{F}\left(X = Q_\alpha\right) = \alpha$.

Quantile teilen eine Verteilung in zwei Teilmengen auf.

Der *Quantilanteil α* gibt immer den Anteil an, der im *unteren Teilbereich* einer Verteilung liegt. Der *Quantilwert $Q_α$* gibt die Trennstelle an, an der die Teilung erfolgt. In Tabelle 2.4 haben 0.209 oder 20.9 % der Fälle mit gültigen Werten einen Wert kleiner oder gleich (≤) 3, sind also sehr, ziemlich oder etwas unzufrieden mit der Demokratie. In diesem Beispiel ist $Q_α = 3$ und $α = 20.9\%$. Wenn 20.9 % etwas unzufrieden sind, dann sind umgekehrt 100.0 %–20.9 % = 79.1 % etwas zufrieden, haben also eine Ausprägung größer 3, d. h. hier, da die Codes ganze Zahlen sind, größer / gleich 4.

Da die (empirische) Verteilungsfunktion treppenförmig verläuft, ist die Inverse der Verteilungsfunktion nicht eindeutig. Für die Verteilung der Demokratiezufriedenheit in Tabelle 2.4 bzw. Abbildung 2.1 gilt so z. B. für alle Werte zwischen 3 und kleiner 4, dass 20.9 % aller Realisierungen kleiner oder gleich diesen Werten sind. Um diese Uneindeutigkeit zu umgehen, ist der *empirische* Quantilwert $Q_α$ definiert als der *kleinste Wert*, für den gilt, dass *mindestens* ein *Anteil α* aller Realisierungen *kleiner oder gleich* diesem Wert ist, was im Beispiel nur auf die Ausprägung 3 (für «etwas unzufrieden») zutrifft.[20]

Quantile bei ungruppierten Häufigkeitsverteilungen

Wenn eine Häufigkeitstabelle mit ungruppierten Daten vorliegt, können die Quantilwerte direkt aus der Häufigkeitstabelle abgelesen werden: Der Quantilwert ist die Ausprägung, bei der in der Spalte mit den kumulierten Anteilen bzw. kumulierten Prozentwerten erstmals der (vorgegebene) Quantilanteil erreicht oder überschritten wird. Wird also die Variablenausprägung gesucht, bei der der Quantilanteil mindestens 80 % beträgt, dann kann aus Tabelle 2.4 abgelesen werden, dass dies für die Variablenaus-

---

20 Wenn nur allgemein von Quantilen statt von *empirischen Quantilen* die Rede ist, ist es möglich, dass andere Berechnungsmethoden wie z. B. das Interpolieren zwischen realisierten Ausprägungen verwendet werden.

prägung «ziemlich zufrieden» mit dem Wert 5 gilt, weil die Grenze 80% erst bei dieser Ausprägung überschritten ist. Beim Wert 4 liegt der Quantilanteil noch unterhalb von 80%. Deshalb ist $Q_{80\%}= 5$ die kleinste Ausprägung, für die gilt, dass mindestens 80% der Fälle eine kleinere Realisierung als 5 haben.

Quantile bei geordneten Häufigkeitsverteilungen

Liegen die Werte einer Variablen nicht als Häufigkeitstabelle, sondern als geordnete Reihe (Rangreihe) einzelner Werte vor, dann wird der Quantilwert für einen gegebenen Quantilanteil in zwei bzw. drei Schritten berechnet:

Schritt 1: Multiplikation des Quantilanteils mit der Fallzahl n:

$$k = n \cdot \alpha \tag{2.6}$$

wobei n = Zahl der gültigen Fälle

α = Quantilanteil, für den der Quantilwert gesucht wird

k = Index für die Ordnungsnummer des Falles, dessen Ausprägung der Quantilwert Q_α ist, wobei die Fälle aufsteigend nach ihren Realisierungen sortiert sind.

Schritt 2: Falls k keine ganze Zahl ist, sondern Nachkommastellen hat, wird zur nächsten ganzen Zahl aufgerundet.

Schritt 3: Der Quantilwert Q_α ist der Wert der Variablen auf Position $x_{(k)}$.

Beispiel: Soll für die neun gültigen Fälle der geordneten Altersverteilung aus Tabelle 2.3b der Wert des 25%-Quantils berechnet werden, dann ergibt sich im 1. Schritt für k der Wert 2.25 ($= 9 \cdot 0.25$). Die nächsthöhere ganze Zahl ist 3. Der gesuchte Quantilwert ist also gleich dem Wert der Altersangabe des Falles mit der Ordnungsnummer «3». In Tabelle 2.3b hat (nach aufsteigender Sortierung der Variablenwerte) der Fall auf der dritten Position die Ausprägung $x_{(3)} = 49$. Der gesuchte Quantilwert beträgt also 49 Jahre. In der Verteilung der neun Befragten in Tabelle 2.3b sind mindestens ($\geq$) 25% aller Fälle 49 Jahre oder jünger.[21]

25% → bis 49 bzw. jünger

Verteilungsfunktion und Quantile bei gruppierten Daten

Liegt eine Verteilung als gruppierte Häufigkeitsverteilung vor, dann enthält die letzte Spalte mit den kumulierten Anteilen die Funktionswerte der Verteilungsfunktion bis zur Obergrenze der jeweiligen Klassen und berechnet sich nach:

$$\hat{F}\left(X = o_j\right) = p\left(X \leq o_j\right) = \sum_{k=1}^{j} \frac{n_k}{n} \qquad (2.7)$$

wobei j   = Ordnungsnummer der Klasse, bis zu der aufsummiert wird

k   = Index für die Ordnungsnummern der Klassen, deren relative Häufigkeiten aufsummiert werden

$p\left(X \leq o_j\right)$ = Anteil der Ausprägungen von X kleiner/gleich ($\leq$) der Obergrenze der j-ten Klasse.

Weitere Erläuterungen siehe Gleichung 2.3 und 2.4.

Bei gruppierten Daten metrischer Variablen wird eine Vorgehensweise zur Berechnung von Quantilen eingesetzt, die versucht, den Informationsverlust durch die Gruppierung (Klassenbildung) möglichst zu kompensieren.

Als Beispiel wird die Altersverteilung aus Tabelle 2.5 betrachtet, die in fünf Altersgruppen zusammengefasst ist. Von der empirischen Verteilungsfunktion sind nur die Funktionswerte an den Klassengrenzen bekannt. So ist keine befragte Person jünger als 17.5 Jahre, 15.8% sind jünger als 29.5 Jahre, 41.1% sind jünger als 44.5 Jahre, 68.5% sind jünger als 59.5 Jahre, 90.8% sind jünger als 74.5 und 100% sind jünger als 96.5 Jahre.

---

21 Da die Verteilungsfunktion treppenförmig verläuft, wird der Wert 49 (Jahre) des dritten Rangplatzes allen Quantilanteilen zwischen > 2/9 bis $\leq$ 3/9 der Verteilung zugeordnet.

Aus den gruppierten Daten ist nicht ersichtlich, wie die Verteilung innerhalb der Altersgruppen verläuft. Für die Berechnung der Quantile wird daher bei gruppierten Daten *unterstellt*, dass sich alle Fälle innerhalb einer Klasse *gleichmäßig über die gesamte Klassenbreite verteilen*. Es wird also z. B. unterstellt, dass sich die 376 Fälle (15.8%) in der untersten Altersgruppe gleichmäßig auf den Bereich von 17.5 bis 29.5 Jahre verteilen.

Unter dieser Annahme lässt sich die Verteilungsfunktion grafisch durch Linienabschnitte annähern, die jeweils die kumulierten Anteile an den Intervallgrenzen verbinden. Die resultierende Kurve wird als *Summenkurve* bezeichnet.

Abbildung 2.2 zeigt die Summenkurve für die gruppierte Altersverteilung der 2381 Fälle mit gültigen Werten in Tabelle 2.5. Bis zur Untergrenze der ersten Klasse weist die Kurve den Wert null auf. Die Summenkurve steigt dann gleichmäßig bis zur Obergrenze der ersten Klasse an, wo sie den Wert der kumulierten relativen Häufigkeit dieser Klasse erreicht. Ab dieser Stelle steigt sie gleichmäßig bis zur Obergrenze der zweiten Klasse an. Diese Obergrenze entspricht dem Wert der kumulierten relativen Häufigkeiten, die bis einschließlich der zweiten Klasse realisiert sind. Oberhalb der Obergrenze der letzten Klasse ist der Wert der Summenfunktion stets eins.

Der Anstieg der Kurve kann in den Klassen unterschiedlich steil sein, je nachdem, wie breit ein Klassenintervall ist und wie viele Fälle es enthält. Bei einer hohen (geringen) relativen Fallzahl ist der Anstieg steil (flach). In Abbildung 2.2 steigt die Summenkurve bei höheren Werten deutlich langsamer an, da es in den Altersgruppen ab 75 Jahre weniger Befragte gibt als in den Altersgruppen unter 75 Jahren.

Ein Quantilwert wird in der Grafik durch den Wert auf der X-Achse (hier: Alter der Befragten) an der Stelle geschätzt, an der eine waagerechte Linie in Höhe des Quantilanteils die Summenkurve schneidet. Aus Abbildung 2.2 kann so für das 25%-Quantil der gruppierten Altersverteilung ein Wert von un-

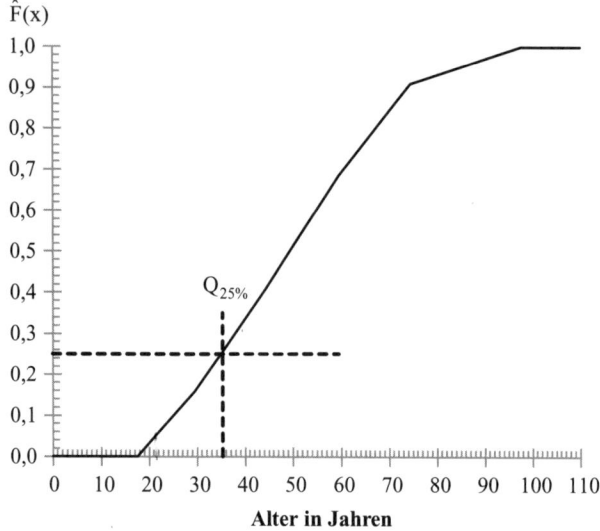

Abbildung 2.2: Summenkurve mit grafischer Ermittlung des 25%-Quantils der gruppierten Altersverteilung im Allbus 2008

Daten: Tabelle 2.5

gefähr 35 Jahren abgelesen werden. Exakte Werte sind aus grafischen Darstellungen oft nicht zu ermitteln. Deshalb wird der Quantilwert bei gruppierten Daten mit Hilfe einer Interpolationsformel berechnet als:

$$Q_\alpha = u_k + \frac{\alpha - cp_{k-1}}{p_k} \cdot \left(o_k - u_k \right) \qquad (2.8)$$

wobei α = vorgegebener Quantilanteil, dessen Quantilwert gesucht wird

k = Index für die Ordnungsnummer der Klasse, in der der Quantilwert liegt

u_k bzw. o_k = Unter- bzw. Obergrenze der Klasse k

p_k = relative Häufigkeit in der Klasse k

cp_{k-1} = kumulierte relative Häufigkeit bis zur Klasse (k−1).

Gleichung 2.8 kann auf die Berechnung des Quantilwerts für das 25%-Quantil der gruppierten Altersverteilung in Tabelle 2.5 bzw. Abbildung 2.2 angewandt werden. Die kumulierte relative Häufigkeit der ersten Klasse mit $cp_1 = 15.8\%$ ist kleiner als $\alpha = 25\%$, die der zweiten Klasse mit $cp_2 = 41.1\%$ ist größer als 25%. Also muss das 25%-Quantil in der zweiten Klasse liegen, d.h. k = 2. Die exakten Unter- und Obergrenzen u_2 und o_2 der zweiten Klassen liegen bei 29.5 und 44.5 Jahren. Die relative Häufigkeit in der zweiten Klasse liegt bei 25.3%. Setzt man diese Werte in Gleichung 2.8 ein, dann ergibt sich für das 25%-Quantil der gruppierten Altersverteilung der Quantilwert:

$$Q_{0.25} = 29.5 + \frac{(0.25 - 0.158)}{0.253} \cdot (44.5 - 29.5) = 29.5 + 0.364 \cdot 15$$

$$= 34.96$$

Der exakte Wert des 25%-Quantils der gruppierten Altersverteilung in Tabelle 2.5 beträgt knapp 35 Jahre.

Da die Berechnung der Summenkurve metrisches Skalenniveau voraussetzt und bei der Interpolationsformel zur Berechnung der Quantilwerte gruppierter Daten implizit angenommen wird, dass die Variablenausprägungen innerhalb einer Klasse gleichmäßig verteilt sind, ist die Interpolation bei ordinalskalierten Variablen unzulässig.

Bedeutung von Quantilen

Generell enthalten Quantile und Quantilwerte Informationen über eine Verteilung:

– So besagt z. B. das 50%-Quantil (bzw. der Quantilwert Q_α, der zum Quantilanteil 50% gehört) bei welchem Wert in etwa die «Mitte» einer Verteilung liegt.

– Die Differenz zwischen dem 5%- und dem 95%-Quantilwert gibt an, in welchen Grenzen die «mittleren» 90% aller Fälle liegen.

– Die Gesamtheit aller Quantile Q_α enthält alle Informationen über eine Verteilung.

Voraussetzung für die Berechnung von Quantilen Q_α ist allerdings mindestens ordinales, besser metrisches Skalenniveau. Bei ordinalem Skalenniveau sind Quantilwerte Ausprägungen von Rangplätzen oder Kategorien.

Für bestimmte Quantile gibt es spezielle Bezeichnungen:

– Das 25%-, das 50-% und das 75%-Quantil werden auch als *Quartile* bezeichnet, weil sie die Verteilung in vier gleich große Klassen aufteilen. Quartile werden als Q_1, Q_2 und Q_3 symbolisiert.

– Entsprechend werden das 10%-, 20%-, 30%-, …, 90%-Quantil als *Dezentile* bezeichnet, weil sie die Verteilung in 10 gleich stark besetzte Klassen aufteilen.

– Die 1%-, 2%-, …, 98%-, 99%-Quantile Q_α werden analog als *Perzentile* bezeichnet.

Besondere Bedeutung haben Quantile und Quantilwerte in Wahrscheinlichkeitsverteilungen (Kapitel 4.3), wo sie zur Berechnung von Konfidenzintervallen (Kapitel 7.4.1) und zur Hypothesenprüfung (Kapitel 8.6) verwendet werden.

Anwendungsbeispiel: Berechnung eines Intervalls mit vorgegebenem Anteil

Datenbasis ist die gruppierte Altersverteilung aus Tabelle 2.5. Es interessiert die Altersspanne, in der die mittleren 90% der Befragten des Allbus 2008 liegen. Also bleiben am unteren und am oberen Ende der Verteilung jeweils 5% unberücksichtigt. Die Untergrenze des interessierenden Intervalls ist das 5%-Quantil Q_α für $\alpha = 0.05$ der Verteilung: $Q_{0.05}$. Der gesuchte Quantilwert liegt in der ersten Altersklasse. Die Berechnung ergibt:

$$Q_{0.05} = u_1 + \frac{0.05 - cp_{1-1}}{p_1} \cdot \left(o_1 - u_1\right)$$

$$= 17.5 + \frac{0.05 - 0}{0.158} \cdot \left(29.5 - 17.5\right) = 17.5 + 0.316 \cdot 12 = 21.30$$

Die Untergrenze des gesuchten Intervalls liegt also bei 21.30 Jahren.

Entsprechend kann die Obergrenze des gesuchten Intervalls berechnet werden, wobei jetzt der Quantilwert für den Quantilanteil $\alpha = 0.95$ (= $1 - 0.05$) gesucht wird, der die oberen 5% der Verteilung von den übrigen 95% trennt. Der Quantilwert liegt in der fünften (höchsten) Altersklasse.

$$Q_{0.95} = u_5 + \frac{0.95 - cp_{5-1}}{p_5} \cdot \left(o_5 - u_5\right)$$

$$= 74.5 + \frac{0.95 - 0.908}{0.092} \cdot \left(97.5 - 74.5\right) = 74.5 + 0.457 \cdot 23 = 84.99$$

Die Obergrenze des gesuchten Intervalls liegt bei 85 Jahren. 90% der Befragten aus dem Westen sind also zwischen 21.30 und 85 Jahre alt.

2.7 Grafische Darstellung von Verteilungen

Die grafische Darstellung von Verteilungen kann einen schnellen und kompakten Eindruck einer Häufigkeitsverteilung vermitteln. Es existiert eine Vielzahl möglicher Darstellungsarten, für die auch entsprechende Programme zur Verfügung stehen; eine ausführliche Diskussion liefert Schnell (1994). Hier können nur wenige Beispiele gegeben werden.

2.7.1 Visualisierung von Verteilungen bei metrischen Variablen

Stabdiagramme

In Abbildung 2.3 sind verschiedene Möglichkeiten der Darstellung von Verteilungen wiedergegeben, wenn die betrachtete Variable als metrisch aufgefasst werden kann. Dazu haben wir aus dem Allbus 2008 eine zufällige Auswahl von n = 150 Befragten ausgewählt, von denen gültige Angaben zu ihrem Alter vorliegen. Im *Stabdiagramm* werden die absoluten oder relativen Häufigkeiten der einzelnen Altersausprägungen als senkrechte Linien

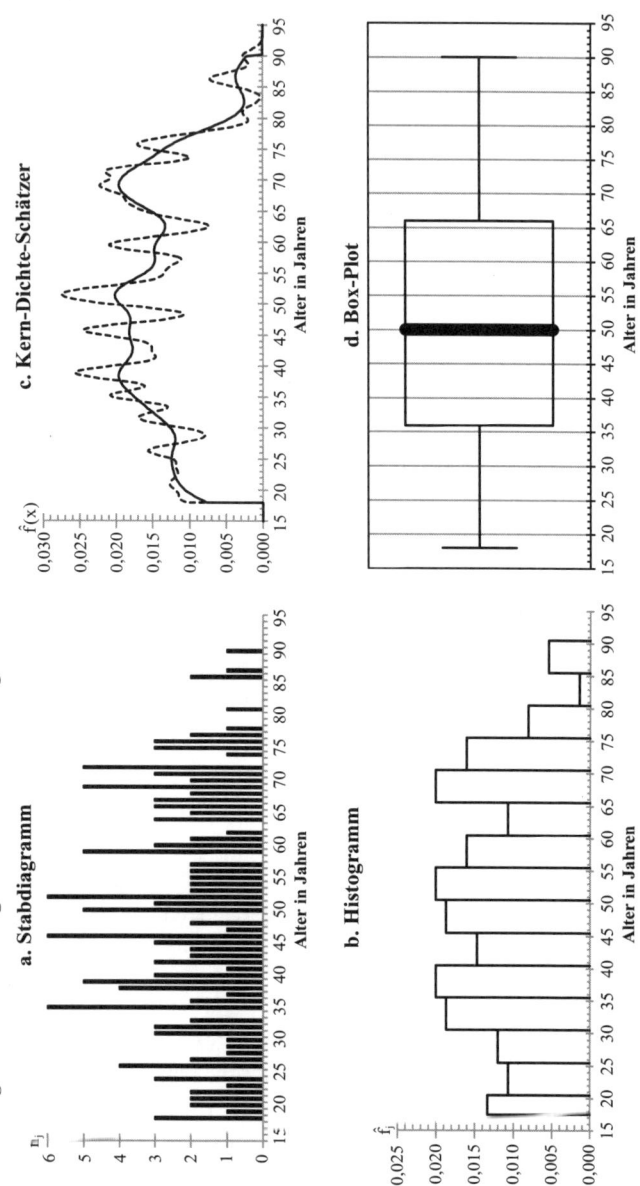

Abbildung 2.3: Visualisierungen metrischer Verteilungen

a. Stabdiagramm

b. Histogramm

c. Kern-Dichte-Schätzer

d. Box-Plot

Daten: zufällige Auswahl von n = 150 Befragten aus der Allbus-Stichprobe 2008

dargestellt, die Ausprägungen des Alters sind entlang der X-Achse abgetragen (Abbildung 2.3a). Wenn die Fallzahl relativ zum Wertebereich nicht zu klein ist, können Stabdiagramme einen recht guten Eindruck von einer Verteilung geben. Im Beispiel liegen die 150 Altersangaben zwischen 18 und 90 Jahren, die realisierten Ausprägungshäufigkeiten variieren zwischen 1 und 6.

Histogramme

Bei stetigen Variablen ist es möglich, dass jede Realisierung in der Stichprobe einen anderen Wert aufweist. Stabdiagramme sind dann nicht aussagekräftig.[22] Günstiger ist es hier, die Häufigkeitsverteilung als Fläche darzustellen. Im *Histogramm* werden so die relativen Häufigkeiten durch einander berührende Balken dargestellt (Abbildung 2.3b). Bei Histogrammen ist das *Prinzip der Flächentreue* zu beachten. Dies besagt, dass die relative Häufigkeit p_j in einem durch die Balkenbreite definierten Intervall mit den Intervallgrenzen u_j und o_j der Fläche eines Balkens entspricht. Da die Fläche eines Rechtecks (hier: eines Balkens) das Produkt aus Balkenbreite mal Balkenhöhe ist, ergibt sich die Balkenhöhe als Quotient aus der relativen Häufigkeit p_j im Intervall dividiert durch die Intervallbreite ($o_j - u_j$). Die Balkenhöhe ist dann die sog. *empirische Häufigkeitsdichte* der Verteilung:

$$\text{empirische Dichte:} \quad \hat{f}_j = \frac{p_j}{\left(o_j - u_j\right)} \tag{2.9}$$

wobei j = Index für die Ordnungsnummer der Klasse, für die die Dichte berechnet wird

$\hat{f}_j$ = empirische Dichte der Verteilung der j-ten Kategorie oder Klasse.

Weitere Erläuterungen siehe Gleichung 2.3.

---

22 Auch das Alter kann als eine stetige Variable aufgefasst werden. Im Allbus wird allerdings nach dem Geburtsjahr gefragt, sodass das daraus errechnete Alter nur ganzzahlig vorliegt.

Histogramme sind besonders für die Darstellung von Verteilungen gruppierter Daten sinnvoll. Die Form eines Histogramms hängt allerdings von den (gewählten) Intervallbreiten ab. Bei zwei Klassen mit unterschiedlichen Klassenbreiten, aber gleichen Häufigkeiten in den beiden Klassen ist der Balken über der breiteren Klasse niedriger. Daher sind die resultierenden Kurvenverläufe in Abhängigkeit von der Länge des Intervalls, für das die empirische Dichte geschätzt wird, glatter oder zerklüfteter.

Kern-Dichte-Schätzer

Um dieses Problem zu umgehen, sind insbesondere für stetige Variablen sog. *Kern-Dichte-Schätzer* (engl.: *kernel density estimator*) entwickelt worden.[23] Kern-Dichte-Schätzer berechnen die empirische Dichte einer Verteilung für jeden Punkt im Wertebereich einer Variablen und berücksichtigen dabei alle Realisierungen in der Nähe des Punkts, für den die Dichte berechnet wird. Je weiter eine Realisierung von diesem Punkt entfernt ist, desto geringer ist ihr Beitrag zur Berechnung der Dichte. Werden die Dichten der Punkte verbunden, ergibt sich eine Kurve, die die Form einer (stetigen) Verteilung besser wiedergibt als die Balken eines Histogramms (Abbildung 2.3c). Eindeutig sind Kern-Dichte-Schätzer allerdings auch nicht. Unterschiede gibt es vor allem durch die Festlegung der «Bandbreite», die bestimmt, bis zu welchem Abstand Realisierungen berücksichtigt werden. Je kleiner die Bandbreite ist, desto zerklüfteter wird die Kurve.

Box-Plots

Während mit Stabdiagrammen, Histogrammen und Kern-Dichte-Schätzern ein möglichst vollständiger Eindruck von einer Häufigkeitsverteilung angestrebt wird, konzentriert sich die

23 Eine Einführung in die Logik der Kern-Dichte-Schätzer findet sich bei Johnston & DiNardo (1997) und bei Kohler & Kreuter (2008).

Darstellung bei *Box-Plots* auf einige zentrale Merkmale einer Verteilung (Abbildung 2.3d):

- die «Box» gibt die Lage der mittleren 50% aller Realisierungen einer Verteilung an. Der Anfang der Box liegt beim 1. Quartil, das Ende liegt beim 3. Quartil;
- der dicke Strich innerhalb der Box kennzeichnet den Median (das ist in etwa das 2. Quartil, siehe Kapitel 3), der die Verteilung in zwei gleich stark besetzte Hälften teilt;[24]
- Linien links und rechts von der Box zeigen (mit Ausnahme möglicher extremer Ausreißerwerte) den Wertebereich der Variablen an;
- gibt es Extremwerte, die mehr als 1.5-mal weiter vom oberen oder unteren Ende der Box entfernt sind, als die Box selbst lang ist, werden diese durch zusätzliche Punkte oder Sternchen außerhalb der Linien gekennzeichnet.

Aus Abbildung 2.3d ist zu erkennen, dass die Mitte der Altersverteilung bei 50 Jahren liegt und die Hälfte der Befragten zwischen 36 und 66 Jahre alt sind. Der kleinste Wert liegt bei 18, der größte bei 90 Jahren. Es gibt keine Ausreißerwerte, da keine Person älter als 111 Jahre ist.[25]

Box-Plots werden vor allem verwendet, um Verteilungen zu vergleichen, also etwa die Altersverteilungen in Stichproben aus verschiedenen Populationen.

Verteilungsformen

Vor allem Kern-Dichte-Schätzer bzw. Histogramme erlauben es, Verteilungen nach kennzeichnenden Charakteristika wie Schiefe, Modalität, U-Förmigkeit und Steilheit zu beschreiben. In Abbildung 2.4 sind dazu einige Beispiele aufgeführt.

---

24 Bei der Berechnung des Medians und von Anfang und Ende der Box werden i. A. etwas andere Rechenformeln verwendet als bei den entsprechenden empirischen Quantilen Q_1 Q_2 und Q_3.

25 Das 1.5-Fache der Länge der Box beträgt $1.5 \cdot (66-36) = 45$ Jahre. Daher gelten Fälle, die größer als 66+45 Jahre alt sind, als Ausreißer. Am unteren Rand kann es keine Ausreißerfälle geben, da 36−45 ein negatives Alter ergeben würde.

Abbildung 2.4: Bezeichnungen für Verteilungsformen

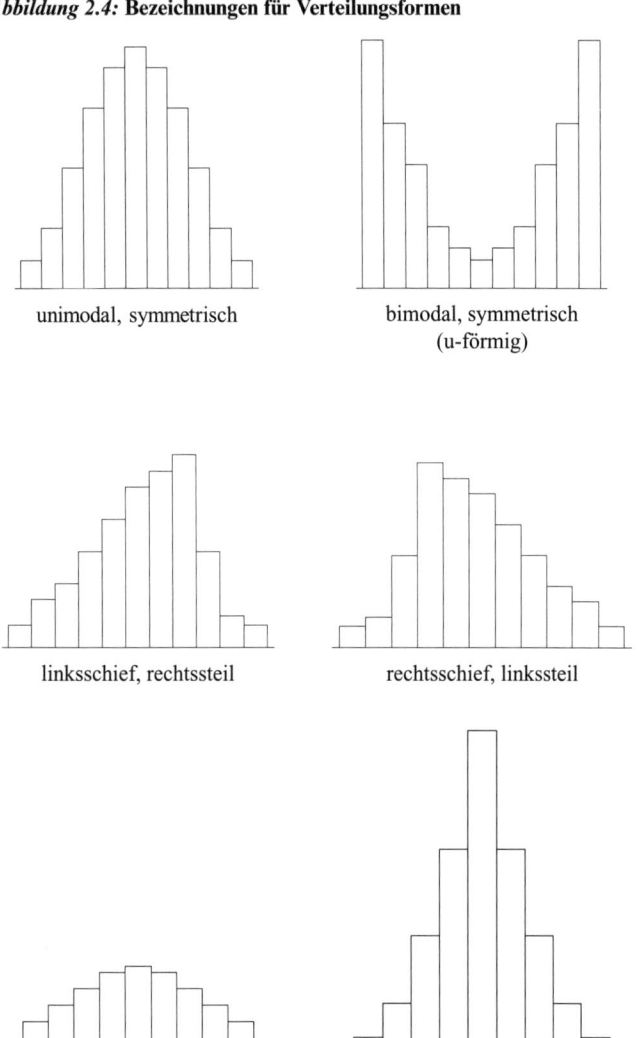

unimodal, symmetrisch

bimodal, symmetrisch
(u-förmig)

linksschief, rechtssteil

rechtsschief, linkssteil

flache Verteilung

steile Verteilung

Eine Verteilung ist symmetrisch, wenn der Abstand eines beliebigen Quantils mit dem Quantilanteil α vom 50%-Quantil der Verteilung gleich dem Abstand des Quantils mit dem Quantilanteil $1-\alpha$ vom 50%-Quantil ist:

$$\left| Q_{50\%} - Q_{\alpha} \right| = \left| Q_{1-\alpha} - Q_{50\%} \right| \qquad (2.10)$$

wobei $Q_{50\%}$ = 50%-Quantil einer symmetrischen Verteilung

$Q_{\alpha}, Q_{1-\alpha}$ = Quantile mit Quantilanteilen α und $1-\alpha$.

Bei einer symmetrischen Verteilung ist also die Differenz zwischen 10%-Quantil und 50%-Quantil genauso groß wie die Differenz zwischen 90%-Quantil und 50%-Quantil und die Differenz zwischen 25%-Quantil und 50%-Quantil genau so groß wie die zwischen 50%-Quantil und 75%-Quantil.

Eine nichtsymmetrische Verteilung ist *linksschief* oder *rechtssteil*, wenn sie von links langsamer ansteigt als sie nach rechts abfällt. Dagegen ist eine Verteilung *rechtsschief* oder *linkssteil*, wenn sie nach rechts langsamer abfällt als sie von links ansteigt.

Hat eine Verteilung nur einen Gipfel, ist sie eingipflig oder *unimodal*. Hat sie zwei Gipfel, ist sie dagegen *bimodal*, bei drei Gipfeln *trimodal*. Mehrgipflige (*multimodale*) Verteilungen können ein Hinweis darauf sein, dass sich die betrachtete Population aus unterscheidbaren Teilpopulationen zusammensetzt.

Gelegentlich wird auch die *Steilheit* oder *Wölbung (engl: kurtosis* oder *excess)* einer Verteilung betrachtet. Eine Verteilung verläuft steiler als eine zweite Verteilung mit gleichem Wertebereich, wenn sie an den Rändern flacher und in der Mitte stärker ansteigt.

2.7.2 Visualisierungen bei nominalskalierten Variablen
Histogramme, Kern-Dichte-Schätzer und Box-Plots setzen metrisches Messniveau voraus. Bei nominalskalierten Variablen müssen andere Visualisierungen eingesetzt werden.

Balkendiagramm

Eine Möglichkeit zur Darstellung der Verteilung nominalskalierter Variablen sind *Balkendiagramme* (Abbildung 2.5a). Für jede Ausprägung wird ein Balken gezeichnet, dessen Länge der absoluten oder relativen Besetzungshäufigkeit entspricht. Um den Eindruck einer stetigen Variablen zu vermeiden, sollten sich die Balken nicht berühren.

Säulendiagramm

Vor allem für den Vergleich von Häufigkeitsverteilungen eines Merkmals in Subgruppen kann es sinnvoll sein, die Verteilungen durch jeweils eine segmentierte Säule darzustellen. Die Höhe der Segmente im *Säulendiagramm* (Abbildung 2.5b) entspricht den jeweiligen relativen Häufigkeiten der Ausprägungen in den Subgruppen. Die Anordnung der Teilabschnitte ist bei nominalem Skalenniveau irrelevant und kann daher nach pragmatischen Gesichtspunkten erfolgen.

Im Beispiel ist die Verteilung der Wahlabsicht für Ost- und Westdeutschland getrennt in zwei Säulen dargestellt. Es ist gut erkennbar, dass im Vergleich zum Westen die Wahlabsicht im Osten vor allem die Linke begünstigt und dass der Anteil der Nichtwähler deutlich größer ist. Die SPD ist in beiden Teilgebieten fast gleich stark, für alle anderen im Bundestag vertretenen Parteien ist die Wahlabsicht im Osten geringer.

Kreis- oder Tortendiagramm

In *Kreisdiagrammen* und *Tortendiagrammen* wird ein Kreis bzw. ein Zylinder in Segmente zerteilt, die für die Ausprägungen stehen. Die relative Häufigkeit einer Ausprägung wird durch den Umfang des zugehörigen Segments, d. h. seinen Winkelanteil an den insgesamt 360° des Kreisumfangs bestimmt.

Durch unterschiedlich große Kreise bzw. Torten können bei Vergleichen von Verteilungen in Subgruppen unterschiedliche Gruppengrößen berücksichtigt werden. Ein Nachteil von Kreis-

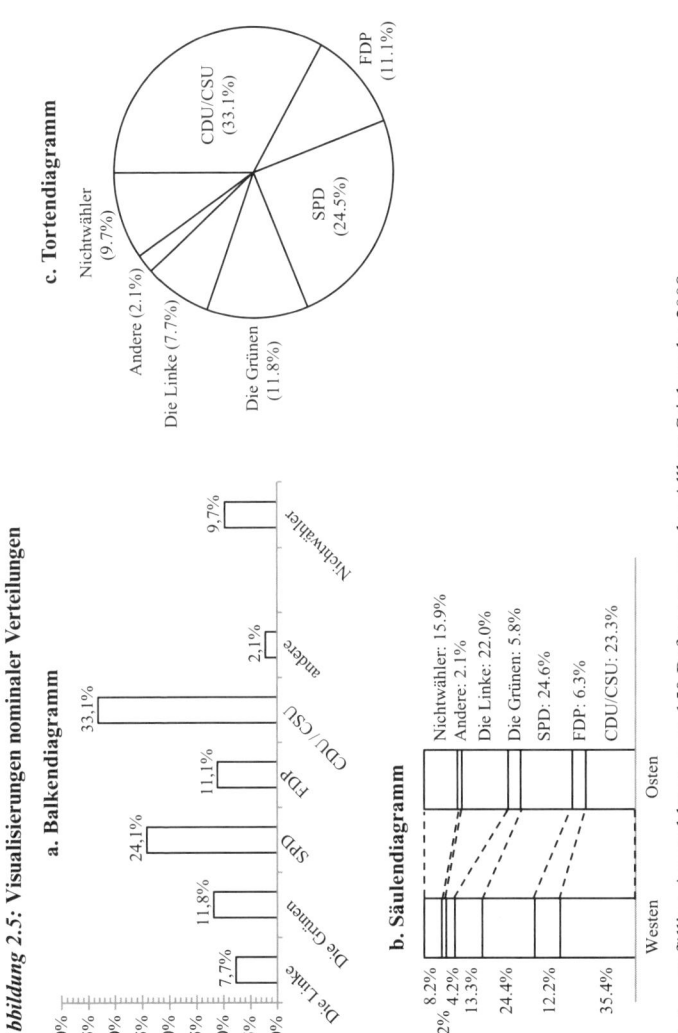

Abbildung 2.5: Visualisierungen nominaler Verteilungen

a. Balkendiagramm

Die Linke	7,7%
Die Grünen	11,8%
SPD	24,1%
FDP	11,1%
CDU/CSU	33,1%
andere	2,1%
Nichtwähler	9,7%

b. Säulendiagramm

Westen:
- 2,2%
- 4,2%
- 8,2%
- 13,3%
- 24,4%
- 12,2%
- 35,4%

Osten:
- Nichtwähler: 15,9%
- Andere: 2,1%
- Die Linke: 22,0%
- Die Grünen: 5,8%
- SPD: 24,6%
- FDP: 6,3%
- CDU/CSU: 23,3%

c. Tortendiagramm

- FDP (11,1%)
- CDU/CSU (33,1%)
- Nichtwähler (9,7%)
- Andere (2,1%)
- Die Linke (7,7%)
- Die Grünen (11,8%)
- SPD (24,5%)

Daten: zufällige Auswahl von n = 150 Befragten aus der Allbus-Stichprobe 2008

oder Tortendiagrammen ist, dass es (ohne Zahlenangaben) oft nicht einfach ist, die relativen Größenverhältnisse der Ausprägungen über die Segmentumfänge abzuschätzen.

2.7.3 Probleme der grafischen Darstellungen ordinaler Variablen

Für ordinale Verteilungen haben sich keine speziellen Darstellungsweisen durchgesetzt. Da Box-Plots vor allem Quantile darstellen, die ab ordinalem Messniveau berechenbar sind, liegt es nahe, bei ordinalen Variablen Box-Plots zu verwenden. Mehrgipfligkeit lässt sich dann allerdings nicht erkennen. In der Praxis werden daher auch Stabdiagramme und Histogramme für die Darstellung ordinaler Variablen verwendet. Dabei werden anstelle der metrischen Werte Rangplätze dargestellt.

Aufgrund der Hierarchie der Messniveaus können auch Balken, Säulen- oder Kreisdiagramme zur Darstellung ordinaler Verteilungen verwendet werden, wobei die Balken bzw. Säulenabschnitte entsprechend der Rangfolge der Ausprägungen anzuordnen sind. Diese beiden Darstellungsformen geben einerseits die Form der Verteilung wieder, suggerieren im Unterschied zu Histogrammen oder gar Darstellungen von Kern-Dichte-Schätzungen aber nicht, dass die Werte der Ausprägungen als Zahlenabstände interpretierbar sind.

2.8 Zusammenfassung

Die wichtigsten Formeln dieses Kapitels

Anteile

$$p_j = \frac{n_j}{n} \tag{2.1}$$

Kumulierte Anteile

$$cp_j = p\left(X \le x_j\right) = p_1 + p_2 + \ldots + p_j = \sum_{k=1}^{j} p_k = \frac{\sum_{k=1}^{j} n_k}{n} \tag{2.2}$$

Klassenmitte

$$m_j = \frac{u_j + o_j}{2} \tag{2.3}$$

Empirische Verteilungsfunktion bei ungruppierten Häufigkeiten

$$\hat{F}\left(X = x_{(i)}\right) = p\left(X \leq x_{(i)}\right) = \sum_{j=1}^{i} \frac{x_{(j)}}{n} \tag{2.4}$$

Empirische Verteilungsfunktion bei gruppierten Häufigkeiten

$$\hat{F}\left(X = o_j\right) = p\left(X \leq o_j\right) = \sum_{k=1}^{j} \frac{n_k}{n} \tag{2.7}$$

Interpolation zur Bestimmung eines Quantilwerts bei gruppierten Daten

$$Q_\alpha = u_k + \frac{\alpha - cp_{k-1}}{p_k} \cdot \left(o_k - u_k\right) \tag{2.8}$$

Glossar der wichtigsten Begriffe dieses Kapitels

Absolute Häufigkeit: Anzahl der Fälle, bei denen die Ausprägung einer Variablen vorkommt

Ausprägung: Möglicher Wert einer Eigenschaft (Variablen); z. B. sind «männlich» und «weiblich» die Ausprägungen der Variablen «Geschlecht»

Code: Zahl, die für eine Ausprägung einer Eigenschaft steht

Codierung: siehe Messen

Datenmatrix: Tabelle, in deren Zeilen Untersuchungseinheiten (z. B. Personen) und in deren Spalten Realisierungen der erfassten Variablen stehen

Empirische Verteilung: beobachtbare Verteilung der Werte einer Variablen in einem Datensatz

Fall: Beobachtungseinheit, über die Informationen vorliegen, z. B. Mensch, Tier, Organisation, Stadt, Land

Fehlender Wert: Numerische Kennzeichnung von «Lücken» im Datensatz, die dadurch entstehen, dass für Untersuchungseinheiten keine (inhaltlich zulässigen) Angaben vorliegen

Gruppierte Daten: zu Klassen zusammengefasste Ausprägungen einer Variablen

Gültiger Wert: Wert, der im Codeplan für zugelassene Antwortmöglichkeiten festgelegt ist

Häufigkeitsdichte: in Histogrammen: relative Häufigkeit einer Klasse dividiert durch die Klassenbreite, bei Kern-Dichte-Schätzern: an jeder Stelle des Wertebereichs

Häufigkeitstabelle: Tabelle, deren Spalten die Ausprägungen einer Variablen, deren absolute und / oder relative Häufigkeiten, sowie eventuell die kumulierten Häufigkeiten enthalten. In den Zeilen der Häufigkeitstabelle steht je eine Ausprägung der Variablen mit den ihr zugeordneten Häufigkeitsangaben

Klassen: Zusammenfassungen (Gruppierung) von Ausprägungen einer Variablen

Klassenbreite oder *Klassenintervall:* Abstand zwischen unterer und oberer Grenze einer Klasse

Klassengrenze: untere und obere Begrenzung einer Klasse

Klassenmittelpunkt: Punkt, der in der Mitte zwischen unterer und oberer Klassengrenze liegt

Kumulierter Anteil: Summe der Anteile von der niedrigsten (kleinsten) Ausprägung einer Variablen bis zu einem bestimmten Wert, einschließlich des Anteils dieses Werts

Kumulierte Häufigkeit: Summe der absoluten Häufigkeiten von der niedrigsten (kleinsten) Ausprägung einer Variablen bis zu einem bestimmten Wert, einschließlich der Häufigkeit dieses Werts

Merkmal: Eigenschaft von Untersuchungseinheiten, auch als Variable bezeichnet

Messen: (a) im weiteren Sinn: Anwendung der Korrespondenzregeln zur Erfassung von theoretischen Sachverhalten; (b) im engeren Sinn auch als Codierung bezeichnet: die Zuordnung von Zahlen zu den Ausprägungen von Eigenschaften

Messinstrument: Hilfsmittel zur Erfassung (Messung) von Informationen über Untersuchungseinheiten. Ein in den Sozialwissenschaften häufig eingesetztes Messinstrument ist der Fragebogen

Messniveau: siehe Skalenniveau

Missing Value: siehe fehlender Wert

Operationalisierung: Verknüpfung von theoretischen Begriffen (Konstrukten) mit empirisch beobachtbaren Sachverhalten durch Korrespondenzregeln

Quantilanteil: kumulierter Anteil α (Alpha) einer Verteilung zu einem Quantilwert Q_α.

Quantil(wert): kleinste Ausprägung einer Variablen, für die gilt, dass ein (vorgegebener) kumulierter Anteil α (Alpha) der Verteilung kleiner oder gleich dieser Ausprägung ist

Rang: Position eines Falls nach (aufsteigender) Sortierung der Ausprägung einer Variablen

Realisierung: Empirisch beobachteter Wert einer Variablen bei einem Fall

Recodierung: Umformung der Werte einer Variablen in andere Werte; s. auch Transformation

Schiefe: Eigenschaft einer Verteilung; eine Verteilung ist linksschief, wenn sie am unteren Ende der Verteilung langsamer ansteigt (bzw. abfällt) als am oberen Ende; sie ist rechtsschief, wenn sie am oberen Ende langsamer ansteigt (bzw. abfällt) als am unteren Ende; sie ist symmetrisch, wenn der Abstand jedes Quantils Q_α von der Verteilungsmitte ($Q_{50\%}$) genauso groß ist wie der Abstand des Quantils $Q_{1-\alpha}$ von der Verteilungsmitte

Skalenniveau: (oder Messniveau): durch die Messtheorie festgelegter Informationsgehalt einer Messung. Variablen können auf Nominalskalen-, Ordinalskalen-, Intervallskalen- oder Ratio-(Verhältnis-)skalenniveau gemessen werden

Summenkurve: grafische Darstellung der Verteilungsfunktion bei gruppierten Daten. In einem Koordinatensystem werden die kumulierten Häufigkeiten der Klassen einer Variablen an den jeweiligen Klassenobergrenzen abgetragen und durch eine Linie miteinander verbunden

Untersuchungseinheit: Einheit, über die Informationen erhoben werden (siehe: Fall)

Variable: siehe Merkmal

Verteilungsfunktion, empirische: kumulierte Häufigkeitsverteilung einer Variablen. Grafisch ergibt sich eine stufenförmige
Kurve, wenn man die Werte einer Verteilungsfunktion von ungruppierten Daten in einem Koordinatensystem abträgt. Bei
jeder Ausprägung der Variablen steigt die Kurve um den Anteilswert (der Häufigkeit) dieser Ausprägung an.

3 Kennwerte univariater Verteilungen

Zur Beschreibung von Verteilungen verwendet man in der Statistik oft wenige *Kennwert*e, sog. *Parameter*, die charakteristisch für die gesamte Verteilung sind und bestimmte Eigenschaften von Verteilungen erfassen:

1. *Maße der zentralen Tendenz, auch Lagemaße genannt*, geben bei metrischen Variablen den Ort bzw. die Lage der Verteilung auf einer Zahlenachse an und können bei nichtmetrischen Variablen als «typisch» für eine Verteilung gelten.
2. *Streuungsmaße* erfassen die Unterschiedlichkeit der Realisationen einer Verteilung in einer Maßzahl.

Darüber hinaus können auch die *Schiefe* oder die *Steilheit* einer Verteilung in Form von Kennwerten erfasst werden.

3.1 Typische Werte: Maße der zentralen Tendenz oder Lagemaße

3.1.1 Modus

Als charakteristischer Wert der Verteilung einer Variablen X kann die Ausprägung gelten, die am häufigsten realisiert wird. Dieser Wert wird als *Modus* oder *Modalwert* (engl: *mode*) einer Verteilung bezeichnet. Der Modus wird formal durch einen Kreis über dem Symbol für die betrachtete Variable dargestellt:

$$\overset{o}{x} = \left\{ x_k \middle| n_k \geq n_j \text{ für alle } j \right\} \tag{3.1}$$

wobei $\overset{o}{x}$ = Ausprägung, die am häufigsten vorkommt = Modus

       j, k   = Indizes für Ausprägungen von X, wobei hier k für den Wert der modalen Ausprägung steht und j für irgendeinen Ausprägungswert

$\{ \dots \}$	=	Symbol für eine Menge, wobei in der Klammer entweder die Elemente der Menge explizit aufgeführt oder ihre Eigenschaften festgelegt sind
$\{x_k \mid \dots\}$	=	Menge mit den Elementen x_k, die die Bedingung erfüllen, die nach dem senkrechten Strich genannt ist.
$n_k \geq n_j$	=	die Häufigkeit n_k der k-ten Ausprägung ist größer/gleich der Häufigkeit n_j der j-ten Ausprägung.

Sinnvoll ist die Wahl des Modus als charakteristischer Wert einer Verteilung nur, wenn es tatsächlich eine *einzige* Ausprägung gibt, die am häufigsten vorkommt, also $n_k > n_j$ für alle j ungleich k. Bei bi- oder multimodalen (mehrgipfligen) Verteilungen muss daher ein Gipfel besonders herausragen.

Hinweis:

In Statistikprogrammen wird auch dann ein Modalwert berechnet, wenn mehrere Maxima mit gleichen Häufigkeiten auftreten. Der ausgewiesene Wert ist dann entweder das erste oder das letzte Maximum der Verteilung.

Bei der Häufigkeitsverteilung der Demokratiezufriedenheit in Tabelle 2.4 hat der Modus den Wert 5, das ist die Ausprägung «ziemlich zufrieden». Von allen Befragten wird diese Kategorie mit 1088 Realisierungen am häufigsten gewählt.

Bei *gruppierten Daten* hat der Modus den Wert der Klassenmitte (siehe Gleichung 2.3) derjenigen Klasse, die am häufigsten vorkommt. Sinnvoll ist eine Berechnung des Modus bei gruppierten Daten allerdings nur dann, wenn die Klassenbildung inhaltlich begründet wird und nicht auf der Basis von Häufigkeiten der Ausprägungen erfolgt.

3.1.2 Median

Ein weiterer charakteristischer Wert einer Verteilung ist der *Median*, der eine Verteilung, deren Realisationen (aufsteigend) der Größe nach geordnet sind, halbiert. Symbolisiert wird der Median durch eine Tilde (~) über der Variablenbezeichnung: x̃ ist der Median der Variablen X. Der Median ist der Wert, der genau in der Mitte der Verteilung liegt, sodass jeweils (mindestens) die Hälfte der Realisierungen sowohl kleiner oder gleich als auch größer oder gleich diesem Wert ist. Die Berechnungsformel des Median hängt davon ab, ob die Verteilung auf einer geraden oder einer ungeraden Fallzahl basiert. Bei ungerader Fallzahl ist der Median gleich der Ausprägung des Falles mit der Ordnungsnummer $(n+1)/2$, bei gerader Fallzahl ist der Median der Mittelwert der Ausprägungen der beiden mittleren Fälle mit den Ordnungsnummern $n/2$ und $n/2+1$:

$$\tilde{x} = \begin{cases} x_{\left(\frac{n+1}{2}\right)} & \text{bei ungerader Fallzahl} \\ \dfrac{x_{\left(\frac{n}{2}\right)} + x_{\left(\frac{n}{2}+1\right)}}{2} & \text{bei gerader Fallzahl} \end{cases} \tag{3.2}$$

wobei   x̃ = Median der Verteilung einer Variablen X.

Als Beispiel sind in Tabelle 3.1a noch einmal alle der Größe nach geordneten gültigen Werte der Altersverteilung aus Tabelle 2.3b aufgeführt. Um die Berechnung bei einer geraden Fallzahl zu verdeutlichen, ist in Tabelle 3.1b der neunte Fall ausgelassen worden.

In Tabelle 3.1a ist $(n+1)/2 = (9+1)/2 = 5$. Der Median ist also der Wert des Falles mit der Ordnungsnummer 5. Da im Beispiel $x_{(5)} = 53$, hat der Median den Wert 53 Jahre. Bei den acht Fällen in Tabelle 3.1b ist der Median der Mittelwert der Ausprägungen mit den Ordnungsnummern $n/2$ und $n/2+1$, also der Mittelwert der Fälle $x_{(8/2)} = x_{(4)} = 52$ und $x_{(8/2+1)} = x_{(5)} = 53$. Der Median beträgt hier also $(52+53)/2 = 52.5$ Jahre.

Tabelle 3.1: **Median bei ungerader Fallzahl und gerader Fallzahl**

a) Median bei einer ungeraden Fallzahl

					Median				
Ordnungs- nummer	$x_{(1)}$	$x_{(2)}$	$x_{(3)}$	$x_{(4)}$	$\mathbf{x_{(5)}}$	$x_{(6)}$	$x_{(7)}$	$x_{(8)}$	$x_{(9)}$
Wert	39	43	49	52	**53**	53	66	70	89

$$\frac{n+1}{2}$$

b) Median bei einer geraden Fallzahl

					Median				
Ordnungs- nummer	$x_{(1)}$	$x_{(2)}$	$x_{(3)}$	$x_{(4)}$	$\dfrac{x_{(4)} + x_{(5)}}{2}$	$x_{(5)}$	$x_{(6)}$	$x_{(7)}$	$x_{(8)}$
Wert	39	43	49	52	**52.5**	53	53	66	70

Berechnung des Median bei ungruppierten Häufigkeitstabellen

Liegt eine Verteilung als Häufigkeitstabelle vor, dann kann der Wert des Median direkt aus der Spalte mit den kumulierten Anteilen oder Prozentwerten (cp) abgelesen werden. Der Wert des Median ist die Ausprägung, bei der die kumulierten Anteile oder Prozentwerte erstmalig den Wert 0.5 bzw. 50% überschreiten. Bei der Verteilung der Demokratiezufriedenheit (Tabelle 2.4) ist dies der Wert 5, also die Kategorie «ziemlich zufrieden»: Während $cp_4 = 44.2\%$ kleiner als 50% ist, ist $cp_5 = 90.5\%$ größer als 50%.

Liegt eine gerade Zahl gültiger Fälle in der Häufigkeitstabelle vor, dann müssen die kumulierten Häufigkeiten in einer Kategorie k tatsächlich den Wert 50% erstmals *über*schreiten, sodass ($cp_{k-1}<0.5$ und $cp_k>0.5$). Beträgt bei gerader Fallzahl die kumulierte Häufigkeit einer k-ten Kategorie exakt $1/2$, dann berechnet sich der Median nach Gleichung 3.3 aus dem Mittelwert dieser Kategorie $x_{(k)}$ und der nächsthöheren Kategorie $x_{(k+1)}$. Im Beispiel der (fiktiven) Daten in Tabelle 3.2 mit gerader Fallzahl n = 2348 beträgt die kumulierte Häufigkeit in Kategorie 4 (etwas zufrieden) genau $cp_4 = 0.50$. Der Median ist hier also der

Tabelle 3.2: **Berechnung des Median der Demokratiezufriedenheit bei gerader Fallzahl, wenn die kumulierten Prozentwerte bei einer Ausprägung exakt 50 % erreichen**

Ausprägung	Code	n_j	$cp_j\%$	Σn_j
sehr unzufrieden	1	38	1.6	1.6	38
ziemlich unzufrieden	2	134	5.7	7.3	172
etwas unzufrieden	3	319	13.6	20.9	491
etwas zufrieden	*4*	*683*	*29.1*	*50.0*	*1174*
ziemlich zufrieden	5	951	40.5	90.5	2125
sehr zufrieden	6	223	9.5	100.0	2348
Summe		2348			

Daten: fiktive Daten in Anlehnung an Allbus 2008 (Tabelle 2.4)

Mittelwert der Ausprägungen der vierten und fünften Kategorie $x = (x_{(4)} + x_{(5)})/2 = (4+5)/2 = 4.5$. Da eine Mittelwertberechnung nur bei metrischen Variablen zulässig ist, ist es bei kategorialen Variablen mit ordinalem Messniveau allerdings sinnvoller zu sagen: Der Median liegt zwischen der Kategorie k und der Kategorie (k+1) der Variablen, im Beispiel also zwischen «etwas zufrieden» und «ziemlich zufrieden».

Berechnung des Median bei gruppierten Häufigkeitstabellen

Bei gruppierten Daten wird der Median mit dem über die Summenfunktion interpolierten 50%-Quantil gleichgesetzt.[1] Die Berechnung des Median erfolgt nach der Interpolationsformel aus Gleichung 2.8, wobei für α der Wert 0.5 eingesetzt wird:

$$\tilde{x} = u_k + \frac{0.5 - cp_{k-1}}{p_k} \cdot (o_k - u_k) \tag{3.3}$$

Erläuterungen siehe Gleichung 3.2 und 2.8.

---

1 Aufgrund der sehr ähnlichen Definitionen sind der Median und das 50%-Quantil nicht nur bei gruppierten Daten, sondern auch bei Verteilungen mit ungerader Fallzahl identisch. Bei gerader Fallzahl ist der Median nur dann ungleich dem 50%-Quantil, wenn die beiden Fälle mit den Ordnungsnummern n/2 und n/2 + 1 verschiedene Ausprägungen aufweisen.

In der gruppierten Altersverteilung aus Tabelle 2.5 liegt das 50%-Quantil in der dritten Altersklasse «44.5 bis unter 59.5 Jahre». Die Anwendung von Gleichung 3.3 ergibt den Wert des Median:

$$\tilde{x} = 44.5 + \frac{0.5 - 0.411}{0.274} \cdot (59.5 - 44.5) = 44.5 + 0.32 \cdot 15 = 49.3 \text{ Jahre}$$

Dieser Wert liegt sehr nahe bei dem auf der Basis der ungruppierten Daten berechneten Median, der einen Wert von 48 Jahren aufweist.

Minimierungseigenschaften des Median

Der Median hat die Eigenschaft, dass die Summe der absoluten (vorzeichenbereinigten) Differenzen aller Realisierungen vom Median minimal ist:[2]

$$\sum_{i=1}^{n} |x_i - \tilde{x}| \leq \sum_{i=1}^{n} |x_i - a| \quad \text{für beliebige Werte a} \tag{3.4}$$

wobei i = Index für die Fallnummer

$|x_i - \tilde{x}|$ = vorzeichenbereinigte (absolute) Differenz zwischen einer Realisierung x_i und dem Median $\tilde{x}$

$\sum_{i=1}^{n} |x_i - \tilde{x}|$ = Summe der absoluten Differenzen

a = ein beliebiger Wert.

Allerdings ist die Minimierungseigenschaft bei *gerader Fallzahl* nicht immer eindeutig. Sie gilt dann für alle Zahlen zwischen den Realisierungen $x_{(n/2)}$ und $x_{(n/2+1)}$.

---

2 Diese Eigenschaft ist allerdings nur für metrische Variablen relevant.

3.1.3 Arithmetisches Mittel

Der bei metrischen Daten am häufigsten verwendete typische Wert einer Verteilung ist das *arithmetische Mittel* (engl.: *mean*), das auch einfach *Mittelwert* oder *Durchschnitt* genannt wird. Symbolisiert wird das arithmetische Mittel durch einen Querstrich über dem Symbol für die betrachtete Variable. Der Mittelwert einer Verteilung wird berechnet als Summe aller Realisierungen (mit gültigen Werten), geteilt durch die Anzahl dieser Realisierungen. Im Unterschied zum Median müssen bei der Berechnung des Mittelwerts die Werte einer Verteilung *nicht* der Größe nach geordnet werden:

$$\overline{x} = \frac{x_1 + x_2 + ... + x_n}{n} = \frac{1}{n} \sum_{i=1}^{n} x_i \qquad (3.5)$$

wobei $\overline{x}$ = x-quer; arithmetisches Mittel der Realisierungen einer Variablen X

n = Anzahl der Fälle mit gültigen Werten

$x_1, x_2, ... x_n$ = Realisationen von X bei den Fällen i = 1, 2, …, n

$\sum_{i=1}^{n} x_i$ = Summe aller i = 1 bis n Realisierungen x_i von X.

Für die neun Fälle mit gültigen Werten aus Tabelle 2.3a ergibt sich ein Mittelwert von:

$$\overline{x} = \frac{66 + 49 + 52 + 70 + 53 + 39 + 89 + 53 + 43}{9} = \frac{514}{9} = 57.1$$

Das durchschnittliche Alter beträgt 57.1 Jahre. In den Daten gibt es nur ganze Zahlen beim Alter. Anders als bei Median und Modus kann das arithmetische Mittel somit ein Wert sein, der in der betrachteten Verteilung gar nicht realisiert ist.[3]

---

3 Dies kann bei gerader Fallzahl auch beim Median auftreten, da der Median dann als arithmetisches Mittel von zwei Realisierungen definiert ist.

Berechnung des arithmetischen Mittels in Häufigkeitstabellen

In Häufigkeitstabellen ist zu beachten, wie oft die Ausprägungen vorkommen, denn dort berechnet sich das arithmetische Mittel als Summe der Ausprägungen x_j, die mit den Auftretenshäufigkeiten n_j gewichtet (d. h. multipliziert) und durch die Anzahl der Fälle mit gültigen Werten geteilt werden. Anstelle der Gewichtung mit absoluten Häufigkeiten kann auch mit den relativen Häufigkeiten gewichtet werden, wobei dann die Summe nicht mehr durch die Fallzahl geteilt wird:

$$\bar{x} = \frac{1}{n}\sum_{j=1}^{J} n_j \cdot x_j = \sum_{j=1}^{J} \frac{n_j}{n} \cdot x_j = \sum_{j=1}^{J} p_j \cdot x_j \qquad (3.6)$$

wobei j   = Index für einen Ausprägungswert der Variablen X

J   = Anzahl der (gültigen) Ausprägungen der Variablen X

$\displaystyle\sum_{j=1}^{J} n_j \cdot x_j$ = Summe der mit den absoluten Häufigkeiten multiplizierten Ausprägungen x_j von X mit $j = 1$ bis J

$\displaystyle\sum_{j=1}^{J} p_j \cdot x_j$ = Summe der mit den relativen Häufigkeiten multiplizierten Ausprägungen x_j von X mit $j = 1$ bis J.

Weitere Erläuterungen siehe Gleichung 3.5.

Für die Verteilung in Tabelle 2.3 ergibt sich also folgende Berechnung:

– Bei der Gewichtung mit den absoluten Häufigkeiten:

$$\bar{x} = \frac{1}{9} \cdot \left(1 \cdot 39 + 1 \cdot 43 + 1 \cdot 49 + 1 \cdot 52 + 2 \cdot 53 + 1 \cdot 66 + 1 \cdot 70 + 1 \cdot 89\right) = \frac{514}{9}$$

$$= 57.1$$

– Bei der Gewichtung mit den relativen Häufigkeiten:

$$\overline{x} = \frac{1}{9} \cdot 39 + \frac{1}{9} \cdot 43 + \frac{1}{9} \cdot 49 + \frac{1}{9} \cdot 52 + \frac{2}{9} \cdot 53 + \frac{1}{9} \cdot 66 + \frac{1}{9} \cdot 70 + \frac{1}{9} \cdot 89 = 57.1$$

Werden statt der Anteile Prozentwerte verwendet, muss die Produktsumme noch durch 100 dividiert werden. Bei einer Mittelwertbestimmung per Hand ist die Formel für die absoluten Häufigkeiten vorzuziehen, weil so Rundungsfehler verringert werden.

Berechnung des arithmetischen Mittels in gruppierten Häufigkeitstabellen

Bei gruppierten Daten werden anstelle der einzelnen Ausprägungen x_j die jeweiligen Klassenmittelwerte oder Klassenmitten m_j verwendet. Das arithmetische Mittel wird dann berechnet nach:

$$\overline{x} = \frac{1}{n} \sum_{j=1}^{J} n_j \cdot m_j = \sum_{j=1}^{J} \frac{n_j}{n} \cdot m_j = \sum_{j=1}^{J} p_j \cdot m_j \qquad (3.7)$$

Erläuterungen siehe Gleichung 2.3 und 3.6.

In Tabelle 3.3 sind die Berechnungen für die gruppierte Altersverteilung aus Tabelle 2.5 mit der Gewichtung durch die absoluten und die relativen Häufigkeiten angegeben. Der für die gruppierten Daten berechnete Mittelwert von 50.13 liegt nahe beim Mittelwert der nicht gruppierten Daten, der 49.56 Jahre beträgt. Abweichungen zwischen den Mittelwerten für gruppierte und ungruppierte Daten sind Folge davon, dass die Klassenmitten von den Mittelwerten der Realisierungen in den Altersklassen abweichen können. Werden die Klassenmitten durch die korrekten Klassenmittelwerte ersetzt, ergibt sich der korrekte Altersmittelwert von 49.56 Jahren. Wenn bei gruppierten Daten die Klassenmittelwerte vorliegen, sollten daher diese statt der Klassenmitten verwendet werden.

Tabelle 3.3: **Berechnung des Mittelwertes für die gruppierte Häufigkeitsverteilung aus Tabelle 2.5**

	Ausprägung	Code	Häufigkeit	Gültige Prozente		
j	u_j $\qquad$ o_j	m_j	n_j	$100 \cdot p_j$	$n_j \cdot m_j$	$p_j \cdot m_j$
1	17.5 bis <29.5	23.5	376	15.8	8836.0	3.71
2	29.5 bis <44.5	37.0	602	25.3	22274.0	9.36
3	44.5 bis <59.5	52.0	653	27.4	33956.0	14.25
4	59.5 bis <74.5	67.0	531	22.3	35577.0	14.94
5	74.5 bis <96.5	85.5	219	9.2	18724.5	7.87
	Summe		2381	100.0	119367.5	50.13
	Summe/n				50.13	

Daten: Allbus 2008, Westdeutschland

Minimierungseigenschaften des arithmetischen Mittels

Das arithmetische Mittel bildet den Schwerpunkt einer Verteilung, was bedeutet, dass die Summe der Abweichungen aller Realisierungen einer Verteilung vom Mittelwert stets null ist:

$$\sum_{i=1}^{n} (x_i - \overline{x}) = 0 \qquad (3.8)$$

Erläuterungen siehe Gleichung 3.5.

Während die Minimierungseigenschaft des Median (Gleichung 3.4) bei gerader Fallzahl nicht nur für den Median, sondern für alle Werte zwischen den Fällen mit den Ordnungsnummern $x_{(n/2)}$ und $x_{(n/2+1)}$ gelten, gilt die Minimierungseigenschaft des Mittelwerts grundsätzlich nur für dessen Wert allein.

Eine weitere Minimierungseigenschaft des Mittelwerts besteht darin, dass die Summe der quadrierten Abweichungen aller Realisierungen vom arithmetischen Mittel das Minimum aller Summen von quadrierten Differenzen ist, die zwischen allen Realisierungen der Verteilung und einem beliebigen Wert a gebildet werden können:

$$\sum_{i=1}^{n} \left(x_i - \overline{x} \right)^2 < \sum_{i=1}^{n} \left(x_i - a \right)^2 \quad \text{für beliebige } a \neq \overline{x} \tag{3.9}$$

Erläuterungen siehe Gleichung 3.5

3.1.4 Spezifische Mittelwerte

Getrimmtes arithmetisches Mittel

Wird im fiktiven Beispiel aus Tabelle 2.3 versehentlich der Code für «keine Angabe» (= 999) bei der Berechnung des Durchschnittsalters berücksichtigt, dann resultiert ein Durchschnittsalter von 151.3 Jahren anstelle des tatsächlichen Altersdurchschnitts der 9 Fälle mit gültigen Werten von 57.1 Jahren. Generell weisen Mittelwerte die Eigenschaft auf, dass Realisierungen an den Rändern der Verteilung den Wert des Mittelwerts stärker bestimmen als Realisierungen in der Mitte einer Verteilung.

Ein Beispiel ist die Einkommensverteilung: Gibt es in einer Stichprobe wenige Personen mit extrem hohem Einkommen, so ist das durchschnittliche Einkommen in der Stichprobe hoch, auch wenn die Mehrheit ein geringes Einkommen aufweist.

Eine Möglichkeit, das arithmetische Mittel unempfindlicher gegenüber Extremwerten zu machen, besteht darin, sowohl am unteren als auch am oberen Ende der Verteilung einen identischen Prozentsatz der kleinsten und größten Realisierungen nicht in die Berechnung einzubeziehen. Wenn jeweils die x% kleinsten und die x% größten Werte ausgeschlossen werden, ergibt sich das x%-*getrimmte arithmetische Mittel* ($\overline{x}_{\text{getr}}$). Wird z. B. bei den neun gültigen Fällen aus Tabelle 3.1a) jeweils der größte und der kleinste Wert ignoriert und der Mittelwert der verbleibenden 7 Fälle berechnet, so bleiben auf jeder Seite 11.1% (= 1/9) der Fälle unberücksichtigt. Das 11.1%-getrimmte Mittel beträgt dann:

$$\overline{x}_{11.1\%\text{getr}} = \frac{43+49+52+53+53+66+70}{7} = 55.1$$

Verglichen mit dem Mittelwert aller neun Fälle (57.1) ist das getrimmte Mittel in diesem Beispiel geringer.

Beim Trimmen des arithmetischen Mittels ist zu beachten, dass wie bei der Berechnung des Median die Realisierungen der Verteilung zunächst der Größe nach angeordnet sein müssen. Außerdem gelten die Minimierungseigenschaften des Mittelwerts nicht mehr für die gesamte Verteilung, sondern nur für die nach dem Trimmen verbleibenden Fälle.

Notwendig wird die Berechnung *getrimmter Mittelwerte* nicht nur beim Vorliegen von Extremwerten, sondern vor allem, wenn – was bei gruppierten Daten oft der Fall ist – der kleinste und / oder der größte Wert einer Verteilung unbekannt und infolgedessen die oberste oder unterste Klasse unbegrenzt («offen») ist, d. h. die Untergrenze der ersten Klasse und / oder die Obergrenze der letzten Klasse nicht bekannt ist. So ist oft bei Einkommensverteilungen die oberste Klasse nach oben offen (Tabelle 3.4a).

Wenn die Obergrenze unbekannt ist, lässt sich die Klassenmitte und damit auch der Mittelwert für gruppierte Daten nicht berechnen. Stattdessen kann ein getrimmter Mittelwert berechnet werden, bei dem die oberste Einkommensklasse mit n_J Fällen ignoriert und die unterste Einkommensklasse um die identische Anzahl an Fällen reduziert wird.

Die unterste Einkommensklasse in Tabelle 3.4a umfasst $n_1 = 150$ Fälle, während die oberste Einkommensklasse $n_J = n_t = 50$ Fälle enthält. Also sind die obersten 50 (= 5 % von n = 1000) und die untersten 50 Fälle aus der Analyse auszuschließen.

Durch den Ausschluss der 50 Fälle mit dem geringsten Einkommen verschiebt sich die Untergrenze der untersten Klasse. Das Ausmaß dieser Verschiebung wird mit Hilfe einer linearen Interpolation berechnet (vgl. Gleichung 2.8):[4]

---

4 Dabei wird wie bei der Berechnung von Quantilen über die Summenkurve davon ausgegangen, dass sich die Fälle in einer Klasse gleichmäßig über die gesamte Klassenbreite verteilen.

Tabelle 3.4: **Berechnung des getrimmten arithmetischen Mittels mit fiktiven Daten**

a) Ausgangstabelle

Einkommensklasse				Häufigkeit	Anteile	Kum. Anteile
0 €	bis	<	500 €	150	0.150	0.150
500 €	bis	<	1500 €	200	0.200	0.350
1500 €	bis	<	5000 €	300	0.300	0.650
5000 €	bis	<	10 000 €	200	0.200	0.850
10 000 €	bis	<	25 000 €	100	0.100	0.950
25 000 €	und mehr			50	0.050	1.000
Summe				1000	1.000	

Daten: fiktive Daten

b) Tabelle mit Trimmung der obersten und untersten 50 Fälle

Einkommensklasse				Häufig-keit	Anteile	Kum. Anteile	Klassen-mitte	$p_k \cdot m_k$
~~0 €~~	~~bis~~	~~<~~	~~167 €~~	~~50~~				
167 €	bis	<	500 €	100	0.111	0.111	333.5	37.055
500 €	bis	<	1500 €	200	0.222	0.333	1000.0	222.222
1500 €	bis	<	5000 €	300	0.333	0.667	3250.0	1083.333
5000 €	bis	<	10 000 €	200	0.222	0.889	7500.0	1666.667
10 000 €	bis	<	25 000 €	100	0.111	1.000	17 500.0	1944.444
~~25 000 €~~	~~und mehr~~			~~50~~				
Summe				900	1.000			4953.721

Daten: fiktive Daten

$$u_t = u_1 + \frac{\alpha_t}{p_1} \cdot \left(o_1 - u_1\right) = u_1 + \frac{n_t}{n_1} \cdot \left(o_1 - u_1\right) \qquad (3.10)$$

wobei u_t = Untergrenze der getrimmten untersten Klasse

u_1 = (ursprüngliche) Untergrenze der untersten Klasse

α_t = Anteil der auszuschließenden Fälle

p_1 = Anteil der Fälle in der zu trimmenden untersten Klasse

n_t = Anzahl der auszuschließenden Fälle

85

n_1 = ursprüngliche Fallzahl in der zu trimmenden untersten Klasse

o_1 = Obergrenze der untersten Klasse.

Weitere Erläuterungen siehe Gleichung 2.8.

In Tabelle 3.4b verschiebt sich die untere Grenze der ersten Klasse um den Anteil der ausgelassenen Fälle, also um 33.3% ($= 50/150$) nach oben, sodass die unterste Klasse nach der Trimmung ($u_{t} = (0 + 50/150) \cdot (500 - 0) = 167$) Einkommen von 167 € bis 500 € enthält.

Da die ursprüngliche oberste Klasse 5% der Fälle umfasst, wird die Verteilung um 5% getrimmt. Das 5%-getrimmte arithmetische Mittel der Einkommensverteilung beträgt 4953.7 €. Werden also nur die mittleren 90% der Realisierungen betrachtet, beträgt das mittlere Einkommen knapp 5000 €.

Ganz analog zum Verschieben der Untergrenze des ersten Intervalls kann auch die Obergrenze des letzten Intervalls um n_t Fälle bzw. um den Anteil α_t nach unten verschoben werden. Die getrimmte Obergrenze berechnet sich dann nach:

$$o_t = o_J - \frac{\alpha_t}{p_J} \cdot \left(o_J - u_j\right) = o_j - \frac{n_t}{n_J} \cdot \left(o_J - u_J\right) \tag{3.11}$$

wobei o_J = Obergrenze der getrimmten obersten Klasse

J = oberste Klasse, deren Obergenze getrimmt wird.

Weitere Erläuterungen siehe Gleichung 3.10.

Geometrisches Mittel

Mit dem geometrischen Mittel ist es möglich, die durchschnittliche Zunahme oder Abnahme von Werten einer Verteilung zu berechnen. Als Beispiel wird die Vermögensveränderung einer Person über drei Jahre betrachtet. Angenommen, das Vermögen erhöht sich im 1. Jahr um 200 €, im 2. Jahr reduziert es sich um 50 € und im 3. Jahr erhöht es sich um 300 €. Dann beträgt der durchschnittliche Anstieg des Vermögens pro Jahr

$(200-50+300)/3 = 150$ €. In bestimmten Situationen ist dieses Maß aber ungeeignet. Liegen nämlich anstelle additiver Veränderungen *Veränderungsraten* vor, dann führt die Berechnung des arithmetischen Mittels zu falschen Ergebnissen.

Wenn das Ausgangsvermögen im ersten Jahr um 20 % ansteigt, im zweiten Jahr um 5 % sinkt und im 3. Jahr um 30 % steigt, dann ist die durchschnittliche Veränderungsrate nicht $(20\% - 5\% + 30\%)/3 = 15\%$, sondern höher, wie die folgende Berechnung zeigt:

Ausgangssumme:		1000	(= 100 %)
Anstieg im 1. Jahr um 20 %	+	200	(= 20 % von 1000)
Vermögen nach 1 Jahr:	=	1200	(= 120 %)
Reduktion im 2. Jahr um 5 % von 120 % der Ausgangssumme	–	60	(= 5 % von 1200)
Vermögen nach 2 Jahren	=	1140	(= 114 %)
Anstieg im 3. Jahr um 30 % von 114 % der Ausgangssumme	+	342	(= 30 % von 1140)
Vermögen nach 3 Jahren	=	1482	(entspricht Zuwachs um 48.2 %)

Ein Anstieg um 48.2 % in drei Jahren ergibt 16.067 % pro Jahr und damit mehr als 15 %. Allerdings ist der durchschnittliche «*Zuwachs*» pro Jahr sogar geringer als 15 %. Ursache hierfür ist, dass Veränderungsraten – wie beim Zinseszins – *multiplikativ* und nicht additiv wirken.

Die korrekte Veränderungsrate ergibt sich, wenn anstelle des arithmetischen Mittels das *geometrische Mittel* über die Veränderungsraten berechnet wird. Das geometrische Mittel von n Faktoren ist die n-te Wurzel aus dem Produkt dieser Faktoren:[5]

---

5 Das geometrische Mittel ist nur über positive Zahlen berechenbar. Tatsächlich sind Veränderungsfaktoren stets größer null. Wenn wie im Beispiel das Einkommen um 5 % sinkt, ist der Veränderungsfaktor nicht –0.05, sondern 0.95 = (1–0.05).

$$\overline{x}_{\text{geom.}} = \sqrt[n]{x_1 \cdot x_2 \cdot \ldots \cdot x_n} = \sqrt[n]{\prod_{i=1}^{n} x_i} = \exp\left(\frac{1}{n} \cdot \sum_{i=1}^{n} \ln\left(x_i\right)\right) \qquad (3.12)$$

wobei $\overline{x}_{\text{geom.}}$	= geometrisches Mittel[6]
$\sqrt[n]{x_1 \cdot x_2 \cdot \ldots \cdot x_n}$	= n-te Wurzel aus dem Produkt der Größen x_1, x_2, …, x_n
i	= Index für die Fallnummer
$\prod_{i=1}^{n} x_i$	= großes griechisches Pi; steht für das Produkt über alle x_i mit $i = 1, 2, \ldots n$
$\ln(x_i)$	= natürlicher Logarithmus[7] der Realisation x_i
$\exp(x)$	= Umkehrfunktion des natürlichen Logarithmus (Antilogarithmus), d. h. Potenzfunktion mit dem Argument x zur Basis der Euler'schen Zahl e, d. h. $e^x \approx 2.718^x$.[8]

Weitere Erläuterungen siehe Gleichung 3.5.

Im Beispiel müssen zunächst aus den prozentualen Veränderungen Veränderungsfaktoren berechnet werden: Ein Anstieg um 20 % entspricht dem Faktor 1.2 (= 1+0.2), eine Reduktion um 5 % dem Faktor 0.95 (= 1−0.05) und ein Anstieg um 30 % dem Faktor 1.3 (= 1+0.3). Das geometrische Mittel berechnet sich dann nach Gleichung 3.12

$$\overline{x}_{\text{geom.}} = \sqrt[3]{1.20 \cdot 0.95 \cdot 1.30} = \sqrt[3]{1.482} = 1.140117$$

---

6 Dass das geometrische Mittel auch formal ein Mittelwert ist, zeigt sich im rechten Teil der Gleichung. Werden die Faktoren zunächst logarithmiert, dann ist das geometrische Mittel der Antilogarithmus (die Exponentialfunktion) des arithmetischen Mittels der logarithmierten Faktoren.

7 Der natürliche Logarithmus ist der Logarithmus zur Basis der Euler'schen Zahl e (≈ 2.718).

8 Der Ausdruck $\exp(x)$ ist die x-te Potenz zur Basis e (≈ 2.718); $\exp(x) = e^x$. Die Potenzfunktion $\exp(x)$ wird auch als Exponentiation von x bezeichnet. Die Exponentialfunktion ist die Umkehrfunktion (Inverse) des natürlichen Logarithmus und wird daher bisweilen auch Antilogarithmus genannt: $e^{\ln(X)} = \exp(\ln(X)) = \ln(\exp(X)) = \ln(e^x) = X$.

Der mittlere Veränderungsfaktor beträgt also 14.0117%. Steigt das Vermögen in jedem Jahr um diesen Wert, ergibt sich nach 3 Jahren ein Anstieg um 48.2%:

Ausgangssumme:		1000.000
1. Jahr: +14.0117%	+	140.117
Vermögen nach 1 Jahr:	=	1140.117
2. Jahr: +14.0117% von 1140.117	+	159.750
Vermögen nach 2 Jahren	=	1299.867
3. Jahr:+14.0117% von 1299.867	+	182.133
Vermögen nach 3 Jahren	=	1482.000 – entspricht
		48.2% von 100%

3.1.5 Auswahl eines geeigneten Lagemaßes

Bei der Entscheidung für eines der drei Lagemaße werden hauptsächlich folgende Kriterien berücksichtigt: (1) das Skalenniveau der Variablen, (2) die Robustheit des Lagemaßes gegenüber Extremwerten (Ausreißern) und (3) der Informationsgehalt des Lagemaßes.

Vorausgesetztes Skalen- oder Messniveau

Die drei Lagemaße unterscheiden sich beim Messniveau, das sie voraussetzen.

– Der Modus betrachtet ausschließlich die Auftretenshäufigkeiten von Ausprägungen. Er kann daher bereits ab Nominalskalenniveau verwendet werden.

– In den Median fließen relative Größenpositionen ein. Er ist daher wie alle Quantile Q_α erst ab Ordinalskalenniveau zulässig. Da der Median bei gerader Fallzahl der Mittelwert aus den Realisierungen mit den Ordnungsnummern $x_{(n/2)}$ und $x_{(n/2+1)}$ ist, wird hier streng genommen metrisches Messniveau vorausgesetzt. Weisen diese beiden Realisierungen unterschiedliche Werte auf, sollte daher davon gesprochen werden, dass der Median zwischen den Ausprägungen des (n/2)-ten und des (n/2+1)-ten Falles liegt. Alternativ kann anstelle des Median auch das 50%-Quantil $Q_{0.5}$ verwendet werden.

- In die Berechnung des Mittelwerts gehen (implizit) die Abstände zwischen den Realisierungen ein. Mittelwerte unterstellen daher metrisches Messniveau. Ist die Verteilung einer Variablen annähernd unimodal und symmetrisch, dann ändert sich die relative Position des Mittelwerts bei monoton steigenden Transformationen der Ausprägungen oft nicht.[9] In der Praxis wird der Mittelwert daher häufig auch bei streng genommen ordinalen Variablen berechnet.

Robustheit gegenüber Extremwerten (Ausreißern)

Ausreißerwerte sind Ausprägungen an den Rändern einer Verteilung, die einerseits mit geringer Häufigkeit auftreten und andererseits einen großen Abstand zu den meisten anderen Realisierungen haben. Robustheit gegenüber Ausreißern bezieht sich darauf, wie empfindlich ein Parameter gegenüber solchen Extremwerten reagiert. Der Vergleich der drei Lagemaße hinsichtlich ihrer Robustheit ergibt:

- Der Modus ist robust gegenüber Ausreißerwerten, wenn die Häufigkeit der modalen Ausprägung (bzw. des Modalwerts) deutlich höher ist als die aller anderen Ausprägungen.
- Der Median ist unempfindlich gegenüber Ausreißerwerten. Da der Median nur vom Wert des mittleren Elements bzw. der beiden mittleren Elemente einer geordneten Verteilung abhängt, spielen die Werte an den Rändern der Verteilung keine Rolle für den Wert des Median.
- Das arithmetische Mittel reagiert dagegen empfindlich gegenüber extremen Werten in einer Verteilung. Da der Mittelwert die (quadrierten) Abstände zu sich minimiert, bedeutet das, dass Werte an den Rändern der Verteilung, die sehr weit von

---

9 Monoton steigende Transformationen sind Funktionen, bei denen die ursprüngliche Rangfolge der Realisierungen nach der Transformation erhalten bleibt.

den übrigen Werten entfernt sind, den Mittelwert relativ stärker beeinflussen und in ihre Richtung «ziehen». Dies ergibt sich auch aus der Schwerpunkteigenschaft des Mittelwerts. Auf einer Wippe kann ein relativ kleines Gewicht, das weiter vom Drehpunkt entfernt ist, größere Gewichte, die dichter am Drehpunkt sind, ausgleichen. Die Verwendung des getrimmten arithmetischen Mittels führt zu gegenüber Ausreißerwerten robusten Mittelwerten, allerdings zu dem «Preis», dass der Mittelwert dann nicht den Schwerpunkt einer Verteilung wiedergibt.

Informationsgehalt der Lagemaße

Der Informationsgehalt eines Lagemaßes wird durch das vorausgesetzte Skalenniveau festgelegt.

– Das arithmetische Mittel hat den höchsten Informationsgehalt, da in dessen Berechnung alle Realisierungen eingehen.
– Der Informationsgehalt des Median ist geringer. Allerdings ist zumindest sichergestellt, dass er in der Mitte einer Verteilung liegt.
– Am geringsten ist der Informationsgehalt des Modalwerts. Falls er überhaupt eindeutig ist, kann er bei ordinalen oder metrischen Verteilungen in der Mitte, aber auch an den Rändern einer Verteilung liegen.

Aus den Eigenschaften der Lagemaße folgt, dass bei nominalskalierten Variablen nur der Modus als Lagemaß in Frage kommt. Bei eindeutig ordinalen Variablen sollte der Median verwendet werden. Bei metrischen Daten wird meist der Mittelwert verwendet. Besteht jedoch die Gefahr, dass Ausreißerwerte (wie z. B. in Einkommensverteilungen) zu stark ins Gewicht fallen und ist dies aus inhaltlichen Gründen unerwünscht, dann sollte bei metrischen Daten entweder der Median oder ein getrimmtes Mittel verwendet werden.

Abbildung 3.1: **Drei fiktive metrische Verteilungen mit unterschiedlicher Streuung**

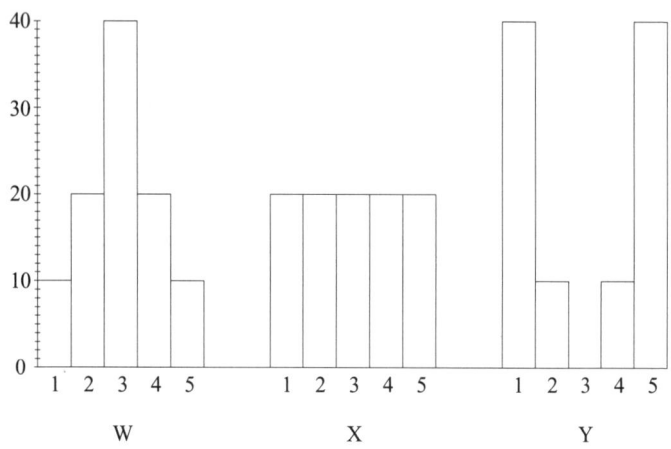

Daten: konstruierte Daten

3.2 Streuungsmaße für metrische Variablen

Maße der zentralen Tendenz beschreiben eine Verteilung nur unvollständig. So gilt für die drei Verteilungen W, X und Y in Tabelle 3.5, dass sowohl der Median wie der Mittelwert jeweils den Wert 3.0 aufweisen, obwohl sich die Verteilungen deutlich voneinander unterscheiden. Nur bei W stimmen die beiden Lagemaße auch gleichzeitig mit dem Modalwert überein; bei der u-förmigen Verteilung Y sind Mittelwert und Median dagegen Werte, die überhaupt nicht realisiert werden.

Ergänzend zu den typischen Werten werden daher Kennwerte (Verteilungsparameter) benötigt, die das Ausmaß der Unterschiedlichkeit der Realisierungen[10] einer Verteilung erfassen. Solche Maße für die Unterschiedlichkeit oder Streuung einer Verteilung werden als *Streuungsmaße* bezeichnet.

---

10 Gemeint sind immer die Realisierungen mit gültigen Werten.

Tabelle 3.5: **Typische Werte und Streuungsmaße für drei Verteilungen W, X und Y**

W					$\overset{0}{x}_w = 3;\ \tilde{x}_w = 3;\ \bar{x}_w = 3$
Wert	n_j	p_j	$p_j \cdot w_j$	$p_j \cdot |w_j - 3|$	$p_j \cdot (w_j - 3)^2$
					$R_W = 5 - 1 = 4$
1	10	0.1	0.1	0.2	0.4
					$IQR_W = 4 - 2 = 2$
2	20	0.2	0.4	0.2	0.2
					$mIQR_W = 1$
3	40	0.4	1.2	0.0	0.0
					$AD_W = 0.8$
4	20	0.2	0.8	0.2	0.2
					$SS_W = 120$
5	10	0.1	0.5	0.2	0.4
					$s_W^2 = 1.2;\ s_W = 1.095$
Σ	100	1.0	3.0	0.8	1.2
					$V_W = s_w / \bar{w} = 0.365$

X					$\overset{0}{x}_x = -;\ \tilde{x}_X = 3;\ \bar{x}_X = 3$
Wert	n_j	p_j	$p_j \cdot x_j$	$p_j \cdot |x_j - 3|$	$p_j \cdot (x_j - 3)^2$
					$R_X = 5 - 1 = 4$
1	20	0.2	0.2	0.4	0.8
					$IQR_X = 4 - 2 = 2$
2	20	0.2	0.4	0.2	0.2
					$mIQR_X = 1$
3	20	0.2	0.6	0.0	0.0
					$AD_X = 1.2$
4	20	0.2	0.8	0.2	0.2
					$SS_X = 200$
5	20	0.2	1.0	0.4	0.8
					$s_X^2 = 2.0;\ s_X = 1.414$
Σ	100	1.0	3.0	1.2	2.0
					$V_X = s_x / \bar{x} = 0.471$

Y					$\overset{0}{x}_y = -;\ \tilde{x}_Y = 3;\ \bar{x}_Y = 3$
Wert	n_j	p_j	$p_j \cdot y_j$	$p_j \cdot |y_j - 3|$	$p_j \cdot (y_j - 3)^2$
					$R_Y = 5 - 1 = 4$
1	40	0.4	0.4	0.8	1.6
					$IQR_Y = 5 - 1 = 4$
2	10	0.1	0.2	0.1	0.1
					$mIQR_Y = 2$
3	0	0.0	0.0	0.0	0.0
					$AD_Y = 1.8$
4	10	0.1	0.4	0.1	0.1
					$SS_Y = 340$
5	40	0.4	2.0	0.8	1.6
					$s_Y^2 = 3.4;\ s_Y = 1.844$
Σ	100	1.0	3.0	1.8	3.4
					$V_Y = s_y / \bar{y} = 0.615$

3.2.1 Spannweite

Ein einfaches und intuitiv anschauliches Maß zur Erfassung der Unterschiedlichkeit der Realisierungen ist die *Spannweite* (engl.: *range*), die als Abstand (Differenz) zwischen der größten und der kleinsten Realisierung einer Verteilung definiert ist:

$$R = x_{(n)} - x_{(1)} \qquad (3.13)$$

wobei   R = Spannweite.
Weitere Erläuterungen siehe Gleichung 2.4.

Die drei Variablen W, X und Y in Tabelle 3.5 haben trotz unterschiedlicher Verteilungen alle die gleiche Spannweite von 4. Als Streuungsmaß ist die Spannweite nicht sehr aussagekräftig, da sie keinerlei Informationen über die Variabilität der Realisierungen innerhalb des Wertebereichs einer Verteilung enthält. Darüber hinaus ist die Spannweite bei Stichprobendaten sehr empfindlich gegenüber Extremwerten.

3.2.2 Quartilabstand und mittlerer Quartilabstand

Anstelle des kleinsten und größten Werts können auch die Abstände von Quantilen betrachtet werden. So wird recht häufig der *Quartilabstand (engl. interquartil range)* berechnet, das ist die Differenz zwischen dem dritten und dem ersten Quartil:

$$IQR = Q_{0.75} - Q_{0.25} \qquad (3.14)$$

wobei   IQR   = Quartilabstand zwischen 3. und 1. Quartil
$Q_{0.75}$, $Q_{0.25}$ = 75%- bzw. 25%-Quantil: Realisierung, bei der 75% (25%) kleiner oder gleich dem Quantilwert Q sind.[11]
Weitere Erläuterungen siehe Gleichung 2.5.

Bei den Verteilungen W und X hat das 25%-Quantil den Wert 2 und das 75%-Quantil den Wert 4, der Quartilabstand beträgt also 2. Die u-förmige Verteilung Y weist dagegen einen doppelt so großen Quartilabstand von 4 auf. Der Quartilabstand wird in Box-Plots zur Festlegung der Boxlänge herangezogen.[12]

---

11 Zur Ermittlung des Quantilwerts für einen vorgegebenen Quantilanteil α siehe Gleichung 2.6 bis 2.8.

12 Allerdings werden die Quartilwerte nach einer Formel berechnet, die von den empirischen Quantilwerten $Q_{25\%}$ und $Q_{75\%}$ leicht abweicht.

Anstelle des Quartilabstands wird bisweilen auch der *mittlere Quartilabstand* berechnet, der die Hälfte des Quartilabstands ist:

$$mIQR = \frac{Q_{0.75} - Q_{0.25}}{2} \qquad (3.15)$$

wobei mIQR = mittlerer Quartilabstand zwischen den Quartilen Q_3 und Q_1.

3.2.3 Durchschnittliche absolute Abweichung

Ein Maß, das alle Realisationen einer Verteilung berücksichtigt und mit zunehmender Unterschiedlichkeit größere Werte aufweist, ist die *durchschnittliche absolute Abweichung (engl. absolute deviation)*, also der Mittelwert der vorzeichenbereinigten Differenzen zwischen allen Realisierungen und dem Mittelwert:

$$AD = \frac{1}{n} \sum_{i=1}^{n} |x_i - \overline{x}| \qquad (3.16)$$

wobei AD = durchschnittliche Abweichung.
      Weitere Erläuterungen siehe Gleichungen 3.4 und 3.5.

Die durchschnittlichen Abweichungen unterscheiden sich bei den drei Verteilungen deutlich: Am geringsten ist der Wert von AD mit 0.8 bei der unimodalen Verteilung W, größer bei der Gleichverteilung X mit 1.2 und am größten bei der u-förmigen Verteilung Y mit 1.8.

Bei symmetrischen Verteilungen, bei denen arithmetisches Mittel und Median zusammenfallen, ist die durchschnittliche absolute Abweichung gleichzeitig ein *definiertes Minimum*, da sie das durchschnittliche Minimum der absoluten Abweichungen ist. Weichen Median und Mittelwert voneinander ab, ist die Minimaleigenschaft allerdings nicht garantiert. Anstelle der absoluten Abweichungen vom Mittelwert werden daher bisweilen auch die absoluten Abweichungen vom Median berechnet.

3.2.4 Variation

Um zu vermeiden, dass sich die Abweichungen vom Mittelwert gegenseitig aufheben, besteht neben der Verwendung von Absolutbeträgen die Möglichkeit, die einzelnen Abweichungen zu quadrieren. Die Summe der quadrierten Abweichungen aller Realisierungen einer Variablen X von ihrem Mittelwert ist ein absoluter Minimalwert (Gleichung 3.9). Dieser Wert wird *Variation* oder mittelwertbereinigte Quadratsumme *(engl: sum of squares, abgekürzt: SS_X)* genannt und ist Ausgangsgröße für die in der Statistik am häufigsten verwendeten Streuungsmaße:

$$SS_X = \sum_{i=1}^{n}\left(x_i - \bar{x}\right)^2 = \left(x_1 - \bar{x}\right)^2 + \left(x_2 - \bar{x}\right)^2 + ... + \left(x_n - \bar{x}\right)^2 \qquad (3.17)$$

wobei $\quad SS_X \qquad$ = mittelwertbereinigte Quadratsumme oder Variation

$\qquad\qquad i \qquad\qquad$ = Index für die Fallnummer

$\qquad\left(x_i - \bar{x}\right)^2 \quad$ = quadrierte Abweichung einer Realisierung x_i vom Mittelwert

$\qquad\sum_{i=1}^{n}\left(x_i - \bar{x}\right)^2$ = Summe der quadrierten Abweichungen aller Realisierungen von ihrem Mittelwert.

Weitere Erläuterungen siehe Gleichung 3.5.

Bei der Berechnung der Variation ist es nicht nötig, für jede Ausprägung zuerst die Differenz zum Mittelwert zu berechnen und diese dann zu quadrieren. Umformungen zeigen, dass die Variation auch als Differenz zwischen der Summe der quadrierten Realisierungen und dem Produkt aus der Fallzahl und dem Quadrat des Mittelwerts berechnet werden kann:

$$SS_X = \sum_{i=1}^{n}\left(x_i - \bar{x}\right)^2 = \sum_{i=1}^{n} x_i^2 - n \cdot \bar{x}^2 = \sum_{i=1}^{n} x_i^2 - \frac{\left(\sum_{i=1}^{n} x_i\right)^2}{n} \qquad (3.18)$$

wobei $\sum\limits_{i=1}^{n} x_i^2$ = Summe der quadrierten Realisierungen von X mit i = 1 bis n

$\left(\sum\limits_{i=1}^{n} x_i\right)^2$ = Quadrat der Summe der Realisierungen von X mit i = 1 bis n

$\overline{x}^2$ = quadrierter Mittelwert von X.

Weitere Erläuterungen siehe Gleichung 3.5 und 3.17.

3.2.5 Varianz

Mit steigender Fallzahl steigt die Anzahl der Summanden und damit auch der Wert der Variation. Für ein fallzahlunabhängigeres Streuungsmaß wird der Wert der Variation durch die Fallzahl dividiert. Damit ergibt sich die durchschnittliche quadrierte Abweichung der Realisierungen von ihrem Mittelwert, die als *(Stichproben-)Varianz* bezeichnet und durch s_X^2 abgekürzt wird:

$$s_X^2 = \frac{SS_X}{n} = \frac{1}{n}\sum_{i=1}^{n}\left(x_i - \overline{x}\right)^2 = \frac{\sum\limits_{i=1}^{n} x_i^2 - n \cdot \overline{x}^2}{n} = \left(\frac{1}{n}\sum_{i=1}^{n} x_i^2\right) - \overline{x}^2 \qquad (3.19)$$

wobei s_X^2 = Symbol für die Varianz einer Variablen X.

Weitere Erläuterungen siehe Gleichung 3.5 und 3.18.

Hinweis:

In Statistikprogrammen, Taschenrechnern und manchen Statistikbüchern wird bei der Berechnung der Varianz die Variation i. A. nicht durch die Fallzahl n, sondern durch die *Zahl der Freiheitsgrade* df = n − 1 geteilt:[13] Dieser Quotient ist eine *Schätzung der Populationsvarianz* auf der Basis von Stichprobendaten. Um die geschätzte Populationsvarianz von der Varianz in der Stichprobe unterscheiden zu können, verwenden wir das Symbol $\hat{\sigma}_X^2 = SS_X / (n-1)$ für die Schätzung der Varianz einer Population mittels Stichprobendaten.

13 df = degrees of freedom

3.2.6 Standardabweichung

Da die Varianz die Streuung der Realisierungen in Form der quadrierten Maßeinheit der betrachteten Verteilung erfasst (bei der Altersverteilung misst die Varianz die Streuung in «Quadratjahren»), wird meistens die *Standardabweichung, s_X, (engl: standard deviation)* als Maß für die Streuung verwendet, die die positive Quadratwurzel aus der Varianz ist:

$$s_X = \sqrt{s_X^2} = \sqrt{\frac{1}{n} \sum_{i=1}^{n} (x_i - \overline{x})^2} = \sqrt{\frac{SS_X}{n}} \qquad (3.20)$$

wobei s_X = Standardabweichung einer Variablen X.
Weitere Erläuterungen siehe Gleichung 3.17.

3.2.7 Variationskoeffizient

Variablen mit großen Mittelwerten haben oft auch größere Wertebereiche und größere Varianzen bzw. Standardabweichungen als Variablen mit kleineren Mittelwerten. Da weder Varianz noch Standardabweichung normiert sind, gibt es keinen Maßstab zur Beurteilung der Varianz einer Variablen X als groß oder klein. Hier schafft der *Variationskoeffizient* Abhilfe, indem er die relative Größe der Standardabweichung (und damit indirekt der Varianz) auf den Wert des arithmetischen Mittels bezieht und damit normiert. Der Variationskoeffizient, V_X, ist definiert als Quotient der Standardabweichung geteilt durch das arithmetische Mittel:

$$V_X = \frac{s_X}{\overline{x}} \qquad (3.21)$$

wobei V_X = Variationskoeffizient der Variablen X.
Weitere Erläuterungen siehe Gleichung 3.5 und 3.20.

Der Variationskoeffizient ist eine einheitslose (von Maßeinheiten unabhängige) Größe[14] und wird (multipliziert mit 100) häufig in Prozent angegeben.

---

14 Schreibt man die Standardabweichung im Zähler als komplette Formel, dann wird sichtbar, dass sich die Maßeinheit bei Division durch den Mittelwert herauskürzen lässt.

Der Variationskoeffizient wird vor allem zum Vergleich der Streuungen von Verteilungen verwendet. So kann die Einkommensverteilung in zwei Gruppen jeweils eine Standardabweichung von 820.– € aufweisen. In der einen Gruppe, in der das durchschnittliche Einkommen bei 1500.– € liegt, ist diese Streuung beträchtlich. In der anderen Gruppe, in der der Mittelwert des Einkommens bei 50 000.– € liegt, ist die gleiche Standardabweichung dagegen als gering anzusehen. Tatsächlich beträgt der Variationskoeffizient in der ersten Gruppe 0.547 und in der zweiten Gruppe 0.016.

Aussagekräftig ist die Verwendung des Variationskoeffizienten allerdings nur bei Variablen mit einem nicht negativen Wertebereich. Liegt der Nullpunkt einer Verteilung nicht fest, hat die Verteilung also Intervallskalenniveau und weist negative Ausprägungen auf, dann ist es möglich, durch Verschiebung des Wertebereichs eine transformierte Variable mit gleichem Informationsgehalt und kleinster Ausprägung null zu erhalten, für die dann der Variationskoeffizient berechnet werden kann.

Berechnung von Variation und Standardabweichung für eine Variable der Datenmatrix

Die Berechnung der Variation und abgeleiteter Streuungsmaße für eine Variable der Datenmatrix ist am einfachsten, wenn neben der Spalte der Datenmatrix, die die Realisierungen der Variablen enthält, eine zweite Spalte mit den quadrierten Realisierungen generiert wird und jeweils die Summe der Spaltenwerte berechnet wird (vgl. Tabelle 3.6). So kann für die Altersverteilung aus Tabelle 2.3b eine Varianz von 212.76, eine Standardabweichung von 14.59 und ein Variationskoeffizient von 25.5 % ($= 100 \cdot 14.59 / 57.11$) berechnet werden.

Berechnung von Variation und Standardabweichung bei Häufigkeitstabellen

Die Berechnung der Variation und abgeleiteter Größen kann auch auf der Basis von Häufigkeitstabellen erfolgen. Hier wird die Variation bzw. die Varianz über die Ausprägungen x_j berechnet. Da Ausprägungen mehrfach realisiert sein können, muss bei der Berechnung der Summen jeweils mit der absoluten oder relativen Häufigkeit des Vorkommens einer Ausprägung gewichtet (d. h. multipliziert) werden.

$$SS_X = \sum_{j=1}^{J} n_j \cdot \left(x_j - \overline{x}\right)^2 = \sum_{j=1}^{J} n_j \cdot x_j^2 - n \cdot \overline{x}^2$$

$$= \sum_{j=1}^{J} n_j \cdot x_j^2 - \frac{\left(\sum_{j=1}^{n} n_j \cdot x_j\right)^2}{n} \tag{3.22}$$

$$s_X^2 = \frac{SS_X}{n} = \frac{1}{n} \cdot \sum_{j=1}^{J} n_j \cdot \left(x_j - \overline{x}\right)^2 = \frac{1}{n} \cdot \sum_{j=1}^{J} n_j \cdot x_j^2 - \overline{x}^2 = \sum_{j=1}^{J} p_j \cdot x_j^2 - \overline{x}^2$$

wobei n = Anzahl der Realisierungen im Datensatz
$\quad\quad\;\; j$ = Index für die Ordnungsnummer einer Ausprägung
$\quad\quad\;\; J$ = Anzahl der Ausprägungen
$\quad\quad\;\; x_j$ = j-te Ausprägung von X mit $j = 1, 2, ..., J$
$\quad\quad\;\; n_j, p_j$ = absolute bzw. relative Häufigkeit, mit der die Ausprägung x_j realisiert wird.

Weitere Erläuterungen siehe Gleichung 3.18.

Bei gruppierten Daten werden zur Berechnung statt der Ausprägungen x_j die Klassenmittelwerte oder Klassenmitten m_j verwendet. Dabei wird die Streuung der Realisierungen innerhalb der Klassen nicht berücksichtigt. Bei Verwendung der Klassenmittelwerte wird deshalb die Variation der Realisierungen in der Verteilung unterschätzt. Werden die Klassenmitten verwendet, kann die tatsächliche Varianz sowohl unterschätzt wie überschätzt werden, wobei eine Unterschätzung häufiger zu beobachten ist.

3.2.8 Tschebyscheff'sche Ungleichung

Die Bedeutung der Varianz bzw. Standardabweichung als Streuungsmaß liegt auch darin, dass grundsätzlich bei allen Verteilungen das Intervall von $\pm k$ Standardabweichungen um den Mittelwert mindestens einen Anteil von $1-1/k^2$ aller Realisierungen einer Verteilung enthält, bzw. dass umgekehrt maximal ein Anteil von $1/k^2$ aller Realisierungen außerhalb dieses Intervalls liegt. Der Faktor «k» ist dabei eine beliebige positive Zahl größer eins.

Diese Eigenschaft ist als *Tschebyscheff'sche Ungleichung* bekannt:[15]

$$p\left(\overline{x} - k \cdot s_X \le X \le \overline{x} + k \cdot s_X\right) \ge 1 - \frac{1}{k^2} \qquad (3.23)$$

wobei k = beliebige Zahl > 1

$p\left(\overline{x} - k \cdot s_X \le X \le \overline{x} + k \cdot s_X\right)$ = Anteil der Realisierungen einer Verteilung, die in einem Abstand von maximal k Standardabweichungen vom Mittelwert liegen.

Für die neun gültigen Realisierungen der Altersverteilung aus Tabelle 2.3 beträgt der Mittelwert 57.11 Jahre und die Standardabweichung 14.586 Jahre. Aus der Tschebyscheff'schen Ungleichung folgt dann:

– Wenn k = 1.5:

  Mindestens $1-1/1.5^2 = 55.5\%$ aller Fälle sind zwischen 35 ($\approx 57.11 - 1.5 \cdot 14.586$) und 79 ($\approx 57.11 + 1.5 \cdot 14.586$) Jahre alt.

---

15 Literaturhinweise zum Beweis der Tschebyscheff'schen Ungleichung finden sich bei Krengel (2003).

– Wenn k = 2.0:

Mindestens $1 - 1/2^2 = 75.0\%$ aller Fälle sind zwischen 28 ($\approx 57.11 - 2 \cdot 14.586$) und 86 ($\approx 57.11 + 2 \cdot 14.586$) Jahre alt.

Tatsächlich liegen 88.9 % (= 8 von 9) der Realisierungen im ersten wie im zweiten Intervall.

Nur bei sehr extremen u-förmigen Verteilungen wird die Tschebyscheff'sche Ungleichung exakt erfüllt. Meist liegen deutlich mehr als $1 - 1/k^2$ Fälle im Intervall ±k Standardabweichungen um den Mittelwert. Interessant ist gleichwohl, dass allein auf der Basis von Mittelwert und Varianz für beliebige Verteilungen Aussagen über Anteilsintervalle möglich sind.

3.3 Transformationen von Variablen

In vielen Situationen interessieren anstelle der ursprünglichen Variablen Transformationen dieser Variablen. Ein Beispiel ist die Analyse der Altersverteilung aus dem Beispielfragebogen, eine Variable, die im ursprünglichen Fragebogen nicht enthalten war, sondern aus dem erfragten Geburtsjahr berechnet wurde. Das Alter berechnet sich nach der Formel:

$$\text{Alter} = \text{Befragungsjahr} - \text{Geburtsjahr}.$$

Viele solcher Transformationen lassen sich durch mathematische Gleichungen darstellen. Die allgemeine Form einer solchen Gleichung lautet:

$$Y = g(X) \qquad (3.24)$$

wobei X = ursprüngliche Variable

Y = transformierte Variable

$g(\ldots)$ = eine beliebige mathematische Funktion.

Bei der Berechnung des Alters aus dem Geburtsjahr hat $g(\ldots)$ folgende Form: $g(x) = a - 1 \cdot x$, wobei «a» für das Befragungsjahr steht. In Tabelle 3.6 wurden Mittelwert und Varianz der Altersverteilung aus Tabelle 2.3b berechnet.

3.3.1 Lineartransformationen

Wenn die Gleichung $Y = g(X)$ eine lineare Gleichung ist, ist es tatsächlich sehr einfach, aus dem Mittelwert und der Varianz bzw. Variation oder Standardabweichung der Ursprungsvariablen X die entsprechenden Kennwerte der transformierten Variablen Y zu berechnen. Man bezeichnet eine solche Transformation auch als *Lineartransformation*.

In Lineartransformationen wird Y aus X durch eine lineare Gleichung der folgenden Form erzeugt:

$$Y = b_0 + b_1 \cdot X \tag{3.25}$$

wobei b_0 = Konstante = Wert von Y wenn $X = 0$
$\qquad b_1$ = Gewicht = Steigung der Geraden.

b_0 und b_1 stehen für zwei Zahlen, die als *Koeffizienten* oder *Parameter* einer linearen Gleichung bezeichnet werden. Die Berechnung des Alters aus dem Geburtsjahr ist eine Linearfunktion, bei der b_0 das Erhebungsjahr und b_1 die Zahl -1 ist. Grafisch gibt die *Konstante* b_0 den Schnittpunkt der Geraden mit der senkrechten Y-Achse an, wenn $X = 0$ ist. Das *Gewicht* b_1 gibt an, wie sich der Wert von Y verändert, wenn der Wert von X um $+1$ Einheit ansteigt. Bei einem positiven Wert von b_1 steigt Y an, bei einem negativen Wert sinkt es. Ist $b_1 = 0$, gibt es keinerlei Veränderungen bei einer Veränderung von X.

Mittelwert und Variation von Lineartransformationen

Bei Anwendung der Lineartransformation wird jede Realisation durch die lineare Gleichung transformiert:

$$y_i = b_0 + b_1 \cdot x_i \qquad \text{für } i = 1, 2, \dots, n \tag{3.26}$$

wobei i = Index für die Fallnummer.
$\qquad$ Weitere Erläuterungen siehe Gleichung 3.25.

Für den Mittelwert von Y gilt dann:

$$\overline{y} = \frac{1}{n} \cdot \sum_{i=1}^{n} y_i = \frac{1}{n} \cdot \sum_{i=1}^{n} (b_0 + b_1 \cdot x_i)$$
$$= \frac{1}{n} \cdot \sum_{i=1}^{n} b_0 + \frac{1}{n} \cdot \sum_{i=1}^{n} b_1 \cdot x_i = \frac{1}{n} \cdot n \cdot b_0 + \frac{b_1}{n} \sum_{i=1}^{n} x_i$$
$$= b_0 + b_1 \cdot \overline{x}$$

(3.27)

wobei $\overline{y}$ = Mittelwert der (aus der Transformation entstandenen) Variablen Y.

Weitere Erläuterungen siehe Gleichung 3.25 und 3.26.

Der Mittelwert der linear transformierten Variablen Y ergibt sich also durch Anwendung der Lineartransformation auf den Mittelwert von X.

Für die Variation von Y gilt dann:

$$SS_Y = \sum_{i=1}^{n} (y_i - \overline{y})^2 = \sum_{i=1}^{n} \left((b_0 + b_1 \cdot x_i) - (b_0 + b_1 \cdot \overline{x}) \right)^2$$
$$= \sum_{i=1}^{n} \left((b_0 - b_0) + b_1 \cdot (x_i - \overline{x}) \right)^2 = \sum_{i=1}^{n} b_1^2 \cdot (x_i - \overline{x})^2$$
$$= b_1^2 \cdot \sum_{i=1}^{n} (x_i - \overline{x})^2 = b_1^2 \cdot SS_X$$

(3.28)

wobei SS_Y = Variation der Variablen Y

Weitere Erläuterungen siehe Gleichung 3.27.

Die Variation der linear transformierten Variablen Y ist also gleich dem Quadrat des Gewichts b_1 mal der Variation von X. Der Wert der Konstanten b_0 ist somit für die Variation von Y irrelevant. Da sich die Varianz und die Standardabweichung aus der Variation berechnen lassen, folgt weiter:

$$s_Y^2 = \frac{SS_Y}{n} = \frac{b_1^2 \cdot SS_X}{n} = b_1^2 \cdot s_X^2$$

$$s_Y = \sqrt{s_Y^2} = \sqrt{b_1^2 \cdot s_X^2} = |b_1| \cdot s_X$$

(3.29)

wobei s_Y^2, s_Y = Varianz und Standardabweichung der Variablen Y.

Weitere Erläuterungen siehe Gleichung 3.28.

Die Varianz einer Lineartransformation ist also gleich dem Quadrat des Gewichts mal der Varianz der Ausgangsvariablen und die Standardabweichung ist gleich dem vorzeichenbereinigten Gewicht mal der Standardabweichung der Ausgangsvariablen.

Als Beispiel werden Mittelwert, Variation und Varianz des Alters aus den entsprechenden Kennwerten des Geburtsjahrs X berechnet:

$\bar{x} = 1951.89$; $SS_X = 1914.89$; $s_X^2 = 212.77$; $s_X = 14.59$

Wird als Jahr der Erhebung das Jahr 2009 angenommen, dann ergeben sich durch Einsetzen der Zahlen in die Gleichungen 3.27, 3.28 und 3.29 folgende Werte:

$$\bar{y} = b_0 + b_1 \cdot \bar{x} = 2009 + (-1) \cdot 1951.89 = 57.11$$

$$SS_Y = b_1^2 \cdot SS_X = (-1)^2 \cdot 1914.89 = 1914.89$$

$$s_Y^2 = b_1^2 \cdot s_X^2 = (-1)^2 \cdot 212.77 = 212.77$$

$$s_Y = |b_1| \cdot s_X = |-1| \cdot 14.59 = 14.59$$

3.3.2 Zentrierung und Normierung

Sind Mittelwert und Varianz einer Verteilung bekannt, dann ist es möglich, diese Verteilung mit Hilfe einer Lineartransformation so zu ändern, dass die resultierende Verteilung einen vorgegebenen Mittelwert und/oder eine vorgegebene Varianz aufweist. Derartige Lineartransformationen werden durchgeführt, um Variablen zu zentrieren, zu normieren oder zu standardisieren.

Zentrierung bedeutet, dass der ursprüngliche Wertebereich so verschoben wird, dass die *zentrierte Variable* einen Mittelwert von *null* aufweist. Man spricht in diesem Zusammenhang auch davon, dass die (zentrierte) Variable *mittelwertfrei* oder *mittelwertbereinigt* ist. Möglich ist dies durch eine Lineartransformation mit einem Gewicht von 1 und einer Konstanten, die das Negative des Mittelwerts der Ausgangsvariablen ist:

$$Y = b_0 + b_1 \cdot X \quad \text{mit} \quad b_0 = -\overline{x} \quad \text{und} \quad b_1 = 1: \tag{3.30}$$

$$Y = -\overline{x} + 1 \cdot X = X - \overline{x} \Rightarrow \overline{y} = 0; \ SS_Y = SS_X; \ s_Y^2 = s_X^2; \ s_Y = s_x$$

Erläuterungen siehe Gleichung 3.28.

Demgegenüber bedeutet *Normierung* eine Stauchung oder Streckung der ursprünglichen Werte, sodass die *normierte Variable* eine *Varianz* und eine Standardabweichung von *eins* hat.[16] Die Variation der normierten Variablen ist dann gleich der Fallzahl.[17] Erreicht wird dies durch eine Lineartransformation, bei der das Gewicht der Kehrwert aus der Standardabweichung der Ursprungsvariablen ist:

$$Y = b_0 + b_1 \cdot X \quad \text{mit} \quad b_0 = 0 \quad \text{und} \quad b_1 = \frac{1}{s_X}:$$

$$Y = 0 + \frac{1}{s_X} \cdot X = \frac{X}{s_X} \Rightarrow \overline{y} = \frac{\overline{x}}{s_X}; \ SS_Y = n; \ s_Y^2 = 1; \ s_Y = 1 \tag{3.31}$$

Erläuterungen siehe Gleichung 3.28.

Bei der Division der Fälle einer Verteilung durch die Standardabweichung ändert sich auch der Mittelwert, der dann gleich dem ursprünglichen Mittelwert geteilt durch die Standardabwei-

---

16 Normierungen werden eingesetzt, wenn Streuungsunterschiede zwischen Variablen ausgeblendet werden sollen, was oft bei der Berechnung von Indizes gewünscht wird.

17 Statistikprogramme verwenden für Normierung und Standardisierung meist die Wurzel aus der geschätzten Populationsvarianz, sodass die Variation der transformierten Realisierungen dann n−1 beträgt.

chung ist. Soll der Mittelwert unverändert bleiben, kann dies durch geeignete Wahl der Konstanten garantiert werden:

$$Y = b_0 + b_1 \cdot X \quad \text{mit} \quad b_0 = \left(1 - \frac{1}{s_X}\right) \cdot \overline{x} \quad \text{und} \quad b_1 = \frac{1}{s_X}:$$

$$Y = \left(1 - \frac{1}{s_X}\right) \cdot \overline{x} + \frac{1}{s_X} \cdot X = \frac{X - \overline{x}}{s_X} + \overline{x} \tag{3.32}$$

$$\Rightarrow \overline{y} = \overline{x}; \quad SS_Y = n; \quad s_Y^2 = 1; \quad s_Y = 1$$

Erläuterungen siehe Gleichung 3.28.

3.3.3 Standardisierung

Von *Standardisierung* spricht man schließlich, wenn gleichzeitig zentriert und normiert wird. Eine *standardisierte Variable* hat also einen *Mittelwert* von *null* und eine *Varianz* von *eins*. Erreicht wird dies durch eine lineare Transformation, bei der zunächst der Mittelwert von den Ausgangswerten abgezogen und anschließend durch die Standardabweichung geteilt wird. Da die standardisierten Realisierungen bisweilen auch als *Z-Werte* bezeichnet werden, wird die standardisierende Transformation auch als *Z-Transformation* bezeichnet. In diesem Sinne wird in der Formel Z statt Y für die transformierte Variable verwendet:

$$Z = b_0 + b_1 \cdot X \quad \text{mit} \quad b_0 = \frac{-\overline{x}}{s_X} \quad \text{und} \quad b_1 = \frac{1}{s_X}:$$

$$Z = \frac{-\overline{x}}{s_X} + \frac{1}{s_X} \cdot X = \frac{X - \overline{x}}{s_X} \Rightarrow \overline{z} = 0; \quad SS_Z = n; \quad s_Z^2 = 1; \quad s_Z = 1 \tag{3.33}$$

wobei   Z = standardisierte oder Z-transformierte Variable X.
Erläuterungen siehe Gleichung 3.28.

Tabelle 3.6 zeigt als Beispiel die Zentrierung, Normierung und Standardisierung der Altersverteilung aus Tabelle 2.3.[18]

---

18 In Tabelle 3.6 sind die Zahlen auf drei Kommastellen gerundet. Dadurch ergeben sich Rundungsfehler, sodass in Tabelle 3.6 die Variation nicht exakt 9.0 und die Varianz nicht exakt 1.0 ist.

Tabelle 3.6: Zentrierung, Normierung und Standardisierung des Alters aus Tabelle 2.3

	Ausgangsvariable		Zentriertes Alter $Y = X - 57.111$		Normiertes Alter $Y = X/14.586$		Standardisiertes Alter $Z = (X - 57.111)/14.586$	
	Alter X	Alter^2 X^2	Y	Y^2	Y	Y^2	Z	Z^2
	66	4356	8.889	79.012	4.525	20.476	0.609	0.371
	49	2401	−8.111	65.790	3.359	11.283	−0.556	0.309
	52	2704	−5.111	26.123	3.565	12.709	−0.350	0.123
	70	4900	12.889	166.123	4.799	23.030	0.884	0.781
	missing	missing	missing	missing	missing	missing	missing	missing
	53	2809	−4.111	16.901	3.633	13.199	−0.282	0.079
	39	1521	−18.111	328.012	2.674	7.150	−1.242	1.543
	89	7921	31.889	1016.901	6.102	37.234	2.186	4.779
	53	2809	−4.111	16.901	3.633	13.199	−0.282	0.079
	43	1849	−14.111	199.123	2.948	8.690	−0.967	0.935
Σ	514	31270	0.001	1914.886	35.239	146.970	0.000	8.999
$\frac{\Sigma}{9}$	57.111	3474.444	0.000	212.765	3.915	16.330	0.000	0.999

$\bar{x} = 57.111$
$s_X = 14.586$

$\bar{y} = 0$
$SS_Y = 1914.886$
$s_Y^2 = 212.765$; $s_Y = 14.586$

$\bar{y} = \bar{x}/s_X = 3.9150$
$SS_Y = 8.994$
$s_Y^2 = 1.003$; $s_Y = 1.001$

$\bar{z} = 0$
$SS_Z = 8.994$
$s_Z^2 = 0.999$; $s_Z = 0.999$

3.4 Streuungsmaße für Verteilungen nominalskalierter Variablen

3.4.1 Index qualitativer Variation

Alle bisher vorgestellten Streuungsmaße unterstellen metrisches Skalenniveau, da Abstandsinformationen in die Berechnung eingehen. Bei nominalskalierten Variablen ist daher keines dieser Maße anwendbar.

Als Substitut für die Spannweite kann bei Nominalskalenniveau die Anzahl der Ausprägungen als Streuungsmaß verwendet werden, das aber wie die Spannweite nicht sehr informativ ist.

Informationshaltiger sind Maße, die die absoluten oder relativen Häufigkeiten der Ausprägungen einer Variablen berücksichtigen. Da die Summe der *quadrierten* Anteile über alle Ausprägungen nur bei einer Konstanten gleich eins und sonst stets kleiner eins ist, kann als Variationsmaß für nominalskalierte Variablen die Abweichung (Differenz) der quadrierten und aufsummierten relativen Häufigkeiten von eins berechnet werden:

$$\text{Variationsmaß für nominalskalierte Variablen} = 1 - \sum_{j=1}^{J} p_j^2 \qquad (3.34)$$

wobei j = Index für eine Ausprägungsnummer
J = Anzahl der Ausprägungen der Variablen.

Der Betrag eines solchen Streuungsmaßes ist umso größer, aber stets kleiner als 1, je mehr Ausprägungen eine Variable hat und je gleichförmiger die Realisierungen über die Ausprägungen streuen. Bei Gleichverteilung (alle Ausprägungen einer Variablen treten mit gleicher Häufigkeit auf) erreicht das Streuungsmaß das Maximum $1 - 1/J$.[19] Der *Index qualitativer Variation* ist der Anteil der empirisch beobachteten Variation an diesem Maximalwert (bei J Ausprägungen):

---

19 Bei insgesamt J Ausprägungen und Gleichverteilung ist jede relative Häufigkeit gleich 1/J. Daraus folgt: $1 - \sum_j (1/J)^2 = 1 - J/J^2 = 1 - 1/J = (J-1)/J$.

$$IQV = \frac{J}{J-1} \cdot \left(1 - \sum_{j=1}^{J} p_j^2 \right) \qquad (3.35)$$

wobei IQV = Index qualitativer Variation; Wertebereich 0
bis 1.

Erläuterungen siehe Gleichung 3.34.

Der IQV erreicht den Wert Null nur bei einer Konstanten, wenn
also gar keine Variation vorliegt.

Tabelle 3.7: **Berechnungsbasis für IQV und Devianz bei der Variablen Wahlabsicht**

Ausprägung	n_j	p_j	p_j^2	$-2 \cdot n_j \cdot \ln(p_j)$	$-2 \cdot p_j \cdot \ln(p_j)$
CDU/CSU	643	0.354	0.125	1335.185	0.73523
SPD	444	0.244	0.060	1250.807	0.68877
FDP	222	0.122	0.015	933.161	0.51386
Die Grünen	241	0.133	0.018	973.445	0.53604
Republikaner	7	0.004	0.000	77.819	0.04285
Die Linke	77	0.042	0.002	486.730	0.26802
NPD	15	0.008	0.000	143.890	0.07923
andere Partei	18	0.010	0.000	166.105	0.09147
würde nicht wählen	149	0.082	0.007	745.133	0.41032
Summe	1816	1.000	0.226	$D_X = 6112.275$	$d_X = 3.36579$

Daten: Allbus 2008, Westdeutschland

Tabelle 3.7 zeigt die Berechnung des Index qualitativer Variation
für die Wahlabsicht. Die Summe der quadrierten relativen Häufigkeiten beträgt 0.226. Dann ist $IQV = 9/8 \cdot (1 - 0.226) = 0.870$
oder 87% der maximal möglichen Variation. Die Wahlabsicht
weist also eine recht starke Streuung aus.

3.4.2 Devianz

Ein anderes Streuungsmaß für nominalskalierte Daten ist die
Devianz. Die *absolute Devianz* D_X einer Variablen X kann als
Analogon zur Variation bei metrischen Verteilungen gesehen
werden. Sie berechnet sich nach:

$$D_X = -2\sum_{j=1}^{J} n_j \cdot \ln\left(\frac{n_j}{n}\right) = -2\sum_{j=1}^{J} n_j \cdot \ln\left(p_j\right) \qquad (3.36)$$

wobei D_X = absolute Devianz als Streuungsmaß einer no-
minalen Variablen

j   = Index für eine Ausprägungsnummer

$\ln(p_j)$ = natürlicher Logarithmus des Anteils p_j von x_j

n_j = Anzahl gültiger Fälle der j-ten Ausprägung.

Bei der Berechnung der *relativen Devianz* d_x werden die Loga-
rithmen mit den relativen Häufigkeiten gewichtet (multipliziert):

$$d_X = -2\sum_{j=1}^{J} p_j \cdot \ln\left(p_j\right) = \frac{D_X}{n} \qquad (3.37)$$

wobei d_X = relative Devianz als Streuungsmaß einer nomina-
len Variablen.

Weitere Erläuterungen siehe Gleichung 3.36.

Bei J Ausprägungen beträgt der Maximalwert der relativen Devianz 2·ln(J) und wird bei einer Gleichverteilung erreicht. Den
Minimalwert null erreicht die relative Devianz bei einer Konstanten, wenn also nur eine einzige Ausprägung (mit allen Fällen) besetzt ist. Ein Anwendungsbeispiel zeigt Tabelle 3.7. Dort
beträgt die absolute Devianz 6112.275 und die relative Devianz
3.36579. Die bei Gleichverteilung maximal mögliche relative Devianz beträgt bei den neun Kategorien $d_X = 2\cdot\ln(J) = 4.39445$.
Der Anteil der relativen Devianz an der maximal möglichen Devianz beträgt also 76.6 % (= $100 \cdot 3.36579/4.49445$). Beide Streuungsmaße – relative Devianz und IQV – weisen auf eine recht
starke Streuung der Wahlabsicht hin.

3.4.3 Die Streuung von Verteilungen bei ordinalen Variablen
Für ordinale Variablen sind keine speziellen Streuungsmaße
etabliert. Bisweilen wird der Quartilabstand verwendet. Obwohl

er durch die Berechnung über eine Differenz metrische Informationen nutzt, kann er ähnlich wie der Median nur im Sinne einer Aussage über Ränge oder Ausprägungsanzahlen genutzt werden. Ein Quartilabstand von 2 besagt also, dass die drei (= 2+1) mittleren Kategorien mindestens 50% aller Fälle enthalten.

Da die Messniveaus hierarchisch geordnet sind, kann stets auf Kenngrößen für ein niedrigeres Messniveau zurückgegriffen werden. In diesem Sinne kann etwa die Devianz oder der Index qualitativer Variation auch als Streuungsmaß für Verteilungen ordinaler Variablen verwendet werden. Allerdings geht dabei möglicherweise relevante Information verloren. So ist es bereits bei Ordinalskalenniveau sinnvoll, von u-förmigen Verteilungen zu sprechen und diesen eine höhere Streuung zuzuweisen als Gleichverteilungen. Auf Nominalskalenniveau ist die Anordnung dagegen irrelevant, weswegen u-förmige Verteilungen sowie alle Verteilungen, die von einer Gleichverteilung abweichen, eine geringere Streuung aufweisen als Gleichverteilungen.

3.5 Weitere Verteilungskenngrößen: Schiefe und Steilheit

Momente einer Verteilung

Auch zur Erfassung der Schiefe und der Steilheit können Kennwerte berechnet werden. Ausgangspunkt solcher Kennwerte sind die *Momente* einer Verteilung, das sind die Mittelwerte von ganzzahligen *Potenzen* der Realisierungen, die bereits in die Berechnung von arithmetischem Mittel und Varianz eingehen. Ähnlich wie die Gesamtheit aller Quantile eine Verteilung charakterisiert, gilt dies auch für die Menge aller Momente. Dabei wird zwischen Rohmomenten oder Momenten um den Ursprung und zentralen Momenten unterschieden.

Das *k-te (Roh-) Moment* ist der Durchschnittswert über alle mit k potenzierten Realisierungen einer Verteilung:

k-tes Rohmoment $m_k^{/} = \frac{1}{n} \cdot \sum_{i=1}^{n} x_i^k$ (3.38)

wobei i = Fallnummer einer Realisierung

  k = ganze positive Zahl, mit der die Realisierungen potenziert werden

  $m_k^{/}$ = k-tes Rohmoment, d. h. arithmetisches Mittel der mit k potenzierten Realisierungen einer Verteilung

  x_i^k = mit k potenzierte Realisierung x_i einer Verteilung

  $\sum_{i=1}^{n} x_i^k$ = Summe aller mit k potenzierten Realisierungen von i = 1 bis n.

Das erste Rohmoment um den Ursprung ist der Mittelwert aller mit eins potenzierten Realisierungen einer Verteilung, das zweite Rohmoment der Mittelwert über alle quadrierten Realisierungen usw.

Werden vor der Potenzierung die Abweichungen (Differenzen) vom ersten Moment berechnet, ergeben sich die *zentralen Momente*:

k-tes zentrales Moment $m_k = \frac{1}{n} \cdot \sum_{i=1}^{n} \left(x_i - m_1^{/} \right)^k$

$= \frac{1}{n} \cdot \sum_{i=1}^{n} \left(x_i - \overline{x} \right)^k$ (3.39)

wobei m_k = Durchschnitt der mit k potenzierten Summe der Abweichungen der Realisierungen einer Verteilung vom 1. Rohmoment der Verteilung

  $\left(x_i - m_1^{/} \right)^k$ = mit k potenzierte Differenz zwischen der Realisierung x_i und dem 1. Rohmoment einer Verteilung.

Weitere Erläuterungen siehe Gleichung 3.38.

Das erste zentrale Moment ist notwendigerweise null, da die Summe der Abweichungen vom Mittelwert null ist. Das zweite zentrale Moment ist die Varianz. Aus Gleichung 3.39 folgt, dass das zweite zentrale Moment gleich der Differenz zwischen dem zweiten Rohmoment und dem quadrierten ersten Rohmoment ist. Auch höhere zentrale Momente lassen sich aus den Rohmomenten berechnen.

Schiefekoeffizient

Als Kenngröße für die Schiefe einer Verteilung wird im *Schiefekoeffizienten* das dritte zentrale Moment einer Verteilung durch die dritte Potenz der Standardabweichung dividiert:

$$\text{Schiefekoeffizient} = \frac{\frac{1}{n}\sum_{i=1}^{n}(x_i - \bar{x})^3}{s_X^3} = \frac{m_3}{\left(\sqrt{m_2}\right)^3} \qquad (3.40)$$

Erläuterungen siehe Gleichung 3.39.

Bei symmetrischen Verteilungen ist der Schiefekoeffizient null. Ist eine Verteilung eher rechtsschief, dann ist der Schiefekoeffizient positiv, da die Werte am rechten Rand weiter vom Mittelwert entfernt sind als Werte am linken Rand und weil Potenzierungen mit der Zahl «3» dazu führen, dass Realisierungen am rechten Rand positive und am linken Rand negative Beiträge zum Schiefekoeffizienten leisten. Umgekehrt ist der Schiefekoeffizient bei eher linksschiefen Verteilungen negativ.

Anstelle des Schiefekoeffizienten werden bisweilen auch Modul, Median und Mittelwert verglichen. Bei rechtsschiefen Verteilungen ist der Modus i. A. kleiner als der Median und dieser kleiner als der Mittelwert, bei linksschiefen Verteilungen ist der Modus i. A. größer als der Median und dieser größer als der Mittelwert. Bei symmetrischen Verteilungen sind alle drei Lagemaße gleich. Bei mehrgipfligen Verteilungen wird der Modus bei der Betrachtung der Schiefe ignoriert.

Steilheit oder Kurtosis einer Verteilung

In analoger Weise wie bei der Schiefe ist zur Erfassung der *Wölbung* oder *Steilheit* die Kurtosis als Quotient des vierten zentralen Moments geteilt durch die vierte Potenz der Standardabweichung (bzw. das Quadrat der Varianz) definiert:

$$\text{Steilheit} = \frac{\frac{1}{n}\sum_{i=1}^{n}\left(x_i - \bar{x}\right)^4}{s_X^4} = \frac{m_4}{\left(m_2\right)^2} \tag{3.41}$$

Erläuterungen siehe Gleichung 3.39.

Die Potenzierung mit 4 führt dazu, dass der Wert der Kurtosis umso höher wird, je mehr Realisierungen es gibt, die weit vom Mittelwert entfernt sind. Je höher der Wert ist, desto flacher ist eine Verteilung. Auch u-förmige Verteilungen weisen eine sehr hohe Kurtosis auf. Umgekehrt ist bei einer unimodalen Verteilung der Wert umso kleiner, je steiler die Verteilung in der Nähe des Mittelwerts ansteigt.

Da eine Normalverteilung eine Steilheit von drei aufweist, wird bisweilen zur Messung der Wölbung ein Maß verwendet, bei dem von Gleichung 3.41 noch der Wert drei abgezogen wird. Negative Werte weisen dann auf eine Verteilung hin, die steiler ist als eine Normalverteilung, während positive Werte auf eine weniger steil ansteigende Verteilung hinweisen.

Bei der Verwendung von Schiefe- und Steilheitsmaßen sollte man eher vorsichtig sein. Nicht in jedem Fall drücken die Maße das aus, was sie messen sollen. So können auch asymmetrische Verteilungen einen Schiefewert von null aufweisen.

3.6 Zusammenfassung

Die wichtigsten Formeln dieses Kapitels

Modus

$$\overset{o}{x} = \left\{ x_k \,\middle|\, n_k \geq n_j \text{ für alle } j \right\} \tag{3.1}$$

Median

$$\tilde{x} = x_{\left(\frac{n+1}{2}\right)} \quad ; \quad \tilde{x} = \frac{x_{\left(\frac{n}{2}\right)} + x_{\left(\frac{n}{2}+1\right)}}{2} \tag{3.2}$$

$\underbrace{\phantom{x_{\left(\frac{n+1}{2}\right)}}}_{\text{ungerade Fallzahl}}$ $\underbrace{\phantom{x_{\left(\frac{n}{2}\right)} + x_{\left(\frac{n}{2}+1\right)}}}_{\text{gerade Fallzahl}}$

(Interpolierter) Median bei gruppierten Daten

$$\tilde{x} = u_k + \frac{0.5 - cp_{k-1}}{p_k} \cdot \left(o_k - u_k \right) \tag{3.3}$$

Arithmetisches Mittel

$$\overline{x} = \frac{x_1 + x_2 + \dots + x_n}{n} = \frac{1}{n} \sum_{i=1}^{n} x_i \tag{3.5}$$

Arithmetisches Mittel bei einfachen Häufigkeitstabellen

$$\overline{x} = \frac{1}{n} \sum_{j=1}^{J} n_j \cdot x_j = \sum_{j=1}^{J} \frac{n_j}{n} \cdot x_j = \sum_{j=1}^{J} p_j \cdot x_j \tag{3.6}$$

Variation: mittelwertbereinigte Quadratsumme (sum of squares)

$$SS_X = \sum_{i=1}^{n} \left(x_i - \overline{x} \right)^2 = \left(x_1 - \overline{x} \right)^2 + \left(x_2 - \overline{x} \right)^2 + \dots + \left(x_n - \overline{x} \right)^2 \tag{3.17}$$

Varianz

$$s_X^2 = \frac{SS_X}{n} = \frac{1}{n} \sum_{i=1}^{n} \left(x_i - \overline{x} \right)^2 = \frac{1}{n} \sum_{i=1}^{n} x_i^2 - \overline{x}^2 \tag{3.19}$$

Standardabweichung

$$s_X = \sqrt{\frac{\sum_{i=1}^{n} \left(x_i - \overline{x} \right)^2}{n}} = \sqrt{s_X^2} \tag{3.20}$$

Lineartransformation

$$Y = b_0 + b_1 \cdot X \tag{3.25}$$

Mittelwert, Varianz und Standardabweichung von Lineatransformationen

$$\overline{y} = b_0 + b_1 \cdot \overline{x} \tag{3.27}$$

$$s_Y^2 = b_1^2 \cdot s_X^2 \quad ; \quad s_Y = |b_1| \cdot s_X \tag{3.29}$$

Devianz (absolute)

$$D_X = -2 \sum_{k=1}^{J} n_k \cdot \ln\left(\frac{n_k}{n}\right) = -2 \sum_{k=1}^{J} n_k \cdot \ln\left(p_k\right) \tag{3.36}$$

Glossar der wichtigsten Begriffe dieses Kapitels

Arithmetisches Mittel: oder *Mittelwert* $\overline{x}$ (x-quer) der Variablen X: Durchschnittswert der Realisierungen einer Verteilung

Devianz: Streuungsmaß für Verteilungen nominalskalierter Variablen

Durchschnittliche absolute Abweichung (AD): Mittelwert aller absoluten Abweichungen einer Verteilung von ihrem Mittelwert

Index qualitativer Variation (IQV): Streuungsmaß für Verteilungen nominalskalierter Variablen

Kurtosis: Maß für die Steilheit (Wölbung) einer Verteilung

Lineartransformation: Realisierungen x_i der Ausgangsvariablen X werden über die Gleichung $Y = b_0 + b_1 \cdot X$ in Realisierungen y_i der Zielvariablen Y übertragen.

Maße der zentralen Tendenz: statistische Maßzahlen, die die typischen Werte einer Verteilung angeben

Median: $\tilde{x}$ (x-Tilde), Zahl, die im Zentrum einer der Größe nach geordneten Realisierungen einer Verteilung liegt

Mittelwert: siehe arithmetisches Mittel

Modus: auch *Modalwert* genannt, ist die Ausprägung einer Verteilung, die am häufigsten auftritt

Normierung: Lineartransformation ($Y = 1/s_X \cdot X$), bei der durch Streckung oder Stauchung des Wertebereichs der Ausgangsvariablen X die Zielvariable Y eine Varianz von eins hat

Parameter: Kennwert(e) einer Verteilung, einer Gleichung oder eines statistischen Modells

Quartilabstand: Distanz zwischen dem 1. und dem 3. Quartil(wert) einer Verteilung

Schiefekoeffizient: Maß für die Abweichung von der Symmetrie einer Verteilung

Standardabweichung s_X einer Variablen X: Quadratwurzel aus der Varianz (siehe Varianz)

Spannweite: Differenz zwischen der höchsten und niedrigsten Ausprägung einer Variablen

Standardisierung: Lineartransformation ($Z = (x - \overline{x}) / s_X$), bei der der Wertebereich der Ausgangsvariablen X gleichzeitig zentriert und normiert wird, sodass die Zielvariable Y einen Mittelwert von null und eine Varianz von eins hat

Streuungsmaße: statistische Maßzahlen, die das Ausmaß der Verschiedenheit der Realisationen in einer Verteilung angeben

Varianz: durchschnittliche quadrierte Abweichung aller Realisationen einer Verteilung von ihrem Mittelwert

Variation: Summe der quadrierten Abweichungen aller Realisationen einer Verteilung von ihrem Mittelwert

Zentrierung: Lineartransformation ($Y = -\overline{x} + X$), bei der der Wertebereich der Ausgangsvariablen X derart verschoben wird, dass die Zielvariable Y einen Mittelwert von null hat, sodass die Werte der Zielvariable Y positive und negative Abweichungen vom Mittelwert der Ausgangsvariablen X angeben

Z-Transformation: Gleichung zur Standardisierung einer Variablen, s. Standardisierung

Z-Werte: standardisierte Realisierungen von X

B Population und Stichprobe

4 Stichproben und Wahrscheinlichkeits-verteilungen

Eine Aufgabe der Statistik besteht darin, mit Hilfe von Kennwerten wie dem arithmetischen Mittel oder der Varianz Aussagen über Eigenschaften von Verteilungen in einer Grundgesamtheit (Population) zu machen. Populationsparameter, das sind Kennwerte von Populationsverteilungen, sind aber im Allgemeinen nicht bekannt.[1] Deshalb werden Populationsparameter aus Stichprobendaten geschätzt. Die Verallgemeinerung (*Induktionsschluss*) von einer Stichprobe auf eine Grundgesamtheit beinhaltet jedoch ein unvermeidbares Fehlerrisiko.[2] Dieses Risiko abzuschätzen und möglichst klein zu halten ist mit Hilfe der Wahrscheinlichkeitstheorie möglich, wenn die Stichprobenziehung als ein *Zufallsexperiment* aufgefasst werden kann.

Die Vorstellung eines Zufallsexperiments ist der Ausgangspunkt der *Wahrscheinlichkeitstheorie*, die sich mit Regelmäßigkeiten im Auftreten von unsicheren Ereignissen beschäftigt,[3] Ereignissen also, die zwar möglich sind, aber nicht mit Sicherheit eintreten. Ein Beispiel aus der Sozialforschung für die Anwendung der

---

1 Eine Vollerhebung aller Elemente einer Population ist meist sehr zeit- und kostenaufwendig. Bei Wahrscheinlichkeitsverteilungen ist es sogar unmöglich, alle Elemente zu erfassen, da die Population stets unbegrenzt ist.

2 Zur allgemeinen Problematik eines Induktionsschlusses siehe Schnell, 2011: S. 56.

3 Historisch betrachtet ist die Wahrscheinlichkeitstheorie mit dem Ziel entwickelt worden, Gewinnchancen und Verlustrisiken beim Glücksspiel abzuschätzen (King & Read, 1963; Hinderer, 1980). So ist das Würfelspiel ein klassisches Beispiel für das Auftreten unsicherer Ereignisse.

Wahrscheinlichkeitstheorie ist die Frage, wie gut ein Stichprobenmittelwert den Mittelwert der *Population* wiedergibt.

Ein *Zufallsexperiment* ist in der Statistik definiert als ein Vorgang, der drei Eigenschaften aufweist:

1. Das Experiment ist (zumindest theoretisch) unter völlig identischen Bedingungen *beliebig oft wiederholbar*.

2. Als Ergebnis des Experiments *tritt* genau *ein Ereignis* aus einer klar definierten *Menge von möglichen Ereignissen* auf.

3. *Vor* der *Durchführung* des Experiments ist *unbekannt, welches Ereignis* auftreten wird.

Erfolgt die Auswahl der Fälle einer Stichprobe nach dem Zufallsprinzip, dann kann jede so gewonnene *Stichprobe* als Ergebnis eines Zufallsexperiments aufgefasst werden. So könnte sich ein Forscher z. B. für den Anteil von Frauen in einer Population interessieren und in einer Stichprobe von n = 100 zufällig ausgewählten Personen einen Anteil von $p_F = 0.42$ berechnen. Es ist *vorstellbar*, dass aus der gleichen Grundgesamtheit weitere Stichproben des gleichen Umfangs n = 100 gezogen werden. Auch wenn es praktisch nicht möglich ist, eine unbegrenzte Anzahl von Stichproben des Umfangs n = 100 zu ziehen, ist dies doch *theoretisch* vorstellbar. Jede dieser Stichproben würde einen Wert für den Anteil der Frauen liefern, der sich mehr oder weniger von dem Anteilswert 0.42 in der ersten Stichprobe unterscheidet. Wenn die Auswahl der Fälle in der Stichprobe zufällig ist, kann ein spezifischer Stichprobenanteil als Realisierung der *Zufallsvariablen* «Stichprobenanteil der Frauen» aufgefasst werden. Die Verteilung der Realisierungen dieser Zufallsvariablen über die nur *theoretisch* vorstellbare Menge aller möglichen Stichproben des gleichen Umfangs wird als *Wahrscheinlichkeitsverteilung* der Zufallsvariablen – hier also des Stichprobenanteils p_F – bezeichnet.

Analoge Überlegungen können auch für Mittelwerte und Varianzen angestellt werden: Somit hat auch der Stichprobenmittelwert $\bar{x}$ ebenso wie die Stichprobenvarianz s_X^2 einer Variablen X eine Wahrscheinlichkeitsverteilung über die Menge der theoretisch vorstellbaren Stichproben.

4.1 Elementare Wahrscheinlichkeitstheorie

4.1.1 Zufallsexperiment und Ereignisraum oder Universum

Als ein Beispiel für ein Zufallsexperiment gehen wir von einer Menge (Population) von sechs Haushalten aus, aus der wir zwei Haushalte unabhängig voneinander zufällig auswählen, wobei die auszuwählende Haushaltsnummer jeweils durch das Werfen eines Würfels ermittelt wird. Also ist es möglich, dass ein Haushalt (z. B. mit der Nummer 5) mehrfach ausgewählt wird. Die – im Beispiel 36 – möglichen Ergebnisse des Zufallsexperiments «Zufallsauswahl von n = 2 aus N = 6» sind im Koordinatensystem als Punkte mit den Positionen (x,y) eingetragen, wobei x die waagerechte und y die senkrechte Position angibt. (Abbildung 4.1). Wenn X die Nummer des zuerst ausgewählten Haushalts angibt und Y die Nummer des zweiten ausgewählten Haushalts, dann gilt: Der Punkt (1,4) steht für das Ereignis, dass zunächst Haushalt Nr. 1 und dann Haushalt Nr. 4 ausgewählt wird; der Punkt (5,5) für das Ereignis, dass zweimal Haushalt 5 ausgewählt wird.

Die Gesamtmenge aller möglichen Resultate (Ereignisse) des Zufallsexperiments wird als *Ereignisraum* oder *Universum* des Zufallsexperiments bezeichnet und durch den großen griechischen Buchstaben Ω (Omega) symbolisiert. Alle denkbaren Ereignisse des Zufallsexperiments sind dann mengentheoretisch gesehen Teilmengen des Universums. Diese Sichtweise ermöglicht es, Wahrscheinlichkeitsaussagen über komplexe Ereignisse zu machen, die sich mengentheoretisch aus mehreren Teilmengen zusammensetzen. Mengen und damit auch die Resultate eines Zufallsexperiments werden oft durch große Buchstaben gekennzeichnet. So steht in Abbildung 4.1 der Buchstabe A für das Ereignis, zunächst Haushalt Nr. 1 und dann Haushalt Nr. 4 auszuwählen, der Buchstabe B für das Ereignis, zweimal den Haus-

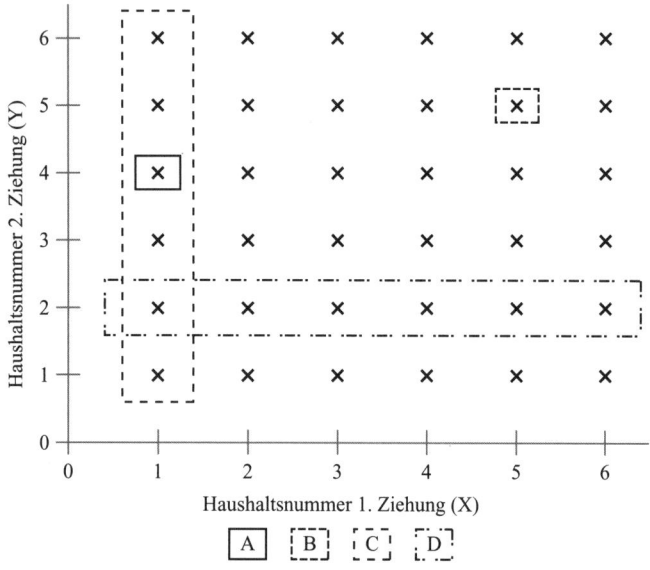

Abbildung 4.1: **Grafische Darstellung des Ereignisraums bei der Ziehung von zwei aus sechs Haushalten**

halt Nr. 5 auszuwählen, der Buchstabe C für das Ereignis, zuerst den Haushalt Nr. 1 und dann irgendeinen anderen Haushalt auszuwählen und der Buchstabe D für das Ereignis, zuerst irgendeinen Haushalt und dann den Haushalt Nr. 2 auszuwählen.

4.1.2 Disjunkte Ereignisse, Elementarereignisse und komplexe Ereignisse

Zwei Ereignisse heißen *disjunkt*, wenn sie nicht gleichzeitig auftreten können. Die *Schnittmenge* A∩B (A und B), das ist ihr gemeinsames Auftreten, ist dann die sogenannte leere Menge {}. In Abbildung 4.1 sind die Ereignisse A und B disjunkt, denn es ist unmöglich, in einer Stichprobe von n = 2 die Haushalte 1 und 4 und *gleichzeitig* zweimal den Haushalt 5 auszuwählen. Die Ereignisse C und D sind dagegen nicht disjunkt, denn beide Ereignisse können *gleichzeitig* auftreten. So ist es möglich, bei der

ersten Ziehung Haushalt 1 und bei der zweiten Ziehung irgendeinen Haushalt auszuwählen (Ereignis C). Möglich ist aber
auch, bei der ersten Ziehung irgendeinen Haushalt und bei der
zweiten Ziehung Haushalt 2 auszuwählen (Ereignis D). Das
gleichzeitige oder *gemeinsame* Auftreten ist hier das Ereignis
(1,2), da dieses Ereignis sowohl in C wie in D enthalten ist.

Eine *exhaustive Zerlegung* ist die vollständige Aufteilung des
Ereignisraums Ω in disjunkte Teilmengen, sodass alle Teilmengen zusammen das Universum ergeben. *Elementarereignisse* heißen die Teilmengen einer exhaustiven Zerlegung, wenn sie nicht
weiter in Teilereignisse zerlegt werden können. Elementarereignisse sind somit die kleinstmöglichen Ergebnisse eines Zufallsexperiments. Jedes Ereignis, das kein Elementarereignis ist, ist
dann ein *komplexes Ereignis*, das mindestens zwei Elementarereignisse umfasst.

In Abbildung 4.1 ist jeder Punkt ein Elementarereignis. Also
sind bei dem Zufallsexperiment «Ziehung von zwei Elementen»
die Ereignisse A und B jeweils Elementarereignisse. Dagegen ist
das Ereignis C ein komplexes Ereignis, weil die Auswahl von
Haushalt Nr. 1 und irgendeines anderen Haushalts sich aus den
sechs Elementarereignissen (1,1), (1,2), (1,3), (1,4), (1,5) oder
(1,6) zusammensetzen kann. D ist ebenfalls ein aus sechs Elementarereignissen zusammengesetztes komplexes Ereignis, das
sich aus den Elementarereignissen (1,2), (2,2), (3,2), (4,2), (5,2)
und (6,2) zusammensetzt.

Die insgesamt 36 Punkte ergeben eine exhaustive Zerlegung
des Ereignisraums. Wenn der Ereignisraum eines Zufallsexperiments N Elementarereignisse enthält und davon ausgegangen
wird, dass jedes Elementarereignis die gleiche Realisierungschance hat, dann hat jedes Elementarereignis eine Auftretenswahrscheinlichkeit von 1/N, im Beispiel also 1/36. Diese Festlegung folgt dem *klassischen Wahrscheinlichkeitsbegriff*, der die
Wahrscheinlichkeit eines Ereignisses als *Verhältnis der Zahl der
günstigen Ergebnisse zur Zahl der Ergebnisse insgesamt* definiert.

Die klassische Wahrscheinlichkeit ist eine *Apriori-Wahrscheinlichkeit*, weil Ereignissen Wahrscheinlichkeiten ausschließlich aufgrund theoretischer Überlegungen zugeschrieben werden.

Mit Hilfe der Apriori-Wahrscheinlichkeiten von Elementarereignissen können unter Anwendung mengentheoretischer Überlegungen die Wahrscheinlichkeiten aller Ereignisse eines Zufallsexperiments berechnet werden, wenn die Zahl der Elementarereignisse bekannt ist. Da der Ereignisraum Ω aus N Elementarereignissen besteht, die jeweils eine Wahrscheinlichkeit von $1/N$ haben, ist die Wahrscheinlichkeit des Universums $Pr(\Omega) = 1 = N \cdot 1/N$.[4] Die Wahrscheinlichkeit, dass irgendein Ereignis auftritt, ist immer 1.0, d. h. das Auftreten irgendeines Ereignisses ist gewiss. Da die Ereignisse A und B (in Abbildung 4.1) jeweils ein Elementarereignis umfassen, beträgt ihre Wahrscheinlichkeit $Pr(A) = Pr(B) = 1/36$. Die Wahrscheinlichkeit eines komplexen Ereignisses ist gleich der Summe der Wahrscheinlichkeiten der Elementarereignisse, aus denen das komplexe Ereignis zusammengesetzt ist. Die Wahrscheinlichkeit der komplexen Ereignisse C und D beträgt also jeweils $6/36$: $Pr(C) = Pr(D) = 6/36 = 1/6$.

Bilden zwei disjunkte Ereignisse eine exhaustive Zerlegung des Ereignisraums Ω, dann spricht man von *komplementären Ereignissen*. Ein zu einem Ereignis *komplementäres Ereignis* kennzeichnen wir durch das Symbol $\neg$ («nicht»), da das Komplementärereignis das «Gegenteil» eines Ereignisses ist. Das Ereignis $\neg C$ ist also das Komplementärereignis zum Ereignis C.[5] In Abbildung 4.1 ist $\neg C$ das Ereignis, als ersten Haushalt *nicht* den Haushalt Nr. 1 zu ziehen. Die Wahrscheinlichkeit von $\neg C$ beträgt $30/36 = 5/6$.

---

4 Die Realisierungswahrscheinlichkeit eines Ereignisses X wird von uns durch $Pr(X)$ symbolisiert («Pr» als Abkürzung für die englische Bezeichnung «*probability*»).

5 In der Literatur werden Komplementärereignisse auch oft durch waagerechte Striche über den das Ereignis bezeichnenden Buchstaben gekennzeichnet. Anstelle von «$\neg A$» wird dann das Symbol «$\bar{A}$» verwendet. Um Verwechslungen mit dem arithmetischen Mittel auszuschließen, verwenden wir ausschließlich das Symbol «$\neg$».

4.1.3 Zusammenfassungen von Ereignissen

Es ist möglich, sowohl disjunkte als auch nicht disjunkte Ereignisse zu einem komplexen Ereignis zusammenzufassen. Werden die beiden *disjunkten* Ereignisse aus Abbildung 4.1 zusammengefasst, dann resultiert das komplexe Ereignis A *oder* B (entweder A oder B), während die Zusammenfassung der beiden *nicht disjunkten* Ereignisse das komplexe Ereignis C *oder* D (C und / oder D) ergibt. Formal werden solche Zusammenfassungen oder Vereinigungen von Mengen durch das Symbol ∪ dargestellt. Die *Vereinigungsmenge* A∪B ist dann realisiert, wenn entweder Ereignis A (erst Haushalt Nr. 1 und dann Haushalt Nr. 4) oder Ereignis B (zweimal Haushalt Nr. 5) auftritt. Die Wahrscheinlichkeit der Vereinigungsmenge der disjunkten Ereignisse A *oder* B beträgt also $Pr(A \cup B) = Pr(A) + Pr(B) = 1/36 + 1/36 = 2/36 = 1/18$. Im Gegensatz dazu ist die Vereinigungsmenge der beiden nicht disjunkten Ereignisse C∪D dann realisiert, wenn entweder Ereignis C (bei der ersten Auswahl Haushalt Nr. 1) oder Ereignis D (bei der zweiten Auswahl Haushalt Nr. 2) oder beide Ereignisse *gemeinsam* (im ersten Schritt Haushalt Nr. 1 und im zweiten Schritt Haushalt Nr. 2) auftreten. Das gemeinsame Auftreten von zwei Ereignissen wird als *Schnittmenge* bezeichnet und durch das Symbol ∩ dargestellt. Um die Schnittmenge C∩D nicht doppelt zu zählen, muss diese bei der Berechnung der Wahrscheinlichkeit der Vereinigungsmenge von C und D abgezogen werden: $Pr(C \cup D) = Pr(C) + Pr(D) - Pr(C \cap D) = 6/36 + 6/36 - 1/36 = 11/36$.

4.1.4 Axiome der Wahrscheinlichkeitstheorie

Mit Hilfe der Mengenlehre ist es möglich, sämtliche Aussagen der klassischen Wahrscheinlichkeitstheorie auf drei Axiome (Grundsätze) zurückzuführen:

1. Die Wahrscheinlichkeit jedes beliebigen Ereignisses A ist eine reelle Zahl zwischen null und eins:

$$0 \leq Pr(A) \leq 1 \qquad (4.1)$$

2. Irgendein Ereignis des Ereignisraums (Universums) Ω muss auftreten. Die Wahrscheinlichkeit des Universums ist daher das sichere Ereignis mit der Wahrscheinlichkeit 1:

$$Pr(\Omega) = 1 \qquad (4.2)$$

3. Die Wahrscheinlichkeit der Vereinigungsmenge zweier disjunkter Ereignisse A oder B ist die Summe der Wahrscheinlichkeit von A plus der Wahrscheinlichkeit von B:

$$Pr(A \cup B) = Pr(A) + Pr(B) \qquad \text{wenn } A \cap B = \{\} \qquad (4.3)$$

wobei $A \cap B$ = gemeinsames (gleichzeitiges) Auftreten von A und B
   $\{\}$ = leere Menge, d. h. A und B sind disjunkt
   $A \cup B$ = Vereinigungsmenge von A und B, d. h. das Auftreten von A und / oder B.

Aus den drei Axiomen der Wahrscheinlichkeitstheorie folgt für die Wahrscheinlichkeit der Vereinigungsmenge zweier beliebiger (disjunkter sowie nicht disjunkter) Ereignisse A und B:

$$Pr(A \cup B) = Pr(A) + Pr(B) - Pr(A \cap B) \qquad (4.4)$$

Erläuterungen siehe Gleichung 4.3.

Gleichung 4.4 wird als *Additionstheorem* der Wahrscheinlichkeitstheorie bezeichnet. Für das Beispiel in Abbildung 4.1 gilt dann exemplarisch:

$$
\begin{aligned}
Pr(C \cup D) &= Pr(C) + Pr(D) - Pr(C \cap D) &&= 6/36 + 6/36 - 1/36 \\
&= 11/36 \\
Pr(A \cup C) &= Pr(A) + Pr(C) - Pr(A \cap C) &&= 1/36 + 6/36 - 1/36 \\
&= 6/36 = 1/6 \\
Pr(B \cup D) &= Pr(B) + Pr(D) - Pr(B \cap D) &&= 1/36 + 6/36 - 0/36 \\
&= 7/36
\end{aligned}
$$

4.1.5 Bedingte Wahrscheinlichkeit und statistische Unabhängigkeit

Oft ist man an der Wahrscheinlichkeit des Auftretens eines Ereignisses A unter der Bedingung interessiert, dass ein zweites Ereignis B auftritt. Das Ereignis B wird dann als *bedingendes Ereignis* bezeichnet, das Ereignis A als *bedingtes Ereignis*. Da das Auftreten des bedingenden Ereignisses B vorausgesetzt wird, reduziert sich der mögliche Ereignisraum für das bedingte Ereignis A auf die Teilmenge der Elementarereignisse, die Ereignis B ausmachen. Die Wahrscheinlichkeit des bedingenden Ereignisses engt also den ursprünglichen Ereignisraum Ω auf das Ereignis B ein. Die *bedingte Wahrscheinlichkeit* des Ereignisses A gegeben B ist die Wahrscheinlichkeit, dass A und B gemeinsam auftreten, geteilt durch die Wahrscheinlichkeit, dass B auftritt:[6]

$$\Pr(A|B) = \Pr(A \cap B) / \Pr(B) \tag{4.5}$$

wobei $\Pr(A|B)$ = Wahrscheinlichkeit A gegeben B.
Weitere Erläuterungen siehe Gleichung 4.3.

Für das Beispiel in Abbildung 4.1 gilt dann exemplarisch:

$$\Pr(A|C) = \Pr(A \cap C) / \Pr(C) = (1/36) / (6/36) = 1/6;$$
$$\Pr(D|C) = \Pr(D \cap C) / \Pr(C) = (1/36) / (6/36) = 1/6;$$
$$\Pr(B|C) = \Pr(B \cap C) / \Pr(C) = (0/36) / (6/36) = 0.$$

Da durch die Wahrscheinlichkeit des bedingenden Ereignisses geteilt wird, ist die bedingte Wahrscheinlichkeit nur für bedingende Ereignisse definiert, die möglich sind, also eine Auftretenswahrscheinlichkeit größer null haben. Sind bedingendes und bedingtes Ereignis disjunkt, ist die bedingte Wahrscheinlichkeit null.

---

6 Das Teilen durch die Wahrscheinlichkeit des bedingenden Ereignisses stellt sicher, dass die Wahrscheinlichkeit des Auftretens irgendeines bedingten Ereignisses im eingeengten Ereignisraum B eins ist: $\Pr(B|B) = 1$.

Zu beachten ist allerdings, dass bedingte Wahrscheinlichkeiten rein formale Aussagen ohne einen zeitlichen Bezug sind. Es ist daher auch möglich, die bedingte Wahrscheinlichkeit eines Ereignisses unter der Bedingung zu berechnen, dass ein zukünftiges Ereignis eintreten wird.

Für das Beispiel in Abbildung 4.1 gilt so z. B.: Die Wahrscheinlichkeit, im ersten Auswahlschritt Haushalt 1 auszuwählen, wenn im zweiten Auswahlschritt Haushalt 2 gezogen werden wird, beträgt:

$$Pr(C|D) = Pr(C \cap D) / Pr(D) = (1/36)/(6/36) = 1/6.$$

Über die bedingte Wahrscheinlichkeit wird die *statistische Unabhängigkeit* definiert: *Zwei Ereignisse A und B sind genau dann statistisch unabhängig voneinander, wenn die bedingte Wahrscheinlichkeit von A gegeben B gleich der (unbedingten) Wahrscheinlichkeit von A ist, bzw. wenn die bedingte Wahrscheinlichkeit von B gegeben A gleich der (unbedingten) Wahrscheinlichkeit von B ist*:

$$Pr(A|B) = Pr(A) \text{ und } Pr(B|A) = Pr(B) \tag{4.6}$$

Erläuterungen siehe Gleichung 4.3 und 4.4.

Für das Beispiel in Abbildung 4.1 gilt exemplarisch: Die Wahrscheinlichkeit, im zweiten Auswahlschritt den Haushalt Nr. 2 auszuwählen (D) wenn im ersten Auswahlschritt Haushalt Nr. 1 gezogen wurde (C), beträgt: $Pr(D|C) = (1/36)/(6/36) = 1/6 = Pr(D)$, d. h. dass C und D statistisch unabhängig voneinander sind.

Aus der Umformung der Wahrscheinlichkeit eines bedingten Ereignisses (Gleichung 4.5) folgt, dass die Wahrscheinlichkeit des gleichzeitigen Auftretens zweier Ereignisse A und B gleich dem Produkt der bedingten Wahrscheinlichkeit von A gegeben B (bzw. von B gegeben A) mal der unbedingten Wahrscheinlichkeit des bedingenden Ereignisses B (bzw. A) ist:

$$Pr(A \cap B) = Pr(A|B) \cdot Pr(B) = Pr(B|A) \cdot Pr(A) \tag{4.7a}$$

Erläuterungen siehe Gleichung 4.3 und 4.5.

Dieser Zusammenhang ist als *Multiplikationstheorem* der Wahrscheinlichkeitstheorie bekannt.[7]

Für das Beispiel in Abbildung 4.1 gilt exemplarisch: Die Wahrscheinlichkeit, in einer Stichprobe von $n = 2$ aus sechs Haushalten den Haushalt Nr. 1 und den Haushalt Nr. 4 auszuwählen, beträgt $Pr(A \cap C) = Pr(A|C) \cdot Pr(C) = (1/6) \cdot (1/6) = 1/36$. Dagegen beträgt die Wahrscheinlichkeit, zweimal den Haushalt Nr. 5 und Haushalt Nr. 1 in einer Stichprobe von $n = 2$ zu erhalten, $Pr(B \cap C) = Pr(B|C) \cdot Pr(C) = (0/6) \cdot (1/6) = 0 \neq Pr(B) = 1/6$.[8]

Aus dem Multiplikationstheorem und der Definition statistischer Unabhängigkeit folgt, dass bei statistischer Unabhängigkeit die Wahrscheinlichkeit für das gemeinsame Auftreten zweier Ereignisse gleich dem Produkt der beiden Auftretenswahrscheinlichkeiten ist:

$$Pr(A \cap B) = Pr(A|B) \cdot Pr(B) = Pr(B|A) \cdot Pr(A)$$
$$= Pr(A) \cdot Pr(B) \tag{4.7b}$$

Da die bedingte Wahrscheinlichkeit für das Auftreten von C gegeben D gleich der unbedingten Wahrscheinlichkeit von C ist und auch die bedingte Wahrscheinlichkeit von D gegeben C gleich der unbedingten Wahrscheinlichkeit von D ist, sind die beiden Ereignisse C und D unabhängig voneinander, und die Wahrscheinlichkeit für das gemeinsame Auftreten von $C \cap D$ kann berechnet werden als:

$$Pr(C \cap D) = Pr(C|D) \cdot Pr(D) = Pr(D|C) \cdot Pr(C) = Pr(C) \cdot Pr(D)$$
$$= 1/6 \cdot 1/6 = 1/36$$

---

7 Durch Anwendung des Multiplikationstheorems kann auch die bedingte Wahrscheinlichkeit $Pr(B|A)$ aus den bedingten Wahrscheinlichkeiten $Pr(A|B)$ und $Pr(A|\neg B)$ berechnet werden: $Pr(B|A) = Pr(A|B) \cdot Pr(B) / (Pr(A|B) \cdot Pr(B) + Pr(A|\neg B) \cdot Pr(\neg B))$. Dieser als «Satz von Bayes» oder «Bayes'sches Theorem» bekannte Zusammenhang ist die Grundlage der sog. Bayes'schen Statistik.

8 Da die bedingte Wahrscheinlichkeit disjunkter Ereignisse stets null ist, folgt auch, dass disjunkte Ereignisse nicht statistisch unabhängig voneinander sein können.

4.2 Stichprobenziehung als Zufallsexperiment

Die für die empirische Sozialforschung vielleicht wichtigste Anwendung der Wahrscheinlichkeitstheorie ist die Berechnung von Stichprobenwahrscheinlichkeiten. Ausgangspunkt ist eine *Grundgesamtheit* oder *Population* von insgesamt N Elementen, aus der eine Stichprobe von n Elementen ausgewählt wird. Die Stichprobenziehung ist ein Zufallsexperiment, wenn die Auswahl der Stichprobenelemente aus der Population nach einem Zufallsprinzip erfolgt. So kann die Auswahl z. B. mittels einer Urne erfolgen. Dabei wird wie bei einer Lotterie für jedes der N Elemente eine nummerierte Kugel mit der Fallnummer des Elements in eine Urne gelegt, die gut durchmischt wird. Nacheinander werden dann n Kugeln gezogen. Die Nummern auf den gezogenen Kugeln bestimmen die Elemente, die in die Stichprobe aufgenommen werden.[9] Da die Ziehung von nummerierten Kugeln aus einer Urne als idealtypisch für eine Zufallsauswahl betrachtet werden kann, spricht man auch von einem *Urnenmodell*.

4.2.1 Einfache Zufallsauswahl ohne Zurücklegen

Eine Zufalls- oder Wahrscheinlichkeitsauswahl heißt *einfache Zufallsauswahl*, wenn bei der Auswahl eines Elements aus einer Menge von Elementen jedes Element die gleiche Wahrscheinlichkeit hat, ausgewählt zu werden, und bei der Auswahl von mehreren Elementen aus der gleichen Population dies für jeden Ziehungsschritt gilt. Wenn jedes Element nur einmal ausgewählt werden kann, handelt es sich um eine *einfache Zufallsauswahl ohne Zurücklegen*. Vor der ersten Auswahl enthält die Population N Elemente, von denen das erste mit der Wahrscheinlichkeit 1 / N

---

9 In der Realität erfolgt die Ziehung von Stichproben meist mit Computerprogrammen, die z. B. mit Hilfe eines Zufallszahlengenerators Personen zufällig aus der Einwohnermeldeamtsdatei einer Stadt auswählen. Die Programme können eine Urnenauswahl so simulieren, dass diese der physikalischen Auswahl mittels einer echten Urne entspricht.

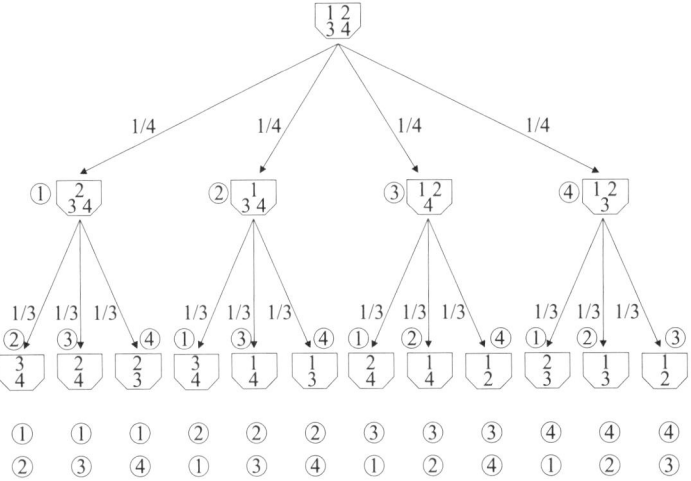

ausgewählt wird. Nach der ersten Ziehung ist die Zahl der noch nicht ausgewählten Elemente gleich $N-1$, von denen wiederum jedes mit gleicher Wahrscheinlichkeit, nun also $1/(N-1)$ ausgewählt wird. Nach der zweiten Ziehung umfasst die Population noch $N-2$ Elemente, sodass die Auswahlwahrscheinlichkeit eines Elementes im dritten Ziehungsschritt $1/(N-2)$ beträgt. Nach jeder Ziehung reduziert sich die Zahl der Elemente um 1, sodass vor der n-ten Ziehung noch $(N-n+1)$ Elemente und nach der n-ten Ziehung noch $(N-n)$ Elemente für eine Ziehung zur Verfügung stehen. Grafisch lässt sich das Vorgehen als *Ereignisbaum* darstellen (Abbildung 4.2).

Da die zur Auswahl stehenden Elemente bei der n-ten Ziehung davon abhängen, welche Elemente zuvor gezogen wurden, ist die Auswahlwahrscheinlichkeit eines Elements bei der n-ten Ziehung eine bedingte Wahrscheinlichkeit, gegeben die $n-1$ Ziehungen zuvor. Nach dem Multiplikationstheorem der Wahrscheinlichkeitstheorie (Gleichung 4.7) berechnet sich daher die

Wahrscheinlichkeit jeder Stichprobe von n aus N Elementen ohne Zurücklegen aus dem Produkt der Ziehungswahrscheinlichkeiten der einzelnen Schritte, bei einer Auswahl von n aus N Elementen also als das Produkt:

$1/N \cdot 1/(N-1) \cdot 1/(N-2) \cdot \ldots \cdot 1/(N-n+1)$.

Im Urnenmodell in Abbildung 4.2 hat jede mögliche Stichprobe daher die Auswahlwahrscheinlichkeit $1/4 \cdot 1/3 = 1/12$.

Wenn N und n ansteigen, wird die Berechnung einer Stichprobenwahrscheinlichkeit über das Produkt der einzelnen Ziehungswahrscheinlichkeiten schnell ein Produkt aus sehr vielen Faktoren. In der *Kombinatorik* sind spezielle Symbole und Formeln entwickelt worden, mit deren Hilfe die Berechnung von Stichprobenwahrscheinlichkeiten erleichtert wird.[10] So wird das Produkt der Zahlen $N \cdot (N-1) \cdot (N-2) \cdot \ldots \cdot 3 \cdot 2 \cdot 1$ als *Permutation* von N oder «Fakultät von N» bezeichnet und durch das Symbol «N!» gekennzeichnet.[11] Wenn bei einer einfachen Zufallsauswahl ohne Zurücklegen alle N Elemente der Population ausgewählt werden, gibt es also N! verschiedene Stichproben, die jeweils die gleiche Auswahlwahrscheinlichkeit $1/N!$ aufweisen.

Die oben berechnete Auswahlwahrscheinlichkeit einer einfachen Zufallsauswahl von n aus N Elementen lässt sich dann als Quotient zweier Permutationen darstellen:

10 Die Kombinatorik ist ein Teilgebiet der Algebra, die sich mit der Anzahl von Anordnungen von Elementen beschäftigt.
11 Die Fakultät ist für nichtnegative ganze Zahlen definiert, wobei die Konvention $0! = 1$ gilt.

$$\Pr(\text{Stichprobe})$$

$$= \frac{1}{N \cdot (N-1) \cdot (N-2) \cdot \ldots \cdot (N-n+1)} \qquad (4.8)$$

$$= \frac{(N-n) \cdot (N-n-1) \cdot \ldots \cdot 2 \cdot 1}{\big(N \cdot (N-1) \cdot (N-2) \cdot \ldots \cdot (N-n+1)\big) \cdot \big((N-n) \cdot (N-n-1) \cdot \ldots \cdot 2 \cdot 1\big)}$$

$$= \frac{(N-n)!}{N!}$$

wobei N = Populationsumfang

$\quad\quad\quad n$ = Fallzahl in einer Stichprobe

$\quad\quad\quad N!$ = N-Fakultät.

Bei der Berechnung der Stichprobenwahrscheinlichkeit über das Produkt der bedingten Ziehungswahrscheinlichkeiten werden zwei Stichproben unterschieden, wenn diese zwar die gleichen Elemente aufweisen, die Reihenfolge der Ziehungen der einzelnen Elemente aber verschieden ist. Man spricht auch davon, dass die Anordnung der Elemente berücksichtigt wird. Wenn dagegen die Anordnung der Elemente keine Rolle spielt, werden alle Stichproben mit gleichen Elementen zu einer Stichprobe zusammengefasst. Da die einzelnen Stichproben bei Berücksichtigung der Anordnung disjunkte Ereignisse sind, berechnet sich die Wahrscheinlichkeit einer Stichprobe ohne Berücksichtigung der Anordnung als Summe der Wahrscheinlichkeiten der ununterscheidbaren Stichproben. Bei n Elementen in einer Stichprobe gibt es n! unterschiedliche Anordnungen. Die Auswahlwahrscheinlichkeit jeder beliebigen Stichprobe von n aus N Elementen bei einer einfachen Zufallsauswahl ohne Zurücklegen und ohne Berücksichtigung der Anordnung berechnet sich dann nach:

$$\Pr(\text{Stichprobe}) = n! \cdot \frac{(N-n)!}{N!} = \frac{n! \cdot (N-n)!}{N!} = \frac{1}{\binom{N}{n}} \qquad (4.9)$$

wobei $\binom{N}{n}$ = «N über n», Binomialkoeffizient von N und n.

Weitere Erläuterungen siehe Gleichung 4.8.

Der *Binomialkoeffizient* zweier ganzer Zahlen N und n, wobei N≥n, berechnet sich nach:

$$\binom{N}{n} = \frac{N \cdot (N-1) \cdot (N-2) \ldots \cdot 2 \cdot 1}{\left((N-n) \cdot (N-n-1) \cdot \ldots \cdot 2 \cdot 1 \right) \cdot \left(n \cdot (n-1) \cdot \ldots \cdot 2 \cdot 1 \right)}$$
$$= \frac{N!}{(N-n)! \cdot n!} \tag{4.10}$$

Erläuterungen siehe Gleichung 4.8 und 4.9.

Da bei einer einfachen Zufallsauswahl von n aus N Elementen ohne Zurücklegen und ohne Berücksichtigung der Anordnung die Population in zwei Teilmengen von n und N−n Elementen aufgeteilt wird, gibt der Binomialkoeffizient auch gleichzeitig die Anzahl der Möglichkeiten an, eine Menge von N Elementen in zwei Teilmengen aufzuteilen.[12]

Die Verwendung der Formeln lässt sich an Abbildung 4.2 zeigen. Bei einer einfachen Zufallsauswahl von n = 2 aus N = 4 ohne Zurücklegen ergibt sich eine Anzahl von N!/(N−n)! = 4!/(4−2)! = 24/2 = 12 Stichproben, die mit jeweils gleicher Wahrscheinlichkeit ausgewählt werden, wenn die Reihenfolge der Anordnung berücksichtigt wird. Wenn die Anordnung keine Rolle spielt, sind jeweils n!, im Beispiel 2! = 2, Stichproben ununterscheidbar, so dass dann nur noch N!/((N−n)! · n!) = 4!/(2! · 2!) = 6, also «4 über 2» Stichproben unterschieden werden können, die mit jeweils gleicher Auswahlwahrscheinlichkeit gezogen werden.

---

12 Bei Mengen von Elementen spielt grundsätzlich die Reihenfolge der Elemente keine Rolle. Soll die Reihenfolge berücksichtigt werden, spricht man bei n Elementen von einem «n-Tupel». Ungeordnete Elemente in Mengen werden in geschweifte Klammern eingefasst, z. B. {1,2,3}, geordnete Elemente (Tupel) in runde Klammern, z. B. (1,2,3).

4.2.2 Einfache Zufallsauswahl mit Zurücklegen

Bei einer *einfachen Zufallsauswahl mit Zurücklegen* kann jedes Element einer Population mehrfach ausgewählt werden. Im Urnenmodell dieser Auswahl wird eine gezogene Kugel nach ihrer Ziehung wieder in die Urne zurückgelegt. Bei einer einfachen Zufallsauswahl von n aus N Elementen mit Zurücklegen gibt es somit vor jeder der n Ziehungen jeweils N Möglichkeiten, sodass die Auswahlwahrscheinlichkeit jedes Elements bei jedem Ziehungsschritt 1/N beträgt. Die Wahrscheinlichkeit einer Stichprobe von n aus N Elementen ergibt sich auch bei einer einfachen Zufallsauswahl mit Zurücklegen durch Anwendung des Multiplikationstheorems der Wahrscheinlichkeitstheorie als Produkt der Auswahlwahrscheinlichkeiten der einzelnen Ziehungen und beträgt somit

$$\text{Pr}\left(\text{Stichprobe}\right) = \underbrace{\frac{1}{N} \cdot ... \cdot \frac{1}{N}}_{n \text{ mal}} = \frac{1}{N^n} \tag{4.11}$$

Erläuterungen siehe Gleichung 4.8.

Wie bei einer einfachen Zufallsauswahl ohne Zurücklegen ist die Wahrscheinlichkeit gleich dem Kehrwert der Anzahl der unterscheidbaren Stichproben, wobei auch hier zwei Stichproben unterschieden werden, wenn sie die gleichen Elemente aufweisen, aber in unterschiedlicher Reihenfolge gezogen werden. Abbildung 4.3 zeigt den Ereignisbaum einer einfachen Zufallsauswahl mit Zurücklegen von n = 2 Elementen aus einer Population mit N = 3 Elementen. Die Wahrscheinlichkeit jeder der $3^2 = 9$ Stichproben ist somit $1/3^2 = 1/9$.

Soll die Stichprobenwahrscheinlichkeit einer einfachen Zufallsauswahl mit Zurücklegen ohne Berücksichtigung der Reihenfolge berechnet werden, ist die Berechnung aufwendiger als die entsprechende Wahrscheinlichkeit bei einer Zufallsauswahl ohne Zurücklegen. Dies ist Folge davon, dass bei einer Auswahl mit Zurücklegen Elemente wiederholt in die Stichprobe aufgenom-

Abbildung 4.3: **Ereignisbaum für eine einfache Zufallsauswahl von**
n = 2 aus N = 3 mit Zurücklegen

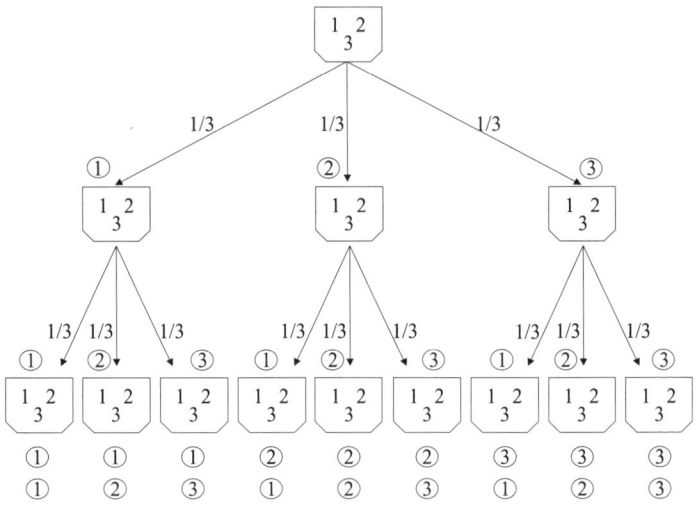

men werden können und dann die Zahl der Anordnungen nicht gleich der Fakultät des Stichprobenumfangs ist. So gilt für die Auswahl von n = 2 aus N = 3 Elementen in Abbildung 4.3, dass es von den neun Stichproben drei Stichproben gibt, bei denen beide ausgewählten Elemente identisch sind und sechs Stichproben, bei denen zwei verschiedene Elemente ausgewählt werden, wobei drei der letzteren sechs Stichproben jeweils zwei gleiche Elemente enthalten. Ohne Berücksichtigung der Reihenfolge ist daher die Wahrscheinlichkeit einer Stichprobe mit zwei identischen Elementen 1/9 und die Wahrscheinlichkeit einer Stichprobe mit zwei verschiedenen Elementen 2/9. Es gibt insgesamt 6 unterscheidbare Stichproben, von denen 3 eine Wahrscheinlichkeit von 1/9 und 3 eine Wahrscheinlichkeit von 2/9 haben.

Für den allgemeinen Fall der Berechnung der Stichprobenwahrscheinlichkeit einer einfachen Zufallsauswahl von n aus N Elementen mit Zurücklegen ohne Berücksichtigung der Reihenfolge ist eine Verallgemeinerung des Binomialkoeffizienten hilfreich, die angibt, wie viele Möglichkeiten es gibt, eine Menge von N Elementen nicht nur in zwei, sondern in K Teilmengen mit den Häufigkeiten n_1, n_2, …, n_K aufzuteilen, sodass $n_1+n_2+…+n_K = N$ ist. Da diese Anzahl gleichzeitig die Zahl der Permutationen ist, die sich ergeben, wenn die Zahl der Anordnungen einer Menge von insgesamt N Elementen gefragt ist, wobei jeweils n_1, n_2, …, n_K nicht unterscheidbar sind, spricht man in der Kombinatorik auch von Permutationen mit Wiederholungen und symbolisiert diese Anzahl durch $P(n_1, n_2, …, n_K)$:

$$P\left(n_1, n_2, …, n_K\right) = \frac{\left(n_1 + n_2 + … + n_K\right)!}{n_1! \cdot n_2! \cdot … \cdot n_K!} \tag{4.12}$$

wobei   P   = Permutationen mit Wiederholungen
   n_1, n_2, …, n_K = Anzahl der jeweils nicht unterscheid-
                baren Elemente in den K Teilmengen.
   Weitere Erläuterungen siehe Gleichung 4.8.

Bei einer einfachen Zufallsauswahl von n aus N Elementen mit Wiederholungen kann jedes Element keinmal, einmal, zweimal, … oder n-mal in die Stichprobe aufgenommen werden. Wenn in einer Stichprobe n_1-mal das Element 1 der Population, n_2-mal das Element 2, … und n_N-mal das N-te Element vorkommt, dann gibt es somit $P(n_1, n_2, …, n_N)$ Stichproben dieser Zusammensetzung, die disjunkt sind und jeweils mit einer Wahrscheinlichkeit von $1/N^n$ ausgewählt werden. Die Häufigkeiten n_1 bis n_N können dabei zwischen 0 und n liegen und summieren sich zum Stichprobenumfang n auf. Die Wahrscheinlichkeit der Stichprobe ohne Berücksichtigung der Reihenfolge ist dann:

$$\Pr\left(\text{Stichprobe}\right) = \frac{P\left(n_1, n_2, …, n_N\right)}{N^n} \text{ mit } \sum_{k=1}^{N} n_k = n \text{ und } n_k \geq 0 \tag{4.13}$$

wobei n_k = Häufigkeit der Elemente mit dem Merkmal k.
   Weitere Erläuterungen siehe Gleichung 4.8.

Im Beispiel aus Abbildung 4.3 kann die Wahrscheinlichkeit des Auftretens zweier identischer Elemente somit berechnet werden nach:[13]

$$\Pr\left(\text{Stichprobe}\right) = \frac{P\left(2,0,0\right)}{3^2} = \frac{P(2)}{9} = \frac{2!/2!}{9} = \frac{1}{9}$$

Die Wahrscheinlichkeit einer Stichprobe mit zwei verschiedenen Elementen berechnet sich nach:

$$\Pr\left(\text{Stichprobe}\right) = \frac{P\left(1,1,0\right)}{3^2} = \frac{P(1,1)}{9} = \frac{2!/\left(1! \cdot 1!\right)}{9} = \frac{2}{9}$$

Auch für die Gesamtzahl der unterscheidbaren Stichproben bei einer einfachen Zufallsauswahl mit Zurücklegen und ohne Berücksichtigung der Ziehungsreihenfolge gibt es eine kombinatorische Formel. Bei einer Population von N Elementen und n Ziehungen ist diese Anzahl gleich:

$$\text{Anzahl unterscheidbarer Stichproben} = \begin{pmatrix} N+n-1 \\ n \end{pmatrix}$$
$$= \frac{(N+n-1)!}{n! \cdot (N-1)!} \tag{4.14}$$

Im Beispiel aus Abbildung 4.3 gibt es somit

$$\begin{pmatrix} 3+2-1 \\ 2 \end{pmatrix} = \begin{pmatrix} 4 \\ 2 \end{pmatrix} = \frac{4!}{2! \cdot 2!} = \frac{24}{4} = 6$$

unterscheidbare Stichproben, nämlich {1,1}, {2,2}, {3,3}, {1,2}, {1,3} und {2,3}.

Man mag sich fragen, wozu überhaupt eine Beschäftigung mit einfachen Zufallsauswahlen mit Zurücklegen erfolgt, wenn es doch in empirischen Anwendungen wenig sinnvoll ist, ein Populationselement mehrfach in eine Stichprobe aufzunehmen und

---

13 Zur Vereinfachung der Darstellung bezieht sich das Auftreten auf die ersten beiden Elemente der drei Elemente der Population. Da P(2,0,0) = P(0,2,0) = P(0,0,2) und P(1,1,0) = P(1,0,1) = P(0,1,1), ergeben sich die gleichen Wahrscheinlichkeiten bei beliebigen anderen 2 Elementen.

zudem die Berechnungsformeln komplexer als bei einfachen Zufallsauswahlen ohne Zurücklegen sind, wenn die Reihenfolge der Ziehung keine Rolle spielt. Es gibt jedoch mehrere Gründe, sich auch mit einfachen Zufallsauswahlen mit Zurücklegen zu beschäftigen.

– Eine einfache Zufallsauswahl mit Zurücklegen ist insofern genereller als eine einfache Zufallsauswahl ohne Zurücklegen, als Letztere als ein Spezialfall der Ersteren aufgefasst werden kann, bei dem alle Stichproben ausgeschlossen werden, bei denen mindestens ein Element häufiger vorkommt. So kann Abbildung 4.1 auch als Ereignisraum einer einfachen Zufallsauswahl von $n = 2$ aus $N = 6$ Haushalten aufgefasst werden, wobei die Ziffern 1 bis 6 zur Nummerierung der Elemente in der Population dienen, hier also die Haushaltsnummern angeben. Ob die Auswahl über ein Würfelspiel oder eine Urnenlotterie erfolgt, spielt keine Rolle, solange beide realen Auswahlen als Zufallsauswahlen aufgefasst werden können und die Wahrscheinlichkeiten der Elementarereignisse identisch sind.Die Resultate der korrespondierenden Zufallsauswahl ohne Zurücklegen ergeben sich, wenn die Diagonalelemente (1,1), (2,2), ..., (6,6) ausgelassen werden.

– Während bei einfachen Zufallsauswahlen ohne Zurücklegen die Wahrscheinlichkeit eines Elementes in der k-ten Ziehung von den vorherigen $k-1$ Ziehungen abhängt, sind die einzelnen Ziehungen bei einfacher Zufallsauswahl mit Zurücklegen statistisch unabhängig voneinander. Wiederholungen eines Zufallsexperiments können daher als einfache Zufallsauswahlen aus einer unbegrenzten Population ($N = \infty$) möglicher Wiederholungen aufgefasst werden.

– In der angewandten Statistik werden immer häufiger sogenannte Bootstrap-Methoden angewendet (vgl. Kapitel 19). Diese basieren auf einfachen Zufallsauswahlen mit Zurücklegen.

4.3 Zufallsvariablen und Wahrscheinlichkeitsverteilungen

Die Berechnung der Ziehungswahrscheinlichkeiten von Stichproben ist nur der erste Schritt bei der Abschätzung der Risiken von Fehlentscheidungen bei Induktionsschlüssen von einer Stichprobe auf die Population, aus der die Stichprobe kommt. Von Interesse sind vor allem die Kennwerte, die aus der Verteilung in einer Stichprobe berechnet und als Schätzung entsprechender Parameter in der Population herangezogen werden. Stichprobenkennwerte sind Realisierungen von Zufallsvariablen. *Zufallsvariablen* sind definiert als Variablen, deren Ausprägungen mit (im Prinzip) berechenbaren Auftretenswahrscheinlichkeiten realisiert werden.

So kann am Beispiel der einfachen Zufallsauswahl mit Zurücklegen von n = 2 aus N = 6 Haushalten (Abbildung 4.1) verdeutlicht werden, dass der Stichprobenmittelwert einer konkreten Stichprobe die Realisierung einer Zufallsvariablen darstellt. Wenn es um das mittlere Einkommen in der Population der N = 6 Haushalte geht und die Haushaltsnummer das Haushaltseinkommen in 1000 € pro Monat angibt, dann hat Haushalt Nr. 1 ein Einkommen von 1000 €, Haushalt Nr. 2 ein Einkommen von 2000 €, … und Haushalt Nr. 6 ein Einkommen von 6000 €. Ohne Berücksichtigung der Ziehungsreihenfolge gibt es «6+2−1 über 2» gleich 21 unterscheidbare Stichproben. Wenn zur Schätzung des Einkommens in der Population das durchschnittliche Einkommen der Haushalte in den einzelnen Stichproben berechnet wird, ergeben sich allerdings nur 11 verschiedene Mittelwerte (Tabelle 4.1a).

Wird zweimal Haushalt Nr. 1 ausgewählt, beträgt das Durchschnittseinkommen in der Stichprobe 1000 €. Wird zuerst Haushalt Nr. 1 und dann Haushalt Nr. 2 ausgewählt oder erst Haushalt Nr. 2 und dann Haushalt Nr. 1, dann beträgt das Durchschnittseinkommen in jeder der beiden Stichproben 1500 €. Wird zweimal Haushalt Nr. 2 ausgewählt oder Haushalt

Tabelle 4.1: **Durchschnittseinkommen in den möglichen Stichproben bei einfacher Zufallsauswahl mit Zurücklegen von n = 2 aus N = 6 Haushalten (Abbildung 4.1):**

a) Wahrscheinlichkeitsverteilung des Durchschnittseinkommens in den möglichen Stichproben

Haushalte in der Stichprobe	Mittleres Einkommen	Wahrscheinlichkeitsfunktion Pr(X) oder f(x)		Verteilungsfunktion F(X = x) = Pr(X≤x)	
{1,1}	1000 €	1/36	0.0278	1/36	0.0278
{2,1}	1500 €	2/36	0.0555	3/36	0.0833
{3,1}{2,2}	2000 €	3/36	0.0833	6/36	0.1667
{4,1}{3,2}	2500 €	4/36	0.1111	10/36	0.2778
{5,1}{4,2}{3,3}	3000 €	5/36	0.1389	15/36	0.4167
{6,1}{5,2}{4,3}	*3500 €*	*6/36*	*0.1667*	*21/36*	*0.5833*
{6,2}{5,3}{4,4}	4000 €	5/36	0.1389	26/36	0.7222
{6,3}{5,4}	4500 €	4/36	0.1111	30/36	0.8333
{6,4}{5,5}	5000 €	3/36	0.0833	33/36	0.9167
{6,5}	5500 €	2/36	0.0555	35/36	0.9722
{6,6}	6000 €	1/36	0.0278	36/36	1.0000
Summe:		36/36	1.0000		

Daten: Fiktive Daten nach Abbildung 4.1

$\mu(\bar{x}) = 3500\,€$; $\sigma^2(\bar{x}) = 1458333.33$; $\sigma(\bar{x}) = 1207.61\,€$

b) Berechnung von Erwartungswert und Varianz der Zufallsvariablen

Haushalte in der Stichprobe	$x \cdot Pr(X)$	$x^2 \cdot Pr(x)$
{1,1}	27.80	27 777.78
{2,1}	83.33	125 000.00
{3,1}{2,2}	166.67	333 333.33
{4,1}{3,2}	277.78	694 444.44
{5,1}{4,2}{3,3}	416.67	1 250 000.00
{6,1}{5,2}{4,3}	583.33	2 041 666.67
{6,2}{5,3}{4,4}	555.56	2 222 222.22
{6,3}{5,4}	500.00	2 250 000.00
{6,4}{5,5}	416.67	2 083 333.33
{6,5}	305.56	1 680 555.55
{6,6}	166.67	1 000 000.00
Summe:	3500.00	13 708 333.33

Nr. 1 und Haushalt Nr. 3, dann ergibt sich in den Stichproben jeweils ein Durchschnittseinkommen von 2000 €.

Da jede Stichprobe ein Ereignis des Zufallsexperiments «Auswahl von n = 2 aus N = 6 mit Zurücklegen» ist, gilt dies auch für das in einer Stichprobe berechnete Durchschnittseinkommen. Die Realisierungswahrscheinlichkeit eines Durchschnittseinkommens ergibt sich als Summe der Realisierungswahrscheinlichkeiten der (disjunkten) Stichproben, die zu diesem Durchschnittseinkommen führen. Tabelle 4.1a zeigt für jedes der 11 möglichen Durchschnittseinkommen in den Stichproben die jeweilige Auftretenswahrscheinlichkeit Pr(X). Die Realisierungswahrscheinlichkeiten ergeben eine unimodale, symmetrische Wahrscheinlichkeitsverteilung um den Wert 3500 €.

Die unterschiedlichen Ausprägungen des mittleren Einkommens in den Stichproben bilden die Realisierungen der Zufallsvariablen «Durchschnittseinkommen in den Stichproben». Im Unterschied zu empirischen Variablen weist eine Zufallsvariable keine empirischen Auftretenshäufigkeiten ihrer Ausprägungen auf, sondern Realisierungswahrscheinlichkeiten. Diese Wahrscheinlichkeiten der Ausprägungen definieren die *Wahrscheinlichkeitsfunktion* einer Zufallsvariablen X, die jeder Ausprägung eine Realisierungswahrscheinlichkeit zuordnet und als Pr(X) oder f(x) symbolisiert wird (Abbildung 4.4a). Die Auftretenswahrscheinlichkeiten der Ausprägungen einer Zufallsvariablen, Pr(X = x), entsprechen den relativen Auftretenshäufigkeiten der Ausprägungen einer empirischen Verteilung. Die Aufsummierung der Wahrscheinlichkeitsfunktion, also der Realisierungswahrscheinlichkeiten der einzelnen Ausprägungen der Zufallsvariablen, ergibt die *Verteilungsfunktion* F(X), die für jeden Wert die Wahrscheinlichkeit angibt, dass eine Realisierung kleiner oder gleich diesem Wert ist (Abbildung 4.4b):[14]

---

14 In der Statistik besteht die Konvention, Verteilungsfunktionen von Variablen in einer Population mit dem Buchstaben «F» zu kennzeichnen, siehe auch Gleichung 2.4, Kap. 2.6.

Abbildung 4.4: **Wahrscheinlichkeitsfunktion und Verteilungsfunktion des durchschnittlichen Einkommens bei einer einfachen Zufallsauswahl von n = 2 aus N = 6 mit Zurücklegen**

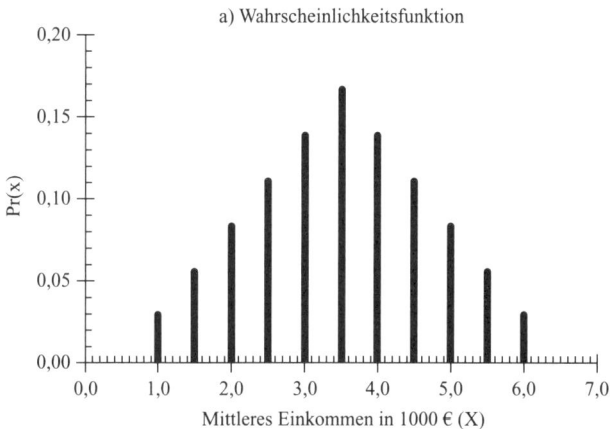

a) Wahrscheinlichkeitsfunktion

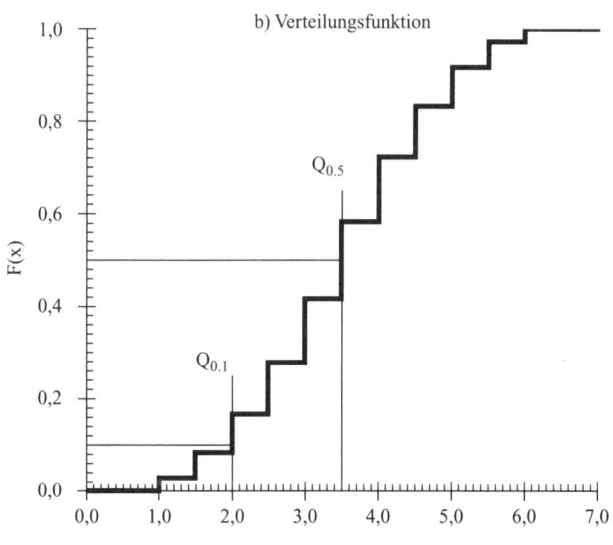

b) Verteilungsfunktion

Mittleres Einkommen in 1000 € (X)

Daten: Populationsdaten aus Tabelle 4.2a

$$F(X=x)=Pr(X \leq x) \qquad (4.15)$$

wobei   F(X = x) =   Verteilungsfunktion (kumulierte Wahrscheinlichkeitsverteilung) einer Zufallsvariablen X.

Inhaltlich interpretierbar ist die Verteilungsfunktion nur, wenn
die betrachtete Zufallsvariable ordinales oder metrisches Skalenniveau aufweist. Analog zu empirischen Verteilungsfunktionen
lassen sich dann auch für Zufallsvariablen aus der Verteilungsfunktion *Quantilwerte* ablesen. So ist z. B. das 10%-Quantil der
Wert, bei dem die Verteilungsfunktion erstmals den Anteil 0.1
erreicht oder überschreitet – im Beispiel von Tabelle 4.1a ist
das beim Durchschnittseinkommen von 2000 € der Fall. Das
50%-Quantil ist bei Zufallsvariablen immer gleichzeitig der *Median*, da es bei Wahrscheinlichkeiten keine geraden und ungeraden Fallzahlen gibt. Im Beispiel beträgt der Median 3500 €.

Erwartungswert und Varianz der Wahrscheinlichkeitsverteilung von Zufallsvariablen

Wie bei empirischen Verteilungen lassen sich auch für die Verteilungen von Zufallsvariablen Kennwerte berechnen. Das arithmetische Mittel einer metrischen Zufallsvariablen heißt *Erwartungswert* μ_X («mü von X»)[15] und ist die Summe aus den mit den
Realisierungswahrscheinlichkeiten gewichteten Ausprägungen:[16]

$$\mu(X) = \mu_X = \sum_{j=1}^{J} Pr\left(x_j\right) \cdot x_j \qquad (4.16)$$

wobei μ_X =   Erwartungswert von X
j   =   Index für die Nummer einer Ausprägung der Zufallsvariablen X
J   =   Anzahl der Ausprägungen von X
x_j =   j-te Ausprägung von X mit j = 1, 2, ..., J.

---

15 Populationsparameter und Parameter der Verteilungen von Zufallsvariablen werden
zur Unterscheidung von Stichprobenkennwerten meist durch griechische Buchstaben symbolisiert.

Im Beispiel resultiert ein Erwartungswert von 3500.00 € (Tabelle 4.1b).

Die *Varianz* einer *metrischen Zufallsvariablen X*, σ_X^2 (ausgesprochen «sigma-Quadrat von X»), ist der Erwartungswert der quadrierten Abweichungen vom Erwartungswert der Zufallsvariablen:[17]

$$\sigma^2(X) = \sigma_X^2 = \sum_{j=1}^{J} \Pr\left(x_j\right) \cdot \left(x_j - \mu_X\right)^2 = \left(\sum_{j=1}^{J} \Pr\left(x_j\right) \cdot x_j^2\right) - \mu_X^2 \quad (4.17)$$

wobei σ_X^2 = Varianz der Zufallsvariablen X.

Weitere Erläuterungen siehe Gleichung 4.16.

Im Beispiel beträgt die Varianz der Zufallsvariablen (Tabelle 4.1b):

$$\sigma_X^2 = \left(\sum_{j=1}^{11} \Pr\left(x_j\right) \cdot x_j^2\right) - \mu_X^2 = 13708333.33 - 3500.00^2 = 1458333.33$$

und die Standardabweichung $\sigma(X) = 1207.61$ €.

4.4 Wahrscheinlichkeitsverteilungen als Verbindungsglieder zwischen Populationsparametern und Stichprobenstatistiken

Das Beispiel der zufälligen Auswahl von $n = 2$ aus $N = 6$ Haushalten zeigt, dass ein konkreter Wert für das durchschnittliche Haushaltseinkommen

– bezogen auf eine konkrete Stichprobe ein Kennwert der empirischen Einkommensverteilung in dieser Stichprobe ist, dass dieser Wert aber

– bezogen auf die Wahrscheinlichkeitsverteilung der durchschnittlichen Haushaltseinkommen in *allen Stichproben* eine

16 Gleichung 4.16 entspricht der Berechnung von empirischen Mittelwerten über relative Häufigkeiten (Gleichung 3.6).
17 Das Symbol σ ist der kleine griechische Buchstabe Sigma.

Realisierung der Zufallsvariablen «durchschnittliches Haushaltseinkommen» ist.

Ziel der Berechnung eines Stichprobenkennwerts ist i. A. die Schätzung eines Populationskennwerts bzw. Populationsparameters. *Populationsparameter* sind in der Regel unbekannt und sollen daher mit Hilfe von Stichprobendaten *geschätzt* werden. Hierzu werden aus den Realisierungen einer Stichprobe möglichst geeignete Kennwerte berechnet, die in der Statistik *«Stichprobenstatistiken»* oder einfach *«Statistiken»* heißen. Bezogen auf die Menge der möglichen Stichproben ist eine Statistik eine Zufallsvariable, deren Wahrscheinlichkeitsverteilung als *Kennwerteverteilung* oder als *Wahrscheinlichkeitsverteilung der Stichprobenstatistik* bezeichnet wird, da es sich um die (Wahrscheinlichkeits-)Verteilung eines Stichprobenkennwerts über verschiedene Stichproben handelt.

Bei dem Vorgang des Schätzens von Populationsparametern aus Stichprobenstatistiken müssen daher drei Arten von Verteilungen unterschieden werden:

1. die (unbekannte) Verteilung aller Elemente in einer Population,
2. die (empirisch vorliegende) Verteilung von Realisationen in einer Zufallsstichprobe aus dieser Population und
3. die (berechenbare) Wahrscheinlichkeits- oder Kennwerteverteilung von Stichprobenstatistiken über die (berechenbare) Gesamtzahl der möglichen Stichproben mit der Fallzahl n.

Stichprobenkennwerte, Kennwerteverteilungen und Populationsparameter

Um die Beziehung zwischen diesen drei Verteilungen zu verdeutlichen, bleiben wir beim Beispiel des Einkommens in einer Population von N = 6 Haushalten, aus denen eine Stichprobe von n = 2 in einer einfachen Zufallsauswahl mit Zurücklegen gezogen wurde. Tabelle 4.1 zeigt die Wahrscheinlichkeitsverteilung der Zufallsvariablen «Stichprobenmittelwert» über alle Stichproben. Der Erwartungswert der Wahrscheinlichkeitsverteilung beträgt $\mu(\bar{x}) = 3500\,€$, und die Standardabweichung $\sigma(\bar{x}) = 1207.61\,€$. Diese Wahrscheinlichkeits- oder Kennwerteverteilung des Stichprobenmittelwerts[18] ermöglicht Aussagen über die Risiken des Induktionsschlusses. So lässt sich aus Tabelle 4.1 ablesen, dass mit einer Wahrscheinlichkeit von $6/36 = 1/6$ ein Stichprobenmittelwert genau mit dem Populationsmittelwert (3500 €) übereinstimmt und dass mit einer Wahrscheinlichkeit von $2/3$ ($= 4/36+5/36+6/36+5/36+4/36$) der Stichprobenmittelwert zwischen 2500 € und 4500 € liegt, also maximal um $\pm 1000\,€$ vom Populationsmittelwert abweicht.

Zur Verdeutlichung der drei Verteilungen enthält Tabelle 4.2a die *Populationsverteilung* und deren Mittelwert, Varianz und Standardabweichung[19], die Tabelle 4.2b die *Stichprobenverteilungen* und die korrespondierenden Stichprobenstatistiken der ersten beiden in Tabelle 4.1 aufgelisteten möglichen Stichproben. Um im Beispiel des Einkommens zwischen den Parametern (Mittelwert und Varianz) der Populationsverteilung und den Parametern der Wahrscheinlichkeitsverteilung (Erwartungswert und Varianz) des Durchschnittseinkommens (über alle Stichproben) zu unterscheiden, sind in Tabelle 4.1 und 4.2 nur die Parameter der Wahrscheinlichkeitsverteilung durch griechische Buchstaben und die Populationsparameter nicht wie üblich durch griechische, sondern durch große lateinische Buchstaben gekennzeichnet.

In den beiden Stichprobenverteilungen 1 und 2 (Tabelle 4.2b) weichen die Stichprobenmittelwerte mit Werten von 1000 € und 1500 € deutlich vom Populationsmittelwert mit 3500 € ab, obwohl der Erwartungswert $\mu(\bar{x})$ der Kennwerteverteilung (Tabelle 4.1b) mit dem Populationsmittelwert $\overline{X}$ (Tabelle 4.2a) übereinstimmt. Ein konkreter Stichprobenmittelwert kann vom

---

18 Da die Kennwerteverteilung einer Stichprobenstatistik ihre Wahrscheinlichkeitsverteilung ist, werden die Begriffe Wahrscheinlichkeitsverteilung und Kennwerteverteilung synonym verwendet.

19 Da es sich um ein konstruiertes Beispiel mit fiktiven Daten handelt, ist die Populationsverteilung bekannt. In empirischen Anwendungen ist sie dagegen i. A. unbekannt.

Tabelle 4.2: **Populations-, Stichproben- und Wahrscheinlichkeitsverteilung bei einer Population von N = 6 und einer Stichprobe von n = 2 Haushalten**

(a) Populationsverteilung

Haushaltseinkommen	n_k	p_k	cp_k	$p_k \cdot x_k$	$p_k \cdot (x_k)^2$
1000	1	1/6	1/6	166.67	166666.67
2000	1	1/6	2/6	333.33	666666.67
3000	1	1/6	3/6	500.00	1500000.00
4000	1	1/6	4/6	666.67	2666666.67
5000	1	1/6	5/6	833.33	4166666.67
6000	1	1/6	6/6	1000.00	6000000.00
Summe:	6	6/6		3500.00	15166666.67

Daten: Fiktive Daten nach Abbildung 4.1
$\overline{X} = 3500.00$; $S_X^2 = 15166666.67 - 3500^2 = 2916666.67$; $S_X = \sqrt{29116666.67} = 1707.83$

(b) Stichprobe 1: {1,1} – Stichprobenverteilung

Haushaltseinkommen X	n_k	p_k	cp_k	$p_k \cdot x_k$	$p_k \cdot (x_k)^2$
1000	1	0.5	0.5	500.00	500000.00
1000	1	0.5	1.0	500.00	500000.00
Summe:	2	1.0		1000.00	1000000.00

Daten: Fiktive Daten nach Abbildung 4.1
$\overline{x}_1 = 1000$; $s_1^2 = 1000000 - 1000^2 = 0$; $s_1 = 0$

Stichprobe 2 {1,2} – Stichprobenverteilung

Haushaltseinkommen X	n_k	p_k	cp_k	$p_k \cdot x_k$	$p_k \cdot (x_k)^2$
1000	1	0.5	0.5	500.00	500000.00
2000	1	0.5	1.0	1000.00	2000000.00
Summe:	2	1.0		1500.00	2500000.00

Daten: Fiktive Daten nach Abbildung 4.1
$\overline{x}_2 = 1500$; $s_1^2 = 2500000 - 1500^2 = 250000$; $s_1 = 500$

gesuchten Populationsparameter sehr stark abweichen, auch wenn dies für die allermeisten Stichproben nicht zutrifft.

Wenn in der Statistik Aussagen über die Güte von Schätzungen getroffen werden, beziehen sich diese daher auch nicht auf eine konkrete Stichprobe, sondern stets auf die Wahrscheinlichkeitsverteilung der Stichprobenstatistik, die zur Schätzung eines Populationsparameters herangezogen wird. Die Wahrscheinlichkeitsverteilung von Stichprobenstatistiken ist daher das Bindeglied zwischen der Merkmalsverteilung in der Stichprobe und der unbekannten Verteilung eines Merkmals in der Population. Dabei gibt es zwischen einer Wahrscheinlichkeitsverteilung von Stichprobenstatistiken und einem Populationsparameter oft spezielle Beziehungen. So gilt für das Beispiel der Stichprobe von $n = 2$ aus der Population von $N = 6$ Haushalten, dass der Erwartungswert der Wahrscheinlichkeitsverteilung des Stichprobenmittelwerts gleich dem Populationsmittelwert ist und dass die Varianz der Kennwerteverteilung exakt halb so groß ist wie die Populationsvarianz.[20] Diese Beziehungen werden beim Schätzen und Testen von Populationsparametern genutzt. Es ist daher notwendig, die Wahrscheinlichkeitsverteilungen von Stichprobenstatistiken zu kennen. Dabei wird unterschieden zwischen Wahrscheinlichkeitsverteilungen für *diskrete Stichprobenstatistiken* (wie Häufigkeiten) und Wahrscheinlichkeitsverteilungen für *stetige Stichprobenstatistiken* (wie Mittelwerte und Varianzen sowie Zusammenhangsmaße).

4.5 Zusammenfassung

Die wichtigsten Formeln dieses Kapitels

Additionstheorem: Wahrscheinlichkeit, dass A und / oder B auftreten:

---

20 $\sigma^2(\bar{x}) = 1458333.33 = 2916666.67 / 2 = S_x^2 / 2$. Die Varianz der Wahrscheinlichkeitsverteilung ist in diesem konkreten Beispiel halb so groß wie die Populationsvarianz, weil $n = 2$ und bei einfachen Zufallsauswahlen mit Zurücklegen gilt: $\sigma^2(\bar{x}) = \sigma_x^2 / n$.

$$\Pr(A \cup B) = \Pr(A) + \Pr(B) - \Pr(A \cap B) \tag{4.4}$$

Bedingte Wahrscheinlichkeit von A unter der Bedingung von B (gegeben B)

$$\Pr(A|B) = \Pr(A \cap B) \, / \, \Pr(B) \tag{4.5}$$

Statistische Unabhängigkeit
Bedingte Wahrscheinlichkeit = unbedingte Wahrscheinlichkeit

$$\Pr(A|B) = \Pr(A) \qquad \text{bzw.} \qquad \Pr(B|A) = \Pr(B) \tag{4.6}$$

Multiplikationstheorem: Wahrscheinlichkeit, dass A und B gemeinsam auftreten

$$\Pr(A \cap B) = \Pr(A|B) \cdot \Pr(B) = \Pr(B|A) \cdot \Pr(A) \tag{4.7a}$$

Bei statistischer Unabhängigkeit von A und B gilt für das gemeinsame Auftreten:

$$\Pr(A \cap B) = \Pr(A|B) \cdot \Pr(B) = \Pr(A) \cdot P(B) \tag{4.7b}$$

Wahrscheinlichkeit einer Stichprobe des Umfangs n aus einer Population des Umfangs N bei Berücksichtigung der Anordnung bei *einfachen Zufallsauswahlen ohne Zurücklegen*

$$\Pr(\text{Stichprobe}) = \frac{(N-n)!}{N!} \tag{4.8}$$

Wahrscheinlichkeit einer Stichprobe des Umfangs n aus einer Population des Umfangs N ohne Berücksichtigung der Anordnung bei *einfachen Zufallsauswahlen ohne Zurücklegen*

$$\Pr(\text{Stichprobe}) = n! \cdot \frac{(N-n)!}{N!} = \frac{n! \cdot (N-n)!}{N!} = \frac{1}{\binom{N}{n}} \tag{4.9}$$

Binomialkoeffizient von N und n mit N≥n (Anzahl der Stichproben von n aus N Elementen in einer *einfachen Zufallsauswahl ohne Zurücklegen* und ohne Berücksichtigung der Anordnung)

$$\binom{N}{n} = \frac{N \cdot (N-1) \cdot (N-2) \dots \cdot 2 \cdot 1}{\left((N-n) \cdot (N-n-1) \cdot \dots \cdot 2 \cdot 1\right) \cdot \left(n \cdot (n-1) \cdot \dots \cdot 2 \cdot 1\right)}$$
$$= \frac{N!}{(N-n)! \cdot n!} \tag{4.10}$$

Wahrscheinlichkeit einer Stichprobe von n aus N Elementen bei Berücksichtigung der Anordnung bei *einfachen Zufallsauswahlen mit Zurücklegen*

$$\Pr(\text{Stichprobe}) = \underbrace{\frac{1}{N} \cdot \ldots \cdot \frac{1}{N}}_{n \text{ mal}} = \frac{1}{N^n} \qquad (4.11)$$

Wahrscheinlichkeit einer Stichprobe von n aus N Elementen ohne Berücksichtigung der Anordnung bei *einfachen Zufallsauswahlen mit Zurücklegen*, wenn in der Stichprobe $n = n_1 + n_2 + \ldots + n_N$ Elemente nicht unterscheidbar sind:

$$\Pr(\text{Stichprobe}) = \frac{P(n_1, n_2, \ldots, n_N)}{N^n} \text{ mit } \sum_{k=1}^{N} n_k = n \text{ und } n_k \geq 0 \qquad (4.13)$$

(Zur Definition von $P(n_1, n_2, \ldots, n_N)$ siehe (4.12).)

Anzahl der Stichproben von n aus N Elementen in einer *einfachen Zufallsauswahl mit Zurücklegen* und ohne Berücksichtigung der Anordnung

$$\text{Anzahl unterscheidbarer Stichproben} = \binom{N + n - 1}{n} \qquad (4.14)$$

$$= \frac{(N + n - 1)!}{n! \cdot (N - 1)!}$$

Erwartungswert einer diskreten Zufallsvariablen

$$\mu(X) = \mu_X = \sum_{j=1}^{J} \Pr(x_j) \cdot x_j \qquad (4.16)$$

Varianz einer diskreten Zufallsvariablen

$$\sigma^2(X) = \sigma_X^2 = \sum_{j=1}^{J} \Pr(x_j) \cdot (x_j - \mu_X)^2 = \left(\sum_{j=1}^{J} \Pr(x_j) \cdot x_j^2 \right) - \mu_X^2 \qquad (4.17)$$

Glossar der wichtigsten Begriffe dieses Kapitels

Bedingte Wahrscheinlichkeit: Wahrscheinlichkeit für das Auftreten eines Ereignisses B unter der Bedingung des Vorhandenseins eines anderen Ereignisses A

Disjunkte Ereignisse: sich gegenseitig ausschließende Ereignisse

Elementarereignis: nicht weiter zerlegbares Ereignis in einem Zufallsexperiment

Ereignis: Resultat eines Zufallsexperiments

Ereignisraum: Gesamtheit aller bei einem Zufallsexperiment möglichen Ereignisse

Erwartungswert: Mittelwert der Wahrscheinlichkeitsverteilung einer Zufallsvariablen

Induktionsschluss: Verallgemeinerung (Generalisierung) von einer Stichprobeneigenschaft auf eine Eigenschaft in der Population

Kennwerteverteilung: Wahrscheinlichkeitsverteilung von Stichprobenkennwerten über alle möglichen Stichproben

Komplementäres Ereignis: das zu einem Ereignis A komplementäre Ereignis Nicht-A ($\neg$A) ist die Negation des Ereignisses

Parameter: Kenngrößen von Populationsverteilungen und Wahrscheinlichkeitsverteilungen

Population: Grundgesamtheit der Elemente (Einheiten), aus denen eine Stichprobe gezogen wird

Populationsparameter: Kennwerte einer Verteilung in der Population

Statistische Unabhängigkeit: Ereignisse sind statistisch (oder stochastisch) unabhängig, wenn bedingte und unbedingte Wahrscheinlichkeiten gleich sind.

Stichprobenkennwert: Kennwert (z. B. Anteil, Mittelwert, Varianz) der empirischen Verteilung in einer Stichprobe

Stichprobenkennwerteverteilung: Wahrscheinlichkeitsverteilung eines Stichprobenkennwerts (z. B. Anteil, Mittelwert, Varianz) über alle Zufallsstichproben

Stochastische Unabhängigkeit: siehe statistische Unabhängigkeit

*Überschneidungsmenge (*auch *Schnittmenge):* Menge der Elemente zweier Mengen A und B, die beiden Mengen gemeinsam sind; bei zwei Ereignismengen ist das die Menge der Ereignisse, die gemeinsam auftreten können: (A∩B) = A *und* B

Unbedingte Wahrscheinlichkeit: Wahrscheinlichkeit für das Auftreten eines Ereignisses A in einem Zufallsexperiment

Vereinigungsmenge: Menge aller Elemente zweier Mengen A und B, die in A und / oder in B vorkommen; bei zwei Ereignismengen ist das die Menge der Ereignisse, die entweder nur in A oder nur in B oder sowohl in A und B gemeinsam auftreten: (A∪B) = A und/*oder* B

Zufallsauswahl: Auswahl von Elementen aus einer Menge (Population), sodass jedes Element der Population eine berechenbare, gleiche Wahrscheinlichkeit hat, in die Stichprobe zu gelangen

Zufallsexperiment: (theoretisch) beliebig oft unter gleichen Bedingungen wiederholbare Situation mit bekannter Zahl von Ausgängen (Resultaten), wobei unsicher ist, welches Resultat eintritt

Zufallsvariable: Variable, deren Ausprägungen für Ereignisse eines Zufallsexperiments stehen und daher eine Wahrscheinlichkeitsverteilung aufweisen

5 Kennwerteverteilungen von Häufigkeiten in einfachen Zufallsauswahlen

Bei einer einfachen Zufallsauswahl mit und ohne Berücksichtigung der Reihenfolge der Anordnung kann die Realisierungswahrscheinlichkeit einer Stichprobe von n Elementen berechnet werden (vgl. Kapitel 4.2). Mit Hilfe der Stichprobenwahrscheinlichkeiten wird dann die Kennwerteverteilung eines Stichprobenmittelwerts über die Menge aller Stichproben berechnet (Kapitel 4.3). In diesem und dem nächsten Kapitel werden spezielle Wahrscheinlichkeitsverteilungen vorgestellt, die es ermöglichen, die Kennwerteverteilungen von Häufigkeiten, Anteilen und Mittelwerten bei Stichproben beliebiger Größe zu berechnen, wenn die Stichprobenziehung auf einfachen Zufallsauswahlen beruht.

Ausgangspunkt ist zunächst ein *dichotomes Merkmal* der Elemente einer Population, z. B. das Merkmal «Arbeitslosigkeit» mit den beiden Ausprägungen «arbeitslos» und «nicht arbeitslos». Eine solche dichotome Eigenschaft kann durch eine *binäre Variable* X beschrieben werden, wobei der Wert $x = 1$ für eine Ausprägung, z. B. arbeitslos und der Wert $x = 0$ für die zweite Ausprägung, steht.[1] Wenn die Population aus N Elementen besteht, dann gibt es N_1 Elemente mit der Ausprägung $x = 1$ und $N_0 = N - N_1$ Elemente mit der Ausprägung $x = 0$. Der Anteil $\pi_1 = N_1/N$ ist dann der Anteil der Elemente mit der Eigenschaft $x = 1$ in der Population und der Anteil $\pi_0 = 1 - \pi_1 = N_0/N$ der Anteil der Elemente mit der Eigenschaft $x = 0$.[2] Der Populationsmittelwert und die Populationsvarianz der binären Variablen ist nach Gleichung 3.6 und 3.19:

---

1 Eine dichotome Variable ist binär (codiert), wenn ihre beiden Ausprägungen die Werte «0» und «1» aufweisen.

2 Für Populationsanteile wird zur Unterscheidung von Stichprobenanteilen der kleine griechische Buchstabe π verwendet.

$$\mu_X = \frac{1}{N} \cdot \sum_{i=1}^{N} x_i = \pi_0 \cdot 0 + \pi_1 \cdot 1 = \pi_1 \qquad (5.1a)$$

$$\sigma_X^2 = \frac{1}{N} \cdot \sum_{i=1}^{N} x_i^2 - \mu_X^2 = \left(\pi_0 \cdot 0^2 + \pi_1 \cdot 1^2 \right) - \pi_1^2$$

$$= \pi_1 - \pi_1^2 = \pi_1 \cdot \left(1 - \pi_1 \right) = \pi_1 \cdot \pi_0 \qquad (5.1b)$$

wobei π_1 = Anteil der Elemente mit der Eigenschaft $x = 1$ in der Population.

5.1 Die Bernoulli-Verteilung

In einer Stichprobe aus einer Population mit dem dichotomen Merkmal X weisen dann n_1 Elemente die Eigenschaft $x = 1$ und n_0 Elemente die Eigenschaft $x = 0$ auf. Die Stichprobenhäufigkeit n_1 kann als Realisierung einer Zufallsvariablen Y verstanden werden.[3] Wird in einer einfachen Zufallsauswahl *genau ein* Element gezogen, dann hat die Zufallsvariable Y genau zwei Ausprägungen. Ist die Häufigkeit $n_1 = 0$, dann ist auch $y = 0$; ist $n_1 = 1$, dann ist auch $y = 1$.

Die Wahrscheinlichkeit, dass $y = 1$ ist, ist dann gleich dem Populationsanteil π_1 und die Wahrscheinlichkeit, dass $y = 0$ ist, ist gleich dem Populationsanteil π_0. Die Wahrscheinlichkeitsverteilung der Zufallsvariablen Y hängt also nur vom Parameter π_1 ab. Diese Wahrscheinlichkeitsverteilung wird als *Bernoulli-Verteilung* oder auch *Punktbinomialverteilung* bezeichnet. Die Realisierungswahrscheinlichkeit der (beiden) Ausprägungen von Y lassen sich durch folgende Formel beschreiben:[4]

---

3 Die Variable Y ist eine Hilfsvariable, die es ermöglicht, die Realisierung einer Stichprobenhäufigkeit n_1 von der Zufallsvariable «Stichprobenhäufigkeit n_1 der Eigenschaft $x = 1$» zu unterscheiden.

4 Da w^0 für jeden beliebigen Wert w stets eins ist, ist bei $y = \{0,1\}$ im Produkt $(\pi_1)^y \cdot (1-\pi_1)^{1-y}$ immer einer der beiden Faktoren gleich eins.

$$\Pr\left(Y = y\right) = \pi_1^y \cdot \left(1 - \pi_1\right)^{1-y} = \left(\frac{N_1}{N}\right)^y \cdot \left(1 - \frac{N_1}{N}\right)^{1-y} \quad \text{mit } y = 0, 1 \quad (5.2)$$

wobei Y = dichotome Zufallsvariable mit den Ausprägungen 0 und 1

y = Häufigkeit n_1 in einer Stichprobe, mit $n_1 = 0$ oder $n_1 = 1$

N = Populationsumfang N

N_1 = Anzahl der Elemente mit der Eigenschaft $x = 1$ in der Population

π_1 = Anteil der Elemente mit der Eigenschaft $x = 1$ in der Population.

Der Erwartungswert μ_Y der Zufallsvariablen Y ist dann gleich dem Populationsanteil π_1 und die Varianz ist gleich dem Produkt der beiden Populationsanteile π_1 und π_0:

$$\mu_Y = \left(\pi_1^0 \cdot \left(1 - \pi_1\right)^1\right) \cdot 0 + \left(\pi_1^1 \cdot \left(1 - \pi_1\right)^0\right) \cdot 1 = \pi_0 \cdot 0 + \pi_1 \cdot 1 = \pi_1$$
$$\sigma_Y^2 = \left(\pi_0 \cdot 0^2 + \pi_1 \cdot 1^2\right) - \pi_1^2 = \pi_1 \cdot \left(1 - \pi_1\right) = \pi_1 \cdot \pi_0 \quad (5.3)$$

wobei μ_Y = Erwartungswert der Bernoulli-verteilten Zufallsvariablen Y

σ_Y^2 = Varianz von Y.

Weitere Erläuterungen siehe Gleichung 5.1.

Der Erwartungswert einer Bernoulli-Verteilung ist also gleich dem Populationsmittelwert der binären Variablen in der Population und die Varianz gleich der Populationsvarianz.

Als Beispiel für eine dichotome Variable kann das Haushaltseinkommen der sechs Haushalte aus Tabelle 4.2a in ein binäres Merkmal mit den beiden Ausprägungen <3000 € ($X = 1$) und ≥3000 € ($X = 0$) überführt werden.[5] Der Populationsanteil von

---

5 Binäre Merkmale können auch durch Recodierungen von Variablen mit zunächst mehr als zwei Ausprägungen erzeugt werden.

x = 1 beträgt dann $\pi_1 = 2/6 = 1/3$ oder 0.33: zwei der sechs Haushalte haben ein Einkommen kleiner 3000 €. Entsprechend ist $\pi_0 = (1-\pi_1) = 4/6 = 2/3$ oder 0.67 der Populationsanteil des komplementären Ereignisses. Wenn zufällig ein Element aus dieser Population gezogen wird, dann ist der Erwartungswert der Kennwerteverteilung der binären Zufallsvariablen Y über alle möglichen Stichproben ebenfalls 1/3 und die Varianz 2/9 $(= 1/3 \cdot 2/3)$.

5.2 Die Binomialverteilung

In der Regel ist der Stichprobenumfang n einer Stichprobe größer eins, d. h. das Zufallsexperiment «zufälliges Ziehen eines Elements aus der Population» wird n-mal wiederholt. Entsprechend kann die Häufigkeit, mit der das dichotome Populationsmerkmal X mit x = 1 in einer Stichprobe von n Fällen vorkommt, wiederum durch Y erfasst werden, wobei Y als *Zählvariable* nun angibt, wie oft die Eigenschaft x = 1 bzw. x = 0 auftritt. Wenn die Stichprobe auf einer Zufallsauswahl beruht, dann ist Y über alle Stichproben hinweg eine Zufallsvariable. Die Wahrscheinlichkeitsverteilung dieser Zufallsvariablen Y = «Häufigkeit einer Ausprägung eines dichotomen Merkmals X» ist *binomialverteilt*, wenn es sich bei der Stichprobe um eine *einfache Zufallsauswahl mit Zurücklegen* handelt.

Die Wahrscheinlichkeitsverteilung einer *Binomialverteilung* lässt sich aus der Bernoulli-Verteilung herleiten: Bei einer einfachen Zufallsauswahl mit Zurücklegen ist die Zählvariable Y die Summe von n statistisch unabhängigen Bernoulli-verteilten Zufallsvariablen mit gleichem Parameter π_1. Y erfasst für jedes gezogene Element, ob dieses das Merkmal x = 1 aufweist oder nicht, sodass das zuerst gezogene Element Y_1 entweder die Ausprägung $y_1 = 1$ oder $y_1 = 0$ hat, Y_2 entsprechend die Ausprägungen $y_2 = 1$ oder $y_2 = 0$ für das zweite gezogene Element usw. bis Y_n mit $y_n = 1$ oder $y_n = 0$ für das zuletzt gezogene Element. Y ist dann die Summe der n Zufallsvariablen, deren Wahrscheinlichkeit aus dem Produkt der Auftretenswahrscheinlichkeiten der Ausprägungen der n Zufallsvariablen Y_i berechnet wird.[6] Da jede dieser Zufallsvariablen mit gleicher Wahrscheinlichkeit π_1 den Wert «1» und $\pi_0 = 1-\pi_1$ den Wert «0» aufweist, gilt somit:

$$\Pr\left(Y_1 = y_1 \;\&\; Y_2 = y_2 \;\&\; \dots \;\&\; Y_n = y_n\right) \tag{5.4}$$

$$= \left(\underbrace{\pi_1^{y_1} \cdot \pi_0^{1-y_1}}_{=\pi_1 \text{ oder } \pi_0}\right) \cdot \left(\underbrace{\pi_1^{y_2} \cdot \pi_0^{1-y_2}}_{=\pi_1 \text{ oder } \pi_0}\right) \cdot \dots \cdot \left(\underbrace{\pi_1^{y_n} \cdot \pi_0^{1-y_n}}_{=\pi_1 \text{ oder } \pi_0}\right) = \pi_1^{y} \cdot \pi_0^{n-y} \text{ mit } y = \sum_{i=1}^{n} y_i$$

wobei $\Pr(\dots)$ = Wahrscheinlichkeit, mit der in einer einfachen Zufallsauswahl mit Zurücklegen von n Elementen y Elemente das Merkmal $x = 1$ und $n-y$ Elemente das Merkmal $x = 0$ aufweisen, wobei die Reihenfolge der Ziehung berücksichtigt wird

& = gemeinsames Auftreten der durch «&» verbundenen Ereignisse.

Weitere Erläuterungen siehe Gleichung 5.2.

Formal unterscheiden sich die Gleichungen (5.2) und (5.4) nur darin, dass Y in (5.4) nicht binär ist, sondern Werte zwischen 0 und n annehmen kann. Bei der Berechnung der Realisierungswahrscheinlichkeit (5.4) wird die Reihenfolge der Ziehung der n Elemente berücksichtigt. Für die Zählvariable Y spielt es aber keine Rolle, in welcher Reihenfolge die Ausprägungen $x = 1$ bzw. $x = 0$ des Merkmals X gezogen werden. Ohne Berücksichtigung der Reihenfolge gibt es «n über y» unterscheidbare Stichproben, die alle zur gleichen Summe $Y = y$ führen. Diese Stichproben

---

6 Berechnet wird diese Wahrscheinlichkeit nach dem Multiplikationstheorem (Gleichung 4.7) für unabhängige Ereignisse.

sind disjunkte Ereignisse mit jeweils gleicher Realisierungswahrscheinlichkeit (5.4). Die Wahrscheinlichkeit, dass bei einer einfachen Zufallsauswahl von n Elementen mit Zurücklegen die Ausprägung x = 1 von X genau y-mal in der Stichprobe der n Elemente vorkommt, ist «n über y»-mal die in (5.4) beschriebene Wahrscheinlichkeit:

$$\Pr\left(Y = y\right) = \binom{n}{y} \cdot \pi_1^y \cdot \left(1 - \pi_1\right)^{n-y} = b\left(Y; n, \pi_1\right); \quad y = 0, 1, 2, ..., n \quad (5.5)$$

wobei $\Pr\left(Y = y\right)$ = Wahrscheinlichkeit, dass y von n Elementen einer Zufallsstichprobe die Eigenschaft x = 1 aufweisen

$Y = y$ = binomialverteilte Zufallsvariable Y mit der Ausprägung (Häufigkeit) y aus dem Wertebereich 0, 1, 2, ..., n

$\binom{n}{y}$ = Anzahl der Anordnungen von n Elementen, wobei y und n−y Elemente jeweils nicht unterscheidbar sind

n = Anzahl unabhängiger Wiederholungen eines Zufallsexperiments oder Stichprobenumfang

$b(Y; n, \pi_1)$ = Abkürzung für die Aussage, dass Y mit den Parametern n und π_1 binomialverteilt ist.

Weitere Erläuterungen siehe Gleichung 5.2.

Mit Gleichung 5.5 kann z.B. die Wahrscheinlichkeit berechnet werden, dass bei einer einfachen Zufallsauswahl *mit Zurücklegen* des Umfangs n = 5 genau $n_1 = 3$ Haushalte mit einem Einkommen < 3000 € ausgewählt werden[7], wenn der Populationsanteil

---

7 Dann sind notwendigerweise $n_0 = 2$ Haushalte mit einem Einkommen ≥ 3000 € in der Stichprobe. Die Binomialverteilung $b(Y; n, \pi_1)$ kann also auch benutzt werden, um die Wahrscheinlichkeiten der Häufigkeit des komplementären Merkmals x = 0 zu erfassen.

und damit die Auswahlwahrscheinlichkeit eines Haushalts mit diesem Einkommen $1/3$ beträgt:

$$\Pr\left(Y=3\right)=b\left(Y;5,1/3\right)=\binom{5}{3}\cdot\left(\frac{1}{3}\right)^{3}\cdot\left(1-\frac{1}{3}\right)^{5-3}$$

$$=\frac{5!}{3!\cdot 2!}\cdot\left(\frac{1}{3}\right)^{3}\cdot\left(\frac{2}{3}\right)^{2}=10\cdot 0.016=0.16$$

Die Wahrscheinlichkeit, dass bei einer einfachen Zufallsauswahl von fünf Haushalten (= fünfmalige Ziehung eines Haushalts) *mit Zurücklegen* genau drei Haushalte mit einem Einkommen unter 3000 € ausgewählt werden, beträgt 16%.

In Abbildung 5.1 sind exemplarisch die Binomialverteilungen b(Y;5,0.5), b(Y;10,0.5), b(Y;10,0.4) und b(Y;10,0.7) abgebildet. Sichtbar wird, dass die Form der Verteilung vor allem von der Wahrscheinlichkeit π_1 abhängt, mit der das Merkmal x = 1 in der Population auftritt. Ist $\pi_1 = 0.5$ und dann wegen der Bedingung $\pi_1+\pi_0 = 1$ auch $\pi_0 = 0.5$, dann ist die Verteilung symmetrisch. Ist dagegen $\pi_1 < 0.5$ (und entsprechend $\pi_0 > 0.5$), dann ist die Verteilung rechtsschief, ist $\pi_1 > 0.5$ (und entsprechend $\pi_0 < 0.5$), ist die Verteilung linksschief.

Aus der Wahrscheinlichkeitsfunktion lässt sich durch Aufsummieren die Verteilungsfunktion einer Binomialverteilung berechnen:

$$F\left(Y=y\mid Y\sim b\left(Y;n,\pi_1\right)\right)=\Pr(Y\leq y)$$

$$=\sum_{j=0}^{y}\binom{n}{j}\cdot\pi_1^{j}\cdot\left(1-\pi_1\right)^{n-j} \tag{5.6}$$

wobei

$F\left(Y=y\mid Y\sim b\left(Y;n,\pi_1\right)\right)$ = Verteilungsfunktion einer Zufalls-

Abbildung 5.1: Grafische Darstellung der Wahrscheinlichkeitsfunktionen verschiedener Binomialverteilungen

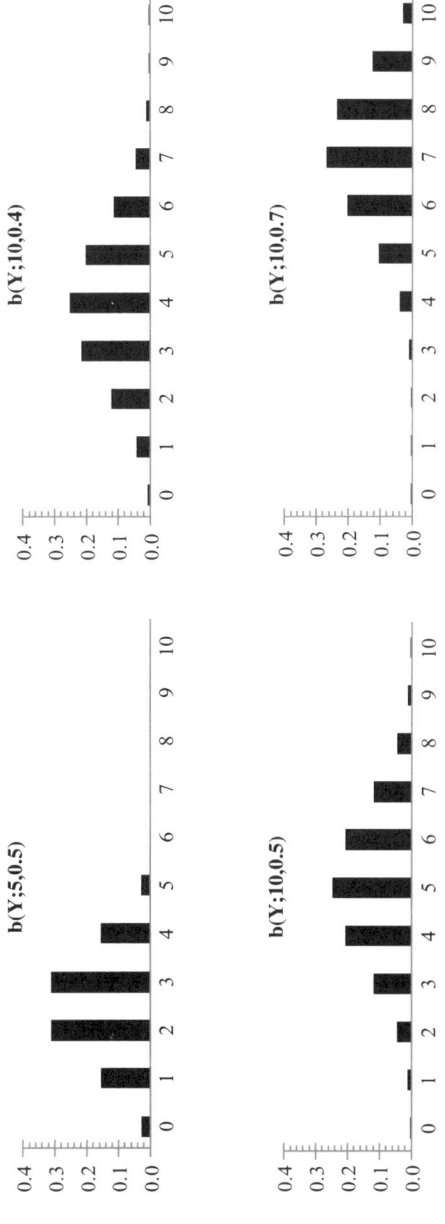

variablen Y an der Stelle y, wenn Y
binomialverteilt ist

~   = Y ist entsprechend der rechts von ~
folgenden Wahrscheinlichkeitsverteilung verteilt

j   = Index für eine Ausprägungsnummer der binomialverteilten Zufallsvariablen.

Weitere Erläuterungen siehe Gleichung 5.5.

Für den Erwartungswert und die Varianz einer binomialverteilten Zufallsvariablen Y gilt:

$$\mu_Y = n \cdot \pi_1$$
$$\sigma_Y^2 = n \cdot \pi_1 \cdot \left(1 - \pi_1\right)$$
(5.7)

Erläuterungen siehe Gleichung 5.1.

Der Erwartungswert einer Binomialverteilung ist also gleich der
Fallzahl n mal der relativen Häufigkeit, mit der die interessierende Ausprägung x = 1 eines dichotomen Merkmals X in der
Population vorkommt. Die Varianz ist gleich der Fallzahl n mal
dem Produkt der Populationsanteile π_1 und $\pi_0 = 1 - \pi_1$ der Ausprägungen x = 1 bzw. x = 0 des Merkmals X. Aus Gleichung 5.7
folgt, dass der Erwartungswert einer Binomialverteilung mit einer Fallzahl von n gleich n-mal der Erwartungswert der zugrunde liegenden Bernoulli-Verteilung ist und dass auch die Varianz der Binomialverteilung gleich n-mal der Varianz dieser
Bernoulli-Verteilung ist. Tatsächlich gilt sogar noch allgemeiner,
dass die Summe zweier statistisch unabhängiger binomialverteil-
ter Zufallsvariablen wiederum binomialverteilt ist, wenn die Parameter π_1 (und damit auch π_0) identisch sind. Wenn n_1 und n_2 die
Fallzahlen der beiden unabhängigen Binomialverteilungen sind,

dann ist der Parameter n der aufsummierten Binomialverteilung gleich $n_1 + n_2$. Binomialverteilungen lassen sich gewissermaßen addieren.

Anwendungen der Binomialverteilung

Die Binomialverteilung gibt die Wahrscheinlichkeiten von Häufigkeiten eines binären Merkmals bei *einfachen Zufallsauswahlen mit Zurücklegen* an. Sie lässt sich immer anwenden, wenn ein interessierendes Ereignis als Ergebnis eines entsprechenden Zufallsexperiments aufgefasst werden kann. Dazu ein Beispiel: Ein Seminar wird von $n = 45$ Studierenden besucht. Eine Studentin, die gerade Geburtstag hat, möchte herausfinden, ob ein anderer Teilnehmer am selben Tag wie sie Geburtstag hat. Wie wahrscheinlich ist dieses Ereignis?

Wenn unterstellt wird, dass sich Geburtstage zufällig und gleichmäßig über alle 365 Tage des Jahres verteilen, dann beträgt die Wahrscheinlichkeit, dass zwei zufällig angetroffene Personen am gleichen Tag Geburtstag haben, $1/365$.[8]

Die gesuchte Wahrscheinlichkeit ist die Wahrscheinlichkeit, dass bei $n = 44$ Mitstudierenden und einer Wahrscheinlichkeit für das Geburtstagsdatum von $\pi_1 = 1/365$ die Anzahl der Fälle mit der interessierenden Eigenschaft, am gleichen Tag Geburtstag zu haben, mindestens 1 beträgt. Dies kann über eine Binomialverteilung berechnet werden. Aus Gleichung 5.6 folgt:

$$\Pr\left(Y \geq 1 \middle| b\left(Y; n = 44, \pi_1 = \frac{1}{365}\right)\right) = \sum_{j=1}^{44} \binom{44}{j} \cdot \left(\frac{1}{365}\right)^j \cdot \left(1 - \frac{1}{365}\right)^{44-j}$$

Für die Berechnung müssen also die Realisierungswahrscheinlichkeiten für die Ausprägungen 1 bis 44 einer Binomialverteilung mit den Parametern $n = 44$ und $\pi_1 = 1/365$ berechnet und

---

8 Es geht um die Wahrscheinlichkeit für ein bestimmtes Geburtstagsdatum. Geburtstage am 29. Februar eines Schaltjahres werden dem 1. März zugeordnet.

aufsummiert werden. Wesentlich einfacher wird die Berechnung, wenn man sich vor Augen hält, dass die Wahrscheinlichkeit von Y≥1 gleich der Wahrscheinlichkeit von Eins minus Y<1 ist:

$$\Pr\left(Y \geq 1 \middle| b\left(Y; n = 44, \pi_1 = \frac{1}{365}\right)\right)$$

$$= 1 - \Pr\left(Y < 1 \middle| b\left(Y; n = 44, \pi_1 = \frac{1}{365}\right)\right)$$

$$= 1 - \Pr\left(Y = 0 \middle| b\left(Y; n = 44, \pi_1 = \frac{1}{365}\right)\right)$$

$$= 1 - \binom{44}{0} \cdot \left(\frac{1}{365}\right)^0 \cdot \left(1 - \frac{1}{365}\right)^{44}$$

$$= 1 - \frac{44!}{0! \cdot (44-0)!} \cdot \left(\frac{1}{365}\right)^0 \cdot \left(1 - \frac{1}{365}\right)^{44}$$

$$= 1 - 0.886 = 0.114$$

Die Wahrscheinlichkeit, dass eine zweite Person am selben Tag Geburtstag hat, beträgt somit ungefähr 11.4 %.

Eine andere Wahrscheinlichkeit ergibt sich, wenn die Wahrscheinlichkeit gesucht ist, dass *irgendwelche zwei* der 45 Studierenden am selben Tag Geburtstag haben. Für die Möglichkeit, am selben Tag Geburtstag zu haben, stehen dann nämlich alle möglichen nichtredundanten Paare aus der Gruppe der 45 Personen zur Verfügung. Bei n Personen gibt es «n über 2» Kombinationen, zwei aus n Personen für Paarvergleiche auszuwählen. Im Beispiel beträgt die Zahl der Paarvergleiche also «45 über 2» = 45! / (2! · 43!) = 990. Die Wahrscheinlichkeit, dass mindestens eines der 990 Paare am gleichen Tag Geburtstag hat, ist dann:

$$\Pr\left(Y \geq 1 \middle| b\left(Y; n = 990, \pi_1 = \frac{1}{365}\right)\right)$$

$$= 1 - \Pr\left(Y = 0 \middle| b\left(Y; n = 990, \pi_1 = \frac{1}{365}\right)\right)$$

$$= 1 - \binom{990}{0} \cdot \left(\frac{1}{365}\right)^0 \cdot \left(1 - \frac{1}{365}\right)^{990} = 1 - 0.066 = 0.934$$

Die Wahrscheinlichkeit, dass es in einer Gruppe von 45 Personen (mindestens einmal) zwei Personen gibt, die am gleichen Tag Geburtstag haben, beträgt also 93.4 % und ist damit sehr hoch.[9]

5.3 Die hypergeometrische Verteilung

In der Sozialforschung basieren Stichproben eher auf einer *einfachen Zufallsauswahl ohne Zurücklegen*.[10] Wenn dabei n von N Elementen in die Stichprobe aufgenommen werden, berechnet sich die Wahrscheinlichkeit einer Stichprobe ohne Berücksichtigung der Reihenfolge nach Gleichung 4.9. Dies gilt für alle Stichproben, unabhängig davon, wie viele Elemente die Eigenschaft x = 1 und wie viele die Eigenschaft x = 0 aufweisen.

Falls in der Stichprobe insgesamt y der n Stichprobenelemente die Eigenschaft x = 1 aufweisen und es in der Population insgesamt $N_1 = \pi_1 \cdot N$ Elemente mit dieser Eigenschaft gibt, dann gibt es «N_1 über y» Möglichkeiten, y Elemente aus N_1 ohne Berücksichtigung der Reihenfolge auszuwählen. Analog gibt es «$N-N_1$ über n–y» Möglichkeiten, genau n–y Elemente ohne Berücksichtigung der Reihenfolge mit der Eigenschaft x = 0 auszuwäh-

---

9 Zu bedenken ist hierbei, dass die Berechnung unter der Annahme erfolgte, dass sich die Geburtstage gleichmäßig über alle Tage des Jahres verteilen. Wenn die empirische Wirklichkeit von dieser vereinfachenden Annahme deutlich abweicht, dann kann auch die tatsächliche Wahrscheinlichkeit, dass irgendwelche zwei von 45 Personen am selben Tag Geburtstag haben, von dem berechneten Wert 0.934 abweichen.

10 In der Umfrageforschung werden allerdings häufiger geschichtete mehrstufige Stichproben gezogen.

len, wenn in der Population $N_0 = N - N_1 = (1 - \pi_1) \cdot N$ Elemente diese Eigenschaft aufweisen. Die Möglichkeiten, «N_1 über y» und «$N - N_1$ über n−y» auszuwählen, sind unabhängig voneinander und müssen zur Berechnung der Gesamtzahl der Stichproben mit gleicher Häufigkeit n_1 miteinander multipliziert werden.[11]

Die Wahrscheinlichkeit, in einer einfachen *Zufallsstichprobe ohne Zurücklegen* genau y von n Elementen zu erhalten, ergibt sich dann als Produkt der Anzahl der Möglichkeiten, in einer Stichprobe y Elemente aus N_1 und n−y Elemente aus $N - N_1$ auszuwählen, dividiert durch die Gesamtzahl der Möglichkeiten, irgendwelche n Elemente ohne Zurücklegen aus der Menge N zufällig auszuwählen:[12]

$$\Pr\left(Y = y\right) = \frac{\binom{N_1}{y} \cdot \binom{N - N_1}{n - y}}{\binom{N}{n}} = h\left(Y; n, N, N_1\right);$$

$$y = 0, 1, \ldots, \min\left(n, N_1\right)$$

(5.8a)

$$\Pr\left(Y = y\right) = \frac{\binom{\pi_1 \cdot N}{y} \cdot \binom{(1 - \pi_1) \cdot N}{n - y}}{\binom{N}{n}} = h\left(Y; n, \pi_1, N\right);$$

$$y = 0, 1, \ldots, \min\left(n, \pi_1 \cdot N\right)$$

(5.8b)

11 Wenn in der Stichprobe ein Element mit der Eigenschaft x = 1 aus der Menge der N_1 Elemente mit dieser Eigenschaft gezogen wird, reduziert sich die verbleibende Zahl der Elemente mit der Eigenschaft x = 1 in der Population um 1. Die Zahl der ursprünglich $N_0 = N - N_1$ Elemente in der Population ohne diese Eigenschaft bleibt unverändert. Das Umgekehrte gilt, wenn in der Stichprobe ein Element mit der Eigenschaft x = 0 gezogen wird.

12 Wenn n<N_1, dann können maximal alle n Elemente der Stichprobe die Eigenschaft x = 1 aufweisen, wenn $N_1 \leq n$, dann können maximal N_1 Elemente der Stichprobe diese Eigenschaft aufweisen. Wenn schließlich N−$N_1 \leq n$, die Stichprobe also mehr Elemente enthält, als es in der Population *ohne* die Eigenschaft x = 1 gibt, dann weisen mindestens n+N_1−N Elemente der Stichprobe die Eigenschaft x = 1 auf. Die Wahrscheinlichkeit, eine geringere Zahl von Elementen mit dieser Eigenschaft zu ziehen, ist dann null.

wobei Y = hypergeometrisch verteilte Zufallsvariable

$h(Y;n,N,N_1)$ = Y mit y = 0, 1, 2, ..., ist hypergeometrisch verteilt mit den Parametern n, N und N_1 bzw. alternativ

$h(Y;n;\pi_1,N)$ = Y mit y = 0, 1, 2, ..., ist hypergeometrisch verteilt mit den Parametern n, $\pi_1 = N_1/N$ und N

min(...) = Minimum der in Klammern aufgeführten Werte

Weitere Erläuterungen siehe Gleichung 5.2.

Die nach dieser Formel berechnete Wahrscheinlichkeitsverteilung einer Zufallsvariablen Y wird *hypergeometrische Verteilung* genannt. Zur Kennzeichnung verwenden wir zwei alternative Symbolisierungen, die sich darin unterscheiden, ob die Population, aus der die Stichprobe gezogen wird, durch die beiden Häufigkeiten N (= Populationsumfang) und N_1 (= Anzahl der Elemente in der Population mit dem Merkmal X = 1) in Gleichung 5.8a oder durch den Populationsanteil $\pi_1 = N_1/N$ und den Populationsumfang N in Gleichung 5.8b beschrieben wird. Rechnerisch ergeben sich stets identische Realisierungswahrscheinlichkeiten der Ausprägungen von Y.

In Abbildung 5.2 sind exemplarisch die hypergeometrischen Verteilungen h(Y;5,20,10), h(Y;10,20,10), h(X;10,22,8) und h(X;10,22,14) abgebildet. Der Vergleich der Verteilungen in Abbildung 5.2 mit den Binomialverteilungen in Abbildung 5.1 zeigt, dass die hypergeometrische Verteilung eine ähnliche Form wie die Binomialverteilung hat. Bei einem Anteil $N_1/N = 1 - N_1/N = 0.5$ ist die Verteilung symmetrisch; bei $N_1/N < 0.5$ ist sie tendenziell rechtsschief, bei $N_1/N > 0.5$ ist sie tendenziell linksschief. Allerdings kann der Wertebereich verglichen mit einer Binomialverteilung eingeschränkter sein: Wenn $N_1 < n$, kann die Zufallsvariable Y nur die Häufigkeiten 0, 1, 2, ..., N_1

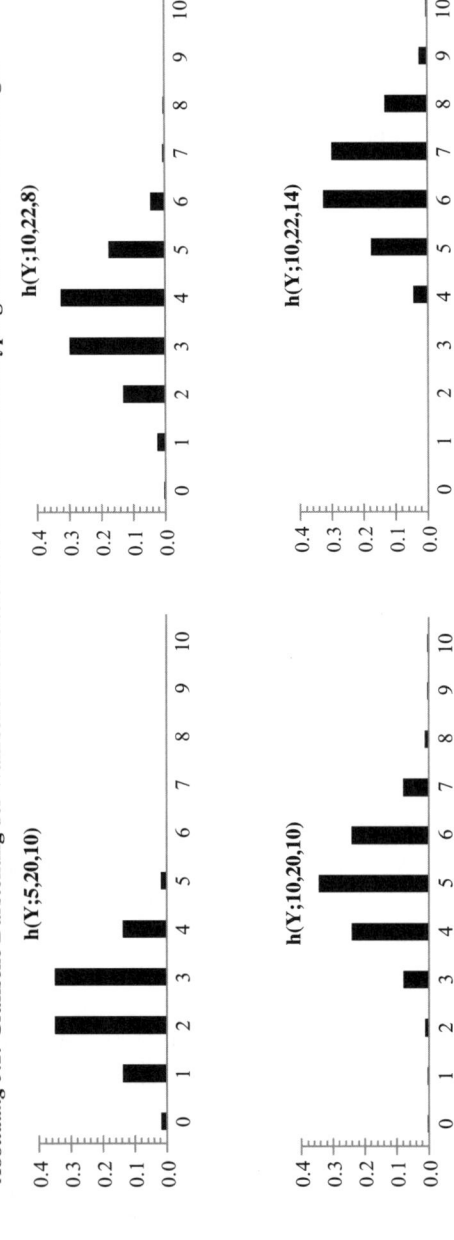

Abbildung 5.2: Grafische Darstellung der Wahrscheinlichkeitsfunktionen verschiedener hypergeometrischer Verteilungen

annehmen; ist $N - N_1 = N_0 < n$, nur die Häufigkeiten $n - N_0$, $n - N_0 + 1, \ldots, n$. So liegt der Wertebereich (der Auftretenshäufigkeiten y) der Verteilung $h(Y; 10, 22, 14)$ in Abbildung 5.2d zwischen 2 und 10, da hier $N - N_1 = N_0 = 22 - 14 = 8 < 10 = n$. Der Wertebereich von Y beginnt daher bei $y = n - N_0 = 10 - 8 = 2$.

Die Verteilungsfunktion der hypergeometrischen Verteilung ergibt sich wieder über das Aufsummieren der Auftretenswahrscheinlichkeiten aus Gleichung 5.8:

$$F\left(Y = y \mid Y \sim h\left(Y; n, N, N_1\right)\right) = \Pr\left(Y \le y\right)$$
$$= \sum_{j=0}^{y} \frac{\dbinom{N_1}{j} \cdot \dbinom{N - N_1}{n - j}}{\dbinom{N}{n}} \qquad (5.9)$$

wobei j = Index für die Ausprägungen der hypergeometrisch verteilten Zufallsvariablen Y mit den Häufigkeiten y.

Weitere Erläuterungen siehe Gleichungen 5.8.

Der Erwartungswert und die Varianz einer hypergeometrischen Verteilung mit den Parametern $h(Y; n, N, N_1)$ bzw. $h(Y; n, \pi_1, N)$ berechnet sich nach:

$$\mu_Y = n \cdot \frac{N_1}{N} = n \cdot \pi_1$$
$$\sigma_Y^2 = n \cdot \frac{N_1}{N} \cdot \left(1 - \frac{N_1}{N}\right) \cdot \frac{N - n}{N - 1} = n \cdot \pi_1 \cdot \left(1 - \pi_1\right) \cdot \frac{N - n}{N - 1} \qquad (5.10)$$

Der Vergleich mit dem Erwartungswert und der Varianz der Binomialverteilung zeigt, dass die Erwartungswerte bei gleichem Populationsanteil und gleichem Stichprobenumfang identisch sind und sich die Varianzen um den Faktor $(N-n)/(N-1)$ unterscheiden. Da dieser Faktor bei Fallzahlen $n > 1$ kleiner als 1.0 ist, ist die Varianz der hypergeometrischen Verteilung kleiner als die Varianz der Binomialverteilung. Bei einer Fallzahl von $n = 1$ sind beide Verteilungen identisch und gleich der Bernoulli-Verteilung mit dem Parameter $\pi_1 = N_1/N$.

Anwendungen der hypergeometrischen Verteilung

Die hypergeometrische Verteilung gibt die Wahrscheinlichkeiten von Häufigkeiten eines dichotomen Merkmals $x = 1$ in *einfachen Zufallsstichproben ohne Zurücklegen* an. Dazu ein Beispiel: Angenommen, in einem Dorf leben $N = 50$ Personen. Von diesen sind $N_1 = 10$ oder $\pi_1 = 1/5 = 20\%$ arbeitslos. Wie wahrscheinlich ist es, dass bei einer Befragung von $n = 10$ zufällig ausgewählten Personen mindestens die Hälfte arbeitslos ist? Wenn die zufällige Auswahl der Befragten eine einfache *Zufallsauswahl ohne Zurücklegen* ist, dann folgen die Wahrscheinlichkeiten der absoluten Häufigkeiten von Arbeitslosen über die (möglichen) Stichproben hinweg einer hypergeometrischen Verteilung mit den Parametern $n = 10$, $N = 50$ und $N_1 = 10$. Die Wahrscheinlichkeit, dass mindestens 50% der zehn Befragten arbeitslos sind, kann dann nach Gleichung 5.9 berechnet werden als:

$$P(Y \geq 5) = \sum_{j=5}^{10} h(10,50,10) = \sum_{j=5}^{10} \frac{\binom{10}{j} \cdot \binom{40}{10-j}}{\binom{50}{10}}$$

$$= \sum_{j=5}^{10} \frac{10!}{(10-j)! \cdot j!} \cdot \frac{40!}{(40-(10-j))! \cdot (10-j)!} / \frac{50!}{10! \cdot 40!}$$

$$= \frac{10!}{5! \cdot 5!} \cdot \frac{40!}{35! \cdot 5!} / \frac{50!}{10! \cdot 40!} + \frac{10!}{6! \cdot 4!} \cdot \frac{40!}{4! \cdot 36!} / \frac{50!}{10! \cdot 40!} + \frac{10!}{7! \cdot 3!} \cdot \frac{40!}{3! \cdot 37!}$$

$$/ \frac{50!}{10! \cdot 40!} + \frac{10!}{8! \cdot 2!} \cdot \frac{40!}{2! \cdot 38!} / \frac{50!}{10! \cdot 40!} + \frac{10!}{9! \cdot 1!} \cdot \frac{40!}{1! \cdot 39!} / \frac{50!}{10! \cdot 40!} + \frac{10!}{10! \cdot 0!}$$

$$\cdot \frac{40!}{0! \cdot 40!} / \frac{50!}{10! \cdot 40!}$$

$$= 0.0161 + 0.0019 + 0.0001 + 0.0000 + 0.0000 + 0.0000$$

$$= 0.019$$

Die Wahrscheinlichkeit, in einer Stichprobe von n = 10 Personen mindestens fünf Arbeitslose anzutreffen, wenn in der Population von N = 50 Personen insgesamt N_1 = 10 Personen arbeitslos sind, beträgt weniger als 2 %.

5.4 Die Poisson-Verteilung

Sowohl die Binomialverteilung wie die hypergeometrische Verteilung setzen voraus, dass die Fallzahl der Stichprobe bekannt ist, in der die Häufigkeit Y eines Merkmals x = 1 von X gezählt wird. Dies ist nicht immer der Fall. Ein Beispiel könnte etwa die Zahl der Unfälle an einer Kreuzung innerhalb eines (beliebigen) Zeitraums sein. Innerhalb dieses Zeitraums kann es y = 0, 1, 2, … Unfälle geben. Die Maximalzahl der Unfälle ist theoretisch unbegrenzt. Um für diese Situation eine Kennwerteverteilung für die Häufigkeiten y von Unfällen zu berechnen, kann von einer Binomialverteilung ausgegangen werden, bei der die Zahl n der Ziehungen über alle Grenzen wächst.[13] Sinnvoll ist eine solche Grenzwertbetrachtung allerdings nur, wenn nicht auch der Erwartungswert der Binomialverteilung über alle Grenzen wächst, da dieser das Produkt aus dem Populationsanteil π_1 und der Fallzahl n ist. Es wird daher zusätzlich angenommen, dass der Erwartungswert, also das Produkt $\pi_1 \cdot n$ sich einem konstanten Wert λ nähert, wenn die Fallzahl n immer mehr ansteigt.[14] Mathematisch kann dann folgende Identität gezeigt werden:

---

13 Alternativ kann auch von einer hypergeometrischen Verteilung ausgegangen werden, bei der die Fallzahl n immer größer wird. Da bei einer hypergeometrischen Verteilung n≤N ist, muss dann die Zahl N der Elemente in der Population über alle Grenzen ansteigen.

14 λ ist der kleine griechische Buchstabe Lambda.

$$\lim_{n\to\infty,\, n\cdot\pi_1\to\lambda}\left(b\left(Y=y;n,\pi_1\right)\right) = \lim_{n\to\infty,\, n\cdot\pi_1\to\lambda}\left(\binom{n}{y}\cdot\left(\pi_1\right)^y\cdot\left(1-\pi_1\right)^{n-y}\right)$$

$$= \lim_{n\to\infty,\, n\cdot\pi_1\to\lambda}\left(\frac{n!}{y!\cdot(n-y)!}\cdot\left(\frac{\lambda}{n}\right)^y\cdot\left(1-\frac{\lambda}{n}\right)^{n-y}\right)$$

$$= \frac{\lambda^y}{y!}\cdot e^{-\lambda} \qquad (5.11)$$

wobei λ = Produkt aus $n\cdot\pi_1$, das bei steigendem n zum Parameter λ der Poisson-Verteilung wird

$e^{-\lambda}$ = Potenz zur Basis der Euler'schen Zahl e (≈ 2.718) mit dem Exponenten $-\lambda$

λ^y = Potenz zur Basis λ mit dem Exponenten y der realisierten Häufigkeit der Zufallsvariablen Y

$\lim_{n\to\infty,\, n\cdot\pi_1=\lambda}(...)$ = Grenzwert (*Limes*) der Formel in der Klammer, wobei der Ausdruck unter «lim» angibt, dass die Fallzahl n gegen unendlich geht und gleichzeitig $n\cdot\pi_1$ sich einer Konstanten λ annähert.

Weitere Erläuterungen Gleichung 5.5.

Die Formel $\lambda^y\cdot e^{-\lambda}$ / y! gibt dann die Realisierungswahrscheinlichkeiten der Ausprägungen y = 0, 1, 2, ... der *Poisson-Verteilung* mit dem Verteilungsparameter λ wieder:[15]

$$\Pr\left(Y=y\right)=\frac{\lambda^y}{y!}\cdot e^{-\lambda}=p\left(Y;\lambda\right); \quad y=0,1,...,\infty \qquad (5.12)$$

wobei $p(Y;\lambda)$ = poissonverteilte Zufallsvariable mit den Ausprägungen y = 0, 1, 2, ..., ∞.

Weitere Erläuterungen siehe Gleichung 5.11.

15 Benannt nach dem Mathematiker Siméon Denis Poisson, 1781–1840

Abbildung 5.3 zeigt Poisson-Verteilungen mit den Parametern $\lambda = 0.5, 1.0, 1.5$ und 2.0. Bei kleinen λ-Werten ist die Verteilung rechtsschief, mit steigenden λ-Werten wird sie symmetrischer. Obwohl es eine unendliche Zahl von möglichen Realisierungen gibt, lassen sich für alle Ausprägungen y einer Poisson-Verteilung Wahrscheinlichkeiten berechnen. Wenn y immer größer wird, nähern sie sich allerdings nach einem Maximum dem Wert null, da bei der Berechnung durch die Fakultät von y geteilt wird und y! sehr schnell sehr groß wird. Außerdem gilt, dass mit steigenden Werten von λ auch sehr kleine Werte von y eine geringe Realisierungswahrscheinlichkeit haben, da dann $e^{-\lambda}$ eine sehr kleine Zahl ist.

Die Wahrscheinlichkeitsfunktion der Poisson-Verteilung berechnet sich nach:

$$F\left(Y = y \mid Y \sim P\left(Y; \lambda\right)\right) = \Pr\left(Y \leq y\right) = \sum_{j=0}^{y} \frac{\lambda^{j}}{j!} \cdot e^{-\lambda} \qquad (5.13)$$

wobei j = Index für eine Ausprägungsnummer der poisson-verteilten Zufallsvariablen Y.

Weitere Erläuterungen siehe Gleichungen 5.12.

Die Poisson-Verteilung weist die Besonderheit auf, dass sowohl der Erwartungswert als auch die Varianz gleich dem Parameter λ sind. Es gilt also:

$$\mu_Y = \lambda; \quad \sigma_Y^2 = \lambda \quad \text{wenn } Y \sim p\left(Y; \lambda\right) \qquad (5.14)$$

Wie bereits die Binomialverteilung ist auch die Poisson-Verteilung additiv: Wenn Y_1 poissonverteilt ist mit $p(Y_1; \lambda_1)$ und Y_2 poissonverteilt mit $p(Y_2; \lambda_2)$, und Y_1 und Y_2 statistisch unabhängig voneinander sind, dann ist die Summe $Y = Y_1 + Y_2$ poissonverteilt mit $p(Y; \lambda_1 + \lambda_2)$.

Abbildung 5.3: **Grafische Darstellung der Wahrscheinlichkeitsfunktionen verschiedener Poisson-Verteilungen**

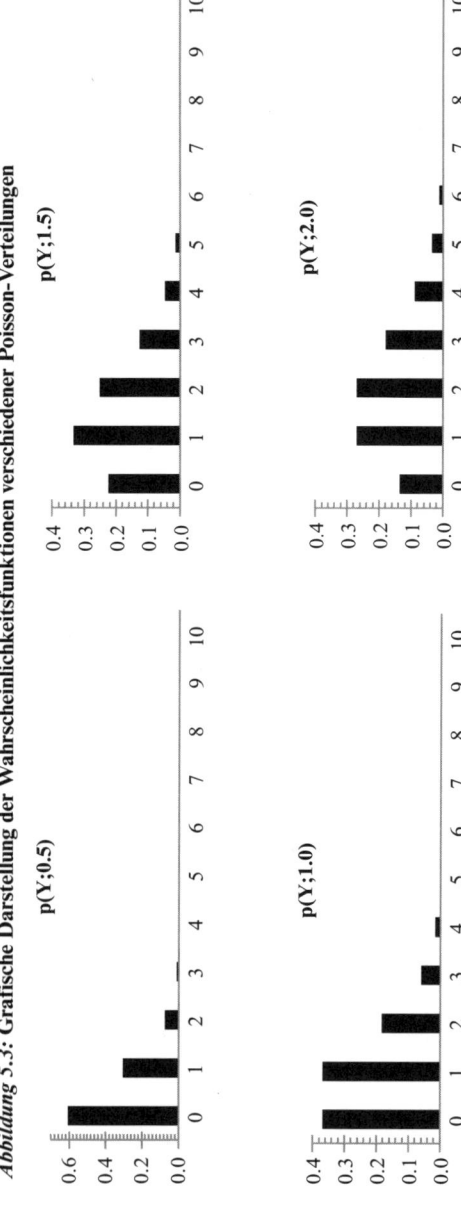

Anwendungen der Poisson-Verteilung

Angenommen, an einer Ampel passiert im Durchschnitt etwa alle zwei Jahre ein Unfall. Im vergangenen Jahr haben sich allerdings zwei Unfälle an der Ampel ereignet. Ist diese Häufung außergewöhnlich oder erwartbar?

Geht man davon aus, dass Unfälle zwar systematische Ursachen haben, aber für eine konkrete Kreuzung und Zusammensetzung der Verkehrsteilnehmer durch Zufälligkeiten bestimmt sind, dann kann ihre Häufigkeitsverteilung möglicherweise durch eine Poisson-Verteilung angenähert werden, wobei der Erwartungswert λ von den systematischen Ursachen abhängt. Ein Anstieg von λ würde dann bedeuten, dass die Unfallhäufigkeiten ansteigen. Aus Erfahrungswerten lässt sich schließen, dass bei einem Zeitraum von zwei Jahren die Unfallhäufigkeit einen Erwartungswert von $\lambda = 1$ aufweist. Wird von Unabhängigkeit der einzelnen Ereignisse ausgegangen, dann beträgt aufgrund der Additivität der Poisson-Verteilung der Erwartungswert bei einer Halbierung des betrachteten Zeitraums $\lambda = 0.5$. Die Wahrscheinlichkeit, dass bei diesem Parameter $Y = 2$ Ereignisse auftreten, berechnet sich als:

$$\Pr\left(Y = 2 \middle| Y \sim p\left(Y; 0.5\right)\right) = \frac{0.5^2}{2!} \cdot e^{-0.5} = 0.076$$

Die Wahrscheinlichkeit, dass in einem Jahr zwei Unfälle geschehen, beträgt immerhin 7.6 %. Die Häufung ist nicht als außergewöhnlich zu bezeichnen, sondern etwa alle 13 Jahre ($0.076 = 1/13$) zu erwarten. Noch höher ist die Wahrscheinlichkeit, dass sich in einem Jahr mindestens 2 Unfälle ereignen:

$$\Pr\left(Y \geq 2\right) \middle| Y \sim p(Y; 0.5) = 1 - \Pr\left(Y < 2\right) = 1 - \frac{0.5^0}{0!} \cdot e^{-0.5} - \frac{0.5^1}{1!} \cdot e^{-0.5}$$
$$= 0.090$$

5.5 Beziehungen zwischen den Kennwerteverteilungen für Häufigkeiten

Die Binomialverteilung, die hypergeometrische Verteilung und die Poisson-Verteilung sind unterschiedliche Modelle, um das Zufallsexperiment «Häufigkeit eines dichotomen Merkmals in einer Stichprobe» zu modellieren. Welche Verteilung gewählt wird, hängt von der Methode der Stichprobenziehung ab. Die hypergeometrische Verteilung ist dann angemessen, wenn die Häufigkeit interessiert, mit der ein dichotomes Merkmal in einer Stichprobe vorkommt und die Stichprobenziehung als einfache Zufallsauswahl ohne Zurücklegen erfolgt. Bei der Binomialverteilung erfolgt die Stichprobenziehung dagegen als einfache Zufallsauswahl mit Zurücklegen. Alternativ kann man auch von der Modellvorstellung ausgehen, dass die Zahl der Elemente in der Population unendlich ist, sodass das Ziehen eines Elements keine Auswirkung auf die Verteilung in der Population hat.[16] Bei der Binomialverteilung und der hypergeometrischen Verteilung wird zwar nur die Häufigkeit einer Ausprägung eines dichotomen Merkmals gezählt, durch die Vorgabe der Fallzahl wird aber damit indirekt auch die Häufigkeit der komplementären Ausprägung erfasst.

Bei der Poisson-Verteilung wird ebenfalls gezählt, wie viele Elemente ein interessierendes Merkmal aufweisen. Da aber keine Fallzahl vorgegeben ist, kann die Häufigkeit des komplementären Merkmals nicht miterfasst werden. Die Stichprobenziehung erfolgt so, dass anstelle einer vorgegebenen Fallzahl ein Zeitrah-

16 In der Realität scheint es nicht sehr sinnvoll zu sein, von einer unendlich großen Population auszugehen. Geht man jedoch von dem üblichen Verständnis eines empirischen Gesetzes mit einem raum-zeitlich unbegrenzten Geltungsanspruch aus, dann folgt daraus, dass die Zahl der Elemente (Anwendungsfälle des Gesetzes) unbegrenzt ist. Wenn etwa bei einer Spezies zwei biologische Geschlechter existieren und ein biologisches Gesetz besagt, dass bei der Reproduktion ein Geschlecht mit einer vorgegebenen Wahrscheinlichkeit auftritt, dann lässt sich die Häufigkeitsverteilung der Geschlechter über alle denkbaren Stichproben durch eine Binomialverteilung beschreiben.

men oder ein Ort vorgegeben wird, innerhalb dessen zufällig Elemente der Population ausgesucht werden.

Eine Gemeinsamkeit aller drei Wahrscheinlichkeitsverteilungen für Zählvariablen ist, dass sie unter bestimmten Bedingungen ineinander überführbar sind. Statistiker sprechen davon, dass sich eine Verteilung einer anderen *asymptotisch annähert*, wenn Verteilungsparameter der sich annähernden Verteilungen bestimmte Grenzwerte erreichen. Eine solche asymptotische Annäherung haben wir bereits in Gleichung (5.11) bei der Einführung der Poisson-Verteilung benutzt. Die Gleichung besagt, dass sich die Binomialverteilung asymptotisch einer Poisson-Verteilung annähert, wenn die Fallzahl n über alle Grenzen wächst und gleichzeitig der Erwartungswert $n \cdot \pi_1$ der Binomialverteilung konstant gehalten wird. So zeigt Abbildung 5.4a Realisierungswahrscheinlichkeiten von drei Binomialverteilungen mit den Parametern n = 10 und $\pi_1 = 0.5$, n = 20 und $\pi_1 = 0.25$ und n = 100 und $\pi_1 = 0.05$ sowie der Poisson-Verteilung mit dem Parameter $\lambda = 5$ für realisierte Häufigkeiten von 0 bis 10. Gemeinsam ist allen vier Verteilungen, dass der Erwartungswert jeweils 5 beträgt. Bei einer Fallzahl von n = 10 und diesem Erwartungswert weicht die Binomialverteilung deutlich von der Poission-Verteilung ab. Bei n = 20 sind sich die Binomialverteilung und die Poisson-Verteilung schon ähnlicher und bei n = 100 sind die Binomialverteilung und die Poisson-Verteilung kaum noch unterscheidbar. Dass sich bei steigender Fallzahl und gleichem Erwartungswert auch die Varianz der Binomialverteilung der Varianz der Poissonverteilung annähert und gleich dem Erwartungswert wird, zeigt folgende Grenzwertbetrachtung:

$$\lim_{n \to \infty} \left(\underbrace{n \cdot \pi_1}_{=\lambda} \cdot \left(1 - \underbrace{\pi_1}_{=\lambda/n} \right) \right) = \lim_{n \to \infty} \left(\lambda \cdot \left(1 - \frac{\lambda}{n} \right) \right) = \lambda \cdot (1 - 0) = \lambda \qquad (5.15)$$

Erläuterungen siehe Gleichung 5.12.

Annäherungen gibt es auch zwischen der hypergeometrischen Verteilung und der Binomialverteilung. In Abbildung 5.4b sind

Abbildung 5.4: **Beispiele für asymptotische Annäherungen**

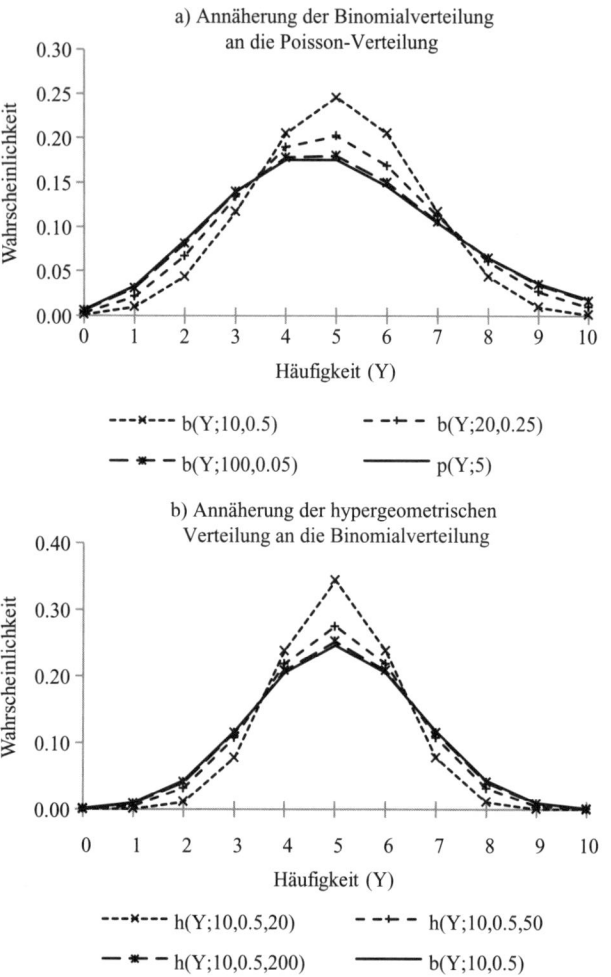

a) Annäherung der Binomialverteilung an die Poisson-Verteilung

---×--- b(Y;10,0.5)   − −+ − b(Y;20,0.25)

— * − b(Y;100,0.05)   p(Y;5)

b) Annäherung der hypergeometrischen Verteilung an die Binomialverteilung

---×--- h(Y;10,0.5,20)   − −+ − h(Y;10,0.5,50

— * − h(Y;10,0.5,200)   b(Y;10,0.5)

die Realisierungswahrscheinlichkeiten der Ausprägungen der hypergeometrischen Verteilungen mit den Parametern n = 10; π_1 = 0.5, N = 20; n = 10; π_1 = 0.5, N = 50 und n = 10; π_1 = 0.5, N = 200 sowie die Binomialverteilung mit den Parametern n = 10 und

$\pi_1 = 0.5$ wiedergegeben. Hier zeigt sich, dass mit steigendem Populationsumfang N die hypergeometrische Verteilung und die Binomialverteilung sich praktisch kaum unterscheiden, wenn die Anteile des dichotomen Merkmals in der Population gleiche relative Häufigkeiten aufweisen. Tatsächlich gilt hier folgende Beziehung:

$$\lim_{n\to\infty}\left(h\left(Y;n,\pi_1,N\right)\right) = \lim_{n\to\infty}\left(\frac{\binom{\pi_1 \cdot N}{y} \cdot \binom{\left(1-\pi_1\right) \cdot N}{n-y}}{\binom{N}{n}}\right) \qquad (5.16)$$

$$= \binom{n}{y} \cdot \pi_1^y \cdot \left(1-\pi_1\right)^{n-y} = b\left(Y;n,\pi_1\right)$$

Erläuterungen siehe Gleichung 5.12.

Da sich die Varianzen von hypergeometrischer Verteilung und Binomialverteilung nur durch den Faktor $(N-n)/(N-1)$ unterscheiden und sich dieser Faktor bei konstantem Stichprobenumfang n und steigendem Populationsumfang N immer mehr 1 annähert, nähert sich wiederum auch die Varianz der hypergeometrischen Verteilung der Varianz der Binomialverteilung an.

Die Annäherungen unterschiedlicher Wahrscheinlichkeitsverteilungen sind nicht nur von rein theoretischem Interesse. Sie können und werden auch praktisch genutzt. So ist die Berechnung der Wahrscheinlichkeiten von Ausprägungen der hypergeometrischen Verteilung aufwendiger als die Berechnung der Wahrscheinlichkeiten der Binomialverteilung. Bei hinreichend großen Populationsumfängen kann die Berechnung der hypergeometrischen Verteilung über die Binomialverteilung erfolgen. Dies wird für praktische Zwecke als genau genug aufgefasst, wenn der Populationsumfang mindestens 20-mal so groß ist wie der Stichprobenumfang oder umgekehrt der Quotient $n/N \leq 0.05$ ist. Da diese Bedingung in der Umfrageforschung praktisch immer erfüllt ist, kann hier von einer einfachen Zufallsauswahl mit Zurücklegen bzw. einer unbegrenzt großen Population ausgegangen werden.

5.6 Wahrscheinlichkeitsverteilungen für polytome Variablen

Die Logik der Binomialverteilung und der hypergeometrischen Verteilung lässt sich von einem dichotomen auf ein polytomes Merkmal verallgemeinern. Ein Beispiel für ein solches Merkmal könnte die Konfession (X) mit den drei Ausprägungen konfessionslos (x = 1), protestantisch (x = 2) und katholisch (x = 3) sein.[17] Wenn analog zu einem dichotomen Merkmal N_1 die Zahl der Konfessionslosen, N_2 die Zahl der Protestanten und N_3 die Zahl der Katholiken in der Population bezeichnet, dann ist $\pi_1 = N_1/N$ der Populationsanteil der Konfessionslosen, $\pi_2 = N_2/N$ der Populationsanteil der Protestanten und $\pi_3 = N_3/N$ der Populationsanteil der Katholiken.[18]

Um die Konfessionsvariable in der Population von den Zählvariablen zu unterscheiden, die die Häufigkeit der drei Ausprägungen von X in einer Stichprobe erfassen, verwenden wir die Variablen Y_1, Y_2 und Y_3, die für die Häufigkeiten der drei Konfessionen in einer Stichprobe stehen.

5.6.1 Die Multinomialverteilung

Wenn aus der Population zufällig *ein* Fall ausgewählt wird, dann sind Y_1, Y_2 und Y_3 jeweils Bernoulli-verteilt mit den Parametern π_1, π_2 und π_3, wobei sich die drei Wahrscheinlichkeiten zu eins aufsummieren. In Verallgemeinerung von Gleichung (5.2) können wir die gemeinsame Wahrscheinlichkeitsverteilung der drei zu einem Tupel zusammengefassten Variablen schreiben als:

---

17 Um die Darstellung möglichst einfach zu halten, unterstellen wir, dass alle Personen der Population einer der drei Gruppen angehören und es keine ungültigen Werte gibt.

18 Im Unterschied zu dichotomen Merkmalen, die sehr oft mit den Werten 0 und 1 codiert werden, werden die Ausprägungen polytomer Merkmale meist beginnend mit 1 durchnummeriert.

$$\Pr\left(Y_1, Y_2, Y_3\right) = \pi_1^{y_1} \cdot \pi_2^{y_2} \cdot \pi_3^{y_3} \tag{5.17}$$

wobei $\quad Y_1, Y_2, Y_3 \quad =$ Zufallsvariablen, die die Häufigkeiten der Ausprägungen einer kategorialen Variablen in einer Stichprobenhäufigkeit zählen

$\pi_1^{y_1}, \pi_2^{y_2}, \pi_3^{y_3} =$ Populationsanteile der Ausprägungen einer kategorialen Variablen.

Weitere Erläuterungen siehe Gleichung 5.2.

Da y_1, y_2 und y_3 bei einer einzigen Ziehung nur jeweils die Werte 0 und 1 annehmen können und da aufgrund der Disjunktheit der Ausprägungen bei n = 1 nur eine der Variablen einen Wert von 1 haben kann, reduziert sich das Produkt der drei Wahrscheinlichkeiten zu der Wahrscheinlichkeit der Ausprägung von X (Konfession), die tatsächlich realisiert wird.

Wenn nicht nur ein Element, sondern in einer einfachen Zufallsauswahl mit Zurücklegen n Elemente ausgewählt werden, dann gehen die Wertebereiche der drei Zählvariablen Y_1, Y_2 und Y_3 von 0 bis n, wobei die Summe der drei Variablen immer n ergibt. Gleichung 5.17 gilt dann weiterhin, allerdings für die Wahrscheinlichkeit, dass y_1 Fälle das Merkmal x = 1 aufweisen, y_2 Fälle das Merkmal x = 2 und y_3 Fälle das Merkmal x = 3, wobei die Reihenfolge der Ziehung berücksichtigt wird. Da die Reihenfolge aber für die Berechnung der Häufigkeiten keine Rolle spielt, müssen alle Stichproben zusammengefasst werden, die zu den gleichen Häufigkeiten bei y_1 bis y_3 führen. Die Zahl der zusammenzufassenden Stichproben berechnet sich analog zur Binomialverteilung über die Zahl der Permutationen mit Wiederholungen (vgl. Gleichung 5.5):

$$\Pr\left(Y_1 = y_1, Y_2 = y_2, Y_3 = y_3\right) = P\left(y_1, y_2, y_3\right) \cdot \pi_1^{y_1} \cdot \pi_2^{y_2} \cdot \pi_3^{y_3}$$
$$= \frac{n!}{y_1! \cdot y_2! \cdot y_3!} \cdot \pi_1^{y_1} \cdot \pi_2^{y_2} \cdot \pi_3^{y_3} \tag{5.18}$$

Erläuterungen siehe Gleichung 5.2 und 5.17.

Angenommen, in einer Population beträgt der Anteil der Konfessionslosen $\pi_1 = 0.29$, der der Protestanten $\pi_2 = 0.33$ und der der Katholiken $\pi_3 = 0.38$. Mit Hilfe von Gleichung 5.18 kann berechnet werden, wie wahrscheinlich es ist, dass in einer Stichprobe von $n = 3$ zwei Personen konfessionslos und eine Person katholisch sind ($y_1 = 2$, $y_2 = 0$ und $y_3 = 1$):

$$\Pr\left(Y_1 = 2, Y_2 = 0, Y_3 = 1\right) = \frac{3!}{2! \cdot 0! \cdot 1!} \cdot 0.29^2 \cdot 0.33^0 \cdot 0.38^1$$

$$= \frac{6}{2 \cdot 1 \cdot 1} \cdot 0.0841 \cdot 1 \cdot 0.38 = 0.095874$$

Die gesuchte Wahrscheinlichkeit beträgt 0.096 oder 9.6 %.

Die berechnete Wahrscheinlichkeitsverteilung ist ein Beispiel für die *Multinomialverteilung*, die als Verallgemeinerung der Binomialverteilung die Wahrscheinlichkeit des Auftretens der Häufigkeiten eines polytomen Merkmals in einer Stichprobe angibt, wenn die Stichprobe auf einer einfachen Zufallsauswahl mit Zurücklegen basiert.[19] Im allgemeinen Fall einer Stichprobe von n Elementen und einem polytomen Merkmal mit K Ausprägungen $x_1, x_2, ..., x_K$ berechnet sich die Realisierungswahrscheinlichkeit der Multinomialverteilung nach:

$$\Pr\left(Y_1 = y_1, Y_2 = y_2, ..., Y_K = y_K \mid n, \pi_1, ..., \pi_K\right)$$

$$= \frac{n!}{y_1! \cdot y_2! \cdot ... \cdot y_K!} \cdot \pi_1^{y_1} \cdot \pi_2^{y_2} \cdot ... \cdot \pi_K^{y_K} \tag{5.19}$$

wobei $\sum_{k=1}^{K} y_k = n$ und $\sum_{k=1}^{K} \pi_k = 1$.

---

19 Bei einer einfachen Zufallsauswahl ohne Zurücklegen berechnen sich die Wahrscheinlichkeiten der Zählvariablen über eine analoge Verallgemeinerung der hypergeometrischen Verteilung (siehe Gleichung 5.8):

$$\Pr\left(Y_1 = y_1, ..., Y_K = y_K\right) = \frac{\binom{N_1}{y_1} \cdot ... \cdot \binom{N_K}{y_K}}{\binom{N}{n}} \quad \text{mit} \sum_{k=1}^{K} N_k = N \text{ und} \sum_{k=1}^{K} y_k = n$$

wobei   K = Index für die polytomen k = 1, 2, ..., K Ausprägungen des Merkmals X.

Weitere Erläuterungen siehe Gleichung 5.17.

Für die Ausprägungen 1 bis K des polytomen Merkmals X wird
nur nominalskaliertes Messniveau vorausgesetzt. Daher ist es
nicht sinnvoll, von Quantilen oder einem Populationsmittelwert
oder einer Populationsvarianz zu sprechen, da diese Kennwerte
ordinales bzw. metrisches Messniveau voraussetzen. Die Zählvariablen Y_1 bis Y_K sind dagegen metrisch, sodass für sie jeweils
Quantile, ein Erwartungswert oder eine Varianz berechnet werden können. Da es sich um mehrere (nämlich K) Variablen handelt, bezeichnet man die Multinomialverteilung als *mehrdimen-
sionale* oder *multivariate Wahrscheinlichkeitsverteilung*.

5.6.2 Erwartungswerte, Varianzen und Kovarianzen multivariater Verteilungen

Die Zählvariablen Y_1 bis Y_K einer Multinomialverteilung sind
jeweils binomialverteilt mit den Parametern n und π_k. Daher
lässt sich unabhängig von den übrigen Zählvariablen für jede
Ausprägung $X = x_k$ des polytomen Merkmals die Häufigkeit berechnen, mit der sie in der Stichprobe vorkommt. Der Erwartungswert und die Varianz ergeben sich jeweils nach Gleichung
(5.7) als:

$$\mu\left(Y_k\right) = n \cdot \pi_k; \quad \sigma^2\left(Y_k\right) = n \cdot \pi_k \cdot \left(1 - \pi_k\right) \quad \text{für } k = 1, 2, ..., K \quad (5.20)$$

wobei $\mu\left(Y_k\right)$ = Erwartungswert der Häufigkeit Y bei der
Ausprägung k eines polytomen Merkmals mit
k = 1, 2, ..., K.

Weitere Erläuterungen siehe Gleichung 5.19.

Da sich die Wahrscheinlichkeiten π_k zu eins bzw. die Häufigkeiten y_k zu n aufsummieren, sind die Zählvariablen Y_1 bis Y_K nicht

statistisch unabhängig voneinander. Tatsächlich ist es so, dass jeweils K–1 Zählvariablen alle Informationen der K Variablen enthalten. So ist z. B. die Realisierung y_K die Differenz zwischen der Fallzahl n und der Summe der Realisierungen y_1 bis y_{K-1}. Bei einer mehrdimensionalen oder multivariaten Verteilung interessieren daher neben den Kennwerten der einzelnen Variablen weitere Kennwerte, die den Zusammenhang der Variablen beschreiben. Ein wichtiger Kennwert für den Zusammenhang zwischen zwei Variablen ist deren *Kovarianz*. Während die Varianz einer Zufallsvariablen der Erwartungswert der quadrierten Abweichungen vom Erwartungswert ist (Gleichung 4.17), ist die Kovarianz $\sigma(Y_i, Y_j)$ zwischen zwei Zufallsvariablen Y_i und Y_j der Erwartungswert der Produkte der Abweichungen jeder Zufallsvariablen von ihrem jeweiligen Erwartungswert:[20]

$$\sigma\left(Y_i, Y_j\right) = \sigma_{i,j} = \mu\left(\left(Y_i - \mu_i\right) \cdot \left(Y_j - \mu_j\right)\right) = \mu\left(Y_i \cdot Y_j\right) - \mu_i \cdot \mu_j \quad (5.21)$$

wobei $\sigma(Y_i, Y_j)$ = Kovarianz von Y_i und Y_j

   i, j   = Indizes zur Kennzeichnung der beiden Zufallsvariablen Y.

Aus Gleichung 5.21 folgt, dass die Kovarianz $\sigma_{i,j}$ zwischen Y_i und Y_j gleich der Kovarianz $\sigma_{j,i}$ zwischen Y_j und Y_i ist. Auch kann die Varianz einer Variablen als Kovarianz mit sich selbst interpretiert werden: $\sigma^2(Y) = \sigma(Y,Y)$.

Da bei der Kovarianz zwei Variablen simultan betrachtet werden, geht auch in die Berechnung des Erwartungswerts die gemeinsame (bivariate) Wahrscheinlichkeitsverteilung beider Variablen ein.

Als ein einfaches Beispiel wollen wir die Kovarianz $\sigma(Y_1, Y_2)$ zwischen den Häufigkeiten der Konfessionslosen und der Pro-

---

20 Ganz analog zur Kovarianz zwischen zwei Zufallsvariablen ist auch die Kovarianz zwischen zwei empirischen Variablen definiert als Mittelwert der Produkte der Abweichungen der beiden Variablen von ihrem jeweiligen Mittelwert (vgl. Kapitel 12).

testanten für eine Stichprobe des Umfangs n = 2 bei einer einfachen Zufallsauswahl mit Zurücklegen berechnen, wobei die Populationsanteile von Konfessionslosen, Protestanten und Katholiken wieder 0.29, 0.33 und 0.38 betragen. Die notwendigen Berechnungen sind in Tabelle 5.1 wiedergegeben. Tabelle 5.1a enthält die Berechnungen aller Realisierungswahrscheinlichkeiten der Multinomialverteilung. In Tabelle 5.1.b werden diese Wahrscheinlichkeiten benutzt, um die Erwartungswerte von Y_1 und Y_2 sowie des Produkts der beiden Variablen zu berechnen und schließlich daraus nach Gleichung 5.21 die Kovarianz.

Der resultierende Wert beträgt $\sigma(Y_1, Y_2) = -0.1914$. Dieser Wert ergibt sich auch durch das mit minus zwei multiplizierte Produkt der Populationsanteile $\pi_1 \cdot \pi_2 = 0.29 \cdot 0.33$. Das Beispiel verdeutlicht, dass sich ähnlich wie bei den Varianzen von Binomialverteilungen auch die Kovarianzen der Zählvariablen einer Multinomialverteilung durch eine einfache Formel (Gleichung 5.21) berechnen lassen.

Kovarianzen sind negativ, wenn ein negativer Zusammenhang zwischen den Variablen besteht, und positiv, wenn ein positiver Zusammenhang besteht. Bei statistischer Unabhängigkeit von zwei Variablen ist die Kovarianz null.[21] Die negativen Kovarianzen zwischen den Zählvariablen einer Multinomialverteilung weisen also auf einen negativen Zusammenhang hin. Dies ist eine Folge der Disjunktheit der Ausprägungen des Merkmals X in der Population. Wenn bei der Konfession die Ausprägung konfessionslos realisiert wird, kann nicht gleichzeitig die Ausprägung protestantisch oder katholisch realisiert werden. Große Häufigkeiten bei einer Zählvariablen sind daher nur zu Lasten der Häufigkeiten der anderen Zählvariablen möglich. Somit besteht ein negativer Zusammenhang.

---

21 Das Umgekehrte gilt allerdings nicht. Auch bei einer Kovarianz von null kann ein Zusammenhang zwischen zwei Variablen bestehen.

Tabelle 5.1: **Ausgangsdaten zur Berechnung der Kovarianz von Zufallsvariablen Y_1 bis Y_K, wobei $K = 3$.**

a) Realisierungswahrscheinlichkeiten aller Ausprägungskombinationen einer Multinomialverteilung mit $n = 2$, $\pi_1 = 0.29$, $\pi_2 = 0.33$ und $\pi_3 = 0.38$.

Y_1	Y_2	Y_3	$\Pr(Y_1 = y_1, Y_2 = y_2, Y_3 = y_3)$	
0	0	2	$2!/(0! \cdot 0! \cdot 2!) \cdot 0.29^0 \cdot 0.33^0 \cdot 0.38^2$	$= .1444$
0	1	1	$2!/(0! \cdot 1! \cdot 1!) \cdot 0.29^0 \cdot 0.33^1 \cdot 0.38^1$	$= .2508$
0	2	0	$2!/(0! \cdot 2! \cdot 0!) \cdot 0.29^0 \cdot 0.33^2 \cdot 0.38^0$	$= .1089$
1	0	1	$2!/(1! \cdot 0! \cdot 1!) \cdot 0.29^1 \cdot 0.33^0 \cdot 0.38^1$	$= .2204$
1	1	0	$2!/(1! \cdot 1! \cdot 0!) \cdot 0.29^1 \cdot 0.33^1 \cdot 0.38^0$	$= .1914$
2	0	0	$2!/(2! \cdot 0! \cdot 0!) \cdot 0.29^2 \cdot 0.33^0 \cdot 0.38^0$	$= .0841$

b) Berechnung der Kovarianz zwischen Y_1 und Y_2

Y_1	Y_2	$\Pr(Y_1 = y_1, Y_2 = y_2)$	$Y_1 \cdot \Pr(Y_1, Y_2)$	$Y_2 \cdot \Pr(Y_1, Y_2)$	$Y_1 \cdot Y_2 \cdot \Pr(Y_1, Y_2)$
0	0	0.1444	0.0000	0.0000	0.0000
0	1	0.2508	0.0000	0.2508	0.0000
0	2	0.1089	0.0000	0.2178	0.0000
1	0	0.2204	0.2204	0.0000	0.0000
1	1	0.1914	0.1914	0.1914	0.1914
2	0	0.0841	0.1682	0.0000	0.0000
Summe		1.0000	0.5800	0.6600	0.1914
$\sigma(Y_1, Y_2) = 0.1914 - 0.58 \cdot 0.66 = -0.1914 = -2 \cdot 0.29 \cdot 0.33$					

5.6.3 Erwartungswerte, Varianzen und Kovarianzen von Linearkombinationen

Die statistische Bedeutung der Kovarianzen zwischen Variablen besteht darin, dass sich Erwartungswert und Varianz einer Linearkombination der Variablen aus den Erwartungswerten, Varianzen und Kovarianzen der einzelnen Ausgangsvariablen berechnen lassen. Eine *Linearkombination* ist eine lineare Funktion von Ausgangsvariablen. Statt von einer Linearkombination spricht man auch von einem *linearen Kontrast*. Y ist eine Linearkombination von X_1, X_2, …, bis X_K, wenn folgende Gleichung für alle Realisierungen erfüllt wird:

$$Y = \beta_0 + \beta_1 \cdot X_1 + \beta_2 \cdot X_2 + ... + \beta_K \cdot X_K = \beta_0 + \sum_{k=1}^{K} \beta_k \cdot X_k \qquad (5.22a)$$

wobei $\beta_1 ... \beta_K$ = Koeffizienten (Gewichte) der Variablen X_1 bis X_K

β_0 = Konstante der Linearkombination.

Die Koeffizienten β_0, β_1, …, β_K sind die Parameter der Linearkombination. Wenn μ_1 bis μ_K die Erwartungswerte der K Ausgangsvariablen X_1 bis X_K bezeichnen, σ_1^2 bis σ_K^2 deren Varianzen und $\sigma_{i,j}$ die Kovarianz zwischen X_i und X_j, dann gilt für den Erwartungswert von Y:

$$\mu_Y = \beta_0 + \sum_{k=1}^{K} \beta_k \cdot \mu\left(X_k\right) = \beta_0 + \beta_1 \cdot \mu_1 + \beta_2 \cdot \mu_2 + ... + \beta_K \cdot \mu_K \qquad (5.22b)$$

wobei μ_Y = Erwartungswert der Linearkombination Y aus K Zufallsvariablen

$\mu_1 ... \mu_K$ = Erwartungswerte der K Zufallsvariablen der Linearkombination

Weitere Erläuterungen siehe Gleichung 5.22a.

Für die Varianz der Linearkombination Y gilt:

$$
\begin{aligned}
\sigma_Y^2 &= \sum_{k=1}^{K} \sum_{j=1}^{K} \beta_k \cdot \beta_j \cdot \sigma_{k,j} \\
&= \beta_1 \cdot \beta_1 \cdot \sigma_{1,1} + \beta_1 \cdot \beta_2 \cdot \sigma_{1,2} + ... + \beta_1 \cdot \beta_K \cdot \sigma_{1,K} \\
&\quad + \beta_2 \cdot \beta_1 \cdot \sigma_{2,1} + \beta_2 \cdot \beta_2 \cdot \sigma_{2,2} + ... + \beta_2 \cdot \beta_K \cdot \sigma_{2,K} \\
&\quad + ... \\
&\quad + \beta_K \cdot \beta_1 \cdot \sigma_{K,1} + ... + \beta_K \cdot \beta_{K-1} \cdot \sigma_{K,K-1} + \beta_K \cdot \beta_K \cdot \sigma_{K,K} \\
&= \sum_{k=1}^{K} \beta_k^2 \cdot \sigma_k^2 + 2 \cdot \sum_{k=2}^{K} \sum_{j=1}^{k-1} \beta_k \cdot \beta_j \cdot \sigma_{k,j} = \sum_{k=1}^{K} \beta_k^2 \cdot \sigma_k^2 + 2 \cdot \sum_{k=1}^{K-1} \sum_{j=k+1}^{K} \beta_k \cdot \beta_j \cdot \sigma_{k,j}
\end{aligned}
$$

(5.22c)

wobei σ_Y^2 = Varianz der Linearkombination von K Zufallsvariablen X_1 bis X_K

$\sigma_{i,j} = \sigma_{j,i}$ = Kovarianz zwischen X_i und X_j

$\sigma_i^2 = \sigma_{i,i}$ =Varianz von X_i.

Weitere Erläuterungen siehe Gleichung 5.21 und 5.22a.

Als Beispiel soll der Erwartungswert und die Summe der Variablen Y_1 und Y_2 aus dem Beispiel der Binomialverteilung in Tabelle 5.1 berechnet werden. Nach Gleichung 5.7 betragen die Erwartungswerte der beiden Variablen $\mu(Y_1) = 2 \cdot 0.29 = 0.58$ und $\mu(Y_2) = 2 \cdot 0.33 = 0.66$. Die Varianzen betragen dann: $\sigma^2(Y_1)$ $= 2 \cdot 0.29 \cdot (1 - 0.29) = 0.4118$ und $\sigma^2(Y_2) = 2 \cdot 0.33 \cdot (1 - 0.33) =$ 0.4422. Die Kovarianz hat den Wert $\sigma(Y_1, Y_2) = -0.1914$. Für den Erwartungswert und die Varianz der Linearkombination $Y = Y_1 + Y_2$ folgt dann:

$$\mu_Y = \mu_1 + \mu_2 = 0.58 + 0.66 = 1.24$$

$$\sigma_Y^2 = \sigma_1^2 + \sigma_2^2 + 2 \cdot \sigma_{2,1} = 0.4118 + 0.4422 + 2 \cdot (-0.1914) = 0.4712$$

Der Erwartungswert der Summe der Konfessionslosen und Katholiken beträgt im Beispiel also 1.24: Über alle Stichproben ist bei einfachen Zufallsauswahlen mit Zurücklegen und einem Stichprobenumfang von n = 2 mit 1.24 Konfessionslosen *oder* Protestanten zu rechnen, wenn deren Populationsanteile 0.29 und 0.33 betragen. Die Varianz dieser Summe beträgt 0.4712.[22]

Linearkombinationen spielen eine sehr große Rolle in der Statistik. So kann die Binomialverteilung als Summe von unabhängigen identisch verteilten Bernoulli-Verteilungen aufgefasst werden. Da eine Summe eine Linearkombination ist, bei der $\beta_0 = 0$ ist und alle übrigen Koeffizienten $\beta_k = 1$ sind, folgt aus Glei-

---

22 Da im Beispiel die Summe der Konfessionslosen und Protestanten auch die Komplementärmenge zu den Katholiken (Y_3) ist, ließen sich hier die beiden Werte auch direkt berechnen: $1.24 = 2 \cdot (1 - 0.38)$ und $0.4712 = 2 \cdot 0.38 \cdot (1 - 0.38)$.

chung (5.22b), dass der Erwartungswert einer Binomialverteilung gleich n mal der Erwartungswert der Bernoulli-Verteilung ist. Da die Bernoulli-Verteilungen unabhängig voneinander sind, sind alle Kovarianzen gleich null. Gleichung (5.22c) reduziert sich dann zur Summe der Produkte aus den Quadraten von β_k und der jeweiligen Varianz, im Falle der Binomialverteilung also zur Summe der Varianzen der Bernoulli-Verteilung.

Auch ist die Lineartransformation aus Gleichung 3.26 als Spezialfall einer Linearkombination mit nur einer Ausgangsvariablen anzusehen, für die Gleichung 5.22 b und c ebenfalls zutrifft.

Die Logik von Gleichung (5.22c) lässt sich auch zur Berechnung der Kovarianz zwischen zwei Linearkombinationen anwenden. Angenommen, X_1 bis X_K sind Ausgangsvariablen einer Linearkombination Y und V_1 bis V_J sind Ausgangsvariablen einer zweiten Linearkombination W mit Ausgangsvariablen:[23]

$$Y = \beta_0 + \beta_1 \cdot X_1 + \beta_2 \cdot X_2 + ... + \beta_K \cdot X_K$$
$$W = \gamma_0 + \gamma_1 \cdot V_1 + \gamma_2 \cdot V_2 + ... + \gamma_J \cdot V_J$$

(5.23a)

wobei Y = Linearkombination von K Ausgangsvariablen X_1 bis X_K

W = Linearkombination von J Ausgangsvariablen V_1 bis V_J

β_k = Koeffizienten der Linearkombination Y (k = 0 bis K)

γ_j = Koeffizienten der Linearkombination W (j = 0 bis J).

Die Kovarianz zwischen Y und W berechnet sich dann nach:

23 Die Variablen X_1 bis X_K müssen *nicht* von V_1 bis V_J verschieden sein.

$$\sigma(Y, W) = \beta_1 \cdot \gamma_1 \cdot \sigma(X_1, V_1) + \beta_1 \cdot \gamma_2 \cdot \sigma(X_1, V_2) + \ldots$$
$$+ \beta_1 \cdot \gamma_J \cdot \sigma(X_1, V_J) + \beta_2 \cdot \gamma_1 \cdot \sigma(X_2, V_1) + \beta_2 \cdot \gamma_2 \cdot \sigma(X_2, V_2)$$
$$+ \ldots + \beta_2 \cdot \gamma_J \cdot \sigma(X_2, V_J) + \ldots + \beta_K \cdot \gamma_1 \cdot \sigma(X_K, V_1)$$
$$+ \beta_K \cdot \gamma_2 \cdot \sigma(X_K, V_2) + \ldots + \beta_K \cdot \gamma_J \cdot \sigma(X_K, V_J) \qquad (5.23b)$$
$$= \sum_{k=1}^{K} \sum_{j=1}^{J} \beta_k \cdot \gamma_j \cdot \sigma(X_k, V_j)$$

Erläuterungen siehe Gleichung 5.23a und 5.22c.

Da in Gleichung 5.23a keine Kovarianzen innerhalb der Linearkombinationen von Y und W vorkommen, sind diese für die Kovarianz zwischen Y und W irrelevant. Wenn dagegen alle Ausgangsvariablen X_k von Y mit allen Ausgangsvariablen V_j von W unkorreliert sind, sodass $\sigma_{k,j} = 0$ für alle k und j, dann sind auch Y und W unkorreliert.

Die besondere Bedeutung von Gleichung 5.22 und 5.23 liegt in ihrer generellen Anwendbarkeit. Die Gleichungen gelten sowohl für empirische Verteilungen wie auch für Wahrscheinlichkeitsverteilungen. Außerdem sind sie unabhängig von der Verteilungsform immer gültig. Dies bedeutet, dass für die Berechnung von Mittelwerten bzw. Erwartungswerten sowie von Varianzen und Kovarianzen von Linearkombinationen neben deren Koeffizienten nur Kenntnisse über Mittelwerte bzw. Erwartungswerte sowie über Varianzen und Kovarianzen der Ausgangsvariablen notwendig sind.

Anwendungsbeispiel

Als Beispiel für Gleichung 5.23 wird die Kovarianz zwischen der Summe $Y = U_1 + U_2$ und der Differenz $W = U_1 - U_2$ berechnet. Dabei ist die Varianz von U_1 gleich 4, die Varianz von U_2 gleich 9 und die Kovarianz zwischen U_1 und U_2 ist gleich 5.

Die Anwendung von Gleichung 5.23b ergibt für dieses Beispiel:

$$Y = U_1 + U_2 = \beta_0 + \beta_1 \cdot U_1 + \beta_2 \cdot U_2 = 0 + 1 \cdot U_1 + 1 \cdot U_2$$

$$W = U_1 - U_2 = \gamma_0 + \gamma_1 \cdot U_1 + \gamma_2 \cdot U_2 = 0 + 1 \cdot U_1 + (-1) \cdot U_2$$

$$\Rightarrow \beta_0 = 0; \ \beta_1 = 1; \ \beta_2 = 1; \ \gamma_0 = 0; \ \gamma_1 = 1; \ \gamma_2 = -1$$

Die Kovarianz zwischen der Summe Y und der Differenz W beträgt dann:

$$\sigma(Y, W) = \beta_1 \cdot \gamma_1 \cdot \sigma_{1,1} + \beta_1 \cdot \gamma_2 \cdot \sigma_{1,2} + \beta_2 \cdot \gamma_1 \cdot \sigma_{2,1} + \beta_2 \cdot \gamma_2 \cdot \sigma_{2,2}$$

$$= 1 \cdot 1 \cdot \sigma_1^2 + 1 \cdot (-1) \cdot \sigma_{1,2} + 1 \cdot 1 \cdot \sigma_{2,1} + 1 \cdot (-1) \cdot \sigma_2^2$$

$$= \sigma_1^2 - \sigma_{1,2} + \sigma_{2,1} - \sigma_2^2 = \sigma_1^2 - \sigma_2^2 = 4 - 9 = -5$$

Wenn U_1 und U_2 die gleiche Varianz aufweisen, dann ist die Differenz ihrer Varianzen gleich null. Die Kovarianz zwischen der Summe und der Differenz zweier Variablen mit gleichen Varianzen ist daher immer gleich null.

5.7 Zusammenfassung

Die wichtigsten Formeln dieses Kapitels

Mittelwert und Varianz eines Populationsanteils

$$\mu_X = \frac{1}{N} \cdot \sum_{i=1}^{N} x_i = \pi_0 \cdot 0 + \pi_1 \cdot 1 = \pi_1 \tag{5.1a}$$

$$\sigma_X^2 = \frac{1}{N} \cdot \sum_{i=1}^{N} x_i^2 - \mu_X^2 = \left(\pi_0 \cdot 0^2 + \pi_1 \cdot 1^2\right) - \pi_1^2$$
$$= \pi_1 - \pi_1^2 = \pi_1 \cdot \left(1 - \pi_1\right) = \pi_1 \cdot \pi_0 \tag{5.1b}$$

Erwartungswert und Varianz der Bernoulli-Verteilung

$$\mu_Y = \pi_1$$
$$\sigma_Y^2 = \pi_1 \cdot \left(1 - \pi_1\right) = \pi_1 \cdot \pi_0 \tag{5.3}$$

Binomialverteilung

$$\Pr\left(Y = y\right) = \binom{n}{y} \cdot \pi_1^y \cdot \left(1 - \pi_1\right)^{n-y} = b\left(Y; n, \pi_1\right); \ y = 0, 1, 2, \ldots, n \tag{5.5}$$

Erwartungswert und Varianz der Binomialverteilung

$$\mu_Y = n \cdot \pi_1$$
$$\sigma_Y^2 = n \cdot \pi_1 \cdot \left(1 - \pi_1\right)$$

(5.7)

Hypergeometrische Verteilung

$$\Pr\left(Y = y\right) = \frac{\binom{N_1}{y} \cdot \binom{N - N_1}{n - y}}{\binom{N}{n}} = h\left(Y; n, N, N_1\right);$$

(5.8a)

$$y = 0, 1, \ldots, \min\left(n, N_1\right)$$

Erwartungswert und Varianz der hypergeometrischen Verteilung

$$\mu_Y = n \cdot \pi_1$$
$$\sigma_Y^2 = n \cdot \pi_1 \cdot \left(1 - \pi_1\right) \cdot \frac{N - n}{N - 1}$$

(5.10)

Poisson-Verteilung

$$\Pr\left(Y = y\right) = \frac{\lambda^y}{y!} \cdot e^{-\lambda} = p\left(Y; \lambda\right); \quad y = 0, 1, \ldots, \infty$$

(5.12)

Erwartungswert und Varianz der Poisson-Verteilung

$$\mu_Y = \lambda; \quad \sigma_Y^2 = \lambda \quad \text{wenn } Y \sim p\left(Y; \lambda\right)$$

(5.14)

Kovarianz zwischen zwei Zufallsvariablen

$$\sigma\left(Y_i, Y_j\right) = \sigma_{i,j} = \mu\left(\left(Y_i - \mu_i\right) \cdot \left(Y_j - \mu_j\right)\right) = \mu\left(Y_i \cdot Y_j\right) - \mu_i \cdot \mu_j \quad (5.21)$$

Linearkombination Y von Y_1 bis Y_K unabhängigen Zufallsvariablen:

$$Y = \beta_0 + \beta_1 \cdot Y_1 + \beta_2 \cdot Y_2 + \ldots + \beta_K \cdot Y_K$$

(5.22a)

Erwartungswert einer Linearkombination Y

$$\mu_Y = \beta_0 + \beta_1 \cdot \mu_1 + \beta_2 \cdot \mu_2 + \ldots + \beta_K \cdot \mu_K \qquad (5.22b)$$

Varianz einer Linearkombination Y

$$\sigma_Y^2 = \sum_{k=1}^{K} \sum_{j=1}^{K} \beta_k \cdot \beta_j \cdot \sigma_{k,j}$$

$$= \beta_1 \cdot \beta_1 \cdot \sigma_{1,1} + \beta_1 \cdot \beta_2 \cdot \sigma_{1,2} + \ldots + \beta_1 \cdot \beta_K \cdot \sigma_{1,K}$$

$$+ \beta_2 \cdot \beta_1 \cdot \sigma_{2,1} + \beta_2 \cdot \beta_2 \cdot \sigma_{2,2} + \ldots + \beta_2 \cdot \beta_K \cdot \sigma_{2,K} \qquad (5.22c)$$

$$+ \ldots$$

$$+ \beta_K \cdot \beta_1 \cdot \sigma_{K,1} + \ldots + \beta_K \cdot \beta_{K-1} \cdot \sigma_{K,K-1} + \beta_K \cdot \beta_K \cdot \sigma_{K,K}$$

$$= \sum_{k=1}^{K} \beta_k^2 \cdot \sigma_k^2 + 2 \cdot \sum_{k=2}^{K} \sum_{j=1}^{k-1} \beta_k \cdot \beta_j \cdot \sigma_{k,j} = \sum_{k=1}^{K} \beta_k^2 \cdot \sigma_k^2 + 2 \cdot \sum_{k=1}^{K-1} \sum_{j=k+1}^{K} \beta_k \cdot \beta_j \cdot \sigma_{k,j}$$

Kovarianz zweier Linearkombinationen

$$\sigma(Y, W) = \beta_1 \cdot \gamma_1 \cdot \sigma(X_1, V_1) + \beta_1 \cdot \gamma_2 \cdot \sigma(X_1, V_2) + \ldots$$

$$+ \beta_1 \cdot \gamma_J \cdot \sigma(X_1, V_J) + \beta_2 \cdot \gamma_1 \cdot \sigma(X_2, V_1) + \beta_2 \cdot \gamma_2 \cdot \sigma(X_2, V_2)$$

$$+ \ldots + \beta_2 \cdot \gamma_J \cdot \sigma(X_2, V_J) + \ldots + \beta_K \cdot \gamma_1 \cdot \sigma(X_K, V_1)$$

$$+ \beta_K \cdot \gamma_2 \cdot \sigma(X_K, V_2) + \ldots + \beta_K \cdot \gamma_J \cdot \sigma(X_K, V_J) \qquad (5.23b)$$

$$= \sum_{k=1}^{K} \sum_{j=1}^{J} \beta_k \cdot \gamma_j \cdot \sigma(X_k, V_j)$$

Glossar der wichtigsten Begriffe dieses Kapitels

Asymptotische Annäherung: Annäherung einer Wahrscheinlichkeitsverteilung an eine zweite Wahrscheinlichkeitsverteilung unter bestimmten Bedingungen, z. B. bei steigender Fallzahl

Binomialverteilung: Wahrscheinlichkeitsverteilung der Häufigkeit der Ausprägung eines binären Merkmals mit gegebenem Anteil π_1 bei einer einfachen Zufallsauswahl mit Zurücklegen

Hypergeometrische Verteilung: Wahrscheinlichkeitsverteilung der Häufigkeit der Ausprägung eines binären Merkmals bei einer einfachen Zufallsauswahl ohne Zurücklegen

Kontrast (siehe linearer Kontrast)

Linearer Kontrast: Linearkombination von mehreren Variablen

Multinomialverteilung: multivariate Wahrscheinlichkeitsverteilung der Häufigkeiten des Auftretens eines polytomen Merkmals in einer einfachen Zufallsauswahl mit Zurücklegen

Poisson-Verteilung: Wahrscheinlichkeitsverteilung der Häufigkeit des Auftretens von statistisch unabhängigen Ereignissen, wobei die Zahl der möglichen Ereignisse unbegrenzt ist und ein Ereignis jederzeit auftreten kann

6 Kennwerteverteilungen von Anteilen und Mittelwerten in einfachen Zufallsauswahlen

Ebenso wie bei empirischen Verteilungen Kennwerte wie Mittelwert und Varianz oft interessanter sind als die Häufigkeiten einzelner Variablenausprägungen, sind auch Wahrscheinlichkeitsaussagen über Anteile und Mittelwerte interessanter als Wahrscheinlichkeitsaussagen über absolute Häufigkeiten dichotomer oder polytomer Variablen (Kapitel 5). So ist die Wahrscheinlichkeit, mit der in einer Stichprobe ein bestimmter Anteil von z. B. Arbeitslosen zu erwarten ist, und die Wahrscheinlichkeit der Abweichung dieses Anteils vom korrespondierenden Populationsanteil eine interessantere Information als die Wahrscheinlichkeit, ob in einer Stichprobe 10 oder 20 arbeitslose Personen enthalten sind.

6.1 Wahrscheinlichkeitsverteilungen von Stichprobenanteilen

Ein beliebiger Stichprobenanteil p_1 (relative Häufigkeit) ist der Quotient aus einer absoluten Häufigkeit und einer Bezugszahl n: $p_1 = n_1/n$. Wenn n eine vorgegebene Größe ist,[1] dann ist die Berechnung formal eine *Lineartransformation* der Zufallsvariablen n_1 nach Gleichung 3.26 bzw. eine Linearkombination nach Gleichung 5.22a mit nur einem Summanden und den Koeffizienten $\beta_0 = 0$ und $\beta_1 = 1/n$.[2] Dies bedeutet aber, dass auch die Kennwer-

---

1 Dies ist bei einfachen Zufallsauswahlen mit oder ohne Zurücklegen der Fall. Wenn der Stichprobenumfang allerdings selbst eine (poissonverteilte) Zufallsvariable ist, dann ist ein Anteil keine Lineartransformation der Zufallsvariablen «absolute Häufigkeit in einer Stichprobe», sondern der Quotient zweier Zufallsvariablen.

2 Um zu verdeutlichen, dass die absolute Häufigkeit über alle Stichproben eine Zufallsvariable ist, haben wir im letzten Kapitel anstelle des Symbols n_1 für eine Häufigkeit den Buchstaben Y verwendet: $n_1 = Y$. In diesem Kapitel gehen wir wieder auf

teverteilung eines Anteils eine Lineartransformation der Kennwerteverteilung der absoluten Häufigkeiten ist. Da jeder möglichen absoluten Häufigkeit in einer Stichprobe genau ein Anteil entspricht, sind die Realisierungswahrscheinlichkeiten der Anteile und der korrespondierenden absoluten Häufigkeiten identisch. Die Kennwerteverteilungen absoluter Häufigkeiten können daher auch benutzt werden, um die Kennwerteverteilungen von Anteilen zu berechnen. Dabei wird die Lineartransformation $p_1 = n_1/n$ zu $n_1 = p_1 \cdot n$ umgeformt (invertiert). In einer einfachen Zufallsauswahl mit Zurücklegen berechnen sich die Realisierungswahrscheinlichkeiten eines Anteils p_1 über die Binomialverteilung (vgl. Gleichung 5.5) 1: [3]

$$p_1 \sim b\left(p_1 \cdot n; n, \pi_1\right) = \binom{n}{p_1 \cdot n} \cdot \pi_1^{p_1 \cdot n} \cdot \left(1 - \pi_1\right)^{(1-p_1)n} \tag{6.1}$$

wobei p_1 = Zufallsvariable «Stichprobenanteil» bei einfachen Zufallsauswahlen mit Zurücklegen

n = Stichprobenumfang

π_1 = zu p_1 korrespondierender Populationsanteil

$\sim$ = steht für «ist verteilt nach»

$b(p_1 \cdot n; n, \pi_1)$ = Binomialverteilung der absoluten Häufigkeit[3] $p_1 \cdot n$ mit den Parametern n und π_1.

Bei einer einfachen Zufallsauswahl ohne Zurücklegen berechnet sich die Wahrscheinlichkeitsverteilung eines Stichprobenanteils über alle Stichproben aus der hypergeometrischen Verteilung (vgl. Gleichung 5.8b):

die übliche Notation zurück und vermerken jeweils, ob n_1 oder p_1 eine Zufallsvariable ist, deren Ausprägungen über Stichproben variieren, oder die Realisierung einer solchen Zufallsvariablen in einer konkreten Stichprobe.
3 $p_1 \cdot n$ entspricht hier der Häufigkeit Y aus Kapitel 5.

$$p_1 \sim h\left(p_1 \cdot n; n, \pi_1, N\right) = \frac{\binom{\pi_1 \cdot N}{p_1 \cdot n} \cdot \binom{(1 - \pi_1) \cdot N}{(1 - p_1) \cdot n}}{\binom{N}{n}} \qquad (6.2)$$

wobei $h(p_1 \cdot n; n, \pi_1, N)$ = hypergeometrische Verteilung der Variablen p_1 mit den Parametern n und $\pi_1 = N_1/N$

N = Populationsumfang

N_1 = Häufigkeit des betrachteten Merkmals in der Population.

Weitere Erläuterungen in Gleichung 6.1.

Der Erwartungswert und die Varianz der Kennwerteverteilung der Stichprobenanteile über alle Stichproben ergeben sich dann durch Anwendung von Gleichung 3.26 bzw. 5.22b und c als:

$$\mu\left(p_1\right) = \frac{1}{n} \cdot \left(n \cdot \pi_1\right) = \pi_1 \quad \substack{\text{bei einfachen Zufallsauswahlen} \\ \text{mit bzw. ohne Zurücklegen}} \qquad (6.3a)$$

$$\sigma^2\left(p_1\right) = \begin{cases} \dfrac{\pi_1 \cdot \left(1 - \pi_1\right)}{n} & \substack{\text{bei einfacher Zufalls-} \\ \text{auswahl mit Zurücklegen}} \\[2mm] \dfrac{\pi_1 \cdot \left(1 - \pi_1\right)}{n} \cdot \dfrac{N - n}{N - 1} & \substack{\text{bei einfacher Zufalls-} \\ \text{auswahl ohne Zurücklegen}} \end{cases} \qquad (6.3b)$$

Der Erwartungswert der Kennwerteverteilung eines Stichprobenanteils[4] ist bei einfachen Zufallsauswahlen also gleich dem korrespondierenden Populationsanteil. Die Varianz des Stichprobenanteils ist dann gleich der Varianz des Merkmals in der Population (vgl. Gleichung 5.1b) geteilt durch die Fallzahl. Bei einfachen Zufallsauswahlen ohne Zurücklegen wird dieser Quo-

---

4 Im Folgenden wird anstelle von «Erwartungswert der Kennwerteverteilung» bzw. «Varianz der Kennwerteverteilung» lediglich vom Erwartungswert bzw. der Varianz eines Stichprobenkennwerts gesprochen.

tient zudem mit dem Korrekturfaktor $(N-n)/(N-1)$ für endliche Stichproben multipliziert.

Hinweis:

Wenn die Fallzahl n über alle Grenzen wächst, wird die Varianz eines Stichprobenanteils nach Gleichung 6.3 immer kleiner und nähert sich null an. Aus der Tschebyscheff'schen Ungleichung 3.23 folgt dann, dass die Wahrscheinlichkeit gegen eins geht, dass ein beliebig kleines Intervall um den Populationswert (hier: Populationsanteil) den Stichprobenwert (hier: Stichprobenanteil) enthält. Bei unendlich großen Stichproben sind also Populationsanteil und Stichprobenanteil gleich. Diese Eigenschaft ist in der Statistik als *Gesetz der großen Zahl* bekannt.[5]

6.2 Der zentrale Grenzwertsatz: Asymptotische Annäherung an die Normalverteilung

Mit Hilfe der Binomialverteilung bzw. der hypergeometrischen Verteilung ist es somit möglich, nicht nur Wahrscheinlichkeiten für absolute Häufigkeiten, sondern auch für Anteile (relative Häufigkeiten) zu berechnen. Je größer der Stichprobenumfang ist, desto aufwendiger werden jedoch die Berechnungen, da in die Formeln der Binomialverteilung und der hypergeometrischen Verteilungen die Fakultät der Fallzahl n eingeht, die bei größerem Stichprobenumfang eine sehr große Zahl wird.[6] Außerdem werden die Realisierungswahrscheinlichkeiten einzelner Anteile bei steigendem Stichprobenumfang immer kleiner.

---

5 Das Gesetz der großen Zahl wird oft als Begründung des frequentistischen Wahrscheinlichkeitsbegriffs verwendet, nach dem eine Wahrscheinlichkeit der Grenzwert einer relativen Häufigkeit ist, wenn die Fallzahl über alle Grenzen wächst.

6 Die Größe des Populationsumfangs N ist weniger problematisch, da der Populationsumfang nicht in die Berechnung der Binomialverteilung eingeht und bei großem Umfang N die hypergeometrische Verteilung meist durch die Binomialverteilung approximiert werden kann.

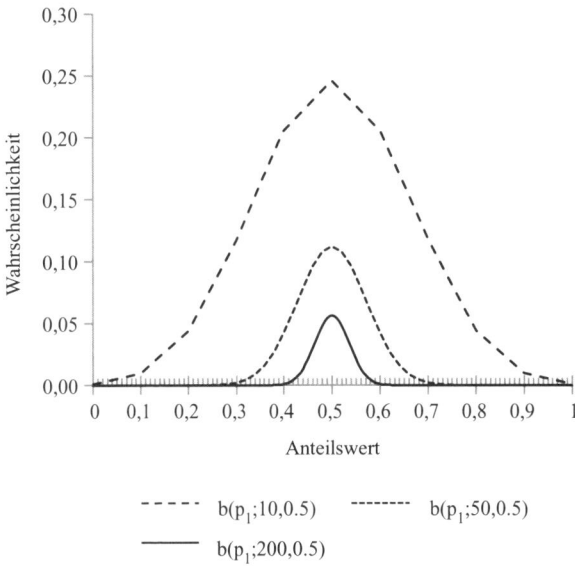

Abbildung 6.1: **Wahrscheinlichkeitsverteilung des Stichprobenanteils p_1 bei einfacher Zufallsauswahl mit Zurücklegen bei n = 10, 50 und 200 und $\pi_1 = 0.5$**

Abbildung 6.1 zeigt dies exemplarisch für einfache Zufalls-auswahlen mit Zurücklegen aus einer Population mit einem Populationsanteil $\pi_1 = 0.5$ für Stichproben mit n = 10, n = 50 und n = 200 Fällen. Mit steigender Fallzahl steigt die Zahl der Aus-prägungen der Binomialverteilungen an. Aufgrund der Begren-zung des Wertebereichs von Anteilen auf Zahlen zwischen null und eins wird der Abstand zwischen den Ausprägungen klei-ner. Größere Realisierungswahrscheinlichkeiten streuen mit stei-gender Fallzahl zudem enger um den Erwartungswert von p_1 ($\pi_1 = 0.5$). Gleichzeitig sinkt der Modalwert. Im Extremfall einer unendlich großen Stichprobe würden die Anteile «unendlich dicht» nebeneinanderliegen und gewissermaßen keine Punkte-menge bilden, sondern eine stetige Kurve. Und obwohl dann die Realisierungswahrscheinlichkeiten aller Anteilswerte null wären,[7] würde sich die Verteilung um den Wert 0.5 konzentrieren, d. h. es bestünde trotz einer Wahrscheinlichkeit von praktisch null für den einzelnen Anteil eine deutlich größere Chance, Stichprobenanteile um 0.5 als in der Nähe von 0 bzw. 1 zu erhalten.

Tatsächlich ist der Wahrscheinlichkeitsbegriff, wie er in Kapitel 4 für einzelne Ereignisse eines Zufallsexperiments vorgestellt wurde, nicht sinnvoll anwendbar, wenn der Wertebereich einer Variablen nicht diskret ist, sondern mit steigender Fallzahl stetig wird, also statt ganzer Zahlen reelle Zahlen mit beliebig vielen Nachkommastellen realisiert werden. Obwohl Stichprobenanteile in empirischen Stichproben letztlich nur diskrete Werte aufweisen können, nähert sich daher die Wahrscheinlichkeitsverteilung der hypergeometrischen Verteilung sowie der Binomialverteilung bei steigender Fallzahl der Verteilung einer stetigen Zufallsvariablen an.

Die resultierende Verteilung ist die sogenannte Normalverteilung. Dies folgt aus einem für praktische Anwendungen zentralen Theorem der Statistik, dem *zentralen Grenzwertsatz*. Dieser besagt, dass die Summe unabhängiger und identisch verteilter Zufallsvariablen sich bei steigender Zahl von Summanden *unabhängig von* der Form *der Ausgangsverteilung* der Summanden asymptotisch einer Normalverteilung annähert,[8] wobei der Erwartungswert und die Varianz der Normalverteilung nach Gleichung 5.22b und c gleich der Summe der Erwartungswerte bzw. Varianzen der Summanden ist. Bei Stichprobenanteilen aus einfachen Zufallsstichproben sind diese Voraussetzungen erfüllt, da

---

7 Hier besteht ein Unterschied zur Poisson-Verteilung, bei der trotz der im Prinzip unendlich vielen Ausprägungen die Ausprägungen immer den gleichen Abstand aufweisen und zumindest einige Realisierungen Wahrscheinlichkeiten deutlich größer null aufweisen.

8 Dabei muss für die Populationsverteilung gelten, dass ihr Populationsmittelwert bzw. Erwartungswert eine beliebige reelle Zahl ungleich ±∞ ist und dass die Varianz ebenfalls eine beliebige reelle Zahl ungleich null und ungleich +∞ ist. Diese Bedingungen werden für empirische Populationen, aus denen eine einfache Zufallsauswahl mit Zurücklegen gezogen wird, stets erfüllt.

jeder Fall der Stichprobe als Realisierung einer mit $1/n$ multiplizierten Bernoulli-Verteilung aufgefasst werden kann.[9]

Der Erwartungswert und die Varianz einer Summe mit sehr vielen Summanden nehmen leicht sehr große Werte an. Um dies zu vermeiden, kann es sinnvoll sein, die Summe der identisch verteilten Zufallsvariablen zu standardisieren. Die transformierte Summe erfüllt weiterhin die Bedingungen des zentralen Grenzwertsatzes, nähert sich also einer Normalverteilung an, die – wegen der Standardisierung der Summe – zu einer *Standardnormalverteilung* wird, und entsprechend einen Erwartungswert von null und eine Varianz von eins aufweist (Kapitel 3.3.3). Aufgrund ihrer großen Bedeutung wird für die Standardnormalverteilung ein eigenes Symbol verwendet, und zwar der kleine griechische Buchstabe ϕ («phi») für die Wahrscheinlichkeitsverteilung, die bei stetigen Variablen als *Wahrscheinlichkeitsdichtefunktion* oder einfach als *Dichtefunktion* bezeichnet wird, und der große griechische Buchstabe Φ («Phi») für die Verteilungsfunktion. Der zentrale Grenzwertsatz kann daher auch so formuliert werden, dass sich die Verteilung der standardisierten Summe unabhängiger und identisch verteilter Zufallsvariablen asymptotisch einer Standardnormalverteilung annähert:

$$\left(\frac{\left(\sum_{i=1}^{n} X_i \right) - n \cdot \mu_X}{\sqrt{n \cdot \sigma_X^2}} \right) \underset{n \to \infty}{\sim} \phi \tag{6.4}$$

wobei $\underset{n \to \infty}{\sim} \phi$ = steht für «ist asymptotisch Standardnormalverteilt»

i = Index für die Summenbildung identisch verteilter Zufallsvariablen

---

9 Bei einfachen *Zufallsauswahlen mit Zurücklegen* sind die einzelnen Fälle stets statistisch unabhängig voneinander. Bei einfachen *Zufallsauswahlen ohne Zurücklegen* gilt dies nicht, was aber durch den Korrekturfaktor $(N-n)/(N-1)$ (siehe Kapitel 5.3) bei der Berechnung der Varianz kompensiert wird.

X_i = Zufallsvariable mit Erwartungswert μ_X und Varianz σ_X^2.

Weitere Erläuterungen siehe Gleichung 5.11.

6.3 Die Normalverteilung

Die Normalverteilung und damit auch die Standardnormalverteilung ist eine *stetige Wahrscheinlichkeitsverteilung*, ihr Wertebereich umfasst alle reellen Zahlen von $-\infty$ bis $+\infty$.

Auch bei stetigen Verteilungen ist die Wahrscheinlichkeit eins, dass irgendeine Ausprägung realisiert wird (Kapitel 4.1.4), obwohl die Realisierungswahrscheinlichkeit jeder einzelnen Ausprägung null ist. Größer null ist immer nur die Wahrscheinlichkeit, mit der eine Realisierung in ein Intervall fällt. Abbildung 6.2 zeigt dies für eine standardnormalverteilte Zufallsvariable X. Die Wahrscheinlichkeit, dass irgendein möglicher Wert realisiert wird, ist notwendigerweise eins. Dies ist die Fläche unter den eingezeichneten Kurven. Der Wertebereich liegt zwischen $-\infty$ und $+\infty$, aber nur in der Nähe von null (dem Erwartungswert von X) weicht die Kurve sichtbar von der X-Achse ab. Der markierte Bereich in Abbildung 6.2a zeigt die Wahrscheinlichkeit, mit der eine Realisierung von X zwischen -1 und 0 liegt. Verringert sich die Intervallbreite, sinkt auch die Wahrscheinlichkeit, dass eine Realisierung in das Intervall fällt (Abbildung 6.2b). Im Extremfall, d. h. bei einer einzelnen Ausprägung aus dem Wertebereich hat das Intervall die Breite null, d. h. die zweidimensionale Fläche wird zu einer eindimensionalen Linie von der Kurve bis zur unteren waagerechten Achse. Die Höhe dieser Linie (bzw. eines Intervalls der Breite null) wird als *Wahrscheinlichkeitsdichte (engl. density)* bezeichnet und meist durch f(X) symbolisiert. Ihr jeweiliger Wert ergibt sich durch die Funktion, die den Kurvenverlauf der Wahrscheinlichkeitsverteilung beschreibt.

Abbildung 6.2: Realisierungswahrscheinlichkeiten stetiger Zufallsvariablen als Fläche unter der Dichtefunktion

a) Unterteilung in 8 Intervalle

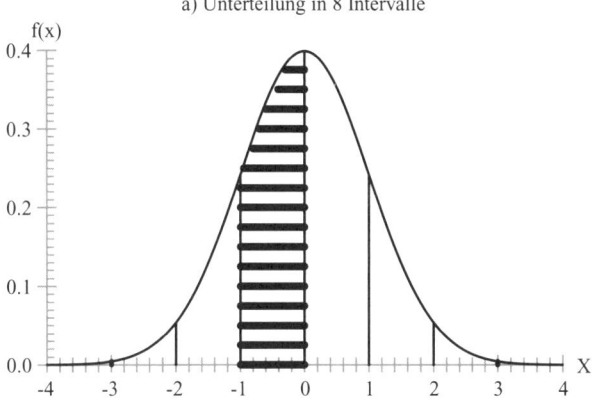

b) Unterteilung eines Intervalls in Teilintervalle

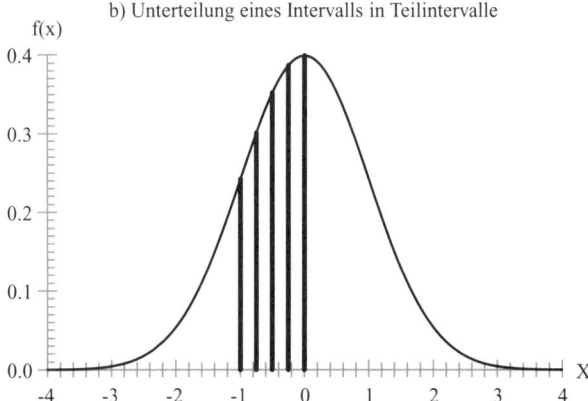

6.3.1 Wahrscheinlichkeitsdichte, Verteilungsfunktion und Quantile der Standardnormalverteilung

Im Beispiel der Kurve der Standardnormalverteilung berechnet sich die Dichtefunktion über folgende Formel:

$$f(X=x) = \phi(x) = \frac{1}{\sqrt{2 \cdot \pi}} \cdot e^{\frac{-x^2}{2}} \qquad (6.5)$$

wobei f(X=x) = Dichtefunktion einer standardnormalverteilten Zufallsvariablen an der Stelle X=x

      ϕ(x)   = Dichte der Standardnormalverteilung

      π = hier Kreiskonstante Pi (Quotient aus Kreisumfang und Kreisdurchmesser: $\approx$3.141)

      e   = Euler'sche Zahl e ($\approx$2.718) als Basis der Potenzfunktion.

Obwohl die Realisierungswahrscheinlichkeit eines spezifischen reellen Werts bei stetigen Verteilungen stets null ist, kann die Wahrscheinlichkeitsdichte von null verschieden sein. Für stetige Variablen gilt, dass nur bei Wahrscheinlichkeitsdichten größer null ein Wert realisiert werden kann. Eine Wahrscheinlichkeit von null bedeutet für die Ausprägung einer stetigen Variablen also nur dann ein unmögliches Ereignis, wenn auch die Wahrscheinlichkeitsdichte null ist.

Wahrscheinlichkeitsdichten haben ähnliche Eigenschaften wie Wahrscheinlichkeiten. Sie summieren sich allerdings nicht zum Wert eins,[10] sondern *integrieren* sich über den gesamten Wertebereich zum Wert eins.[11]

Die *Verteilungsfunktion* F(X = x) ist bei einer stetigen Wahrscheinlichkeitsverteilung die Fläche vom linken Rand der Verteilung (bzw. $-\infty$) bis zum Wert X = x. Mathematisch ist diese Flä-

10 Die Summe über alle Dichtewerte mit einer Wahrscheinlichkeitsdichte >0 würde einen Wert ungleich eins annehmen und damit dem ersten Axiom der Wahrscheinlichkeitstheorie Pr(Ω) = 1 (siehe Gleichung 4.2) widersprechen.

11 «Integrieren» ist eine mathematische Berechnungsweise, die als Verallgemeinerung der Berechnung von Flächen über Summen von Rechtecken verstanden werden kann, wenn die Zahl der Summanden unbegrenzt ansteigt und gleichzeitig die Breite der Rechtecke immer schmaler wird. Zur Beschreibung der Integralrechnung siehe Precht et al. 1994b: S. 159–176.

che das *bestimmte Integral*[12] über die Dichtefunktion f(X) von minus unendlich bis zum Wert X = x:

$$F(X=x)=\Phi(X=x)=\int_{-\infty}^{x}\frac{1}{\sqrt{2\cdot\pi}}\cdot e^{\frac{-x^2}{2}}\,dz \qquad (6.6)$$

wobei F(X = x) = Verteilungsfunktion der Zufallsvariablen X an der Stelle x

$\int_{-\infty}^{x}$ = Symbol für das bestimmte Integral von $-\infty$ bis zum Wert x über die Dichtefunktion der Zufallsvariablen X

π = hier: Kreiszahl «Pi» (≈ 3.1416)

z   = Wert einer mathematischen Variablen Z, über deren Werte das bestimmte Integral von $X = -\infty$ bis $X = x$ berechnet wird

dz   = Differenzial: das ist die «unendlich geringe» Breite des Teilintervalls des Wertebereichs von Z an der Stelle z

$\Phi(x)$ = Wert der Verteilungsfunktion für eine standardnormalverteilte Zufallsvariable X an der Stelle X = x, also $\Pr(X \leq x)$.

Weitere Erläuterungen siehe Gleichung 6.5.

Auch die Verteilungsfunktion lässt sich grafisch darstellen und ergibt bei einer Normalverteilung eine s-förmige Kurve (Abbildung 6.3b).

Mit Hilfe der Verteilungsfunktion einer stetigen Zufallsvariablen lassen sich für beliebige Intervalle eines Wertebereichs Realisierungswahrscheinlichkeiten berechnen. So ist bei der Standardnormalverteilung die Quantilwahrscheinlichkeit des Quantilwerts 0 gleich $\Phi(0) = 0.5$ oder 50%. Die Quantilwahrscheinlichkeit des Quantilwerts –1 der Standardnormalverteilung

---

12 Die Berechnung des bestimmten Integrals entspricht der Summenbildung bei der Berechnung der Verteilungsfunktion durch Summierung der Ausprägungswahrscheinlichkeiten.

Abbildung 6.3: **Verteilungsfunktion einer stetigen Zufallsvariablen als Fläche unter der Dichtefunktion**

a) Wahrscheinlichkeitsdichte der Standardnormalverteilung

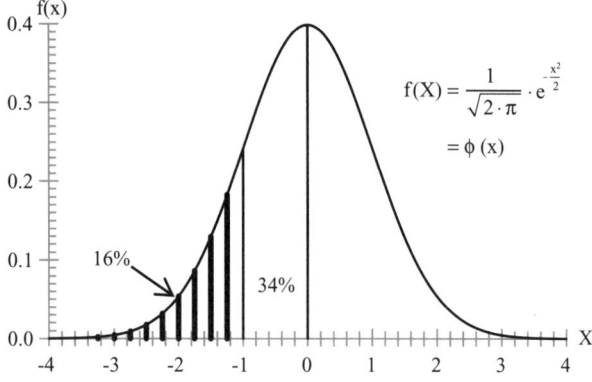

b) Verteilungsfunktion der Standardnormalverteilung

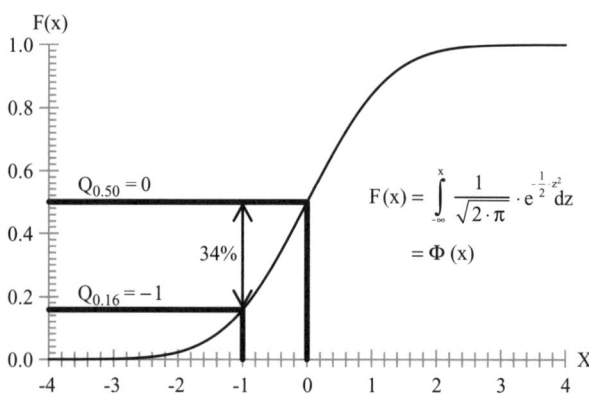

beträgt $\Phi(-1) = 0.16$ oder 16%. Dann ist die Wahrscheinlichkeit, dass eine standardnormalverteilte Zufallsvariable zwischen -1 und 0 liegt, $34\% = (\Phi(0)-\Phi(-1)) = 50\%-16\%$.[13]

In Statistiklehrbüchern finden sich Tabellen (siehe Anhang Tabelle A1), in denen Quantilanteile und Quantilwerte der Standardnormalverteilung aufgelistet sind. Die Quantilwerte Q_α zu einem Quantilanteil α werden bei einer Standardnormalverteilung oft als *Z-Werte* bezeichnet und durch z_α symbolisiert.[14] Formal gesehen ergeben sich die Z-Werte (Quantilwerte) durch die Umkehrung (Inverse) der Verteilungsfunktion der Standardnormalverteilung: $z_\alpha = \Phi^{-1}(\alpha)$.

Aufgrund der Symmetrie der Standardnormalverteilung ist es hinreichend, nur die unteren oder die oberen 50% der Verteilung aufzulisten. So ist der Wert des 30%-Quantils der Standardnormalverteilung gleich dem Negativwert des 70%-Quantils bzw. umgekehrt das 70%-Quantil gleich -1-mal dem Wert des 30%-Quantils. Generell folgt aus Gleichung 2.10 für symmetrische Verteilungen, bei denen Median (50%-Quantil) und Erwartungswert stets identisch sind, dass das $(1-\alpha)$-Quantil mit umgekehrtem Vorzeichen gleich weit vom Median und Mittelwert entfernt ist wie das α-Quantil:

$$\mu_X - Q_\alpha = Q_{1-\alpha} - \mu_X \qquad (6.7)$$

wobei $Q_\alpha, Q_{1-\alpha}$ = Quantilwert beim Quantilanteil α bzw. $(1-\alpha)$ einer symmetrischen Verteilung mit Erwartungswert μ_X.

---

13 Die Vorgehensweise entspricht der Berechnung von Anteilsintervallen im Anwendungsbeispiel zu empirischen Quantilen (Kapitel 2.6), wobei es hier um Quantile von Wahrscheinlichkeitsverteilungen anstelle von Quantilen von empirischen Verteilungen geht.

14 Allerdings ist zu beachten, dass bisweilen auch nichtnormalverteilte Realisierungen so bezeichnet werden, wenn sie sich auf standardisierte Variablen beziehen und durch die Z-Transformation (Gleichung 3.33) aus einer unstandardisierten Variablen berechnet worden sind. Da Standardnormalverteilungen standardisiert sind, hat sich für ihre Realisierungen ebenfalls die Bezeichnung Z-Wert eingebürgert.

Da der Erwartungswert einer Standardnormalverteilung null ist, gilt für die Quantilwerte der Standardnormalverteilung:

$z_\alpha = \Phi^{-1}(\alpha) = -\Phi^{-1}(1-\alpha) = -z_{1-\alpha}$,

z. B.: $\Phi^{-1}(0.30) = \Phi^{-1}(0.50-0.20) = z_{0.30} = -0.524$ und

$\Phi^{-1}(0.50+0.20)$

$= \Phi^{-1}(0.70) = z_{0.70} = 0.524$

Für die Quantilanteile der Standardnormalverteilung ergibt sich dann:

$\Phi(z_\alpha) = \alpha$ und $\Phi(-z_\alpha) = (1-\alpha)$,

z. B. $\Phi(1.96) = 0.975$ und $\Phi(-1.96) = 1-0.975 = 0.025$

6.3.2 Berechnung von Quantilwerten und Quantilanteilen beliebiger Normalverteilungen

Die Bezeichnung *Normalverteilung* lässt sich damit begründen, dass sich diese Verteilung nahezu unabhängig von den Ausgangsverteilungen als Grenzwert der Summe unabhängiger, identisch verteilter Zufallsvariablen einstellt (vgl. Abschnitt 6.2). Da Grenzwerte mathematische Konstrukte sind, sind reale Variablen eher nicht normalverteilt, doch sind bei Summen von Variablen Abweichungen von der Normalverteilung oft sehr gering.

Alle Normalverteilungen haben eine glockenförmige Dichtefunktion, die bei jeder normalverteilten Zufallsvariablen X eine Funktion ihres Erwartungswerts und ihrer Varianz ist. Erwartungswert μ_X und Varianz σ_X^2 (bzw. Standardabweichung σ_X) sind somit Parameter einer Normalverteilung, die durch $N(X;\mu,\sigma^2)$ oder $N(X;\mu,\sigma)$ symbolisiert wird.[15] Je größer die Varianz, desto flacher ist der Kurvenverlauf (Abbildung 6.4). Die Dichtefunktion einer normalverteilten Zufallsvariablen X mit Erwartungswert μ_X und Standardabweichung σ_X ist:

---

15 Bei Zahlenangaben für die Parameter der Normalverteilung, z. B. N(X; –1,2), ist leider oft unklar, ob der zweite Parameter die Varianz oder die Standardabweichung ist. Wir werden deshalb jeweils im Text angeben, welches Streuungsmaß gemeint ist.

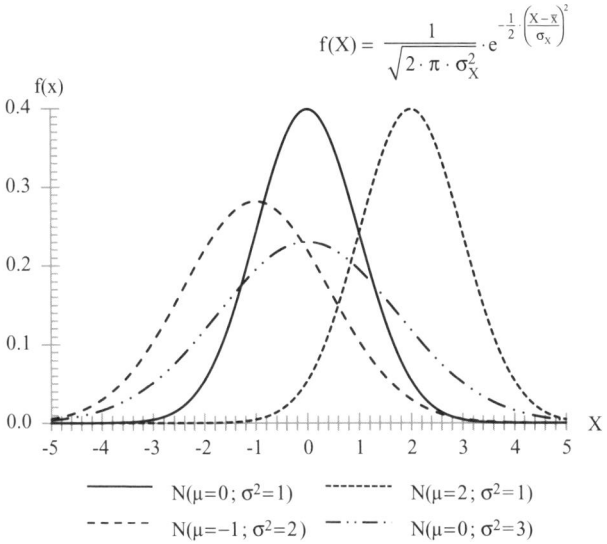

Abbildung 6.4 Wahrscheinlichkeitsdichten von Normalverteilungen

$$f(X) = \frac{1}{\sqrt{2 \cdot \pi \cdot \sigma_X^2}} \cdot e^{-\frac{1}{2}\left(\frac{X-\bar{x}}{\sigma_x}\right)^2}$$

$N(\mu=0\,;\,\sigma^2=1)$ $N(\mu=2\,;\,\sigma^2=1)$

$N(\mu=-1\,;\,\sigma^2=2)$ $N(\mu=0\,;\,\sigma^2=3)$

$$f(X) = \frac{1}{\sqrt{2 \cdot \pi \cdot \sigma_X^2}} \cdot e^{-\frac{1}{2}\left(\frac{X-\mu_X}{\sigma_X}\right)^2} \tag{6.8}$$

Erläuterungen siehe Gleichung 6.5.

Eine Eigenschaft der Normalverteilung ist, dass beliebige Lineartransformationen nach Gleichung 3.26, aber auch Linearkombinationen nach Gleichung 5.22a von normalverteilten Zufallsvariablen ebenfalls normalverteilt sind, wobei sich die Parameter der Lineartransformation bzw. Linearkombination nach Gleichung 5.22b und c berechnen. Aufgrund dieser Eigenschaft lassen sich Normalverteilungen mit beliebigen Parameterwerten ineinander umrechnen. In der Praxis sind vor allem die Berechnung von Quantilwerten bzw. -anteilen von Normalverteilungen aus den Quantilwerten bzw. -anteilen der Standardnormalverteilung von Bedeutung.

Die Umrechnung von Quantilwerten und Quantilanteilen erfolgt mit Hilfe der *Z-Transformation* (vgl. Gleichung 3.33). Hier bezieht sich die Transformation auf Quantilwerte Q_α einer nicht standardisierten Normalverteilung und Quantilwerte z_α der Standardnormalverteilung. Wenn μ_X und σ_X der Erwartungswert und die Standardabweichung einer nichtstandardisierten Normalverteilung sind, gilt:

$$z_\alpha = \underbrace{\left(\frac{Q_{\alpha;N(\mu,\sigma)} - \mu_X}{\sigma_X} \right)}_{\text{Z-Transformation}} \Rightarrow \alpha = \Phi(z_\alpha) \quad \text{und}$$

$$Q_{\alpha;N(\mu,\sigma)} = \underbrace{z_\alpha \cdot \sigma_X + \mu_X}_{\text{Umkehrung der Z-Transformation}}$$

(6.9)

Erläuterungen siehe Gleichung 6.7.

Beispiele:

a) Berechnung von Quantilanteilen α für Quantilwerte x von nichtstandardisierten Normalverteilungen:

Wenn $X \sim N(\mu_X = -2; \sigma_X = 1)$ und $Q_\alpha = -4.326$:

$\Rightarrow \alpha = \Phi((-4.326+2)/1) = \Phi(-2.326) = 1 - \Phi(+2.326)$
$= 1 - 0.99 = 0.01$

Wenn $X \sim N(\mu_X = -1; \sigma_X = 2)$ und $Q_\alpha = 0.813$:

$\Rightarrow \alpha = \Phi((0.813+1)/2) = \Phi(0.906) = 0.820$[16]

b) Berechnung von Quantilwerten Q_α bei gegebenem Quantilanteil α aus den Quantilwerten z_α der Standardnormalverteilung:

Wenn $X \sim (\mu_X = 2; \sigma_X = 1)$ und $\alpha = 0.75$

bzw. $\Phi^{-1}(0.75) = z_{0.75} = 0.674$:

$\Rightarrow Q_{0.75} = z_{0.75} \cdot 1 + 2 = 0.674 \cdot 1 + 2 = 2.674$

Wenn $X \sim N(\mu_X = -1; \sigma_X = 2)$ und $\alpha = 0.75$

$\Rightarrow Q_{0.75} = z_{0.75} \cdot 2 - 1 = 0.674 \cdot 2 - 1 = 0.348$

---

16 In der Tabelle im Anhang A2.1 ist der Wert $z_\alpha = 0.906$ nicht enthalten. Ist das der Fall, dann wird der Quantilanteil abgelesen, der dem Z-Wert am nächsten liegt. Hier ist das der Wert $\alpha = 0.820$, da der Quantilwert 0.915 näher beim Wert 0.906 liegt als der Quantilwert 0.896.

6.4 Anwendungen der Normalverteilung als asymptotische Kennwerteverteilung für Anteile und Mittelwerte

Für die Sozialforschung liegt die Bedeutung der Normalverteilung vor allem darin, dass sie als Kennwerteverteilung beim Schätzen und Testen von Populationsparametern eingesetzt wird.

6.4.1 Normalverteilung als Kennwerteverteilung für Stichprobenanteile

Bei einfachen Zufallsauswahlen können Stichprobenanteile als Summen lineartransformierter identisch verteilter Bernoulli-Verteilungen aufgefasst werden:

$$p_1 = \sum_{i=1}^{n} \frac{1}{n} \cdot Y_i \qquad (6.10)$$

wobei Y_i = Bernoulli-verteilte Zufallsvariable, die den Wert $y = 1$ hat, wenn der Fall i der Stichprobe das betrachtete Merkmal aufweist, und $y = 0$, wenn dies nicht der Fall ist.

Weitere Erläuterungen in Gleichung 5.2 und 6.1.

Wenn die Fallzahl n steigt, nähert sich die Kennwerteverteilung eines Stichprobenanteils daher einer Normalverteilung an:

$$p_1 \underset{n \to \infty}{\sim} \begin{cases} N\left(\mu = \pi_1; \sigma^2 = \dfrac{\pi_1 \cdot (1 - \pi_1)}{n}\right) & \text{bei einfacher Zufallsauswahl mit Zurücklegen} \\[4mm] N\left(\mu = \pi_1; \sigma^2 = \dfrac{\pi_1 \cdot (1 - \pi_1)}{n} \cdot \dfrac{N - n}{N - 1}\right) & \text{bei einfacher Zufallsauswahl ohne Zurücklegen} \end{cases} \qquad (6.11)$$

Erläuterungen siehe Gleichung 6.3a und b.

In der Literatur (z. B. Hamilton, 1996: S. 143) finden sich unterschiedliche Kriterien, ab wann die Annäherung einer Binomialverteilung bzw. einer hypergeometrischen Verteilung an die Normalverteilung für praktische Berechnungen hinreichend genau ist. So wird gefordert, dass das Produkt aus der Anzahl der Wiederholungen und den Quotienten der beiden Auftretenswahrscheinlichkeiten für die Ausprägungen eines binären Merkmals größer 9 sein soll:

$$n \cdot \frac{\pi_1}{1-\pi_1} > 9 \quad \text{und} \quad n \cdot \frac{1-\pi_1}{\pi_1} > 9 \tag{6.12}$$

Eine andere Faustregel besagt, dass das Produkt $n \cdot \pi_1 \cdot (1-\pi_1) > 25$ sein muss oder – wenn π_1 zwischen 0.1 und 0.9 liegt – auch nur > 5.

Soll mit Hilfe von (6.11) die Wahrscheinlichkeit eines Anteils p_1 berechnet werden, dann ist zu berücksichtigen, dass die Binomialverteilung diskret, die Normalverteilung dagegen stetig ist. Deshalb wird eine Stetigkeitskorrektur vorgenommen, indem um den Wert p_1 das Intervall von $\pm 0.5/n$ berechnet wird.[17] Dabei wird für den Wert $p_1 = 0$ anstelle der Untergrenze $p_1 - 0.5/n$ der Quantilanteil 0 ($= \Phi(-\infty)$) und für den Wert $p_1 = 1$ als Obergrenze $p_1 + 0.5/n$ der Quantilanteil 1 ($= \Phi(\infty)$) eingesetzt. Bei Anwendung der Normalverteilung erfolgt die Berechnung nach:

---

17 Durch dieses als Stetigkeitskorrektur bezeichnete Vorgehen werden exakte Intervallgrenzen bestimmt, wodurch die ganzzahligen Werte der Binomialverteilung in zusammenhängende Intervalle umgewandelt werden.

$$\lim_{n \to \infty} \Pr(p_1) = \begin{cases} \Phi\left(\dfrac{\left(p_1 + \dfrac{0.5}{n}\right) - \pi_1}{\sqrt{\dfrac{\pi_1 \cdot (1 - \pi_1)}{n}}}\right) - \Phi\left(\dfrac{\left(p_1 - \dfrac{0.5}{n}\right) - \pi_1}{\sqrt{\dfrac{\pi_1 \cdot (1 - \pi_1)}{n}}}\right) & \text{mit Zurücklegen} \\[4em] \Phi\left(\dfrac{\left(p_1 + \dfrac{0.5}{n}\right) - \pi_1}{\sqrt{\dfrac{\pi_1 \cdot (1 - \pi_1)}{n} \cdot \dfrac{N - n}{N - 1}}}\right) - \Phi\left(\dfrac{\left(p_1 - \dfrac{0.5}{n}\right) - \pi_1}{\sqrt{\dfrac{\pi_1 \cdot (1 - \pi_1)}{n} \cdot \dfrac{N - n}{N - 1}}}\right) & \text{ohne Zurücklegen} \end{cases}$$

(6.13)

Erläuterungen siehe Gleichung 6.3.a und b.

Interessiert z. B. die Frage, wie wahrscheinlich bei einer Stichprobe von $n = 200$ und einem Populationsanteil $\pi_1 = 0.5$ ein Stichprobenanteil von $p_1 = 0.45$ ist, dann berechnet sich diese Wahrscheinlichkeit für einfache Zufallsauswahlen mit Zurücklegen bei Anwendung von Gleichung 6.13 nach:

$$\Phi\left(\frac{0.45 + 0.5/200 - 0.5}{\sqrt{0.5 \cdot (1 - 0.5)/200}}\right) - \Phi\left(\frac{0.45 - 0.5/200 - 0.5}{\sqrt{0.5 \cdot (1 - 0.5)/200}}\right)$$

$$= \Phi(-1.34) - \Phi(-1.48) = 0.021$$

Bei Anwendung der Binomialverteilung ergibt sich der Wert von:

$$b(0.45 \cdot 200; 200, 0.5) = \binom{200}{90} \cdot 0.5^{90} \cdot 0.5^{110} = 2.1\%$$

Die Verwendung der nur asymptotisch gültigen Normalverteilung führt im Beispiel bei drei Stellen Genauigkeit zu keinem Fehler. Die Anwendungskriterien aus Gleichung 6.12 sind erfüllt, da $200 \cdot 0.5/0.5 = 200 > 9$.

Wenn der Populationsumfang bekannt ist und das Verhältnis n/N des Stichprobenumfangs zur Fallzahl größer 0.05 ist, sollte die Annäherung der hypergeometrischen Verteilung an eine Normalverteilung und bei der Berechnung der Varianz der Korrekturfaktor $(N-n)/(N-1)$ benutzt werden. Auch hier ist die Stetigkeitskorrektur anzuwenden. Als Beispiel soll die Wahrscheinlichkeit berechnet werden, dass in einer Stichprobe von $n = 50$ bei einem Populationsumfang von $N = 100$ und einem Populationsanteil von $\pi_1 = 0.5$ ein Stichprobenanteil von $p_1 = 0.5$ beobachtet wird. Die Berechnung über die Annäherung an die Normalverteilung für einfache Zufallsstichproben ohne Zurücklegen nach Gleichung 6.13 ergibt:

$$\Phi\left(\frac{(0.5+0.5/100)-0.5}{\sqrt{\frac{0.5\cdot(1-0.5)}{100}\cdot\frac{100-50}{100-1}}}\right) - \Phi\left(\frac{(0.5-0.5/100)-0.5}{\sqrt{\frac{0.5\cdot(1-0.5)}{100}\cdot\frac{100-50}{100-1}}}\right) = 11.2\%$$

In 11.2 % aller Stichproben beträgt der Stichprobenanteil $p_1 = 0.5$. Die Berechnung über die hypergeometrische Verteilung ergibt:

$$h\,(0.5\cdot100;50,0.5,100) = \frac{\binom{0.5\cdot100}{0.5\cdot50}\cdot\binom{(1-0.5)\cdot100}{(1-0.5)\cdot50}}{\binom{100}{50}} = 15.8\%$$

Die Ungenauigkeit ist hier mit 4.6 Prozentpunkten relativ groß, obwohl auch hier die Anwendungskriterien aus Gleichung 6.12 erfüllt sind, da $100\cdot0.5/0.5 = 100 > 9$.

6.4.2 Normalverteilung als Kennwerteverteilung für Stichprobenmittelwerte

Der zentrale Grenzwertsatz besagt, dass Summen aus voneinander unabhängigen und identisch verteilten Zufallsvariablen unabhängig von der Verteilung der Zufallsvariablen asymptotisch normalverteilt sind. Daher sind auch Stichprobenmittelwerte aus einfachen Zufallsstichproben asymptotisch normalverteilt, da sie sich als Lineartransformation einer Summe von Zufallsvariablen darstellen lassen (vgl. Gleichung 3.27).

Bei einfachen *Zufallsauswahlen mit Zurücklegen* sind Erwartungswerte und Varianzen von Linearkombinationen unabhängiger Zufallsvariablen gleich der Summe aus den Erwartungswerten und Varianzen der Ausgangsvariablen (Gleichung 5.22a). Für den Erwartungswert und die Varianz der Kennwerteverteilung des Stichprobenmittelwerts gilt dann:

$$\mu\left(\overline{x}\right) = \mu\left(\sum_{i=1}^{n}\frac{X_i}{n}\right) = \mu\left(\frac{X_1}{n}\right) + \mu\left(\frac{X_2}{n}\right) + \ldots + \mu\left(\frac{X_n}{n}\right)$$

$$= n \cdot \frac{\mu_X}{n} = \mu_X$$

(6.14a)

und

$$\sigma^2\left(\overline{x}\right) = \sigma^2\left(\sum_{i=1}^{n}\frac{X_i}{n}\right)$$

(6.14b)

$$= \frac{1}{n^2}\sigma^2\left(X_1\right) + \frac{1}{n^2}\sigma^2\left(X_2\right) + \ldots + \frac{1}{n^2}\sigma^2\left(X_n\right) = n \cdot \frac{\sigma_X^2}{n^2} = \frac{\sigma_X^2}{n}$$

wobei $\mu(\overline{x})$ = Erwartungswert der Kennwerteverteilung der Zufallsvariablen «Stichprobenmittelwert» einer Variablen X

$\sigma^2(\overline{x})$ = Varianz der Kennwerteverteilung

μ_X, σ_X^2 = Populationsmittelwert und Populationsvarianz von X.

In einfachen Zufallsauswahlen gilt daher für die asymptotische Wahrscheinlichkeitsverteilung von Stichprobenmittelwerten:[18]

---

18 Bei einfachen *Zufallsauswahlen ohne Zurücklegen* muss der Faktor, um den sich die Varianz der hypergeometrischen Verteilung im Vergleich zur Binomialverteilung verringert, berücksichtigt werden, wenn der Stichprobenumfang n im Vergleich zum Populationsumfang N relativ groß ist ($n/N \geq 0.05$).

$$\overline{x} \underset{n \to \infty}{\sim} = \begin{cases} N\left(\mu = \mu_X ; \sigma^2 = \dfrac{\sigma_X^2}{n}\right) & \text{mit Zurücklegen} \\[2em] N\left(\mu = \mu_X ; \sigma^2 = \dfrac{\sigma_X^2}{n} \cdot \dfrac{N-n}{N-1}\right) & \text{ohne Zurücklegen} \end{cases} \qquad (6.15)$$

Erläuterungen siehe Gleichung 6.14.

Bei relativ zum Populationsumfang N kleiner Stichprobenfall-zahl n (n/N<0.05) kann dieser Korrekturfaktor entfallen.

Die asymptotische Annäherung der Wahrscheinlichkeitsver-teilung der Stichprobenstatistik $\overline{x}$ an die Normalverteilung er-folgt bei den meisten Ausgangsverteilungen sehr schnell. Für praktische Berechnungen hat sich gezeigt, dass die Annäherung in der Regel genau genug ist, wenn der Stichprobenumfang $n \geq 30$ ist. Ist die betrachtete Variable X in der Population normalver-teilt, dann gilt die Kennwerteverteilung 6.15 nicht nur asympto-tisch bei hinreichend großen Fallzahlen (n>30), sondern exakt bei beliebigem Stichprobenumfang.

6.4.3 Normalverteilungen als Kennwerteverteilung für Häufigkeiten

Da Stichprobenanteile lineare Transformationen von Stichpro-benhäufigkeiten sind und sie nach dem zentralen Grenzwertsatz asymptotisch normalverteilt sind, muss dies auch für die absolu-ten Häufigkeiten gelten, aus denen die Anteile berechnet wurden. Da zudem hypergeometrische Verteilung, Binomialverteilung und Poisson-Verteilung asymptotisch ineinander überführbar sind, können alle drei Verteilungen durch Normalverteilungen approximiert werden:

$$\lim_{n \to \infty}\left(b\left(X; n, \pi_1\right)\right) = N\left(\mu = n \cdot \pi_1 ; \sigma^2 = n \cdot \pi_1 \cdot \left(1 - \pi_1\right)\right) \qquad (6.16)$$

$$\lim_{n \to \infty}\left(h\left(X; n, N, N_1\right)\right)$$

$$= N\left(\mu = n \cdot \frac{N_1}{N}; \sigma^2 = n \cdot \frac{N_1}{N} \cdot \frac{N - N_1}{N} \cdot \frac{N - n}{N - 1}\right) \tag{6.17}$$

$$\lim_{n \to \infty}\left(p\left(X; \lambda\right)\right) = N\left(\mu = \lambda; \sigma^2 = \lambda\right) \tag{6.18}$$

Erläuterungen siehe Gleichung 5.5, 5.8a und 5.12:

Für die Nutzung der Normalverteilung als Approximation der Binomialverteilung und der hypergeometrischen Verteilung gelten die gleichen Faustregeln wie bei der Approximation für Stichprobenanteile. Für die Berechnung der Wahrscheinlichkeit einer absoluten Häufigkeit nach Gleichung 6.16 bis 6.18 wird wie bei relativen Häufigkeiten eine Stetigkeitskorrektur verwendet, die statt 0.5/n hier 0.5 beträgt.

6.5 Zusammenfassung

Die wichtigsten Formeln dieses Kapitels

Erwartungswert und Varianz der Kennwerteverteilung eines Stichprobenanteils bei einfachen Zufallsauswahlen

$$\mu\left(p_1\right) = \frac{1}{n} \cdot \left(n \cdot \pi_1\right) = \pi_1 \text{ mit und ohne Zurücklegen} \tag{6.3a}$$

$$\sigma^2\left(p_1\right) = \underbrace{\frac{\pi_1 \cdot \left(1 - \pi_1\right)}{n}}_{\text{mit Zurücklegen}} \quad \text{bzw.} \quad \sigma^2\left(p_1\right) = \underbrace{\frac{\pi_1 \cdot \left(1 - \pi_1\right)}{n} \cdot \frac{N - n}{N - 1}}_{\text{ohne Zurücklegen}} \tag{6.3b}$$

Z-Transformation und Umkehrung der Z-Transformation

$$z_\alpha = \underbrace{\left(\frac{Q_{\alpha; N(\mu,\sigma)} - \mu_X}{\sigma_X}\right)}_{\text{Z-Transformation}} \Rightarrow \alpha = \Phi\left(z_\alpha\right) \quad \text{und}$$

$$Q_{\alpha; N(\mu,\sigma)} = \underbrace{z_\alpha \cdot \sigma_X + \mu_X}_{\text{Umkehrung der Z-Transformation}} \tag{6.9}$$

Asymptotische Kennwerteverteilung von Stichprobenanteilen

$$p_1 \underset{n \to \infty}{\sim} \begin{cases} N\left(\mu = \pi_1 ; \sigma^2 = \dfrac{\pi_1 \cdot (1 - \pi_1)}{n}\right) & \text{bei einfacher Zufallsauswahl mit Zurücklegen} \\[3ex] N\left(\mu = \pi_1 ; \sigma^2 = \dfrac{\pi_1 \cdot (1 - \pi_1)}{n} \cdot \dfrac{N-n}{N-1}\right) & \text{bei einfacher Zufallsauswahl ohne Zurücklegen} \end{cases} \quad (6.11)$$

Voraussetzung für hinreichende Genauigkeit der Annäherung:

$$n \cdot \frac{\pi_1}{1 - \pi_1} > 9 \quad \text{und} \quad n \cdot \frac{1 - \pi_1}{\pi_1} > 9 \qquad (6.12)$$

Erwartungswert und Varianz der Kennwerteverteilung eines Stichprobenmittelwerts in einfachen Zufallsauswahlen

$$\mu(\overline{x}) = \mu\left(\sum_{i=1}^{n} \frac{X_i}{n}\right) = n \cdot \frac{\mu_X}{n} = \mu_X \qquad (6.14a)$$

$$\sigma^2(\overline{x}) = \sigma^2\left(\sum_{i=1}^{n} \frac{X_i}{n}\right) = n \cdot \frac{\sigma_X^2}{n^2} = \frac{\sigma_X^2}{n} \qquad (6.14b)$$

Asymptotische Kennwerteverteilung von Stichprobenmittelwerten

$$\overline{x} \underset{n \to \infty}{\sim} = \begin{cases} N\left(\mu = \mu_X ; \sigma^2 = \dfrac{\sigma_X^2}{n}\right) & \text{mit Zurücklegen} \\[3ex] N\left(\mu = \mu_X ; \sigma^2 = \dfrac{\sigma_X^2}{n} \cdot \dfrac{N-n}{N-1}\right) & \text{ohne Zurücklegen} \end{cases} \quad (6.15)$$

Voraussetzung für hinreichende Genauigkeit der Annäherung: $n > 30$

Glossar der wichtigsten Begriffe dieses Kapitels

Dichte: siehe Wahrscheinlichkeitsdichte

Standardnormalverteilung: unimodale, symmetrische und glockenförmige Wahrscheinlichkeitsverteilung mit Erwartungswert $\mu = 0$ und Varianz $\sigma^2 = 1$

Stetigkeitskorrektur: Anpassung bei der Berechnung von Wahrscheinlichkeiten diskreter Variablen bei asymptotischer Annäherung an Verteilungen stetiger Variablen

Wahrscheinlichkeitsdichte: gibt die Realisierungschance der Ausprägungen einer kontinuierlichen Zufallsvariablen an

C Schätzen und Testen

7 Schätzen von Populationswerten

Die in Kapitel 5 und 6 vorgestellten Wahrscheinlichkeitsverteilungen werden in der Sozialforschung hauptsächlich verwendet, um

- die Güte der Schätzungen von Populationsparametern zu beurteilen und
- bei der Prüfung von Hypothesen über Populationsparameter das Risiko von Fehlentscheidungen (bei der Verallgemeinerung von Stichprobenkennwerten auf Populationsparameter) einzuschätzen.

In beiden Anwendungen geht es darum, auf der Basis von Stichprobenwerten Aussagen über eine Grundgesamtheit zu treffen. Bei einem solchen *Induktionsschluss* besteht das unvermeidbare Risiko einer falschen Verallgemeinerung von einer Teilmenge auf eine umfassendere Gesamtheit.

7.1 Zufallsvariablen und Repräsentativität von Stichproben

Der Induktionsproblematik wird häufig mit dem Argument der Repräsentativität begegnet. Nach dem – *unzutreffenden* – Alltagsverständnis ist eine repräsentative Stichprobe ein verkleinertes, aber naturgetreues Abbild der Grundgesamtheit mit allen ihren Eigenschaften. Man kann sich allerdings leicht vor Augen führen, dass es keine Stichprobe geben kann, die tatsächlich ein genaues Abbild aller Eigenschaften einer Grundgesamtheit ist. Wird z. B. nicht nur die Zufriedenheit von Personen betrachtet, sondern auch die Verteilung weiterer Merkmale wie Alter, Geschlecht, Konfession, Schulbildung, Einkommen usw., so folgt allein aus der Anzahl von Kombinationsmöglichkeiten der Ausprägungen dieser Variablen, dass die Stichprobe genauso groß sein muss wie die Population, wenn sie tatsächlich *alle* Beziehungen zwischen diesen Variablen in gleicher Weise exakt wiedergeben soll. *Repräsentative Stichproben im Sinne der exakten Abbildung einer Population sind in der Realität unmöglich.*

Im Unterschied zum Alltagsverständnis bezieht sich die *statistische Repräsentativität* auf Zufallsstichproben, bei denen die Auswahl (Ziehung) der Stichprobenelemente als Zufallsexperiment aufgefasst werden kann (vgl. Kapitel 4.2). Jedes Element der Grundgesamtheit hat dabei eine berechenbare Wahrscheinlichkeit größer als null, in die Stichprobe aufgenommen zu werden. Fehlschlussrisiken sind dann ebenfalls berechenbar, weil auf der Basis der Wahrscheinlichkeitstheorie Aussagen über die Wahrscheinlichkeit des Auftretens von Stichprobenzusammensetzungen und Stichprobenkennwerten getroffen werden können (vgl. Kapitel 4.4). So sind bei einfachen Zufallsauswahlen die Erwartungswerte der Wahrscheinlichkeitsverteilung des Stichprobenanteils und des Stichprobenmittelwerts gleich den jeweiligen Populationswerten. Außerdem sind die Statistiken «Stichprobenanteil» und «Stichprobenmittelwert» bei großen Stichproben annähernd normalverteilt. Weil bei einfachen Zufallsauswahlen alle Elemente der Population und damit alle Eigenschaften der Grundgesamtheit die gleiche Chance haben, ausgewählt zu werden, ist *die Wahrscheinlichkeit kleiner Abweichungen zwischen Populationswerten und korrespondierenden Stichprobenwerten größer als die Wahrscheinlichkeit großer Abweichungen.* Dieser Sachverhalt wird als *statistische Repräsentativität* bezeichnet.[1] Da statistische Repräsentativität als Eigen-

---

1 Statistische Repräsentativität ist nicht auf einfache Zufallsauswahlen beschränkt, sondern kann auch in komplexen geschichteten und mehrstufigen Zufallsauswahlen erreicht werden.

schaft einer Zufallsauswahl auf Wahrscheinlichkeiten basiert, kann allerdings nicht ausgeschlossen werden, dass in einer konkreten repräsentativen Stichprobe zufällig große Abweichungen zwischen Stichprobe und Grundgesamtheit bestehen.

7.2 Schätzer und Schätzungen

Unter Schätzung versteht man in der Statistik die Bestimmung des Werts eines interessierenden Parameters in einer (Populations-)Verteilung über die Berechnung von geeigneten Statistiken aus den Realisierungen einer Zufallsstichprobe. Da die Werte von Stichprobenstatistiken Realisierungen von Zufallsvariablen sind, kann die Qualität einer konkreten Schätzung in der Praxis allerdings nicht beurteilt werden[2]. So zeigt das Beispiel «Schätzung des Haushaltseinkommens» in Kapitel 4.3, dass einige Realisierungen der Zufallsvariablen «Stichprobenmittelwert» den Populationswert von 3500 € exakt schätzen, andere dagegen deutlich vom Populationswert abweichen (Tabelle 4.2b). Welcher Wert in einer Stichprobe tatsächlich realisiert wird, ist vor der Realisierung unvorhersehbar. Deshalb beziehen sich Aussagen über die Qualität von Schätzungen stets auf die Wahrscheinlichkeitsverteilung der Stichprobenstatistik (des Stichprobenkennwerts), die zur Schätzung herangezogen wird. Um diesen Unterschied zu verdeutlichen, wird zwischen Schätzung und Schätzer unterschieden.

Ein *Schätzer* (*engl: estimator*, bisweilen auch als *Schätzfunktion* bezeichnet) ist eine Zufallsvariable, die zur Schätzung eines Parameters herangezogen wird.[3] Eine *Schätzung (engl: estimate)*

---

2 Dazu müssten die Populationswerte bekannt sein, die aber unbekannt sind, weswegen sie ja überhaupt geschätzt werden.

3 Im Folgenden gehen wir davon aus, dass der zu schätzende Parameter ein Populationsmerkmal wie z. B. der Populationsmittelwert ist. Statistisch gesehen kann es sich aber auch um Parameter einer Wahrscheinlichkeitsverteilung oder eines statistischen Modells wie des Regressionsmodells (Kap. 14) handeln.

ist eine Realisierung dieser Zufallsvariablen in einer konkreten Stichprobe. Durch die Betrachtung der Wahrscheinlichkeitsverteilung eines Schätzers ist es möglich, dessen Eigenschaften zu bestimmen. Gesucht sind Schätzer mit Eigenschaften, die möglichst exakte Schätzungen erlauben. Die wichtigsten dieser Eigenschaften sind:

– Erwartungstreue oder Unverzerrtheit,
– Konsistenz und
– Effizienz.

7.2.1 Erwartungstreue

Ein Schätzer ist *erwartungstreu* oder *unverzerrt (engl: unbiased)*, wenn der Erwartungswert der Wahrscheinlichkeitsverteilung des Schätzers mit dem zu schätzenden Populationswert übereinstimmt. In der Statistik wird oft der kleine griechische Buchstabe «theta» («θ») als Symbol für einen beliebigen Parameter verwendet. Ein Dach («^») über dem Symbol kennzeichnet dann einen Schätzer dieses Parameters. Erwartungstreue lässt sich ausdrücken als:

$$\mu\left(\hat{\theta}\right) = \theta \tag{7.1}$$

wobei θ = ein zu schätzender Populationsparameter
$\hat{\theta}$ = Schätzer des Populationsparameters
μ = Symbol für den Erwartungswert einer Zufallsvariablen oder den Populationsmittelwert einer Verteilung.

Ist ein Schätzer nicht erwartungstreu, sondern verzerrt, dann wird die Differenz zwischen seinem Erwartungswert und dem zu schätzenden Parameter als *Verzerrung (engl: bias)* bezeichnet:

$$\text{bias} = \mu\left(\hat{\theta}\right) - \theta = \mu\left(\hat{\theta} - \theta\right) \tag{7.2}$$

Erläuterungen siehe Gleichung 7.1.

Bei den Kennwerteverteilungen von Stichprobenanteilen und Stichprobenmittelwerten (Kapitel 6) hat sich gezeigt, dass der Erwartungswert der Kennwerteverteilung eines Stichprobenanteils bei einfachen Zufallsauswahlen der korrespondierende Populationsanteil ist (Gleichung 6.3a). Wird der Stichprobenanteil als Schätzer des Populationsanteils verwendet, ist der Schätzer «Stichprobenanteil» unverzerrt. Entsprechendes gilt auch für Stichprobenmittelwerte: In einfachen Zufallsauswahlen ist der Erwartungswert eines Stichprobenmittelwerts der korrespondierende Populationsmittelwert (Gleichung 6.14a). Also kann auch der Stichprobenmittelwert als unverzerrter Schätzer des Populationsmittelwerts verwendet werden.

7.2.2 Konsistenz

Ein Schätzer ist *konsistent (engl: consistent)*, wenn mit steigendem Stichprobenumfang die Wahrscheinlichkeit gegen eins geht, dass die Abweichungen zwischen den Schätzungen und dem zu schätzenden Parameter eine beliebig kleine positive Zahl (ε) unterschreiten:

$$\lim_{n \to \infty} \Pr\left(\left|\hat{\theta}_n - \theta\right| < \varepsilon\right) = 1 \tag{7.3}$$

wobei $\hat{\theta}_n$ = beliebige Realisierung des Schätzers von θ in einer Stichprobe vom Umfang n

ε = positive Zahl, die beliebig dicht bei 0 liegt.
Weitere Erläuterungen siehe Gleichung 7.1.

Wenn bei verzerrten, aber konsistenten Schätzern auch die Verzerrung (Gleichung 7.2) mit steigender Fallzahl immer kleiner wird, dann geht der Erwartungswert der quadrierten Abweichungen des Schätzers von dem zu schätzenden Populationsparameter gegen null:

$$\lim_{n \to \infty} \mu\left(\left(\hat{\theta}_n - \theta\right)^2\right) = 0 \tag{7.4}$$

Erläuterungen siehe Gleichung 7.3.

Gilt Gleichung 7.4 für einen Schätzer, dann ist dieser konsistent und *asymptotisch erwartungstreu*.

Der Erwartungswert der quadrierten Abweichungen eines Schätzers vom zu schätzenden Parameter wird in der Statistik als *mittlerer quadrierter Fehler* bezeichnet und nach dem englischen Ausdruck *mean squared error* durch das Symbol MSE abgekürzt. Aus der Eigenschaft von Mittelwerten und Erwartungswerten, dass die Summe der quadrierten Abweichungen vom Mittelwert bzw. der Erwartungswert der quadrierten Abweichungen vom Erwartungswert minimal ist, folgt, dass der mittlere quadrierte Fehler stets als Summe aus der Varianz des Schätzers und der quadrierten Verzerrung dargestellt werden kann:[4]

$$\text{MSE} = \mu\left(\left(\hat{\theta}-\theta\right)^2\right) = \sigma^2\left(\hat{\theta}\right) + \left(\mu\left(\hat{\theta}\right)-\theta\right)^2 \qquad (7.5)$$

wobei MSE = Erwartungswert der quadrierten Abweichungen eines Schätzers vom zu schätzenden Parameter

$\sigma^2\left(\hat{\theta}\right)$ = Varianz der Kennwerteverteilung des Schätzers.

Weitere Erläuterungen siehe Gleichung 7.3.

---

4 Für jede beliebige Zahl a gilt: $\sum_{i=1}^{n}(x_i - a)^2 = \sum_{i=1}^{n}(x_i - \overline{x})^2 + n\cdot(\overline{x}-a)^2$.

Werden beide Seiten durch die Fallzahl geteilt, gilt:

$\frac{1}{n}\cdot\sum_{i=1}^{n}(x_i - a)^2 = \frac{1}{n}\cdot\sum_{i=1}^{n}(x_i - \overline{x})^2 + \frac{n}{n}\cdot(\overline{x}-a)^2 = s_X^2 + (\overline{x}-a)^2$

Bei Zufallsvariablen wird der Stichprobenmittelwert und die Stichprobenvarianz durch den Erwartungswert und die Varianz der Wahrscheinlichkeitsverteilung ersetzt: $\mu\left((X-a)^2\right) = \sigma^2(X) + (\mu(X)-a)^2$.

In Gleichung 7.5 ist für die Zufallsvariable X der Schätzer $\hat{\theta}$ und für a der zu schätzende Populationsparameter θ eingesetzt: $\mu\left(\left(\hat{\theta}-\theta\right)^2\right) = \sigma^2\left(\hat{\theta}\right) + \left(\mu\left(\hat{\theta}\right)-\theta\right)^2$

Bei erwartungstreuen Schätzern ist der MSE gleich der Varianz des Schätzers, da die Verzerrung bei allen Fallzahlen null ist.

Die Varianz der Wahrscheinlichkeitsverteilung von Stichprobenmittelwerten (Gleichung 6.15) ist

- bei einfachen *Zufallsauswahlen mit Zurücklegen* gleich der Populationsvarianz geteilt durch den Stichprobenumfang n und
- bei einfachen *Zufallsauswahlen ohne Zurücklegen* gleich der Populationsvarianz geteilt durch den Stichprobenumfang n mal dem Korrekturfaktor $(N-n)/(N-1)$.[5]

Da mit steigender Fallzahl die Varianz der Wahrscheinlichkeitsverteilung des Stichprobenmittelwerts gegen null geht (Gleichung 6.14b), ist der Stichprobenmittelwert sowohl ein erwartungstreuer als auch ein konsistenter Schätzer. Gleiches gilt für den Stichprobenanteil als Schätzer des Populationsanteils (Gleichung 6.3b). Somit ist auch der Stichprobenanteil ein erwartungstreuer und konsistenter Schätzer des korrespondierenden Populationsanteils.

7.2.3 Effizienz

Das dritte Kriterium für die Beurteilung eines Schätzers ist die Effizienz. Ein Schätzer ist *effizient*, wenn es keinen anderen Schätzer mit geringerem mittleren quadrierten Fehler gibt:

$$\text{MSE} = \mu\left(\left(\hat{\theta} - \theta\right)^2\right) \overset{!}{=} \min \tag{7.6}$$

wobei $\overset{!}{=}\min$ = Forderung, dass der Ausdruck in Klammern ein Minimum darstellt.

Weitere Erläuterungen siehe Gleichung 7.4.

Im Unterschied zur Unverzerrtheit und Konsistenz ist die Effizienz ein Gütemaß, das sich auf andere Schätzer des gleichen Po-

---

5 Dieser Korrekturfaktor $(N-n)/(N-1)$ ist nur bei einer relativ zur Population großen Stichprobe $(n/N \geq 0.05)$ notwendig.

pulationsparameters bezieht. Der Nachweis, dass ein Schätzer *bezogen auf alle anderen Schätzer* über seinen gesamten Wertebereich effizient ist, ist meist nicht möglich. Stattdessen kann i. A. nur gezeigt werden, dass ein Schätzer *in bestimmten Situationen* (z. B. bei bestimmten Verteilungen in der Population) oder verglichen mit einer bestimmten Klasse von Schätzern effizient ist.

Hierzu ein Beispiel: Wenn eine Verteilung in der Population symmetrisch ist, kann zur Schätzung des Populationsmittelwerts auch der Median herangezogen werden. Dies trifft z. B. auf Normalverteilungen zu. Bei einer einfachen Zufallsauswahl aus normalverteilten Populationen ist der Median ein konsistenter und erwartungstreuer Schätzer, wobei die Varianz der Wahrscheinlichkeitsverteilung des Median $0.5 \cdot \pi \cdot \sigma_X^2 / n$ beträgt (π steht hier für den Kreisparameter 3.14159). Daher gilt:

$$\text{MSE}(\tilde{x}) = \frac{\pi}{2} \cdot \frac{\sigma_X^2}{n} > \frac{\sigma_X^2}{n} = \text{MSE}(\overline{x}) \qquad (7.7)$$

Erläuterungen siehe Gleichung 3.2, 3.5 und 7.4.

Ist eine Variable in der Population normalverteilt, ist der Stichprobenmittelwert also ein effizienterer Schätzer des Populationsmittelwerts als der Stichprobenmedian.

7.2.4 Standardfehler

Unverzerrtheit und Konsistenz eines Schätzers lassen sich über den Erwartungswert und die Varianz der Kennwerteverteilung nachweisen. Bei Anwendungen eines Schätzers in der Sozialforschung ist vor allem die Varianz des Schätzers relevant. So mag ein Schätzer in einfachen Zufallsauswahlen zwar erwartungstreu sein, was bei Anteilen und Mittelwerten der Fall ist. Ist jedoch seine Varianz groß, dann ist es möglich, dass viele Schätzungen den zu schätzenden Parameterwert deutlich verfehlen. Da die Varianz nicht in der gleichen Einheit wie die zu schätzende Größe gemessen wird, wird anstelle der Varianz meist die Standardabweichung betrachtet. Die Standardabweichung der Wahrscheinlichkeitsverteilung eines Schätzers wird als *Standardschätzfehler* oder einfach als *Standardfehler* bezeichnet *(engl: standard error,* oft durch *SE* abgekürzt).

Die Standardfehler von Stichprobenmittelwerten, Stichprobenanteilen und Stichprobenhäufigkeiten ergeben sich aus den in Kapitel 5 und 6 vorgestellten Kennwerteverteilungen, wenn jeweils die Wurzel aus den Varianzen der Kennwerteverteilungen berechnet wird. So gilt für den Standardfehler eines Stichprobenmittelwerts in einfachen Zufallsauswahlen:

$$\sigma\left(\overline{x}\right) = \sigma_{\overline{x}} = \begin{cases} \sqrt{\dfrac{\sigma_X^2}{n}} = \dfrac{\sigma_X}{\sqrt{n}} & \text{mit Zurücklegen} \\[3mm] \sqrt{\dfrac{\sigma_X^2}{n} \cdot \dfrac{N-n}{N-1}} = \dfrac{\sigma_X}{\sqrt{n}} \cdot \sqrt{\dfrac{N-n}{N-1}} & \text{ohne Zurücklegen} \end{cases} \tag{7.8a}$$

Erläuterungen siehe Gleichung 6.15.

Für den Standardfehler eines Stichprobenanteils gilt in einfachen Zufallsauswahlen entsprechend:

$$\sigma\left(p_1\right) = \begin{cases} \sqrt{\dfrac{\pi_1 \cdot \left(1-\pi_1\right)}{n}} & \text{mit Zurücklegen} \\[3mm] \sqrt{\dfrac{\pi_1 \cdot \left(1-\pi_1\right)}{n} \cdot \dfrac{N-n}{N-1}} & \text{ohne Zurücklegen} \end{cases} \tag{7.8b}$$

Erläuterungen siehe Gleichung 6.3b.

Beim Standardfehler für absolute Häufigkeiten ist nicht nur zu beachten, ob es sich um eine einfache Zufallsauswahl mit oder ohne Zurücklegen handelt, sondern auch, ob der Stichprobenumfang festgelegt ist. Daher gibt es drei unterschiedliche Formeln für den Standardfehler einer absoluten Häufigkeit:

$$\sigma\left(n_1\right) = \begin{cases} \sqrt{n_1 \cdot \pi_1 \cdot \left(1-\pi_1\right)} & \begin{array}{l}\text{mit Zurücklegen} \\ \text{und vorgegebenem n}\end{array} \\ \sqrt{n_1 \cdot \pi_1 \cdot \left(1-\pi_1\right) \cdot \dfrac{N-n}{N-1}} & \begin{array}{l}\text{ohne Zurücklegen} \\ \text{und vorgegebenes n}\end{array} \\ \sqrt{\lambda} & \begin{array}{l}\text{bei nicht vorgegebener} \\ \text{Fallzahl}\end{array} \end{cases} \qquad (7.8c)$$

Erläuterungen siehe Gleichung 5.11, 6.16 bis 6.18.

7.3 Schätzer für Populationsvarianzen und Standardfehler

Die Formeln für die Standardfehler von Stichprobenmittelwerten, Stichprobenanteilen und absoluten Stichprobenhäufigkeiten in Gleichung 7.8a-c enthalten Populationsparameter, die nicht bekannt sind. In praktischen Anwendungen werden daher auch die Standardfehler eines Schätzers aus Stichprobendaten geschätzt.

7.3.1 Schätzer der Populationsvarianz und der Populationsstandardabweichung

Zur Berechnung des Standardfehlers für Stichprobenmittelwerte wird die in der Regel unbekannte Populationsvarianz benötigt. Entsprechend der Schätzung von Populationsmittelwerten und -anteilen kann auch die Stichprobenvarianz s_X^2 als Schätzer der Populationsvarianz σ_X^2 einer metrischen Variablen X genutzt werden. Die Stichprobenvarianz (vgl. Gleichung 3.19) ist jedoch in der Regel kein erwartungstreuer Schätzer:[6]

$$6 \;\; \mu\left(s_X^2\right) = \mu\left(\sum_{i=1}^{n}\left(x_i - \bar{x}\right)^2 / n\right) = \mu\left(\sum_{i=1}^{n}\left(X_i - \mu_x\right)^2 / n\right) - \left(\bar{x} - \mu_x\right)^2$$

$$= \frac{n \cdot \sigma_X^2}{n} - \frac{\sigma_X^2}{n} = \frac{n-1}{n} \cdot \sigma_X^2$$

$$\mu\left(s_X^2\right) = \mu\left(\frac{\sum_{i=1}^{n}\left(x_i - \overline{x}\right)^2}{n}\right) = \sigma_X^2 \cdot \left(\frac{n-1}{n}\right) \qquad (7.9)$$

wobei $\quad s_X^2, \sigma_X^2$ = Stichproben- und Populationsvarianz von X.

Die Verzerrung $(n-1)/n$ ist kleiner 1, sodass die Stichprobenvarianz die Populationsvarianz unterschätzt. Die Varianz einer metrischen Variablen ist in der Population größer als die Varianz in einer einfachen Zufallsauswahl aus dieser Population. Mit steigender Fallzahl wird die Verzerrung allerdings immer kleiner. Der Standardfehler (bzw. die Varianz der Kennwerteverteilung) der Stichprobenvarianz wird ebenfalls mit steigender Fallzahl immer kleiner.[7] Somit ist auch die Stichprobenvarianz ein *konsistenter und asymptotisch erwartungstreuer Schätzer* der Populationsvarianz.

Da die Höhe der Verzerrung bekannt ist, lässt sich ein in einfachen Zufallsauswahlen erwartungstreuer Schätzer der Populationsvarianz berechnen, indem die Stichprobenvarianz mit dem Kehrwert der Verzerrung multipliziert wird. Der erwartungstreue Schätzer der Populationsvarianz wird als *geschätzte Populationsvarianz* bezeichnet:

Eine Ausnahme ergibt sich bei einer 0/1-kodierten dichotomen Variablen X:

$$\mu\left(s_X^2\right) = \mu\left(\sum_{i=1}^{n}\left(x_i - \pi_1\right)^2/n - \left(p_1 - \pi_1\right)^2\right)$$

$$= \mu\left(\left(\frac{n_1}{n} + \frac{n \cdot \pi_1^2}{n} - \frac{2 \cdot n_1 \cdot \pi_1}{n}\right) - \left(p_1^2 + \pi_1^2 - 2 \cdot p_1 \cdot \pi_1\right)\right)$$

$$= \mu\left(p_1 + \pi_1^2 - 2 \cdot \pi_1 \cdot p_1 - p_1^2 - \pi_1^2 + 2 \cdot \pi_1 \cdot p_1\right) = \mu\left(p_1 - p_1^2\right) = \pi_1 - \pi_1^2 = \sigma_X^2$$

da hier $\bar{x} = p_1$; $\mu_x = \pi_1$ und $\sigma_x^2 = \pi_1 \cdot (1-\pi_1) = \pi_1 - \pi_1^2$.

7 Die Kennwerteverteilung und damit auch der Standardfehler der Varianz hängen von der Verteilung der betrachteten Variablen in der Population ab.

$$\hat{\sigma}_X^2 = \frac{n}{n-1} \cdot s_X^2 = \frac{SS_X}{n-1} = \frac{1}{n-1} \cdot \sum_{i=1}^{n} \left(x_i - \overline{x} \right)^2 \qquad (7.10)$$

wobei $\hat{\sigma}_X^2$ = in einfachen Zufallsauswahlen aus den Stichprobendaten geschätzte Populationsvarianz.
Weitere Erläuterungen siehe Gleichung 3.19.

Die *geschätzte Standardabweichung* in der Population ist die positive Quadratwurzel der geschätzten Populationsvarianz:

$$\hat{\sigma}_X = \sqrt{\hat{\sigma}_X^2} = \sqrt{\frac{1}{n-1} \cdot \sum_{i=1}^{n} \left(x_i - \overline{x} \right)^2} \qquad (7.11)$$

wobei $\hat{\sigma}_X$ = geschätzte Populationsstandardabweichung.

Obwohl die geschätzte Populationsvarianz ein erwartungstreuer
Schätzer ist, gilt dies nicht für die geschätzte Populationsstandardabweichung.[8] Zudem gibt es keinen einfachen Korrekturfaktor, um aus der Stichprobenstandardabweichung einen erwartungstreuen Schätzer für die Standardabweichung in der
Population zu erhalten.
Die Verteilung der Stichprobenvarianz hängt von der Verteilung
der Ausgangsvariablen X in der Population ab, sodass es keine
generelle Kennwerteverteilung für Stichprobenvarianzen gibt.
Aus dem zentralen Grenzwertsatz folgt zwar, dass auch die Stichprobenvarianz und die geschätzte Populationsvarianz asymptotisch normalverteilt sind. Die hinreichende Annäherung an die
Normalverteilung setzt jedoch eine so große Fallzahl voraus,
dass sie als Kennwerteverteilung für Varianzen kaum verwendet
wird.

---

8 Die Wurzel aus der geschätzten Populationsvarianz ist zwar ein konsistenter, aber
nur asymptotisch erwartungstreuer Schätzer der Populationsvarianz.

7.3.2 Schätzer von Standardfehlern für Mittelwerte und Anteile

Geschätzter Standardfehler eines Stichprobenmittelwerts

Durch Einsetzen der geschätzten Populationsvarianz in die Formeln für den Standardfehler eines Stichprobenmittelwerts (7.8a) ergibt sich der *geschätzte Standardfehler* für einen Stichprobenmittelwert in einfachen Zufallsauswahlen:

$$\hat{\sigma}(\overline{x}) = \begin{cases} \sqrt{\dfrac{\sum\limits_{i=1}^{n}(x_i - \overline{x})^2}{n \cdot (n-1)}} = \dfrac{\hat{\sigma}_X}{\sqrt{n}} = \dfrac{s_X}{\sqrt{n-1}} & \text{mit Zurücklegen} \\[4ex] \dfrac{\hat{\sigma}_X}{\sqrt{n}} \cdot \sqrt{\dfrac{N-n}{N-1}} = \dfrac{s_X}{\sqrt{n-1}} \cdot \sqrt{\dfrac{N-n}{N-1}} & \text{ohne Zurücklegen} \end{cases} \qquad (7.12)$$

wobei $\hat{\sigma}(\overline{x})$ = geschätzter Standardfehler des Stichprobenmittelwerts.

Die Verwendung des geschätzten Standardfehlers anstelle des auf der Populationsvarianz basierenden tatsächlichen Standardfehlers kann für die Anwendung der Normalverteilung als asymptotisch gültige Kennwerteverteilung von Stichprobenmittelwerten genutzt werden, wobei die Annäherung i. A. hinreichend genau ist, wenn $n > 30$.

Geschätzter Standardfehler eines Stichprobenanteils

Die Standardfehler von Stichprobenanteilen weisen die Besonderheit auf, dass der durch einen Stichprobenanteil geschätzte Populationsanteil auch den Standardfehler bestimmt. Bei hinreichend großen Stichprobenumfängen wird der Stichprobenanteil p_1 zur Schätzung des Populationsanteils π_1 verwendet:

$$\hat{\sigma}(p_1) = \begin{cases} \sqrt{\dfrac{p_1 \cdot (1-p_1)}{n}} & \text{mit Zurücklegen} \\[3mm] \sqrt{\dfrac{p_1 \cdot (1-p_1)}{n} \cdot \dfrac{N-n}{N-1}} & \text{ohne Zurücklegen} \end{cases} \qquad (7.13a)$$

wobei $\hat{\sigma}(p_1)$ = geschätzter Standardfehler des Stichproben- anteils.

Die Schätzung ist i. A. hinreichend genau, wenn für den Stich- probenumfang gilt: n>60. Bei kleineren Fallzahlen kann die Ei- genschaft einer binären Variablen genutzt werden, dass das Ma- ximum ihrer Varianz bei $\pi_1 = 0.5$ erreicht wird und dann 0.25 beträgt. Setzt man diesen Maximalwert in Gleichung 7.13a bzw. 7.8b ein, folgt:

$$\hat{\sigma}(p_1) \leq \begin{cases} \dfrac{0.5}{\sqrt{n}} & \text{mit Zurücklegen} \\[3mm] \dfrac{0.5}{\sqrt{n}} \cdot \sqrt{\dfrac{N-n}{N-1}} & \text{ohne Zurücklegen} \end{cases} \qquad (7.13b)$$

Auch bei Verwendung der geschätzten Standardfehler wird die Normalverteilung als asymptotische Kennwerteverteilung für Stichprobenanteile genutzt, wobei die Anwendungsbedingungen $n \cdot p_1/(1-p_1)>9$ und $n \cdot (1-p_1)/p_1>9$ bzw. $n \cdot p_1 \cdot (1-p_1)>25$ erfüllt sein sollten.

7.4 Intervallschätzung

Von *Punktschätzung* spricht man, wenn die Realisation eines Schätzers als konkrete Schätzung des unbekannten Werts eines Populationsparameters verwendet wird. Es ist allerdings sehr unwahrscheinlich, dass eine einzelne Schätzung exakt mit dem unbekannten Populationsparameter übereinstimmt.

Da der gesuchte Wert oft nur in der Nähe der Schätzung liegt, kann es sinnvoll sein, statt eines exakten Werts ein Intervall anzugeben, das den gesuchten Wert vermutlich enthält. Statt von Punktschätzung spricht man dann von *Intervallschätzung*. Bei der Intervallschätzung werden sogenannte *Konfidenzintervalle* für den unbekannten Populationsparameter berechnet.

7.4.1 Logik, Interpretation und Berechnung von Konfidenzintervallen

Wenn θ ein beliebiger zu schätzender Populationsparameter ist und $\hat{\theta}$ ein konsistenter Schätzer, dann kann um den Median der Kennwerteverteilung ein Intervall berechnet werden, dessen Intervallgrenzen das $(\alpha/2)$- und das $(1-\alpha/2)$-Quantil der Kennwerteverteilung des Schätzers sind und in das dann mit einer Wahrscheinlichkeit von $1-\alpha$ alle Realisierungen des Schätzers fallen:

$$\Pr\left(Q_{\alpha/2;f(\hat{\theta})} \leq \hat{\theta} \leq Q_{1-\alpha/2;f(\hat{\theta})}\right) = 1-\alpha \qquad (7.14)$$

wobei $\hat{\theta}$ = Schätzer des Populationsparameters θ

$f(\hat{\theta})$ = Kennwerteverteilung des Schätzers $\hat{\theta}$

$Q_{\alpha/2;f(\hat{\theta})}, Q_{1-\alpha/2;f(\hat{\theta})}$ = Wert des $\alpha/2$- bzw. $(1-\alpha/2)$-Quantils der Kennwerteverteilung des Schätzers.

Wenn die (asymptotische) Kennwerteverteilung $f(\hat{\theta})$ des Schätzers um den zu schätzenden Populationsparameter normalverteilt ist, dann ist der Median des Schätzers gleichzeitig der Erwartungswert der Kennwerteverteilung und zudem gleich dem zu schätzenden unbekannten Parameter. Die Intervallgrenzen aus Gleichung 7.14 berechnen sich dann über Gleichung 6.9 als:

$$Q_{\alpha/2;f(\hat{\theta})} = z_{\alpha/2} \cdot \hat{\sigma}\left(\hat{\theta}\right) + \theta \text{ und } Q_{1-\alpha/2;f(\hat{\theta})} = z_{1-\alpha/2} \cdot \hat{\sigma}\left(\hat{\theta}\right) + \theta \qquad (7.15)$$

wobei $\hat{\sigma}\left(\hat{\theta}\right)$ = geschätzter Standardfehler der Kennwerteverteilung des Schätzers.

Erläuterungen siehe Gleichung 6.9 und 6.13b.

Durch Umformen kann dann ein Intervall um einen Schätzer $\hat{\theta}$ berechnet werden, das mit einer Wahrscheinlichkeit von $1-\alpha$ den unbekannten Populationsparameter θ *enthält*:

$$\Pr\left(\hat{\theta} + z_{\alpha/2} \cdot \hat{\sigma}\left(\hat{\theta}\right) \le \theta \le \hat{\theta} + z_{1-\alpha/2} \cdot \hat{\sigma}\left(\hat{\theta}\right)\right)$$
$$= \Pr\left(\hat{\theta} - z_{1-\alpha/2} \cdot \hat{\sigma}\left(\hat{\theta}\right) \le \theta \le \hat{\theta} + z_{1-\alpha/2} \cdot \hat{\sigma}\left(\hat{\theta}\right)\right) = 1 - \alpha \qquad (7.16)$$

Erläuterungen siehe Gleichung 7.13 und 7.14.

Ein so berechnetes Intervall wird als *Konfidenzintervall* bezeichnet und symbolisiert durch:[9]

$$\text{c.i.}\left(\theta\right) = \hat{\theta} \pm z_{\alpha/2} \cdot \hat{\sigma}\left(\hat{\theta}\right) = \hat{\theta} \pm z_{1-\alpha/2} \cdot \hat{\sigma}\left(\hat{\theta}\right) \qquad (7.17)$$

wobei $\text{c.i.}\left(\theta\right)$ = Konfidenzintervall für einen Populationsparameter θ.

Ein Konfidenzintervall einer konkreten Stichprobe ist eine Realisierung der Zufallsvariablen «Konfidenzintervall». Bei der Interpretation von $1-\alpha$ Konfidenzintervallen ist *grundsätzlich zu beachten*, dass *nicht* der Populationsmittelwert mit einer Wahrscheinlichkeit von $1-\alpha$ im Konfidenzintervall liegt, sondern dass das Konfidenzintervall den Populationsparameter mit einer Wahrscheinlichkeit von $1-\alpha$ *enthält*. Dies wird in Abbildung 7.1 am Beispiel von 100 Stichproben mit je $n = 500$ Fällen aus einer normalverteilten Population mit dem Populationsparameter $\mu_X = 5$ und einer Varianz $\sigma_X^2 = 1$ deutlich. Für jede der 100 Stichproben wurde ein Konfidenzintervall berechnet. Von den 100 Konfidenzintervallen enthalten 91 den Populationswert, neun dagegen nicht.

---

9 Im Prinzip lassen sich beliebige andere Intervalle berechnen, die ebenfalls 90 % der Realisierungen enthalten, z. B. bei Verwendung des 1 %-Quantils als Untergrenze und des 91 %-Quantils als Obergrenze. Für die Intervallschätzung empfiehlt es sich, möglichst kleine Intervalle zu wählen. Bei symmetrischen unimodalen Verteilungen ist dies immer das Intervall, das mit gleichen Abständen um den Erwartungswert (gleichzeitig Median) der Verteilung liegt.

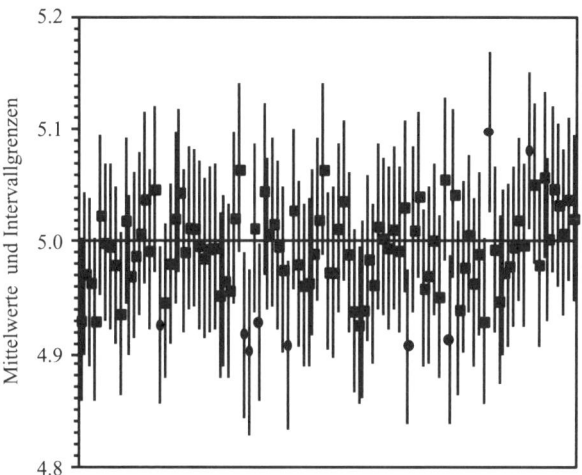

Daten: 100 Zufallsstichproben aus N(5;1) des Umfangs n=500

Ob der Populationsmittelwert tatsächlich in einem Konfidenzintervall liegt oder nicht, bleibt in der Realität grundsätzlich unbekannt. Mit 90% ist im Beispiel die Wahrscheinlichkeit recht hoch, dass ein konkretes Intervall den Populationsmittelwert enthält.[10] Diese Wahrscheinlichkeit ist die sogenannte *Vertrauenswahrscheinlichkeit* $1-\alpha$ und beträgt im Beispiel $1-\alpha = 90\%$. Umgekehrt wird die Wahrscheinlichkeit, dass ein Intervall den Populationswert *nicht enthält*, als *Irrtumswahrscheinlichkeit* bezeichnet und durch den kleinen griechischen Buchstaben α (alpha) gekennzeichnet. Im Beispiel beträgt die Irrtumswahrscheinlichkeit 10%, nämlich 5% auf jeder Seite des Konfidenzintervalls.

10 Genau genommen gilt die Wahrscheinlichkeit von 90% nur vor der Ziehung der Stichprobe. Wenn die Daten erst einmal realisiert sind, dann enthält ein aus diesen Daten berechnetes Konfidenzintervall den Populationsparameter oder es enthält ihn nicht. Da aber auch ex-post (nach der Ziehung der Stichprobe) unbekannt ist, welche der beiden Möglichkeiten tatsächlich aufgetreten ist, ist die Aussage sinnvoll, dass das konkrete Intervall den gesuchten Wert mit einer Wahrscheinlichkeit von 90% enthält.

Die Berechnung eines Konfidenzintervalls für eine Stichprobenstatistik erfolgt in drei Schritten:

Schritt 1: Auswahl einer geeigneten Stichprobenstatistik
Im ersten Schritt ist eine Stichprobenstatistik auszuwählen, deren Kennwerteverteilung möglichst eine unimodale und symmetrische Verteilung um den zu schätzenden Populationsparameter ist[11].

Schritt 2: Festlegung der Irrtumswahrscheinlichkeit
Im zweiten Schritt wird die Vertrauenswahrscheinlichkeit $1-\alpha$ bzw. die Irrtumswahrscheinlichkeit α festgelegt. In der Sozialforschung werden in der Regel Irrtumswahrscheinlichkeiten von $\alpha = 5\%$ oder von $\alpha = 1\%$ akzeptiert und entsprechend 95%- oder 99%-Konfidenzintervalle berechnet. Bei dieser prinzipiell willkürlichen Festlegung ist zu beachten, dass mit einer kleinen Irrtumswahrscheinlichkeit zwar die Chance von Fehlern sinkt, gleichzeitig jedoch die Länge (Breite) eines Konfidenzintervalls zunimmt. Ein sehr langes Konfidenzintervall hat aber kaum Aussagekraft.

Schritt 3: Berechnung der Intervallgrenzen
Nach der Festlegung der Irrtumswahrscheinlichkeit α kann das Intervall nach Gleichung 7.17 berechnet werden. Dazu werden die Quantilwerte der Kennwerteverteilung der Stichprobenstatistik benötigt und in Gleichung 7.17 eingesetzt.

Kennwerteverteilungen von konsistenten und (asymptotisch) erwartungstreuen Schätzern sind sehr oft unimodal um den zu schätzenden Parameter verteilt. Da mit steigender Fallzahl in der Stichprobe die Standardfehler sinken, sinken dann auch die Längen der Konfidenzintervalle. Bei gleichbleibender Irrtums-

---

11 Dies stellt sicher, dass das berechnete Konfidenzintervall eine minimale Länge hat. Je geringer die Länge eines Intervalls bei konstanter Irrtumswahrscheinlichkeit ist, desto effizienter ist die Intervallschätzung.

wahrscheinlichkeit werden die Schätzungen somit präziser. Umgekehrt steigt die Länge eines Konfidenzintervalls, je größer die Vertrauenswahrscheinlichkeit ist, dass ein Intervall den gesuchten Wert enthält. Mit sinkender Irrtumswahrscheinlichkeit sinkt die Präzision eines Schätzers. Insbesondere bei kleinen Stichproben ist es daher oft sinnvoll, eine etwas größere Irtumswahrscheinlichkeit, z. B. $\alpha = 10\%$ zu wählen.

7.4.2 Konfidenzintervalle für Populationsanteile

Stichprobenanteile sind in einfachen Zufallsauswahlen konsistente, erwartungstreue und asymptotisch normalverteilte Schätzer von Populationsanteilen. Mit Hilfe ihrer Kennwerteverteilung ist es daher möglich, Konfidenzintervalle für Populationsanteile zu berechnen. Die Berechnung erfolgt nach Gleichung 7.17. Zu bedenken ist dabei nur, welcher Standardfehler verwendet wird und ob die asymptotische Annäherung hinreichend genau ist. Die Grenzen des $(1-\alpha)$-Konfidenzintervalls eines Popualtionanteils π_1 berechnen sich in einfachen Zufallsauswahlen nach:[12]

$$\lim_{n \to \infty} \left(c.i.(\pi_1)\right) = p_1 \pm z_{1-\alpha/2} \cdot \hat{\sigma}(p_1) = p_1 \pm z_{1-\alpha/2} \cdot \sqrt{\frac{p_1 \cdot (1-p_1)}{n}} \quad (7.18)$$

wobei   c.i.(π_1) = Konfidenzintervall für einen Populationsanteil π_1.

Weitere Erläuterungen siehe Gleichung 7.13b.

Gleichung 7.18 sollte nur verwendet werden, wenn $n > 60$ und $n \cdot p_1/(1-p_1) > 9$ und $n \cdot (1-p_1)/p_1 > 9$.

---

12 Die Berechnungsformel für das Konfidenzintervall in Gleichung 7.18 basiert auf einfachen Zufallsauswahlen mit Zurücklegen. Bei Stichproben ohne Zurücklegen und relativ zum Stichprobenumfang kleinen Populationen $n/N \geq 0.05$ sollte der Korrekturfaktor $(N-n)/(N-1)$ bei der Berechnung des geschätzten Standardfehlers verwendet werden. Da das Konfidenzintervall aber nur asymptotisch gilt, setzen Anwendungen sowohl große Stichprobenumfänge als auch sehr große Populationen voraus.

Ist nur die erste Bedingung n>60 verletzt, kann anstelle des geschätzten Standardfehlers aus Gleichung 7.13a auch der maximale Standardfehler aus Gleichung 7.13b zur Berechnung von Gleichung 7.18 verwendet werden. Der Standardfehler wird dann tendenziell überschätzt und das Konfidenzintervall ist möglicherweise ein wenig zu lang. Es besteht dann allerdings eine größere Chance, dass die so berechneten Konfidenzintervalle den zu schätzenden Populationsanteil tatsächlich enthalten. In der Statistik bezeichnet man ein solches Vorgehen als vorsichtiges oder *konservatives Schätzen*.

Als Beispiel wird ein 99%-Konfidenzintervall für einen Populationsanteil für eine einfache Zufallsauswahl *ohne Zurücklegen* von $n = 100$ Fällen aus $N = 100,000$ Fällen berechnet, in der ein Stichprobenanteil von $p_1 = 0.6$ ($= 60 / 100$) realisiert wurde. Da $n / N = 0.001 < 0.05$, kann auf den Korrekturfaktor $(N-n)/(n-1)$ verzichtet werden. Bei einer Vertrauenswahrscheinlichkeit von 99% bzw. einer Irrtumswahrscheinlichkeit von nur 1% betragen die Z–Werte (Quantilwerte der Standardnormalverteilung) $z_{\alpha/2} = z_{0.005} = -z_{0.995}$ und $z_{1-\alpha/2} = z_{0.995} = 2.576$. Die Intervallgrenzen berechnen sich dann nach:

$$c.i.(\pi_1) = 0.6 \pm 2.576 \cdot \sqrt{\frac{0.6 \cdot 0.4}{100}} = 0.6 \pm 0.126 = [0.474, 0.726]$$

Bei einer Irrtumswahrscheinlichkeit von 1% ist damit zu rechnen, dass das Intervall zwischen 0.47 und 0.73 den Populationsanteil vermutlich enthält. Das Konfidenzintervall ist relativ lang und damit nicht sehr informativ. Wird die Irrtumswahrscheinlichkeit auf 10% heraufgesetzt, beträgt $z_{\alpha/2} = z_{0.05} = -z_{0.95}$ und $z_{1-\alpha/2} = z_{0.95} = 1.645$. Die Grenzen des 90%-Konfidenzintervalls betragen dann:

$$c.i.(\pi_1) = 0.6 \pm 1.645 \cdot \sqrt{\frac{0.6 \cdot 0.4}{100}} = 0.6 \pm 0.081 = [0.52, 0.68]$$

Das Konfidenzintervall wird zwar kürzer, ist aber immer noch lang. Immerhin kann bei einem Fehlschlussrisiko von 10% davon ausgegangen werden, dass der Populationsanteil über 0.5 oder 50% liegt.

Bei kleinen Stichprobenfallzahlen sind die Anwendungsvoraussetzungen für die asymptotische Annäherung an die Normalverteilung nicht erfüllt. Dann können als Alternative auch die Quantilwerte für das $\alpha/2$- und das $(1-\alpha/2)$-Quantil der Binomialverteilung (Gleichung 5.5) bzw. der hypergeometrischen Verteilung (Gleichung 5.8) berechnet werden, wobei hier im Sinne eines konservativen Vorgehens die Quantilwerte auf einem Populationsanteil von $\pi_1 = N_1/N = 0.5$ basieren.[13]

7.4.3 Konfidenzintervalle für Populationsmittelwerte

Die Berechnung eines Konfidenzintervalls für einen Populationsmittelwert erfolgt nach Gleichung 7.17, wobei der geschätzte Standardfehler aus Gleichung 7.12 verwendet wird:[14]

$$
\begin{aligned}
\lim_{n\to\infty}\left(c.i.(\mu_X)\right) &= \overline{x} \pm z_{1-\alpha/2} \cdot \hat{\sigma}_{\overline{x}} = \overline{x} \pm z_{1-\alpha/2} \cdot \sqrt{\frac{\sum_{i=1}^{n}\left(x_i - \overline{x}\right)^2}{n\cdot(n-1)}} \\
&= \overline{x} \pm z_{1-\alpha/2} \cdot \frac{\hat{\sigma}_X}{\sqrt{n}} = \overline{x} \pm z_{1-\alpha/2} \cdot \frac{s_X}{\sqrt{n-1}}
\end{aligned}
\tag{7.19}
$$

Erläuterungen siehe Gleichung 7.12 und 7.17.

Die Annäherung an die Normalverteilung gilt als hinreichend genau, wenn $n>30$.

Ist die interessierende Variable X in der Population normalverteilt, dann ist auch die Wahrscheinlichkeitsverteilung von Stichprobenmittelwerten unabhängig von der Stichprobenfall-

---

13 Da in Statistikbüchern die Quantilanteile und -werte dieser beiden Verteilungen oft nicht aufgeführt sind, kann die Berechnung der Quantilwerte mit Computerprogrammen wie SPSS oder STATA erfolgen.

14 Bei relativ zum Stichprobenumfang kleinen Populationen $n/N \geq 0.05$ ist wiederum der Korrekturfaktor $(N-n)/(N-1)$ zu verwenden.

zahl stets normalverteilt. Wird jedoch anstelle des korrekten Standardfehlers 7.8a der geschätzte Standardfehler aus 7.12 verwendet, dann gilt trotz normalverteilter Variable X das Konfidenzintervall nur asymptotisch bei hinreichend großen Fallzahlen.

Die T-Verteilung

In dieser Situation ermöglicht die Verwendung der sog. T-Verteilung die Berechnung exakter Konfidenzintervalle. Bei einer normalverteilten Variablen X ist für einfache Zufallsauswahlen die T-Verteilung folgendermaßen definiert[15]:

wenn $X \sim N\left(\mu_X ; \sigma_X^2\right)$ dann:

$$T = \frac{\overline{x} - \mu_X}{\hat{\sigma}_X / \sqrt{n}} = \frac{\overline{x} - \mu_X}{\sqrt{\dfrac{\displaystyle\sum_{i=1}^{n} \left(x_i - \overline{x}\right)^2}{n \cdot (n-1)}}} \sim T_{df = n-1} \qquad (7.20)$$

wobei $T_{df = n-1}$ = Dichte der T-Verteilung mit $df = n-1$ Freiheitsgraden.

Weitere Erläuterungen siehe Gleichung 7.11 und 7.12.

Die *T-Verteilung* ist wie die Standardnormalverteilung unimodal und symmetrisch um den Median und Erwartungswert null verteilt, hat aber eine größere Streuung.[16] Dies hat zur Folge, dass die Quantilwerte der T-Verteilung bei gleicher Quantilwahrscheinlichkeit weiter vom Mittelwert null entfernt sind als die entsprechenden Quantilwerte der Standardnormalverteilung. Die T-Verteilung hat einen Parameter, der als *Freiheitsgrad*

---

15 Hinweis: Der Ausdruck «T-Wert» wird oft auch generell für den Quotienten aus einem Schätzer und seinem Standardfehler verwendet, auch wenn dieser Quotient in der Regel nicht T-verteilt, sondern asymptotisch normalverteilt ist.

16 Bei df>1 ist der Erwartungswert null, bei df=1 ist er nicht berechenbar. Ähnlich ist auch die Varianz einer T-Verteilung erst ab df=3 Freiheitsgraden mit $\sigma^2(T_{df}) = df / (df-2)$ definiert.

Abbildung 7.2: **Wahrscheinlichkeitsdichten von T-Verteilungen**

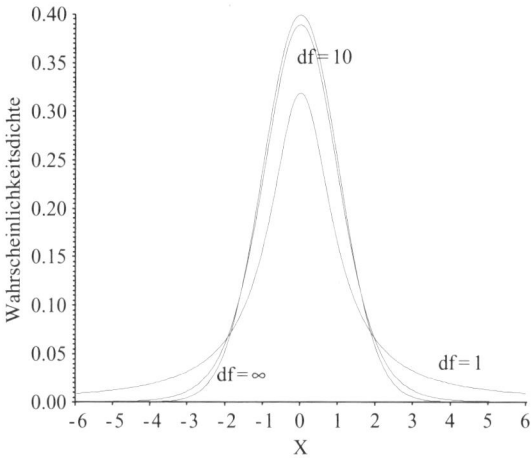

(engl: degree of freedom, df) bezeichnet wird.[17] Mit steigender Zahl der Freiheitsgrade (also mit zunehmender Stichprobenfallzahl) nähert sich die T-Verteilung asymptotisch der Standardnormalverteilung an, sodass $T_{df=\infty} = N(0,1)$.

Ähnlich wie für die Standardnormalverteilung sind auch für die T-Verteilung die wichtigsten Quantilanteile und Quantilwerte in einer Tabelle wiedergegeben (Anhang Tabelle A2). Aus dieser Tabelle ist abzulesen, dass z.B. das 95%-Quantil der T-Verteilung mit 60 Freiheitsgraden den Quantilwert 1.671 aufweist. Die Quantilwerte der T-Verteilung mit df = ∞ Freiheitsgraden sind die Quantile der Standardnormalverteilung.

---

17 Die Bezeichnung «Freiheitsgrad» ergibt sich dadurch, dass der Parameter über die Anzahl der Werte informiert, die bei der Berechnung unabhängig voneinander variieren können. So basiert die Berechnung der geschätzten Populationsvarianz auf der Kenntnis des Stichprobenmittelwerts, wodurch ein Freiheitsgrad verloren geht: Bei n Fällen gibt es n unabhängige Summanden, die in die Berechnung des Mittelwerts eingehen. Ist der Mittelwert berechnet, dann können nur noch n−1 Summanden unabhängig variieren, der n-te Summand kann aus den Werten der übrigen Summanden berechnet werden, denn der Mittelwert steht ja fest. Die T-Verteilung hat daher n−1 Freiheitsgrade.

Da T-Verteilungen um null symmetrisch verteilt sind, können aus der Tabelle auch Quantilwerte mit Wahrscheinlichkeiten <50% abgelesen werden. So ist der Quantilwert des 5%-Quantils einer T-Verteilung mit df = 60, –1-mal dem Wert $T_{0.95;df=60} = 1.671$ des 95%-Quantils, also $T_{0.05;df=60} = -1.671$. Ab etwa df>30 unterscheiden sich die Quantilwerte der T-Verteilung kaum noch von denen der Standardnormalverteilung.

Konfidenzintervalle für Populationsmittelwerte bei Nutzung der T-Verteilung

Um bei normalverteilter Variable X ein nicht nur asymptotisches Konfidenzintervall, sondern ein exaktes Konfidenzintervall zu berechnen, werden in Gleichung 7.19 statt der Quantile der Standardnormalverteilung die Quantile der T-Verteilung mit df = n–1 Freiheitsgraden verwendet:

$$c.i.(\mu_X) = \overline{x} \pm T_{1-\alpha/2;df=n-1} \cdot \sqrt{\frac{\sum_{i=1}^{n}(x_i - \overline{x})^2}{n \cdot (n-1)}} \tag{7.21}$$

$$= \overline{x} \pm T_{1-\alpha/2;df=n-1} \cdot \frac{\hat{\sigma}_X}{\sqrt{n}} = \overline{x} \pm T_{1-\alpha/2;df=n-1} \cdot \frac{s_X}{\sqrt{n-1}}$$

wobei $T_{1-\alpha/2;\ df=n-1}$ = $(1-\alpha/2)$-Quantil der T-Verteilung mit df = n–1 Freiheitsgraden.

Weitere Erläuterungen siehe Gleichung 7.19 und 7.20.

Da Konfidenzintervalle, die über die T-Verteilung berechnet werden, länger sind als Konfidenzintervalle mit gleicher Irrtumswahrscheinlichkeit, die auf der Standardnormalverteilung beruhen, wird im Sinne eines vorsichtigen oder konservativen Schätzens auch dann die T-Verteilung verwendet, wenn die Verteilung eines Merkmals X in der Population unbekannt oder nicht normalverteilt ist. Das konservative Schätzen wird insbesondere auch dann verwendet, wenn die Stichprobe sehr klein (n<30) und die asymptotische Annäherung an die Normalverteilung nicht garantiert ist.

Als Beispiel wird ein 95%-Konfidenzintervall für das Haushaltseinkommen der westdeutschen Befragten aus dem Allbus 2008 berechnet. Das Durchschnittseinkommen von n = 700 Befragten, die zum eigenen Einkommen Angaben machten, beträgt $\bar{x} = 1952.45\,€$ bei einer Standardabweichung in der Stichprobe von $s_X = 1136.92\,€$. Bei Berechnung der Intervallgrenzen nach Gleichung 7.19 wird der Quantilwert des 2.5%- bzw. des 97.5%-Quantils der Standardnormalverteilung benötigt, $\pm z_{0.975} = \pm 1.96$. Die Grenzen des 95%-Konfidenzintervalls berechnen sich dann nach:

$$\text{c.i.}(\mu_X) = \bar{x} \pm z_{1-\alpha/2} \cdot \frac{s_X}{\sqrt{n-1}} = 1952.45 \pm 1.96 \cdot \frac{1136.92}{\sqrt{700-1}}$$
$$= 1952.45 \pm 84.28 = \left[1868.17, 2036.73\right]$$

Das mittlere Einkommen westdeutscher Befragter lag 2008 vermutlich zwischen 1868 € und 2037 €. Statistisch korrekt formuliert: Mit einer Irrtumswahrscheinlichkeit von 5% ist damit zu rechnen, dass das Intervall von 1868 € bis 2037 € das durchschnittliche Haushaltseinkommen in der Population enthält.

Wird anstelle der Standardnormalverteilung nach Gleichung 7.21 die T-Verteilung herangezogen, wird der Quantilwert für das 97.5%-Quantil der T-Verteilung mit df = 1023 Freiheitsgraden benötigt. Aus der Tabelle A2 mit den Quantilwerten der T-Verteilung im Anhang ist zu entnehmen, dass bei df = 120 der T-Wert $T_{0.975;df=120} = 1.98$ beträgt und bei df = ∞ gleich 1.96. Der exakte Wert liegt dazwischen. Wird im Sinne eines konservativen Schätzens anstelle des Werts $T_{0.975;\,df=\infty} = 1.96$ der Wert $T_{0.975;\,df=120} = 1.98$ verwendet, dann verschieben sich die Intervallgrenzen nur geringfügig von 1952.45±84.28 auf 1952.45±85.14.

7.5. Konfidenzintervalle für Mittelwert- und Anteilsdifferenzen

In vielen statistischen Anwendungen ist man nicht an der Schätzung eines einzelnen Populationsparameters interessiert, sondern an der Schätzung mehrerer Parameter, die verglichen werden sollen. Dabei geht es vor allem um Schätzungen der Differenzen von Mittelwerten oder Anteilen. Ein Beispiel ist die Schätzung der durchschnittlichen Differenz des Einkommens zwischen Männern und Frauen in der Bundesrepublik.

Der Einkommensunterschied zwischen Männern und Frauen in der Population ist die Differenz zwischen zwei Populationsparametern, die als eine lineare Funktion der Schätzer darstellbar ist. In der Sozialforschung wird eine lineare Funktion von Schätzern auch als *linearer Kontrast* bezeichnet. Wenn θ_1, θ_2, ..., θ_K Populationsparameter sind, z. B. die Mittelwerte von K Variablen in einer Population, die durch $\hat{\theta}_1$, $\hat{\theta}_2$, ..., $\hat{\theta}_K$ geschätzt werden, dann ist (nach Gleichung 5.22a) ein linearer Kontrast C eine lineare Funktion der K Schätzer:

$$C = \beta_0 + \beta_1 \cdot \hat{\theta}_1 + \beta_2 \cdot \hat{\theta}_2 + ... + \beta_K \cdot \hat{\theta}_K \qquad (7.22)$$

wobei $\beta_1 ... \beta_K$ = Koeffizienten des linearen Kontrasts C.

Wenn alle Schätzer (asymptotisch) normalverteilt sind, dann ist auch der Kontrast C (asymptotisch) normalverteilt, wobei sich dessen Erwartungswert und Varianz nach Gleichung 5.22b und 5.22c berechnen lassen.

Ist im Beispiel des Einkommensunterschieds zwischen Männern und Frauen X_1 das Einkommen der Männer und X_2 das Einkommen der Frauen, dann ist die Differenz $C = \bar{x}_1 - \bar{x}_2$ ein linearer Kontrast mit den Koeffizienten $\beta_0 = 0$, $\beta_1 = 1$ und $\beta_2 = -1$. Da die beiden Mittelwerte erwartungstreue Schätzer der Populationsmittelwerte des Einkommens von Männern und Frauen sind, ist der Erwartungswert des Kontrasts die Differenz der Populationsmittelwerte von Männern und Frauen (vgl. Gleichung 5.22b):

$$\mu\,(C) = \beta_0 + \beta_1 \cdot \mu_1 + \beta_2 \cdot \mu_2 = 0 + 1 \cdot \mu_1 + (-1) \cdot \mu_2 \qquad (7.23)$$

$$= \mu_1 - \mu_2$$

wobei μ_1, μ_2 = Populationsmittelwerte der Variablen X_1 und X_2.

Der Kontrast C kann daher zur Schätzung der Differenz zweier Mittelwerte verwendet werden.

Da beide Mittelwerte asymptotisch normalverteilt sind, ist auch die Differenz asymptotisch normalverteilt. Bei der Berechnung des Standardfehlers der Kennwerteverteilung des Kontrasts, der einen *Gruppenvergleich* (im Beispiel zwischen Männern und Frauen) darstellt, ist zu beachten, ob die Teilgruppen abhängig oder unabhängig sind. In *abhängigen Stichproben* beziehen sich X_1 und X_2 auf die (gleichen) Fälle *einer* Stichprobe. Sind die Untersuchungseinheiten Paare und ist X_1 das Einkommen des männlichen und X_2 das Einkommen des weiblichen Partners, dann basiert der Einkommensvergleich auf *einer* Fallzahl.

Untersuchungseinheiten in der Umfrageforschung sind aber meistens einzelne Individuen und nicht Paare oder Haushalte. Da die Individuen unabhängig voneinander ausgewählt werden, kann für den Einkommensvergleich die Gesamtstichprobe in zwei Teilstichproben (Gruppen) von männlichen und weiblichen Befragten aufgeteilt werden und für jede Gruppe getrennt der Mittelwert des Einkommens und dessen Standardfehler geschätzt werden. Man spricht dann auch von *unabhängigen Stichproben*.

7.5.1 Konfidenzintervall für eine Mittelwertdifferenz bei unabhängigen Stichproben

Bei unabhängigen Stichproben ist die Kovarianz zwischen X_1 und X_2 notwendigerweise null und die beiden Teilstichproben können verschiedene Fallzahlen aufweisen. Für den geschätzten Standardfehler der Differenz zweier Stichprobenmittelwerte in einfachen Zufallsauswahlen folgt aus Gleichung 5.22c:

$$\hat{\sigma}\left(\overline{x}_1 - \overline{x}_2\right) = \sqrt{\hat{\sigma}^2\left(\overline{x}_1\right) + \hat{\sigma}^2\left(\overline{x}_2\right) - 2 \cdot \underbrace{\hat{\sigma}\left(\overline{x}_1, \overline{x}_2\right)}_{0}} \qquad (7.24)$$

$$= \sqrt{\hat{\sigma}^2\left(\overline{x}_1\right) + \hat{\sigma}^2\left(\overline{x}_2\right)} = \sqrt{\frac{\hat{\sigma}_1^2}{n_1} + \frac{\hat{\sigma}_2^2}{n_2}} = \sqrt{\frac{s_1^2}{n_1 - 1} + \frac{s_2^2}{n_2 - 1}}$$

wobei $\overline{x}_1, \overline{x}_2$ = Stichprobenmittelwerte von X_1 und X_2 in zwei unabhängigen Stichproben

s_1^2, s_2^2 = Stichprobenvarianz von X_1 bzw. X_2

$\hat{\sigma}_1^2, \hat{\sigma}_2^2$ = geschätzte Populationsvarianz von X_1 bzw. X_2

n_1, n_2 = Fallzahlen der beiden Stichproben.

Das asymptotische $(1-\alpha)$-Konfidenzintervall berechnet sich dann nach 7.17 als:[18]

$$\lim_{n \to \infty}\left(\text{c.i.}\left(\mu_1 - \mu_2\right)\right) = \left(\overline{x}_1 - \overline{x}_2\right) \pm z_{1-\alpha/2} \cdot \sqrt{\frac{\hat{\sigma}_1^2}{n_1} + \frac{\hat{\sigma}_2^2}{n_2}}$$

$$= \left(\overline{x}_1 - \overline{x}_2\right) \pm z_{1-\alpha/2} \cdot \sqrt{\frac{s_1^2}{n_1 - 1} + \frac{s_2^2}{n_2 - 1}} \qquad (7.25)$$

---

18 Wie bei der Berechnung von Konfidenzintervallen für einen einzigen Populationsmittelwert kann auch bei Mittelwertdifferenzen die T-Verteilung als Kennwerteverteilung herangezogen werden, wenn die Variablen in den beiden durch die Gruppen definierten (Sub-)Populationen normalverteilt sind, was für das Beispiel der Einkommensverteilung allerdings nicht zutrifft. In Abhängigkeit davon, ob die Varianzen in den beiden Teilgruppen gleich groß oder verschieden sind, lassen sich zudem modifizierte Standardfehler berechnen (vgl. Kapitel 8.6.2, Gleichung 8.15 für *gleiche Varianzen*). Gleichung 7.24 gibt den Standardfehler für *ungleiche Varianzen* in den Teilgruppen an.

Für ein Berechnungsbeispiel wird ein Konfidenzintervall für die Einkommensdifferenz zwischen Männern und Frauen auf der Basis der westdeutschen Befragten im Allbus 2008 verwendet. Das Durchschnittseinkommen der $n_1 = 487$ ganztags berufstätigen Männer, die Angaben zum eigenen Nettoeinkommen machten, betrug $\bar{x}_1 = 2144.15$ € mit einer Standardabweichung von $s_1 = 1215.803$ €. Bei den $n_2 = 213$ ganztags berufstätigen Frauen mit gültigen Werten zum Nettoeinkommen lag der Mittelwert bei $\bar{x}_2 = 1514.14$ € und die Standardabweichung bei $s_2 = 769.487$ €. In der Stichprobe beträgt die Einkommensdifferenz 630.01 €. Das asymptotische 95%-Konfidenzintervall der Einkommensdifferenz berechnet sich dann nach:

$$\lim_{x \to n} \left(c.i.(\mu_1 - \mu_2) \right)$$
$$= \left(2144.15 - 1514.14 \right) \pm 1.96 \cdot \sqrt{\frac{1215.803^2}{487 - 1} + \frac{769.487^2}{213 - 1}}$$
$$= 630.01 \pm 149.71 = [480.30; 779.72]$$

Mit einer Vertrauenswahrscheinlichkeit von 95% enthält das Intervall von 480 bis 780 € die durchschnittliche Einkommensdifferenz. Es ist also davon auszugehen, dass 2008 voll berufstätige Frauen im Westen ein deutlich niedrigeres Einkommen als voll berufstätige Männer erhielten.

7.5.2 Konfidenzintervalle für Mittelwertvergleiche bei abhängigen Stichproben

Bei abhängigen Stichproben[19] ist bei der Berechnung des Standardfehlers einer Mittelwertdifferenz die Kovarianz zwischen den Mittelwerten zu berücksichtigen (vgl. Gleichung 5.22c). Der Standardfehler berechnet sich dann nach:

---

19 Die in der Statistik gebräuchliche, aber missverständliche Bezeichnung «abhängige Stichproben» beschreibt *eine* Stichprobe, in der die Untersuchungseinheiten der beiden betrachteten Variablen nicht unabhängig voneinander ausgewählt werden, wie das etwa bei Paaren oder bei Mehrfachmessungen in einem Paneldesign der Fall ist.

$$\hat{\sigma}\left(\overline{x}_1 - \overline{x}_2\right) = \sqrt{\frac{\hat{\sigma}_1^2 + \hat{\sigma}_2^2 - 2 \cdot \hat{\sigma}_{2,1}}{n}} = \sqrt{\frac{s_1^2 + s_2^2 - 2 \cdot s_{2,1}}{n-1}} \qquad (7.26)$$

wobei $s_{2,1}$ = Stichprobenkovarianz zwischen X_1 und X_2
$\hat{\sigma}_{2,1}$ = geschätzte Populationskovarianz zwischen X_1 und X_2 (vgl. Kap. 2)
n = gemeinsame Fallzahl.
Weitere Erläuterungen siehe Gleichung 7.24.

Da Stichprobenmittelwerte und damit auch deren Differenzen (asymptotisch) normalverteilt sind, ergibt sich das asymptotische Konfidenzintervall für eine Mittelwertdifferenz bei abhängigen Stichproben nach Gleichung 7.17 und 7.26 als:

$$\lim_{n \to \infty}\left(\text{c.i.}\left(\mu_1 - \mu_2\right)\right) = \left(\overline{x}_1 - \overline{x}_2\right) \pm z_{1-\alpha/2} \cdot \sqrt{\frac{\hat{\sigma}_1^2 + \hat{\sigma}_2^2 - 2 \cdot \hat{\sigma}_{2,1}}{n}}$$

$$= \left(\overline{x}_1 - \overline{x}_2\right) \pm z_{1-\alpha/2} \cdot \sqrt{\frac{s_1^2 + s_2^2 - 2 \cdot s_{2,1}}{n-1}} \qquad (7.27)$$

Erläuterungen siehe Gleichung 7.26.

Anstelle der Quantile $z_{1-\alpha/2}$ der Standardnormalverteilung werden meist die Quantile $T_{1-\alpha/2;df=n-1}$ der T-Verteilung mit $df = n-1$ Freiheitsgraden verwendet. Bei in der Population normalverteilten Variablen X_1 und X_2 ist das Konfidenzintervall der Mittelwertdifferenz dann in einfachen Zufallsauswahlen nicht nur asymptotisch gültig, sondern bei allen Fallzahlen exakt. Da das Intervall zudem etwas breiter (länger) ist als bei Verwendung der Normalverteilung, wird die T-Verteilung im Sinne eines konservativen Vorgehens auch verwendet, wenn die Variablen nicht normalverteilt sind.

Als Beispiel wird mit den Daten des Allbus 2008 ein 95%-Konfidenzintervall für die Altersdifferenz nicht zusammen lebender heterosexueller Paare berechnet. Bei den $n = 177$ Paaren beträgt das durchschnittliche Alter der Männer 37.37, das der Frauen 34.10 Jahre. Die männlichen Partner sind im Durchschnitt also drei Jahre älter als ihre Partnerinnen.

Die Standardabweichungen in der Stichprobe betragen bei den Männern 15.749 und bei den Frauen 15.667 Jahre; die Stichprobenkovarianz beträgt 232.692. Das 97.5%-Quantil der Standardnormalverteilung beträgt 1.96. Die Grenzen des Konfidenzintervalls nach Gleichung 7.27 sind dann:

$$\lim_{n \to \infty} \left(c.i. \left(\mu_1 - \mu_2 \right) \right)$$

$$= \left(\overline{x}_1 - \overline{x}_2 \right) \pm z_{1-\alpha/2} \cdot \sqrt{\frac{s_1^2 + s_2^2 - 2 \cdot s_{2,1}}{n-1}}$$

$$= \left(37.37 - 34.10 \right) \pm 1.96 \cdot \sqrt{\frac{15.749^2 + 15.667^2 - 2 \cdot 232.692}{177 - 1}}$$

$$= 3.27 \pm 0.78 = \left[2.49; 4.05 \right]$$

Mit einer Vertrauenswahrscheinscheinlichkeit von 95% enthält das Intervall zwischen 2.49 und 4.05 Jahren die mittlere Altersdifferenz zwischen den Partnern der n = 177 Paare. Es ist also davon auszugehen, dass 2008 die männlichen Partner in der Bundesrepublik im Durchschnitt um 2.5 bis 4 Jahre älter waren als ihre Partnerinnen. Zum gleichen Ergebnis würde man kommen, wenn für jedes Paar die Altersdifferenz berechnet würde und dann ein 95%-Konfidenzintervall für die Differenzenvariable berechnet würde.

7.5.3 Konfidenzintervalle für Anteilsdifferenzen bei unabhängigen Stichproben

Konfidenzintervalle für Anteilsdifferenzen werden nach der gleichen Logik wie die für Mittelwertdifferenzen berechnet. Da Anteile asymptotisch normalverteilt sind, ist auch die Differenz von Anteilen asymptotisch normalverteilt. Der geschätzte Standardfehler für eine Anteilsdifferenz aus unabhängigen Stichproben wird nach Gleichung 5.22c berechnet als:

$$\hat{\sigma}(p_1 - p_2) = \sqrt{\frac{p_1 \cdot (1-p_1)}{n_1} + \frac{p_2 \cdot (1-p_2)}{n_2}} \qquad (7.28)$$

wobei $\quad \hat{\sigma}(p_1-p_2) =$ geschätzter Standardfehler einer Anteilsdifferenz bei unabhängigen Stichproben

$\quad p_1, p_2 \quad =$ Stichprobenanteile eines Merkmals in zwei
unabhängigen (Teil-) Stichproben.

Für eine *Anteilsdifferenz aus unabhängigen Stichproben*, bei der
die Populationsdifferenz $\pi_1-\pi_2$ über die beiden Stichprobenanteile p_1 und p_2 aus zwei (Teil-)Stichproben mit dem Umfang n_1
und n_2 geschätzt wird, berechnet sich das $(1-\alpha)$-Konfidenzinter-
vall nach:

$$\lim_{n \to \infty} \left(c.i.(\pi_1 - \pi_2) \right) = (p_1 - p_2) \pm z_{1-\alpha/2} \cdot \hat{\sigma}(p_1 - p_2) \qquad (7.29)$$

$$= (p_1 - p_2) \pm z_{1-\alpha/2} \cdot \sqrt{\frac{p_1 \cdot (1-p_1)}{n_1} + \frac{p_2 \cdot (1-p_2)}{n_2}}$$

wobei $\quad \pi_1, \pi_2 \quad =$ Populationsanteile.

Die Annäherung an die Standardnormalverteilung ist i. A. hinreichend genau, wenn:

$$n_1 > 60 \; ; \; n_1 \cdot \frac{p_1}{1-p_1} > 9; \; n_1 \cdot \frac{1-p_1}{p_1} > 9$$

$$n_2 > 60 \; ; \; n_2 \cdot \frac{p_2}{1-p_2} > 9; \; n_2 \cdot \frac{1-p_2}{p_2} > 9 \qquad (7.30)$$

7.5.4 Konfidenzintervalle für Anteilsdifferenzen bei abhängigen Stichproben

Bei einer *Anteilsdifferenz aus abhängigen Stichproben* muss wieder die Kovarianz zwischen den beiden Schätzern p_1 und p_2 berücksichtigt werden, die aus einer *gemeinsamen* Stichprobe des
Umfangs n kommen. Die Stichprobenkovarianz zwischen zwei
binären (0/1-codierten) Variablen ist gleich der Differenz zwi-

schen dem Anteil $p_{1\&2}$ des gemeinsamen Auftretens der beiden Ausprägungen $x_1 = 1$ und $x_2 = 1$ und dem Produkt der beiden Anteile p_1 (für $x_1 = 1$) und p_2 (für $x_2 = 1$). Die Kovarianz der Schätzer ist dieser Wert geteilt durch die Fallzahl. Damit ergibt sich der Standardfehler einer Anteilsdifferenz bei abhängigen Stichproben (also innerhalb einer Stichprobe!) durch Erweiterung von Gleichung 7.28 nach:

$$\hat{\sigma}(p_1 - p_2) = \sqrt{\frac{p_1 \cdot (1 - p_1) + p_2 \cdot (1 - p_2) - 2 \cdot (p_{1\&2} - p_1 \cdot p_2)}{n}} \qquad (7.31)$$

wobei n = gemeinsame Stichprobenfallzahl der beiden Anteile p_1 und p_2 zweier dichotomer Merkmale in einer Stichprobe

p_1, p_2 = zwei Stichprobenanteile, die sich auf zwei verschiedene Merkmale innerhalb einer Stichprobe beziehen

$p_{1\&2}$ = gemeinsame relative Häufigkeit der Ausprägungen $x_1 = 1$ und $x_2 = 1$ von zwei Merkmalen in einer Stichprobe.[20]

Weitere Erläuterungen siehe Gleichung 7.28.

Die Grenzen des asymptotischen Konfidenzintervalls für eine Anteilsdifferenz innerhalb einer Stichprobe (bzw. bei abhängigen Stichproben) berechnen sich nach:

$$\lim_{n \to \infty} \left(c.i.(\pi_1 - \pi_2) \right) \qquad (7.32)$$

$$= (p_1 - p_2) \pm z_{1-\alpha/2} \cdot \hat{\sigma}(p_1 - p_2)$$

$$= (p_1 - p_2) \pm z_{1-\alpha/2} \cdot \sqrt{\frac{p_1 \cdot (1 - p_1) + p_2 \cdot (1 - p_2) - 2 \cdot (p_{1\&2} - p_1 \cdot p_2)}{n}}$$

Die Anwendungsvoraussetzungen sind die gleichen wie bei der Anteilsdifferenz bei unabhängigen Stichproben in Glei-

---

20 Die gemeinsame (relative) Häufigkeit von zwei Merkmalen wird in Kapitel 9 behandelt.

chung 7.30, wobei statt n_1 und n_2 der gemeinsame Stichprobenumfang n verwendet wird.

Als Beispiel wird das 99%-Konfidenzintervall berechnet für die Anteilsdifferenz zwischen zwei Indikationsgründen für einen Schwangerschaftsabbruch: Befürwortung eines Abbruchs bei einem zu erwartenden behinderten Kind und Befürwortung eines Abbruchs bei finanzieller Notlage.[21] Im Allbus 2006 ist (von den 2092 Befragten im Westen) ein Anteil von $p_1 = 87.0\%$ ($= 1821/2092$) für einen Abbruch «bei behindertem Kind» und ein Anteil von $p_2 = 41.9\%$ ($= 877/2092$) für einen Abbruch «bei finanzieller Notlage». Ein Anteil von $p_{1\&2} = 40.1\%$ ($= 838/2092$) befürwortet einen Abbruch bei beiden Indikationsgründen. Da das 99.5%-Quantil der Standardnormalverteilung 2.576 beträgt, ergeben sich die Intervallgrenzen des asymptotischen 99%-Konfidenzintervalls für die Anteilsdifferenz innerhalb einer Stichprobe nach:

$$\lim_{n \to \infty} \left(\text{c.i.}(\pi_1 - \pi_2) \right) = \left(\frac{1821}{2092} - \frac{877}{2092} \right) \pm 2.576 \cdot$$

$$\sqrt{\frac{\frac{1821}{2092} \cdot \left(1 - \frac{1821}{2092}\right) + \frac{877}{2092} \cdot \left(1 - \frac{877}{2092}\right) - 2 \cdot \left(\frac{838}{2092} - \frac{1821}{2092} \cdot \frac{877}{2092} \right)}{2092}}$$

$$= 0.451 \pm 2.576 \cdot 0.01167 = 0.451 \pm 0.030 = [0.421; 0.481]$$

Mit einer Vertrauenswahrscheinlichkeit von 99% enthält das Konfidenzintervall von 42.1% bis 48.1% die Anteilsdifferenz in der Population.

Die Anwendungsvoraussetzungen können als erfüllt gelten, da: $n_1 = n_2 = n = 2092 > 60$, $2092 \cdot (1 - 0.870)/0.870 > 9$ und $2092 \cdot 0.419/(1 - 0.419) > 9$.

---

21 Für jede Befragungsperson liegen Antworten zu beiden Indikationsgründen vor, wobei die Befürwortungen den Ausprägungen $x_1 = 1$ und $x_2 = 1$ entsprechen. Bei jedem Indikationsgrund waren die Antwortmöglichkeiten «ja, sollte möglich sein» und «nein, sollte nicht möglich sein».

7.6 Nutzung von Konfidenzintervallen zur Berechnung der Fallzahl

Mit Hilfe von Konfidenzintervallen kann die notwendige Fallzahl für eine Untersuchung bestimmt werden, um bei vorgegebener Irrtumswahrscheinlichkeit α eine Genauigkeit von $\pm\varepsilon$ zu erreichen. Wenn ε die halbe Länge des gewünschten Konfidenzintervalls ist, dann berechnet sich die Genauigkeit ε bei der Schätzung von Populationsanteilen nach:

$$\varepsilon = z_{1-\alpha/2} \cdot \sqrt{\frac{\pi_1 \cdot (1-\pi_1)}{n}} \qquad (7.33)$$

wobei ε = Genauigkeit, entspricht $1/2$ Länge des Konfidenzintervalls.

Durch Umformen von Gleichung 7.33 ergibt sich die notwendige Fallzahl n:

$$n = \frac{(z_{1-\alpha/2})^2 \cdot \pi_1 \cdot (1-\pi_1)}{\varepsilon^2} \qquad (7.34a)$$

Erläuterungen siehe Gleichung 7.33.

Bei der Anwendung von Gleichung 7.34a muss ein Wert für den Populationsanteil π_1 angenommen werden. Üblicherweise wird im Sinne eines konservativen Vorgehens ein Populationsanteil von $\pi_1 = 0.5$ angenommen. Die Gleichung für die Fallzahl ist dann:

$$n = \frac{(z_{1-\alpha/2})^2 \cdot 0.25}{\varepsilon^2} \qquad (7.34b)$$

Wenn bei der Schätzung eines Anteils eine Genauigkeit von $\varepsilon = \pm 3\%$ verlangt wird und das noch akzeptable Fehlerrisiko $\alpha = 5\%$ ist, dann benötigt man nach Gleichung 7.34b eine Fallzahl von:

$$n = \frac{\left(z_{1-\alpha/2}\right)^2 \cdot 0.25}{\varepsilon^2} = \frac{1.96^2 \cdot 0.25}{0.03^2} = 1067.111 \approx 1068$$

Bei einer Genauigkeit von $\pm 3\% = 6\%$ und einem Fehlerrisiko von 5% sollte die Stichprobe $n = 1068$ umfassen.

Die gleiche Logik kann auch für die Schätzung von Mittelwerten angewendet werden. Hierfür muss jedoch eine ungefähre Schätzung der Populationsvarianz vorliegen. Die Fallzahl berechnet sich nämlich nach:

$$n = \frac{\left(z_{1-\alpha/2}\right)^2 \cdot \hat{\sigma}_X^2}{\varepsilon^2} = \frac{\left(z_{1-\alpha/2}\right)^2 \cdot s_X^2}{\varepsilon^2} + 1 \qquad (7.35)$$

Erläuterungen siehe Gleichung 7.11.[22]

Für das Beispiel des durchschnittlichen Haushaltseinkommens von 1952.45 € und einer Standardabweichung in der Stichprobe von 1136.92 € sowie einer gewünschten Genauigkeit von $\varepsilon = 84.28$ (d. h. für die Hälfte der Breite des in Abschnitt 7.4.3 berechneten 95%-Konfidenzintervalls für den Mittelwert) und einem Fehlerrisiko $\alpha = 5\%$ berechnet sich die notwendige Fallzahl nach:[23]

$$n = \frac{1.96^2 \cdot 1136.92^2}{84.28^2} + 1 \approx 700$$

Dies ist genau die Fallzahl der Stichprobe für das in Abschnitt 7.4.3 berechnete 95%-Konfidenzintervall. Soll die Genauigkeit von ± 84.28 auf ± 42.14 halbiert (also erhöht!) werden, so ergibt sich für das ansonsten unveränderte Beispiel:

$$n = \frac{(1.96)^2 \cdot 1136.92^2}{(84.28/2)^2} + 1 = \frac{(1.96)^2 \cdot 1136.92^2}{42.14^2} + 1 \approx 2800$$

22 Die Addition von «1» ergibt sich bei Ersetzen der geschätzten Populationsvarianz durch die Stichprobenvarianz.

23 Die geschätzte Populationsvarianz ergibt sich aus den Allbus-Daten nach

$$\hat{\sigma}_X^2 = s_X^2 \cdot \frac{n}{n-1} = \frac{1136.92^2 \cdot 700}{699}$$

Bei einer Verdoppelung der Genauigkeit, also einer Halbierung von ε, vervierfacht sich die notwendige Fallzahl. Die höhere Genauigkeit hat wegen der größeren Fallzahl somit in der Regel einen deutlich höheren Preis für die Datenerhebung zur Folge.

7.7 Zusammenfassung

Die wichtigsten Formeln dieses Kapitels

Geschätzte Populationsvarianz

$$\hat{\sigma}_X^2 = \frac{n}{n-1} \cdot s_X^2 = \frac{SS_X}{n-1} = \frac{1}{n-1} \cdot \sum_{i=1}^{n} \left(x_i - \overline{x} \right)^2 \tag{7.10}$$

Geschätzter Standardfehler des Stichprobenmittelwerts

$$\hat{\sigma}(\overline{x}) = \frac{s_X}{\sqrt{n-1}} = \frac{\hat{\sigma}_X}{\sqrt{n}} \qquad \hat{\sigma}(\overline{x}) = \frac{s_X}{\sqrt{n-1}} \cdot \sqrt{\frac{N-n}{N-1}} \tag{7.12}$$

mit Zurücklegen ohne Zurücklegen

Geschätzter Standardfehler des Stichprobenanteils

$$\hat{\sigma}(p_1) = \sqrt{\frac{p_1 \cdot (1-p_1)}{n}} \qquad \hat{\sigma}(p_1) = \sqrt{\frac{p_1 \cdot (1-p_1)}{n} \cdot \frac{N-n}{N-1}} \tag{7.13a}$$

mit Zurücklegen ohne Zurücklegen

Linearer Kontrast

$$C = \beta_0 + \beta_1 \cdot \hat{\theta}_1 + \beta_2 \cdot \hat{\theta}_2 + ... + \beta_K \cdot \hat{\theta}_K \tag{7.22}$$

Standardfehler für eine Mittelwertdifferenz bei unabhängigen Stichproben

$$\hat{\sigma}(\overline{x}_1 - \overline{x}_2) = \sqrt{\frac{\hat{\sigma}_1^2}{n_1} + \frac{\hat{\sigma}_2^2}{n_2}} = \sqrt{\frac{s_1^2}{n_1-1} + \frac{s_2^2}{n_2-1}} \tag{7.24}$$

Standardfehler für eine Mittelwertdifferenz in einer Stichprobe (bei abhängigen Stichproben)

$$\hat{\sigma}(\overline{x}_1 - \overline{x}_2) = \sqrt{\frac{\hat{\sigma}_1^2 + \hat{\sigma}_2^2 - 2 \cdot \hat{\sigma}_{2,1}}{n}} = \sqrt{\frac{s_1^2 + s_2^2 - 2 \cdot s_{2,1}}{n-1}} \tag{7.26}$$

Standardfehler für eine Anteilsdifferenz bei unabhängigen Stichproben

$$\hat{\sigma}(p_1 - p_2) = \sqrt{\frac{p_1 \cdot (1 - p_1)}{n_1} + \frac{p_2 \cdot (1 - p_2)}{n_2}} \qquad (7.28)$$

Standardfehler für eine Anteilsdifferenz innerhalb einer Stichprobe

$$\hat{\sigma}(p_1 - p_2) = \sqrt{\frac{p_1 \cdot (1 - p_1) + p_2 \cdot (1 - p_2) - 2 \cdot (p_{1\&2} - p_1 \cdot p_2)}{n}} \qquad (7.31)$$

Glossar der wichtigsten Begriffe dieses Kapitels

Abhängige Stichproben: die Untersuchungseinheiten werden nicht unabhängig voneinander ausgewählt

Erwartungstreuer Schätzer: ist gegeben, wenn der Erwartungswert des Schätzers gleich dem zu schätzenden Parameter ist; wird auch *Unverzerrtheit* genannt

Intervallschätzung: Angabe eines Bereichs (Intervalls), der den unbekannten Populationswert mit einer bekannten Wahrscheinlichkeit enthält

Irrtumswahrscheinlichkeit α: legt bei Konfidenzintervallen die Wahrscheinlichkeit fest, dass ein geschätztes Intervall den gesuchten Populationswert *nicht* enthält

Konfidenzintervall: bei der Intervallschätzung berechnetes Intervall, das den unbekannten Populationswert mit einer Wahrscheinlichkeit von $1 - \alpha$ enthält

Konsistenter Schätzer: ist ein Schätzer, bei dem mit steigender Fallzahl die Wahrscheinlichkeit gegen eins geht, dass die Differenz zwischen einer Schätzung und dem zu schätzenden Parameter beliebig klein ist

Kontrast: Linearkombination von mehreren Variablen

Kovarianz: Zusammenhang zwischen zwei Variablen, vgl. Kapitel 12

MSE: mittlerer quadrierter Fehler *(engl.: mean square error)*; Erwartungswert der quadrierten Abweichungen eines Schätzers vom zu schätzenden Parameter

Punktschätzung: Schätzung des Werts eines Populationsparameters auf der Basis von Stichprobendaten

Schätzer: Zufallsvariable, deren Realisation in einer Stichprobe eine Schätzung ist

Schätzung: siehe Punktschätzung; Realisierung eines Schätzers

Standardfehler: Standardabweichung der Wahrscheinlichkeitsverteilung einer Stichprobenstatistik über alle Stichproben

Unabhängige Stichproben: Stichproben oder Teilstichproben, deren Untersuchungseinheiten unabhängig voneinander ausgewählt werden

Verzerrung: Abweichung zwischen dem Erwartungswert eines Schätzers und dem zu schätzenden Populationswert

8 Testen statistischer Hypothesen

Neben dem *Schätzen* von Populationsparametern mit Hilfe von Stichprobenstatistiken ist die *Prüfung von Vermutungen* über Populationseigenschaften die zweite zentrale Anwendung wahrscheinlichkeitstheoretischer Argumentationen in der Sozialforschung. So kann z. B. die Vermutung bestehen, dass Mitglieder einer Religionsgemeinschaft[1] sich häufiger gegen Schwangerschaftsabbruch «wenn die Frau es will» aussprechen als Nichtmitglieder.[2] Auf entsprechende Fragen im Allbus 2006[3] geben im Westen 68.4% ($= p_1$) von 1779 ($= n_1$) Mitgliedern einer Religionsgemeinschaft an, gegen einen Abbruch zu sein. Von den 357 ($= n_2$) Nichtmitgliedern teilen nur 49.6% ($= p_2$) diese Ansicht. Für die Befragten der Stichprobe trifft die Vermutung also zu, doch stellt sich die Frage, ob dies auch für die gesamte Wohnbevölkerung im Westen gilt.

Zur Klärung wird ein *Test* der *statistischen Hypothese* durchgeführt, dass es bei der Ablehnung von Schwangerschaftsabbruch eine positive Anteilsdifferenz zwischen Mitgliedern und Nichtmitgliedern einer Religionsgemeinschaft gibt.[4] Generell

---

1 Dabei geht es nicht um die Mitgliedschaft in einer bestimmten Religionsgemeinschaft, sondern darum, dass eine Person überhaupt einer Religionsgemeinschaft angehört.

2 In der Allbus-Befragung 2006 wurde die Zustimmung («ja, sollte möglich sein») bzw. Ablehnung («nein, sollte nicht möglich sein») zu sieben Indikationsgründen (siehe Kapitel 16) für einen Schwangerschaftsabbruch erfragt. Das hier vorgestellte Beispiel bezieht sich nur auf den Indikationsgrund «wenn die Frau es will». Im Folgenden wird dieser Indikationsgrund nicht mehr gesondert aufgeführt.

3 Datenbasis ist die Allbus-Umfrage von 2006, berücksichtigt sind nur die Befragten im Westen, da die Einstellungen zum Schwangerschaftsabbruch sich bis heute in den Teilpopulationen von Ost und West unterscheiden. Zudem bestehen erhebliche Unterschiede in der Zugehörigkeit zu einer Religionsgemeinschaft. Der Datensatz 2006 wird verwendet, weil die Einstellung zum Schwangerschaftsabbruch bei den Erhebungen des Allbus 2008 und 2010 nicht abgefragt wurde.

4 Wir sprechen von *statistischen Hypothesen*, weil die Hypothesen Aussagen über *Verteilungen* beinhalten, wobei die Verteilungen sich entweder auf eine empirische Population beziehen oder auf Ergebnisse von Zufallsexperimenten.

gilt: *Ausgangspunkt jeder statistischen Hypothesenprüfung ist die Formulierung einer Forschungshypothese über Populationsparameter.* Im Beispiel lautet die Forschungshypothese: H_1: $\pi_1 - \pi_2 > 0$, wobei π_1 für den Anteil der Abbruchgegner bei Mitgliedern steht und π_2 für den entsprechenden Anteil bei den Nichtmitgliedern.

8.1 Hypothesenprüfung mittels Konfidenzintervall

Eine Möglichkeit zur Prüfung einer Hypothese besteht darin, anhand eines Konfidenzintervalls zu untersuchen, ob die Stichprobendaten mit der Hypothese über die Population vereinbar erscheinen. Liegt *ein* Wert, der *gegen* die Forschungshypothese spricht, *innerhalb* des Konfidenzintervalls, dann kann nicht mit hinreichender Sicherheit ausgeschlossen werden, dass die Forschungshypothese falsch ist. Im Beispiel wäre das der Fall, wenn das $(1-\alpha)$-Konfidenzintervall Werte kleiner oder gleich null enthält. Liegen solche Werte dagegen nicht im Intervall, dann kann mit der *Irrtumswahrscheinlichkeit* α ausgeschlossen werden, dass die Forschungshypothese falsch ist. Man spricht dann davon, dass der Hypothesentest ein signifikantes Ergebnis aufweist und die Forschungshypothese mit einer Irrtumswahrscheinlichkeit von α durch die Daten gestützt wird oder signifikant ist.

Da im Beispiel die Mitglieder und Nichtmitglieder einer Religionsgemeinschaft unabhängig voneinander in die Stichprobe aufgenommen worden sind, muss bei einer als noch akzeptabel betrachteten Irrtumswahrscheinlichkeit von z. B. 5 % ein 95 %-Konfidenzintervall für eine Anteilsdifferenz bei unabhängigen Stichproben nach Gleichung 7.29 berechnet werden:

$$\text{c.i.} \left(\pi_1 - \pi_2 \right) = \left(p_1 - p_2 \right) \pm z_{1-\alpha/2} \cdot \sqrt{\frac{p_1 \cdot \left(1 - p_1 \right)}{n_1} + \frac{p_2 \cdot \left(1 - p_2 \right)}{n_2}}$$

$$= \left(0.684 - 0.496 \right)$$

$$\pm 1.96 \cdot \sqrt{\frac{0.684 \cdot \left(1 - 0.684 \right)}{1779} + \frac{0.496 \cdot \left(1 - 0.496 \right)}{357}}$$

$$= 0.188 \pm 0.056 = \left[0.132; 0.244 \right]$$

Die aus diesem Konfidenzintervall ableitbare Schlussfolgerung lautet: Mit einer Wahrscheinlichkeit von 95 % enthält das Intervall von 0.132 bis 0.244 die Populationsdifferenz. Da das Intervall nur positive Werte enthält, kann mit einer Irrtumswahrscheinlichkeit von 5 % ausgeschlossen werden, dass Mitglieder einer Religionsgemeinschaft seltener als oder genauso oft wie Nichtmitglieder Gegner von Schwangerschaftsabbruch sind. Die Forschungshypothese wird somit durch die Daten gestützt.

Die Voraussetzungen für eine hinreichende Annäherung der Kennwerteverteilung der Anteilsdifferenz an die Normalverteilung sind erfüllt, da $1779 > 60$, $357 > 60$, $1779 \cdot (1 - 0.684) / 0.684 > 9$ und $357 \cdot 0.496 \cdot (1 - 0.496) > 9$ (vgl. Gleichung 6.12).[5]

8.2 Hypothesenprüfung mittels Signifikanztest nach Fisher

Eine zweite Teststrategie geht auf den Statistiker R. A. *Fisher*[6] zurück. Die Logik von *Signifikanztests* geht vom Gegenteil der Forschungshypothese aus, der sogenannten *Nullhypothese* H_0.[7]

---

5 Bei der Prüfung der Bedingungen $n \cdot p_1 / (1 - p_1) > 9$ und $n \cdot (1 - p_1) / p_1 > 9$ braucht nur einer der beiden Quotienten berechnet zu werden. Ist $p_1 < (1 - p_1)$, dann ist $n \cdot p_1 / (1 - p_1) < n \cdot (1 - p_1) / p_1$ und es braucht nur $n \cdot p_1 / (1 - p_1) > 9$ geprüft zu werden. Das Umgekehrte gilt, wenn $p_1 > (1 - p_1)$.

6 Ronald Aylmer Fisher (1890–1962)

7 Die Bezeichnung «*Null*hypothese» kann darauf zurückgeführt werden, dass diese Hypothese oft behauptet, dass etwas *nicht* der Fall sei, es z. B. *keine* Anteilsdifferenz zwischen zwei Gruppen oder *keine* Beziehung zwischen Variablen gäbe.

Wenn die Forschungshypothese H_1 postuliert, dass es zwischen Mitgliedern und Nichtmitgliedern eine positive Anteilsdifferenz bei der Ablehnung von Schwangerschaftsabbruch gibt, H_1: $\pi_1 - \pi_2 > 0$, dann behauptet die Nullhypothese H_0, dass es in der Population keine oder eine negative Anteilsdifferenz gibt: H_0: $\pi_1 - \pi_2 \leq 0$.

Ausgehend von der Nullhypothese wird eine *Teststatistik* gesucht, deren Kennwerteverteilung bei – gerade noch – gültiger Nullhypothese bekannt ist. Der Ausdruck «gerade noch» bezieht sich auf eine Nullhypothese, die nicht nur bei einem einzigen Wert, sondern bei einer Menge von Werten gültig ist. Aus der Menge dieser Werte gibt es einen Wert, bei dem die Nullhypothese gerade noch zutrifft. Im obigen Beispiel ist dies bei der Anteilsdifferenz null der Fall. Wenn $\pi_1 - \pi_2 = 0$, dann ist die Nullhypothese H_0: $\pi_1 - \pi_2 \leq 0$ gerade noch zutreffend. Selbst bei einer beliebig kleinen Differenz größer null wäre dagegen die Forschungshypothese H_1 zutreffend, H_0 also falsch.

Da Stichprobenanteile asymptotisch normalverteilt sind (vgl. Gleichung 6.11), gilt dies auch für Anteilsdifferenzen (vgl. Kapitel 7.5.3), d. h. dass die Anteilsdifferenz $p_1 - p_2$ asymptotisch um den Erwartungswert $\pi_1 - \pi_2$ normalverteilt ist. Eine Teststatistik, deren Verteilung unter der Bedingung $\pi_1 - \pi_2 = 0$ bekannt ist, erhält man, wenn die Anteilsdifferenz $p_1 - p_2$ durch den Standardfehler ihrer Kennwerteverteilung geteilt wird, denn der resultierende Quotient ist asymptotisch standardnormalverteilt, wenn die Bedingung $\pi_1 - \pi_2 = 0$ erfüllt ist:

$$Z = \frac{p_1 - p_2}{\hat{\sigma}(p_1 - p_2)} \underset{n \to \infty}{\sim} \phi, \quad \text{wenn } \pi_1 - \pi_2 = 0 \tag{8.1}$$

wobei Z = Teststatistik Z.

Weitere Erläuterungen siehe Gleichung 6.4 und 7.28.

Für die Berechnung des geschätzten Standardfehlers im Nenner von Gleichung 8.1 könnte der geschätzte Standardfehler für eine beliebige Anteilsdifferenz eingesetzt werden, wie er auch bei der Berechnung des Konfidenzintervalls in Gleichung 7.29 herangezogen wurde. Vorzuziehen ist hier jedoch eine alternative Schätzung, die die Information nutzt, dass unter der Bedingung $\pi_1 - \pi_2 = 0$ beide Populationsanteile gleich groß sind. Wenn dies zutrifft, sind sowohl p_1 wie p_2 konsistente und erwartungstreue Schätzer des gleichen Populationswerts π. Aus der Erwartungstreue (Unverzerrtheit) eines Schätzers folgt, dass der Mittelwert zweier unabhängiger Schätzungen ein *besserer* Schätzer ist als ein einzelner Schätzer. Wenn – wie im Beispiel – die beiden Schätzungen auf verschiedenen Fallzahlen beruhen, ist die beste Schätzung des gemeinsamen Populationsanteils π das mit den Fallzahlen gewichtete Mittel der beiden Stichprobenanteile:

$$\hat{\pi} = \frac{n_1}{n_1 + n_2} \cdot p_1 + \frac{n_2}{n_1 + n_2} \cdot p_2 = \frac{n_1 \cdot p_1 + n_2 \cdot p_2}{n_1 + n_2} \qquad (8.2)$$

wobei $\hat{\pi}$ = Schätzer des gemeinsamen Populationsanteils $\pi_1 = \pi_2 = \pi$.

Wenn $\pi_1 = \pi_2$, dann ist auch der Schätzer des Standardfehlers der Anteilsdifferenz effizienter, wenn anstelle der separaten Schätzer p_1 und p_2 der Schätzer $\hat{\pi}$ in die Berechnung des geschätzten Standardfehlers eingeht:

$$\hat{\sigma}\left(p_1 - p_2 \,\middle|\, \pi_1 = \pi_2\right) = \sqrt{\frac{\hat{\pi} \cdot (1 - \hat{\pi})}{n_1} + \frac{\hat{\pi} \cdot (1 - \hat{\pi})}{n_2}} \qquad (8.3)$$

$$= \sqrt{\frac{n_1 \cdot p_1 + n_2 \cdot p_2}{n_1 + n_2} \cdot \left(1 - \frac{n_1 \cdot p_1 + n_2 \cdot p_2}{n_1 + n_2}\right) \cdot \left(\frac{1}{n_1} + \frac{1}{n_2}\right)}$$

wobei $\hat{\sigma}\left(p_1 - p_2 \,\middle|\, \pi_1 = \pi_2\right)$ = geschätzter Standardfehler einer Anteilsdifferenz aus zwei unabhängigen einfachen Zufallsauswahlen, unter der Annahme gleich großer Populationsanteile.

Bei Anwendung des geschätzten Standardfehlers zur Berechnung der Teststatistik aus Gleichung 8.1 für den Signifikanztest zur Prüfung einer Anteilsdifferenz aus unabhängigen Stichproben berechnet sich die Teststatistik nach:

$$Z = \frac{p_1 - p_2}{\sqrt{\frac{n_1 \cdot p_1 + n_2 \cdot p_2}{n_1 + n_2} \cdot \left(1 - \frac{n_1 \cdot p_1 + n_2 \cdot p_2}{n_1 + n_2}\right) \cdot \left(\frac{1}{n_1} + \frac{1}{n_2}\right)}} \underset{n \to \infty}{\sim} \phi \quad (8.4)$$

wenn $\pi_1 - \pi_2 = 0$

Erläuterungen siehe Gleichung 8.1.

Für die Daten des Beispiels beträgt der Wert der Teststatistik:

$$Z = \frac{0.684 - 0.496}{\sqrt{\frac{1779 \cdot 0.684 + 357 \cdot 0.496}{1779 + 357} \cdot \left(1 - \frac{1779 \cdot 0.684 + 357 \cdot 0.496}{1779 + 357}\right) \cdot \left(\frac{1}{1779} + \frac{1}{357}\right)}}$$

$$= 6.81$$

Um über die Beibehaltung oder Ablehnung der Nullhypothese entscheiden zu können, wird der Wertebereich der Teststatistik in den *Annahmebereich* und den *Ablehnungsbereich* geteilt. Der Ablehnungsbereich ist der Bereich, in dem die Teststatistik bei Zutreffen der Nullhypothese nur selten realisiert wird. Bei gerade noch gültiger Nullhypothese H_0: $\pi_1 - \pi_2 \leq 0$, also bei $\pi_1 = \pi_2$, ist mit Werten um den Erwartungswert null der Standardnormalverteilung zu rechnen. Ist die Nullhypothese falsch, was bei einer positiven Anteilsdifferenz $\pi_1 - \pi_2 > 0$ in der Population der Fall ist, dann ist eher mit positiven Werten der Teststatistik Z zu rechnen. Bei der im Beispiel formulierten Forschungs- bzw. Nullhypothese liegt der Ablehnungsbereich daher auf der rechten Seite (im oberen Wertebereich) der Verteilung und der Annahmebereich der Nullhypothese entsprechend auf der linken Seite (im unteren Wertebereich) der Standardnormalverteilung.

Der Ablehnungsbereich wird durch einen *kritischen Wert* vom Annahmebereich getrennt. Dazu muss die Irrtumswahrschein-

lichkeit α festgelegt werden, die die Größe des Ablehnungsbereichs bestimmt. In der Regel werden Werte von 5%, 1% oder
auch 0.1% gewählt. Da im Beispiel der Ablehnungsbereich
im oberen Teil der Standardnormalverteilung liegt, wird die
Nullhypothese abgelehnt, wenn die Teststatistik den Wert des
$(1-\alpha)$-Quantils der Standardnormalverteilung erreicht oder
überschreitet. Da die Forschungshypothese die Alternativhypothese ist, die nur dann akzeptiert werden sollte, wenn das Zutreffen der Nullhypothese sehr unwahrscheinlich ist, ist es im Sinne
eines strengen Testens sinnvoll, die Nullhypothese erst abzulehnen, wenn die Teststatistik den kritischen Wert *überschreitet*.

Wenn von einer Irrtumswahrscheinlichkeit von 5% ausgegangen wird, ist der kritische Wert der Wert des 95%-Quantils der
Standardnormalverteilung, also +1.645. Da die Teststatistik mit
einem Wert von 6.81 deutlich größer ist als der kritische Wert, ist
die Nullhypothese mit einer Irrtumswahrscheinlichkeit von 5%
zu verwerfen. Also kommt auch der Signifikanztest (ebenso wie
die Prüfung der Hypothese mittels Konfidenzintervall) zu dem
Ergebnis, dass die Anteilsdifferenz in der Population vermutlich
positiv (größer null) ist.

Anwendungsvoraussetzung des Tests ist die hinreichende Annäherung an die Normalverteilung. Da bei gerade noch gültiger
Nullhypothese ein gemeinsamer Populationsanteil π unterstellt
wird, gilt die Annäherung als vermutlich gegeben, wenn $n_1 + n_2$
> 60 und $n_1 \cdot \hat{\pi} / (1 - \hat{\pi}) > 9$, $n_1 \cdot (1 - \hat{\pi}) / \hat{\pi} > 9$ und $n_2 \cdot \hat{\pi} / (1 - \hat{\pi}) > 9$,
$n_2 \cdot (1 - \hat{\pi}) / \hat{\pi} > 9$. Dies trifft auf das Beispiel zu.

8.2.1 Einseitige und zweiseitige Hypothesentests

Der Signifikanztest zur Prüfung der Nullhypothese, dass eine
Anteilsdifferenz kleiner oder gleich null ist, ist ein *einseitiger Hy-
pothesentest*. Diese Situation ist in der rechten Verteilung von
Abbildung 8.1 wiedergegeben.

Der Parameter θ steht hier für die interessierende Populationseigenschaft und θ_0 steht für den in der Nullhypothese postu-

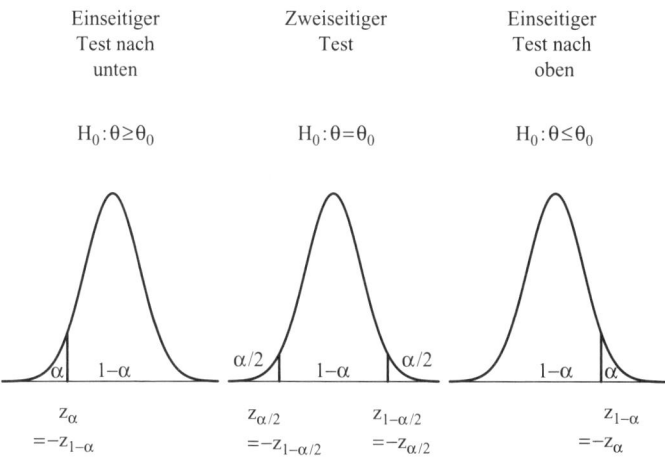

lierten Wert dieser Eigenschaft. Im Beispiel ist $\theta = \pi_1 - \pi_2$ und – bei gerade noch gültiger Nullhypothese – ist $\theta_0 = 0$, d. h. $\pi_1 = \pi_2$. Generell wird angenommen, dass die Teststatistik Z standardnormalverteilt ist, wenn $\theta = \theta_0$.[8] Die Kennwerteverteilung einer Teststatistik unter der Annahme $\theta = \theta_0$ wird auch als *Testverteilung* bezeichnet.

Wenn – wie im Beispiel – der Ablehnungsbereich im oberen Teil der Testverteilung liegt, spricht man von einem *einseitigen Test nach oben,* d. h. die Nullhypothese wird mit einer Irrtumswahrscheinlichkeit α abgelehnt, wenn die aus den Stichprobendaten berechnete Teststatistik den (kritischen) Wert des $1-\alpha$-Quantils der Standardnormalverteilung *überschreitet.*

Das Gegenteil, einen *einseitigen Test nach unten,* zeigt die linke Verteilung in Abbildung 8.1. Hier behauptet die Nullhypo-

---

8 Tatsächlich kann die Kennwerteverteilung auch eine andere Form aufweisen und z. B. T-verteilt sein. Anstelle der Quantile z_α werden dann die Quantile der entsprechenden T-Verteilung mit df Freiheitsgraden zur Berechnung der kritischen Werte herangezogen.

these, dass $\theta \geq \theta_0$. In der Forschungshypothese wird also eine Anteilsdifferenz kleiner als null postuliert: H_1: $\theta < \theta_0$, bzw. H_1: $\pi_1 - \pi_2 < 0$. Für obiges Beispiel würde das bedeuten, dass die Nichtmitglieder einer Religionsgemeinschaft häufiger gegen Schwangerschaftsabbruch sind als Mitglieder, was relativ unwahrscheinlich ist. Bei einer derartigen Konstellation von Forschungs- und Nullhypothese wird die Nullhypothese abgelehnt, wenn die Teststatistik den Wert des α-Quantils der Testverteilung *unterschreitet*.

Eine alternative Situation liegt vor, wenn die Nullhypothese behauptet, dass die Anteilsdifferenz genau gleich null ist. In diesem Fall liegt ein *zweiseitiger Hypothesentest* vor, da dann sowohl positive wie negative Anteilsdifferenzen in der Population gegen die Nullhypothese sprechen.

Diese Situation eines *zweiseitigen Hypothesentests* ist in der mittleren Verteilung von Abbildung 8.1 wiedergegeben.

Bei einer Irrtumswahrscheinlichkeit α hat dann der Annahmebereich eine Wahrscheinlichkeit von $1 - \alpha$ und liegt in der Mitte der Verteilung um den Median, der bei symmetrischen Testverteilungen auch ihr Erwartungswert ist. Werte der Teststatistik, die einen großen Abstand zum Median der Testverteilung aufweisen, sind bei gültiger Nullhypothese ($\theta = \theta_0$) eher unwahrscheinlich und sprechen gegen die Nullhypothese. Da der Abstand vom Median bzw. Erwartungswert der Testverteilung in zwei Richtungen gehen kann, hat der Ablehnungsbereich eine Wahrscheinlichkeit von jeweils $\alpha/2$ am unteren sowie am oberen Rand der Verteilung. Bei einem zweiseitigen Hypothesentest gibt es daher zwei kritische Werte, die durch das $\alpha/2$-Quantil und das $(1 - \alpha/2)$-Quantil der Testverteilung definiert sind. Wird bei einer Irrtumswahrscheinlichkeit von 5% die Nullhypothese geprüft, dass die Anteilsdifferenz zwischen den Mitgliedern und Nichtmitgliedern einer Religionsgemeinschaft bei der Ablehnung von Schwangerschaftsabbruch gleich groß ist, wird die Nullhypothese abgelehnt, wenn die Teststatistik den Wert $z_{0.025} = -1.96$ *un-

terschreitet oder den Wert $z_{0.975} = +1.96$ *überschreitet.* Da im Beispiel die nach Gleichung 8.4 berechnete Teststatistik 6.81 ist, wird die Nullhypothese bei einem zweiseitigen Test mit einer Irrtumswahrscheinlichkeit von 5% verworfen.

8.2.2 Empirisches Sigifikanzniveau

Beim Signifikanztest wird die Nullhypothese H_0 mit der Irrtumswahrscheinlichkeit α abgelehnt, wenn die Teststatistik in den Ablehnungsbereich fällt, wobei die Wahrscheinlichkeit, dass dies auftritt, genau α ist, wenn $\theta = \theta_0$. Zusätzlich zum Wert der Teststatistik oder anstelle dieses Wertes wird oft das *empirische Signifikanzniveau p* berichtet,[9] das die Wahrscheinlichkeit angibt, dass eine Teststatistik bei (gerade noch) zutreffender Nullhypothese den beobachteten Wert annimmt oder einen Wert, der (noch) weniger mit der Nullhypothese vereinbar ist. Generell gilt:

– Ist das empirische Signifikanzniveau p kleiner als die vor dem Test festgelegte maximale Irrtumswahrscheinlichkeit α, dann ist die Nullhypothese abzulehnen.

– Ist das empirische Signifikanzniveau p größer oder gleich der maximalen Irrtumswahrscheinlichkeit α, dann ist die Nullhypothese beizubehalten:

p<α: Ablehnung der Nullhypothese
p≥α: Beibehaltung der Nullhypothese

In Abbildung 8.2 ist für einen zweiseitigen Hypothesentest neben den kritischen Werten $z_{\alpha/2}$ und $z_{1-\alpha/2}$, die den Wertebereich der Teststatistik in den Annahmebereich mit der Wahrscheinlichkeit $1-\alpha$ und die beiden Teile des Ablehnungsbereichs mit den Wahrscheinlichkeiten $\alpha/2$ und $1-\alpha/2$ unterteilen, zusätzlich die Reali-

---

9 Das empirische Signifikanzniveau wird in den Berechnungen einiger statistischer Programmpakete mit dem Buchstaben «p» bezeichnet. In diesem Buch wird «p» auch als Symbol für die relative Häufigkeit verwendet. Aus dem Zusammenhang dürfte jedoch erkennbar sein, welche Bedeutung «p» hat.

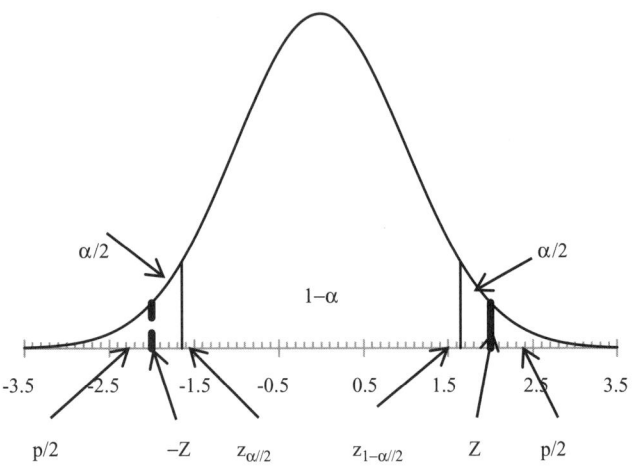

Abbildung 8.2: **Kritische Werte und empirisches Signifikanzniveau**

sierung der Teststatistik Z eingezeichnet. Die Wahrscheinlichkeit der Testverteilung rechts von der Teststatistik umfasst die Hälfte des empirischen Signifikanzniveaus p: $Pr(Z{\geq}z) = p/2$. Auf der gegenüberliegenden Seite der Testverteilung ist als durchbrochene Linie der Wert von –Z eingezeichnet, der die zweite Hälfte des empirischen Signifikanzniveaus begrenzt: $Pr(-Z{\leq}z) = p/2$.

Bei negativem Wert der Teststatistik Z gilt umgekehrt: $Pr(Z{\leq}z) = p/2$ und $Pr(-Z{\geq}z) = p/2$. Bei einem einseitigen Hypothesentest liegt das empirische Signifikanzniveau nur auf einer Seite der Testverteilung. Bei einem einseitigen Test nach unten gilt $Pr(-Z{\leq}z) = p$ und bei einem einseitigen Test nach oben gilt $Pr(Z{\geq}z) = p$.

In sozialwissenschaftlichen Beiträgen findet sich oft die Aussage, dass ein Testergebnis «hochsignifikant» oder auch «höchstsignifikant» ist. Diese Aussagen beziehen sich auf den Vergleich des empirischen Sigifikanzniveaus mit vorgegebenen Irrtumswahrscheinlichkeiten. Von einem «hochsignifikanten Ergebnis» wird meist gesprochen, wenn das empirische Signifikanzniveau eine Irrtumswahrscheinlichkeit von maximal 1 % erreicht (p≤1%), und von einem «höchstsignifikanten Ergebnis», wenn eine Irrtumswahrscheinlichkeit von 0.1% erreicht wird (p≤0.1%).

8.3 Hypothesenprüfung nach der Neyman-Pearson-Methode

Während das Hypothesentesten mittels Konfidenzintervall von einer Forschungshypothese H_1 ausgeht und prüft, ob ausschließlich mit H_1 vereinbare Werte im Konfidenzintervall liegen, geht der Signifikanztest von der Nullhypothese H_0 aus und prüft, ob die Teststatistik gegen die Gültigkeit der Nullhypothese spricht. In einer dritten, dem Signifikanztest sehr ähnlichen Teststrategie der statistischen Hypothesenprüfung wird abgewogen, welche der beiden Hypothesen H_0 oder H_1 eher mit vorliegenden Stichprobendaten vereinbar ist. In diesem nach den beiden Statistikern Neyman[10] und Pearson[11] benannten *Neyman-Pearson-Test* wird die Nullhypothese, die wie beim Signifikanztest das Gegenteil der Forschungshypothese behauptet, als *Alternativhypothese* H_1 bezeichnet. Im Beispiel der Anteilsdifferenz von Mitgliedern und Nichtmitgliedern einer Religionsgemeinschaft lautet das Hypothesenpaar aus Null- und Alternativhypothese:

H_0: $\pi_1 - \pi_2 \leq 0$ versus H_1: $\pi_1 - \pi_2 > 0$.

Die Nullhypothese H_0 und die Alternativhypothese H_1 decken das Universum aller möglichen Werte der zu testenden Populationsparameter ab. Ist die Nullhypothese richtig, dann ist die Alternativhypothese falsch, ist die Nullhypothese falsch, ist die Alternativhypothese richtig; etwas Drittes kann es nicht geben. Ähnlich wie beim Signifikanztest wird dann anhand der Realisierung einer Teststatistik in einer empirischen Stichprobe entschieden, ob die Nullhypothese oder die Alternativhypothese

10 Jerzy Neyman (1894–1981)
11 Egon Sharpe Pearson (1895–1980)

Tabelle 8.1: **Alpha- und Betafehler (Fehler erster und zweiter Art) beim Hypothesentesten**

	Entscheidung:	Population	
		H_0 ist richtig	H_0 ist falsch
Stichprobe	Beibehaltung von H_0	richtige Entscheidung *Wahrscheinlichkeit: 1–α*	falsche Entscheidung β-Fehler (Fehler zweiter Art) *Wahrscheinlichkeit: β*
	Zurückweisung von H_0	falsche Entscheidung α-Fehler (Fehler erster Art) *Wahrscheinlichkeit: α*	richtige Entscheidung *Wahrscheinlichkeit: 1–β*

vermutlich zutrifft. Wie Tabelle 8.1 zeigt, gibt es dann genau vier Situationen, von denen zwei eine richtige Entscheidung und zwei eine falsche Entscheidung beinhalten.

Im Unterschied zum Testen über Konfidenzintervalle oder mittels Signifikanztest betrachtet der Neyman-Pearson-Test neben dem *Alphafehler*, eine zutreffende Nullhypothese fälschlicherweise zu verwerfen, immer auch den *Betafehler*, also die Beibehaltung einer falschen Nullhypothese.[12] Statt von Alpha- und Betafehler spricht man auch von Fehler erster und zweiter Art. Die Wahrscheinlichkeit, eine falsche Forschungshypothese zu Recht abzulehnen, ist 1–α, und die Wahrscheinlichkeit, eine falsche Nullhypothese zu Recht abzulehnen, ist 1–β. Da beim Neyman-Pearson-Test beide Fehlerarten berücksichtigt werden, wird hier eine Teststatistik benötigt, deren Wahrscheinlichkeitsverteilung sich bei Gültigkeit der Nullhypothese von deren Wahrscheinlichkeitsverteilung bei Gültigkeit der Alternativhy-

---

12 Beim Hypothesenprüfen mit dem Signifikanztest nach Fisher wird von den vier Möglichkeiten in Tabelle 8.1 praktisch nur die linke Spalte betrachtet. Kommt der Test zu keinem signifikanten Ergebnis, besteht ein hohes Risiko, dass die Nullhypothese, also das Gegenteil der Forschungshypothese zutrifft. Dies bedeutet aber nicht notwendigerweise, dass die Forschungshypothese falsch ist. Beim Signifikanztest bleibt in dieser Situation daher *offen*, ob die Nullhypothese oder die Alternativhypothese richtig ist.

pothese unterscheidet. Der Wertebereich der Teststatistik wird wie beim Signifikanztest in einen Annahme- und einen Ablehnungsbereich unterteilt, wobei die Teststatistik bei zutreffender Nullhypothese H_0 mit möglichst großer Wahrscheinlichkeit $1-\alpha$ in den Annahmebereich und bei zutreffender Alternativhypothese H_1 mit möglichst großer Wahrscheinlichkeit $1-\beta$ in den Ablehnungsbereich fallen soll.

Abbildung 8.3 zeigt dies exemplarisch für drei Verteilungen der Teststatistik in Anlehnung an die Stichprobenwerte des empirischen Beispiels $n_1 = 1779$, $n_2 = 357$ und $\hat{\pi} = 0.65$. In der mittleren Kennwerteverteilung ist $\pi_1 = \pi_2 = 0.65$, in der linken, durch eine gestrichpunktete Linie (-·-··-·) gekennzeichneten Verteilung ist $\pi_1 = 0.635$ und $\pi_2 = 0.665$ und in der rechten, durch eine gepunktete Linie gekennzeichneten Verteilung ist $\pi_1 = 0.665$ und $\pi_2 = 0.635$. In den beiden linken Verteilungen trifft also die Nullhypothese (H_0: $\pi_1 - \pi_2 \leq 0$) zu, in der rechten Verteilung die Alternativhypothese.

Wenn die Teststatistik in einer der beiden linken Verteilungen den Wert 1.645 überschreitet, wird die Nullhypothese fälschlicherweise abgelehnt. Die Wahrscheinlichkeit eines α-Fehlers ist daher die Fläche unter den beiden linken Kurven rechts vom kritischen Wert. Für die mittlere Kurve, bei der die Nullhypothese gerade noch zutrifft, ist dies die durch waagerechte durchgezogene Schraffurlinien gekennzeichnete Region. Da die mittlere Verteilung die Standardnormalverteilung ist, ist diese Wahrscheinlichkeit in der Abbildung $\alpha = 5\%$. Bei der weiter links verlaufenden Kurve ist die Wahrscheinlichkeit, in den Ablehnungsbereich zu fallen, deutlich kleiner als 5%. Je größer der Absolutwert der negativen Differenz $\pi_1 - \pi_2$ ist, desto kleiner ist die Alpha-Fehlerwahrscheinlichkeit.

Die rechte Verteilung zeigt die Kennwerteverteilung der Teststatistik für eine Datenkonstellation, bei der die Nullhypothese falsch ist. Entsprechend ist die Fläche unter der Kurve vom linken Rand bis zum kritischen Wert 1.645 die Beta-Fehlerwahr-

Abbildung 8.3: Verteilung der Teststatistik bei unterschiedlichen Populationswerten π_1 und π_2

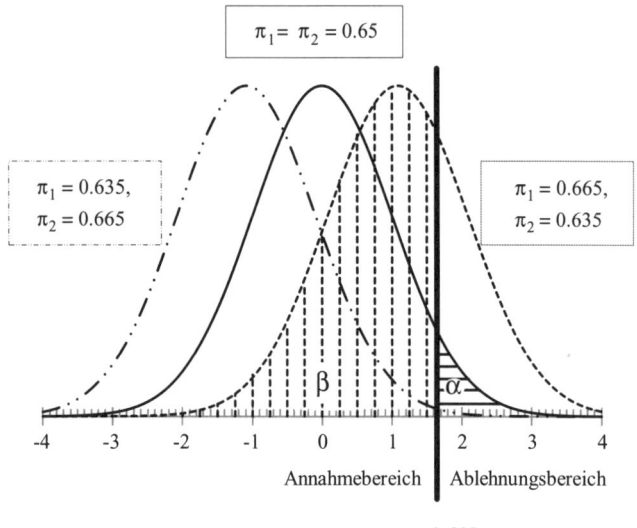

$\pi_1 = \pi_2 = 0.65$

$\pi_1 = 0.635,$
$\pi_2 = 0.665$

$\pi_1 = 0.665,$
$\pi_2 = 0.635$

β

α

-4   -3   -2   -1   0   1   2   3   4

Annahmebereich | Ablehnungsbereich

$z_{0.95} = 1.645$

scheinlichkeit. Wenn die Kurve weiter links verläuft, was bei größeren negativen Differenzen $\pi_1 - \pi_2$ der Fall ist, sinkt die Beta-Fehlerwahrscheinlichkeit. Umgekehrt steigt die Beta-Fehlerwahrscheinlichkeit umso mehr an, je mehr sich die Differenz $\pi_1 - \pi_2$ dem Wert null annähert. Im Extremfall, wenn die Differenz fast null ist, steigt die dann maximale Beta-Fehlerwahrscheinlichkeit auf den Wert $\beta_{max} = 1 - \alpha$.

Würden beide Fehlerarten gleich bewertet, müsste die maximale Alpha- und Beta-Fehlerwahrscheinlichkeit jeweils 50 % betragen, was bei einem kritischen Wert von null erreicht würde. Tatsächlich gibt es jedoch eine Asymmetrie zwischen Null- und Alternativhypothese, da es die inhaltlich interessierende Forschungshypothese ist, deren Gültigkeit kritisch geprüft werden soll. Beim statistischen Hypothesentesten ist dies in der Regel die Alternativhypothese H_1. Im Sinne eines möglichst *strengen Testens* der Forschungshypothese ist es dann sinnvoll, die maximale

Alpha-Fehlerwahrscheinlichkeit gering zu halten. Wenn H_1 die Forschungshypothese ist, ist die maximale Alpha-Fehlerwahrscheinlichkeit gleichzeitig die maximale Wahrscheinlichkeit, eine Forschungshypothese zu akzeptieren, obwohl sie falsch ist.

8.3.1 Teststärke von Hypothesentests

Der Vorrang, der der Vermeidung eines Fehlers erster Art eingeräumt wird, wie dies insbesondere auch beim Signifikanztest oder dem Testen über Konfidenzintervalle geschieht, ist inhaltlich also durchaus begründet. Allerdings sollte die Beta-Fehlerwahrscheinlichkeit bei gegebener α-Fehlerwahrscheinlichkeit nur ganz in der Nähe des Grenzwertes, bei dem die Nullhypothese gerade noch zutrifft, groß sein und mit zunehmendem Abstand möglichst schnell sinken. Um einen Eindruck über die Fehlerrisiken insgesamt zu erhalten, kann für den gesamten Wertebereich der betrachteten Populationsparameter die Wahrscheinlichkeit berechnet werden, mit der die Teststatistik in den Annahme- oder in den Ablehnungsbereich fällt.[13] Üblicherweise wird diese Funktion für den Ablehnungsbereich berechnet und dann als *Teststärkefunktion* (engl. *power function*) bezeichnet.

Die Teststärke, die auch als *Trennschärfe* bezeichnet wird, ist die Wahrscheinlichkeit, eine falsche Nullhypothese zu Recht

---

13 Bei der Berechnung dieser Wahrscheinlichkeiten wird der Tatbestand genutzt, dass die Teststatistik bei gegebenen Werten von p_1 und p_2 in *einer* empirischen Stichprobe mit den unabhängigen Teilstichproben des Umfangs n_1 und n_2 eine Linearkombination der Zufallsvariablen p_1 und p_2 ist:

$$Z = \frac{p_1 - p_2}{\hat{\sigma}(p_1 - p_2)} = \underbrace{\frac{1}{\hat{\sigma}(p_1 - p_2)}}_{\beta_1} \cdot p_1 + \underbrace{\frac{-1}{\hat{\sigma}(p_1 - p_2)}}_{\beta_2 = -\beta_1} \cdot p_2 = \beta_1 \cdot (p_1 - p_2)$$

Der Kehrwert des geschätzten Standardfehlers $\hat{\sigma}(p_1 - p_2)$ fungiert hier als β-Gewicht im Sinne einer Linearkombination nach 5.22a.

Die Kennwerteverteilung von Z ist dann asymptotisch normalverteilt mit nach 5.22b berechnetem Erwartungswert $\mu_Z = \beta_1 \cdot (\pi_1 - \pi_2)$ und nach 5.22c berechneter Varianz

$$\sigma_Z^2 = \beta_1^2 \cdot \left(\frac{\pi_1 \cdot (1 - \pi_1)}{n_1} + \frac{\pi_2 \cdot (1 - \pi_2)}{n_2} \right)$$

abzulehnen (H_1 ist richtig). Da β die Wahrscheinlichkeit eines Fehlers zweiter Art bezeichnet, also die Wahrscheinlichkeit ist, eine falsche Nullhypothese beizubehalten, ist die Teststärke gleich $1-\beta$. Die Teststärkefunktion wird allerdings auch für Parameterkonstellationen berechnet, in denen die Alternativhypothese falsch und die Nullhypothese entsprechend richtig ist (H_0 ist richtig). In diesem Bereich erfasst die Funktion daher die jeweilige Wahrscheinlichkeit eines α-Fehlers. Abbildung 8.4 zeigt die Teststärkefunktion für den Z-Test der Anteilsdifferenz nach Gleichung 8.4 als Funktion von π_1, wenn $n_1 = 1779$, $n_2 = 357$.[14]

Abbildung 8.4: **Teststärkefunktion beim Z-Test des Hypothesenpaars H_0: $\pi_1-\pi_2 \leq 0$ versus H_1: $\pi_1-\pi_2 > 0$ bei einer Fallzahl von $n_1 = 1779$, $n_2 = 357$ und kritischem Wert $Z_{0.95} = 1.645$**

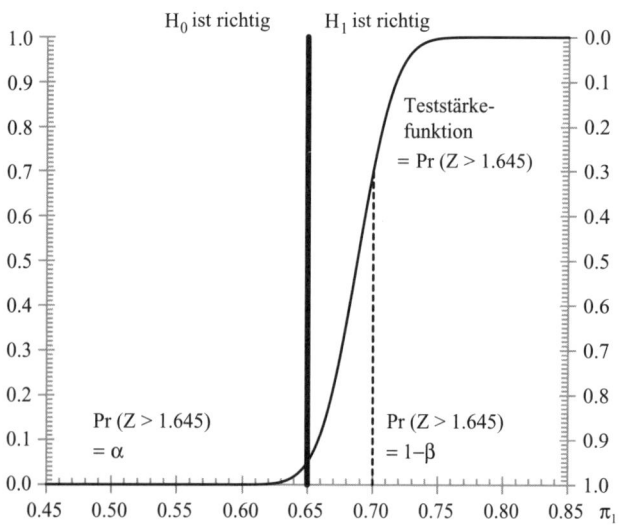

14 Da in die Anteilsdifferenz zwei Populationsanteile π_1 und π_2 eingehen, ist die Teststärkefunktion von zwei Parametern abhängig und somit keine Kurve, sondern eine zweidimensionale Fläche in einem dreidimensionalen Raum. Zur Vereinfachung beschränkt sich die Darstellung auf die Werte, bei denen $\hat{\pi} = (1779 \cdot \pi_1 + 357 \cdot \pi_2)/(1779+357) = 0.65$ ist.

Dargestellt ist der Wertebereich für $\pi_1 = 0.45$ bis $\pi_1 = 0.85$. Bei Werten bis $\pi_1 = 0.65$ ist die Nullhypothese wahr, bei Werten von $\pi_1 > 0.65$ ist die Nullhypothese falsch. Die Grenze zwischen wahrer und falscher Nullhypothese ist als dickere senkrechte Linie in die Grafik eingezeichnet. Die Teststärkefunktion gibt die Wahrscheinlichkeit an, dass die Teststatistik Z in den Ablehnungsbereich fällt, im Beispiel also größer als $z_{0.95} = 1.645$ ist. Die linke senkrechte Achse zeigt diese Wahrscheinlichkeit. Links bis zur dicken senkrechten Linie (H_0 ist richtig) ist dies gleichzeitig die Wahrscheinlichkeit eines α-Fehlers, rechts von der Linie (H_1 ist richtig) ist dies die Wahrscheinlichkeit $1-\beta$. Um die Wahrscheinlichkeit eines β-Fehlers (H_1 ist richtig) besser erkennen zu können, zeigt die rechte senkrechte Achse die β-Fehlerwahrscheinlichkeit.

Ist $\pi_1 = 0.65$, beträgt $\alpha = 5\%$. Wie den Werten der Teststärkefunktion im linken Bereich (H_0 ist richtig) zu entnehmen ist, ist bereits bei Werten $\pi_1 < 0.62$ die Alphafehlerwahrscheinlichkeit praktisch null. Ist π_1 nur geringfügig größer 0.65 (H_1 ist richtig), ist die Teststärke sehr gering. Der rechten senkrechten Achse ist zu entnehmen, dass die Wahrscheinlichkeit eines β-Fehlers dann nahe 0.95 liegt. Erst ab einem Wert von $\pi_1 = 0.7$ sinkt die β-Fehlerwahrscheinlichkeit unter 0.3, wird also eine Teststärke von über 70% erreicht. Zur Verdeutlichung ist an der Stelle $\pi_1 = 0.7$ eine senkrechte gepunktete Linie eingezeichnet.

Beziehung zwischen Trennschärfe und Irrtumswahrscheinlichkeit

Der Kurvenverlauf der Teststärkefunktion ist insofern typisch, als es bei jedem statistischen Test einen Bereich mit geringer Trennschärfe gibt. Der Bereich geringer Trennschärfe ist bei ansonsten unveränderten Bedingungen kleiner, wenn die maximale α-Fehlerwahrscheinlichkeit heraufgesetzt wird. So ist bei einer Irrtumswahrscheinlichkeit von $\alpha \leq 10\%$ der Bereich, in dem der Test nicht trennscharf ist, kleiner als bei einer Irrtumswahrscheinlichkeit von $\alpha \leq 5\%$ oder gar $\alpha \leq 1\%$. Bei gegebener Fallzahl und zu geringer Trennschärfe muss daher gegebenenfalls die Irrtumswahrscheinlichkeit α heraufgesetzt werden. Der «Preis» für die größere Trennschärfe bei zutreffender Alternativhypothese ist allerdings, dass das Risiko steigt, eine richtige Nullhypothese fälschlicherweise abzulehnen, da dieses Risiko maximal α ist. Darüber hinaus gilt, dass bei konstanter Irrtumswahrscheinlichkeit die Trennschärfe von einseitigen Hypothesentests größer ist als bei zweiseitigen Hypothesentests. Aus diesem Grund ist es sinnvoll, einseitige Null- und Alternativhypothesen zu formulieren, wenn dies mit den inhaltlichen Erwartungen vereinbar ist.[15]

Beziehung zwischen Trennschärfe und Stichprobenumfang
Deutlich stärker als von der gewählten Irrtumswahrscheinlichkeit hängt die Trennschärfe (Teststärke) von der Stichprobengröße ab: Je kleiner die Stichprobe ist, desto größer ist der Standardfehler und desto weniger steil und damit weniger trennscharf verläuft die Teststärkefunktion. Umgekehrt gilt: je größer die Stichprobe, desto kleiner der Standardfehler und desto steiler und damit trennschärfer verläuft die Teststärkefunktion.

Im Beispiel des Tests einer Anteilsdifferenz ist es nicht nur die Gesamtfallzahl n ($= n_1 + n_2$), die die Trennschärfe bestimmt, sondern auch das Verhältnis der beiden Gruppengrößen. Da in den Standardfehler der Teststatistik von Gleichung 8.4 die Wurzel aus der Summe des Kehrwerts der Gruppengrößen ($(1/n_1 + 1/n_2)^{0.5}$) eingeht, bestimmt die *kleinere* Gruppe die Höhe des Standardfehlers stärker. Am geringsten ist der Standardfehler bei gleich großen Gruppen.[16] Wenn möglich sollte bei einem Gruppenvergleich auf gleich große Gruppen geachtet werden.

---

15 Im Sinne eines konservativen (kritischen) Vorgehens beim Testen wird bisweilen auch die gegensätzliche Auffassung vertreten, dass ein zweiseitiger Test vorzuziehen ist, weil dann die Nullhypothese eher beibehalten wird, der Test also «strenger» sei (vgl. Balluerka u. a., 2005). Dieser Argumentation kann im Kontext eines Signifikanztests nach Fisher zugestimmt werden, aber nicht, wenn auch die Möglichkeit eines Fehlers zweiter Art berücksichtigt wird.
16 Dies gilt streng genommen nur, wenn – wie in Gleichung 8.4 – von gleichen Varianzen in den Gruppen ausgegangen wird.

8.3.2 Goodness-of-Fit-Tests

Bisher wurde davon ausgegangen, dass die Forschungshypothese das Gegenteil der Nullhypothese beinhaltet, im Sinne eines Neyman-Pearson-Tests also die Alternativhypothese ist. Dies ist allerdings nicht immer der Fall. Wenn etwa eine Theorie behauptet, dass in der Population mit einer Anteilsdifferenz von null zu rechnen ist, dann lässt sich diese Hypothese gar nicht als Alternativhypothese formulieren. Ein Beispiel könnte die Vermutung sein, dass es keine Geschlechtsunterschiede bei der Ablehnung von Schwangerschaftsabbruch gibt, d. h. $\pi_1 - \pi_2 = 0$. Im Allbus 2006 sprechen sich im Westen 67 % von 1044 männlichen Befragten gegen einen Abbruch aus und 63.5 % von 1104 weiblichen Befragten. Wenn die Forschungshypothese zutrifft, dann ist die Differenz 67.0 % – 63.5 % in der Stichprobe ausschließlich Folge der Stichprobenziehung.

Wird zur Prüfung ein Konfidenzintervall berechnet, dann darf dieses Intervall *nur* den Wert null enthalten, damit die Forschungshypothese beibehalten wird. Da das unmöglich ist, wäre die Forschungshypothese über diesen Test stets abzulehnen. Daher wird hier ein Test durchgeführt, bei dem die Forschungshypothese die Nullhypothese ist. Wird für die Allbusdaten die Teststatistik nach Gleichung 8.4 berechnet, ergibt sich ein Wert von:

$$Z = \frac{0.670 - 0.635}{\sqrt{\frac{1044 \cdot 0.670 + 1104 \cdot 0.635}{1044 + 1104} \cdot \left(1 - \frac{1044 \cdot 0.670 + 1104 \cdot 0.635}{1044 + 1104}\right) \cdot \left(\frac{1}{1044} + \frac{1}{1104}\right)}}$$
$$= 1.70.$$

Bei einer Irrtumswahrscheinlichkeit von 5 % wäre das Ergebnis in einem zweiseitigen Test nicht signifikant, weil die kritischen Werte $\pm z_{0.975} = \pm 1.96$ sind und $-1.96 < 1.7 < 1.96$ ist, die Teststatistik also in den Annahmebereich fällt.

Dieser Test ist jedoch kein *strenger Test*. Wenn die Forschungshypothese die Nullhypothese ist, dann bedeutet ein Alpha-Fehler, dass eine richtige Forschungshypothese fälschlicherweise abgelehnt wird. Die maximale Beta-Fehlerwahrscheinlichkeit ist hier die maximale Wahrscheinlichkeit, fälschlicherweise die Forschungshypothese gleicher Populationsanteile anzunehmen. Da die maximale Beta-Fehlerwahrscheinlichkeit gleich $1-\alpha$ ist, wird also bei diesem Test eine Fehlerwahrscheinlichkeit von 95% akzeptiert. Soll die Forschungshypothese mit einer maximalen Irrtumswahrscheinlichkeit von 5% geprüft werden, müsste also α auf 95% festgelegt werden, was zu den kritischen Werten $z_{0.475} = -0.0627$ und $z_{0.525} = +0.0627$ führt. Da der Wert 1.7 dann außerhalb des Annahmebereichs liegt, ist die Null- und Forschungshypothese abzulehnen, dass Männer und Frauen zu gleichen Anteilen gegen einen Schwangerschaftsabbruch sind.

In der Praxis ist uns allerdings kein Fall bekannt, bei dem mit einer Alpha-Fehlerwahrscheinlichkeit von 95% gerechnet wird, weil die Forschungshypothese Nullhypothese ist. Oft wird einfach ignoriert, dass die Forschungshypothese Nullhypothese ist.[17] Eine Ausnahme bilden sog. *Goodness-of-Fit-Tests*, mit denen die Angemessenheit eines statistischen Modells geprüft wird.[18] Da Signifikanz bei diesen Tests bedeutet, dass ein Modell nicht angemessen ist, also die Stichprobendaten gegen die Gültigkeit des Modells sprechen, wird hier kein signifikantes Ergebnis «erhofft». Bei Goodness-of-Fit-Tests werden oft Alpha-Fehlerwahrscheinlichkeiten auf 10% oder auch 20% festgelegt. Im Beispiel würde dies zu kritischen Werten von $\pm z_{0.95} = \pm 1.645$ oder $\pm z_{0.90} = \pm 1.282$ führen. Da im Beispiel der Anteilsdifferenz von Männern und Frauen die Teststatistik den Wert $Z = 1.7$ auf-

17 Wird der Test als Signifikanztest im Sinne von Fisher verstanden, dann bedeutet ein nicht signifikantes Ergebnis, dass offen bleibt, ob die Nullhypothese oder ihr Gegenteil zutrifft (vgl. Fußnote 12). Wird hier also die Vertauschung von Alpha- und Beta-Fehler ignoriert, dann ist der Test informationslos.

18 Ein statistisches Modell beschreibt die Generierung von Stichprobendaten als Zufallsexperiment. Insofern gehen alle statistischen Analysen von statistischen Modellen aus. Die Angemessenheit statistischer Modelle wird meist erst geprüft, wenn die Stichprobendaten durch unterschiedliche statistische Modelle beschrieben werden können.

weist, ist bei beiden Signifikanzniveaus die Nullhypothese abzulehnen. Die Forschungshypothese, dass Männer und Frauen zu gleichen Anteilen Gegner von Schwangerschaftsabbruch sind, wird durch die Daten nicht mit hinreichender Sicherheit gestützt. Es kann nicht ausgeschlossen werden, dass es Unterschiede zwischen den Gruppen gibt.

8.4 Wahl der Teststrategie

Das Beispiel des Tests einer Anteilsdifferenz zeigte, dass sich die praktische Durchführung beim Signifikanztest nach Fisher und beim Neyman-Pearson-Test nicht unterscheidet. Bei beiden Verfahren wird die Nullhypothese abgelehnt, wenn der Wert der aus den Stichprobendaten berechneten Teststatistik bei gegebener maximaler Alpha-Fehlerwahrscheinlichkeit im Ablehnungsbereich liegt, wobei die Nullhypothese (möglichst) das Gegenteil der eigentlich interessierenden Forschungshypothese postuliert.[19]

Der Unterschied besteht in der Berücksichtigung des β-Fehlers beim Neyman-Pearson-Test. Für die Teststatistik gilt dann, dass sich ihre Wahrscheinlichkeitsverteilung bei Zutreffen der Nullhypothese von ihrer Wahrscheinlichkeitsverteilung bei Zutreffen der Alternativhypothese unterscheidet. Beim Signifikanztest wird dagegen nur die Wahrscheinlichkeitsverteilung der Teststatistik bei zutreffender Nullhypothese betrachtet. Relevant wird dieser Unterschied erst bei der Interpretation nicht signifikanter Ergebnisse.[20] Beim Neyman-Pearson-Test bedeutet Insignifikanz, dass die Daten eher für die Nullhypothese als für die Alternativhypothese sprechen. Wenn die Alternativhypothese

19 Tatsächlich wird in der Praxis meist eine Mischform verwendet, bei der die Hypothesenformulierung und -interpretation wie im Neyman-Pearson-Test erfolgt, aber wie beim Signifikanztest nach Fisher auf eine explizite Prüfung der Trennschärfe verzichtet wird.

20 Ein signifikantes Ergebnis bedeutet sowohl beim Signifikanztest wie beim Neyman-Pearson-Test, dass die Nullhypothese vermutlich unzutreffend ist und somit ihr Gegenteil, die Forschungshypothese, durch die Stichprobendaten bestätigt wird.

die Forschungshypothese ist, kann die Nichtbestätigung der Forschungshypothese, also die Beibehaltung der Nullhypothese, auch als Widerlegung der inhaltlichen Vermutung aufgefasst werden. Bei einem Signifikanztest bedeutet ein insignifikantes Ergebnis dagegen nur, dass die Nullhypothese nicht mit hinreichender Sicherheit als falsch aufgefasst werden kann und die Daten daher keine hinreichende Unterstützung für die Forschungshypothese beinhalten.

Die Nichtberücksichtigung des Fehlers zweiter Art führt bisweilen zu einer *generellen Kritik an Signifikanztests*, die vor allem moniert, dass bei kleinen Fallzahlen eine Nullhypothese fast nie abgelehnt werden kann, während umgekehrt bei hinreichend großen Fallzahlen jede Nullhypothese verworfen wird. Hintergrund dieser Behauptung ist die erwünschte Eigenschaft, dass die *Höhe des Standardfehlers einer Teststatistik mit steigender Fallzahl sinkt*. Bei kleinen Fallzahlen ist aufgrund des dann großen Standardfehlers der Annahmebereich sehr groß und der Ablehnungsbereich entsprechend klein, was dazu führen kann, dass eine Nullhypothese über Anteilsdifferenzen erst bei einer sehr großen Anteilsdifferenz in der Stichprobe zu einer signifikanten Teststatistik führt. Bei gegebener Fallzahl und Irrtumswahrscheinlichkeit α ist der Test dann nicht trennscharf. Umgekehrt ist bei großen Fallzahlen ein Test sehr trennscharf. Im Beispiel des Tests einer Anteilsdifferenz führen dann bereits sehr kleine Differenzen in der Stichprobe zu signifikanten Ergebnissen. Es ist allerdings falsch, anzunehmen, dass bei hinreichend großer Fallzahl jedes Testergebnis signifikant wird.

Beim Neyman-Pearson-Test kann die Trennschärfe bereits *vor der Durchführung* eines Tests dadurch berücksichtigt werden, dass die Alpha-Fehlerwahrscheinlichkeit an die Fallzahl angepasst wird[21], sodass bei großen Fallzahlen nur eine sehr kleine

---

21 Auf der Basis der Teststärkefunktion lassen sich Formeln herleiten, die die notwendige Fallzahl angeben, um eine gewünschte Trennschärfe zu erreichen. Allerdings ist die Berechnung sehr komplex.

maximale α-Fehlerwahrscheinlichkeit akzeptiert wird. Bei sehr kleinen Fallzahlen kann allerdings auch bei großen α-Fehlerwahrscheinlichkeiten die Trennschärfe so gering sein, dass der Test nicht informativ und damit seine Durchführung nicht sinnvoll ist. Dies ist der Fall, wenn der Annahmebereich des Tests einen großen Teil des Wertebereichs der Teststatistik umfasst oder die Teststärkefunktion einen großen Bereich zeigt, bei dem die Beta-Fehlerwahrscheinlichkeit groß bzw. die Trennschärfe gering ist.[22]

Bei der Anwendung statistischer Tests kommt es aber vor allem darauf an, inhaltlich relevante Hypothesenpaare zu formulieren. Wird etwa die Nullhypothese, dass es keinen Zusammenhang zwischen zwei Variablen gibt, gegen die Alternativhypothese geprüft, dass es einen Zusammenhang gibt, dann kann ein Test bei großen Fallzahlen zu Recht zu einem signifikanten Ergebnis führen, auch wenn der Zusammenhang sehr gering ist. Wenn aber ein geringer Zusammenhang inhaltlich nicht interessiert, wäre eine Hypothesenformulierung angemessener, bei der die Nullhypothese behauptet, dass ein Zusammenhang geringer oder gleich einem Minimalwert ist, der als praktisch irrelevant betrachtet wird.

Aufgrund der Berücksichtigung des Fehlers zweiter Art ist aus unserer Sicht die Teststrategie des Neyman-Pearson-Tests der des Signfikanztests vorzuziehen. Es gibt allerdings Tests, in denen die Verteilung einer Teststatistik nur unter Annahme der Gültigkeit der Nullhypothese bekannt ist, bei Gültigkeit der Alternativhypothese also unklar ist, ob die Teststatistik tatsächlich eher in den Ablehnungsbereich fällt als bei gültiger Nullhypothese. Ist das der Fall, dann ist es angemessener, Testergebnisse im Sinne eines Signifikanztests zu interpretieren.[23]

---

22 Ein großer Annahmebereich weist auch beim Signifikanztest nach Fisher darauf hin, dass ein Test möglicherweise nicht sehr aussagekräftig ist. Gleiches gilt für sehr große Intervalle beim Testen mit Konfidenzintervallen.
23 Dies kann bei nichtparametrischen Tests der Fall sein.

Tests können aber auch über die Berechnung von Konfidenzintervallen erfolgen. Diese Strategie ist vor allem bei zweiseitigen Tests sinnvoll, bei dem die zu prüfende Forschungshypothese sich – wie im Beispiel der Anteilsdifferenz – zu einem Populationskennwert (im Beispiel: $\theta = \pi_1 - \pi_2$) zusammenfassen lässt. Der Vorteil des Testens über ein Konfidenzintervall besteht dann darin, dass nicht nur geprüft wird, ob die Nullhypothese beibehalten oder verworfen werden sollte, sondern auch, mit welchem Wert (im Beispiel der Anteilsdifferenz) in der Population gerechnet werden kann. Schließlich ist auch die Länge des berechneten Konfidenzintervalls informativ. Ein kurzes Intervall weist auf eine große Trennschärfe, ein langes auf eine geringe Trennschärfe hin.

Im Vergleich zu Konfidenzintervallen haben bei Annahme der Gültigkeit der Nullhypothese Kennwerteverteilungen von Teststatistiken (bisweilen) bekannte Eigenschaften, was zu effizienteren Schätzern und damit größerer Trennschärfe führt als das Testen über Konfidenzintervalle. So basiert der Standardfehler der Teststatistik in Gleichung 8.4 auf einem effizienteren Schätzer als der Standardfehler bei der Berechnung eines Konfidenzintervalls für Anteilsdifferenzen.

Zusammenfassend ist festzuhalten, dass bei einem zweiseitigen Hypothesentest einer durch einen Parameter beschreibbaren Populationseigenschaft das Testen über ein Konfidenzintervall vorzuziehen ist. Bei einseitigen Tests, oder wenn Populationseigenschaften bei Gültigkeit der Nullhypothese zu effizienteren Standardfehlern führen, sind Neyman-Pearson-Tests vorzuziehen. Wenn unklar ist, welche Kennwerteverteilung die Teststatistik bei Gültigkeit der Alternativhypothese hat, sollten Testergebnisse im Sinne eines Signifikanztests interpretiert werden.

Schritte beim Hypothesentesten über eine Teststatistik
Wenn ein Hypothesentest über eine Teststatistik realisiert wird, erfolgt die Prüfung in den folgenden fünf Schritten.

Schritt 1: Formulierung von Null- und Alternativhypothese

Im ersten Schritt einer Hypothesenprüfung wird der Wertebereich der interessierenden Populationseigenschaften in zwei disjunkte Bereiche unterteilt: den Bereich der Nullhypothese H_0 und den Bereich der Alternativhypothese H_1. Dabei wird die Nullhypothese H_0 möglichst so formuliert, dass sie das Gegenteil der eigentlich interessierenden Forschungshypothese ist.

Schritt 2: Auswahl der statistischen Prüfgröße (Teststatistik)

Für die Durchführung des Tests wird als empirische Prüfgröße eine Teststatistik (hier unabhängig von der tatsächlich zutreffenden Testverteilung als Z bezeichnet) benötigt, deren Kennwerteverteilung bei gerade noch zutreffender Nullhypothese bekannt ist und die bei richtiger und falscher Nullhypothese unterschiedliche Erwartungswerte hat.

Schritt 3: Festlegung von Irrtumswahrscheinlichkeit und kritischen Werten

Im dritten Schritt ist die Irrtumswahrscheinlichkeit so festzulegen, dass die Wahrscheinlichkeit einer Fehlentscheidung minimiert wird. Da aber Alpha- und Beta-Fehlerwahrscheinlichkeiten nicht unabhängig voneinander sind, wird nur die maximale Alpha-Fehlerwahrscheinlichkeit – üblicherweise auf 5 % oder 1 % – festgelegt. Dabei sollte auch die Trennschärfe des Tests berücksichtigt werden.[24] Durch die Festlegung der Irrtumswahrscheinlichkeit werden gleichzeitig der Ablehnungsbereich und die kritischen Werte festgelegt, die den Annahmebereich vom Ablehnungsbereich trennen.

---

24 Bei sehr hohen Fallzahlen ist eine sehr kleine α-Fehlerwahrscheinlichkeit angemessen. Wenn umgekehrt bei geringen Fallzahlen die Trennschärfe des Tests gering ist und die Fallzahl nicht heraufgesetzt werden kann, kann es sinnvoll sein, auch größere α-Fehlerwahrscheinlichkeiten von 10 % oder sogar darüber zu akzeptieren. Ob die Trennschärfe hinreichend hoch ist, ist eine Frage, die vor dem Hintergrund der inhaltlichen Anwendung zu entscheiden ist.

Schritt 4: Berechnung der Teststatistik und Entscheidung

Im vierten Schritt wird die Teststatistik Z aus den Stichprobendaten berechnet und auf der Basis des resultierenden Werts eine Entscheidung getroffen. Bei zweiseitigen Nullhypothesen der Form H_0: $\theta = \theta_0$ wird die Nullhypothese mit der Irrtumswahrscheinlichkeit α abgelehnt, wenn $Z < z_{\alpha/2}$ oder wenn $Z > z_{1-\alpha/2}$. Bei einseitigen Hypothesen der Form H_0: $\theta \geq \theta_0$ wird die Nullhypothese mit einer Irrtumswahrscheinlichkeit von maximal α abgelehnt, wenn $Z < z_{\alpha}$. Bei einseitigen Hypothesen der Form H_0: $\theta \leq \theta_0$ wird die Nullhypothese mit einer Irrtumswahrscheinlichkeit von maximal α abgelehnt, wenn $Z > z_{1-\alpha}$.

Schritt 5: Überprüfung der Anwendungsvoraussetzungen

Die Durchführung eines Tests ist in der Regel an Anwendungsvoraussetzungen gebunden. Bei der Prüfung der Anwendungsvoraussetzung für den Test einer Anteilsdifferenz wird so geprüft, ob die asymptotische Annäherung der Kennwerteverteilung des Anteils an die Normalverteilung als gegeben betrachtet werden kann.[25] Wenn möglich, sollten alle prüfbaren Anwendungsvoraussetzungen am besten *vor* der Durchführung des Tests geprüft werden. Da diese Prüfung bisweilen aber die Berechnung der Teststatistik beinhaltet, erfolgt sie oft erst im letzten Schritt.

Wenn die Anwendungsvoraussetzungen nicht erfüllt sind, ist das Testergebnis möglicherweise ungültig. Wenn möglich sollten dann alternative Teststatistiken und Testverteilungen eingesetzt werden, deren Anwendungsvoraussetzungen in der gegebenen Situation erfüllbar sind. Ist dies nicht möglich, dann ist zu über-

---

25 Es gibt beim Hypothesentesten stets auch Anwendungsvoraussetzungen, die nicht explizit geprüft werden oder gar nicht geprüft werden können. Eine fundamentale und in der Regel nicht prüfbare Annahme ist, dass die realisierte Stichprobe tatsächlich als Durchführung eines Zufallsexperiments aufgefasst werden kann. Bei allen hier vorgestellten Tests wird zudem von einer einfachen Zufallsauswahl ausgegangen.

legen, ob auf einen Test ganz verzichtet wird, oder ob die Test-ergebnisse trotz fehlender Anwendungsvoraussetzungen inter-pretiert werden können. Bisweilen sind Tests *robust gegenüber Annahmeverletzungen*, was vor allem bedeutet, dass die Irrtums-wahrscheinlichkeit trotzdem annähernd gilt. Die Teststärke kann dann allerdings geringer sein als erwartet.

8.5 Teststatistiken und Testverteilungen zur Prüfung von Hypothesen über Anteile und Anteilsdifferenzen

In den Beispielen für Hypothesentests (vgl. Abschnitt 8.3) wur-den Hypothesen über eine Anteilsdifferenz in zwei unabhängi-gen Gruppen geprüft. Soll aber z. B. die Vermutung geprüft wer-den, dass die Wohnbevölkerung im Westen mehrheitlich für die Erlaubnis eines Schwangerschaftsabbruchs ist, dann handelt es sich um einen Test über *einen* Populationsanteil.

8.5.1 Test eines Populationsanteils

Generell haben Hypothesentests über einen Populationsanteil folgende Form:

$$H_0: \pi_1 = \pi \text{ versus } H_1: \pi_1 \neq \pi \tag{8.5a}$$

$$H_0: \pi_1 \leq \pi \text{ versus } H_1: \pi_1 > \pi \tag{8.5b}$$

$$H_0: \pi_1 \geq \pi \text{ versus } H_1: \pi_1 < \pi \tag{8.5c}$$

wobei $\quad \pi_1 \;=\;$ Populationsanteil

$\pi \;=\;$ durch die Nullhypothese postulierter Wert von π_1.

Die Teststatistik basiert auf der Kennwerteverteilung des zum Populationsanteil π_1 korrespondierenden Stichprobenanteils p_1, der in einfachen Zufallsauswahlen asymptotisch um π_1 mit der Varianz $\sigma^2(\rho_1) = \pi_1 \cdot (1-\pi_1)/n$ normalverteilt ist. Wenn $\pi_1 = \pi$, ist die Teststatistik Z asymptotisch standardnormalverteilt:

$$Z = \frac{p_1 - \pi}{\sqrt{\dfrac{\pi \cdot (1 - \pi)}{n}}} \underset{n \to \infty}{\sim} \phi \qquad\qquad (8.6)$$

Erläuterungen siehe Gleichung 6.4.

Die Nullhypothese wird mit einer Irrtumswahrscheinlichkeit von maximal α abgelehnt, wenn:

$|Z| > z_{1-\alpha/2}$	bei H_0: $\pi_1 = \pi$	(8.7a)
$Z > z_{1-\alpha}$	bei H_0: $\pi_1 \leq \pi$	(8.7b)
$Z < z_\alpha$	bei H_0: $\pi_1 \geq \pi$	(8.7c)

wobei $|Z|$ = Absolutwert von Z.

Die Anwendungsvoraussetzung der asymptotischen Annäherung der Kennwerteverteilung der Teststatistik an die Normalverteilung erfolgt nach Gleichung 6.12. Als Beispiel soll mit den Daten des Allbus 2006 die Hypothese geprüft werden, dass sich im Westen eine Mehrheit für die Erlaubnis eines Schwangerschaftsabbruchs ausspricht. Da bei einer Mehrheit der Populationsanteil π_1 über 50 % liegt, ist das zu prüfende Hypothesenpaar: H_0: $\pi_1 \leq 0.5$ versus H_1: $\pi_1 > 0.5$. Also wird ein einseitiger Hypothesentest nach oben durchgeführt. Die Teststatistik wird nach Gleichung 8.6 berechnet und ist asymptotisch standardnormalverteilt, wenn der Populationsanteil $\pi_1 = \pi = 0.5$ ist. Der Stichprobenanteil derjenigen, die dafür sind, einen Abbruch zu erlauben, beträgt 34.8 % von 2148 Befragten im Westen. Die Teststatistik ist dann:

$$Z = \frac{0.348 - 0.5}{\sqrt{\dfrac{0.5 \cdot (1 - 0.5)}{2148}}} = -14.1$$

Bei einer Irrtumswahrscheinlichkeit von 5 % wird die Nullhypothese nach Gleichung 8.7b abgelehnt, wenn die Teststatistik größer ist als das 95%-Quantil der Standardnormalverteilung, das den Wert 1.645 hat. Da –14.1<1.645, kann die Nullhypothese bei einer Irrtumswahrscheinlichkeit von 5% nicht abgelehnt werden. Es ist eher nicht damit zu rechnen, dass es eine Mehrheit gibt, die sich für einen Abbruch ausspricht. Die Annäherung an die Normalverteilung ist vermutlich gegeben, da $n \cdot 0.5/0.5 = 2148 > 9$.

8.5.2 Test von Anteilsdifferenzen

Hypothesentests über die Differenz zweier Populationsanteile π_1 und π_2 haben folgende Form:[26]

$$H_0: \pi_1 - \pi_2 = \pi \text{ versus } H_1: \pi_1 - \pi_2 \neq \pi \qquad (8.8a)$$
$$H_0: \pi_1 - \pi_2 \leq \pi \text{ versus } H_1: \pi_1 - \pi_2 > \pi \qquad (8.8b)$$
$$H_0: \pi_1 - \pi_2 \geq \pi \text{ versus } H_1: \pi_1 - \pi_2 < \pi \qquad (8.8c)$$

wobei π_1, π_2 = zwei Populationsanteile, deren Differenz getestet werden soll

π = durch die Nullhypothese postulierter Wert der Differenz $\pi_1 - \pi_2$.

Wenn $\pi_1 - \pi_2 = \pi$, dann ist die Teststatistik Z asymptotisch standardnormalverteilt:

$$Z = \frac{(p_1 - p_2) - \pi}{\hat{\sigma}(p_1 - p_2)} \underset{n \to \infty}{\sim} \phi \qquad (8.9)$$

wobei $\hat{\sigma}(p_1 - p_2)$ = geschätzter Standardfehler der Anteilsdifferenz.

Ist die Alternativhypothese zutreffend, ist die Teststatistik normalverteilt mit einem Erwartungswert ungleich null. Die Entscheidung über Akzeptanz oder Zurückweisung der Nullhypothese erfolgt nach den Entscheidungsregeln in Gleichung 8.7.

Bei der Berechnung des Standardfehlers der Kennwerteverteilung der Anteilsdifferenz sind drei Situationen zu unterscheiden:

---

26 Das Beispiel in den Abschnitten 8.1 bis 8.3 ist eine Hypothese der Form 8.8b.

a) Test einer Anteilsdifferenz bei unabhängigen Stichproben, wenn p1−p2 = p = 0

Wenn bei $\pi = 0$ die Nullhypothese gerade noch zutrifft, dann berechnet sich der geschätzte Standardfehler nach Gleichung 8.3 und die Teststatistik nach Gleichung 8.4 (vgl. Abschnitt 8.2). Die Annäherung an die Normalverteilung ist vermutlich hinreichend genau, wenn die Anwendungsvoraussetzungen aus Gleichung 7.30 erfüllt sind.

b) Test einer Anteilsdifferenz bei unabhängigen Stichproben, wenn $\pi_1 − \pi_2 = \pi \neq 0$

Wenn bei $\pi \neq 0$ die Nullhypothese gerade noch zutrifft, dann berechnet sich der geschätzte Standardfehler der Anteilsdifferenz nach Gleichung 7.28. Die Annäherung an die Normalverteilung ist vermutlich hinreichend genau, wenn die Anwendungsvoraussetzungen aus Gleichung 7.30 erfüllt sind.

c) Test einer Anteilsdifferenz in abhängigen Stichproben

Bezieht sich die zu testende Anteilsdifferenz auf abhängige Stichproben, berechnet sich der Standardfehler wie bei einem Konfidenzintervall für abhängige Stichproben nach Gleichung 7.31. Die Anwendungsvoraussetzungen ergeben sich nach 7.30, wobei statt n_1 und n_2 der gemeinsame Stichprobenumfang n verwendet wird.

8.6 Teststatistiken und Testverteilungen zur Prüfung von Hypothesen über Mittelwerte und Mittelwertdifferenzen

Die Prüfung von Mittelwerten und Mittelwertdifferenzen folgt der gleichen Logik wie die Hypothesenprüfung von Anteilen und Anteilsdifferenzen. Dabei wird in der Praxis meist anstelle der Standardnormalvereilung die T-Verteilung als Testverteilung verwendet.

8.6.1 Test eines Populationsmittelwerts

Einseitige und zweiseitige Hypothesentests über einen Populationsmittelwert werden formuliert als:

$$H_0: \mu_X = \mu \text{ versus } H_1: \mu_X \neq \mu \tag{8.10a}$$
$$H_0: \mu_X \leq \mu \text{ versus } H_1: \mu_X > \mu \tag{8.10b}$$
$$H_0: \mu_X \geq \mu \text{ versus } H_1: \mu_X < \mu \tag{8.10c}$$

wobei μ_X = Populationsmittelwert einer Variablen X
μ = durch die Nullhypothese postulierter Wert von μ_X.

Wenn X in der Population normalverteilt ist, ist der Quotient aus der Differenz zwischen dem Stichprobenmittelwert $\bar{x}$ und dem postulierten Wert μ geteilt durch den geschätzten Standardfehler des Stichprobenmittelwerts T-verteilt mit $df = n-1$ Freiheitsgraden, wenn der Populationsmittelwert gleich μ ist. Dann gilt (vgl. Gleichungen 7.19 und 7.20):

$$T = \frac{\bar{x} - \mu}{\sqrt{\dfrac{\sum_{i=1}^{n}(x_i - \bar{x})^2}{n \cdot (n-1)}}} = \frac{\bar{x} - \mu}{\hat{\sigma}_X / \sqrt{n}} = \frac{\bar{x} - \mu}{s_X / \sqrt{n-1}} \sim T_{df = n-1} \tag{8.11}$$

Die Nullhypothese wird mit einer Irrtumswahrscheinlichkeit von maximal α abgelehnt, wenn:

$$|T| > t_{1-\alpha/2; df = n-1} \quad \text{bei } H_0: \mu_X = \mu \tag{8.12a}$$
$$T > t_{1-\alpha; df = n-1} \quad \text{bei } H_0: \mu_X \leq \mu \tag{8.12b}$$
$$T < t_{\alpha; df = n-1} \quad \text{bei } H_0: \mu_X \geq \mu \tag{8.12c}$$

wobei $|T|$ = Absolutwert der Teststatistik T.

Wenn X in der Population nicht normalverteilt ist, ist die Teststatistik nicht T-verteilt, sondern asymptotisch standardnormalverteilt, wobei dann bei $n > 30$ von einer hinreichenden Annäherung an die Normalverteilung ausgegangen werden kann. Im

Sinne eines konservativen (strengen) Testens wird die T-Verteilung mit df = n−1 Freiheitsgraden aber auch dann angewendet, wenn X in der Population nicht als normalverteilt angenommen werden kann. Sinnvoll ist die Verwendung der T-Verteilung jedoch nur, wenn die Forschungshypothese die Alternativhypothese ist, da im umgekehrten Fall (Forschungshypothese ist H_0) das Vorgehen gerade nicht mehr streng ist, sondern die Chance erhöht, eine falsche Forschungshypothese beizubehalten.

8.6.2 Test von Mittelwertdifferenzen

Beim Test der Differenz zweier Mittelwerte lautet die Hypothesenformulierung:

H_0: $\mu_1-\mu_2 = \mu$ versus H_1: $\mu_1-\mu_2 \neq \mu$ (8.13a)

H_0: $\mu_1-\mu_2 \leq \mu$ versus H_1: $\mu_1-\mu_2 > \mu$ (8.13b)

H_0: $\mu_1-\mu_2 \geq \mu$ versus H_1: $\mu_1-\mu_2 < \mu$ (8.13c)

wobei μ_1,μ_2 = Populationsmittelwerte von zwei Variablen X_1 und X_2

      μ = durch die Nullhypothese postulierter Wert der Differenz $\mu_1-\mu_2$.

Da Stichprobenmittelwerte asymptotisch normalverteilt sind, lässt sich analog zu Gleichung 8.1 eine generelle Teststatistik formulieren, die bei gerade noch gültiger Nullhypothese standardnormalverteilt ist:

$$Z = \frac{(\overline{x}_1 - \overline{x}_2) - \mu}{\hat{\sigma}(\overline{x}_1 - \overline{x}_2)} \underset{n \to \infty}{\sim} \phi \qquad (8.14)$$

wobei $\hat{\sigma}(\overline{x}_1 - \overline{x}_2)$ = geschätzter Standardfehler der Mittelwertdifferenz.

Ist die Nullhypothese falsch, dann ist die Teststatistik asymptotisch normalverteilt mit einem Erwartungswert ungleich null. Die Entscheidungsregel folgt Gleichung 8.12, wobei anstelle der

Quantile der T-Verteilung die der Standardnormalverteilung verwendet werden.

Für die Berechnung des geschätzten Standardfehlers muss wieder unterschieden werden, ob es sich um einen Mittelwertvergleich bei abhängigen oder unabhängigen Stichproben handelt.

a) Test einer Mittelwertdifferenz bei abhängigen Stichproben

Bei abhängigen Stichproben sind X_1 und X_2 zwei Variablen in einer gemeinsamen Stichprobe. Im Nenner der Teststatistik in Gleichung 8.14 wird dann der Standardfehler aus Gleichung 7.26 eingesetzt. Da es in dieser Situation für jeden Fall i zwei Realisierungen $x_{1,i}$ und $x_{2,i}$ gibt, ist es auch möglich, eine Variable $X = X_1 - X_2$ zu generieren, die für jeden Fall die Differenz $x_i = x_{1,i} - x_{2,i}$ angibt. Die Hypothesen über die Mittelwertdifferenz können dann nach Gleichung 8.12a bis c geprüft werden, da der Erwartungswert der Differenzvariablen X (nach Gleichung 5.22b) gleich dem Erwartungswert der Differenz von X_1 und X_2 ist: $\mu = \mu_1 - \mu_2$.

b) Test einer Mittelwertdifferenz bei unabhängigen Stichproben und gleichen Varianzen

Bei zwei unabhängigen Stichproben berechnet sich der geschätzte Standardfehler der Mittelwertdifferenz als Quadratwurzel aus der Summe der quadrierten geschätzten Standardfehler der beiden Variablen X_1 und X_2. Während sich bei Anteilsdifferenzen unterschiedliche Schätzer der Standardfehler in Abhängigkeit von der Gleichheit oder Ungleichheit der Populationsanteile ergeben, können die Varianzen reellwertiger Variablen unabhängig von den Mittelwerten variieren. Aber auch hier ist es möglich, dass die Populationsvarianzen der Variablen X_1 und X_2 gleich groß sind. Ist dies der Fall, dann ist die Summe der Variationen von X_1 und X_2 geteilt durch die Summe der Freiheitsgrade beider Variablen ein effizienter Schätzer der gemeinsamen («pooled») Populationsvarianz:

$$\hat{\sigma}^2_{\text{pooled}} = \frac{n_1 \cdot s_1^2 + n_2 \cdot s_2^2}{n_1 + n_2 - 2} = \frac{(n_1 - 1) \cdot \hat{\sigma}_1^2 + (n_2 - 1) \cdot \hat{\sigma}_2^2}{n_1 + n_2 - 2} \qquad (8.15)$$

wobei $\hat{\sigma}^2_{\text{pooled}}$ = geschätzte gemeinsame Populationsvarianz von X_1 und X_2.

Sind X_1 und X_2 mit gleichen Varianzen in der Population normalverteilt, ist die Teststatistik zur Prüfung einer Mittelwertdifferenz bei unabhängigen Stichproben t-verteilt, wenn die Mittelwertdifferenz in der Population gleich μ ist. In diesem Fall berechnet sich die Teststatistik nach:

$$T = \frac{(\overline{x}_1 - \overline{x}_2) - \mu}{\sqrt{\hat{\sigma}^2_{\text{pooled}} \cdot \left(\frac{1}{n_1} + \frac{1}{n_2}\right)}} = \frac{(\overline{x}_1 - \overline{x}_2) - \mu}{\sqrt{\frac{n_1 \cdot s_1^2 + n_2 \cdot s_2^2}{n_1 + n_2 - 2} \cdot \left(\frac{1}{n_1} + \frac{1}{n_2}\right)}}$$

$$= \frac{(\overline{x}_1 - \overline{x}_2) - \mu}{\sqrt{\frac{(n_1 - 1) \cdot \hat{\sigma}_1^2 + (n_2 - 1) \cdot \hat{\sigma}_2^2}{n_1 + n_2 - 2} \cdot \left(\frac{1}{n_1} + \frac{1}{n_2}\right)}} \sim T_{df = n_1 + n_2 - 2} \qquad (8.16)$$

Die Entscheidung über Akzeptanz oder Zurückweisung der Nullhypothese erfolgt nach den Entscheidungsregeln in Gleichung 8.12.

Als Beispiel soll die Hypothese geprüft werden, dass vollzeitbeschäftigte Männer im Westen 2008 mindestens 300 € mehr verdienten als vollzeitbeschäftigte Frauen.[27] Der Mittelwert der $n_1 = 487$ Männer beträgt $\overline{x}_1 = 2144.15$ € bei einer Standardabweichung von $s_1 = 1215.803$ €. Bei den $n_2 = 213$ Frauen beträgt der Mittelwert $\overline{x}_2 = 1514.14$ € bei einer Standardabweichung von $s_2 = 769.487$ €. Das zu prüfende Hypothesenpaar lautet: H_0: $\mu_1 - \mu_2 \leq 300$ versus H_1: $\mu_1 - \mu_2 > 300$, wobei X_1 für das Einkommen der Männer und X_2 für das der Frauen steht. Die Teststatistik berechnet sich dann nach Gleichung 8.16:

---

27 Die zur Hypothesenprüfung notwendigen Daten wurden bereits in Kapitel 7.4.3 verwendet.

$$T = \frac{(2144.15 - 1514.14) - 300}{\sqrt{\frac{487 \cdot 1215.803^2 + 213 \cdot 769.487^2}{487 + 213 - 2} \cdot \left(\frac{1}{487} + \frac{1}{213}\right)}} = 3.65$$

Bei gerade noch zutreffender Nullhypothese ist die Teststatistik t-verteilt mit $df = n_1 + n_2 - 2 = 487 + 213 - 2 = 698$ Freiheitsgraden. Bei einer Irrtumswahrscheinlichkeit von 1% wird die Nullhypothese im einseitigen Test nach oben abgelehnt, wenn $T > T_{0.99;df=698} = 2.326$. Da 3.65>2.326, ist die Nullhypothese abzulehnen. Bei einer Irrtumswahrscheinlichkeit von 1% ist davon auszugehen, dass der mittlere Verdienst von Männern im Westen 2008 um mehr als 300 Euro über dem der Frauen lag. Da die Forschungshypothese die Alternativhypothese ist, haben wir hier im Sinne eines konservativen (strengen) Testens die T-Verteilung als Testverteilung verwendet, obwohl Einkommensverteilungen nicht normalverteilt sind. Alternativ hätte entsprechend der allgemeinen Gleichung 8.14 auch die asymptotisch gültige Standardnormalverteilung als Testverteilung verwendet werden können.

c) Test einer Mittelwertdifferenz bei unabhängigen Stichproben und ungleichen Varianzen

Nicht nur die Normalverteilungsannahme dürfte falsch sein, sondern auch die Annahme gleicher Populationsvarianzen.[28] In diesem Fall sollte die asymptotisch normalverteilte Teststatistik unter der Annahme verschiedener Populationsvarianzen berechnet werden. Die Teststatistik 8.14 wird dann zu:

$$Z = \frac{(\overline{x}_1 - \overline{x}_2) - \mu}{\sqrt{\frac{s_1^2}{n_1 - 1} + \frac{s_2^2}{n_2 - 1}}} = \frac{(\overline{x}_1 - \overline{x}_2) - \mu}{\sqrt{\frac{\hat{\sigma}_1^2}{n_1} + \frac{\hat{\sigma}_2^2}{n_2}}} \underset{n \to \infty}{\sim} \phi \qquad (8.17)$$

Die Annäherung ist i. A. hinreichend genau, wenn $n_1 > 30$ und $n_2 > 30$. Die Entscheidung über Akzeptanz oder Zurückweisung

28 In Kapitel 15 werden wir den Levene-Test vorstellen, mit dem die Annahme gleicher Populationsvarianzen geprüft werden kann.

der Nullhypothese wird analog zu den Entscheidungsregeln in Gleichung 8.12 getroffen, wobei die Quantile der T-Verteilung durch die der Standardnormalverteilung ersetzt werden.[29]

Angewendet auf die Allbus-Daten 2008 ergibt sich folgende Teststatistik:

$$Z = \frac{(2144.15 - 1514.14) - 300}{\sqrt{\dfrac{1215.803^2}{487 - 1} + \dfrac{769.487^2}{213 - 1}}} = 4.32.$$

Bei Annahme ungleicher Varianzen ist der Wert der Teststatistik größer als bei Annahme gleicher Varianzen. Wird die Standardnormalverteilung zum Testen verwendet, ist der kritische Wert bei $\alpha = 1\%$ der Wert des 99%-Quantils der Standardnormalverteilung, also 2.326. Die Nullhypothese wird auch bei dieser Teststatistik verworfen.

Im Zusammenhang mit der Kritik an Signifikanztests haben wir auf die Wichtigkeit geeigneter Hypothesenformulierungen hingewiesen. In diesem Sinne wurde auch im Beispiel nicht von einer Einkommensdifferenz größer null, sondern größer 300 € ausgegangen. Einkommensdiskriminierung kann aber auch bedeuten, dass Frauen generell einen geringeren Anteil an Entlohnung erhalten. Bei hohen Einkommen wäre die Differenz dann größer als bei geringeren Einkommen. So könnte z. B. vermutet

---

29 Unter der Normalverteilungsannahme folgt die Teststatistik einer verallgemeinerten T-Verteilung mit reellwertigen Freiheitsgraden. Diese berechnen sich nach:

$$df = \left(\frac{\left(\dfrac{\hat{\sigma}_1^2 / n_1}{\hat{\sigma}_1^2 / n_1 + \hat{\sigma}_2^2 / n_2} \right)^2}{n_1 - 1} + \frac{\left(\dfrac{\hat{\sigma}_2^2 / n_2}{\hat{\sigma}_1^2 / n_1 + \hat{\sigma}_2^2 / n_2} \right)^2}{n_2 - 1} \right)^{-1}$$

$$= \left(\frac{\left(\dfrac{s_1^2 / (n_1 - 1)}{s_1^2 / (n_1 - 1) + s_2^2 / (n_2 - 1)} \right)^2}{n_1 - 1} + \frac{\left(\dfrac{s_2^2 / (n_2 - 1)}{s_1^2 / (n_1 - 1) + s_2^2 / (n_2 - 1)} \right)^2}{n_2 - 1} \right)^{-1}$$

werden, dass das Einkommen von Frauen um mehr als 20% unter dem der Männer liegt. Das zu prüfende Hypothesenpaar lautet dann:

$$H_0: \frac{80\% \cdot \mu_1}{\mu_2} \leq 1 \qquad \text{versus } H_1: \frac{80\% \cdot \mu_1}{\mu_2} > 1 \qquad \text{bzw.}$$

$$H_0: (100\% - 20\%) \cdot \mu_1 - \mu_2 \leq 0 \text{ versus } H_1: (100\% - 20\%) \cdot \mu_1 - \mu_2 > 0$$

wobei μ_1 und μ_2 für die Populationseinkommen von Männern und Frauen stehen.

Wenn die Forschungshypothese zutrifft, ist also das mittlere Einkommen der Männer um mehr als 1.25-mal größer als das Einkommen der Frauen. Der Standardfehler dieser Linearkombination berechnet sich bei ungleichen Varianzen nach Gleichung 5.22c als:

$$\hat{\sigma}(0.8 \cdot \mu_1 - \mu_2) = \sqrt{\frac{0.8^2 \cdot s_1^2}{n_1 - 1} + \frac{s_2^2}{n_2 - 1}} = \sqrt{\frac{0.64 \cdot 1215.803^2}{487 - 1} + \frac{769.487^2}{213 - 1}}$$

$$= 68.844.$$

Die Teststatistik lautet dann:

$$Z = \frac{0.8 \cdot \mu_1 - \mu_2}{\hat{\sigma}(0.8 \cdot \mu_1 - \mu_2)} = \frac{0.8 \cdot 2144.15 - 1514.14}{68.844} = 2.92.$$

Als Testverteilung wird hier die asymptotisch gültige Standardnormalverteilung verwendet. Bei einer Irrtumswahrscheinlichkeit von 5% ist der kritische Wert das 95%-Quantil der Standardnormalverteilung, also der Wert 1.645. Da die Teststatistik größer ist, kann davon ausgegangen werden, dass das Einkommen der Frauen um mehr als 20% unter dem der Männer liegt.

8.7 Zusammenfassung

Die wichtigsten Formeln dieses Kapitels

Teststatistik beim Hypothesentest eines Populationsanteils

$$Z = \frac{p_1 - \pi}{\sqrt{\dfrac{\pi \cdot (1-\pi)}{n}}} \underset{n \to \infty}{\sim} \phi \tag{8.1}$$

Geschätzter gemeinsamer Populationsanteil wenn $\pi_1 = \pi_2$

$$\hat{\pi} = \frac{n_1}{n_1 + n_2} \cdot p_1 + \frac{n_2}{n_1 + n_2} \cdot p_2 = \frac{n_1 \cdot p_1 + n_2 \cdot p_2}{n_1 + n_2} \tag{8.2}$$

Geschätzter Standardfehler einer Anteilsdifferenz wenn $\pi_1 = \pi_2$

$$\hat{\sigma}\left(p_1 - p_2 \,\middle|\, \pi_1 = \pi_2\right)$$

$$= \sqrt{\frac{n_1 \cdot p_1 + n_2 \cdot p_2}{n_1 + n_2} \cdot \left(1 - \frac{n_1 \cdot p_1 + n_2 \cdot p_2}{n_1 + n_2}\right) \cdot \left(\frac{1}{n_1} + \frac{1}{n_2}\right)} \tag{8.3}$$

Teststatistik beim Hypothesentest einer Anteilsdifferenz

$$Z = \frac{(p_1 - p_2) - \pi}{\hat{\sigma}(p_1 - p_2)} \underset{n \to \infty}{\sim} \phi \tag{8.9}$$

Teststatistik beim Hypothesentest eines Mittelwerts

$$T = \frac{\bar{x} - \mu}{\hat{\sigma}_X / \sqrt{n}} = \frac{\bar{x} - \mu}{s_X / \sqrt{n-1}} \sim T_{df = n-1} \tag{8.11}$$

Teststatistik beim Hypothesentest einer Mittelwertdifferenz

$$Z = \frac{(\bar{x}_1 - \bar{x}_2) - \mu}{\hat{\sigma}(\bar{x}_1 - \bar{x}_2)} \underset{n \to \infty}{\sim} \phi \tag{8.14}$$

Teststatistik beim Hypothesentest einer Mittelwertdifferenz bei unabhängigen Stichproben und *gleichen Varianzen*

$$T = \frac{(\bar{x}_1 - \bar{x}_2) - \mu}{\sqrt{\dfrac{(n_1 - 1) \cdot \hat{\sigma}_1^2 + (n_2 - 1) \cdot \hat{\sigma}_2^2}{n_1 + n_2 - 2} \cdot \left(\dfrac{1}{n_1} + \dfrac{1}{n_2}\right)}} \sim T_{df = n_1 + n_2 - 2} \tag{8.16}$$

Glossar der wichtigsten Begriffe dieses Kapitels

Ablehnungsbereich oder kritischer Bereich: Werte einer Teststatistik, bei deren Realisierung die Nullhypothese abgelehnt wird

Akzeptanzbereich: Werte einer Teststatistik, bei deren Realisierung die Nullhypothese beibehalten wird, Komplementärbereich zum Ablehnungsbereich

Alternativhypothese: ist i. A. die interessierende Forschungshypothese

Annahmebereich: siehe Akzeptanzbereich

α-Fehler: Fehler, der auftritt, wenn eine richtige Nullhypothese abgelehnt wird

β-Fehler: Fehler, der auftritt, wenn eine falsche Nullhypothese beibehalten wird

Einseitiger Hypothesentest: Hypothesenprüfung, bei der eine gerichtete Hypothese vorliegt, die behauptet, dass ein Populationswert größer (bzw. kleiner) als ein vorgegebener Wert ist

Forschungshypothese: inhaltlich interessierende Vermutung

Irrtumswahrscheinlichkeit: siehe Signifikanzniveau

Kritischer Bereich: siehe Ablehnungsbereich

Kritischer Wert: Quantilwert der Testverteilung einer Teststatistik, der den Annahmebereich vom Ablehnungsbereich trennt

Nullhypothese: formuliert das Gegenteil der Alternativhypothese

Signifikanzniveau: siehe auch Irrtumswahrscheinlichkeit; gibt die bei einem Hypothesentest noch akzeptierte α-Fehlerwahrscheinlichkeit an

Signifikantes Ergebnis: Ergebnis eines Hypothesentests, wenn die Nullhypothese abgelehnt wird, das Ergebnis wird dann als signifikant bezeichnet.

Signifikanztest: Prüfung einer Hypothese, wobei nur die Wahrscheinlichkeitsverteilung der Teststatistik bei gültiger Nullhypothese betrachtet wird

Teststatistik: empirisches Kriterium bei der Entscheidung über die Annahme oder Ablehnung der Nullhypothese

Teststärke oder *Trennschärfe:* gibt an, wie gut ein Hypothesentest zwischen Null- und Alternativhypothese diskriminieren kann, berechnet sich als eins minus β-Fehlerwahrscheinlichkeit

Testverteilung: Kennwerteverteilung der Teststatistik

Trennschärfe: siehe Teststärke

Zweiseitiger Hypothesentest: Hypothesenprüfung, bei der eine Nullhypothese vorliegt, die behauptet, dass ein Populationswert einen postulierten Wert aufweist. Ist der tatsächliche Wert kleiner oder größer, ist die Nullhypothese falsch.

D Tabellenanalyse

9 Zusammenhang zwischen zwei dichotomen Variablen

In der Sozialforschung wird Statistik in erster Linie für die Analyse von Zusammenhängen genutzt. Bei der *bivariaten Analyse* des Zusammenhangs zwischen *zwei* Variablen geht es um die Beantwortung von drei zentralen Fragen:[1]

– Besteht überhaupt ein statistischer Zusammenhang zwischen zwei Variablen? Falls ein Zusammenhang besteht:
– Wie sieht das Zusammenhangsmuster bei den Ausprägungen der beiden Variablen aus?
– Wie stark ist der Zusammenhang?

In diesem Kapitel wird die Analyse eines Zusammenhangs zwischen zwei dichotomen Variablen vorgestellt. Wir können dabei auf Ergebnisse aus den vorherigen Kapiteln aufbauen.

9.1 Bivariate Häufigkeitsverteilung in einer Kreuztabelle

In Kapitel 8 haben wir Konfidenzintervalle und Hypothesentests für den Vergleich von zwei Anteilen bei unabhängigen Stichproben vorgestellt. Im empirischen Beispiel in Kapitel 8.1 wurde die Anteilsdifferenz zwischen Mitgliedern und Nichtmitgliedern ei-

---

1 Zusammenhangsanalysen dienen in vielen Fällen der Überprüfung bzw. der Aufdeckung von kausalen Beziehungen. Allerdings lässt sich durch die Datenanalyse allein nicht feststellen, ob ein empirisch beobachtbarer Zusammenhang kausal interpretiert werden kann. Umgekehrt kann die statistische Analyse aber (unter bestimmten Voraussetzungen, vgl. Kapitel 11) das Vorliegen eines kausalen Zusammenhangs in Frage stellen.

ner Religionsgemeinschaft bei der Ablehnung eines Indikations-grunds für Schwangerschaftsabbruch betrachtet. Berücksichtigt wurde dabei allerdings nur eine Ausprägung der dichotomen Variablen «Einstellung zum Schwangerschaftsabbruch», die die

Tabelle 9.1: **Einstellung zum Schwangerschaftsabbruch «wenn die Frau es will, unabhängig davon, welchen Grund sie dafür hat» und Mitgliedschaft in einer Religionsgemeinschaft**

a) Absolute Häufigkeiten und deren Symbolik in einer Vierfeldertabelle

	Einstellung zum Schwangerschaftsabbruch «wenn die Frau es will» (Y)	*Spaltenvariable*		
		Mitglied einer Religionsgemeinschaft (X)		
		nein $x_1 = 0$	ja $x_2 = 1$	Summe
Zeilenvariable	– Befürwortung[1] ($y_1 = 0$)	$n_{1,1} = a =$ 180	$n_{1,2} = b =$ 563	$n_{1,+} = a + b =$ 743
	– Ablehnung ($y_2 = 1$)	$n_{2,1} = c =$ 177	$n_{2,2} = d =$ 1216	$n_{2,+} = c + d =$ 1393
	Summe	$n_{+,1} = a + c =$ 357	$n_{+,2} = b + d =$ 1779	$n_{+,+} = n =$ 2136

Daten: Allbus 2006, Westdeutschland

1 Die Antwortmöglichkeiten im Allbus 2006 lauten: «ja, sollte möglich sein» und «nein, sollte nicht möglich sein».

b) Auf die Fallzahl bezogene relative Häufigkeiten in einer Vierfeldertabelle

Einstellung zum Schwangerschaftsabbruch «wenn die Frau es will» (Y)	Mitglied einer Religionsgemeinschaft (X)		Summe
	nein $x_1 = 0$	ja $x_2 = 1$	
– Befürwortung ($y_1 = 0$)	$p_{1,1} = n_{1,1}/n$ 0.084 (180)	$p_{1,2} = n_{1,2}/n$ 0.264 (563)	$p_{1,+} = n_{1,+}/n$ 0.348 (743)
– Ablehnung ($y_2 = 1$)	$p_{2,1} = n_{2,1}/n$ 0.083 (177)	$p_{2,2} = n_{2,2}/n$ 0.569 (1216)	$p_{2,+} = n_{2,+}/n$ 0.652 (1393)
Summe	$p_{+,1} = n_{+,1}/n$ 0.167 (357)	$p_{+,2} = n_{+,2}/n$ 0.833 (1779)	n/n 1.000 (2136)

Daten: Allbus 2006, Westdeutschland

c) Erwartete Häufigkeiten, Residuen und standardisierte Residuen

Einstellung zum Schwangerschaftsabbruch «wenn die Frau es will» (Y)		Mitglied einer Religionsgemeinschaft	
		nein ($x_1 = 0$)	ja ($x_2 = 1$)
– Befürwortung	erwartete Häufigkeit	124.181	618.819
($y_1 = 0$)	Residuum	55.819	-55.819
	standard. Residuum	5.009	−2.244
– Ablehnung	erwartete Häufigkeit	232.819	1160.181
($y_2 = 1$)	Residuum	−55.819	55.819
	standard. Residuum	−3.658	1.639

Daten: Allbus 2006, Westdeutschland, Berechnungen aus Tabelle 9.1a

beiden Ausprägungen Ablehnung *und* Befürwortung hat. Werden die beiden dichotomen Variablen «Mitgliedschaft in einer Religionsgemeinschaft» mit den Ausprägungen «Mitglied» und «Nichtmitglied» und «Einstellung zum Schwangerschaftsabbruch»[2] mit den Ausprägungen «Befürwortung» und «Ablehnung» gleichzeitig betrachtet, dann lässt sich die *bivariate (gemeinsame) Häufigkeitsverteilung* der beiden Variablen in einer *Kreuztabelle* darstellen, bei der die Ausprägungen der Variablen «Einstellung» die Zeilen und die Ausprägungen der Variablen «Mitgliedschaft» die Spalten definieren.

Die (inneren) Tabellenfelder einer Kreuztabelle enthalten die Häufigkeiten der *Ausprägungskombinationen* der beiden Variablen X («Mitgliedschaft») und Y («Einstellung»). Aus Tabelle 9.1a kann entnommen werden, dass von den insgesamt 1779 Mitgliedern einer Religionsgemeinschaft 563 Befürworter und 1216 Gegner von Schwangerschaftsabbruch sind, und dass von den insgesamt 357 Nichtmitgliedern 180 für und 177 gegen einen Abbruch sind. Die Variable, deren Ausprägungen die Zeilen der Kreuztabelle festlegen, heißt *Zeilenvariable*, hier:

---

2 Betrachtet wird hier vorerst weiterhin der Indikationsgrund «wenn die Frau es will».

Y = «Einstellung zum Schwangerschaftsabbruch». Die Variable, deren Ausprägungen die Spalten der Kreuztabelle festlegen, heißt *Spaltenvariable*, hier also X = «Mitglied einer Religionsgemeinschaft».[3]

Entsprechend der jeweiligen Zahl der Ausprägungen der Zeilen- und der Spaltenvariablen spricht man von *I×J-Tabellen (engl. r by c-tables)*, wenn die Zeilenvariable I *(engl. r* für «*number of rows*»*)* Ausprägungen und die Spaltenvariable J *(engl. c* für «*number of columns*»*)* Ausprägungen hat.[4] Im Beispiel liegt eine «2×2»-Tabelle vor, da beide Variablen dichotom sind, also nur zwei Ausprägungen haben. Die 2×2-Tabelle ist die kleinstmögliche Kreuztabelle von zwei Variablen. Sie hat $2×2 = 4$ (innere) Felder (oder Zellen), weshalb sie auch als *Vierfeldertabelle* oder in älteren Darstellungen als *Vierfeldertafel* bezeichnet wird.

Über die beiden Indizes «i» und «j» werden die Nummern der Ausprägungen der Zeilen- und Spaltenvariablen eindeutig identifiziert. Dabei steht an erster Stelle der Zeilenindex, an zweiter Stelle der Spaltenindex. Die Häufigkeit $n_{1,2} = 563$ bezeichnet daher die gemeinsame Häufigkeit oder *Besetzungszahl* der ersten Ausprägung der Zeilenvariablen und der zweiten Ausprägung der Spaltenvariablen: Befürwortung *und* Mitglied.[5] Entsprechend steht $n_{2,1}$ für die 177 Fälle, die «Gegner *und* Nichtmitglied» sind. Die Nummerierung der Indizes i und j bezieht sich grundsätzlich auf die *Anordnung in der Tabelle* und nicht auf die möglicherweise davon abweichende Anordnung der Codes für die Ausprägungen der Variablen. So ist im Beispiel die Variable «Mitgliedschaft» binär codiert mit den Werten $x_1 = 0$ für «nein» («Nichtmitglied») und $x_2 = 1$ für «ja» («Mitglied»). *Nur in Vier-*

---

3 Wir folgen hier der Konvention, dass Y für die Zeilenvariable und X für die Spaltenvariable steht.

4 Bei bivariaten Kreuztabellen verwenden wir den Index «i» für die Zeilenvariable und den Index «j» für die Spaltenvariable.

5 Bisweilen werden Indizes einfach aneinander geschrieben, z. B.: n_{ij} oder n_{21}. Um die Verwechslungsgefahr zu minimieren, trennen wir zwei Indizes durch ein Komma: $n_{i,j}$ oder $n_{2,1}$.

feldertabellen gibt es die Besonderheit, dass die vier inneren Tabellenzellen auch durch die ersten vier kleinen Buchstaben des Alphabets bezeichnet werden: $a = n_{1,1} = 180$, $b = n_{1,2} = 563$, $c = n_{2,1} = 177$ und $d = n_{2,2} = 1216$.

Während die inneren Felder der Kreuztabelle die bivariate Häufigkeitsverteilung der Ausprägungskombinationen der Zeilen- und der Spaltenvariablen enthalten, werden die *univariaten Häufigkeitsverteilungen* der beiden die Tabelle konstituierenden Variablen in der äußeren rechten Spalte (*Randspalte*) und in der untersten Zeile (*Randzeile*) der Tabelle wiedergegeben. Die univariaten Verteilungen werden in diesem Kontext auch als *Randverteilungen* bezeichnet.

Die Randverteilungen ergeben sich durch Aufsummieren der inneren Tabellenzellen und werden dadurch gekennzeichnet, dass ein «•» oder ein «+» für den Index der Variablen steht, über die aufsummiert wird. $n_{\bullet,1}$ oder $n_{+,1}$ ist entsprechend die Summe der Häufigkeiten der ersten Ausprägung der Spaltenvariablen «Mitglied einer Religionsgemeinschaft» und ergibt sich durch Aufsummieren über die Ausprägungen der Zeilenvariablen. In Tabelle 9.1a ist $n_{+,1} = 357$ die Summe der Häufigkeiten in den Zellen 1,1 und 2,1, also die Zahl der Nichtmitglieder, und $n_{+,2} = 1779$ ist die Summe der Häufigkeiten in den Tabellenfeldern 1,2 und 2,2, also die Zahl der Mitglieder. Entsprechendes gilt für die Randverteilung der Zeilenvariablen: $n_{1,\bullet}$ oder $n_{1,+} = 743$ ist die Summe der Häufigkeit der ersten Ausprägung der Zeilenvariablen, $n_{2,\bullet}$ oder $n_{2,+} = 1393$ steht für die Summe der Häufigkeiten in der zweiten Tabellenzeile. In der untersten rechten Zelle steht dann die Gesamtfallzahl $n_{\bullet,\bullet}$ oder $n_{+,+}$ (oder auch einfach nur «n»). Im Beispiel ist $n = 2136$.

In der Regel werden in einer Kreuztabelle Ausprägungen für fehlende Werte (*missing values*) nicht aufgeführt. Nur wenn es keine fehlenden Werte bei den kreuztabellierten Variablen gibt, sind die Randverteilungen identisch mit den jeweiligen univariaten Häufigkeitsverteilungen und nur dann ist die Gesamtfallzahl der Tabelle gleich dem Stichprobenumfang. In der Stichprobe des Allbus gab es 2006 im Westen 2299 Befragte, von denen 1908 einer Religionsgemeinschaft angehörten und 377 nicht; für 14 Befragte liegt bei dieser Frage keine Angabe vor. Bei der Frage nach der Einstellung zum Schwangerschaftsabbruch gibt es 151 fehlende Werte, wobei 139 Befragte mit «weiß nicht» antworteten und von 12 Befragten keine Angabe vorliegt. In der Tabelle werden nur die 2136 Fälle aufgeführt, die bei beiden Variablen gültige Antworten aufweisen.

Aus den absoluten Häufigkeiten lassen sich relative Häufigkeiten oder Anteile berechnen, indem die jeweilige absolute Häufigkeit durch die Fallzahl n geteilt wird:

$$p_{i,j} = \frac{n_{i,j}}{n} \tag{9.1}$$

wobei $p_{i,j}$ = relative Häufigkeit in der Tabellenzelle i,j
$\quad\quad\;\; n_{i,j}$ = absolute Häufigkeit in der Tabellenzelle i,j
$\quad\quad\;\; n$ = Fallzahl der Tabelle.

In Tabelle 9.1b sind die auf die *Fallzahl bezogenen* relativen Häufigkeiten der bivariaten Verteilung von «Mitgliedschaft» und «Einstellung» sowie die jeweiligen Berechnungsformeln wiedergegeben. Der Tabelle ist zu entnehmen, dass 0.084 oder 8.4% der Fälle nicht Mitglied einer Religionsgemeinschaft sind und einen Schwangerschaftsabbruch befürworten und dass 0.264 oder 26.4% der Befragten Mitglied einer Religionsgemeinschaft sind und Schwangerschaftsabbruch befürworten. Um Prozentwerte von Anteilen zu unterscheiden, stellen wir ein «%» hinter den Anteilswert: $p_{i,j}$% steht dann für den auf die Tabelle bezogenen Prozentwert der Fälle mit der Ausprägungskombination y_i und x_j.

9.2 Tests auf statistische Unabhängigkeit von Zeilen- und Spaltenvariablen

Die erste Frage, die sich bei der bivariaten Zusammenhangsanalyse stellt, ist, ob es überhaupt einen Zusammenhang zwischen der Spalten- und der Zeilenvariablen gibt. Ausgangspunkt für eine Antwort ist der in Kapitel 4 vorgestellte Begriff der statistischen Unabhängigkeit. Danach sind zwei Ereignisse unabhängig voneinander, wenn die Wahrscheinlichkeit des gemeinsamen Auftretens gleich dem Produkt der Realisierungswahrscheinlichkeiten der einzelnen Ereignisse ist (Gleichung 4.7b).[6] Daraus folgt: Zwei Zufallsvariablen sind statistisch unabhängig voneinander, wenn die Realisierungswahrscheinlichkeit jeder Ausprägungskombination das Produkt der Realisierungswahrscheinlichkeiten der entsprechenden Ausprägungen der beiden univariaten Verteilungen ist.

Bei empirischen Verteilungen entsprechen relative Häufigkeiten den Realisierungswahrscheinlichkeiten von Zufallsvariablen. Wir sprechen daher von statistischer Unabhängigkeit zwischen zwei kategorialen Variablen, wenn für jede Ausprägungskombination in einer Kreuztabelle gilt, dass ihre relative Häufigkeit gleich dem Produkt der relativen Häufigkeiten der beiden Ausprägungen in den Randverteilungen ist:

$$p_{i,j} \overset{!}{=} p_{i,+} \cdot p_{+,j} = \frac{n_{i,+} \cdot n_{+,j}}{n^2} \qquad (9.2)$$

wobei $\overset{!}{=}$ für «soll gelten» steht.

$p_{i,+}, p_{+,j}$ = relative Häufigkeit in der Randzeile i bzw. Randspalte j

$n_{i,+}, n_{+,j}$ = absolute Häufigkeit in der Randzeile i bzw. Randspalte j.

Weitere Erläuterungen in Gleichung 9.1.

6 Alternativ kann Unabhängigkeit auch als Gleichheit von bedingter und unbedingter Realisierungswahrscheinlichkeit eines Ereignisses aufgefasst werden (Gleichung 4.6)

Mit den relativen Häufigkeiten in Tabelle 9.1b lässt sich schnell prüfen, dass die Bedingung statistischer Unabhängigkeit nicht gegeben ist:

$0.084 = p_{1,1} \neq p_{1,+} \cdot p_{+,1} = 0.348 \cdot 0.167 = 0.058;$

$0.264 = p_{1,2} \neq p_{1,+} \cdot p_{+,2} = 0.348 \cdot 0.833 = 0.290;$

$0.083 = p_{2,1} \neq p_{2,+} \cdot p_{+,1} = 0.652 \cdot 0.167 = 0.109$ und

$0.569 = p_{2,2} \neq p_{2,+} \cdot p_{+,2} = 0.652 \cdot 0.833 = 0.543.$

Es stellt sich allerdings die Frage, ob der bestehende Zusammenhang zwischen den beiden Variablen in der Stichprobe auch in der Population gilt oder ein Artefakt ist, das durch die zufällige Auswahl der Stichprobenfälle aufgetreten ist. Zur statistischen Absicherung wird ein Hypothesentest benötigt, der das Hypothesenpaar H_0: $\pi_{i,j} = \pi_{i,+} \cdot \pi_{+,j}$ versus H_1: $\pi_{i,j} \neq \pi_{i,+} \cdot \pi_{+,j}$ für alle Ausprägungen i,j prüft, wobei der kleine griechische Buchstabe «π» als Symbol für einen Populationsanteil steht:

$$H_0 : \pi_{1,1} = \pi_{1,+} \cdot \pi_{+,1} \ \& \ \pi_{1,2} = \pi_{1,+} \cdot \pi_{+,2} \ \& \ \pi_{2,1} = \pi_{2,+} \cdot \pi_{+,1}$$
$$\& \ \pi_{2,2} = \pi_{2,+} \cdot \pi_{+,2} \text{ versus} \tag{9.3}$$
$$H_1 : \pi_{1,1} \neq \pi_{1,+} \cdot \pi_{+,1} \text{ oder } \pi_{1,2} \neq \pi_{1,+} \cdot \pi_{+,2} \text{ oder } \pi_{2,1} \neq \pi_{2,+} \cdot \pi_{+,1}$$
$$\text{oder } \pi_{2,2} \neq \pi_{2,+} \cdot \pi_{+,2}$$

wobei & = alle Bedingungen müssen erfüllt sein
oder = mindestens eine der Bedingungen muss erfüllt sein.

9.2.1 Pearsons Chiquadrat-Statistik

Im Unterschied zu den in Kapitel 8 vorgestellten Hypothesen enthält die Nullhypothese zur Prüfung der statistischen Unabhängigkeit in der Vierfeldertabelle vier Behauptungen über Populationsparameter, die gleichzeitig zutreffen müssen. Eine geeignete Teststatistik zur Prüfung der Nullhypothese in Gleichung 9.3 geht auf den britischen Statistiker Karl Pearson[7] zurück und wird nach diesem als *Pearsons Chiquadrat-Statistik* bezeich-

---

7 Karl Pearson, 1857–1936.

net; der Hypothesentest, in dem diese Teststatistik verwendet wird, heißt entsprechend *Pearsons Chiquadrat-Test*. Zur Berechnung der Chiquadrat-Statistik wird zunächst für *jede* Tabellenzelle die bei Unabhängigkeit erwartete relative Häufigkeit nach Gleichung 9.2 berechnet. Im zweiten Schritt wird für *jede* Zelle die Abweichung der bei Unabhängigkeit erwarteten von der beobachteten relativen Zellenhäufigkeit berechnet, die Differenz quadriert[8] und durch die bei Unabhängigkeit erwartete relative Häufigkeit geteilt. Diese für *alle* Tabellenzellen berechneten Quotienten werden aufsummiert und mit der Fallzahl multipliziert:

$$\chi^2 = n \cdot \sum_{i=1}^{I} \sum_{j=1}^{J} \frac{\left(p_{i,j} - p_{i,+} \cdot p_{+,j}\right)^2}{p_{i,+} \cdot p_{+,j}} = \sum_{i=1}^{I} \sum_{j=1}^{J} \frac{\left(n_{i,j} - e_{i,j}\right)^2}{e_{i,j}} \qquad (9.4)$$

wobei χ^2 = Pearsons Chiquadrat-Statistik (χ = kleiner griechischer Buchstabe «chi»)[9]

$e_{i,j}$ = bei Unabhängigkeit erwartete Häufigkeit in der Tabellenzelle i,j.

Weitere Erläuterungen siehe Gleichung 9.2.

Bei der in Gleichung 9.4 rechts stehenden Formel ist die Fallzahl n direkt in die Summanden aufgenommen worden. Multipliziert man die relativen Häufigkeiten $p_{i,j}$ mit n, ergeben sich die absoluten Häufigkeiten $n_{i,j}$. Anstelle des Produkts $p_{i,+} \cdot p_{+,j}$ der relativen Randhäufigkeiten werden dann die bei statistischer Unabhängigkeit *erwarteten absoluten Häufigkeiten* in die Formel aufgenommen, die sich auch aus dem Produkt der Häufigkeiten der entsprechenden Zeile bzw. Spalte der Randverteilung geteilt durch die Fallzahl berechnen lassen:

---

8 Da es sowohl positive wie negative Abweichungen geben kann, wird durch das Quadrieren erreicht, dass alle Abweichungen positiv werden und sich nicht gegenseitig ausgleichen können.

9 Da sich in der Sozialforschung die Konvention durchgesetzt hat, Pearsons Chiquadrat-Statistik durch den griechischen Buchstaben χ^2 zu symbolisieren, weichen wir von der in diesem Buch ansonsten verwendeten Notation ab, Teststatistiken mit lateinischen Großbuchstaben zu bezeichnen.

$$e_{i,j} = n \cdot p_{i,+} \cdot p_{+,j} = n \cdot \frac{n_{i,+}}{n} \cdot \frac{n_{+,j}}{n} = \frac{n_{i,+} \cdot n_{+,j}}{n} \qquad (9.5)$$

Erläuterungen siehe Gleichung 9.2 und 9.4.

Tabelle 9.1c zeigt als jeweils ersten Wert in jeder Zelle die nach Gleichung 9.5 berechneten erwarteten Häufigkeiten. Bei Unabhängigkeit werden also $e_{1,1} = 124.181 = 743 \cdot 357 / 2136$ Fälle bei der Ausprägungskombination Mitglied = nein und Befürwortung erwartet.[10].

Da im Zähler der Summanden in Gleichung 9.4 die Abweichungen zwischen beobachteten und bei Unabhängigkeit erwarteten relativen oder absoluten Häufigkeiten stehen, ist Pearsons Chiquadrat-Statistik null, wenn die Bedingung aus Gleichung 9.2 erfüllt wird. Liegt keine statistische Unabhängigkeit vor, wird der Wert der Statistik umso höher, je größer die Abweichungen von der statistischen Unabhängigkeit sind. Zur Prüfung der Nullhypothese, dass statistische Unabhängigkeit besteht, kann die Chiquadrat-Statistik nur verwendet werden, wenn ihre Testverteilung – die Chiquadrat-Verteilung – bekannt ist.

9.2.2 Die Chiquadrat-Verteilung

Die Chiquadrat-Verteilung wird wie Pearsons Chiquadrat-Statistik durch χ^2 symbolisiert. Eine chiquadratverteilte Zufallsvariable ist die Summe aus quadrierten, statistisch voneinander unabhängigen standardnormalverteilten Zufallsvariablen. Der einzige Parameter einer Chiquadrat-Verteilung ist die Anzahl der Summanden. Dieser Parameter wird – wie bei der T-Verteilung – als Anzahl der Freiheitsgrade bezeichnet und durch den Ausdruck «df» symbolisiert. Wenn Z_1, Z_2, ..., Z_n voneinander unabhängige standardnormalverteilte Zufallsvariablen sind, gilt:

---

10 Bis auf Rundungsfehler kommt man zum gleichen Ergebnis, wenn man die relativen Häufigkeiten der Randverteilungen aus Tabelle 9.1.b und die Fallzahl miteinander multipliziert: $124.136 = 2136 \cdot 0.348 \cdot 0.167$.

$$\chi^2_{df=n} = Z_1^2 + Z_2^2 + ...Z_i^2 + ... + Z_n^2 \qquad (9.6)$$

wobei $\chi^2_{df=n}$ = Chiquadrat-Verteilung mit n Freiheitsgraden
df = Anzahl Freiheitsgrade.

Abbildung 9.1 zeigt die Wahrscheinlichkeitsdichten von verschiedenen Chiquadrat-Verteilungen. Da die Chiquadrat-Verteilung aus quadrierten Zufallsvariablen resultiert, kann sie keine negativen Werte haben. Chiquadrat-Verteilungen sind generell rechtsschief, wobei die Schiefe mit zunehmender Anzahl an Freiheitsgraden abnimmt. Der Erwartungswert einer Chiquadrat-Verteilung ist gleich der Zahl der Freiheitsgrade: $\mu(\chi^2) = df$ und die Varianz gleich der zweifachen Zahl der Freiheitsgrade: $\sigma^2(\chi^2) = 2 \cdot df$.

Oft benötigte Quantilanteile und zugehörige Quantilwerte der Chiquadrat-Verteilung sind für unterschiedliche Freiheitsgrade im Anhang in Tabelle A3 aufgelistet. Aus der Tabelle kann abgelesen werden, dass der Quantilwert des 95%-Quantils einer Chiquadrat-Verteilung mit 10 Freiheitsgraden $\chi^2_{\alpha=0.95;df=10} = 18.31$ beträgt. In

Abbildung 9.1: **Wahrscheinlichkeitsdichten der Chiquadrat-Verteilungen mit 1, 3, 5 und 10 Freiheitsgraden**

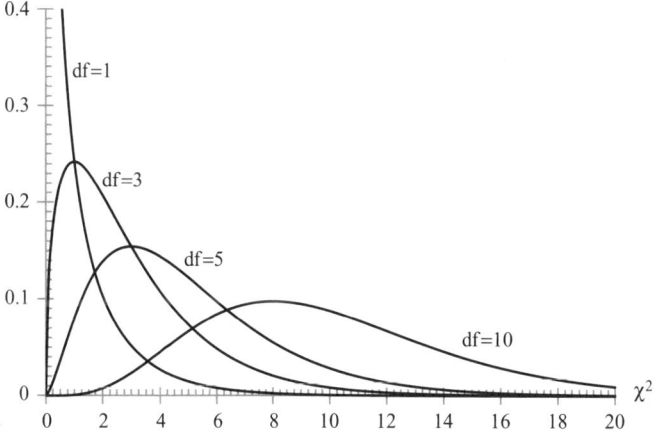

einer Chiquadrat-Verteilung mit $df = 10$ Freiheitsgraden haben also 95% der Realisationen einen Wert kleiner oder gleich 18.31.

Da die Chiquadrat-Verteilung die Summe aus n voneinander unabhängigen, quadrierten, standardnormalverteilten Zufallsvariablen ist, nähert sie sich nach dem zentralen Grenzwertsatz mit steigender Zahl von Freiheitsgraden einer Normalverteilung an. Die Annäherung ist jedoch langsam. In der Praxis wird meist eine Näherungsformel zur Berechnung eines Quantilwerts der Chiquadrat-Verteilung über die Quantilwerte der Standardnormalverteilung verwendet:

$$\chi^2_{\alpha;df} \approx 0.5 \cdot \left(z_\alpha + \sqrt{2 \cdot df - 1}\right)^2 \tag{9.7}$$

wobei $\chi^2_{\alpha;df} = \alpha$-Quantil der Chiquadrat-Verteilung
$z_\alpha = \alpha$-Quantil der Standardnormalverteilung
Weitere Erläuterungen in Gleichung 9.6.

Diese Annäherung ist bereits ab $df = 30$ Freiheitsgraden hinreichend genau.

Hinweis:

Beziehung der Chiquadrat-Verteilung zur Multinomial- und Poisson-Verteilung

Wenn die Nullhypothese aus Gleichung 9.3 zutrifft, ist Pearsons Chiquadrat-Statistik chiquadratverteilt. Plausibel wird dies, wenn davon ausgegangen wird, dass die Kennwerteverteilungen der Zellenhäufigkeiten $n_{i,j}$ einer Kreuztabelle jeweils einer Poisson-Verteilung folgen, wobei die bei Unabhängigkeit erwarteten Häufigkeiten $e_{i,j}$ jeweils Schätzungen der Verteilungsparameter λ dieser Poisson-Verteilungen sind. Da sowohl der Erwartungswert wie die Varianz einer Poisson-Verteilung gleich diesem Parameter sind, folgt dann:[11]

---

11 Um die Verteilungsparameter λ der Poisson-Verteilungen der verschiedenen Zellenhäufigkeiten zu unterscheiden, sind diese entsprechend den Zellen indiziert: $\lambda_{i,j}$ steht also für den Verteilungsparameter der Poisson-Verteilung der Häufigkeit $n_{i,j}$. Die Schätzer dieser Parameter werden wie üblich durch ein Dach «^» gekennzeichnet.

$$\chi^2 = \sum_{i=1}^{I} \sum_{j=1}^{J} \frac{\left(n_{i,j} - e_{i,j}\right)^2}{e_{i,j}} = \sum_{i=1}^{I} \sum_{j=1}^{J} \frac{\left(n_{i,j} - \hat{\lambda}_{i,j}\right)^2}{\hat{\lambda}_{i,j}} = \sum_{i=1}^{I} \sum_{j=1}^{J} \left(\frac{n_{i,j} - \hat{\mu}\left(n_{i,j}\right)}{\hat{\sigma}\left(n_{i,j}\right)}\right)^2$$

Pearsons Chiquadrat-Statistik kann also als Summe von quadrierten und standardisierten (z-transformierten) Poisson-Verteilungen aufgefasst werden. Da sich die Poisson-Verteilung asymptotisch einer Normalverteilung annähert, ist die Statistik dann die Summe von quadrierten asymptotisch standardnormalverteilten Zufallsvariablen. Voraussetzung ist, dass die erwarteten Häufigkeiten konsistente Schätzer der λ-Parameter der Poisson-Verteilungen sind, dass diese unabhängig voneinander sind und dass die Zellenhäufigkeiten überhaupt poissonverteilt sind. Tatsächlich können die vier Zellenhäufigkeiten im Prinzip als Häufigkeiten von vier Ereignissen verstanden werden, die ganz unabhängig voneinander auftreten können. Alternativ können die vier Zellenhäufigkeiten auch als Realisierungen einer Multinomialverteilung (Gleichung 5.19) aufgefasst werden, deren Parameter die Fallzahl n und die Populationsanteile $\pi_{i,j}$ sind.[12] Tatsächlich sind beide Sichtweisen äquivalent, da sich die Häufigkeiten einer Multinomialverteilung ähnlich wie bei einer Binomialverteilung bei steigender Fallzahl asymptotisch Poisson-Verteilungen annähern, wenn die Fallzahl n steigt und die Produkte $n \cdot \pi_{i,j}$ konstant bleiben.[13]

12 Man kann sich dies an einem Urnenmodell (vgl. Kapitel 4.2.1) verdeutlichen, wobei die Urne vier Arten von Kugeln enthält, die jeweils durch eine unterschiedliche Farbe gekennzeichnet sind und für die vier Ausprägungskombinationen der inneren Zellen stehen. Wenn die Anteile der vier Kugeln in der Urne $\pi_{1,1}$, $\pi_{1,2}$, $\pi_{2,1}$ und $\pi_{2,2}$ betragen und eine einfache Zufallsauswahl von n Kugeln mit Zurücklegen erfolgt, dann sind die beobachteten Häufigkeiten $n_{i,j}$ multinomialverteilt. Zur generellen statistischen Modellierung von Tabellenhäufigkeiten vgl. Andreß u. a. (1997, Kapitel 3).
13 Die Abhängigkeiten zwischen den Häufigkeiten $n_{i,j}$ werden dabei durch die Verteilungsparameter $\lambda_{i,j}$ berücksichtigt, sodass – gegeben die Parameter – die Häufigkeiten unabhängig voneinander realisiert werden.

9.2.3 Anwendung der Chiquadrat-Verteilung bei Pearsons Chiquadrat-Test

Wenn die erwarteten Häufigkeiten konsistente Schätzer der Kennwerteverteilungen der mit der Fallzahl (n) multiplizierten Populationsanteile ($\pi_{i,j}$) sind, dann ist Pearsons Chiquadrat-Statistik asymptotisch chiquadratverteilt. Obwohl vier quadrierte asymptotisch standardnormalverteilte Zufallsvariablen aufsummiert werden, ist die Zahl der Freiheitsgrade nicht gleich der Zahl der Tabellenzellen, also im Beispiel nicht gleich vier. Von der Zahl der Tabellenzellen muss die Zahl der zur Schätzung der erwarteten Häufigkeiten verwendeten Stichprobeninformationen abgezogen werden.[14] In der Vierfeldertabelle werden zur Berechnung der erwarteten Häufigkeiten die geschätzten Anteile $p_{1,+}$ (und $p_{2,+} = 1 - p_{1,+}$) sowie $p_{+,1}$ (und $p_{+,2} = 1 - p_{+,1}$) sowie der Stichprobenumfang n benötigt. Da drei Stichprobeninformationen genutzt werden, reduziert sich die Zahl der Freiheitsgrade bei vier Tabellenfeldern auf df = 4 – 3 = 1.

Die Verwendung des Wortes «Freiheitsgrad» für den Parameter der Chiquadrat-Verteilung lässt sich für die Vierfeldertabelle ganz praktisch nachvollziehen: Bei vorgegebenen Randverteilungen (also bei gegebener Fallzahl n) reicht eine einzige Zellenhäufigkeit aus, um die übrigen drei und damit alle vier Zellenhäufigkeiten eindeutig festzulegen. So beträgt in Tabelle 9.1a die Fallzahl n = 2136 und die jeweils erste Ausprägung der Randverteilungen $n_{1,+} = 743$ und $n_{+,1} = 357$. Wenn die Fallzahl z. B. der ersten Tabellenzelle mit $n_{1,1} = 180$ bekannt ist, dann folgt notwendigerweise für die übrigen Häufigkeiten $n_{1,2} = 563$, $n_{2,1} = 177$ und schließlich $n_{2,2} = 1216$.

---

14 Generell gilt für Chiquadrat-Verteilungen nach Gleichung 9.6, dass die Zahl der Freiheitsgrade nur dann gleich der Zahl der Summanden ist, wenn *keine* Parameter geschätzt werden müssen. Müssen Parameter geschätzt werden, dann verringert sich für jeden aus den Daten geschätzten Parameter die Zahl der Freiheitsgrade um eins.

Für die Daten in Tabelle 9.1a ergibt sich durch Einsetzen von Gleichung 9.5 in Gleichung 9.4 für Pearsons Chiquadrat-Statistik der Wert:

$$\chi^2 = \frac{\left(180 - \dfrac{743 \cdot 357}{2136}\right)^2}{\dfrac{743 \cdot 357}{2136}} + \frac{\left(563 - \dfrac{743 \cdot 1779}{2136}\right)^2}{\dfrac{743 \cdot 1779}{2136}}$$

$$+ \frac{\left(177 - \dfrac{1393 \cdot 357}{2136}\right)^2}{\dfrac{1393 \cdot 357}{2136}} + \frac{\left(1216 - \dfrac{1393 \cdot 1779}{2136}\right)^2}{\dfrac{1393 \cdot 1779}{2136}} = 46.19$$

Gleichung 9.4 gilt für die Zellenhäufigkeiten beliebiger I×J-Tabellen. *Nur* im Falle einer Vierfeldertabelle lässt sich die Berechnungsformel in Gleichung 9.4 vereinfachen zu:

$$\chi^2 = \frac{n \cdot (a \cdot d - b \cdot c)^2}{(a+b) \cdot (c+d) \cdot (a+c) \cdot (b+d)} \tag{9.8}$$

Erläuterungen s. Tabelle 9.1a.

Bei Anwendung von Gleichung 9.8 auf die Daten von Tabelle 9.1a ergeben sich (bis auf Rundungsfehler) die gleichen Werte wie bei Anwendung von Gleichung 9.4:

$$\chi^2 = \frac{2136 \cdot (180 \cdot 1216 - 563 \cdot 177)^2}{743 \cdot 1393 \cdot 357 \cdot 1779} = 46.19$$

Da jede erwartete Häufigkeit $e_{i,j}$ bei statistischer Unabhängigkeit ein konsistenter Schätzer des mit der Fallzahl n multiplizierten Populationsanteils $\pi_{i,j}$ ist, gilt bei Zutreffen der Nullhypothese aus Gleichung 9.3:

$$\chi^2 = \frac{n \cdot (a \cdot d - b \cdot c)^2}{(a+b) \cdot (c+d) \cdot (a+c) \cdot (b+d)} \underset{n \to \infty}{\sim} \chi^2_{df=1} \tag{9.9}$$

Erläuterungen in Gleichung 9.8.

Bei gültiger Nullhypothese ist die Teststatistik χ^2 asymptotisch chiquadratverteilt mit df = 1 Freiheitsgrad (vgl. Gleichung 9.9). Wenn die Nullhypothese nicht zutrifft, also keine statistische Unabhängigkeit zwischen Zeilen- und Spaltenvariable besteht, dann ist die Teststatistik nichtzentral chiquadratverteilt.[15] Da bei unzutreffender Nullhypothese mit größeren Werten der Teststatistik zu rechnen ist als bei Gültigkeit der Nullhypothese, wird die Nullhypothese auf statistische Unabhängigkeit mit einer Irrtumswahrscheinlichkeit α in einem einseitigen Test nach oben abgelehnt, wenn gilt:

$$\chi^2 > \chi^2_{1-\alpha;df=1} \tag{9.10}$$

Wenn im Beispiel die Unabhängigkeit der beiden Variablen «Mitglied einer Religionsgemeinschaft» und «Einstellung zum Schwangerschaftsabbruch» mit einer Irrtumswahrscheinlichkeit von 1 % geprüft werden soll, wird die nach Gleichung 9.6 berechnete Teststatistik mit dem 99 %-Quantil der Chiquadrat-Verteilung mit df = 1 verglichen, das den Wert 6.635 aufweist. Da 46.19>6.635, muss die Nullhypothese abgelehnt werden. Vermutlich bestand 2006 im Westen ein Zusammenhang zwischen der Mitgliedschaft in einer Religionsgemeinschaft und der Einstellung zum Schwangerschaftsabbruch.

Da Pearsons Chiquadrat-Test nur asymptotisch gilt, ist zu prüfen, ob die Anwendungsvoraussetzungen erfüllt sind. Dazu können im Prinzip die gleichen Kriterien verwendet werden wie bei der Prüfung einer Anteilsdifferenz bei zwei unabhängigen Stichproben, wenn $\pi_1 - \pi_2 = 0$ (vgl. Gleichung 7.30). Beim Chiquadrat-Test in der Vierfeldertabelle hat sich jedoch als Alternative das

---

15 Die nichtzentrale Chiquadrat-Verteilung unterscheidet sich von der (zentralen) Chiquadrat-Verteilung durch den Nichtzentralitätsparameter v (nü). Ihr Erwartungswert ist $\mu = df+v$ und ihre Varianz ist gleich $\sigma^2 = 2 \cdot (df+2 \cdot v)$. Trifft die Unabhängigkeitsannahme nicht zu, ist v eine Funktion der Fallzahl und der quadrierten Abweichungen der bei Unabhängigkeit geschätzten Populationsanteile von den tatsächlichen Populationsanteilen in den Tabellenfeldern. Bei der zentralen Chiquadrat-Verteilung ist $v = 0$.

Kriterium durchgesetzt, dass die erwarteten Häufigkeiten in allen vier inneren Zellen der Tabelle größer oder gleich fünf sein sollen:

$$e_{i,j} \geq 5 \text{ für alle Tabellenzellen } i,j \qquad (9.11)$$

Diese Bedingung ist im Beispiel erfüllt, da die kleinste erwartete Häufigkeit (in Zelle 1,1) gleich $743 \cdot 357 / 2136 = 124.18 > 5$ ist.

9.3 Muster und Stärke der Beziehung in einer Vierfeldertabelle

Nachdem die Frage, ob überhaupt ein Zusammenhang zwischen Zeilen- und Spaltenvariable besteht, positiv beantwortet wurde, kann im nächsten Schritt das Muster der Beziehung und die Stärke der Beziehung analysiert werden.

Dabei ist zunächst zu entscheiden, ob die Beziehung zwischen den beiden Variablen als eine symmetrische (ungerichtete) oder als eine asymmetrische (gerichtete) Beziehung aufgefasst werden soll. Bei einer *asymmetrischen Beziehung* wird eine Variable als abhängig und die andere als unabhängig oder erklärend aufgefasst. Bei einer *symmetrischen Beziehung* wird dagegen nicht zwischen abhängiger und unabhängiger Variable unterschieden, sondern beide Variablen werden als gleichrangig betrachtet.

9.3.1 Symmetrische Beziehungen in der Vierfeldertabelle

Wir wollen zunächst von einer *symmetrischen Beziehung* zwischen Mitgliedschaft in einer Religionsgemeinschaft und Einstellung zum Schwangerschaftsabbruch ausgehen. Um das Beziehungsmuster zwischen Zeilen- und Spaltenvariable zu erfassen, kann bei dieser Sicht von der statistischen Unabhängigkeit der beiden Variablen ausgegangen werden, wie sie in Gleichung 9.2 definiert ist. Für jede Zelle der Tabelle kann dazu die Differenz zwischen beobachteten und bei Unabhängigkeit erwarteten Häufigkeiten berechnet werden. Diese Differenzen werden als *Residuen* bezeichnet.

$$r_{i,j} = n_{i,j} - e_{i,j} = n_{i,j} - \frac{n_{i,+} \cdot n_{+,j}}{n} \qquad (9.12)$$

wobei $r_{i,j}$ = Residuum in Zelle i,j, d. h. Differenz zwischen erwarteter und beobachteter Häufigkeit für diese Zelle.

Weitere Erläuterungen in Gleichung 9.5.

Die Residuen sind in Tabelle 9.1c als zweite Zahl für jede Tabellenzelle aufgeführt. Sichtbar wird, dass in den beiden Zellen der Diagonale, also den Zellen mit den Häufigkeiten a und d, jeweils 55.8, also beinahe 56 Fälle mehr auftreten, als bei Unabhängigkeit erwartet würde.[16] Umgekehrt sind in den beiden Zellen der Nebendiagonale, mit den Häufigkeiten b und c, jeweils 55.8 Fälle weniger beobachtet, als bei Unabhängigkeit zu erwarten wäre.[17] Inhaltlich bedeutet das, dass es jeweils mehr Befragte als erwartet gibt, die nicht Mitglied einer Religionsgemeinschaft sind und Schwangerschaftsabbruch befürworten, bzw. die Mitglieder einer Religionsgemeinschaft sind und einen Schwangerschaftsabbruch ablehnen. Dagegen gibt es weniger Nichtmitglieder, die gegen und gleichzeitig weniger Mitglieder, die für einen Abbruch sind, als bei Unabhängigkeit zu erwarten wäre. Dieses Beziehungsmuster weist darauf hin, dass die Mitgliedschaft in einer Religionsgemeinschaft und Ablehnung von Schwangerschaftsabbruch eher gemeinsam auftreten und umgekehrt keine Mitgliedschaft und Befürwortung von Schwangerschaftsabbruch.

Bei den einzelnen Residuen interessiert in der Regel auch, ob sie signifikant sind, also die Abweichung von einem erwarteten

16 Dass eine erwartete Fallzahl Nachkommastellen hat, liegt daran, dass es sich um einen (geschätzten) Erwartungswert handelt, also den Mittelwert einer Zufallsvariablen. Die beobachteten Häufigkeiten, also die Realisierungen der Zufallsvariablen, sind dagegen grundsätzlich ganze Zahlen.

17 Dass die Residuen in den vier Zellen bis auf die Vorzeichen immer den gleichen Wert haben, liegt daran, dass die Tabelle bei statistischer Unabhängigkeit nur 1 Freiheitsgrad hat.

Wert nicht nur zufälliges Ergebnis der Stichprobenziehung, sondern auf Regelmäßigkeiten in der Population zurückzuführen ist. Da die Summanden von Pearsons Chiquadrat-Statistik als Quadrate von asymptotischen Standardnormalverteilungen aufgefasst werden können, ist die Quadratwurzel jedes Zellenanteils als eine asymptotisch normalverteilte Größe anzusehen. Berechnet werden diese sog. *standardisierten Residuen* $sr_{i,j}$ als Quotient eines Residuums, geteilt durch die positive Wurzel aus der jeweiligen erwarteten Häufigkeit:

$$sr_{i,j} = \frac{r_{i,j}}{\sqrt{e_{i,j}}} = \frac{n_{i,j} - e_{i,j}}{\sqrt{e_{i,j}}} \tag{9.13}$$

wobei $sr_{i,j}$ = standardisiertes Residuum in Zelle i,j.
Weitere Erläuterungen in Gleichung 9.12.

Tabelle 9.1c enthält auch die standardisierten Residuen für jede Tabellenzelle. Da die standardisierten Residuen bei Gültigkeit der Nullhypothese in Gleichung 9.3 asymptotisch standardnormalverteilt sind, sind Werte ab etwa ±2 bei einer Irrtumswahrscheinlichkeit von 5% signifikant.[18] Bei den Werten in Tabelle 9.1c weisen drei standardisierte Residuen einen Absolutwert größer 1.96 auf.

Symmetrische Zusammenhangsmaße in der Vierfeldertabelle
Die Analyse des Beziehungsmusters weist darauf hin, dass zwischen Mitgliedschaft in einer Religionsgemeinschaft und Einstellung zu Schwangerschaftsabbruch ein Zusammenhang besteht. Als letzter Schritt der Analyse stellt sich die Frage nach der Stärke dieses Zusammenhangs.

18 Das 97.5%-Quantil der Standardnormalverteilung beträgt 1.96. Bei der Interpretation ist zu beachten, dass bei größeren Tabellen mit vielen standardisierten Residuen auch zufällig einige signifikant sein können. Wir empfehlen daher eine vorsichtige Interpretation, bei der die standardisierten Residuen nicht als Teststatistiken im Sinne eines strengen Tests aufgefasst werden.

Da in der Vierfeldertabelle der Maximalwert von Pearsons Chiquadrat-Statistik gleich der Fallzahl n ist und damit von Stichprobe zu Stichprobe schwanken kann, ist die Chiquadrat-Statistik als Maß für die Stärke des Zusammenhangs nicht geeignet. Wird der Chiquadrat-Wert allerdings durch die Fallzahl geteilt, dann resultiert eine Kenngröße, die den Minimalwert null bei statistischer Unabhängigkeit und in einer Vierfeldertabelle den Maximalwert eins bei einem perfekten Zusammenhang erreicht. Dieses Maß wird Φ^2 (Phi-Quadrat) genannt:

$$\Phi^2 = \frac{\chi^2}{n} = \sum_{i=1}^{I} \sum_{j=1}^{J} \frac{\left(p_{i,j} - p_{i,+} \cdot p_{+,j}\right)^2}{p_{i,+} \cdot p_{+,j}} \qquad (9.14)$$

wobei Φ^2 = Kennwert für den symmetrischen Zusammenhang in einer Kreuztabelle.

Weitere Erläuterungen siehe Gleichung 9.2.

Anstelle von Φ^2 wird jedoch meistens dessen Quadratwurzel Φ *(Phi)* verwendet. In einer Vierfeldertabelle berechnet sich Φ leichter, wenn anstelle von Gleichung 9.14 die Gleichung 9.8 verwendet wird:[19]

$$\Phi = \sqrt{\frac{\chi^2}{n}} = \frac{ad - bc}{\sqrt{(a+b)(c+d)(a+c)(b+d)}} \qquad (9.15)$$

wobei Φ = Zusammenhangsmaß Phi für symmetrische Beziehungen in einer Vierfeldertabelle.

Weitere Erläuterungen siehe Gleichung 9.8.

Für die Beispieldaten berechnet sich Φ nach:

$$\Phi = \frac{180 \cdot 1216 - 563 \cdot 177}{\sqrt{743 \cdot 1393 \cdot 357 \cdot 1779}} = 0.147.$$

Ein Vorteil von Φ gegenüber Φ^2 ist, dass bei der Berechnung nach Gleichung 9.15 sein Wertebereich von –1 bis +1 läuft, sodass (ab

---

19 Das Symbol Φ steht hier nicht für die Verteilungsfunktion der Standardnormalverteilung!

ordinalem Messniveau) zwischen positiven und negativen Beziehungen unterschieden werden kann. Im Beispiel gibt es einen positiven Zusammenhang. Das Vorzeichen hängt allerdings von der Anordnung der Ausprägungen ab. Würden die beiden Spalten von Tabelle 9.1 ausgetauscht, die Zeilen aber unverändert bleiben, ergäbe sich ein negatives Vorzeichen. Gleiches ergäbe sich beim Austausch der beiden Zeilen bei gleichbleibender Anordnung der Spalten. Würden schließlich sowohl beide Spalten wie beide Zeilen vertauscht, würde sich wieder ein positiver Wert einstellen.

Da die Anordnung bei nominalskalierten Variablen beliebig ist, sollte dann das Vorzeichen von Φ nicht berücksichtigt werden. Bei ordinalen Variablen entspricht ein positives Vorzeichen einer positiven («je mehr, desto mehr») Beziehung und ein negatives Vorzeichen einer negativen («je mehr, desto weniger») Beziehung, wenn die Anordnung der Tabellenzellen gleichgerichtet ist. Das bedeutet, dass bei einer aufsteigenden Codierung der Zeilenvariablen auch die Spaltenvariable aufsteigend codiert sein muss und bei einer absteigenden Codierung der Zeilenvariablen auch die Spaltenvariable absteigend codiert sein muss.

Im Beispiel muss für die Interpretation des hier positiven Vorzeichens Mitgliedschaft als «mehr» aufgefasst werden als keine Mitgliedschaft und «Ablehnung» als «mehr» als Befürwortung. Die Einstellung wird also im Sinne von Rigidität gemessen. Soll die Einstellung Liberalität erfassen, müssten die Zeilen vertauscht werden. Nur dann würde sich das erwartete negative Vorzeichen einstellen: Mitglieder sind weniger liberal.

Schließlich stellt sich die Frage, ob der Wert $\Phi = +0.147$ ein hoher oder ein niedriger Wert ist. Aus Erfahrungen mit einer Vielzahl von empirischen Beziehungen zwischen zwei dichotomen Variablen hat sich folgende Faustregel für die Interpretation herauskristallisiert:[20]

---

20 Unterschiedliche Autoren verwenden unterschiedliche Faustregeln. So wird bisweilen schon ein Wert von $\Phi \geq 0.20$ als mittelstark bezeichnet.

kein Zusammenhang	0.0	=	Φ	
praktisch kein Zusammenhang	0.0	≤	$|\Phi|$	<0.05
geringer Zusammenhang	0.05	≤	$|\Phi|$	<0.25
mittlerer Zusammenhang	0.25	≤	$|\Phi|$	<0.50
starker Zusammenhang	0.50	≤	$|\Phi|$	
perfekter Zusammenhang	1.00	=	$|\Phi|$	

Der Wert von 0.147 weist somit auf einen eher geringen Zusammenhang zwischen der Einstellung zu Schwangerschaftsabbruch und der Mitgliedschaft in einer religiösen Gemeinschaft hin. Obwohl erwartungsgemäß eine positive Beziehung besteht, ist diese entgegen den Erwartungen eher schwach.[21]

Eine bisweilen genutzte Alternative zu Φ ist das nach dem Statistiker Yule benannte und sehr leicht zu berechnende Zusammenhangsmaß *Yules Q*:[22]

$$Q = \frac{a \cdot d - b \cdot c}{a \cdot d + b \cdot c} \qquad (9.16)$$

wobei   Q = Zusammenhangsmaß Q für symmetrische Beziehungen.

Weitere Erläuterungen siehe Tabelle 9.1a.

Besteht kein Zusammenhang, weisen beide Maße den gleichen Wert null, bei perfektem positiven Zusammenhang den Wert +1 und bei perfektem negativem Zusammenhang den Wert –1 auf. Yules Q nimmt im Unterschied zu Φ den Wert 1 (bzw. –1) bereits an, wenn eins der Nebendiagonalelemente b oder c (bzw. der Hauptdiagonalelemente a oder d) den Wert null hat. Ansonsten weist Q Werte auf, die weiter von null entfernt sind als die von Φ. Dies gilt auch für das Beispiel. Hier beträgt Q = 0.374 = (180 · 1216 – 563 · 177) / (180 · 1216 + 563 · 177). Die-

---

21 Zu beachten ist hier, dass sämtliche Religionsgemeinschaften zusammengefasst sind. Möglicherweise zeigen sich für spezifische Religionsgemeinschaften andere Ergebnisse.

22 George Udny Yule, 1871–1951.

ser Wert ist deutlich höher als der Wert von $\Phi = 0.147$. Aufgrund der meist recht hohen Werte ist es schwierig, bei Anwendung von Yules Q zwischen geringen, mittleren und starken Beziehungen zu unterscheiden. Daher und wegen der unten vorgestellten Beziehung zwischen Φ und der Prozentsatzdifferenz (Gleichung 9.24) hat sich in der Praxis Φ und nicht Q als symmetrisches Zusammenhangsmaß in Vierfeldertabellen durchgesetzt.

9.3.2 Asymmetrische Beziehungen in der Vierfeldertabelle

Bei der Analyse des Zusammenhangs zwischen der Einstellung zum Schwangerschaftsabbruch und Mitgliedschaft in einer Religionsgemeinschaft ist mit einer asymmetrischen Beziehung zu rechnen, da bei den christlichen Religionsgemeinschaften eine religiös begründete ablehnende Haltung zum Schwangerschaftsabbruch zu erwarten ist, die auch die Haltung der Mitglieder in diese Richtung beeinflusst. Generell gibt es drei Gründe dafür, statt von einer ungerichteten von einer gerichteten Beziehung auszugehen und eine Variable als abhängig und die andere als unabhängig oder erklärend zu betrachten:[23]

– die vermutete Beziehung wird kausal interpretiert,
– eine Variable soll zur Vorhersage der anderen Variablen dienen,
– aus pragmatischen Gründen wird eine asymmetrische Beziehung angenommen.

Pragmatische Gründe können vorliegen, wenn zwar weder eine kausale Richtung vermutet noch eine Vorhersage angestrebt wird, aber eine Variable sehr viele, die andere nur wenige Ausprägungen hat. Dann fällt die Analyse und Interpretation meist leichter, wenn die Variable mit wenigen Ausprägungen als erklärend und die mit vielen Ausprägungen als abhängig betrachtet wird.

Soll eine Variable zur Vorhersage der anderen dienen, dann ist die vorhergesagte Variable immer die abhängige Variable und die

---

23 Wir benutzen im Folgenden den Ausdruck «erklärende Variable», um diese Variable von der abhängigen Variable abzugrenzen. Die Wörter «erklären» oder «beeinflussen» bedeuten nicht notwendigerweise, dass ein kausaler Einfluss unterstellt wird.

vorhersagende Variable immer die unabhängige, erklärende Variable.

Bei einer kausalen Interpretation ist die erklärende Variable immer die kausal wirkende und die abhängige die kausal beeinflusste Variable.[24] Ein vermuteter Kausalzusammenhang muss sich nicht direkt auf die beobachteten Variablen beziehen. So wird im Beispiel vermutlich nicht angenommen, dass die Mitgliedschaft die Einstellung direkt kausal beeinflusst, sondern dass es Sozialisationsprozesse sind, die zu einer Übernahme von Einstellungen führen. Die Mitgliedschaft ist gleichwohl die erklärende und die Einstellung die abhängige Variable.

Prozentsatzdifferenz als asymmetrisches Maß der Zusammenhangsstärke

Bei einer gerichteten Beziehung wird die bedingte Verteilung der abhängigen Variablen bei den Ausprägungen der erklärenden Variablen betrachtet. Wir haben bereits in Kapitel 4 den Begriff des bedingten Ereignisses eingeführt. Die Wahrscheinlichkeit eines bedingten Ereignisses wird demnach berechnet als Quotient aus der Wahrscheinlichkeit des gemeinsamen Auftretens von bedingendem und bedingtem Ereignis, geteilt durch die Wahrscheinlichkeit des bedingenden Ereignisses. Bei bedingten Verteilungen wird diese Definition auf alle Ausprägungen der beiden Variablen angewendet. Die bedingte Realisierungswahrscheinlichkeit der Ausprägung y_i einer abhängigen Zufallsvariablen Y gegeben die Ausprägung x_j einer erklärenden (bedingenden) Zufallsvariablen X ist der Quotient aus der Realisierungswahrscheinlichkeit der Ausprägungskombination y_i, x_j geteilt durch die Realisierungswahrscheinlichkeit der Ausprägung x_j:

---

24 Bei wechselseitiger kausaler Beeinflussung muss entweder versucht werden, mit Hilfe von Mehrfachbeobachtungen über Zeit (Panelanalysen) die beiderseitigen Kausaleinflüsse zu trennen oder auch hier eine symmetrische Analyse durchzuführen. In der Praxis wird meist eine Kausalrichtung unterstellt und eine gegenläufige eher als «Störeffekt» gesehen.

$$\Pr\left(Y = y_i \,\middle|\, X = x_j\right) = \frac{\Pr\left(Y = y_i \,\&\, X = x_j\right)}{\Pr\left(X = x_j\right)} \tag{9.17}$$

für alle $i = 1, 2, ..., I$ und $j = 1, 2, ..., J$

Erläuterungen siehe Gleichung 4.5 und 9.3.

Bei empirischen Verteilungen werden die Wahrscheinlichkeiten wieder durch relative Häufigkeiten ersetzt. Wenn in einer Kreuztabelle die Zeilenvariable Y die abhängige Variable ist und die Spaltenvariable X die erklärende Variable, berechnen sich entsprechend Gleichung 9.17 die bedingten *konditionalen Anteile* von Y gegeben X nach:

$$p_{i|j} = \frac{n_{i,j}}{n_{+,j}} = \frac{p_{i,j}}{p_{+,j}} \text{ bzw. } p_{i|j}\% = 100 \cdot p_{i|j} \tag{9.18}$$

wobei $\quad p_{i|j} \quad$ = konditionale relative Häufigkeit in der i-ten Zeile, gegeben die j-te Spalte

$\qquad\qquad p_{i|j}\%$ = konditionaler Prozentwert in der i-ten Zeile, gegeben die j-te Spalte.

Anstelle konditionaler Anteile werden in der Praxis meist die konditionalen Prozentwerte dargestellt. So zeigt Tabelle 9.2a die konditionalen Prozentwerte von Befürwortern und Gegnern von Schwangerschaftsabbruch für Nichtmitglieder und Mitglieder einer Religionsgemeinschaft. Die Werte sind nach Gleichung 9.18 aus den Zahlen in Tabelle 9.1a berechnet. Während gut 50 % der Nichtmitglieder ($x_1 = 0$) Befürworter ($y_1 = 0$) sind, teilen diese Ansicht bei den Mitgliedern ($x_2 = 1$) nur knapp 32 %. Die Differenz zwischen den beiden Werten beträgt 18.8 Prozentpunkte. Die Bezeichnung «*Prozentpunkt*» statt «Prozent» ergibt sich dadurch, dass sich die Prozentwerte in den beiden Spalten auf *verschiedene Bezugszahlen* beziehen. So basieren 50.4 % auf $n_{+,1} = 357$ und 31.6 % auf $n_{+,2} = 1779$ Fällen.

Der Unterschied zwischen den Prozentwerten wird als *Prozentsatzdifferenz* $d_{YX}\%$ bezeichnet. Die Prozentsatzdifferenz er-

Tabelle 9.2: **Bedingte Verteilungen in der Vierfeldertabelle**

a) Spaltenprozentuierung: Spaltenvariable ist erklärende Variable

Einstellung zum Schwangerschaftsabbruch «wenn die Frau es will» (Y)	Mitglied einer Religionsgemein- schaft (X)		Summe
	nein (x₁=0)	ja (x₂=1)	
– Befürwortung[1] (y₁=0)	50.4% (180)	31.6% (563)	34.8% (743)
– Ablehnung (y₂=1)	49.6% (177)	68.4% (1216)	65.2% (1393)
Summe	100.0% (357)	100.0% (1779)	100.0% (2136)

Daten: Allbus 2006, Westdeutschland

$d_{YX}\% = 50.4 - 31.6 = 18.8$ Prozentpunkte

b) Bei statistischer Unabhängigkeit erwartete Spaltenprozente und Häufigkeiten

Einstellung zum Schwangerschaftsabbruch «wenn die Frau es will» (Y)	Mitglied einer Religionsgemeinschaft (X)		Summe
	nein (x₁ = 0)	ja (x₂ = 1)	
– Befürwortung[1] (y₁=0)	34.8% (124.2)	34.8% (618.8)	34.8% (743)
– Ablehnung (y₂=1)	65.2% (232.8)	65.2% (1160.2)	65.2% (1393)
Summe	100.0% (357.0)	100.0% (1779.0)	100.0% (2136)

Daten: Eigene Berechnungen; Randverteilungen aus Tabelle 9.1a

1 Die Antwortmöglichkeiten im Allbus 2006 lauten: «ja, sollte möglich sein» und «nein, sollte nicht möglich sein».

gibt sich, wenn eine Anteilsdifferenz mit 100 multipliziert wird. Bezogen auf die absoluten Häufigkeiten in Tabelle 9.1a berechnet sich die Prozentsatzdifferenz bei einer abhängigen Zeilenvariablen nach:

$$d_{YX}\% = 100 \cdot \left(\frac{n_{1,1}}{n_{+,1}} - \frac{n_{1,2}}{n_{+,2}} \right) = 100 \cdot \left(\frac{a}{a+c} - \frac{b}{b+d} \right) \qquad (9.19)$$

wobei $d_{YX}\%$ = Prozentsatzdifferenz bei Spaltenprozentuierung, wobei die Spaltenvariable X erklärende (bedingende) Variable ist und die Zeilenvariable Y abhängige (bedingte) Variable.

Weitere Erläuterungen siehe Tabelle 9.1a.

Da die bedingten Prozentwerte in jeder Tabellenspalte zwischen 0 und 100 Prozent liegen, liegt der Wertebereich der Prozentsatzdifferenz zwischen +100 Prozentpunkten und –100 Prozentpunkten. Bei diesen Extremwerten besteht jeweils ein maximaler Unterschied zwischen den Gruppen, die miteinander verglichen werden. In der Vierfeldertabelle sind dann entweder nur die Zellen a und d der Hauptdiagonale (+100 Prozentpunkte) oder die Zellen b und c der Nebendiagonale (–100 Prozentpunkte) besetzt.[25] Diese Situation wird als perfekter oder deterministischer Zusammenhang bezeichnet.

Das Vorzeichen der Prozentsatzdifferenz ist ab ordinalem Skalenniveau der beiden Variablen interpretierbar. Wie bei einem symmetrischen Zusammenhangsmaß hängt es von der Anordnung der Variablenausprägungen in der Tabelle ab, ob eine Prozentsatzdifferenz positiv oder negativ ist. Das Vorzeichen der Prozentsatzdifferenz entspricht nur dann dem Vorzeichen einer Je-desto-Beziehung, wenn die Ausprägungen sowohl der Spalten- wie auch der Zeilenvariablen aufsteigend oder absteigend geordnet sind.

Der Wert einer Prozentsatz- oder Anteilsdifferenz wird auch als Effekt oder Einfluss bezeichnet. Wenn wie in Tabelle 9.2a die Prozentsatzdifferenz 18.8 Prozentpunkte beträgt, spricht man davon, dass die Mitgliedschaft die Einstellung mit einem Effekt von 18.8 Prozentpunkten beeinflusst.

Bei einer Prozentsatzdifferenz von 0 Prozentpunkten hat die erklärende Variable keinen Effekt auf die abhängige Variable. Dann sind die konditionalen Prozentwerte bzw. Anteile in allen Zellen einer Zeile gleich groß und gleich dem Wert in der Randspalte. Dies entspricht der Definition von statistischer Unabhängigkeit nach Gleichung 4.6, derzufolge statistische Unabhängigkeit dann vorliegt, wenn die bedingte Wahrscheinlichkeit gleich der unbedingten Wahrscheinlichkeit ist.

---

25 Bei dieser Datenkonstellation weisen auch die symmetrischen Zusammenhangsmaße Φ und Q Werte von +1 bzw. –1 auf.

Die bei Unabhängigkeit erwarteten bedingten Anteile bzw. Prozentwerte in den Tabellenzellen sind gleich den Anteilen oder Prozentwerten in den Zeilen der Randspalte der abhängigen Variablen. Zur Berechnung der erwarteten bedingten absoluten Häufigkeiten $e_{i|j}$ werden die bedingten Anteile mit der jeweiligen Spaltensumme multipliziert:

$$p_{i|j} = p_{i,+} \quad \text{bzw.} \quad p_{i|j}\% = p_{i,+}\%$$

$$e_{i|j} = n_{+,j} \cdot \frac{p_{i,+}\%}{100} = n_{+,j} \cdot p_{i,+} = n_{+,j} \cdot \frac{n_{i,+}}{n} \tag{9.20}$$

Weitere Erläuterungen siehe Gleichung 9.18.

Vergleicht man die erwarteten bedingten Häufigkeiten $e_{i|j}$ aus Gleichung 9.20 mit den erwarteten Häufigkeiten nach Gleichung 9.5, so zeigt sich, dass die Werte identisch sein müssen. Also spielt es bei statistischer Unabhängigkeit gar keine Rolle, ob eine symmetrische oder eine asymmetrische Perspektive eingenommen wird. Daher kann Pearsons Chiquadrat-Statistik auch für die Prüfung der Nullhypothese verwendet werden, dass in der Population kein Effekt der erklärenden Variablen auf die abhängige Variable besteht, die Prozentsatzdifferenz in der Population also null ist.

In Tabelle 9.2b sind die nach Gleichung 9.20 bei Unabhängigkeit erwarteten konditionalen Prozentwerte und erwarteten Häufigkeiten der Einstellung zum Schwangerschaftsabbruch gegeben die Ausprägungen der Mitgliedschaft in einer Religionsgemeinschaft berechnet. Der Vergleich mit den entsprechenden Werten in Tabelle 9.1c zeigt, dass die erwarteten Häufigkeiten tatsächlich identisch sind.

Für Anteils- bzw. Prozentsatzdifferenzen gelten die gleichen Faustregeln zur Beurteilung der Stärke einer Beziehung wie beim symmetrischen Zusammenhangsmaß Φ. Bei der Prozentsatzdifferenz müssen die Werte von Φ allerdings mit 100 multipliziert werden. Die Prozentsatzdifferenz von 18.8 Prozentpunkten weist daher auf einen geringen Zusammenhang hin.

Spalten- oder Zeilenprozentwerte?

Da die Prozentsatzdifferenz in Prozentpunkten ein Maß für den asymmetrischen (gerichteten) Zusammenhang zwischen zwei Variablen ist, werden die relativen Häufigkeiten in der Kreuztabelle so berechnet, dass sie Unterschiede in den konditionalen Verteilungen aufzeigen können:

– Ist die Spaltenvariable unabhängige Variable und die Zeilenvariable abhängige Variable, dann stehen die relativen konditionalen Häufigkeiten $p_{i|j}$ oder $p_{i|j}\%$ in den Spalten (vgl. Gleichung 9.19).

– Ist dagegen die Zeilenvariable bedingende und die Spaltenvariable bedingte Variable, dann stehen die relativen konditionalen Häufigkeiten $p_{j|i}$ oder $p_{j|i}\%$ in den Zeilen:[26]

$$p_{j|i} = \frac{n_{i,j}}{n_{i,+}} \quad \text{bzw.} \quad p_{j|i}\% = 100 \cdot \frac{n_{i,j}}{n_{i,+}} \qquad (9.21)$$

wobei $\quad p_{j|i}$ = konditionale relative Häufigkeit der j-ten Spalte in der i-ten Zeile.

Weitere Erläuterungen siehe Gleichung 9.18.

Wenn die Spaltenvariable die abhängige Variable und die Zeilenvariable die erklärende Variable ist, werden bei der Berechnung der Prozentsatzdifferenz zur besseren Kennzeichnung der Prozentuierungsbasis die Spalten- und Zeilenindizes in den Berechnungsformeln vertauscht. Die Prozentsatzdifferenz wird dann als $d_{XY}\%$ (statt $d_{YX}\%$) bezeichnet und berechnet sich nach:

$$d_{XY}\% = 100 \cdot \left(\frac{a}{a+b} - \frac{c}{c+d} \right) \qquad (9.22)$$

---

26 In Gleichung 9.21 stehen die Indizes i und j unverändert für die Zeilen- und Spaltennummern. Die Vertauschung von abhängiger und erklärender Variable führt in dieser Notation aber dazu, dass hier zuerst der Spaltenindex (für die Ausprägungen der abhängigen Variablen) und erst dann der Zeilenindex (für die Ausprägungen der erklärenden Variablen) angegeben wird.

wobei $d_{XY}\%$ = Prozentsatzdifferenz bei Zeilenprozentuierung, wenn die Zeilenvariable die erklärende Variable ist.

Weitere Erläuterungen siehe Tabelle 9.1a.

Tabelle 9.3a enthält die Zeilenprozentuierung für die Daten aus Tabelle 9.1a. Die Prozentsatzdifferenz beträgt:

$$d_{XY}\% = 100 \cdot \left(\frac{180}{743} - \frac{177}{1393} \right) = 11.5.$$

Für eine korrekte Interpretation ist es notwendig, klar zu kennzeichnen, ob die Prozentsatzdifferenz über die Spaltenprozentwerte (Gleichung 9.19) oder über die Zeilenprozentwerte (Gleichung 9.22) berechnet wird.

Welche Variable abhängig und welche unabhängig ist, ist in der Regel eine Frage der Zielsetzung der Analyse. Aufgrund der Vertauschung von abhängiger und unabhängiger Variable in Tabelle 9.3a und 9.3b ändert sich die Interpretation:

- Wird die Mitgliedschaft in einer Religionsgemeinschaft als abhängig betrachtet (Tabelle 9.3a), dann sind Personen, die Schwangerschaftsabbruch befürworten, mit 24.2% um $d_{XY}\% = 11.5$ Prozentpunkte häufiger Nichtmitglieder einer Religionsgemeinschaft als Personen, die Schwangerschaftsabbruch ablehnen mit 12.7%.

- Wird die Einstellung zum Schwangerschaftsabbruch als abhängig betrachtet, dann haben Nichtmitglieder mit 50.4% einen um $d_{YX}\% = 18.8$ Prozentpunkte höheren Anteil an Befürwortern als Mitglieder mit 31.6% (Tabelle 9.3b). Obwohl hier im Vergleich zu Tabelle 9.2a Spalten- und Zeilenvariable vertauscht sind, ergibt sich als Folge der Zeilenprozentuierung ein identischer Wert wie in Tabelle 9.2a.

Das Beispiel verdeutlicht, dass das Vertauschen von Spalten- und Zeilenvariable keinen Effekt auf das Ergebnis hat, solange

Tabelle 9.3: **Zeilenprozente in der Vierfeldertabelle**

a) Zeilenprozent: Religionsgemeinschaft als abhängige (bedingte) Variable

Einstellung zum Schwangerschaftsabbruch «wenn die Frau es will» (Y)	Mitglied einer Religionsgemeinschaft (X) nein ($x_1 = 0$)		ja ($x_2 = 1$)		Summe	
– Befürwortung[1] ($y_1 = 0$)	24.2%	(180)	75.8%	(563)	100.0%	(743)
– Ablehnung ($y_2 = 1$)	12.7%	(177)	87.3%	(1216)	100.0%	(1393)
Summe	51.4%	(357)	48.6%	(1779)	100.0%	(2136)

Daten: Allbus 2006, Westdeutschland

$d_{XY}\% = 24.2 - 12.7 = 11.5$ Prozentpunkte; $\alpha = 2.196$

b) Vertauschen von Zeilen- und Spaltenvariable: Religionsgemeinschaft als unabhängige (bedingende) Variable

Mitglied einer Religionsgemeinschaft (X)	Einstellung zum Schwangerschaftsabbruch (Y) Befürwortung[1] ($y_1 = 0$)		Ablehnung ($y_2 = 1$)		Summe	
– nein ($x_1 = 0$)	50.4%	(180)	49.6%	(177)	100.0%	(357)
– ja ($x_2 = 1$)	31.6%	(563)	68.4%	(1216)	100.0%	(1779)
Summe	34.8%	(743)	65.2%	(1393)	100.0%	(2136)

Daten: Allbus 2006, nur Westdeutschland

$d_{YX}\% = 50.4 - 31.6 = 18.8$ Prozentpunkte; $\alpha = 2.196$

1 Die Antwortmöglichkeiten im Allbus 2006 lauten: «ja, sollte möglich sein» und «nein, sollte nicht möglich sein».

die inhaltliche Frage der Abhängigkeitsbeziehung zwischen den Variablen unverändert bleibt und entsprechend auch die Prozentuierung als Spalten- bzw. Zeilenprozentuierung vorgenommen wird. Ändert sich dagegen die Fragestellung, sodass wie im Beispiel von Tabelle 9.3a die Einstellung als erklärende und die Mitgliedschaft als abhängige Variable angesehen wird, dann ändert sich in der Regel auch der Wert der Prozentsatzdifferenz.

Schätzen und Testen von Prozentsatzdifferenzen

Da Prozentsatzdifferenzen mit 100 multiplizierte Anteilsdifferenzen sind,[27] können die Berechnungsformeln für Konfidenzintervalle und statistische Tests von Anteilsdifferenzen bei unabhängigen Stichproben (Kapitel 7.5.3 und 8.5.2) für Intervallschätzungen und Tests von Prozentsatzdifferenzen angepasst werden.[28] Bei Anwendung der Notation der Vierfeldertabelle ergibt sich der geschätzte Standardfehler der Prozentsatzdifferenz nach Gleichung 7.28 als:

$$
\begin{aligned}
\hat{\sigma}\left(d_{YX}\%\right) &= 100 \cdot \sqrt{\frac{p_{1|1} \cdot \left(1 - p_{1|1}\right)}{n_{+,1}} + \frac{p_{1|2} \cdot \left(1 - p_{1|2}\right)}{n_{+,2}}} \\[2mm]
&= 100 \cdot \sqrt{\frac{\dfrac{a}{a+c} \cdot \dfrac{c}{a+c}}{a+c} + \frac{\dfrac{b}{b+d} \cdot \dfrac{d}{b+d}}{b+d}} \\[2mm]
&= 100 \cdot \sqrt{\frac{a \cdot c}{\left(a+c\right)^3} + \frac{b \cdot d}{\left(b+d\right)^3}}
\end{aligned}
\tag{9.23}
$$

wobei $\hat{\sigma}\left(d_{YX}\%\right)$ = geschätzter Standardfehler der Prozentsatzdifferenz $d_{YX}\%$.

Weitere Erläuterungen siehe Tabelle 9.1a und Gleichung 9.18.

Das $1-\alpha$-Konfidenzintervall für eine Prozentsatzdifferenz kann dann nach Gleichung 7.29 analog zum Vorgehen bei der Anteilsdifferenz für unabhängige Stichproben berechnet werden als:

---

27 Damit ist die Prozentsatzdifferenz eine Lineartransformation (Gleichung 5.22a) der Anteilsdifferenz.

28 Bei den Berechnungen von Standardfehlern, Konfidenzintervallen und Teststatistiken wird die Spaltenvariable als erklärende Variable angenommen. Da aus Tabelle 9.3b hervorgeht, dass bei gleichbleibender Fragestellung das Vertauschen von Spalten- und Zeilenvariable zu identischen Ergebnissen führt, verzichten wir auf die Wiedergabe der entsprechend modifizierten Formeln bei Zeilenprozentuierung.

$$c.i.\left(\delta_{YX}\%\right) = d_{YX}\% \pm z_{1-\alpha/2} \cdot 100 \cdot \sqrt{\frac{a \cdot c}{(a+c)^3} + \frac{b \cdot d}{(b+d)^3}} \qquad (9.24)$$

wobei $c.i.\left(\delta_{YX}\%\right)$ = Konfidenzintervall für den Populations-
wert der Prozentsatzdifferenz
$\delta_{YX}\%$ = Prozentsatzdifferenz in der Population.
Weitere Erläuterungen siehe Tabelle 9.1a.

Die asymptotische Annäherung der Wahrscheinlichkeitsverteilung der Prozentsatzdifferenz an die Normalverteilung kann als
hinreichend genau betrachtet werden, wenn gilt:

(a) $(a+c) \cdot a/c > 9$ und $(a+c) \cdot c/a > 9$,
(b) $(b+d) \cdot b/d > 9$ und $(b+d) \cdot d/b > 9$,
(c) $n_{+,1} > 60$ und
(d) $n_{+,2} > 60$.

Als Beispiel werden die Grenzen eines 95%-Konfidenzintervalls
für die Prozentsatzdifferenz in Tabelle 9.2a berechnet:

$$c.i.\left(\delta_{YX}\%\right) = d_{YX}\% \pm z_{1-\alpha/2} \cdot 100 \cdot \sqrt{\frac{a \cdot c}{(a+c)^3} + \frac{b \cdot d}{(b+d)^3}}$$

$$= 18.8 \pm 1.96 \cdot 100 \cdot \sqrt{\frac{180 \cdot 177}{357^3} + \frac{563 \cdot 1216}{1779^3}} = 18.8 \pm 5.6.$$

Teilt man die Werte durch 100, dann enthält das 95%-Konfi-
denzintervall Anteilswerte von 0.132 bis 0.244. Diese Werte sind
identisch mit dem Ergebnis der Hypothesenprüfung einer Anteilsdifferenz mittels Konfidenzintervall in Kapitel 8.1.

Für den Signifikanz- oder den Neyman-Pearson-Test einer
Prozentsatzdifferenz wird bei der Hypothesenformulierung in
Gleichung 8.8 die Anteilsdifferenz $\pi_1 - \pi_2$ durch die Prozentsatz-
differenz $\delta_{YX}\%$ und der postulierte Wert π durch $\delta\%$ ersetzt. Die
Teststatistik aus Gleichung 8.9 wird dann zu:

$$Z = \frac{d_{YX}\% - \delta\%}{\hat{\sigma}\,(d_{YX}\%)} = \frac{\left(\dfrac{a}{a+c} - \dfrac{b}{b+d}\right) - \dfrac{\delta\%}{100}}{\sqrt{\dfrac{a \cdot c}{(a+c)^3} + \dfrac{b \cdot d}{(b+d)^3}}} \qquad (9.25)$$

wobei $\delta\%$ = postulierter Wert der Prozentsatzdifferenz, bei
dem die Nullhypothese gerade noch zutrifft
(=100 mal postulierter Wert der Anteilsdifferenz
π aus Gleichung 8.8).

Die Entscheidungsregel ergibt sich nach Gleichung 8.7. Wenn
$\delta\%$ den Wert null aufweist, die Nullhypothese also postuliert, dass die Prozentsatzdifferenz in der Population gleich
null ist, dann wird der Standardfehler nach Gleichung 8.3 berechnet. Anstelle der Teststatistik in Gleichung 9.25 ergibt sich
dann:

$$Z = \frac{d_{YX}\% \,/\, 100}{\sqrt{p_{1,+} \cdot p_{2,+} \cdot \left(\dfrac{1}{n_{+,1}} + \dfrac{1}{n_{+,2}}\right)}}$$

$$= \frac{\dfrac{a}{a+c} - \dfrac{b}{b+d}}{\sqrt{\dfrac{(a+b) \cdot (c+d)}{n^2} \cdot \left(\dfrac{1}{a+c} + \dfrac{1}{b+d}\right)}} \qquad (9.26)$$

Der Wert der Teststatistik zur Prüfung der Nullhypothese, dass
die Prozentsatzdifferenz zwischen Nichtmitgliedern und Mitgliedern bei der Einstellung zum Schwangerschaftsabbruch gleich
null ist, beträgt:

$$Z = \cfrac{\cfrac{a}{a+c} - \cfrac{b}{b+d}}{\sqrt{\cfrac{(a+b)\cdot(c+d)}{n^2} \cdot \left(\cfrac{1}{a+c} + \cfrac{1}{b+d}\right)}}$$

$$= \cfrac{\cfrac{180}{357} - \cfrac{563}{1779}}{\sqrt{\cfrac{743\cdot 1393}{2136^2} \cdot \left(\cfrac{1}{357} + \cfrac{1}{1779}\right)}} = 6.79658$$

Soll die Nullhypothese mit einer Irrtumswahrscheinlichkeit von 1% geprüft werden, ergeben sich im zweiseitigen Test die kritischen Werte $\pm z_{0.995} = \pm 2.576$. Da die Teststatistik $6.797 > 2.576$, ist die Nullhypothese abzulehnen. Mit einer Irrtumswahrscheinlichkeit von 1% ist die Prozentsatzdifferenz in der Population ungleich null.

Da eine Prozentsatzdifferenz von null in der Population statistische Unabhängigkeit impliziert, prüft der zweiseitige Z-Test ebenso wie Pearsons Chiquadrat-Statistik die statistische Unabhängigkeit von Spalten- und Zeilenvariable. Der zweiseitige Z-Test der Nullhypothese (H_0: $\delta\% = 0$) ist äquivalent zur Nullhypothese in Gleichung 9.2, dass Zeilen- und Spaltenvariable unabhängig sind. Tatsächlich kommen beide Tests stets zum selben Ergebnis, da Pearsons Chiquadrat-Statistik aus Gleichung 9.4 das Quadrat der Teststatistik Z aus Gleichung 9.26 ist. Im Beispiel ist $6.79658^2 = 46.19$.

Nicht nur beim Hypothesentesten besteht eine Beziehung zwischen der asymmetrischen Sicht (Z-Test der Prozentsatzdifferenz) und der symmetrischen Sicht (Pearsons Chiquadrat-Statistik). Auch zwischen den Zusammenhangsmaßen besteht eine Beziehung. Das symmetrische Zusammenhangsmaß Φ^2 ist nämlich identisch mit dem Produkt der beiden möglichen asymmetrischen Anteilsdifferenzen (also den durch 100 geteilten Prozentsatzdifferenzen), und damit ergibt sich Φ als geometrisches Mittel der beiden asymmetrischen Maße:

$$\Phi = \sqrt{\left(\frac{a}{a+c} - \frac{b}{b+d}\right) \cdot \left(\frac{a}{a+b} - \frac{c}{c+d}\right)} = \sqrt{\frac{d_{YX}\%}{100} \cdot \frac{d_{XY}\%}{100}} \qquad (9.27)$$

Für die Daten aus den Tabellen 9.1a, 9.2a und 9.3a und b gilt so:

$$\Phi = 0.147 = \sqrt{\frac{18.8}{100} \cdot \frac{11.5}{100}}$$

9.4 Eine alternative Sicht auf Zusammenhänge in einer Kreuztabelle: Veränderungen von Häufigkeitsverhältnissen (Odds-Ratios)

Die Anteils- bzw. Prozentsatzdifferenz ist ein intuitives asymmetrisches Zusammenhangsmaß in der Vierfeldertabelle. Ein Nachteil der Prozentsatzdifferenz ist allerdings, dass das Maß empfindlich auf schiefe Verteilungen der abhängigen Variablen reagiert. Ist die unabhängige Variable annähernd gleichverteilt, die abhängige Variable aber sehr schief verteilt, dann kann die Prozentsatzdifferenz nur geringe Werte annehmen.[29] Bei sehr schiefen Verteilungen können daher auch kleine Prozentsatzdifferenzen auf einen deutlichen Zusammenhang hinweisen.[30]

Dieses Problem ist Folge der *additiven Modellierung* von Zusammenhängen. Bei einem additiven Zusammenhang wird betrachtet, welcher Wert zu einer relativen Häufigkeit addiert bzw.

---

29 Wären im Beispiel 95 % aller Befragten für und 5 % gegen Schwangerschaftsabbruch, dann könnte die Prozentsatzdifferenz – bei gleicher Anzahl von Mitgliedern und Nichtmitgliedern – in der Stichprobe maximal 10 Prozentpunkte betragen:

	x_1	x_2	Σ
y_1	100 % (50)	90 % (45)	95 % (95)
y_2	0 % (-)	10 % (5)	5 % (5)
Σ	100 % (50)	100 % (50)	100 % (100)

fiktive Daten: $d_{YX}\% = 10$

30 Bei schiefen Verteilungen mit einer «seltenen» Ausprägung bei der abhängigen Variablen nützt es auch nichts, die Stichprobe so zu ziehen, dass die abhängige Variable gleich viele Fälle in allen Ausprägungen aufweist (sog. *endogenes Sampling*). Dies verändert nämlich die Struktur der Tabelle, sodass die Schätzung der Prozentsatzdifferenz kein konsistenter Schätzer der Prozentsatzdifferenz in der Population ist.

hiervon subtrahiert werden muss, um den Betrag der relativen Häufigkeit einer anderen Ausprägung der erklärenden Variablen zu erhalten. So ist die Prozentsatzdifferenz von 18.8 Prozentpunkten in Tabelle 9.2a der Wert, der zu dem konditionalen Prozentwert in der zweiten Spalte addiert werden muss, um den konditionalen Prozentwert in der ersten Spalte zu erhalten:

$p_{1|1}\% = p_{1|2}\% + d_{YX}\%$, im Beispiel: $50.4 = 31.6 + 18.8$.

Bei einer *multiplikativen Modellierung* des Zusammenhangs stellt sich dieses Problem nicht. Hier werden absolute oder relative konditionale Häufigkeits*verhältnisse* (sog. Odds) $n_{1,1}/n_{2,1}$ und $n_{1,2}/n_{2,2}$ in Beziehung zueinander gesetzt. Bei einem Wechsel von der zweiten zur ersten Spalte der Tabelle wird berechnet, mit welchem *Faktor* das Häufigkeitsverhältnis $n_{1,2}/n_{2,2}$ der abhängigen Variablen in der zweiten Spalte *multipliziert* werden muss, um das Häufigkeitsverhältnis von $n_{1,1}/n_{2,1}$ der abhängigen Variablen in der ersten Spalte zu erhalten. Ein solcher Faktor wird berechnet aus dem Quotienten zweier Häufigkeitsverhältnisse und als α bezeichnet:[31]

$$\alpha = \frac{n_{1,1}}{n_{2,1}} / \frac{n_{1,2}}{n_{2,2}} = \frac{n_{1,1} \cdot n_{2,2}}{n_{2,1} \cdot n_{1,2}} = \frac{a \cdot d}{b \cdot c} \qquad (9.28)$$

wobei α = Odds-Ratio in der Vierfeldertabelle
= Quotient zweier Häufigkeitsverhältnisse.
Weitere Erläuterungen siehe Tabelle 9.1a.

Bei den Daten aus Tabelle 9.2a ergibt sich für den Faktor α:
$\alpha = (180 \cdot 1216) / (563 \cdot 177) = 2.196$.

In Analogie zum additiven Modell kann das multiplikative Modell dargestellt werden als:

$n_{1,1}/n_{2,1} = n_{1,2}/n_{2,2} \cdot \alpha$, im Beispiel: $(180/177) = (563/1216) \cdot 2.196$.

---

31 Das gleiche Symbol α wird auch verwendet, um die Irrtumswahrscheinlichkeit bei einem Test zu kennzeichnen. Aus dem Zusammenhang, in dem dieses Symbol verwendet wird, sollte jedoch klar sein, um welche Bedeutung von α es jeweils geht.

Der Faktor α nimmt hier also die Position der Prozentsatzdifferenz $d_{YX}\%$ im additiven Modell ein.

Interpretation von Häufigkeitsverhältnissen (Odds)

In der Statistik bezeichnet man Häufigkeits-, Anteils- bzw. Wahrscheinlichkeitsverhältnisse als *Odds* (englisch für «Gewinnchancen»).[32] Odds beschreiben, um welchen Faktor die im Zähler aufgeführte Ausprägung einer Variablen häufiger bzw. seltener vorkommt als die Ausprägung im Nenner des Verhältnisses.

In Tabelle 9.1a beträgt das Odds von Befürwortern zu Gegnern in der Randverteilung 0.533 (= 743 / 1393) bzw. umgekehrt das Verhältnis von Gegnern zu Befürwortern 1.875 (= 1393 / 743). Es gibt 1.875-mal so viele Gegner wie Befürworter von Schwangerschaftsabbruch. Die Chance, dass eine zufällig ausgewählte Person zu den Gegnern statt zu den Befürwortern zählt, ist also 1.875 zu 1. Dieses Verhältnis kann als Prozentwert ausgedrückt werden. Dabei ist zu beachten, dass die Bezugsgröße bei der Berechnung der Prozentwerte stets die Zahl im Nenner des Häufigkeitsverhältnisses ist. Daraus folgt:

– Sind die Häufigkeiten im Zähler und im Nenner gleich, dann resultiert der Wert 1.0. Im Beispiel gäbe es dann ebenso viele Gegner wie Befürworter.

– Ist die Häufigkeit im Zähler des Häufigkeitsverhältnisses größer als im Nenner, dann resultiert ein Wert >1.0. Der Prozentwert ergibt sich, wenn hiervon 1.0 abgezogen und das Ergebnis mit 100 multipliziert wird. Beim Odds von 1.875 gibt es also 87.5% mehr Gegner als Befürworter: 87.5% $= (1.875-1) \cdot 100$.

32 Im Englischen ist «odds» (Chancen) stets Plural, da bei Verhältnissen immer zwei Entitäten betrachtet werden müssen. Im Deutschen stehen zwar auch die Chancen z.B. 3 zu 1, gleichwohl spricht man von *einem* Verhältnis von 3 zu 1. Um die Betrachtung eines Verhältnisses von der Betrachtung mehrerer Verhältnisse zu unterscheiden, sprechen wir von einem Odds bzw. von mehreren Odds. Die Singularisierung des Wortes «Odds» zu «Odd» wäre insofern missverständlich, als «odd» im englischen auch «sonderbar» bedeutet.

– Ist die Häufigkeit im Zähler des Häufigkeitsverhältnisses kleiner als im Nenner, dann resultiert ein Wert <1.0. Da in Tabelle 9.1a das Odds der Zahl der Befürworter zu den Gegnern 0.533 ist, gibt es 46.7% = (1.0 – 0.533) · 100 weniger Befürworter als Gegner.

Das Beispiel zeigt einen auf den ersten Blick scheinbar paradoxen Effekt bei der Prozentuierung von Häufigkeitsverhältnissen: Werden Zähler und Nenner vertauscht, dann ergeben sich deutlich andere Prozentwerte, obwohl die Differenz der Häufigkeit zwischen Nenner und Zähler bis auf das Vorzeichen konstant ist. So ist im Beispiel der Absolutbetrag der Differenz zwischen Gegnern und Befürwortern bzw. zwischen Befürwortern und Gegnern jeweils 650 (= |1393 – 743| = |743 – 1393|). Die unterschiedlichen Prozentwerte kommen dadurch zustande, dass der Absolutbetrag der Differenz auf eine jeweils unterschiedliche Prozentuierungsbasis bezogen wird. So sind die 46.7% = 650/1393 · 100 und die 87.5% = 650/743 · 100.

Betrachtet man anstelle der Häufigkeitsverhältnisse in der Randverteilung der abhängigen Variablen die Häufigkeitsverhältnisse in den bedingten Verteilungen, dann ergibt sich das *konditionale Odds*. Im Beispiel beträgt das konditionale Odds von Befürwortern zu Gegnern bei Personen, die keiner Religionsgemeinschaft angehören, 1.017 (= 180/177), das entspricht 1.7% mehr Befürwortern bei den Nichtmitgliedern. Bei Personen, die einer Religionsgemeinschaft angehören, beträgt das konditionale Odds von Befürwortern zu Gegnern 0.463 (= 563/1216). In dieser Personengruppe gibt es also 53.7% weniger Befürworter als Gegner.

Veränderung von Häufigkeitsverhältnissen (Odds-Ratio)
Wird – wie oben bereits dargestellt – das Häufigkeitsverhältnis $n_{1,2}/n_{2,2}$ mit dem Faktor 2.196 multipliziert, dann ergibt sich das Häufigkeitsverhältnis $n_{1,1}/n_{2,1}$. Der Faktor, mit dem multipliziert wird, wird als *Odds-Ratio* bezeichnet. Diese Bezeichnung kommt

daher, dass bei der Berechnung des Faktors zwei konditionale Odds durcheinander geteilt werden.

Das Odds-Ratio ist der Quotient der beiden konditionalen Odds. Dieser Quotient (engl. «ratio») wird auch als *Kreuzproduktverhältnis* bezeichnet

Das Odds-Ratio kann als Maß für die Stärke eines multiplikativen Zusammenhangs verwendet werden, da es den Veränderungsfaktor der konditionalen Odds bei einem Wechsel zwischen zwei Ausprägungen der unabhängigen Variablen erfasst. Bei der Interpretation ist darauf zu achten, dass die gleichen Regeln wie bei den zugrunde liegenden Odds gelten:

- So bedeutet ein Odds-Ratio $\alpha = 1.0$, dass die beiden Odds gleich sind, also keine Veränderung in den konditionalen Verteilungen auftritt. Dies entspricht im additiven Modell einer Prozentsatzdifferenz von $d_{YX}\% = 0$.

- Ein Zuwachs von $\alpha = 2.0$ bedeutet eine Verdoppelung. Dies entspricht einer prozentualen Steigerung von $+100\%$: $100 = (2-1) \cdot 100$.

- Ein Wert von $\alpha = 0.5$ bedeutet eine Halbierung. Das entspricht einer Reduktion um 50%: $-50 = (0.5-1.0) \cdot 100$.

Ein Odds-Ratio größer eins steht also für eine positive Veränderung (Zuwachs), ein Odds-Ratios kleiner eins für eine negative Veränderung (Absinken) und ein Odds-Ratio von genau eins für keine Veränderung (Konstanz). Wie bei der Vertauschung von Zähler und Nenner bei den Odds können auch bei Odds-Ratios die Werte von Zuwachs und Abnahme nicht direkt verglichen werden. So bedeutet ein Zuwachs um den Faktor $\alpha = 2.0$ bzw. $+100\%$ eine genau so starke *Veränderung* wie eine Abnahme um den Faktor $\alpha = 0.5$ bzw. -50%. Um Veränderungsfaktoren >1.0 mit denen <1.0 vergleichen zu können, muss bei einem der beiden Veränderungsfaktoren der Kehrwert berechnet werden: So ist der Kehrwert von $2.0 = 1/2.0 = 0.5$ und der Kehrwert von $0.5 = 1.0/0.5 = 2.0$.

Im Beispiel beträgt das Odds-Ratio 2.196: Unter den Nichtmitgliedern einer Religionsgemeinschaft ist das Verhältnis von Befürwortern und Gegnern eines Schwangerschaftsabbruchs 2.196-mal so hoch oder um 119.6% größer als das Verhältnis von Befürwortern und Gegnern bei den Mitgliedern einer Religionsgemeinschaft.

Dem Nachteil der ungewohnten Interpretation einer multiplikativen Modellierung von Zusammenhängen steht als Vorteil die Unempfindlichkeit des Odds-Ratios bei Veränderungen der Randverteilungen gegenüber. Selbst bei einer sehr schiefen Verteilung ändert sich der Wertebereich nicht.[33]

Ein weiterer Vorteil besteht darin, dass das Odds-Ratio α bei Vertauschen von abhängiger und unabhängiger Variable in der Vierfeldertabelle unverändert bleibt. So zeigt das Beispiel aus Tabelle 9.3a und 9.3b, dass das Odds-Ratio stets gleich ist, auch wenn Zeilen- und Spaltenvariable bzw. abhängige und unabhängige Variable vertauscht werden. Unter beiden Perspektiven beträgt $\alpha = 2.196$.[34]

9.5 Zusammenfassung

Die wichtigsten Formeln dieses Kapitels

Pearsons Chiquadrat-Statistik

$$\chi^2 = n \cdot \sum_{i=1}^{I} \sum_{j=1}^{J} \frac{(p_{i,j} - p_{i,+} \cdot p_{+,j})^2}{p_{i,+} \cdot p_{+,j}} = \sum_{i=1}^{I} \sum_{j=1}^{J} \frac{(n_{i,j} - e_{i,j})^2}{e_{i,j}} \qquad (9.4)$$

Bei Unabhängigkeit erwartete Häufigkeiten

$$e_{i,j} = n \cdot p_{i,+} \cdot p_{+,j} = n \cdot \frac{n_{i,+}}{n} \cdot \frac{n_{+,j}}{n} = \frac{n_{i,+} \cdot n_{+,j}}{n} \qquad (9.5)$$

---

33 Aus diesem Grund ergibt sich auch bei den fiktiven 100 Fällen der Tabelle in Fußnote 29 der positive Maximalwert: $\alpha = (50 \cdot 5) / (5 \cdot 0) = +\infty$, während die Prozentsatzdifferenz nur einen Wert von +10 (statt von +100) aufweist.

34 Wie bei Prozentsatzdifferenzen lassen sich auch für Odds-Ratios Konfidenzintervalle und Tests berechnen. Wir verzichten hier auf die Darstellung und greifen die multiplikative Modellierung erst wieder in Kapitel 17 auf, wenn die logistische Regression vorgestellt wird.

Berechnung und Verteilung der Chiquadrat-Statistik in einer Vierfeldertabelle bei statistischer Unabhängigkeit

$$\chi^2 = \frac{n \cdot (a \cdot d - b \cdot c)^2}{(a+b) \cdot (c+d) \cdot (a+c) \cdot (b+d)} \underset{n \to \infty}{\sim} \chi^2_{df=1} \qquad (9.9)$$

Standardisiertes Residuum für Zelle i,j einer Kreuztabelle:

$$sr_{i,j} = \frac{r_{i,j}}{\sqrt{e_{i,j}}} = \frac{n_{i,j} - e_{i,j}}{\sqrt{e_{i,j}}} \qquad (9.13)$$

Symmetrisches Zusammenhangsmaß Phi:

$$\Phi = \sqrt{\frac{\chi^2}{n}} = \frac{ad - bc}{\sqrt{(a+b)(c+d)(a+c)(b+d)}} \qquad (9.15)$$

Prozentsatzdifferenz mit Zeilenvariable als abhängige Variable

$$d_{YX}\% = 100 \cdot \left(\frac{n_{1,1}}{n_{+,1}} - \frac{n_{1,2}}{n_{+,2}} \right) = 100 \cdot \left(\frac{a}{a+c} - \frac{b}{b+d} \right) \qquad (9.19)$$

Odds-Ratio (Kreuzproduktverhältnis)

$$\alpha = \frac{n_{1,1}}{n_{2,1}} / \frac{n_{1,2}}{n_{2,2}} = \frac{n_{1,1} \cdot n_{2,2}}{n_{2,1} \cdot n_{1,2}} = \frac{a \cdot d}{b \cdot c} \qquad (9.28)$$

Glossar der wichtigsten Begriffe dieses Kapitels

Abhängige Variable: Variable, deren Werte durch die Ausprägungen einer anderen Variablen prognostiziert oder erklärt werden sollen

Asymmetrischer Zusammenhang: Zusammenhang zwischen zwei Variablen, bei dem zwischen unabhängiger (erklärender, bedingender) und abhängiger (erklärter, bedingter) Variable unterschieden wird

Bedingte Verteilung: Verteilung der abhängigen Variablen unter der Bedingung, die durch eine Ausprägung der unabhängigen Variablen definiert wird

Beobachtete Häufigkeit: Häufigkeit der Ausprägung einer Variablen oder der Ausprägungskombination mehrerer Variablen in einer Stichprobe

Bivariate Häufigkeitsverteilung: gemeinsame Verteilung zweier Variablen, die die Häufigkeiten aller Ausprägungskombinationen der beiden Variablen wiedergibt

Erklärende Variable: Variable, die das Auftreten von Ausprägungen einer anderen Variablen erklärt, vorhersagt oder bedingt, auch Prädiktor oder unabhängige Variable genannt

Erwartete Häufigkeit: Häufigkeit, die bei Gültigkeit der Nullhypothese zu erwarten ist; in diesem Kapitel: bei Unabhängigkeit erwartete Häufigkeit

Konditionales Odds: Häufigkeitsverhältnis der Ausprägungen der abhängigen Variablen bei verschiedenen Ausprägungen der unabhängigen Variablen

Kreuztabelle: Häufigkeitstabelle für die Ausprägungskombinationen zweier Variablen

Odds: Häufigkeits- oder Wahrscheinlichkeitsverhältnis der Ausprägungen einer abhängigen Variablen

Odds-Ratio: Maß für den (multiplikativen) Zusammenhang zweier Variablen = Quotient der konditionalen Odds = Quotient aus zwei Häufigkeitsverhältnissen

Pearsons Chiquadrat-Statistik: die Statistik χ^2 ist die Summe aus den quadrierten Differenzen zwischen beobachteten und unter der Nullhypothese (in der Regel: bei Unabhängigkeit) erwarteten Häufigkeiten dividiert durch die erwarteten Häufigkeiten

Pearsons Chiquadrat-Test: statistischer Test zur Prüfung der Hypothese, dass die beobachteten Häufigkeiten mit den unter der Nullhypothese erwarteten Häufigkeiten übereinstimmen, wobei die Nullhypothese meist statistische Unabhängigkeit zwischen Variablen in einer Kreuztabelle postuliert

Phi: Symmetrisches, chiquadratbasiertes Zusammenhangsmaß in der Vierfeldertabelle, symbolisiert durch den großen griechischen Buchstaben Phi (Φ).

Prädiktor: erklärende Variable

Prozentsatzdifferenz: Differenz zwischen den (mit 100 multiplizierten) relativen Häufigkeiten der bedingten Verteilungen in einer Vierfeldertabelle, deren Betrag über die Stärke des Zusammenhangs der Variablen in der Kreuztabelle informiert

Randverteilung: univariate Häufigkeitsverteilung der Spaltenvariablen (Spaltensummen in der unteren Randzeile) oder der Zeilenvariablen (Zeilensummen in der rechten Randspalte) einer Tabelle

Spaltenvariable: Variable, deren Ausprägungen über die Spalten einer Tabelle variieren

Standardisierte Residuen: asymptotisch normalverteilte Kennwerte zur Beurteilung der Abweichung zwischen beobachteten und erwarteten Häufigkeiten in einer Kreuztabelle

Symmetrischer Zusammenhang: Zusammenhang zwischen zwei Variablen, bei dem die Richtung des Zusammenhangs keine Rolle spielt

Unabhängige Variable: erklärende Variable

Unbedingte Verteilung: Randverteilung, oft die Randverteilung einer erklärenden Variablen

Yules Q: Symmetrisches Zusammenhangsmaß in der Vierfeldertabelle

Zeilenvariable: Variable, deren Ausprägungen über die Zeilen einer Tabelle variieren

Zellen: Felder in einer Kreuztabelle, die die gemeinsamen Häufigkeiten $n_{i,j}$ der Variablen Y mit den Ausprägungen y_i und der Variablen X mit den Ausprägungen x_j enthalten

10 Zusammenhang zwischen zwei kategorialen Variablen

Die Vorgehensweise bei der Analyse von Zusammenhängen zwischen zwei polytomen Variablen ist eine Verallgemeinerung der Zusammenhangsanalyse zweier dichotomer Variablen. Dabei ist insbesondere das Skalenniveau zu berücksichtigen.[1] Bei der in diesem Kapitel vorgestellten bivariaten Tabellenanalyse von kategorialen Variablen wird entweder nominales oder ordinales Skalenniveau angenommen.

10.1 Tests auf statistische Unabhängigkeit

Unabhängig vom Skalenniveau lässt sich jede bivariate Verteilung kategorialer Variablen in einer I×J-Kreuztabelle darstellen. Wie in der Viefeldertabelle verwenden wir den Index i für die Zeilenvariable, die insgesamt I Ausprägungen aufweist und den Index j für die Spaltenvariable mit insgesamt J Ausprägungen. Die Zeilenvariable wird meist durch Y symbolisiert und die Spaltenvariable durch X. Als ein Beispiel zeigt Tabelle 10.1a die 5×3 *Mehrfeldertabelle* mit der Wahlabsicht als abhängige Zeilenvariable und der Konfessionszugehörigkeit als unabhängige Spaltenvariable.[2]

Da die Frage nach Art und Stärke eines Zusammenhangs voraussetzt, dass überhaupt ein Zusammenhang besteht, wird im

---

1 Bei dichotomen Variablen ist die Gefahr einer Fehlinterpretation aufgrund eines fälschlicherweise unterstellten zu hohen Skalenniveaus nicht gegeben, da Variablen mit nur zwei Ausprägungen immer auch als Ratio-Skalen mit den Ausprägungen «Eigenschaft vorhanden» und «Eigenschaft nicht vorhanden» interpretiert werden können.

2 Bei der Konfessionszugehörigkeit wird nur zwischen katholisch, protestantisch und konfessionslos unterschieden. Andere Religionsgemeinschaften wurden aufgrund geringer Fallzahlen nicht berücksichtigt. Bei der Wahlabsicht wurden nur die Antworten zugunsten der fünf im Bundestag vertretenen Parteien in die Analyse einbezogen.

Tabelle 10.1: **Kreuztabellierung von Wahlabsicht und Konfessionszugehörigkeit**

a) Angaben in Spaltenprozentwerten

Wahlabsicht	Konfession protestantisch	katholisch	keine	gesamt
CDU	37.3%	49.1%	19.2%	39.7%
SPD	29.3%	21.8%	33.2%	26.6%
FDP	15.3%	12.5%	14.8%	14.0%
Die Grünen	13.8%	13.5%	22.0%	15.0%
Die Linke	4.3%	3.0%	10.8%	4.8%
gesamt	100.0% (608)	100.0% (696)	100.0% (250)	100.0% (1554)

Daten: Allbus 2008, Westdeutschland

b) Absolute und bei Unabhängigkeit von Wahlabsicht und Konfessionszugehörigkeit erwartete Häufigkeiten (in Klammer)

Wahlabsicht	Konfession protestantisch	katholisch	keine	gesamt
CDU	227 (241.4)	342 (276.3)	48 (99.3)	617
SPD	178 (161.6)	152 (185.0)	83 (66.4)	413
FDP	93 (84.9)	87 (97.2)	37 (34.9)	217
Die Grünen	84 (91.2)	94 (104.4)	55 (37.5)	233
Die Linke	26 (29.0)	21 (33.1)	27 (11.9)	74
gesamt	608	696	250	1554

Erwartete Häufigkeiten auf eine Dezimalstelle gerundet

ersten Schritt der bivariaten Tabellenanalyse zunächst wieder die Nullhypothese geprüft, dass in der Grundgesamtheit kein Zusammenhang besteht. Kann die Nullhypothese nicht verworfen werden, erübrigen sich weitere Analysen.[3] Wie bei zwei dichotomen Variablen besteht auch zwischen zwei polytomen Variablen

3 Sinnvoll ist ein solcher Test nur, wenn die empirischen Daten als Stichprobe aus einer Population aufgefasst werden. Wenn ausschließlich die bivariate Verteilung vorliegender Daten interessiert, kann sich die Analyse auf die Deskription der Tabellendaten beschränken. Aber selbst dann kann die Information von Interesse sein, ob – für den Fall einer einfachen Zufallsauswahl – die Daten für einen signifikanten Zusammenhang sprechen würden.

kein Zusammenhang, wenn entweder die bedingten Populationsanteile *aller* Ausprägungen der abhängigen Variablen bei *allen* Ausprägungen der unabhängigen Variablen gleich sind (asymmetrischer Zusammenhang), oder die Populationsanteile bei *allen* $I \times J$ Ausprägungskombinationen gleich den Produkten der Populationsanteile der jeweiligen Ausprägungen der Randverteilungen sind (symmetrischer Zusammenhang):

$$\underbrace{\pi_{i|j} = \pi_{+,j} \text{ bzw. } \pi_{j|i} = \pi_{i,+}}_{\text{asymmetrische Sichtweise}}$$

$$\underbrace{\pi_{i,j} = \pi_{i,+} \cdot \pi_{+,j}}_{\text{symmetrische Sichtweise}} \qquad \text{für alle } i = 1, 2, ..., I \text{ und } j = 1, 2, ..., J \quad (10.1)$$

wobei $\pi_{i|j}$ = bedingter Populationsanteil der i-ten Ausprägung der Zeilenvariablen gegeben die j-te Ausprägung der Spaltenvariablen

$\pi_{j|i}$ = bedingter Populationsanteil der j-ten Ausprägung der Spaltenvariablen gegeben die i-te Ausprägung der Zeilenvariablen

$\pi_{i,j}$ = Populationsanteil des gemeinsamen Auftretens der i-ten Ausprägung der Zeilenvariablen und der j-ten Ausprägung der Spaltenvariablen

$\pi_{i,+}, \pi_{+,j}$ = Populationsanteil der Randverteilung der i-ten Ausprägung der Zeilenvariablen bzw. der j-ten Ausprägung der Spaltenvariablen.

10.1.1 Pearsons Chiquadrat-Test auf Unabhängigkeit

Pearsons Chiquadrat-Test auf Unabhängigkeit der Zeilen- und Spaltenvariablen in der Population kann auch bei Mehrfeldertabellen angewendet werden. Das zu testende Hypothesenpaar entspricht Gleichung 9.3, bezieht sich hier aber auf alle $I \times J$ inneren Tabellenzellen:[4]

---

4 Äquivalent ist wieder die Formulierung des Hypothesenpaars über bedingte Wahrscheinlichkeiten: H_0: $\pi_{i|j} = \pi_{+,j}$ für alle i,j versus H_1: $\pi_{i|j} \neq \pi_{+,j}$.

H_0: $\pi_{i,j} = \pi_{i+} \cdot \pi_{+j}$ für alle i = 1, 2, ... I und j = 1, 2, ..., J;
H_1: $\pi_{i,j} \neq \pi_{i+} \cdot \pi_{+j}$ für mindestens eine[5] Kombination i,j.

Wenn die Nullhypothese zutrifft, ist Pearsons Chiquadrat-Statistik chiquadratverteilt und bei Gültigkeit der Alternativhypothese nichtzentral chiquadratverteilt, wobei der Nichtzentralitätsparameter wie in der Vierfeldertabelle umso größer ist, je größer die quadrierten Differenzen zwischen den bei Unabhängigkeit erwarteten Populationsanteilen (H_0) und den bei Zutreffen der Alternativhypothese (H_1) zu erwartenden Populationsanteilen sind (vgl. Kapitel 9.2.3).

Die Zahl der Freiheitsgrade ergibt sich – wie in der Vierfeldertabelle – aus der Zahl der Tabellenzellen minus der Zahl der Informationen, die zur Berechnung der erwarteten Häufigkeiten bei gültiger Nullhypothese benötigt werden. Ausgangspunkt ist die Anzahl der inneren Tabellenzellen, in Tabelle 10.1 also 5×3 = 15. Für die Schätzung der erwarteten Häufigkeiten werden für die Zeilenvariable I–1 Anteile, hier: 5–1 = 4, und für die Spaltenvariable J–1 Anteile, hier: 3–1 = 2, sowie bei Zeilen- und Spaltenvariable die gleiche Fallzahl, hier n = 1554 benötigt. Damit ergeben sich im Beispiel insgesamt 15–4–2–1 = 8 Freiheitsgrade. Im allgemeinen Fall einer Kreuztabelle mit I Zeilen und J Spalten berechnet sich die Zahl der Freiheitsgrade beim Hypothesentest auf statistische Unabhängigkeit nach:

$$df = I \cdot J - (I-1) - (J-1) - 1 = (I-1) \cdot (J-1) \qquad (10.2)$$

wobei   df = Zahl der Freiheitsgrade beim Test auf statistische Unabhängigkeit in einer Kreuztabelle mit I Zeilen und J Spalten.

5 Da sich relative Häufigkeiten zu eins summieren, sind bei Abweichungen von der statistischen Unabhängigkeit tatsächlich immer mehrere Tabellenzellen betroffen.

Die Berechnung der Teststatistik erfolgt nach Gleichung 9.4:

$$\chi^2 = \sum_{i=1}^{I} \sum_{j=1}^{J} \frac{\left(n_{i,j} - e_{i,j}\right)^2}{e_{i,j}}$$

Erläuterungen siehe Gleichung 9.4.

Die bei Unabhängigkeit erwartete Häufigkeit $e_{i,j}$ für die Tabellenzelle i,j berechnet sich nach Gleichung 9.5 über die Fallzahl und die Randverteilungen:[6]

$$e_{i,j} = n \cdot p_{i,+} \cdot p_{+,j} = \frac{n_{i,+} \cdot n_{+,j}}{n} \qquad \text{für alle i,j}$$

Da bei zutreffender Alternativhypothese mit größeren Werten der Teststatistik zu rechnen ist als bei zutreffender Nullhypothese, wird H_0 in einem einseitigen Test nach oben mit der Irrtumswahrscheinlichkeit α abgelehnt, wenn Pearsons Chiquadrat-Statistik größer ist als das $(1-\alpha)$-Quantil der Chiquadrat-Verteilung mit $df = (I-1) \cdot (J-1)$ Freiheitsgraden. Soll mit einer Irrtumswahrscheinlichkeit von 5% mit den Daten aus Tabelle 10.1 die Nullhypothese, das ist die Unabhängigkeit von Konfession und Wahlabsicht, geprüft werden, dann ist der kritische Wert das 95%-Quantil der Chiquadrat-Verteilung mit $df = (5-1) \cdot (3-1) = 8$ Freiheitsgraden. Der Quantilwert ist 15.51. Nach der Entscheidungsregel aus Gleichung 9.10 ist die Nullhypothese als vermutlich falsch zu verwerfen, wenn die Teststatistik den Wert 15.51 überschreitet.

In Tabelle 10.1b sind die absoluten sowie die bei Unabhängigkeit erwarteten Häufigkeiten aufgeführt. Der Wert der Teststatistik berechnet sich dann nach:

---

6 Alternativ können die erwarteten Häufigkeiten auch nach Gleichung 9.20 berechnet werden.

$$\chi^2 = \left(\frac{(227-241.4)^2}{241.4} + \frac{(342-276.3)^2}{276.3} + \frac{(48-99.3)^2}{99.3} + \frac{(178-161.6)^2}{161.6} \right.$$

$$+ \frac{(152-185.0)^2}{185.0} + \frac{(83-66.4)^2}{66.4} + \frac{(93-84.9)^2}{84.9} + \frac{(87-97.2)^2}{97.2}$$

$$+ \frac{(37-34.9)^2}{34.9} + \frac{(84-91.2)^2}{91.2} + \frac{(94-104.4)^2}{104.4} + \frac{(55-37.5)^2}{37.5}$$

$$\left. + \frac{(26-29.0)^2}{29.0} + \frac{(21-33.1)^2}{33.1} + \frac{(27-11.9)^2}{11.9} \right) = 90.2.$$

Da 90.2>15.51, ist die Nullhypothese zu verwerfen. Bei einer Irrtumswahrscheinlichkeit von 5% kann davon ausgegangen werden, dass ein Zusammenhang zwischen der Wahlabsicht und der Konfession besteht.

Der Chiquadrat-Test ist nur asymptotisch gültig. Wie in der Vierfeldertabelle ist die Annäherung an die Chiquadrat-Verteilung i. A. hinreichend genau, wenn alle erwarteten Häufigkeiten größer als fünf sind (Gleichung 9.11). Bei Tabellen mit mehr als vier Zellen kann diese Forderung noch etwas eingeschränkt werden. Die Faustregel für eine hinreichende Annäherung ist hier:

a) $e_{i,j} > 1$ für alle i,j

b) $e_{i,j} > 5$ für mindestens 80% (4/5) aller Zellen

$$(10.3)$$

Da im Beispiel die kleinste erwartete Häufigkeit $e_{5,3} = 11.9$ ist, sind die Anwendungsvoraussetzungen erfüllt.

10.1.2 Likelihood-Ratio-(LR-)Test

Maximum-Likelihood-Schätzung und die Logik des LR-Tests

Anstelle von Pearsons Chiquadrat-Test kann auch der sogenannte *Likelihood-Ratio-Test* (abgekürzt LR-Test) zur Prüfung der statistischen Unabhängigkeit von Zeilen- und Spaltenvariablen verwendet werden. Die sehr generell anwendbare Idee des LR-Tests basiert auf dem Vergleich der Likelihood-Werte zweier konkurrierender statistischer Modelle,[7] die sich nur dadurch unterscheiden, dass das Modell für die Nullhypothese – verglichen mit dem Modell für die Alternativhypothese – mindestens eine zusätzliche *Restriktion* beinhaltet. Unterschieden werden im LR-Test:

– das *restriktive Modell* M_0 der Nullhypothese und
– das weniger restriktive oder *liberale Modell* M_1 der Alternativhypothese.[8]

In der Statistik spricht man davon, dass zwei statistische Modelle *hierarchisch* ineinander *geschachtelt (engl. nested)* sind, wenn das restriktivere Modell (zusätzliche) Restriktionen gegenüber dem weniger restriktiven (Alternativ-)Modell behauptet.

Beim LR-Test auf statistische Unabhängigkeit bestehen die Restriktionen des Modells der Nullhypothese darin, dass alle bedingten Verteilungen der abhängigen Variablen gleich der unbe-

---

7 Ein statistisches Modell beschreibt die Realisierungswahrscheinlichkeit der Stichprobendaten mit Hilfe der Kennwerteverteilung der zu schätzenden (Modell-)Parameter. Ein Likelihood-Wert ist der Wert der Likelihood-Funktion, der sich bei der Maximum-Likelihood-(ML)Schätzung ergibt. Die Likelihood-Funktion basiert dabei auf der Kennwerteverteilung des Modells. Für die beobachteten Häufigkeiten in einer Kreuztabelle ist dies bei einfacher Zufallsauswahl die Multinomialverteilung (vgl. Hinweis im Kapitel 9.2.2). Während bei der Kennwerteverteilung die Wahrscheinlichkeit der beobachteten Häufigkeiten eine Funktion der Modellparameter (bei der Multinomialverteilung sind das die Populationsanteile für die einzelnen Zellen) ist, werden bei der Likelihood-Funktion L die zu schätzenden Modellparameter als eine Funktion der beobachteten Häufigkeiten dargestellt:

(bei der Multinomialverteilung: $L\left(\hat{\pi}_{1,1}, \hat{\pi}_{1,2}, ..., \hat{\pi}_{I,J}\right) = \dfrac{n!}{n_{1,1}! \cdot n_{1,2}! \cdot ... \; n_{I,J}!} \cdot \hat{\pi}_{1,1}^{n_{1,1}} \cdot \hat{\pi}_{1,2}^{n_{1,2}} \cdot ... \; \hat{\pi}_{I,J}^{n_{I,J}}).$

Die zu schätzenden unbekannten Modellparameter (bei der Multinomialverteilung $\hat{\pi}_{1,1}, \hat{\pi}_{1,2}, ..., \hat{\pi}_{I,J}$) werden so geschätzt, dass der Wert der Likelihood-Funktion L maximal ist.
Der Unterschied zwischen den Modellen der Nullhypothese und der Alternativhypothese besteht darin, dass im Modell der Nullhypothese bei der Schätzung zusätzliche Bedingungen erfüllt werden müssen oder gefordert werden, die dann auch die ML-Schätzer des Modells erfüllen, also beim Test auf statistische Unabhängigkeit die Bedingung 10.1: $\hat{\pi}_{i,j} = \hat{\pi}_{i,+} \cdot \hat{\pi}_{+,j}$ für alle Zellenanteile.

8 Formal stimmt diese Sicht nicht ganz mit der Hypothesenformulierung nach dem Neyman-Pearson-Test überein, da das liberale Modell (H_1) ja gerade die Wahrscheinlichkeiten des restriktiven Modells (H_0) ausschließt.

dingten Verteilung sind bzw. dass die gemeinsamen Auftretens-wahrscheinlichkeiten von Zeilen- und Spaltenvariable in den Zellen gleich dem Produkt der zugehörigen Randwahrschein-lichkeiten sind. Im statistischen Modell M_0 der Nullhypothese erfüllen die erwarteten Häufigkeiten diese Restriktion, während im Modell M_1 der Alternativhypothese die erwarteten Häufig-keiten gleich den beobachteten Häufigkeiten sind.

Wird der aus der ML-Schätzung resultierende Likelihood-Wert L_0 des restiktiveren H_0-Modells durch den Likelihood-Wert L_1 des liberaleren H_1-Modells geteilt, dann ergibt sich eine zwischen null und eins liegende Zahl.[9] Bei zutreffender Nullhy-pothese ist der Wert des Quotienten grundsätzlich 1.0, da beide Werte gleich sein müssen. Bei Zutreffen der Alternativhypothese ist der Wert immer kleiner als 1.0, da der Likelihood-Wert des dann falschen Modells M_0 kleiner ist als der Wert des dann rich-tigen Alternativmodells M_1. Da das Verhältnis der Likelihood-Werte, das Likelihood-Ratio, die Unterscheidung zwischen Null- und Alternativhypothese ermöglicht, kann eine Funktion des Li-kelihood-Ratio als Teststatistik zur Prüfung des Hypothesen-paares H_0 versus H_1 herangezogen werden. Generell gilt, dass der mit -2 multiplizierte natürliche Logarithmus des Likelihood-Ratio L^2 asymptotisch chiquadratverteilt ist:[10]

$$L^2 = -2 \cdot \ln\left(\frac{L_0}{L_1}\right) = \left(-2 \cdot \ln L_0\right) - \left(-2 \cdot \ln L_1\right) \underset{n \to \infty}{\sim} \chi^2_{df=r} \qquad (10.4)$$

wobei L^2 =   Symbol für die Teststatistik des LR-Tests
          L_0, L_1 =   Wert der Likelihood-Funktion im restriktiven
                   H_0-Modell bzw. im liberalen H_1-Modell.

9 Das Maximum unter einer zusätzlichen Restriktion kann nicht größer sein als das Maximum ohne diese Restriktion. Daher kann der Quotient L_0/L_1 maximal eins sein.

10 Die Teststatistik wird als «L^2» statt «L» bezeichnet, weil die Testverteilung die Chi-quadrat-Verteilung ist.

Ist die Nullhypothese nicht zutreffend, sondern die Alternativhypothese, dann ist die Teststatistik L^2 nicht zentral chiquadratverteilt (vgl. Kapitel 9.2.3).

Die LR-Statistik zur Prüfung statistischer Unabhängigkeit

Die Anwendung der allgemeinen LR-Teststatistik in Gleichung 10.4 zur Prüfung der statistischen Unabhängigkeit von Zeilen- und Spaltenvariablen in einer I×J-Kreuztabelle ergibt folgende LR-Teststatistik:[11]

$$L^2 = 2 \cdot \sum_{i=1}^{I} \sum_{j=1}^{J} n_{i,j} \cdot \ln\left(\frac{\hat{\pi}_{i,j|H_1}}{\hat{\pi}_{i,j|H_0}}\right) = 2 \cdot \sum_{i=1}^{I} \sum_{j=1}^{J} n_{i,j} \cdot \ln\left(\frac{e_{i,j|H_1}}{e_{i,j|H_0}}\right)$$

$$= 2 \cdot \sum_{i=1}^{I} \sum_{j=1}^{J} n_{i,j} \cdot \ln\left(\frac{p_{i,j}}{p_{i,+} \cdot p_{+,j}}\right) = 2 \cdot \sum_{i=1}^{I} \sum_{j=1}^{J} n_{i,j} \cdot \ln\left(\frac{n_{i,j}}{e_{i,j}}\right)$$

(10.5)

wobei $\left(\dfrac{\hat{\pi}_{i,j|H_1}}{\hat{\pi}_{i,j|H_0}}\right)$ = geschätzter Populationsanteil bei gültiger Alternativhypothese dividiert durch den geschätzten Populationsanteil bei gültiger Nullhypothese in Tabellenzelle i,j

$\left(\dfrac{e_{i,j|H_1}}{e_{i,j|H_0}}\right)$ = erwartete Häufigkeit bei gültiger Alternativhypothese ($= n_{i,j}$) dividiert durch die erwartete Häufigkeit bei gültiger Nullhypothese (berechnet nach Gleichung 9.5).

Weitere Erläuterungen siehe Gleichung 10.4.

---

11 Die Teststatistik ergibt sich, wenn man die ML-Schätzer $\hat{\pi}_{i,j|H_0}$ bzw. $\hat{\pi}_{i,j|H_1}$ in die Gleichung der Wahrscheinlichkeitsfunktion der Multinomialverteilung (Gleichung 5.19) einsetzt:

$$L^2 = -2 \cdot \ln\left(\frac{\dfrac{n_{1,1}! \cdot \ldots \cdot n_{I,J}!}{n!} \cdot \hat{\pi}_{1,1|H_0}^{n_{1,1}} \cdot \ldots \cdot \hat{\pi}_{I,J|H_0}^{n_{I,J}}}{\dfrac{n_{1,1}! \cdot \ldots \cdot n_{I,J}!}{n!} \cdot \hat{\pi}_{1,1|H_1}^{n_{1,1}} \cdot \ldots \cdot \hat{\pi}_{I,J|H_1}^{n_{I,J}}}\right) = 2 \cdot \sum_{i=1}^{I} \sum_{j=1}^{J} n_{i,j} \cdot \ln\left(\frac{\hat{\pi}_{i,j|H_1}}{\hat{\pi}_{i,j|H_0}}\right)$$

Die erwarteten absoluten Häufigkeiten ergeben sich durch Erweitern der Populationsanteile (Multiplikation im Zähler und im Nenner) mit der Fallzahl n.

Für die Daten aus Tabelle 10.1b berechnet sich der Wert der Teststatistik L^2 als:

$$L^2 = 2 \cdot \left(227 \cdot \ln\left(\frac{227}{241.4}\right) + 342 \cdot \ln\left(\frac{342}{276.3}\right) + 48 \cdot \ln\left(\frac{48}{99.3}\right) \right.$$

$$+ 178 \cdot \ln\left(\frac{178}{161.6}\right) + 152 \cdot \ln\left(\frac{152}{185.0}\right) + 83 \cdot \ln\left(\frac{83}{66.4}\right)$$

$$+ 93 \cdot \ln\left(\frac{93}{84.9}\right) + 87 \cdot \ln\left(\frac{87}{97.2}\right) + 37 \cdot \ln\left(\frac{37}{34.9}\right) + 84 \cdot \ln\left(\frac{84}{91.2}\right)$$

$$+ 94 \cdot \ln\left(\frac{94}{104.4}\right) + 55 \cdot \ln\left(\frac{55}{37.5}\right) + 26 \cdot \ln\left(\frac{26}{29.0}\right) + 21 \cdot \ln\left(\frac{21}{33.1}\right)$$

$$\left. + 27 \cdot \ln\left(\frac{27}{11.9}\right) \right) = 90.1.$$

Die Zahl der Freiheitsgrade ergibt sich beim LR-Test hierarchisch geschachtelter Modelle stets aus der Differenz der Anzahl der zu schätzenden Parameter der beiden Modelle. Im Modell M_1 ohne Restriktionen (H_1) werden in Tabelle 10.1a $I \cdot J - 1 = 14$ Parameter (hier: geschätzte Populationsanteile) geschätzt. Im Modell M_0 mit Restriktionen (H_0) werden nur die $(I-1)+(J-1) = 6$ Parameter (geschätzte Populationsanteile) der beiden Randverteilungen geschätzt. Die Differenz $14-6$ ergibt $df = 8$.

Wie bei Pearsons Chiquadrat-Test auf statistische Unabhängigkeit wird die Nullhypothese abgelehnt, wenn die LR-Teststatistik L^2 größer ist als das $(1-\alpha)$-Quantil der Chiquadrat-Verteilung mit $df = (I-1) \cdot (J-1)$ Freiheitsgraden. Bei einer Irrtumswahrscheinlichkeit von $\alpha = 5\%$ und $df = 8$ für die Daten aus Tabelle 10.1 ist der kritische Wert 15.51. Da $90.1 > 15.51$, führt auch der LR-Test zur Ablehnung der Nullhypothese und stützt damit die Vermutung, dass bei einer Irrtumswahrscheinlichkeit von 5% ein Zusammenhang zwischen Konfession und Wahlabsicht besteht.

Pearsons Chiquadrat-Test und der LR-Test sind asymptotisch äquivalent, sodass beide Teststatistiken i. A. sehr ähnliche Werte aufweisen. Das zeigt auch das Beispiel aus Tabelle 10.1 mit den Werten von $L^2 = 90.1$ und von $\chi^2 = 90.2$. Wenn große Abweichungen auftreten, kann dies ein Hinweis darauf sein, dass die asymptotische Annäherung nicht hinreichend genau ist. Für den LR-Test gelten die gleichen Anwendungsvoraussetzungen wie für Pearsons Chiquadrat-Test (vgl. Gleichung 10.3). Für die Beispieldaten sind die Anwendungsvoraussetzungen also auch beim LR-Test erfüllt.

10.2 Asymmetrischer Zusammenhang in einer Kreuztabelle bei zwei nominalskalierten Variablen

Nachdem für die Daten in Tabelle 10.1 festgestellt wurde, dass ein Zusammenhang besteht, stellt sich die Frage nach dem Muster und der Stärke des Zusammenhangs. Da sowohl die Konfession als auch die Wahlabsicht nominalskalierte Variablen sind, verändert sich der Zusammenhang in Tabelle 10.1a bei einer alternativen Anordnung der Parteien und der Konfessionsgruppen nicht.[12]

Wenn in Tabelle 10.1a von einem asymmetrischen Zusammenhang ausgegangen wird, können – wie in der Vierfeldertabelle – Prozentsatzdifferenzen berechnet werden. Verglichen werden die relativen Häufigkeiten bzw. Prozentwerte einer Ausprägung der abhängigen Variablen bei verschiedenen Ausprägungen der unabhängigen Variablen. In Mehrfeldertabellen können solche Vergleiche spezifische Zusammenhangsmuster aufdecken.[13] So wird in Tabelle 10.1a sichtbar, dass Katholiken zu einem höheren Anteil (49.1 %) der CDU zuneigen als Protes-

---

12 Bei ordinalen Variablen gilt dies dagegen nicht, da die Kategorien dann eine Rangreihe beinhalten, deren Anordnung inhaltliche Bedeutung im Sinne eines «Mehr» oder «Weniger» hat.
13 Anstelle der additiven Modellierung über Anteils- oder Prozentsatzdifferenzen können auch Odds-Ratios berechnet und interpretiert werden. Die Zahl der zu berücksichtigenden Odds-Ratios ist dabei genauso groß wie die Zahl der Prozentsatzdifferenzen.

tanten (37.3%) und diese mehr als Konfessionslose (19.2%).[14]
Die SPD wird am relativ häufigsten von Konfessionslosen genannt (33.2%), gefolgt von Protestanten (29.3%) und am wenigsten häufig von Katholiken (21.8%). Der FDP neigen alle
Konfessionsgruppen mit ähnlicher Häufigkeit (zwischen 12.5%
und 15.3%) zu, den Grünen am meisten die Konfessionslosen
(22.0%). Die Linke wird im Vergleich zu den übrigen Konfessionsgruppen mit rund 10.8% ebenfalls vorrangig von den Konfessionslosen präferiert. Die Prozentwertunterschiede zwischen
den drei Gruppen sind zum Teil beträchtlich und betragen zwischen 2.8 Punkte bei der FDP und 29.9 Punkte bei der CDU.
Eine grafische Darstellung der bedingten Verteilungen in Säu-
lendiagrammen (Abbildung 10.1) ist sehr hilfreich, solange die
abhängige Variable wenige Ausprägungen hat und die relativen
Häufigkeiten nicht zu klein werden.

10.2.1 PRE-Maße zur Erfassung der Stärke einer Beziehung
Neben der detaillierten Beschreibung des Zusammenhangs ist
man meist an einer Kenngröße interessiert, die die Stärke des Zusammenhangs durch eine einzige Zahl erfasst. *Asymmetrische
Zusammenhangsmaße* basieren oft auf der Logik der Reduzie-
rung von Vorhersagefehlern und werden als *PRE-Maße* bezeichnet (PRE: *proportional reduction in error*). Alle PRE-Maße gehen
von der Vorstellung aus, dass die Vorhersage der Realisierung(en)
einer (abhängigen) Variablen Y fehlerhaft sein kann, dass sich
dieser Fehler aber reduzieren lässt, wenn die Vorhersage auf der
Kenntnis der Realisierungen einer oder mehrerer Prädiktorvaria-
blen basiert. Wenn E_0 die Anzahl der Fehler bezeichnet, die bei
der Vorhersage von Y *ohne* Zusatzinformation (z. B. die Vorhersage der Wahlabsicht ohne Berücksichtigung der Konfession)
auftreten und E_1 die Anzahl der Fehler, die bei der Vorhersage
von Y *mit* Zusatzinformationen (z. B. die Vorhersage der Wahl-

14 Aus Platzgründen wird hier die Partei der CDU/CSU als CDU bezeichnet.

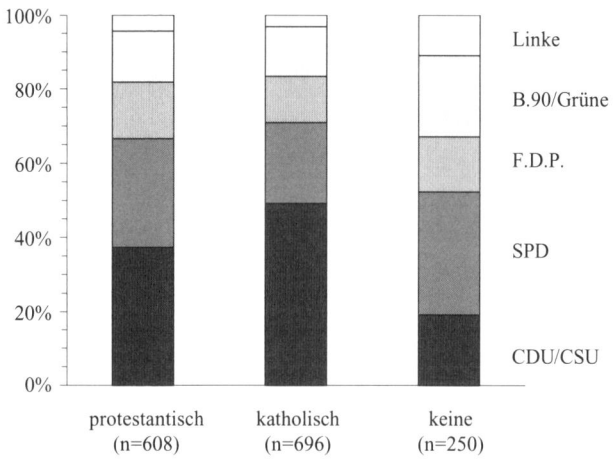

Abbildung 10.1: Grafische Darstellung des Zusammenhangs zwischen Wahlabsicht und Konfessionszugehörigkeit

absicht mit Berücksichtigung der Konfession) auftreten, dann kann das Ausmaß, in dem sich ein Vorhersagefehler bei Kenntnis einer erklärenden Variablen reduziert, berechnet werden als:

$$\text{PRE} = \frac{E_0 - E_1}{E_0} = 1 - \frac{E_1}{E_0} \tag{10.6}$$

wobei PRE = proportionale Fehlerreduktion

E_0 = Fehleranzahl bei der Vorhersage von Y ohne Kenntnis von X

E_1 = Fehleranzahl bei der Vorhersage von Y mit Kenntnis von X.

Der resultierende Wert gibt den Anteil der Fehlerreduktion an. Ein Wert von 0 bedeutet keinerlei Reduktion, ein Wert von 0.5 oder 50% eine Halbierung des Fehlers und ein Wert von 1 bzw. 100% eine maximale Fehlerreduktion, d.h. eine perfekte Vorhersage ohne jeglichen Fehler.

Asymmetrisches Zusammenhangsmaß λ für zwei nominalskalierte Variablen

Voraussetzung für ein PRE-Maß ist die Festlegung eines geeigneten Vorhersagewerts, aus dem sich dann der *Vorhersagefehler* ergibt. Bei nominalskalierten Variablen kann z. B. der Modalwert der abhängigen Variablen als Vorhersagewert verwendet werden. Wenn die Zeilenvariable Y die abhängige Variable ist, dann ergibt sich die Anzahl der Fehler bei der Vorhersage von Y ohne Kenntnis von X aus der Differenz zwischen der Fallzahl in der Tabelle und dem Modalwert von Y in der rechten Randspalte:

$$E_0 = n - \max_i \left(n_{i,+} \right) \tag{10.7a}$$

wobei $\max_i$ = Maximum über alle Zeilen i

$\max_i \left(n_{i,+} \right)$ = Häufigkeit des Modalwerts der Randverteilung von Y.

Weitere Erläuterungen siehe Gleichung 10.6.

Im Beispiel von Tabelle 10.1b ist $E_0 = 1554 - 617 = 937$.

Wird zur Vorhersage von Y eine Prädiktorvariable X verwendet, dann wird für jede Ausprägung von X (also für jede Spalte) die Differenz zwischen der Spaltensumme und der Häufigkeit des Modalwerts der Spalte berechnet. Die Anzahl der Fehler, die bei der Vorhersage von Y mit Kenntnis von X auftreten können, ist dann die Summe dieser Differenzen:

$$E_1 = \sum_{j=1}^{J} \left(n_{+,j} - \max_i \left(n_{i,j} \right) \right) = n - \sum_{j=1}^{J} \max_i \left(n_{i,j} \right) \tag{10.7b}$$

wobei $n_{+,j}$ = Spaltensumme der Spalte j über alle Zeilen i

$\sum_{j=1}^{J} \max_i \left(n_{i,j} \right)$ = Summe der modalen Häufigkeiten von Y in j = 1 bis J Spalten.

Weitere Erläuterungen siehe Gleichung 10.6 und 10.7a.

Im Beispiel von Tabelle 10.1b ist $E_1 = 1554-(227+342+83) = 902$

Das PRE-Maß λ_{YX} (*Lambda*-YX) als *asymmetrisches Zusammenhangsmaß für nominalskalierte Variablen* kann nun berechnet werden als:[15]

$$\lambda_{YX} = 1 - \frac{E_1}{E_0} = 1 - \frac{\sum_{j=1}^{J} \left(n_{+,j} - \max_i \left(n_{i,j} \right) \right)}{n_{+,+} - \max_i \left(n_{i,+} \right)} \qquad (10.8)$$

wobei λ_{YX} = Lambda als Maßzahl für den Zusammenhang zwischen Y (abhängige Variable) und X (unabhängige Variable).

Weitere Erläuterungen siehe Gleichung 10.6, 10.7a und 10.7b.

Für Tabelle 10.1 ergibt sich:

$$\lambda_{YX} = 1 - \frac{E_1}{E_0} = 1 - \frac{(608-227)+(696-342)+(250-83)}{1554-617} = 1 - \frac{902}{937}$$
$$= 0.037$$

Bei Kenntnis der Konfession lässt sich die Wahlabsicht mit einer um 3.7 % geringeren Fehlerquote voraussagen als ohne Kenntnis der Konfession.

Wenn die Wahlabsicht als erklärende Variable und die Konfession als abhängige Variable betrachtet würden, wäre E_0 die Differenz aus der Fallzahl und der Häufigkeit des Modalwerts der Randzeile und E_1 die Summe der Differenzen (zwischen Zeilensumme und modaler Häufigkeit für jede Zeile). Der resultierende Koeffizient würde als λ_{XY} bezeichnet. Für die Daten aus Tabelle 10.1b ergäbe sich in diesem Fall ein Wert von $\lambda_{XY} = 0.044$ oder 4.4 %.

Bei einem perfekten Zusammenhang ist entweder $\lambda_{YX} = 1$ oder $\lambda_{XY} = 1$.[16] Dies ist immer dann der Fall, wenn entweder in

---

15 Obwohl das gleiche Symbol verwendet wird, sollte das Zusammenhangsmaß λ_{YX} nicht mit dem Parameter λ der Poisson-Verteilung verwechselt werden.

16 Nur bei quadratischen Tabellen mit gleicher Zahl von Zeilen und Spalten sind bei einem perfekten Zusammenhang sowohl λ_{YX} wie λ_{XY} gleich eins.

allen Zeilen oder in allen Spalten nur eine einzige Zellenbesetzung ungleich 0 ist.

10.2.2 Devianzreduktion als asymmetrisches Zusammenhangsmaß für zwei nominalskalierte Variablen

Ein Nachteil von λ_{YX} ist, dass der Modalwert in der Regel nur eine sehr ungenaue Prognose erlaubt. Daher kann λ_{YX} selbst dann den Wert null haben, wenn der Chiquadrat-Test auf einen signifikanten Zusammenhang zwischen Zeilen- und Spaltenvariable hinweist. Ausgehend von der Konzeption der proportionalen Fehlerreduktion, dass bei einer perfekten Vorhersage die abhängige Variable (gegeben die Ausprägungen der erklärenden Variablen), in jeder konditionalen Verteilung nur einen Wert annimmt, also keine Streuung aufweist, können Streuungsmaße als Fehlermaß herangezogen werden. Bei nominalskalierten Variablen kann ein PRE-Maß verwendet werden, das erfasst, um welchen Anteil sich die *Devianz* (vgl. Kapitel 3.4.2) reduziert, wenn die Ausprägungen der erklärenden Variablen bekannt sind.

Der Fehler E_0 ist dann die (absolute) Devianz der Randverteilung der abhängigen Variablen und E_1 die Summe der (absoluten) Devianzen in den konditionalen Verteilungen der abhängigen Variablen bei allen Ausprägungen der unabhängigen Variablen. Wenn die Zeilenvariable Y abhängige Variable ist, berechnet sich die Devianz der Randverteilung nach:

$$D_Y = -2 \sum_{i=1}^{I} n_{i,+} \cdot \ln\left(\frac{n_{i,+}}{n_{+,+}}\right) \tag{10.9a}$$

wobei D_Y = Streuung einer nominalskalierten Zeilenvariablen Y

$\ln(\ldots)$ = natürlicher Logarithmus des Ausdrucks in der Klammer.

Aus Tabelle 10.1b ergibt sich für D_Y:

$$D_Y = -2 \cdot \left(\begin{array}{l} 617 \cdot \ln\left(\dfrac{617}{1554}\right) + 413 \cdot \ln\left(\dfrac{413}{1554}\right) + 217 \cdot \ln\left(\dfrac{217}{1554}\right) \\[2ex] + 233 \cdot \ln\left(\dfrac{233}{1554}\right) + 74 \cdot \ln\left(\dfrac{74}{1554}\right) \end{array} \right)$$

$$= 4423.693$$

E_1 als Summe der Devianzen der bedingten Verteilungen wird berechnet als:

$$D_{YX} = -2 \sum_{j=1}^{J} \sum_{i=1}^{I} n_{i,j} \cdot \ln\left(\frac{n_{i,j}}{n_{+,j}}\right) \tag{10.9b}$$

wobei D_{YX} = Devianz der gemeinsamen Verteilung von X und Y mit Y als abhängiger Variable.

Für D_{YX} ergibt sich aus Tabelle 10.1b:

$$D_{YX} = -2 \cdot \left(\begin{array}{l} 227 \cdot \ln\left(\dfrac{227}{608}\right) + 178 \cdot \ln\left(\dfrac{178}{608}\right) + 93 \cdot \ln\left(\dfrac{93}{608}\right) \\[2ex] + 84 \cdot \ln\left(\dfrac{84}{608}\right) + 26 \cdot \ln\left(\dfrac{26}{608}\right) + 342 \cdot \ln\left(\dfrac{342}{696}\right) \\[2ex] + 152 \cdot \ln\left(\dfrac{152}{696}\right) + 87 \cdot \ln\left(\dfrac{87}{696}\right) + 94 \cdot \ln\left(\dfrac{94}{696}\right) \\[2ex] + 21 \cdot \ln\left(\dfrac{21}{696}\right) + 48 \cdot \ln\left(\dfrac{48}{250}\right) + 83 \cdot \ln\left(\dfrac{83}{250}\right) \\[2ex] + 37 \cdot \ln\left(\dfrac{37}{250}\right) + 55 \cdot \ln\left(\dfrac{55}{250}\right) + 27 \cdot \ln\left(\dfrac{27}{250}\right) \end{array} \right)$$

$$= 4333.626.$$

Die Berechnung des PRE-Maßes erfolgt entsprechend Gleichung 10.6:

$$R'_{YX} = 1 - \frac{E_1}{E_0} = 1 - \frac{D_{YX}}{D_Y} = 1 - \frac{-2\sum_{j=1}^{J}\sum_{i=1}^{I} n_{i,j} \cdot \ln\left(\dfrac{n_{i,j}}{n_{+,j}}\right)}{-2\sum_{i=1}^{I} n_{i,+} \cdot \ln\left(\dfrac{n_{i,+}}{n_{+,+}}\right)} \qquad (10.10)$$

wobei R'_{YX} = relative Devianzreduktion oder Pseudo-R-Quadrat.

Weitere Erläuterungen siehe Gleichung 10.6, 10.9a und 10.9b.

Das resultierende PRE-Maß wird als *relative Devianzreduktion*, als *Likelihood-Ratio-Index* oder als (McFaddens) *Pseudo-R-Quadrat, R'*, bezeichnet. In einer bivariaten Kreuztabelle wird das Maß auch als *Unsicherheitskoeffizient* bezeichnet.

Die relative Devianzreduktion für die Beispieldaten in Tabelle 10.1b beträgt:

$$R'_{YX} = 1 - \frac{D_{YX}}{D_Y} = 1 - \frac{4333.626}{4423.693} = 0.020.$$

Bei Kenntnis der Konfession reduziert sich die Devianz der Wahlabsicht um 2.0%.

Die Bezeichnung Likelihood-Ratio-Index für die Devianzreduktion ergibt sich daraus, dass die Devianz D_Y ohne Kenntnis der erklärenden Variablen proportional zu dem mit -2 multiplizierten logarithmierten Likelihood-Wert der ML-Schätzung der Populationsanteile der Randverteilung der abhängigen Variablen ist und die Devianz D_{YX} der entsprechende Wert bei der ML-Schätzung der bedingten Populationsanteile. Die Differenz $D_Y - D_{YX}$ ist dann gleichzeitig die LR-Teststatistik der Nullhypothese, dass die bedingten Populationsanteile gleich den unbedingten Populationsanteilen sind, was nur dann der Fall sein kann, wenn Zeilen- und Spaltenvariable unabhängig voneinander sind. Tatsächlich ergibt die Differenz der unbedingten und der bedingten Devianz (bis auf Rundungsfehler) den gleichen Wert wie die Teststatistik L^2 in Gleichung 10.5:

$$L^2 = D_Y - D_{YX} \qquad (10.11)$$

Erläuterungen siehe Gleichung 10.4, 10.9a und 10.9b.

Im Beispiel ergibt sich der bereits bekannte Wert $L^2 = 90.1$ ($90.07 = 4423.693 - 4333.626$). Die Zahl der Freiheitsgrade ergibt sich aus der Differenz der Schätzung der bedingten Populationsanteile im Modell M_1 ohne Restriktionen und im Modell M_0 mit Restriktionen. Im Modell M_1 werden $J \cdot (I-1) = 3 \cdot (5-1) = 12$ konditionale Populationsanteile geschätzt, im Modell M_0 dagegen nur $(I-1) = (5-1) = 4$ Populationsanteile (da bei Gültigkeit der H_0 die Werte bei verschiedenen Ausprägungen der Zeilenvariablen gleich sind). Die Zahl der Freiheitsgrade der Teststatistik ist dann $df = 12 - 4 = 8$, allgemein $J \cdot (I-1) - (I-1) = (J-1) \cdot (I-1)$ und damit genauso groß wie beim LR-Test auf statistische Unabhängigkeit in Gleichung 10.5.[17]

Sowohl die Werte von λ_{YX} als auch von R^I sind oft sehr klein. Tatsächlich sind sie in der Größenordnung eher mit Φ^2 als mit Φ zu vergleichen. Für die Interpretation der Stärke eines asymmetrischen Zusammenhangs können daher die quadrierten Werte der Faustregel für Φ aus Kapitel 9.3.1 verwendet werden. Bei der Interpretation von λ und in geringerem Maß auch von R^I als asymmetrischen nominalskalierten Zusammenhangsmaßen gilt, dass die Maße tendenziell umso kleiner sind, je stärker die Randverteilung der abhängigen Variablen von einer Gleichverteilung abweicht.[18]

---

17 Die Gleichheit der Freiheitsgrade ist Folge der Tatsache, dass gleiche konditionale Verteilungen statistische Unabhängigkeit implizieren und umgekehrt.

18 Eine Gleichverteilung liegt dann vor, wenn alle Ausprägungen einer Variablen jeweils mit gleicher Häufigkeit auftreten.

10.3 Symmetrischer Zusammenhang in einer Kreuztabelle bei zwei nominalskalierten Variablen

Wird von einem symmetrischen Zusammenhang ausgegangen, ist es sinnvoll, für die Interpretation die (standardisierten) Residuen nach Gleichung 9.12 und 9.13 zu berechnen.

Als Beispiel wird der Zusammenhang zwischen der Bewertung der allgemeinen und der eigenen wirtschaftlichen Lage, AWL und EWL, betrachtet. Beide Variablen haben drei Ausprägungen.[19] Tabelle 10.2a zeigt die absoluten Häufigkeiten, Tabelle 10.2b die bei Unabhängigkeit erwarteten Häufigkeiten, die Residuen und die standardisierten Residuen. Im Beispiel gibt es überzufällig viele Befragte, die gleiche Bewertungen bei der allgemeinen wie der eigenen wirtschaftlichen Lage nennen. Die standardisierten Residuen der drei Diagonalelemente für Tabelle 10.2a sind alle größer als 1.96. Umgekehrt gibt es signifikant weniger Befragte als bei Unabhängigkeit erwartet, die die eigene und die allgemeine wirtschaftliche Lage unterschiedlich bewerten. Dieses Muster wiederholt sich auch bei einerseits mittleren (AWL) und andererseits guten sowie schlechten EWL-Bewertungen Insgesamt gibt es eine Tendenz, die eigene wie die allgemeine Lage ähnlich einzustufen.

Die Summe der quadrierten standardisierten Residuen ergibt Pearsons Chiquadrat-Statistik. Der Wert beträgt 446.34 und ist bis auf Rundungsfehler mit dem nach Gleichung 9.4 berechneten Wert in Tabelle 10.2a identisch. Bei einer 3×3-Tabelle hat der Test auf Unabhängigkeit df = 4 Freiheitsgrade. Bei 1 % Irrtumswahrscheinlichkeit ist der kritische Wert 13.28. Da die Teststatistik deutlich größer ist, ist die Nullhypothese abzulehnen. Es ist davon auszugehen, dass es einen Zusammenhang zwischen der Bewertung der eigenen und der allgemeinen wirtschaftlichen

---

19 Die Ausprägungen «sehr gut» und «gut» sowie «sehr schlecht» und «schlecht» sind zusammengefasst, damit die Tabelle nicht zu groß wird. Die Antwortkategorien legen ein ordinales Skalenniveau nahe. Es ist jedoch immer möglich, von einem geringeren Messniveau auszugehen.

Tabelle 10.2: **Einschätzung der eigenen Wirtschaftslage (EWL) in Abhängigkeit von der Einschätzung der allgemeinen wirtschaftlichen Lage (AWL)**

a) Beobachtete Häufigkeiten

Eigene wirtschaftliche Lage (Y)	Allgemeine wirtschaftliche Lage (X)			
	(sehr) gut $x = 1$	teils/ teils $x = 2$	(sehr) schlecht $x = 3$	gesamt
(sehr) gut: $y = 1$	478	561	89	1128
teils/teils: $y = 2$	148	465	199	812
(sehr) schlecht: $y = 3$	59	145	219	423
gesamt	685	1171	507	2363

Daten: Allbus 2008, Westdeutschland; $\chi^2 = 446.34$; $df = 4$; $p > 0.001$

b) Bei Unabhängigkeit erwartete Häufigkeiten ($e_{i,j}$), Residuen ($r_{i,j}$) und standardisierte Residuen ($sr_{i,j}$)

Eigene wirtschaftliche Lage (Y)		Allgemeine wirtschaftliche Lage (X)		
		(sehr) gut	teils/ teils	(sehr) schlecht
(sehr) gut	erwartete Häufigkeit	327.0	559.0	242.0
	Residuum	151.0	2.0	−153.0
	standardisiertes Residuum	8.35	0.09	−9.84
teils/teils	erwartete Häufigkeit	235.4	402.4	174.2
	Residuum	−87.4	62.6	24.8
	standardisiertes Residuum	−5.70	3.12	1.88
(sehr) schlecht	erwartete Häufigkeit	122.6	209.6	90.8
	Residuum	−63.6	−64.6	128.2
	standardisiertes Residuum	−5.75	−4.46	13.46

Erwartete Häufigkeiten und Residuen auf eine Dezimalstelle, standardisierte Residuen auf zwei Dezimalstellen gerundet

Lage gibt. Berechnet man das empirische Signifikanzniveau, ergibt sich ein Wert von praktisch null ($p < .001$), d.h. dass die Wahrscheinlichkeit, bei Gültigkeit der Nullhypothese die hier vorliegenden empirischen Werte anzutreffen oder solche, die noch mehr gegen die Nullhypothese sprechen, kleiner als 1 % ist.

**Das symmetrische Zusammenhangsmaß Cramérs V
für polytome Variablen**

Wie in der Vierfeldertabelle kann auch bei Mehrfeldertabellen aus Pearsons Chiquadrat-Statistik ein *symmetrisches Zusammenhangsmaß* konstruiert werden. Bei Kreuztabellen, die mehr als zwei Zeilen und mehr als zwei Spalten haben, kann das Maximum von Φ bzw. Φ^2 größer 1.0 werden. Um ein symmetrisches Zusammenhangsmaß für nominalskalierte Variablen zu erhalten, das bei statistischer Unabhängigkeit den Wert null und bei einem perfekten Zusammenhang den Wert eins aufweist, wird daher der Wert von Pearsons Chiquadrat-Statistik durch den für die jeweilige Tabelle maximal möglichen χ^2-Wert dividiert und aus dem Quotienten die Quadratwurzel gezogen. Dieses Zusammenhangsmaß heißt nach dem Statistiker Cramér[20] *Cramérs V*.

In einer I×J-Kreuztabelle ist der Maximalwert von χ^2 gleich dem Produkt aus der Fallzahl und dem Minimum der jeweils um eins verminderten Spalten- oder Zeilenzahl[21]:

$$\chi^2_{max} = n \cdot min(I-1, J-1) \tag{10.13}$$

wobei   min = minimale Zahl an Ausprägungen.

Die Berechnungsformel für Cramérs V ist dann:

$$V = \sqrt{\frac{\chi^2}{\chi^2_{max}}} = \sqrt{\frac{\chi^2}{n \cdot min(I-1, J-1)}} \tag{10.14}$$

Erläuterungen siehe Gleichung 10.13.

Im Beispiel der 3×3-Tabelle mit Bewertung von eigener und allgemeiner Wirtschaftslage beträgt das mögliche Maximum von Pearsons Chiquadrat-Statistik $2363 \cdot 2 = 4726$. Für Cramérs V ergibt sich dann ein Wert von $\sqrt{446.4 / 4726} = 0.307$. Die Inter-

---

20 Harald Cramér, 1893–1985.
21 Bei der Multiplikation wird die Variable mit der geringeren Anzahl an Ausprägungen verwendet.

pretation der Größenordnung folgt der gleichen Faustregel wie beim Zusammenhangsmaß Φ. Es kann danach von einem mittleren Zusammenhang zwischen der Bewertung der eigenen und der allgemeinen Wirtschaftslage gesprochen werden.

In einer Vierfeldertabelle ist der Wert von Cramérs V bis auf das Vorzeichen identisch mit Φ, da das Maximum von χ^2 dann n ist. Im Unterschied zu Φ hat V aber kein Vorzeichen, da das Maß für nominalskalierte Variablen mit mehr als zwei Ausprägungen konstruiert ist.

10.4 Pearsons Chiquadrat-Test und der LR-Test als Anpassungstests

Die Anwendung von Pearsons Chiquadrat-Test bzw. des LR-Tests bei Prüfung der statistischen Unabhängigkeit von Zeilen- und Spaltenvariable in einer Kreuztabelle ist ein Spezialfall der generellen Anwendung dieser Tests. Generell können die Tests immer dann angewendet werden, wenn die Übereinstimmung einer empirischen Häufigkeitsverteilung einer oder mehrerer Variablen mit einer theoretisch erwarteten Häufigkeitsverteilung geprüft werden soll.[22] Die Nullhypothese behauptet dann, dass in der Grundgesamtheit eine bestimmte Verteilung vorliegt. Der Chiquadrat-Test zur Prüfung dieser Hypothese ist daher ein *Chiquadrat-Anpassungstest* (engl: *chisquare goodness-of-fit test*), bei dem die Nullhypothese die Forschungshypothese ist. Daher wird die Forschungshypothese bestätigt, wenn das Testergebnis *nicht signifikant* ist, da dies bedeutet, dass das Modell der restriktiven Nullhypothese die Daten genauso gut beschreibt wie das liberale Modell ohne jegliche Restriktionen. Als Konsequenz sollte die α-Fehlerwahrscheinlichkeit nicht zu klein sein.[23]

---

22 Bei Anpassungstests von Verteilungen wird meist nur Pearsons Chiquadrat-Test berechnet.

23 vgl. Kapitel 8.3.2.

Generell berechnen sich die Teststatistiken χ^2 und L^2 in einer ein- oder mehrdimensionalen Tabelle mit insgesamt K (inneren) Zellen nach:

$$\chi^2 = \sum_{k=1}^{K} \frac{(n_k - e_k)^2}{e_k}; \quad L^2 = 2 \cdot \sum_{k=1}^{K} n_k \cdot \ln\left(\frac{n_k}{e_k}\right) \qquad (10.15)$$

wobei k = Index, der die Tabellenzellen nummeriert
       K = Anzahl der Tabellenzellen
      n_k, e_k = beobachtete bzw. erwartete Zellenhäufigkeit.

Die bivariate Häufigkeitsverteilung mit $I \cdot J$ inneren Zellen kann als Spezialfall einer beliebigen Tabelle mit insgesamt K Zellen aufgefasst werden, wobei dann K gleich dem Produkt der Zeilen- und Spaltenzahl: $K = I \cdot J$ ist. Der Index k ergibt sich dann, wenn die Gesamtzahl der Zellen fortlaufend durchnummeriert wird.

Als ein Beispiel für den allgemeinen Chiquadrat-Anpassungs-test soll die Hypothese geprüft werden, dass die Geburtstage in einer Population gleichmäßig über die zwölf Monate eines Jahres verteilt sind. Zur Prüfung der Hypothese werden die Angaben aller Befragten aus dem Allbus 2010 herangezogen. Für 2800 Befragte liegen Angaben zum Geburtsmonat vor. Wenn sich die Geburtstage gleichmäßig über alle zwölf Monate verteilen, ist die erwartete Anzahl der Geburtstage pro Monat 233.33 $(= 2800/12 = n/K)$. In Tabelle 10.3 sind für jeden Monat die absoluten und relativen Geburtstagshäufigkeiten, die standardisierten Residuen nach Gleichung (9.13) und in den letzten beiden Spalten die Zellenanteile an Pearsons Chiquadrat-Statistik und an der LR-Teststatistik L^2 aufgeführt.

Wenn die Nullhypothese zutrifft und die postulierte Verteilung in der Grundgesamtheit vorliegt, dann sind beide Teststatistiken χ^2 und L^2 chiquadratverteilt. Die Anzahl der Freiheitsgrade berechnet sich dabei aus der Differenz der Tabellenzellen minus der Anzahl der Populationsparameter, die aus den Tabellendaten geschätzt werden müssen:

Tabelle 10.3: **Verteilung der absoluten Häufigkeiten, standardisierten Residuen, χ^2-Anteile und L^2-Anteile von Geburtstagen über die zwölf Monate des Jahres**

Monat	Anzahl n_k	Anteil $p_k\%$	standard. Residuen	χ^2-Anteil $(n_k-e_k)^2/e_k$	L^2-Anteil $2 \cdot n_k \cdot \ln(n_k/e_k)$
Januar	245	8.8%	0.76	0.58	23.91
Februar	220	7.9%	−0.87	0.76	−25.89
März	245	8.8%	0.76	0.58	23.91
April	244	8.7%	0.70	0.49	21.81
Mai	266	9.5%	*2.14*	4.57	69.71
Juni	215	7.7%	−1.20	1.44	−35.19
Juli	241	8.6%	0.50	0.25	15.58
August	237	8.5%	0.24	0.06	7.39
September	232	8.3%	−0.09	0.01	−2.66
Oktober	235	8.4%	0.11	0.01	3.35
November	199	7.1%	*-2.25*	5.05	−63.35
Dezember	221	7.9%	−0.81	0.65	−24.00
insgesamt	2800	100.0%	0.00	14.46	14.57

Daten: Allbus 2010, Ost- und Westdeutschland

$$df = K\text{–}t$$

wobei K = Anzahl der Zellen einer Tabellen

t = Anzahl der zu schätzenden Parameter.

Im Beispiel aus Tabelle 10.3 beträgt $K = 12$, da die univariate Tabelle zwölf Zellen hat. In der Nullhypothese wird angenommen, dass die Geburtstage über die zwölf Monate des Jahres gleichverteilt sind. Der einzige Parameter, der in diesem Beispiel aus den Daten zu schätzen ist, ist die in allen Zellen zu erwartende gleiche Häufigkeit e_k, die im Beispiel gleich dem Quotienten aus dem Stichprobenumfang und der Zahl der Tabellenzellen ist: $e_k = n/K$. Für Tabelle 10.3 beträgt die Zahl der Freiheitsgrade daher $df = 12-1 = 11$.[24]

---

24 Sollen ausgehend von einer Multinomialverteilung mit vorgegebener Fallzahl (z. B. 12 Tabellenfelder) nur die Populationsanteile geschätzt werden, dann muss kein

Beim Chiquadrat-Anpassungstest des Datenbeispiels in Tabelle 10.3 ist $\chi^2 = 14.46$ und $L^2 = 14.57$. Wie schon in den vorherigen Beispielen liegen die Werte der Teststatistiken sehr dicht beieinander. Bei einer Irrtumswahrscheinlichkeit α ist die Nullhypothese der Gleichverteilung der Geburtstage über die Monate des Jahres abzulehnen, wenn der Wert der Teststatistik größer ist als der Wert des $(1-\alpha)$-Quantils der Chiquadrat-Verteilung mit $df = 11$ Freiheitsgraden: $\chi^2_{1-\alpha;11}$. Da es sich um einen Goodness-of-fit-Test handelt, bei dem die Forschungshypothese die Nullhypothese ist, sollte die Irrtumswahrscheinlichkeit nicht zu klein sein. Bei $df = 11$ Freiheitsgraden und $\alpha = 10\%$ beträgt der kritische Wert 17.28, bei $\alpha = 20\%$ beträgt er 14.63. Bei beiden Irrtumswahrscheinlichkeiten kann die Nullhypothese der Gleichverteilung nicht abgelehnt werden, doch erreichen die Teststatistiken nahezu den kritischen Wert bei 20% Irrtumswahrscheinlichkeit.

Interessant ist im Beispiel auch die Betrachtung der standardisierten Residuen. Bei einer Irrtumswahrscheinlichkeit von 5% sind die meisten Werte nicht signifikant. Es gibt aber zwei Ausnahmen (in der Tabelle kursiv): So scheinen im Mai besonders viele Personen Geburtstag zu haben und im November besonders wenige Personen.

10.5 Bivariate Beziehungen zwischen ordinalen Variablen

Bei ordinalen Variablen interessiert neben der Existenz eines Zusammenhangs vor allem dessen Vorzeichen und Stärke. Daher gibt es spezielle Zusammenhangsmaße, die unterschiedliche Strategien verwenden, um die ordinalen Informationen zu nutzen:

Parameter geschätzt werden, da dann jeder Populationsanteil bei zutreffender H_0 $1/K$ sein muss. Bei Gültigkeit von H_1 werden dann $K-1$ Parameter geschätzt, sodass sich – bezogen auf das Beispiel – wieder $df = 12 - 1 = 11$ Freiheitsgrade ergeben.

– Bei Paarvergleichen wird für die n Fälle in einer Tabelle paarweise geprüft, ob die Realisierungen der Spalten- und Zeilenvariablen gleiche oder verschiedene (kleinere oder größere) Ausprägungen aufweisen.
– Bei der Strategie des Rangreihenvergleichs werden die Rangwerte der beiden Variablen verglichen (siehe Kapitel 12).
– Bei der Strategie der ungenauen metrischen Messung wird angenommen, dass die ordinalen Variablen ungenaue Messungen von unbeobachteten metrischen Variablen sind, wobei die Beziehung zwischen den unbeobachteten Variablen geschätzt wird (siehe Kapitel 18).

10.5.1 Die Logik der Paarvergleiche

Beim *Paarvergleich* werden für jeweils zwei Fälle a und b die Ausprägungen der Zeilen- und Spaltenvariablen verglichen. Dabei können verschiedene Resultate auftreten, die in Tabelle 10.4 aufgeführt sind.

Tabelle 10.4: **Mögliche Ergebnisse eines paarweisen Vergleichs der Messwerte von zwei Variablen X und Y bei zwei Untersuchungseinheiten a und b**

C konkordant	D diskordant	T_X x-verbunden	T_Y y-verbunden	T_{XY} x,y-verbunden
$x_a > x_b$ & $y_a > y_b$	$x_a > x_b$ & $y_a < y_b$	$x_a = x_b$ & $y_a \neq y_b$	$x_a \neq x_b$ & $y_a = y_b$	$x_a = x_b$ & $y_a = y_b$

– Wenn beim Vergleich der beiden Fälle für die Spaltenvariable X gilt: $x_a > x_b$ und für die Zeilenvariable Y: $y_a > y_b$, dann liegt ein *konkordantes* (übereinstimmendes) *Ergebnis* vor.
– Wenn dagegen $x_a > x_b$ aber $y_a < y_b$, dann liegt ein *diskordantes* (gegenläufiges) *Ergebnis* vor.
Ein *konkordantes Ergebnis* spricht für eine positive Beziehung, da hier ein höherer Wert bei einer Variablen mit einem höheren Wert bei einer anderen Variablen einhergeht. Umgekehrt spricht ein *diskordantes Ergebnis* für eine negative Beziehung.

– Weiterhin ist es möglich, dass die Realisierungen bei einer oder bei beiden Variablen bei den zwei Fällen eines Paares gleiche Ausprägungen aufweisen. Man spricht dann von einem verbundenen Paar *(engl. Tie)*.
Wenn die Werte nur bei der Spaltenvariablen X gleich sind: $x_a = x_b$ und $y_a \neq y_b$, ist das Paar *x-verbunden.*
Wenn die Werte nur bei der Zeilenvariablen Y gleich sind: $x_a \neq x_b$ und $y_a = y_b$, ist das Paar *y-verbunden.*
Schließlich können die Realisierungen der beiden Fälle bei beiden Variablen gleich sein: $x_a = x_b$ und $y_a = y_b$. Das Paar ist dann *x,y-verbunden.*

Bei allen möglichen Paarvergleichen der Fälle in einer Tabelle wird ausschließlich die ordinale Information «ist gleich», «ist kleiner» oder «ist größer» betrachtet, wobei gezählt wird, wie viele der Paarvergleiche konkordant, diskordant, x-verbunden, y-verbunden bzw. x,y-verbunden sind. Das Ergebnis dieser Zählungen geht in die Berechnung der ordinalen Zusammenhangsmaße ein. In einem ersten Berechnungsschritt müssen daher diese Zahlen für alle Paare der Tabelle berechnet werden. Wenn die Tabellenfallzahl n beträgt, dann gibt es ingesamt «n über 2» gleich $n \cdot (n-1)/2 = (n^2-n)/2$ Möglichkeiten, Paare zu bilden. Als Beispiel verwenden wir die Angaben aus Tabelle 10.2a für die Bewertung der eigenen und der allgemeinen wirtschaftlichen Lage, die hier als ordinal aufgefasst wird.

Für die Berechnung des Zusammenhangs sollten die Ausprägungen der Variablen in einer Kreuztabelle in gleicher Richtung entweder aufsteigend oder absteigend angeordnet sein.[25] Im Beispiel von Tabelle 10.2a wird von links nach rechts (X) bzw. von oben nach unten (Y) die allgemeine bzw. eigene wirtschaftliche

---

25 Wenn die Ausprägungen einer Variablen aufsteigend, die der anderen absteigend angeordnet sind, dann müssen die Zählregeln für konkordante und diskordante Paare vertauscht werden. Geschieht dies nicht, ändert sich das Vorzeichen des Zusammenhangs.

Lage jeweils als schlechter eingeschätzt. Für die Paarvergleiche in Tabelle 10.2a gelten dann folgende Zählregeln:

Zählregel für konkordante Paare: Verwendet werden alle Zellen der Tabelle, für die es rechts und unterhalb weitere Tabellenzellen gibt. Dabei wird die Zellenhäufigkeit einer Zelle mit der Summe der Zellenhäufigkeiten aller Zellen rechts und unterhalb multipliziert. Die so berechneten Werte für Zellen, für die es weitere Zellen rechts und unterhalb gibt, werden aufsummiert:

C
konkordant
$x_a > x_b$ & $y_a > y_b$

Zahl der konkordanten Paare in Tabelle 10.2a:
$478 \cdot (465+199+145+219)+148 \cdot (145+219)$
$+561 \cdot (199+219)+465 \cdot 219 = 881\,589.$

Zählregel für diskordante Paare: Verwendet werden alle Zellen der Tabelle, für die es links und unterhalb weitere Tabellenzellen gibt. Multipliziert wird die Zellenhäufigkeit mit der Summe der Häufigkeiten aller Zellen links und unterhalb.

D
diskordant
$x_a > x_b$ & $y_a < y_b$

Zahl der diskordanten Paare in Tabelle 10.2a:
$89 \cdot (465+145+148+59)+199 \cdot (145+59)$
$+561 \cdot (148+59)+465 \cdot 59 = 256\,871.$

Zählregel für x-verbundene Paare: Verwendet werden alle Zellen der Tabelle, für die es innerhalb einer Spalte unterhalb weitere Tabellenzellen gibt. Multipliziert wird die Zellenhäufigkeit mit der Summe der Häufigkeiten aller Zellen unterhalb.

T_X
x-verbunden
$x_a = x_b$ & $y_a \neq y_b$

Zahl der x-verbundenen Paare in Tabelle 10.2a:
$478 \cdot (148+59)+148 \cdot 59+561 \cdot (465+145)$
$+465 \cdot 145+89 \cdot (199+219)+199 \cdot 219 = 598\,096.$

Zählregel für y-verbundene Paare: Verwendet werden alle Zellen der Tabelle, für die es innerhalb einer Zeile rechts weitere Tabellenzellen gibt. Multipliziert wird die Zellenhäufigkeit mit der Summe der Häufigkeiten aller Zellen rechts.

T_Y Zahl der y-verbundenen Paare in Tabelle 10.2a:

y-verbunden $478 \cdot (561+89)+148 \cdot (465+199)+59 \cdot (145+219)$

$x_a \neq x_b$ & $y_a = y_b$ $+561 \cdot 89+465 \cdot 199+145 \cdot 219 = 604\,667.$

Zählregel für x,y-verbundene Paare: x,y-verbunden sind alle Fälle innerhalb einer Tabellenzelle. Daher wird die Anzahl der Paarvergleiche in jeder Zelle ermittelt und über alle Zellen aufsummiert:

$$\sum_{i=1}^{I} \sum_{j=1}^{J} \binom{n_{i,j}}{2} = \sum_{i=1}^{I} \sum_{j=1}^{J} \frac{(n_{i,j})!}{2! \cdot (n_{i,j}-2)!} = \sum_{i=1}^{I} \sum_{j=1}^{J} \frac{n_{i,j} \cdot (n_{i,j}-1)}{2}$$

$$= \frac{\left(\sum_{i=1}^{I} \sum_{j=1}^{J} n_{i,j}^2\right) - n}{2}$$

(10.17)

Erläuterungen siehe Gleichung 4.8.

T_{XY} Zahl der x,y-verbundenen Paare in Tabelle 10.2a:

xy-verbunden $478 \cdot 477/2+561 \cdot 560/2+89 \cdot 88/2+148 \cdot 147/2$

                 $+465 \cdot 464/2+199 \cdot 198/2+59 \cdot 58/2+145 \cdot 144/2$

$x_a = x_b$ & $y_a = y_b$ $+219 \cdot 218/2 = 449\,480.$

Die Summe aus $C+D+T_X+T_Y+T_{XY}$ muss mit der Gesamtzahl aller Paarvergleiche übereinstimmen:

$881\,589+256\,871+598\,096+604\,667+449\,480$

$= 279\,0703 = 2363 \cdot 2362/2.$

Bei einer (perfekten) positiven Beziehung sollte es nur konkordante, aber keine diskordanten Paare geben, bei einer (perfekten) negativen Beziehung nur diskordante, aber keine konkordanten Paare.[26] Die Differenz aus der Anzahl der konkordanten und diskordanten Paare gibt daher an, ob eine Beziehung eher positiv oder eher negativ ist.

Offen ist, wie verbundene Paare (Ties) berücksichtigt werden sollen:

---

26 Dies ist aber nur bei vollständigen Rangreihen möglich, bei denen jeder Fall einen anderen Wert bei einer Variablen aufweist. Sowie mehrere Fälle bei einer Variablen den gleichen Wert aufweisen, gibt es verbundene Paare (Ties).

– Wenn man von strikten «je-desto»-Beziehung ausgeht, sprechen Ties gegen einen positiven bzw. negativen Zusammenhang.
– Gleiche Werte eines Paares bei beiden Variablen (T_{XY}) sprechen nicht *gegen* einen positiven Zusammenhang, aber auch nicht gegen einen negativen Zusammenhang.
– Schließlich gibt es auch die Auffassung, Ties zu ignorieren.

10.5.2 Zusammenhangsmaße auf der Basis von Paarvergleichen

Symmetrische Zusammenhangsmaße

In Abhängigkeit von der Berücksichtigung von Ties gibt es unterschiedliche *symmetrische Zusammenhangsmaße* für ordinale Variablen auf der Basis von Paarvergleichen.

Gamma

Das Zusammenhangsmaß γ (*gamma*) berücksichtigt gar keine Ties:

$$\gamma = \frac{C - D}{C + D} \qquad (10.18)$$

wobei γ = symmetrisches Zusammenhangsmaß Gamma für ordinale Variablen ohne Berücksichtigung von Verknüpfungen

   C = Anzahl der konkordanten Paare in einer Kreuztabelle

   D = Anzahl der diskordanten Paare in einer Kreuztabelle.

Positive (negative) Werte von γ weisen auf eine positive (negative) «je-desto»-Beziehung hin, da die Zahl der konkordanten (diskordanten) Paare größer ist als die Zahl der diskordanten (konkordanten) Paare. Der Wert null tritt dann auf, wenn es genauso viele konkordante wie diskordante Paare gibt.

In Tabelle 10.2a hat γ den Wert:

$$\gamma = \frac{881589 - 256871}{881589 + 256871} = 0.549.$$

Tau-b

Beim Maß τ_β (*tau-b*) werden x,y-verbundene Paare nicht berücksichtigt, weil diese nicht notwendigerweise gegen eine «je-desto»-Hypothese sprechen. Diese Verknüpfungen treten häufig auf, weil es üblicherweise weniger Variablenausprägungen als Untersuchungseinheiten gibt. Für x-verbundene und y-verbundene Paare wird dagegen angenommen, dass sie gegen eine positive oder negative Beziehung sprechen. Das Zusammenhangsmaß Tau-b berechnet sich nach:

$$\tau_b = \frac{C - D}{\sqrt{(C + D + T_X) \cdot (C + D + T_Y)}} \qquad (10.19)$$

wobei τ_b = symmetrisches Zusammenhangsmaß Tau-b für ordinale Variablen ohne Berücksichtigung der x,y-Verknüpfungen

T_X = Verknüpfungen bei der Variablen X innerhalb einer Spalte

T_Y = Verknüpfungen bei der Variablen Y innerhalb einer Zeile.

Weitere Erläuterungen siehe Gleichung 10.18.

In Tabelle 10.2a hat τ_b den Wert:

$$\tau_b = \frac{881589 - 256871}{\sqrt{(881589 + 256871 + 598096)(881589 + 256871 + 604667)}}$$
$$= 0.359.$$

Tau-a

Beim Maß τ_α (*tau-a*) sprechen alle Ties gegen einen Zusammenhang. Deshalb wird in der Berechnungsformel die Summe aller in der Kreuztabelle möglichen Paarvergleiche berücksichtigt:

$$\tau_a = \frac{C - D}{\frac{n \cdot (n-1)}{2}} \qquad (10.20)$$

wobei τ_a = symmetrisches Zusammenhangsmaß für ordinale Variablen unter Berücksichtigung aller Verknüpfungen.

Weitere Erläuterungen siehe Gleichung 10.18.

In Tabelle 10.2a ergibt sich für τ_a der Wert:

$$\tau_a = \frac{881589 - 256871}{2363 \cdot 2362 / 2} = 0.224.$$

Asymmetrische Beziehungen

Somers d

Bei einer *asymmetrischen Beziehung*, in der die Spaltenvariable X die Zeilenvariable Y bedingt, kann der Standpunkt vertreten werden, dass die y-verbundenen Paare gegen eine Beziehung sprechen, da dann die einen Zusammenhang begründende Forderung «Wenn die erklärende Variable X verschiedene Werte aufweist, dann muss auch die abhängige Variable Y verschiedene Werte aufweisen» verletzt ist.

X-verbundene Paaren sprechen dagegen nicht gegen eine gerichtete (asymmetrische) Beziehung von X auf Y. Umgekehrt ist es, wenn die Zeilenvariable Y erklärende und die Spaltenvariable X abhängige Variable ist. Das asymmetrische Zusammenhangsmaß *Somers d_{XY}* berücksichtigt demnach, ob die Zeilen- oder die Spaltenvariable als abhängige Variable betrachtet wird.

Wenn die Zeilenvariable Y abhängige Variable ist, gilt:

$$d_{YX} = \frac{C - D}{C + D + T_Y} \qquad (10.21)$$

wobei d_{YX} = Somers d für Y als abhängige Variable mit Berücksichtigung der y-Verknüpfungen.

Weitere Erläuterungen siehe Gleichung 10.19.

Ist die Spaltenvariable X abhängige Variable, dann gilt:

$$d_{XY} = \frac{C - D}{C + D + T_X} \qquad (10.22)$$

wobei d_{XY} = Somers d für X als abhängige Variable mit Berücksichtigung der x-Verknüpfungen.

Weitere Erläuterungen siehe Gleichung 10.19.

In Tabelle 10.2a lassen sich diese beiden Koeffizienten berechnen als:

$$d_{YX} = \frac{C - D}{C + D + T_Y} = \frac{881589 - 256871}{881589 + 256871 + 604667} = 0.358$$

$$d_{XY} = \frac{C - D}{C + D + T_X} = \frac{881589 - 256871}{881589 + 256871 + 598096} = 0.360$$

Beziehungen zwischen den Zusammenhangsmaßen

Da sich die Berechnungsformeln der Zusammenhangsmaße nur im Nenner unterscheiden, sind die Vorzeichen bei allen Zusammenhangsmaßen auf der Basis von Paarvergleichen stets gleich. Für das Beispiel in Tabelle 10.2a gilt somit: Je besser die allgemeine wirtschaftliche Lage eingeschätzt wird, desto besser wird auch die eigene Wirtschaftslage eingeschätzt und umgekehrt.

Darüber hinaus zeigt der Vergleich der Formeln, dass das symmetrische Maß Tau-b eine Beziehung zu den asymmetrischen Maßen Somers d_{YX} und d_{XY} hat:

$$\tau_b = \sqrt{d_{YX} \cdot d_{XY}}$$

Für die praktische Anwendung stellt sich die Frage, welches Maß verwendet werden sollte:

– Bei gerichteten Beziehungen kommt nur Somers d_{YX} bzw. d_{XY} in Frage.
– Bei symmetrischen Beziehungen wird am häufigsten τ_b verwendet, während τ_a i. A. nur dann herangezogen wird, wenn

jeder Fall (theoretisch) eine unterschiedliche Ausprägung (Rangwert) aufweisen kann.

– Das Maß γ wird eher selten verwendet, da dieses Maß vor allem bei wenigen Ausprägungen der Variablen die Tendenz hat, sehr hohe Werte anzunehmen, sodass es schwer fällt, zwischen geringen, mittleren und starken Beziehungen zu unterscheiden.

Nur in einer Vierfeldertabelle gelten zudem folgende Beziehungen:
$d_{YX} = d_{YX}\% / 100$; $d_{XY} = d_{XY}\% / 100$; $\tau_b = \Phi$; $\gamma = Q$.

Standardfehler und Teststatistik für die paarvergleichsbasierten Zusammenhangsmaße

Für inferenzstatistische Anwendungen wird die Wahrscheinlichkeitsverteilung der Koeffizienten benötigt. Bei sehr großen Fallzahlen sind alle Maße asymptotisch normalverteilt, doch ist die Annäherung an die Normalverteilung sehr langsam. Zudem ist auch die Berechnung (asymptotisch gültiger) geschätzter Standardfehler sehr aufwendig, sodass diese Berechnung in der Praxis nur über Statistikprogramme erfolgt.[27]

Als Teststatistik kommt die Teststatistik Z in Frage, bei der der Quotient aus dem Zusammenhangsmaß und seinem asymptotischen Standardfehler gebildet wird.[28] Dieser Quotient ist unter der Nullhypothese, dass das Maß in der Population null ist, asymptotisch standardnormalverteilt. In Statistikprogrammen wie SPSS wird der Quotient nicht als Z, sondern als T oder auch

---

27 Die Berechnung basiert auf den (asymptotischen) Wahrscheinlichkeitsverteilungen für die Häufigkeiten in den einzelnen Zellen. Im Unterschied zu Pearsons Chiquadrat-Statistik und der LR-Teststatistik sind die ordinalen Zusammenhangsmaße aber sehr komplexe Funktionen der einzelnen Tabellenzellen.

28 Ähnlich wie es bei der Prozentsatzdifferenz einen allgemeinen geschätzten Standardfehler gibt und einen zweiten, der unter der Bedingung geschätzt wird, dass kein Zusammenhang zwischen Zeilen und Spaltenvariable besteht, können auch für die ordinalen Maße zwei Standardfehler berechnet werden, wobei der erste keine Voraussetzungen macht, während der zweite unterstellt, dass der Zähler des Zusammenhangsmaßes null ist, es also genauso viele konkordante wie diskordante Paare gibt.

«näherungsweise T» bezeichnet. Da Zusammenhangsmaße genau dann null sind, wenn die Zahl der diskordanten und konkordanten Paare gleich ist, sind alle Z-Werte identisch. Der mit SPSS berechnete Z-Wert für Tabelle 10.2a beträgt $Z = 20.420$.

Analog zum Test von Φ oder der Prozentsatzdifferenz kann die Teststatistik Z zur Prüfung der Nullhypothese verwendet werden, dass
- es keinen monotonen Zusammenhang gibt, wenn:
  H_0: $C = D$ versus H_1: $C \neq D$ (zweiseitiger Test),
- es keinen positiven Zusammenhang gibt, wenn:
  H_0: $C \leq D$ versus H_1: $C > D$ (einseitiger Test nach oben),
- es keinen negativen Zusammenhang gibt, wenn:
  H_0: $C \geq D$ versus H_1: $C < D$ (einseitiger Test nach unten).
Es gelten die in Kapitel 8.5.1 vorgestellten Entscheidungsregeln für die Teststatistik Z.

Im Beispiel aus Tabelle 10.2a ist eine positive Beziehung zu erwarten. Daher wird hier ein einseitiger Test nach oben durchgeführt. Bei einer Irrtumswahrscheinlichkeit von 5 % ist der kritische Wert $z_{0.95} = 1.645$. Da die Teststatistik größer ist, ist die Nullhypothese abzulehnen.

Es ist möglich, dass ein ordinales Zusammenhangsmaß nicht signifikant ist, gleichzeitig aber der Chiquadrat-Test bzw. der LR-Test (auf statistische Unabhängigkeit) auf einen signifikanten Zusammenhang hinweisen. Dies spricht dann für einen nichtmonotonen Zusammenhang zwischen den beiden ordinalen Variablen.

Umgekehrt ist es auch möglich, dass ein Test auf statistische Unabhängigkeit ein nichtsignifikantes Resultat, ein Test auf einen monotonen (oder einen linearen) Zusammenhang dagegen ein signifikantes Resultat ergibt. Diese zunächst paradox erscheinende Möglichkeit ist Folge verschiedener Trennschärfen: Tests über einen monotonen (positiven oder negativen) Zusammenhang sind in der Regel trennschärfer als Tests, die prüfen, ob überhaupt ein Zusammenhang besteht. Das liegt daran, dass der

LR-Test und Pearsons Chiquadrat-Test nur Informationen auf Nominalskalenniveau nutzen, während Tests von monotonen Zusammenhängen das informationshaltigere Ordinalskalenniveau nutzen.

Die geschätzten generellen Standardfehler sind asymptotisch gültige Standardfehler bei beliebigen Werten der Koeffizienten. Sie können z. B. für die Berechnung von Konfidenzintervallen genutzt werden. So berechnet sich das asymptotisch gültige 95%-Konfidenzintervall für τ_b aus den Daten in Tabelle 10.2a nach: $\tau_b \pm z_{0.975} \cdot S.E. = 0.359 \pm 1.96 \cdot 0.017 = 0.33$ bis 0.39.[29]

10.6 Zusammenfassung

Die wichtigsten Formeln dieses Kapitels

Freiheitsgrade für Tests auf statistische Unabhängigkeit in einer Mehrfeldertabelle

$$df = I \cdot J - (I-1) - (J-1) - 1 = (I-1) \cdot (J-1) \qquad (10.2)$$

LR-Teststatistik auf statistische Unabhängigkeit

$$L^2 = -2 \cdot \ln\left(\frac{L_0}{L_1}\right) = \left(-2 \cdot \ln L_0\right) - \left(-2 \cdot \ln L_1\right) \underset{n \to \infty}{\sim} \chi^2_{df=r} \qquad (10.4)$$

Chiquadrat-Anpassungstest mit Chiquadrat-und LR-Teststatistik

$$\chi^2 = \sum_{k=1}^{K} \frac{\left(n_k - e_k\right)^2}{e_k}; \quad L^2 = 2 \cdot \sum_{k=1}^{K} n_k \cdot \ln\left(\frac{n_k}{e_k}\right) \qquad (10.15)$$

Berechnung der Freiheitsgrade beim Chiquadrat-Anpassungstest

$$df = K - t \qquad (10.16)$$

---

29 Berechnung des Standardfehlers mit SPSS.

Proportionale Fehlerreduktion

$$PRE = \frac{E_0 - E_1}{E_0} = 1 - \frac{E_1}{E_0} \qquad (10.6)$$

PRE-Maß Relative Devianzreduktion

$$R_{YX}^{'} = 1 - \frac{D_{YX}}{D_Y} = 1 - \frac{-2\sum_{j=1}^{J}\sum_{i=1}^{I} n_{i,j} \cdot \ln\left(\frac{n_{i,j}}{n_{+,j}}\right)}{-2\sum_{i=1}^{I} n_{i,+} \cdot \ln\left(\frac{n_{i,+}}{n_{+,+}}\right)} \qquad (10.10)$$

Symmetrischer Zusammenhang bei nominalskalierten Variablen: Cramérs V

$$V = \sqrt{\frac{\chi^2}{\chi_{max}^2}} = \sqrt{\frac{\chi^2}{n \cdot \min(I-1, J-1)}} \qquad (10.14)$$

Symmetrisches Zusammenhangsmaß für ordinalskalierte Variablen: Gamma

$$\gamma = \frac{C - D}{C + D} \qquad (10.18)$$

Symmetrisches Zusammenhangsmaß für ordinalskalierte Variablen: Tau-b

$$\tau_b = \frac{C - D}{\sqrt{(C + D + T_X) \cdot (C + D + T_Y)}} \qquad (10.19)$$

Asymmetrisches Zusammenhangsmaß für ordinalskalierte Variablen, Somers d:

Y als abhängige Variable   X als abhängige Variable

$$d_{YX} = \frac{C - D}{C + D + T_Y} \quad (10.21) \qquad d_{XY} = \frac{C - D}{C + D + T_X} \quad (10.22)$$

Glossar der wichtigsten Begriffe dieses Kapitels

Cramérs V: chiquadratbasiertes, symmetrisches Zusammenhangsmaß für nominalskalierte Merkmale

Devianz: Streuung einer nominalskalierten Variablen

Freiheitsgrade: werden in einer Kreuztabelle allgemein ermittelt als Differenz aus der Anzahl der Zellen minus der Anzahl der zu schätzenden Parameter

Gamma (γ): auf Paarvergleichen basierendes symmetrisches Zusammenhangsmaß für ordinalskalierte Merkmale

Geschachtelte Modelle: zwei Modelle sind geschachtelt, wenn ein Modell als Spezialfall des anderen aufgefasst werden kann

Goodness-of-fit-Test: Anpassungstest, wobei die Nullhypothese für ein restriktives Modell steht, das der Forschungshypothese entspricht, und die Alternativhypothese für ein Modell, das keinerlei Restriktionen über die empirischen Daten postuliert

Lambda (λ): asymmetrisches Zusammenhangsmaß für nominalskalierte Merkmale

Liberales Modell: statistisches Modell ohne (im Vergleich zum Modell der Nullhypothese) zusätzliche restriktive Annahmen, entspricht beim Testen der Alternativhypothese

Likelihood-Ratio Test: alternative, aber äquivalente Testmethode zu Pearsons Chiquadrat-Test. Die Teststatistik wird L^2 genannt und ist bei Gültigkeit der Nullhypothese asymptotisch chiquadratverteilt, und bei Gültigkeit der Alternativhypothese nichtzentral chiquadratverteilt

Paarvergleich: Vergleich der Werte der Zeilen- und Spaltenvariablen bei zwei Untersuchungseinheiten

PRE: proportionale Fehlerreduktion beim Vergleich der Vorhersage von Y (abhängige Variable) ohne und mit Kenntnis der Werte der erklärenden Variablen X

Pseudo-R-Quadrat R²: PRE-Maß für den Zusammenhang zwischen zwei nominalskalierten Variablen

Relative Devianzreduktion: siehe Pseudo-R-Quadrat

Restriktives Modell: Statistisches Modell mit (im Vergleich zum Modell der Alternativhypothese) zusätzlichen Annahmen und damit Spezialfall eines liberalen statistischen Modells, entspricht beim Testen der Nullhypothese

Somers d: auf Paarvergleichen basierendes asymmetrisches Zusammenhangsmaß für ordinalskalierte Merkmale

Tau (τ) (a und b): auf Paarvergleichen basierende symmetrische Zusammenhangsmaße für ordinalskalierte Merkmale

Ties: siehe Verknüpfung

Verknüpfung: liegt vor, wenn bei einem Paarvergleich mindestens eine der beiden Variablen X oder Y bei beiden Fällen den gleichen Wert aufweist

Vorhersagefehler: Fehler, der bei der Vorhersage einer (abhängigen) Variablen Y ohne (E_0) oder mit (E_1) Kenntnis einer (erklärenden) Variablen X auftritt; siehe auch PRE

11 Drittvariablenkontrolle in der Tabellenanalyse

Die statistische Analyse von Zusammenhängen beschränkt sich nicht nur auf bivariate Beziehungen zwischen zwei Variablen, weil sich bei der Berücksichtigung weiterer Variablen ein vollkommen anderer Zusammenhang zeigen kann. Als ein empirisches Beispiel zeigt Tabelle 11.1 das Beziehungsmuster zwischen der Einstellung zum Schwangerschaftsabbruch «wenn die Frau es will» (Y), der Existenz eines Telefonbesitzes im Haushalt (X) sowie der Region (W).[1] Aus der bivariaten Verteilung in Tabelle 11.1a wird deutlich, dass Personen in Haushalten mit Telefonbesitz eher Gegner von Schwangerschaftsabbruch sind als Personen in Haushalten ohne Telefonbesitz. Die Prozentsatzdifferenz beträgt –21.7 Prozentpunkte und ist nach Pearsons Chiquadrat-Test mit einem empirischen Signifikanzniveau p<0.001 signifikant von null verschieden (vgl. Gleichung 9.25). Wird jedoch für jede Ausprägung der Region (W) eine eigene Kreuztabelle mit der Beziehung zwischen Y und X gebildet (Tabelle 11.1b), dann zeigt sich ein völlig anderes Bild: Der deutliche negative Zusammenhang ist nicht mehr sichtbar. Stattdessen zeigt sich in den *Partialtabellen* bei den beiden Ausprägungen der *Dritt-* oder *Kontrollvariablen* Region ein schwacher positiver

---

1 Region hat die beiden Ausprägungen «West» und «Ost» und bezieht sich darauf, dass in den beiden Teilgebieten der Bundesrepublik zwei unabhängige Stichproben gezogen wurden, wobei das Verhältnis vom Populationsumfang N zu Stichprobenumfang n in den beiden Regionen unterschiedlich ist. Dadurch entsprechen die relativen Fallzahlen im Osten nicht dem auf die gesamte Bundesrepublik bezogenen Bevölkerungsanteil. Vergleiche zwischen den beiden Regionen werden durch diese Disproportionalität erleichtert.

Für das Beispiel haben wir Allbus-Daten von 1992 ausgewählt, weil nur damals als indirekte Folge der Vereinigung von ehemaliger DDR und «alter» Bundesrepublik eine starke Beziehung zwischen dem Gebiet auf der einen Seite und der Einstellung zum Schwangerschaftsabbruch sowie zur Telefondichte auf der anderen Seite bestand. Bereits kurze Zeit später hat sich die Telefondichte in Ost und West angeglichen, sodass sich heute zwischen den drei Variablen ein anderes Beziehungsmuster ergibt.

Zusammenhang zwischen der Befürwortung von Schwangerschaftsabbruch und Telefonbesitz, der nicht mehr signifikant ist.

Das Beispiel verdeutlicht, dass die bivariate Analyse oft nicht
ausreicht, um einen Ausschnitt aus der Wirklichkeit angemessen
zu erfassen. Mit Hilfe der *Drittvariablenkontrolle* kann untersucht werden, ob ein bivariat beobachteter Zusammenhang zwischen zwei Variablen bei der gleichzeitigen, *simultanen Analyse*

Tabelle 11.1: **Zusammenhang zwischen Einstellung zum Schwangerschaftsabbruch und Telefonbesitz im Haushalt**

a) Zusammenhang zwischen Einstellung zum Schwangerschaftsabbruch
und Telefonbesitz im Haushalt (Telefon im HH)

Schwangerschaftsabbruch «wenn die Frau es will» (Y)	Telefon im HH (X)	
	ja ($x_1 = 1$)	nein ($x_2 = 0$)
– Befürwortung ($y_1 = 0$)	45.3%	67.0%
– Ablehnung ($y_2 = 1$)	54.7%	33.0%
	(2331)	(782)
$d_{YX}\% = -21.7$; $\alpha = 0.409$		

Daten: Allbus 1992; $\chi^2 = 109.9$, df = 1, p<0.001

b) Zusammenhang zwischen Einstellung zum Schwangerschaftsabbruch
und Telefonanschluss im Haushalt (Telefon im HH) bei Kontrolle der
Region mit den Ausprägungen Ost und West

Schwangerschaftsabbruch «wenn die Frau es will» (Y)	Region (W)			
	West ($W = w_1$) Telefon im HH (X)		Ost ($W = w_2$) Telefon im HH (X)	
	($X = x_1$)	($X = x_2$)	($X = x_1$)	($X = x_2$)
	ja	nein	ja	nein
– Befürwortung ($Y = y_1$)	41.5%	37.2%	71.1%	70.3%
	(840)	(29)	(217)	(495)
– Ablehnung ($Y = y_2$)	58.5%	62.8%	28.9%	29.7%
	(1186)	(49)	(88)	(209)
	(2026)	(78)	(305)	(704)
$d_{YX|W=1}\% = +4.3$ $\alpha_{YX|W=1} = 1.199$ $\chi^2 = 0.567$; p = 0.451		$d_{YX|W=2}\% = +0.8$ $\alpha_{YX|W=2} = 1.041$ $\chi^2 = 0.071$; p = 0.790		

c) Aggregation über W in 11.1b

	X = x_1		X = x_2	
Y = y_1	0.453	(1057)	0.67	(524)
Y = y_2	0.547	(1274)	0.33	(258)
Σ	1.00	(2331)	1.00	(782)

d) Aggregation über X in 11.1b

	W = w_1		W = w_2	
Y=y_1	0.413	(869)	0.706	(712)
Y=y_2	0.587	(1235)	0.294	(297)
Σ	1.00	(2104)	1.00	(1009)

e) Aggregation über Y in 11.1b

	X = x_1		X = x_2	
W=w_1	0.869	(2026)	0.10	(78)
W=w_2	0.131	(305)	0.90	(704)
Σ	1.00	(2331)	1.00	(782)

f) Aggregation über W und X

	Y	
Y=y_1	0.508	(1581)
Y=y_2	0.492	(1532)
Σ	1.00	(3113)

von drei oder mehr Variablen stabil bleibt, geringer ausfällt, gar nicht vorhanden ist oder ein völlig anderes Beziehungsmuster zeigt, so z. B. bei ordinalen bzw. metrischen Variablen das Vorzeichen ändert. Möglich ist zudem, dass bei Drittvariablenkontrolle der *konditionale Zusammenhang* in einer Partialtabelle stärker ist als der bivariate Zusammenhang oder überhaupt erst sichtbar wird. Schließlich kann es auch vorkommen, dass konditionale Zusammenhänge bei verschiedenen Ausprägungen der Drittvariablen unterschiedlich ausfallen.

Zum Verständnis der Unterschiede zwischen bivariaten und konditionalen Beziehungen ist es sinnvoll, kausale Beziehungsmuster zu betrachten, die diese Unterschiede des Zusammenhangs zwischen zwei Variablen in einer bivariaten Kreuztabelle und in den Partialtabellen bei Drittvariablenkontrolle hervorrufen. In diesem Kapitel wird als einfachste Form einer multivariaten Datenanalyse die *erweiterte* oder *trivariate Tabellenanalyse* vorgestellt, wobei wir in den Beispielen ausschließlich drei dichotome Variablen betrachten.[2] Zunächst ist jedoch die Beschreibung der Notation in der trivariaten Kreuztabelle notwendig.

---

2 Die in diesem Kapitel vorgestellten Analysen lassen sich auch auf Tabellen mit polytomen Variablen anwenden.

11.1 Notation in der trivariaten Kreuztabelle

Bei drei simultan betrachteten Variablen ergibt sich eine dreidimensionale oder trivariate Tabelle.[3] Jede Dimension einer mehrdimensionalen Tabelle wird durch einen Index identifiziert. Dabei folgen wir der Konvention, dass sich der Index i auf die Zeilenvariable der Partialtabellen (im Beispiel Y) bezieht, der zweite Index j auf die Spaltenvariable (X) und der dritte Index k auf die Kontrollvariable (W). Die absolute Häufigkeit $n_{i,j,k}$ gibt dann an, wie oft die Ausprägungskombination ($Y = y_i$, $X = x_j$, $W = w_k$) vorkommt.

Innerhalb der Partialtabellen können relative Häufigkeiten (Anteile oder Prozentwerte) berechnet werden. Die Kontrollvariable (als Bedingung) wird dabei durch einen senkrechten Strich «|» (= unter Bedingung, dass ...) von den links davon aufgeführten Variablen abgetrennt. Die auf die Fallzahl in einer Partialtabelle bezogene relative Häufigkeit $p_{i,j|k}$ von Y berechnet sich (analog zu Gleichung 9.1 in bivariaten Tabellen) nach:

$$p_{i,j|k} = \frac{n_{i,j,k}}{n_{+,+,k}} \tag{11.1}$$

wobei i   = Index für die Nummer einer Ausprägung der Zeilenvariablen in einer Partialtabelle

j   = Index für die Nummer einer Ausprägung der Spaltenvariablen in einer Partialtabelle

k   = Index für die Nummer einer Ausprägung der Kontrollvariablen

---

3 Grafisch könnte eine trivariate Tabelle als dreidimensionaler Würfel dargestellt werden, wobei jede Dimension die Ausprägungen einer Variablen wiedergibt. Da in einer Kreuztabelle jedoch nur zwei Dimensionen zur Verfügung stehen, ist der Würfel quasi in Scheiben zerschnitten. Diese Scheiben sind in Tabelle 11.1b nebeneinander angeordnet. Jede Scheibe enthält die bivariate Verteilung von Y und X bei einem gegebenen Wert von W. Statt von Partialtabellen spricht man daher auch von *konditionalen Tabellen*.

$p_{i,j|k}$ = relative Häufigkeit der Ausprägungskombination i,j ($Y = y_i$ und $X = x_j$) bezogen auf die Fallzahl in der Partialtabelle $W = w_k$

$n_{i,j,k}$ = absolute Häufigkeit der Ausprägungskombination i,j ($Y = y_i$ und $X = x_j$) in der Partialtabelle $W = w_k$

$n_{+,+,k}$ = Fallzahl in der Partialtabelle $W = w_k$.

Weitere Erläuterungen siehe Gleichung 9.1.

Werden anstelle der spaltenbezogenen Prozentwerte in Tabelle 11.1b die auf die jeweilige Partialtabelle bezogenen relativen Häufigkeiten berechnet, so beträgt die relative Häufigkeit, dass Personen ohne Telefon im Haushalt ($X = x_2$) Schwangerschaftsabbruch befürworten ($Y = y_1$), in der Partialtabelle für den Osten ($W = w_2$), $p_{1,2|2} = 0.491$ ($= 495/1009 = n_{1,2,2}/n_{+,+,2}$). Soll die Rolle von Zeilen-, Spalten- und Kontrollvariable vertauscht werden, ändern sich die Positionen der Indizes. So bezeichnet $p_{j,k|i}$ die relative Häufigkeit der Ausprägungskombination $X = x_j$ und $W = w_k$ gegeben den Wert $Y = y_i$.

Konditionale (bedingte) relative Häufigkeiten berechnen sich wie bei bivariaten Tabellen aus den inneren Tabellenfeldern der Partialtabellen. Bei der Darstellung steht an erster Stelle der Index der abhängigen Variablen, gefolgt von den Indizes der bedingenden Variablen (unabhängige und Kontrollvariable). Die durch die Ausprägung $X = x_j$ bedingte relative Häufigkeit von Y in der Partialtabelle $W = w_k$ berechnet sich daher für $y_i = y_1$, $x_j = x_1$ und $w_k = w_1$ in Tabelle 11.1b nach:

$$p_{i|j,k} = \frac{n_{i,j,k}}{n_{+,j,k}} = \frac{p_{i,j|k}}{p_{+,j|k}} \qquad (11.2)$$

wobei $p_{i|j,k}$ = durch die erklärende Variable $X = x_j$ bedingte relative Häufigkeit von $Y = y_i$ in der Partialtabelle $W = w_k$

$n_{+,j,k}$ = Spaltensumme der Spalte $X = x_j$ in der Randzeile der Partialtabelle $W = w_k$

$p_{+,j|k}$ = relative Häufigkeit der Spaltensumme $X = x_j$ an
der Fallzahl der Partialtabelle $W = w_k$.

Weitere Erläuterungen siehe Gleichung 11.1.

Für die Daten in Tabelle 11.1b ist der spaltenbezogene Anteil der
Befürwortung von Schwangerschaftsabbruch in Haushalten mit
Telefonbesitz in der Partialtabelle für den Westen

$$p_{i|j,k} = \frac{n_{i,j,k}}{n_{+,j,k}} = \frac{840}{2026} = \frac{p_{i,j|k}}{p_{+,j|k}} = \frac{840/2104}{2026/2104} = 0.415 = 41.5\%.$$

Ist X die abhängige Variable, dann ergibt sich die durch $Y = y_i$
bedingte relative Häufigkeit von X in der Partialtabelle $W = w_k$
nach:

$$p_{j|i,k} = \frac{n_{i,j,k}}{n_{i,+,k}} = \frac{p_{i,j|k}}{p_{i,+|k}} \qquad (11.3)$$

wobei $p_{j|i,k}$ = in der Partialtabelle $W = w_k$ durch $Y = y_i$ be-
dingte relative Häufigkeit von $X = x_j$

$n_{i,+,k}$ = Zeilensumme der Zeile $Y = y_i$ in der Randspalte
der Partialtabelle $W = w_k$

$p_{i,+|k}$ = relative Häufigkeit von $Y = y_i$ in der Randspalte
der Partialtabelle $W = w_k$.

Weitere Erläuterungen siehe Gleichung 11.1.

Für Beziehungen in Partialtabellen lassen sich konditionale Zusammenhangsmaße berechnen, die den bivariaten Zusammenhang zwischen zwei Variablen bei gegebenen Ausprägungen der
Drittvariablen angeben. In trivariaten Tabellen wird die konditionale Prozentsatzdifferenz der abhängigen Zeilenvariablen Y
zwischen zwei Ausprägungen der erklärenden Spaltenvariablen
X in der Partialtabelle der Ausprägung $W = w_1$ als $d_{YX|W=1}\%$ be-

zeichnet.[4] So beschreibt die Prozentsatzdifferenz $d_{YX|W=1}\%$ den bivariaten Zusammenhang zwischen Y und X in der Partialtabelle der Drittvariablen W mit der Ausprägung $W = w_1$. Sind die konditionalen Prozentsatzdifferenzen bei allen Ausprägungen der Drittvariablen gleich, wird dies durch $d_{YX|W}\%$ dargestellt.

Wenn die konditionalen Zusammenhangsmaße bei allen Ausprägungen der Drittvariablen die gleichen Werte aufweisen, spricht man von *partiellen Zusammenhangsmaßen*. Daher kann bei partiellen Zusammenhangsmaßen die jeweilige Ausprägung der Kontrollvariablen ausgelassen werden: $d_{YX|W}\%$ ist also die *partielle Prozentsatzdifferenz* mit Y als abhängiger, X als erklärender und W als Kontrollvariable.

Die trivariate Kreuztabelle zeigt (bzw. alle Partialtabellen zusammen zeigen) die gemeinsame (trivariate) Verteilung von drei Variablen. Durch Aufsummieren über die Ausprägungen einer der drei Variablen kann jeweils eine bivariate *Randtabelle* gebildet werden – analog zu den univariaten Randverteilungen in bivariaten Tabellen, die sich durch Aufsummieren über die Ausprägungen der Spalten- bzw. der Zeilenvariablen ergeben. Aus jeder dreidimensionalen Kreuztabelle lassen sich so durch *Aggregieren* drei zweidimensionale Randtabellen erstellen.[5] Die Tabellen 11.1c-e zeigen dies exemplarisch für die Einstellung zu Schwangerschaftsabbruch, Telefonbesitz und Region. Ausgangspunkt ist die trivariate Tabelle 11.1b. Tabelle 11.1c ergibt sich durch Aggregieren über die beiden Ausprägungen der Region (W) in Tabelle 11.1b, Tabelle 11.1d durch Aggregation über X und Tabelle 11.1e durch Aggregation über Y. Tabelle 11.1a entspricht Tabelle 11.1c. Univariate Verteilungen ergeben sich durch Aggregation in den Partialtabellen oder durch Aggrega-

---

4 Zur besseren Kennzeichnung der konditionalen Prozentsatzdifferenzen wird anstelle von $W = w_1$ bzw. $W = w_2$ die verkürzte Darstellung W = 1 und W = 2 gewählt. Entsprechendes gilt für X, wenn X Kontrollvariable ist.

5 Durch Vertauschen von Zeilen und Spalten ergeben sich sogar sechs mögliche bivariate Tabellen, von denen jedoch jeweils zwei auf derselben bivariaten Verteilung basieren.

tion (Aufsummieren) über zwei Variablen. Die Randverteilungen von X und W sind so als Randzeile in den Tabellen 11.1b und c wiedergegeben. Die Randverteilung von Y zeigt Tabelle 11.1f..

11.2 Grafische Darstellung möglicher Kausalbeziehungen zwischen drei Variablen

Unterschiede zwischen bivariaten Beziehungen und konditionalen Beziehungen in Partialtabellen können als Folge unterschiedlicher Kausalbeziehungen zwischen den Variablen in der Population aufgefasst werden. In Abbildung 11.1 sind mögliche Kausalbeziehungen zwischen drei Variablen in *Pfaddiagrammen* grafisch dargestellt. Die Variablen werden durch Rechtecke dargestellt. Ein Pfeil beschreibt eine gerichtete Kausalbeziehung von einer erklärenden Variablen (der Ursache) auf eine abhängige Variable (die Wirkung). Eine solche Kausalbeziehung wird als *direkter Effekt* der erklärenden Variablen auf die abhängige Variable bezeichnet. Ungerichtete (korrelative) Beziehungen zwischen zwei Variablen werden durch Verbindungslinien dargestellt, die an beiden Enden eine Pfeilspitze aufweisen. Damit wird ausgedrückt, dass bei einer korrelativen Beziehung unbekannt ist, ob ein Kausaleffekt von der ersten zur zweiten Variablen oder umgekehrt vorliegt, ob eine gegenseitige kausale Beeinflussung vorliegt, oder ob die Beziehung zwischen den beiden Variablen Folge eines kausalen Effekts einer nicht erfassten weiteren Variablen ist, die beide Variablen beeinflusst.[6]

Abbildung 11.1a zeigt eine Kausalbeziehung, wie sie vermutlich für das Eingangsbeispiel in Tabelle 11.1a besteht: Zwischen der erklärenden Variablen X und der abhängigen Variablen Y

---

6 Ausgelassen sind in den Pfaddiagrammen Pfeile für die *Residualvariablen*. Da in der Regel unabhängige Variablen eine abhängige Variable nicht vollständig erklären können, weist die abhängige Variable auch bei Kenntnis der Realisierungen aller Prädiktoren eine Streuung auf. Diese wird formal durch eine Variable berücksichtigt, die den nichterklärten «Rest» einer abhängigen Variablen beinhaltet und daher als Residualvariable bezeichnet wird. Siehe hierzu auch Kapitel 12.

Abbildung 11.1: **Unterschiedliche Kausalstrukturen zwischen drei Variablen**

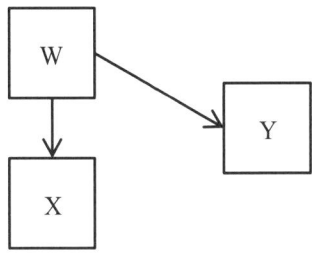

a. Scheinkausalität
   von X auf Y

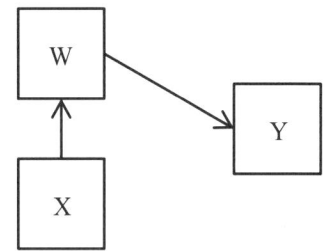

b. Kausalkette
   von X über W auf Y
   (Mediatoreffekt)

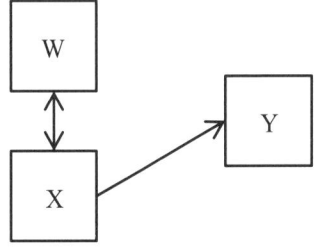

c. Scheinkausalität bzw.
   Kausalkette bezogen
   auf W.

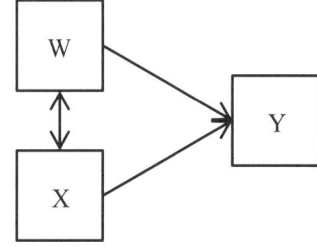

d. Konfundierung

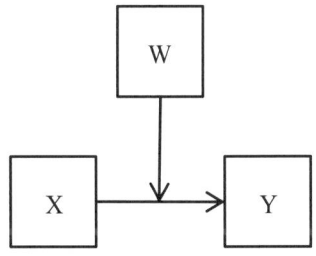

e. Interaktion als Beeinflussung
   einer bivariaten Beziehung

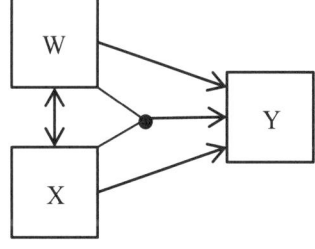

f. Interaktion als
   gemeinsame Beeinflussung

besteht keine kausale Beziehung. Es gibt aber eine dritte Variable W, die sowohl X wie Y kausal beeinflusst. Als Folge tritt bivariat ein Zusammenhang zwischen X und Y auf, der aber «verschwindet», wenn in der trivariaten Betrachtung die *gemeinsame Ursache* W als Kontrollvariable berücksichtigt wird. Diese Kausalstruktur wird als *Scheinkausalität* bezeichnet, da nur *scheinbar* eine kausale Beziehung zwischen X und Y besteht.[7] Im Beispiel von Tabelle 11.1b bedeutet dies, dass sich sowohl die Einstellung zum Schwangerschaftsabbruch wie auch die relative Häufigkeit von Telefonanschlüssen zwischen Ost und West unterscheiden, dass aber kein kausaler Effekt von Telefonbesitz auf die Einstellung besteht.[8]

Im Pfaddiagramm aus Abbildung 11.1b gibt es ebenfalls keinen Pfad von X nach Y, also keinen direkten Effekt von X auf Y. Es gibt aber einen sogenannten *indirekten Effekt* über die Drittvariable W. In einer solchen *Kausalkette* wird die den Effekt vermittelnde Variable (hier: W) *Mediatorvariable* genannt. Mit Hilfe der Mediatorvariable wird die (indirekte) Kausalbeziehung zwischen X und Y *interpretiert*. Wären die Daten aus Tabelle 11.1b Ergebnis einer Kausalkette, würde das Verfügen über einen Telefonanschluss die Region bestimmen und die Region die Einstellung. Da die erste Beziehung in dieser Kette (Telefonbesitz→ Region) ganz offensichtlich kein Kausalzusammenhang sein kann, liegt hier keine Kausalkette vor.

---

7 In älteren Texten wird auch von *Scheinkorrelation* oder *Scheinbeziehung* gesprochen, was aber missverständlich ist, da die bivariate Beziehung empirisch tatsächlich beobachtbar ist.

8 Es ist nicht davon auszugehen, dass die Region auf die Einstellung zum Schwangerschaftsabbruch und auf den Telefonbesitz kausal «wirkt», sondern dass diese Variable ähnlich wie beim Zusammenhang zwischen Mitgliedschaft in einer Religionsgemeinschaft und Einstellung zum Schwangerschaftsabbruch ein Indikator für die tatsächlich kausal wirkenden Beziehungen ist. Im Beispiel sind diese Beziehungen durch den gesellschaftlichen Kontext des Jahres 1992 gegeben. So hatten in der ehemaligen DDR nur wenige Haushalte einen eigenen Telefonanschluss. Gleichzeitig gab es in der DDR ein deutlich liberaleres Abtreibungsrecht als in der Bundesrepublik.

In Abbildung 11.1c hat nur X einen Effekt auf Y. Allerdings sind X und W hier korreliert. Obwohl W nicht direkt auf Y wirkt, gibt es dann bivariat einen Zusammenhang zwischen W und Y. Da zwischen X und W eine Korrelation, aber keine kausale Beziehung spezifiziert ist, bleibt unklar, ob W auf X wirkt oder X auf W. Im ersten Fall wäre die Beziehung zwischen W und Y eine indirekte Beziehung mit X als Mediatorvariable, im zweiten Fall eine Scheinkausalität (vgl. Abschnitt 11.3.4). Denkbar ist auch, dass sowohl X wie auch W durch eine weitere Variable beeinflusst werden. Auch dann wäre die bivariate Beziehung zwischen W und Y eine Scheinkausalität.

In Abbildung 11.1d haben sowohl X wie auch die Drittvariable W einen eigenen direkten Kausaleffekt auf Y. Zudem gibt es eine korrelative Beziehung zwischen X und W. Diese Beziehung zwischen X und W bewirkt, dass die bivariaten Effekte sowohl von X auf Y als auch von W auf Y von den kausalen Effekten abweichen. Man bezeichnet solche Situationen als *Konfundierung* (vgl. Abschnitt 11.3.2).

Bei den Effekten in Abbildung 11.1a bis 11.1d werden die konditionalen Beziehungen in allen Partialtabellen als gleich stark angenommen. Sie sind somit gleichzeitig partielle Beziehungen. Abbildung 11.1e zeigt dagegen eine Kausalstruktur, in der die kausale Beziehung zwischen X und Y durch eine dritte Variable W in ihrer Stärke beeinflusst ist. Die Beziehung zwischen X und Y variiert dann in Abhängigkeit von den Realisierungen der als *Moderator* oder *Moderatorvariable* bezeichneten Drittvariablen W. Da W und X zusammen betrachtet werden müssen, um den Effekt auf Y vollständig zu beschreiben, wird diese Konstellation auch als *Interaktion* bezeichnet. X und W beeinflussen Y mit einem *Interaktionseffekt*. Bei der Moderation einer Beziehung wirken die beiden interagierenden Variablen unterschiedlich: Nur X beeinflusst Y, W hat keinen eigenen Einfluss auf Y. Ohne Kenntnis der Kausalbeziehung kann anhand der Daten nicht unterschieden werden, ob W oder X Moderatorvariable ist, oder ob beide auf Y wirken, aber die Stärke dieses Effekts über die Ausprägungskombinationen von X *und* W variiert. Um dies grafisch auszudrücken, ist im Pfaddiagramm in Abbildung 11.1f neben den beiden möglichen direkten Effekten von X und W auf Y zusätzlich ein eigener Interaktionseffekt als ein dritter gerichteter Pfad eingezeichnet, wobei dieser zwei Ursprünge in X und W hat, die zu einer Linie zusammenlaufen (vgl. Abschnitt 11.3.5).

11.3 Tabellarische Darstellung der Beziehungsmuster zwischen drei Variablen in Kreuztabellen am Beispiel dichotomer Variablen

Für einige der in den Abbildungen beschriebenen Kausalstrukturen haben wir empirische Daten simuliert. Dies hat den Vorteil, dass der datengenerierende Kausalprozess bekannt ist und so Auswirkungen unterschiedlicher Konstellationen direkt beobachtet werden können. Y ist stets die abhängige Variable, X und W sind unabhängige Variablen. Alle Variablen sind dichotom. Die generierten Kausalbeziehungen sind *linear-additiv* (Ausnahme: Interaktion, siehe Abschnitt 11.3.5), was bedeutet, dass eine Veränderung bei einer erklärenden Variablen X bzw. W jeweils eigenständig und unabhängig vom Wert der anderen erklärenden Variablen eine Erhöhung bzw. Verringerung der Spaltenprozente bei den Ausprägungen der abhängigen Variablen bewirkt. In linear-additiven Modellen ist der konditionale Zusammenhang bei allen Ausprägungen der Drittvariablen gleich groß und ist somit ein partieller Zusammenhang.

Für jede Datenkonstellation werden zunächst die trivariaten absoluten und spaltenbezogenen relativen Häufigkeiten mit Y als Zeilen-, X als Spalten- und W als Kontrollvariable wiedergegeben. Unterhalb dieser Tabelle sind die konditionalen Prozentsatzdifferenzen für die Zeilenvariable als abhängige Variable und das Kreuzproduktverhältnis α in den Partialtabellen sowohl für

W wie auch für X als Kontrollvariable angegeben.[9] Darunter werden die drei bivariaten Häufigkeitsverteilungen (Randtabellen) wiedergegeben, die sich bei Aggregation über W, über X bzw. über Y ergeben. Auch für diese Tabellen sind die beiden Prozentsatzdifferenzen sowie α berechnet.

11.3.1 Nur X wirkt auf Y, zwischen X und W besteht kein Zusammenhang

Tabelle 11.2 zeigt ein Datenbeispiel für einen *Sonderfall* der Kausalstruktur in Abbildung 11.1c, bei dem es keinen Zusammenhang zwischen X und W gibt. In dieser Situation wirkt nur X auf Y und sowohl X wie Y sind statistisch unabhängig von W. Daher ist – wie der Vergleich der konditionalen Prozentsatzdifferenzen $d_{YX|W=1}\%$ und $d_{YX|W=2}\%$ mit der unbedingten Prozentsatzdifferenz $d_{YX}\%$ (Tabelle 11.2b) zeigt – der partielle Effekt gleich dem bivariaten Effekt.

Wird durch Vertauschen der beiden mittleren Spalten von Tabelle 11.2a die Rolle von erklärender Variable und Kontrollvariable ausgetauscht, ergeben sich konditionale Effekte von null ($d_{YW|X=1}\% = d_{YW|X=2}\% = 0$). Bei diesem Sonderfall von Abbildung 11.1c besteht kein bivariater Zusammenhang zwischen Y und W ($d_{YW}\% = 0$ in Tabelle 11.2c).

Schließlich gibt es bei dieser Datenkonstellation keinen bivariaten Zusammenhang zwischen X und W ($d_{XW}\% = 0$ in Tabelle 11.2d). Auch die konditionalen Zusammenhänge zwischen X und W sind null, wenn Y als Kontrollvariable dient. Generell gilt: Wenn eine Kontrollvariable mit keiner erklärenden Variablen interagiert (vgl. Abschnitt 11.3.5) und sowohl von der abhängigen Variable wie auch von allen erklärenden Variablen statistisch unabhängig ist, dann kann die Kontrollvariable ignoriert werden.

---

9 Die ersten beiden Spalten der trivariaten Tabelle geben die Partialtabelle von Y und X bei W = w_1, die folgenden beiden Spalten geben die Partialtabellen von Y und X bei W = w_2 wieder. Die Partialtabellen von Y und W bei Kontrolle von X ergeben sich durch Vertauschen der beiden mittleren Spalten in der trivariaten Tabelle.

Tabelle 11.2: **Nur X wirkt auf Y, X und W sind statistisch unabhängig**
voneinander

a. Konditionale absolute und spaltenbezogene relative Häufigkeiten

	$W = w_1$		$W = w_2$		
	$X = x_1$	$X = x_2$	$X = x_1$	$X = x_2$	Σ
$Y=y_1$	0.60 (225)	0.48 (180)	0.60 (75)	0.48 (60)	0.54 (540)
$Y=y_2$	0.40 (150)	0.52 (195)	0.40 (50)	0.52 (65)	0.46 (460)
Σ	1.00 (375)	1.00 (375)	1.00 (125)	1.00 (125)	1.00 (1000)

$d_{YX|W=1}\% = 12.0; \; \alpha_{YX|W=1} = 1.625$ $d_{YX|W=2}\% = 12.0; \; \alpha_{YX|W=2} = 1.625$

$d_{YW|X=1}\% = 0.0; \; \alpha_{YW|X=1} = 1.0$ $d_{YW|X=2}\% = 0.0; \; \alpha_{YW|X=2} = 1.0$

b. Beziehung zwischen X und Y

	$X = x_1$	$X = x_2$	Σ
$Y = y_1$	300	240	540
$Y = y_2$	200	260	460
Σ	500	500	1000

$d_{YX}\% = 12.0; \; \alpha_{YX} = 1.625$

c. Beziehung zwischen W und Y

	$W = w_1$	$W = w_2$	Σ
$Y = y_1$	405	135	540
$Y = y_2$	345	115	460
Σ	750	250	1000

$d_{YW}\% = 0.0; \; \alpha_{YW} = 1.0$

d. Beziehung zwischen W und X

	$W=w_1$	$W=w_2$	Σ
$X = x_1$	375	125	500
$X = x_2$	375	125	500
Σ	750	250	1000

$d_{XW}\% = 0.0; \; \alpha_{XW} = 1.0$

11.3.2 X und W wirken beide auf Y, zwischen X und W besteht ein Zusammenhang: Konfundierung

Wenn X und W nicht statistisch unabhängig voneinander sind und beide auf Y wirken, dann unterscheiden sich die bivariaten Effekte von den konditionalen Effekten. Die bivariaten Effekte können dann – ähnlich wie bei einer Scheinkausalität – den tatsächlich bestehenden kausalen Zusammenhang nicht korrekt erfassen. Es wird dann auch davon gesprochen, dass die bivariaten

Effekte *konfundiert* sind.[10] Dies ist die in der Regel auftretende Datenkonstellation bei einem nichtexperimentellen Untersuchungsdesign.

Abbildung 11.2 zeigt Pfaddiagramme für verschiedene Arten von *Konfundierung*. Im Unterschied zu Abbildung 11.1d ist in Abbildung 11.2a die symmetrische Beziehung zwischen X und W (X↔W) durch einen kausalen Effekt von X auf W (X→W) ersetzt. Zum besseren Verständnis der Logik der kausalen Effekte auf Y werden die Pfade im Pfaddiagramm der Reihe nach betrachtet:

1. X beeinflusst Y, d. h. ein Anstieg bei X bewirkt eine Veränderung bei Y.

2. X beeinflusst W, d. h. ein Anstieg bei X bewirkt auch eine Veränderung bei W.

3. W beeinflusst Y. Die durch X ausgelöste Veränderung bei W bewirkt dann eine *zusätzliche* Veränderung bei Y. Da X aber W nicht vollständig determiniert, verändert sich Y nur um den Anteil von W, der durch X beeinflusst ist. Die zusätzliche Veränderung in Y unterscheidet sich daher von dem direkten Effekt W→Y, der sich *nicht nur* auf einen Anteil von W bezieht.

Dies lässt sich mit den in Abbildung 11.2a aufgeführten Effektstärken nachrechnen.[11] So hat ein Anstieg in X einen direkten Effekt von 0.12 auf Y. Gleichzeitig gibt es einen Effekt X→W in Höhe von 0.40. Diese Veränderung in W bewirkt eine zusätzliche Veränderung bei Y in Höhe von $0.40 \cdot 0.30 = 0.12$,[12] die den *indirekten Effekt* von X über W auf Y angibt. Zusammen mit dem

---

10 Ähnlich wie bei der Scheinkausalität gilt auch hier, dass die beobachtete bivariate Beziehung den kausalen Effekt von X auf Y nicht korrekt wiedergibt, obwohl die asymmetrische bivariate Beziehung selbst korrekt gemessen wird.

11 Hierzu dienen die in Abbildung 11.2 aufgeführten Effektstärken.

12 In dem Produkt $0.40 \cdot 0.30$ ist 0.40 der direkte Effekt von X→W und 0.30 der direkte Effekt von W→Y. Da gewissermaßen nur 0.40 von W durch X verändert wird, kann auch nur dieser Anteil von W zusätzlich zu X auf Y wirken.

Abbildung 11.2: **Verschiedene Formen von Konfundierung**

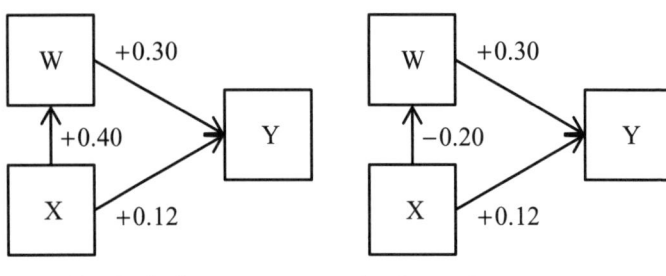

a. positive Konfundierung   b. Suppression

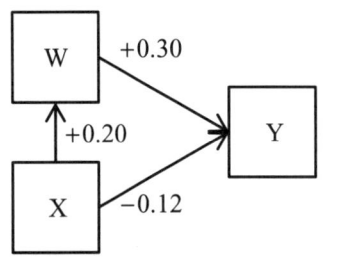
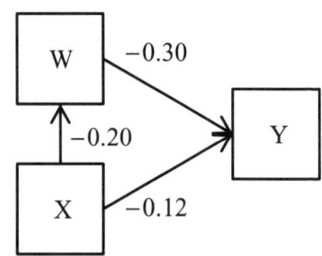

c. Suppression   d. Suppression

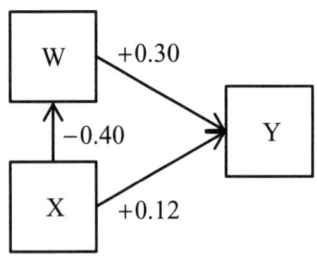
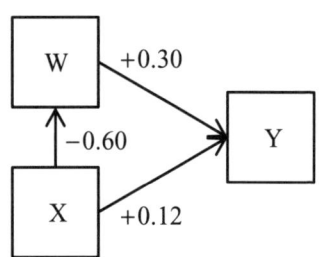

e. Scheinbare Nichtbeziehung   f. Verzerrung

direkten Effekt X→Y von 0.12 ergibt sich somit ein Gesamteffekt von X auf Y in Höhe von 0.12+0.12 = 0.24. In diesem Beispiel führt die Konfundierung durch W dazu, dass die bivariate Beziehung, die den Gesamt- oder totalen Effekt von X auf Y angibt, stärker ausfällt als der direkte Effekt X→Y und dass dadurch ein stärkerer kausaler Zusammenhang «vorgetäuscht» wird.

Simulierte Daten zu der Kausalstruktur in Abbildung 11.2a sind in Tabelle 11.3 aufgeführt.

Wenn es wie in Abbildung 11.2a nur kausale und keine korrelativen Beziehungen zwischen den Variablen gibt, dann können Zusammenhänge als Folge direkter und indirekter kausaler Effekte aufgelöst werden. Bei der Berechnung direkter Effekte muss unterschieden werden, ob eine abhängige Variable nur durch eine oder durch mehrere erklärende Variablen kausal beeinflusst wird. Wird eine abhängige Variable nur durch *eine* erklärende Variable kausal beeinflusst, dann ist der direkte Effekt gleich dem bivariaten Zusammenhang. In Abbildung 11.2a trifft dies auf W zu, da W nur durch X beeinflusst wird. Der direkte Effekt X→W ist daher gleich dem bivariaten Zusammenhang $d_{WX}\% = 40$ Prozentpunkte (Tabelle 11.3d). Wird eine abhängige Variable durch mehrere erklärende Variablen beeinflusst, dann werden die direkten Effekte durch die konditionalen bzw. durch die partiellen Zusammenhänge erfasst. Y wird in Abbildung 11.2a sowohl durch X wie auch durch W beeinflusst. Der direkte Effekt X→Y ist daher gleich dem partiellen Zusammenhang $d_{YX|W}\% = d_{YX|W=1}\% = d_{YX|W=2}\% = 12$ Prozentpunkte (Tabelle 11.3a). Der direkte Effekt W→Y bei Kontrolle von X wird dann durch den partiellen Zusammenhang $d_{YW|X}\% = d_{YW|X=1}\% = d_{YW|X=2}\% = 30$ Prozentpunkte erfasst (Tabelle 11.3a bei Vertauschen der beiden mittleren Spalten W = w_1 & X = x_2 und W = w_2 & X = x_1). Die bivariate Beziehung $d_{YX}\% = 0.24$ (Tabelle 11.3b) zwischen X und Y gibt hier den *totalen Effekt* wieder, der als Summe aus direktem Effekt und indirekten Effekten definiert ist.

a. Konditionale absolute und spaltenbezogene relative Häufigkeiten

	$W = w_1$		$W = w_2$			
	$X = x_1$	$X = x_2$	$X = x_1$	$X = x_2$	Σ	
$Y = y_1$	0.72 (252)	0.60 (90)	0.42 (63)	0.30 (105)	0.51 (510)	
$Y = y_2$	0.28 (98)	0.40 (60)	0.58 (87)	0.70 (245)	0.49 (490)	
Σ	1.00 (350)	1.00 (150)	1.00 (150)	1.00 (350)	1.00 (1000)	

$d_{YX|W=1}\% = 12.0$; $\alpha_{YX|W=1} = 1.714$ $d_{YX|W=2}\% = 12.0$; $\alpha_{YX|W=2} = 1.690$

$d_{YW|X=1}\% = 30.0$; $\alpha_{YW|X=1} = 3.551$ $d_{YW|X=2}\% = 30.0$; $\alpha_{YW|X=2} = 3.50$

b. Beziehung zwischen X und Y

	$X = x_1$	$X = x_2$	Σ
$Y = y_1$	315	195	510
$Y = y_2$	185	305	490
Σ	500	500	1000

$d_{YX}\% = 24.0$; $\alpha_{YX} = 2.663$

c. Beziehung zwischen W und Y

	$W = w_1$	$W = w_2$	Σ
$Y = y_1$	342	168	510
$Y = y_2$	158	332	490
Σ	500	500	1000

$d_{YW}\% = 34.8$; $\alpha_{YW} = 4.278$

d. Beziehung zwischen W und X

	$X = x_1$	$X = x_2$	Σ
$W = w_1$	350	150	500
$W = w_2$	150	350	500
Σ	500	500	1000

$d_{WX}\% = 40.0$, $\alpha_{WX} = 1.0$

Auch der bivariate Effekt $d_{YW}\% = 34.8$ Prozentpunkte (Tabelle 11.3c) ist Folge der Kausaleffekte zwischen X, W und Y. Der Wert ergibt sich als Summe des partiellen Zusammenhangs bzw. des direkten Effekts W→Y ($d_{YW|X}\% = 30$) plus dem Produkt aus dem direkten Effekt X→W ($d_{WX}\% = 40$) und dem direkten Effekt X→Y ($d_{YX|W}\% = 12$): $0.348 = 0.30 + 0.40 \cdot 0.12$. Das Produkt aus den direkten Effekten X→W ($d_{WX}\% = 40$) und

$X \rightarrow Y$ ($d_{YX|W}\% = 12$) ist *kein* indirekter Effekt, sondern Folge der Wirkung von X auf sowohl W wie Y.[13] Man bezeichnet das Produkt dieser direkten Effekte als *korrelierten Effekt*.

Generell sind korrelierte Effekte entweder Scheinkausalitäten oder kausal nicht auflösbare bzw. nicht aufgelöste Beziehungen. Wenn – wie in Abbildung 11.1d – die Beziehung zwischen X und W ungerichtet (symmetrisch) ist, bleibt offen, ob es einen indirekten Effekt von X über W auf Y oder umgekehrt von W über X auf Y gibt oder ob die Beziehung zwischen X und W eine Scheinkausalität ist, die durch eine weitere Variable verursacht wird. Da keine indirekten Beziehungen berechnet werden können, ist in Abbildung 11.1d nicht nur der bivariate Effekt von W auf Y die Summe aus dem direkten und einem korrelierten Effekt, sondern auch der bivariate Effekt von X auf W. In solchen Situationen können bivariate Effekte *nicht* als totale Effekte interpretiert werden. Totale Effekte zwischen zwei Variablen setzen sich nur aus direkten und indirekten Effekten zusammen. Korrelierte Effekte bleiben unberücksichtigt.

Verstärkung

In Abbildung 11.2a haben der indirekte Effekt von X über W auf Y und der korrelierte Effekt zwischen W und Y die gleiche Richtung wie die direkten Effekte. Als Folge dieser *positiven* Konfundierung sind die bivariaten Beziehungen größer als die partiellen Effekte (Tabelle 11.3). Statt positiver Konfundierung kann man auch von *Verstärkung* sprechen.

---

13 In Abbildung 11.1a ist der «reine» Fall einer Scheinkausalität wiedergegeben, bei der die bivariate Beziehung zwischen X und Y *ausschließlich* Folge der gemeinsamen Ursache W ist. In Abbildung 11.2a ist X gemeinsame Ursache von W und Y. Zusätzlich zu dieser – eine Scheinkausalität auslösenden – gemeinsamen Ursache X gibt es auch einen eigenständigen direkten kausalen Effekt W→Y.

Suppression

Den umgekehrten Fall einer *negativen* Konfundierung zeigt das Pfadmodell in Abbildung 11.2b. Die Kausalrichtungen in den Pfaddiagrammen von Abbildung 11.2a und 11.2b sind identisch. Gleich sind auch die direkten Effekte X→Y mit +0.12 und W→Y mit +0.30. Mit –0.20 ist der Effekt X→W jedoch geringer als der entsprechende Effekt in Abbildung 11.2a und hat vor allem ein negatives Vorzeichen. Dadurch gibt es einen negativen indirekten Effekt von X über W auf Y in Höhe von –0.06 (= –0.20 · 0.3). Der totale Effekt von X auf Y in Höhe von +0.06 ist die Summe aus dem positiven direkten Effekt X→Y und dem indirekten negativen Effekt über W: +0.06 = +0.12+(–0.06). Entsprechend berechnet sich der bivariate Effekt von W auf Y in Höhe von +0.276 als Summe aus dem direkten positiven Effekt W→Y und dem korrelierten negativen Effekt: +0.276 = +0.30+(–0.20) · 0.12. Bei einer derartigen Datenkonstellation sind die partiellen (direkten) Effekte ($d_{YX|W}\% = 0.12$ und $d_{YW|X}\% = 0.30$) größer als die korrespondierenden bivariaten Effekte ($d_{YX}\% = 0.06$ und $d_{YW}\% = 0.276$).

Dieses als *Suppression* bezeichnete Phänomen tritt immer dann auf, wenn ein indirekter bzw. korrelierter Effekt in die entgegengesetzte Richtung wirkt wie ein direkter Effekt. Im Beispiel wirkt W als S*uppressorvariable* bei der Wirkung von X auf Y.[14] Suppression liegt vor, wenn der Zusammenhang zwischen zwei erklärenden Variablen negativ ist, während die direkten Effekte auf die abhängige Variable beide positiv sind (Abbildung 11.2b). Wie man sich anhand der Multiplikation von Effekten bei der Berechnung der indirekten bzw. korrelierten Effekte klarmachen kann, ergibt sich Suppression weiterhin auch dann, wenn eine Variable einen positiven, die andere einen negativen direkten Effekt hat und eine positive Beziehung zwischen den beiden erklärenden Variablen besteht (Abbildung 11.2c). Suppression ist

---

14 Entsprechend ist auch X Suppressorvariable bei der Beziehung von W auf Y.

schließlich auch zu beobachten, wenn zwei direkte Effekte negativ sind und auch der Zusammenhang zwischen den erklärenden Variablen negativ ist (Abbildung 11.2d).

Scheinbare Nichtbeziehung

Ein Spezialfall der Suppression liegt vor, wenn entgegengesetzte indirekte oder korrelierte Effekte genau so groß sind wie der direkte Effekt (Abbildung 11.2e). Der durch W ausgelöste negative indirekte Effekt zwischen Y und X von $-0.40 \cdot 0.30 = -0.12$ hebt den direkten Effekt von X→Y mit +0.12 exakt auf und verursacht so bivariat eine *scheinbare Nichtbeziehung*.

Verzerrung

Von *Verzerrung* spricht man hier schließlich, wenn der bivariate Effekt ein anderes Vorzeichen hat als die konditionalen bzw. partiellen Effekte.[15] Dies tritt auf, wenn indirekte bzw. korrelierte Effekte größer sind als die direkten Effekte und ein anderes Vorzeichen als diese aufweisen. Aus dem Pfaddiagramm in Abbildung 11.2f ist berechenbar, dass der indirekte Effekt von X über W auf Y $= -0.60 \cdot 0.30 = -0.18$ ist. Der direkte Effekt X→Y beträgt +0.12 Punkte. Der bivariate Effekt von X auf Y ist daher: $+0.12 + (-0.18) = -0.06$.

11.3.3 X und W wirken auf Y, zwischen X und W besteht kein Zusammenhang

Bei dieser Konstellation handelt es sich um einen Sonderfall der Kausalstruktur in Abbildung 11.1d, bei dem die ungerichtete (korrelative) Beziehung zwischen X und W null ist, also gar nicht besteht (Tabelle 11.4d). Dann gibt es auch keine Konfundierung. Das hat zur Folge, dass der direkte Effekt X→Y (die partielle Beziehung $d_{YX|W}\%$) gleich dem bivariaten Effekt

---

15 Mit «Verzerrung» ist hier nicht die fehlende Erwartungstreue eines Schätzers gemeint.

$d_{YX}\% = 10.0$ (Tabelle 11.4a und b) ist und dass auch der direkte Effekt $W \rightarrow Y$ ($d_{YW|X}\%$) gleich der bivariaten Beziehung $d_{YW}\% = 30.0$ ist (Tabelle 11.4a und c). Daher können hier kausale Effekte direkt über die asymmetrischen, bivariaten Zusammenhänge ermittelt geschätzt werden.[16]

Zu beachten ist allerdings, dass bei einer derartigen Datenkonstellation die Partialtabellen von X und W gegeben Y einen Zusammenhang zwischen X und W aufzeigen. Hervorgerufen wird dieser kausal nicht interpretierbare Zusammenhang dadurch, dass Y sowohl von X wie von W kausal beeinflusst wird und daher durch das Konstanthalten der *kausal nachgeordneten Variablen* Y eine Abhängigkeit zwischen X und W generiert wird. So ist es möglich, dass auch ein konditionaler Zusammenhang eine Scheinkausalität sein kann. Wenn eine erklärende Variable durch eine von ihr abhängige Variable «erklärt» wird, spricht man auch von einem *Endogenitätsproblem*.

11.3.4 Scheinkausalität und ausschließlich indirekte Effekte

Die im Eingangsbeispiel vorgeführte Scheinkausalität lässt sich als ein Spezialfall von Konfundierung auffassen: Ein bivariat bestehender Zusammenhang zwischen Y und X wird ausschließlich durch einen korrelierten Effekt ausgelöst, da eine Drittvariable W sowohl Y wie auch X kausal beeinflusst, X aber keinen direkten Effekt auf Y hat (Abbildung 11.1a). In Tabelle 11.5b besteht ein bivariater Effekt zwischen Y und X, der als korrelierter Effekt aus dem Produkt der bivariaten Effekte von W auf Y (Tabelle 11.5c) und von W auf X (Tabelle 11.5d) resultiert: $0.12 = 0.40 \cdot 0.30$. Der korrelierte Effekt resultiert daraus, dass W die gemeinsame Ursache für X und Y ist.

---

16 Dies ist der zentrale Grund für die Durchführung randomisierter Experimente (vgl. Schnell 2011: S. 216ff.), da hier statistische Unabhängigkeit zwischen einer experimentell variierten, erklärenden Variablen (einem Faktor) und anderen, nicht beobachteten Drittvariablen erzwungen wird. Allerdings ist zu beachten, dass die bei unkorrelierten Kontrollvariablen bestehende Gleichheit von bivariaten und kausalen Effekten nur für linear-additive Kausalbeziehungen gilt.

Tabelle 11.4: X und W wirken beide auf Y; X und W sind unabhängig voneinander

a. Konditionale absolute und spaltenbezogene relative Häufigkeiten

	$W = w_1$		$W = w_2$		Σ	
	$X = x_1$	$X = x_2$	$X = x_1$	$X = x_2$		
$Y = y_1$	0.70 (175)	0.60 (150)	0.40 (100)	0.30 (75)	0.50	(500)
$Y = y_2$	0.30 (75)	0.40 (100)	0.60 (150)	0.70 (175)	0.50	(500)
Σ	1.00 (250)	1.00 (250)	1.00 (250)	1.00 (250)	1.00	(1000)

$d_{YX|W=1}\% = 10.0$; $\alpha_{YX|W=1} = 1.556$ $d_{YX|W=2}\% = 10.0$; $\alpha_{YX|W=2} = 1.556$

$d_{YW|X=1}\% = 30.0$; $\alpha_{YW|X=1} = 3.5$ $d_{YW|X=2}\% = 30.0$; $\alpha_{YW|X=2} = 3.5$

b. Beziehung zwischen X und Y

	$X = x_1$	$X = x_2$	Σ
$Y = y_1$	275	225	500
$Y = y_2$	225	275	500
Σ	500	500	1000

$d_{YX}\% = 10.0$; $\alpha_{YX} = 1.494$

c. Beziehung zwischen W und Y

	$W = w_1$	$W = w_2$	Σ
$Y = y_1$	325	175	500
$Y = y_2$	175	325	500
Σ	500	500	1000

$d_{YW}\% = 30.0$; $\alpha_{YW} = 3.449$

d. Beziehung zwischen W und X

	$W = w_1$	$W = w_2$	Σ
$X = x_1$	250	250	500
$X = x_2$	250	250	500
Σ	500	500	1000

$d_{XW}\% = 0$; $\alpha_{XW} = 1$

Ohne zusätzliche Informationen lässt sich die durch W ausgelöste Scheinkausalität zwischen X und Y nicht von einer Kausalkette unterscheiden, bei der X über W indirekt Y beeinflusst (Abbildung 11.1b). Die Daten aus Tabelle 11.5 lassen sich daher auch so interpretieren, dass X einen direkten Effekt auf W in Höhe von 0.40 hat und W einen direkten Effekt auf Y in Höhe von 0.30. Der indirekte Effekt ist dann gleich dem bivariaten Effekt in Höhe von $0.12 = 0.40 \cdot 0.30$.

Tabelle 11.5: **Nur W wirkt (direkt) auf Y, X und W sind nicht statistisch unabhängig voneinander: Scheinkausalität zwischen X und Y oder indirekter Effekt von X über W auf Y**

a. Konditionale absolute und spaltenbezogene relative Häufigkeiten

| | $W = w_1$ | | $W = w_2$ | | |
	$X = x_1$	$X = x_2$	$X = x_1$	$X = x_2$	Σ
$Y = y_1$	0.60 (210)	0.60 (90)	0.30 (45)	0.30 (105)	0.45 (450)
$Y = y_2$	0.40 (140)	0.40 (60)	0.70 (105)	0.70 (245)	0.55 (550)
Σ	1.00 (350)	1.00 (150)	1.00 (150)	1.00 (350)	1.00 (1000)

$d_{YX|W=1}\% = 0.0;\ \alpha_{YX|W=1} = 1.0$ $d_{YX|W=2}\% = 0.0;\ \alpha_{YX|W=2} = 1.0$

$d_{YW|X=1}\% = 30.0;\ \alpha_{YW|X=1} = 3.5$ $d_{YW|X=2}\% = 30.0;\ \alpha_{YW|X=2} = 3.5$

b. Beziehung zwischen X und Y

	$X = x_1$	$X = x_2$	Σ
$Y = y_1$	255	195	450
$Y = y_2$	245	305	550
Σ	500	500	1000

$d_{YX}\% = 12.0;\ \alpha_{YX} = 1.628$

c. Beziehung zwischen W und Y

	$W = w_1$	$W = w_2$	Σ
$Y = y_1$	300	150	450
$Y = y_2$	200	350	550
Σ	500	500	1000

$d_{YW}\% = 30.0,;\ \alpha_{YW} = 3.5$

d. Beziehung zwischen W und X

	$W = w_1$	$W = w_2$	Σ
$X = x_1$	350	150	500
$X = x_2$	150	350	500
Σ	500	500	1000

$d_{XW}\% = 40.0;\ \alpha_{XW} = 5.444$

Sowohl bei einer Kausalkette als auch bei einer Scheinkausalität sind die konditionalen Zusammenhänge zwischen Y und X null, wenn die Mediatorvariable W bzw. die die Scheinkausalität auslösende, auf Y und X wirkende erklärende Variable W als Kontrollvariable die Partialtabellen definiert (Tabelle 11.5a).[17]

---

17 Bei Kontrolle der vorgelagerten Kausalvariablen (in Abbildung 11.1b: X) bzw. der unabhängigen Variablen mit bivariater Scheinkausalität (in Abbildung 11.1a: X) gibt es dagegen konditionale bzw. partielle Effekte zwischen erklärender und abhängiger Variable $d_{YW|X}\% \neq 0$.

11.3.5 Interaktionseffekte

In den Datenkonstellationen der Tabellen 11.2 bis 11.5 sind die konditionalen Effekte von X auf Y gemessen über $d_{YX|W}\%$ in den Partialtabellen gleich groß, also partielle Effekte. Bei einem Interaktionseffekt (Abbildung 11.1e bzw. 11.1f) ist dies nicht der Fall. Als ein Beispiel zeigt Tabelle 11.6 eine Datenkonstellation, bei der die konditionale Prozentsatzdifferenz bei $W = w_1$ einen Wert von $d_{YX|W=1}\% = 10.7$ Prozentpunkten und bei $W = w_2$ einen Wert von $d_{YX|W=2}\% = 16.7$ Prozentpunkten hat. Der Interaktionseffekt ist die Differenz der beiden Werte, hier also 6.0 Prozentpunkte.

Oft wird ein Interaktionseffekt als Moderation eines direkten Kausaleffekts durch eine Moderatorvariable aufgefasst. Wenn wie in Abbildung 11.1e W die Moderatorvariable ist, dann ist bei $W = w_1$ der Kausaleffekt von X auf Y $d_{YX|W=1}\% = 10.7$. Die Moderatorvariable erhöht den Effekt bei $W = w_2$ um 6.0 Prozentpunkte auf 16.7 Prozentpunkte. Die Daten erlauben aber auch die umgekehrte Sicht, wenn in Tabelle 11.6a die mittleren Spalten vertauscht werden und damit der Effekt von W auf Y bei Kontrolle von X betrachtet wird: Ist $X = x_1$, hat W einen direkten Effekt von $d_{YW|X=1}\% = 19.0$, der sich durch die Moderatorvariable X bei einem Wechsel zu $X = x_2$ um 6.0 Prozentpunkte auf $d_{YW|X=1}\% = 25.0$ Prozentpunkte erhöht. Ohne zusätzliche Informationen sind diese Situationen empirisch nicht zu unterscheiden.

Aus der Möglichkeit von Interaktionseffekten folgt, dass die statistische Unabhängigkeit zwischen drei Variablen nicht allein auf der Basis der Berechnung bivariater Beziehungen festgestellt werden kann. So ist es möglich, dass alle drei Variablen Y, X und W bivariat statistisch unabhängig voneinander sind. Trotzdem können X und W mit Interaktionseffekten auf Y wirken. Wenn in einer Partialtabelle der konditionale Effekt positiv ist und in der anderen Partialtabelle negativ, dann können sich die Interaktionseffekte bei Aggregation über X wie über W möglicherweise

Tabelle 11.6: **Unterschiede bei den konditionalen Prozentsatzdifferenzen: Interaktionseffekte im linearen Modell**

a. Konditionale absolute und spaltenbezogene relative Häufigkeiten

| | $W = w_1$ | | $W = w_2$ | | |
	$X = x_1$	$X = x_2$	$X = x_1$	$X = x_2$	Σ
$Y=y_1$	0.857 (372)	0.75 (186)	0.667 (124)	0.50 (62)	0.75 (744)
$Y=y_2$	0.143 (62)	0.25 (62)	0.333 (62)	0.50 (62)	0.25 (248)
Σ	1.000 (434)	1.00 (248)	1.000 (186)	1.00 (124)	1.00 (992)

$d_{YX|W=1}\% = 10.7; \ \alpha_{YX|W=1} = 2.0$ $d_{YX|W=2}\% = 16.7; \ \alpha_{YX|W=2} = 2.0$

$d_{YW|X=1}\% = 19.0; \ \alpha_{YW|X=1} = 3.0$ $d_{YW|X=2}\% = 25.0; \ \alpha_{YW|X=2} = 3.0$

b. Beziehung zwischen X und Y

	$X = x_1$	$X = x_2$	Σ
$Y=y_1$	496	248	744
$Y=y_2$	124	124	248
Σ	620	372	992

$d_{YX}\% = 13.3; \ \alpha_{YX} = 2.0$

c. Beziehung zwischen W und Y

	$W = w_1$	$W = w_2$	Σ
$Y=y_1$	558	186	744
$Y=y_2$	124	124	248
Σ	682	310	992

$d_{YW}\% = 21.8; \ \alpha_{YW} = 3.0$

d. Beziehung zwischen W und X

	$W = w_1$	$W = w_2$	Σ
$X = x_1$	434	186	620
$X = x_2$	248	124	372
Σ	682	310	992

$d_{XW}\% = 3.6; \ \alpha_{XW} = 1.167$

gegenseitig ausgleichen, sodass bivariat, wie bei einer scheinbaren Nichtbeziehung, der Effekt «verschwindet».[18] Trivariat sind X, W und Y dann nicht statistisch unabhängig voneinander.

18 Ein Beispiel hierfür ergibt sich bei der folgenden trivariaten Verteilung:

| W | w_1 | | w_2 | | | X | | | | X | | | | W | |
Y\X	x_1	x_2	x_1	x_2		Y	x_1	x_2		W	x_1	x_2		Y	w_1	w_2
y_1	60	40	40	60		y_1	100	100		w_1	100	100		y_1	100	100
y_2	40	60	60	40		y_2	100	100		w_2	100	100		y_2	100	100

11.3.6 Lineare oder multiplikative Effekte

Die simulierten Daten der Tabellen 11.2 bis 11.5 sind über linear-additive Kausalmodelle generiert worden. Bei der Generierung der Daten für Tabelle 11.6 wurde dagegen eine multiplikative Kausalstruktur modelliert, bei der sich die Odds, also die Häufigkeitsverhältnisse $n_{1,j,k}/n_{2,j,k}$ der Ausprägungen y_1 zu y_2 um jeweils einen vorgegebenen Faktor ändern, wenn eine der erklärenden Variablen ihre Ausprägung ändert (vgl. Kapitel 9.4). Tabelle 11.6a ist dabei zu entnehmen, dass die Odds-Ratios[19] $\alpha_{YX|W=1} = 2.0$ und $\alpha_{YX|W=2} = 2.0$ in beiden Partialtabellen gleich sind, also ein partielles Odds-Ratio sind, und auch mit dem bivariaten Odds-Ratio $\alpha_{YX} = 2.0$ übereinstimmen. Bei Vertauschen der beiden mittleren Spalten von Tabelle 11.6a sind beide konditionalen Odds-Ratios $\alpha_{YW|X=1} = (372/62)/(124/62) = 3.0$ und $\alpha_{YW|X=2} = (186/62)/(62/62) = 3.0$ wiederum gleich und mit dem Odds-Ratio $\alpha_{YW} = 3.0$ identisch. Bezogen auf die multiplikative Modellierung liegt somit in Tabelle 11.6 *keine* Interaktion vor.

Umgekehrt haben die konditionalen Odds in den linear-additiven Modellen der Tabelle 11.3 in den Partialtabellen (leicht) unterschiedliche Werte. Bezogen auf eine multiplikative Modellierung liegen also Interaktionseffekte zwischen X und W vor. Das Vorliegen oder Nichtvorliegen eines Interaktionseffekts hängt somit auch von der Art der statistischen Modellierung eines Zusammenhangs ab. Bei statistischen Analysen sollte daher bei der Feststellung eines Interaktionseffekts immer auch angegeben werden, ob dieser bei additiver oder bei multiplikativer Modellierung besteht.

Kausaltheoretisch liegt ein Interaktionseffekt dann vor, wenn der datengenerierende Prozess einen Interaktionseffekt beinhaltet. Da aber der datengenerierende Prozess nur bei Simulationen bekannt ist, kann meist nicht mit Sicherheit festgestellt werden, welche Modellierung (additive versus multiplikative Effekte) bei

---

19 Berechnung von $\alpha_{YX} = \alpha_{XY} = \alpha$ nach Gleichung 9.28.

der Frage, ob ein Interaktionseffekt vorliegt oder nicht, korrekt ist. Dennoch gibt es Situationen, wo beide Modellierungen stets zu gleichen Ergebnissen kommen. Das ist der Fall, wenn die Drittvariable unabhängig von den Ausprägungskombinationen der abhängigen und der unabhängigen Variablen ist. Das gilt aber auch schon, wenn die Drittvariable nur mit der abhängigen Variablen nicht zusammenhängt. Wenn nur X, aber nicht W auf Y wirkt, weisen sowohl die bivariaten wie die konditionalen Odds-Ratios α_{YX}, $\alpha_{YX|W=1}$ und $\alpha_{YX|W=2}$ gleiche Werte auf.

Wirken dagegen sowohl X wie auch W auf Y und sind X und Y statistisch unabhängig voneinander, dann sind im linear-additiven Modell die bivariaten Effekte von X auf Y und von W auf Y gleich den konditionalen und partiellen Effekten: $d_{YX|W}\% = d_{YX}\%$ und $d_{YW|X}\% = d_{YW}\%$ (Tabelle 11.4). Bei einer multiplikativen Modellierung unterscheiden sich dagegen die bivariaten und konditionalen Odds-Ratios bei Unabhängigkeit von X und W. Dies gilt selbst dann, wenn die konditionalen Odds-Ratios gleich sind, also partielle Effekte sind. Dann sind die partiellen Odds-Ratios größer als die bivariaten Odds-Ratios: $\alpha_{YX|W} > \alpha_{YX}$ und $\alpha_{YW|X} > \alpha_{YW}$ (Tabelle 11.4).

11.4 Kausalanalysen

Multivariate Analysen von mehr als zwei Variablen haben oft das Ziel, kausale Zusammenhänge zwischen zwei Variablen zu prüfen. Die Notwendigkeit solcher Analysen zeigt das Eingangsbeispiel, in dem der bivariat bestehende Zusammenhang zwischen Telefonbesitz und Einstellung zum Schwangerschaftsabbruch bei der dreidimensionalen Betrachtung mit Region als Kontrollvariable nicht vorhanden ist. Bei einer solchen *Kausalanalyse* wird geprüft, ob die beobachteten Beziehungsmuster zwischen Variablen mit der theoretisch vermuteten Kausalstruktur vereinbar sind. Stimmt eine empirisch beobachtete Datenkonstellation nicht mit der postulierten Kausalstruktur

überein, dann ist die postulierte Kausalstruktur vermutlich unzutreffend.

Umgekehrt kann durch Kausalanalysen *nicht* die Gültigkeit
eines Kausalmodells nachgewiesen werden. Dies hat mehrere
Gründe:

1. Die Datenkonstellation ist nicht immer eindeutig. So ist zwar
   sehr oft zu beobachten, dass bei Drittvariablenkontrolle die
   Stärke der bivariaten Zusammenhänge abnimmt. Allerdings
   verschwinden Effekte nur selten vollkommen, wie das im Idealfall der Scheinkausalität (oder der Interpretation durch W)
   der Fall sein sollte. Dann ist die Datenkonstellation nicht so
   klar, dass eindeutig eine der in den Tabellen 11.2 bis 11.6 dar-
   gestellten Konstellationen sichtbar ist. So lassen die Daten in
   Tabelle 11.1b den Schluss zu, dass zwischen Y und X Scheinkausalität (oder Interpretation durch W) vorliegt, weil bei
   Kontrolle von W der verbleibende Zusammenhang zwischen
   Y und X vernachlässigbar gering ist. Da dieser verbleibende
   (sehr geringe) Zusammenhang ein anderes Vorzeichen aufweist als in Tabelle 11.1a, könnten die Daten auch als Beispiel für eine Verzerrung dienen. Und da sich die konditionalen Zusammenhänge mit Prozentsatzdifferenzen von 4.3 und
   0.8 Prozentpunkten unterscheiden, könnte man auch von einem Interaktionseffekt zwischen X und W ausgehen.

   Eine Entscheidungshilfe bieten hier statistische Tests, durch
   die beobachtete statistische Zusammenhänge abgesichert
   werden können und abgesichert werden sollten. So geben in
   Tabelle 11.1b Pearsons Chiquadrat-Statistiken an, dass in den
   beiden Partialtabellen kein signifikanter Zusammenhang besteht. Die statistische Absicherung spricht für das Vorliegen
   von Scheinkausalität (bzw. eines Mediatoreffekts von W).

2. Da in der Realität der «wahre» Kausalmechanismus des da-
   tengenerierenden Prozesses nicht bekannt ist, kann bei der
   Prüfung von Vermutungen über kausale Zusammenhänge
   auch das eingesetzte Analysemodell über das Ergebnis ent-

scheiden. Wenn sich eine Datenkonstellation mit zwei Analysemodellen in etwa gleich gut erfassen lässt, wird oft das Modell vorgezogen, das «sparsamer» ist, was bedeutet, dass es durch weniger Parameter beschrieben werden kann. So ist für die Datenkonstellation in Tabelle 11.6 das multiplikative Modell sparsamer als das additive Modell, weil der Effekt von X und W auf Y im multiplikativen Modell durch die beiden bivariaten Odds-Ratio-Koeffizienten α_{YX} und α_{YW} erfasst werden kann, während der Zusammenhang im additiven Modell zusätzlich durch den Interaktionseffekt $d_{YX|W=1}\% - d_{YX|W=2}\%$ beschrieben werden muss. Anders als in diesem konstruierten Beispiel ist aber unbekannt, wie der «wahre» datengenerierende Prozess aussieht. Deshalb sollte die Auswahl eines Analysemodells in erster Linie von den theoretischen Erwartungen abhängen, die ein Sozialforscher über den zu untersuchenden Ausschnitt aus der Realität hat.

3. Theoretische Erwartungen (Hypothesen) sind vor allem auch deshalb ein notwendiger Ausgangspunkt für Analysen, weil unterschiedliche Kausalordnungen die gleichen empirischen Konsequenzen haben können. So kann eine Datenkonstellation sowohl das Ergebnis einer Scheinkausalität (Abbildung 11.1a) wie auch einer Kausalkette (Abbildung 11.1b) sein.

Wenn unterschiedliche kausale Prozesse empirisch nicht unterscheidbar sind, wird dies als *Beobachtungsäquivalenz* bezeichnet. Bei zwei beobachtungsäquivalenten Modellen lässt sich nicht anhand der für die Modellschätzung verwendeten Daten entscheiden, welches Modell zutrifft. Das ist oft erst mit Hilfe zusätzlicher Informationen und vor allem theoretischer Überlegungen möglich.

Wird bei der Zusammenhangsanalyse eine unzutreffende Kausalstruktur angenommen, liegt eine *Fehlspezifikation* vor. Die empirischen Daten weisen aber meist nicht darauf hin, dass die bei einer Fehlspezifikation geschätzten Beziehungen

Artefakte sind und die Realität (d. h. hier die tatsächlichen Kausalbeziehungen) nicht korrekt erfassen. Daher benötigen Zusammenhangsanalysen und die Interpretation der Ergebnisse immer theoretische Überlegungen.

4. Bei der Beurteilung von Zusammenhängen muss neben der Kontrolle durch geeignete statistische Tests und der Berücksichtigung des Untersuchungsdesigns insbesondere auch die Bedeutung der Variablen bzw. die Operationalisierung der Konstrukte bedacht werden. So kann im Eingangsbeispiel die Region keinen *kausalen* Einfluss auf die Haltung zum Schwangerschaftsabbruch haben (siehe Fußnote 8).

11.5 Hypothesenprüfung in trivariaten Kreuztabellen

Für Tests von Hypothesen in trivariaten Tabellen kann die generelle Logik des Chiquadrat-Tests (Kapitel 9.2.3) angewandt werden. Solche Tests können insbesondere zur Prüfung von Hypothesen über kausale Zusammenhänge genutzt werden:

– Führt der Test auf Unabhängigkeit aller drei Variablen zu keinem signifikanten Ergebnis, dann ist davon auszugehen, dass es auch keine kausale Beziehung zwischen den drei Variablen gibt. Allerdings ist die Möglichkeit einer scheinbaren Nichtbeziehung nicht ganz auszuschließen, die durch indirekte, korrelierte oder Interaktionseffekte mit nicht gemessenen weiteren Variablen hervorgerufen wird.

– Besteht kein signifikanter Zusammenhang zwischen den Variablen W und X sowie zwischen W und Y, dann kann die Variable W in der Regel von der weiteren Analyse ausgeschlossen werden, sodass eine bivariate Analyse der verbleibenden Variablen (Y und X) hinreichend ist. Dabei bleibt ein gewisses Risiko, dass ein Interaktionseffekt von X und W auf Y übersehen wird. Dieses Risiko besteht nicht, wenn W nicht mit den Ausprägungskombiationen von X und Y zusammenhängt.

– Um Scheinkausalität oder einen indirekten Effekt zu prüfen, muss die gemeinsame Erklärungsgröße oder die intervenierende Variable als Kontrollvariable fungieren. Gibt es dann keine konditionalen Effekte, liegt vermutlich Scheinkausalität bzw. ein indirekter Effekt vor.

– Bei additiven Effekten ergeben sich bei Kontrolle durch die Drittvariable in den Partialtabellen etwa gleich starke Prozentsatz- bzw. Anteilsdifferenzen. Dies gilt auch, wenn erklärende Variable und Drittvariable vertauscht werden. Demgegenüber liegt bei additiver Modellierung ein Interaktionseffekt vor, wenn sich die konditionalen Anteilsdifferenzen in den Partialtabellen stark (und signifikant) voneinander unterscheiden.

Statistische Tests geben aber keine vollständige Sicherheit. So können insbesondere Fehlspezifikationen bei allen Tests zu falschen Schlussfolgerungen führen.

11.5.1 Test der statistischen Unabhängigkeit von drei Variablen

Mit einer Irrtumswahrscheinlichkeit von 5% wird die Unabhängigkeit der drei Variablen aus Tabelle 11.1b geprüft (Tabelle 11.7). Aus der Nullhypothese, dass alle drei Variablen statistisch unabhängig voneinander sind, folgt, dass die gemeinsamen Populationsanteile in den Tabellenzellen gleich den Produkten der entsprechenden Randanteile in der Population sind:

$$\pi_{i,j,k} = \pi_{i,+,+} \cdot \pi_{+,j,+} \cdot \pi_{+,+,k} \quad \text{für alle i=1,2,...,I, \ j=1,2,...,J}$$
$$\text{und \ k=1,2,...,K}$$

Das zu testende Hypothesenpaar lautet entsprechend:

$$H_0: \pi_{i,j,k} = \pi_{i,+,+} \cdot \pi_{+,j,+} \cdot \pi_{+,+,k} \quad \text{versus}$$
$$H_1: \pi_{i,j,k} \neq \pi_{i,+,+} \cdot \pi_{+,j,+} \cdot \pi_{+,+,k} \tag{11.4}$$

Als Teststatistik kommt sowohl Pearsons Chiquadrat-Statistik wie auch die LR-Teststatistik in Frage. Zur Berechnung der Teststatistiken werden Schätzungen der Populationsanteile bzw. der erwarteten absoluten Häufigkeiten unter der Annahme benötigt, dass die Nullhypothese zutrifft. In einfachen Zufallsauswahlen sind die Randanteile p_{i++}, p_{+j+} und p_{++k} konsistente und erwartungstreue Schätzer der entsprechenden Populationsanteile. Aus ihnen können die bei Gültigkeit der Nullhypothese geschätzten Anteile bzw. erwarteten Häufigkeiten in den Zellen berechnet werden:

$$\hat{\pi}_{i,j,k|H_0} = \hat{\pi}_i \cdot \hat{\pi}_j \cdot \hat{\pi}_k = p_{i,+,+} \cdot p_{+,j,+} \cdot p_{+,+,k}$$

$$\Rightarrow \ e_{i,j,k} = n \cdot p_{i,+,+} \cdot p_{+,j,+} \cdot p_{+,+,k} \tag{11.5}$$

$$= n \cdot \frac{n_{i,+,+}}{n} \cdot \frac{n_{+,j,+}}{n} \cdot \frac{n_{+,+,k}}{n} = \frac{n_{i,+,+} \cdot n_{+,j,+} \cdot n_{+,+,k}}{n^2}$$

Erläuterungen siehe Gleichung 9.5 und 10.1.

Diese Statistiken können dann in die allgemeinen Formeln von Pearsons Chiquadrat-Statistik χ^2 bzw. der LR-Statistik L^2 eingesetzt werden:

$$\chi^2 = n \cdot \sum_{i=1}^{I} \sum_{j=1}^{J} \sum_{k=1}^{K} \frac{\left(p_{i,j,k} - p_{i,+,+} \cdot p_{+,j,+} \cdot p_{+,+,k} \right)^2}{p_{i,+,+} \cdot p_{+,j,+} \cdot p_{+,+,k}}$$

$$= \sum_{i=1}^{I} \sum_{j=1}^{J} \sum_{k=1}^{K} \frac{\left(n_{i,j,k} - \dfrac{n_{i,+,+} \cdot n_{+,j,+} \cdot n_{+,+,k}}{n^2} \right)^2}{\dfrac{n_{i,+,+} \cdot n_{+,j,+} \cdot n_{+,+,k}}{n^2}} \tag{11.6a}$$

$$L^2 = 2 \cdot \sum_{i=1}^{I} \sum_{j=1}^{J} \sum_{k=1}^{K} n_{i,j,k} \cdot \ln \left(\frac{n_{i,j,k}}{\dfrac{n_{i,+,+} \cdot n_{+,j,+} \cdot n_{+,+,k}}{n^2}} \right) \tag{11.6b}$$

wobei   i   =   Index für die Zellennummer der Zeilenvariablen

       j   =   Index für die Zellennummer der Spaltenvariablen

       k   =   Index für die Ausprägungsnummer der Kontrollvariablen.

Erläuterungen siehe Gleichung 11.5.

Wenn die Nullhypothese richtig ist, sind die beiden Teststatistiken asymptotisch chiquadratverteilt. Die Zahl der Freiheitsgrade ergibt sich aus der Differenz der unter H_0 und H_1 zu schätzenden Populationsanteile. Tabelle 11.7 hat insgesamt $I \cdot J \cdot K$ Tabellenzellen. Bei Gültigkeit der Alternativhypothese müssen $I \cdot J \cdot K - 1$ Populationsanteile für die inneren Tabellenzellen geschätzt werden, bei Gültigkeit der Nullhypothese $(I-1)+(J-1)+(K-1)$. Daraus folgt die Zahl der Freiheitsgrade als:[20]

$$
\begin{aligned}
df &= (I \cdot J \cdot K - 1) - \big((I-1) + (J-1) + (K-1)\big) \\
&= I \cdot J \cdot K - I - J - K + 2
\end{aligned}
\tag{11.7}
$$

Wenn – wie im Beispiel – alle drei Variablen dichotomisiert sind, ergeben sich df $= 2 \cdot 2 \cdot 2 - 2 - 2 - 2 + 2 = 4$ Freiheitsgrade.

Bei zutreffender Alternativhypothese ist die Teststatistik nichtzentral chiquadratverteilt. In einem einseitigen Test nach oben wird dann die Nullhypothese bei einer Irrtumswahrscheinlichkeit von 5% abgelehnt, wenn die Teststatistik das 95%-Quantil der Chiquadrat-Verteilung mit df $= 4$ Freiheitsgraden überschreitet. Der Wert des 95%-Quantils der Chiquadrat-Verteilung mit df $= 4$ Freiheitsgraden beträgt 9.488.

Für die Berechnung der Teststatistiken werden die Randverteilungen aller drei Variablen benötigt, die sich durch Aufsummieren über die entsprechenden Tabellenzellen ergeben. Daraus werden die bei gültiger Nullhypothese erwarteten Häufigkeiten berechnet (Randverteilungen aus den Tabellen 11.1c–f):

$$
e_{i,j,k} = \frac{n_{i,+,+} \cdot n_{+,j,+} \cdot n_{+,+,k}}{n^2} \quad \text{für alle } i, j, k;
$$

$$
\text{z. B.:} \quad e_{1,1,1} = \frac{1581 \cdot 2331 \cdot 2104}{3113^2} = 800.13
$$

---

20 Sowohl im Modell der Alternativhypothese wie im Modell der Nullhypothese muss neben den Stichprobenanteilen die Fallzahl berücksichtigt werden. Bei Kenntnis der Fallzahl können im H_1-Modell nur noch $I \cdot K \cdot J - 1$ Häufigkeiten variieren und im H_0-Modell nur noch $I-1+J-1+K-1$. Die Differenz ist die Zahl der Freiheitsgrade.

Für jede Tabellenzelle wird aus den erwarteten und den beobachteten Häufigkeiten ein Chiquadrat-Wert bzw. ein L^2-Wert berechnet. Für die erste Zelle ergeben sich:

$$\chi^2_{1,1,1} = \frac{\left(n_{1,1,1} - e_{1,1,1}\right)^2}{e_{1,1,1}} = \frac{\left(840 - 800.13\right)^2}{800.13} = 1.99$$

$$L^2_{1,1,1} = 2 \cdot n_{1,1,1} \cdot \ln\left(\frac{n_{1,1,1}}{e_{1,1,1}}\right) = 2 \cdot 840 \cdot \ln\left(\frac{840}{800.13}\right) = 81.69$$

Die Aufsummierung ergibt die Werte der Teststatistiken (Tabelle 11.7):

$$\chi^2 = \sum_{i=1}^{2}\sum_{j=1}^{2}\sum_{k=1}^{2} \frac{\left(n_{i,j,k} - \dfrac{n_{i,+,+} \cdot n_{+,j,+} \cdot n_{+,+,k}}{n^2}\right)^2}{\dfrac{n_{i,+,+} \cdot n_{+,j,+} \cdot n_{+,+,k}}{n^2}} = 1992.57$$

$$L^2 = \sum_{i=1}^{2}\sum_{j=1}^{2}\sum_{k=1}^{2} 2 \cdot n_{i,j,k} \cdot \ln\left(\frac{n_{i,j,k}}{\dfrac{n_{i,+,+} \cdot n_{+,j,+} \cdot n_{+,+,k}}{n^2}}\right) = 1845.37$$

Beide Teststatistiken sind deutlich größer als der kritische Wert 9.488. Die Nullhypothese ist daher abzulehnen. Bei einer Irrtumswahrscheinlichkeit von 5 % kann davon ausgegangen werden, dass die drei Variablen Einstellung zum Schwangerschaftsabbruch, Telefonbesitz und Region statistisch nicht unabhängig voneinander sind.

Die in Gleichung 9.11 beschriebenen Anwendungsvoraussetzungen für den Chiquadrat-Test sind erfüllt, da die kleinste erwartete Häufigkeit in Tabelle 11.7 in der Spalte $e_{i,j,k}$ gleich 124.74, also >5 ist.

Tabelle 11.7: **Prüfung der Unabhängigkeit der drei Variablen Einstellung zum Schwangerschaftsabbruch (Abbruch), Telefonanschluss im HH (Telefon) und Erhebungsgebiet (Region); Daten aus Tabelle 11.1b**

Berechnung der Teststatistiken χ^2 und L^2 bei H_0: $\pi_{i,j,k} = \pi_{i,+,+} \cdot \pi_{+,j,+} \cdot \pi_{+,+,k}$

Region	Telefon	Abbruch	$n_{i,j,k}$	$e_{i,j,k}$	χ^2-Anteil	L^2-Anteil
West	ja	Befürwortung	840	800.13	1.99	81.69
West	ja	Ablehnung	1186	775.33	217.52	1008.21
West	nein	Befürwortung	29	268.43	213.56	−129.07
West	nein	Ablehnung	49	260.11	171.34	−163.59
Ost	ja	Befürwortung	217	383.71	72.43	−247.38
Ost	ja	Ablehnung	88	371.82	216.65	−253.63
Ost	nein	Befürwortung	495	128.73	1042.17	1333.39
Ost	nein	Ablehnung	209	124.74	56.92	215.74
Summe			3113	3113.00	1992.57	1845.37

Daten: Allbus 1992, Berechnung der erwarteten Häufigkeiten und Teststatistiken mit Excel

11.5.2 Prüfung der statistischen Unabhängigkeit einer Variablen von den beiden anderen Variablen in einer trivariaten Kreuztabelle

Da die drei Variablen in Tabelle 11.1b nicht unabhängig voneinander sind, liegt vermutlich ein Zusammenhang zwischen mindestens zwei der drei Variablen vor. Theoretisch erwartbar ist, dass das Verfügen über einen Telefonanschluss (X) von den beiden anderen Variablen (Y und W) unabhängig ist.[21]

Wenn in einer trivariaten Tabelle die Kombination aus Zeilenvariable (Y) und Kontrollvariable (W) statistisch unabhängig von der Spaltenvariablen (X) ist, muss gelten:

$$\pi_{i,j,k} = \pi_{i,+,k} \cdot \pi_{+,j,+} \quad \text{für alle } i = 1,2,...,I, \quad j = 1,2,...,J \quad \text{und} \quad k = 1,2,...,K$$

Daraus ergibt sich folgendes Hypothesenpaar:

$$H_0: \pi_{i,j,k} = \pi_{i,+,k} \cdot \pi_{+,j,+} \quad \text{versus} \quad H_1: \pi_{i,j,k} \neq \pi_{i,+,k} \cdot \pi_{+,j,+} \tag{11.9}$$

21 Genau dies war aber 1992 in Deutschland noch nicht der Fall.

Hier kann wiederum der Chiquadrat-Test angewandt werden. Die Nullhypothese entspricht formal der Prüfung auf Unabhängigkeit in einer bivariaten Kreuztabelle, bei der die Spaltenvariable mit der Spaltenvariablen in den Partialtabellen identisch ist, während die Zeilenvariable aus den Kombinationen aller Ausprägungen der Zeilenvariablen und der Kontrollvariablen in der trivariaten Tabelle gebildet wird.[22] Diese Kombination wird hier als R bezeichnet. Die Teststatistiken ergeben sich wie zuvor aus den Gleichungen 9.4 und 10.5, die erwarteten Häufigkeiten durch Multiplikation der Schätzungen der Populationsanteile $\pi_{i,+,k}$ und $\pi_{+,j,+}$ nach Gleichung 9.5. Die erwarteten Häufigkeiten können auch direkt aus der trivariaten Tabelle berechnet werden, wenn die Populationsanteile der Nullhypothese durch die entsprechenden Stichprobenanteile ersetzt und diese mit der Fallzahl multipliziert werden:

$$e_{i,j,k} = n \cdot p_{i,+,k} \cdot p_{+,j,+} = n \cdot \frac{n_{i,+,k}}{n} \cdot \frac{n_{+,j,+}}{n} = \frac{n_{i,+,k} \cdot n_{+,j,+}}{n} \qquad (11.10)$$

In Tabelle 11.8 ist die Berechnung für die Hypothese aus Gleichung 11.9 durchgeführt. Aus Platzgründen ist die Kombination R der Ausprägungen von Abbruch und Region als Spaltenvariable und der Telefonbesitz als Zeilenvariable aufgeführt. Die Teststatistiken werden berechnet nach:

$$\chi^2 = \sum_{i=1}^{I} \sum_{j=1}^{J} \sum_{k=1}^{K} \frac{\left(n_{i,j,k} - \dfrac{n_{i,+,k} \cdot n_{+,j,+}}{n}\right)^2}{\dfrac{n_{i,+,k} \cdot n_{+,j,+}}{n}} = \sum_{i=1,k=1}^{I,K} \sum_{j=1}^{J} \frac{\left(n_{i,k,j} - e_{i,k,j}\right)^2}{e_{i,k,j}}$$

$$\qquad (11.11a)$$

$$= \sum_{\underbrace{k=1 \quad i=1}_{r=1}}^{\overbrace{K \qquad I}^{R=K \cdot I}} \sum_{j=1}^{J} \frac{\left(n_{i,j,k} - \dfrac{n_{i,+,k} \cdot n_{+,j,+}}{n}\right)^2}{\dfrac{n_{i,+,k} \cdot n_{+,j,+}}{n}} = \sum_{r=1}^{R} \sum_{j=1}^{J} \frac{\left(n_{r,j} - e_{r,j}\right)^2}{e_{r,j}} = 1582.56$$

---

22 Auf analoge Weise kann jede Variable einer trivariaten Tabelle auf Unabhängigkeit von den beiden anderen Variablen geprüft werden.

$$L^2 = \sum_{i=1}^{I} \sum_{j=1}^{J} \sum_{k=1}^{K} 2 \cdot n_{i,j,k} \cdot \ln \left(\frac{n_{i,j,k}}{\frac{n_{i,+,k} \cdot n_{+,j,+}}{n}} \right) = \sum_{i=1,k=1}^{I,K} \sum_{j=1}^{J} 2 \cdot n_{i,k,j} \cdot \ln \left(\frac{n_{i,k,j}}{e_{i,k,j}} \right)$$

$$= \sum_{\underbrace{k=1}_{r=1}}^{\overbrace{K}^{R=K \cdot I}} \sum_{i=1}^{I} \sum_{j=1}^{J} 2 \cdot n_{i,j,k} \cdot \ln \left(\frac{n_{i,j,k}}{\frac{n_{i,+,k} \cdot n_{+,j,+}}{n}} \right) \qquad (11.11b)$$

$$= \sum_{r=1}^{R} \sum_{j=1}^{J} 2 \cdot n_{r,j} \cdot \ln \left(\frac{n_{r,j}}{e_{r,j}} \right) = 1606.29$$

Die Werte der Statistiken betragen $\chi^2 = 1582.56$ und $L^2 = 1606.29$.

Nach Gleichung 8.6 wird die Nullhypothese bei einer Irrtumswahrscheinlichkeit von 5% abgelehnt, wenn die Teststatistiken größer oder gleich dem 95%-Quantil einer Chiquadrat-Verteilung mit df Freiheitsgraden sind. Die Freiheitsgrade ergeben sich aufgrund der formalen Gleichheit mit einem Test auf Unabhängigkeit von zwei Variablen als:

$$df = (I \cdot K - 1) \cdot (J - 1) \qquad (11.12)$$

Da hier alle drei Variablen dichotomisiert sind, gibt es $df = (2 \cdot 2 - 1) \cdot (2 - 1) = 3$ Freiheitsgrade. Der kritische Wert beträgt dann 7.815.

Da die Werte der Teststatistiken größer als der kritische Wert 7.815 sind, ist die Nullhypothese zu verwerfen. Bei einer Irrtumswahrscheinlichkeit von 5% ist das Verfügen über einen Telefonanschluss nicht unabhängig von den Ausprägungskombinationen R der Region und der Einstellung zum Schwangerschaftsabbruch.

Pearsons χ^2-Anteile für die einzelnen Zellen können genutzt werden, um zu prüfen, ob es in einer bestimmten Tabellenzelle eine signifikante Abweichung der beobachteten von den erwarteten Häufigkeiten gibt, da die Zahlen asymptotisch mit $df = 1$

Tabelle 11.8: Prüfung der Unabhängigkeit des Telefonbesitzes von der Kombination aus Region und Einstellung zum Schwangerschaftsabbruch (R); Daten aus Tabelle 11.1b

a) Trivariate Kreuztabelle

Region & Abbruch Telefon im HH	Kombination von Region und Abbruch (R)				
	Westen & erlaubt	Westen & verboten	Osten & erlaubt	Osten & verboten	Summe
ja	840	1186	217	88	2331
nein	29	49	495	209	782
Summe	869	1235	712	297	3113

Daten: Allbus 1992

b) Berechnung der Teststatistiken χ^2 und L^2 bei H_0: $\pi_{i,j,k} = \pi_{i,+,k} \cdot \pi_{+,j,+}$

Telefon	Region	Abruch	$n_{r,j}$ $n_{i,j,k}$	$e_{r,j}$ $e_{i,j,k}$	χ^2-Anteil	L^2-Anteil
ja	Westen	Befürwortung	840	650.70	55.07	428.99
ja	Westen	Ablehnung	1186	924.76	73.80	590.17
ja	Osten	Befürwortung	217	533.14	187.47	−390.12
ja	Osten	Ablehnung	88	222.39	81.21	−163.17
nein	Westen	Befürwortung	29	218.30	164.15	−117.08
nein	Westen	Ablehnung	49	310.24	219.98	−180.86
nein	Osten	Befürwortung	495	178.86	558.80	1007.79
nein	Osten	Ablehnung	209	74.61	242.08	430.58
Summe			3113	3113.00	1582.56	1606.29

Daten: Allbus 1992, Berechnung der erwarteten Häufigkeiten und Teststatistiken mit Excel

chiquadratverteilt sind. Die Werte der χ^2-Anteile sind in allen Zellen von Tabelle 11.8b größer als der kritische Wert 3.84, was als deutlicher Hinweis auf einen bestehenden Zusammenhang anzusehen ist.

Da die kleinste erwartete Häufigkeit 74.61>5 ist, ist die asymptotische Annäherung an die Chiquadrat-Verteilung vermutlich hinreichend genau.

11.5.3 Prüfung der Beziehung in den Partialtabellen

Innerhalb jeder Partialtabelle lassen sich alle Tests für bivariate Kreuztabellen anwenden. Die Testergebnisse gelten dann für die Subpopulation, die durch die Ausprägung der Kontrollvariablen definiert ist. Da die einzelnen Partialtabellen unabhängig voneinander sind,[23] und die Summe von unabhängigen Chiquadrat-Verteilungen wiederum chiquadratverteilt ist, können bei Chiquadrat-Tests die Werte der Teststatistiken und der Freiheitsgrade in den Partialtabellen aufsummiert werden und ergeben dann einen Test über alle Partialtabellen. So kann mit Chiquadrat-Tests geprüft werden, ob es bei Kontrolle einer Drittvariablen einen Zusammenhang zwischen zwei Variablen gibt.

Wenn die Forschungshypothese einen statistischen Zusammenhang innerhalb aller Partialtabellen behauptet, dann lautet das zu prüfende Hypothesenpaar:

$$H_0: \pi_{i,j|k} = \pi_{i,+|k} \cdot \pi_{+,j|k} \quad \text{versus} \quad H_1: \pi_{i,j|k} \neq \pi_{i,+|k} \cdot \pi_{+,j|k} \quad (11.13)$$

Formal wird dazu in jeder Partialtabelle der übliche Test auf statistische Unabhängigkeit durchgeführt und anschließend die Summe der Teststatistiken berechnet:

$$\chi^2 = \sum_{k=1}^{K} n_{+,+,k} \cdot \sum_{i=1}^{I} \sum_{j=1}^{J} \frac{\left(p_{i,j|k} - p_{i,+|k} \cdot p_{+,j|k} \right)^2}{p_{i,+|k} \cdot p_{+,j|k}}$$

$$= \sum_{k=1}^{K} \sum_{i=1}^{I} \sum_{j=1}^{J} \frac{\left(n_{i,j,k} - \dfrac{n_{i,+,k} \cdot n_{+,j,k}}{n_{+,+,k}} \right)^2}{\dfrac{n_{i,+,k} \cdot n_{+,j,k}}{n_{+,+,k}}} \quad (11.14a)$$

---

23 Dies gilt, wenn die Fälle der Stichprobe über eine einfache Zufallsauswahl ausgewählt wurden.

$$L^2 = 2 \cdot \sum_i n_i \cdot \ln\left(\frac{e_{i|H_1}}{e_{i|H_0}}\right) = 2 \cdot \sum_{k=1}^{K} \sum_{i=1}^{I} \sum_{j=1}^{J} n_{i,j,k} \cdot \ln\left(\frac{n_{i,j,k}}{\frac{n_{i,+,k} \cdot n_{+,j,k}}{n_{+,+,k}}}\right) \qquad (11.14b)$$

Wenn die Nullhypothese zutrifft und somit in allen Partialtabellen kein Zusammenhang zwischen Spalten- und Zeilenvariablen besteht, dann sind beide Teststatistiken zentral chiquadratverteilt. Gibt es in mindestens einer Partialtabelle einen Zusammenhang, dann sind die Teststatistiken nichtzentral chiquadratverteilt. Die Zahl der Freiheitsgrade ist gleich der Summe der Freiheitsgrade in den Partialtabellen:

$$df = K \cdot (I - 1) \cdot (J - 1) \qquad (11.15)$$

Die Nullhypothese wird bei einer Irrtumswahrscheinlichkeit von 5% abgelehnt, wenn die Teststatistiken größer oder gleich dem 95%-Quantil einer Chiquadrat-Verteilung sind. Da alle Variablen dichotomisiert sind, beträgt die Zahl der Freiheitsgrade hier: $df = 2 \cdot (2-1) \cdot (2-1) = 2$. Aus der Tabelle mit Quantilen der Chiquadratverteilung ist zu entnehmen, dass der kritische Wert 5.99 beträgt.

Das Ergebnis der Berechnung für die einzelnen Partialtabellen ist bereits in Tabelle 11.1b festgehalten. Da die Partialtabellen Vierfeldertabellen sind, kann anstelle von Gleichung 11.14a die Berechnung von Pearsons Chiquadrat-Statistik über Anwendung von Gleichung 9.8 in jeder Partialtabelle erfolgen:

$$\chi^2 = 2104 \cdot \frac{(840 \cdot 49 - 29 \cdot 1186)^2}{869 \cdot 1235 \cdot 2026 \cdot 78} + 1009 \cdot \frac{(217 \cdot 209 - 495 \cdot 88)^2}{712 \cdot 297 \cdot 305 \cdot 704}$$

$$= 0.568 + 0.071 = 0.639$$

$$L^2 = 2 \cdot \left(\begin{array}{l} +840 \cdot \ln\left(\dfrac{840}{836.78}\right) + 29 \cdot \ln\left(\dfrac{29}{32.22}\right) + 1186 \cdot \ln\left(\dfrac{1186}{1189.22}\right) \\[2ex] +49 \cdot \ln\left(\dfrac{49}{45.78}\right) + 217 \cdot \ln\left(\dfrac{217}{215.22}\right) + 495 \cdot \ln\left(\dfrac{495}{496.78}\right) \\[2ex] +88 \cdot \ln\left(\dfrac{88}{89.78}\right) + 209 \cdot \ln\left(\dfrac{209}{207.22}\right) \end{array} \right)$$

$$= 0.574 + 0.072 = 0.646$$

Da die Teststatistiken mit Werten von 0.639 bzw. 0.646 kleiner sind als der kritische Wert 5.99, ist die Nullhypothese beizubehalten. Bei Kontrolle der Region besteht zwischen der Einstellung zum Schwangerschaftsabbruch und Telefonbesitz kein Zusammenhang mehr.

Die Anwendungsvoraussetzungen für den Chiquadrat-Test müssen in jeder Partialtabelle erfüllt sein. Die kleinste erwartete Häufigkeit in der trivariaten Tabelle beträgt 32.25>5. Daher ist die asymptotische Annäherung an die Chiquadrat-Verteilung vermutlich hinreichend genau.

11.5.4 Z-Test auf Interaktion über den Vergleich der Prozentsatzdifferenzen

Es kann auch geprüft werden, ob bei additiven Effekten ein Interaktionseffekt besteht.[24] In Tabelle 11.1b betragen die Prozentsatzdifferenzen in den beiden Partialtabellen 4.3 (= 41.5–37.2) Prozentpunkte im Westen und 0.8 (= 71.1–70.3) Prozentpunkte im Osten. Wenn Telefonbesitz die Kontrollvariable ist, beträgt die Differenz dieser beiden Prozentsatzdifferenzen ebenfalls 3.5 Prozentpunkte. Durch Vertauschen der beiden mittleren Spalten in Tabelle 11.1b ergibt sich die Prozentsatzdifferenz von Einstellung nach Region bei Personen mit Telefonanschluss im

---

24 Bei multiplikativen Zusammenhängen können Interaktionseffekte mit Hilfe von logistischen Regressionsmodellen geprüft werden (vgl. Kapitel 17 und 18).

Haushalt als –29.6 (= 41.5 – 71.1) und bei Personen ohne Telefonanschluss als –33.1 = (37.2 – 70.3) Prozentpunkte, sodass die Differenz wieder genau 3.5 (= –29.6 – (–33.1)) Prozentpunkte ausmacht.

Bei Vorliegen eines Interaktionseffekts müssen sich (bei additiver Modellierung) die beiden Prozentsatzdifferenzen in der Population unterscheiden. Die Nullhypothese behauptet also keine Differenz, die Alternativhypothese behauptet eine Differenz ungleich null:[25]

$$H_0 : d_{YX|W=1}\% - d_{YX|W=2}\% = 0 \qquad \text{versus}$$
$$H_1 : d_{YX|W=1}\% - d_{YX|W=2}\% \neq 0 \qquad\qquad (11.17)$$

Prozentsatzdifferenzen sind wie Anteilsdifferenzen asymptotisch normalverteilt. Da Linearkombinationen von normalverteilten Variablen ebenfalls normalverteilt sind und die Differenz von zwei Prozentsatzdifferenzen eine Linearkombination ist, ist auch die Differenz von zwei Prozentsatzdifferenzen asymptotisch normalverteilt. Der Erwartungswert und die Varianz der Differenz der Prozentsatzdifferenzen kann nach Gleichung 5.22b und c aus den Erwartungswerten und Varianzen der Prozentsatzdifferenzen berechnet werden. Es ist somit möglich, analog zur Vorgehensweise beim Testen einer Prozentsatzdifferenz einen Z-Test über die Differenzen von zwei voneinander statistisch unabhängigen Prozentsatzdifferenzen durchzuführen. Im Beispiel kann über einen Z-Test der Differenzen der beiden voneinander unabhängigen Prozentsatzdifferenzen in den Partialtabellen geprüft werden, ob die beobachtete Differenz von 3.5 Prozentpunkten signifikant von null verschieden ist.

---

25 Neben diesem zweiseitigen Hypothesentest können auch einseitige Hypothesentests über Prozentsatzdifferenzen formuliert werden. Die Teststatistik ist beim einseitigen Test mit der Teststatistik beim zweiseitigen Test identisch. Angepasst werden nur die kritischen Werte zur Abgrenzung von Annahme- und Ablehnungsbereich.

Die Teststatistik berechnet sich nach:

$$Z = \frac{\left(d_{YX|W=1}\% - d_{YX|W=2}\%\right)/100 - 0}{\sqrt{\underbrace{\left(\underbrace{\dfrac{n_{1,1,1} \cdot n_{2,1,1}}{n_{+,1,1}^3} + \dfrac{n_{1,2,1} \cdot n_{2,2,1}}{n_{+,2,1}^3}}_{\hat{\sigma}^2\left(d_{YX|W=1}\%/100\right)}\right) + \left(\underbrace{\dfrac{n_{1,1,2} \cdot n_{2,1,2}}{n_{+,1,2}^3} + \dfrac{n_{1,2,2} \cdot n_{2,2,2}}{n_{+,2,2}^3}}_{\hat{\sigma}^2\left(d_{YX|W=2}\%/100\right)}\right)}_{\hat{\sigma}^2\left(d_{YX|W=1}\%/100 - d_{YX|W=2}\%/100\right)}}} \tag{11.18}$$

Erläuterungen siehe Gleichungen 5.22b, 5.22c und 9.25.

Wird von einer Irrtumswahrscheinlichkeit von 5 % ausgegangen, dann wird die Nullhypothese im zweiseitigen Test abgelehnt, wenn die Teststatistik kleiner oder gleich dem 2.5%-Quantil oder größer/gleich dem 97.5%-Quantil der Standardnormalverteilung ist. Die kritischen Werte sind daher ±1.96.

$$Z = \frac{\left(\dfrac{840}{2026} - \dfrac{29}{78}\right) - \left(\dfrac{217}{305} - \dfrac{495}{704}\right)}{\sqrt{\left(\dfrac{840 \cdot 1186}{2026^3} + \dfrac{29 \cdot 49}{78^3}\right) + \left(\dfrac{217 \cdot 88}{305^3} + \dfrac{495 \cdot 209}{704^3}\right)}} = 0.54$$

Da die Teststatistik größer ist als der untere und kleiner als der obere kritische Wert, kann die Nullhypothese bei einer Irrtumswahrscheinlichkeit von 5 % nicht verworfen werden. Es kann also nicht davon ausgegangen werden, dass ein Interaktionseffekt besteht. Die Prozentsatzdifferenzen in der Population können gleich groß sein (und sind vermutlich beide null).

Zur Prüfung der Anwendungsvoraussetzungen muss für jede Prozentsatzdifferenz die hinreichende Annäherung an die Normalverteilung geprüft werden. Die Fallzahlen sind in allen Spalten größer 60. Darüber hinaus gilt: $2026 \cdot 840 / 1186 = 1434.9 > 9$, $78 \cdot 29 / 49 = 46.2 > 9$, $305 \cdot 88 / 217 = 123.7 > 9$ und $704 \cdot 495 / 209 = 1667.37 > 9$. Damit sind die Anwendungsvoraussetzungen erfüllt.

11.6 Zusammenfassung

Die wichtigsten Formeln dieses Kapitels

Auf die Fallzahl einer Partialtabelle bezogene relative Häufigkeit der Ausprägungskombination i,j

$$p_{i,j|k} = \frac{n_{i,j,k}}{n_{+,+,k}} \tag{11.1}$$

Konditionale, durch X bedingte relative Häufigkeit von Y in der Partialtabelle

$$p_{i|j,k} = \frac{n_{i,j,k}}{n_{+,j,k}} = \frac{p_{i,j|k}}{p_{+,j|k}} \tag{11.2}$$

Glossar der wichtigsten Begriffe dieses Kapitels

Beobachtungsäquivalenz: liegt vor, wenn zwei statistische Modelle zwar unterschiedliche Modellparameter aufweisen, aber zu jeder Parameterkombination des einen Modells eine Parameterkombination des anderen Modells so zugeordnet werden kann, dass die empirischen Konsequenzen bei Daten jeder beliebigen Stichprobe identisch sind

Direkter Effekt: kausaler Effekt von X auf Y, der nicht durch dritte Variablen vermittelt wird

Drittvariable(n): zusätzliche Variable(n), die bei der Analyse des Zusammenhangs zwischen Y und X berücksichtigt wird (werden)

Drittvariablenkontrolle: Verfahren, um den Einfluss von (einer) Drittvariablen auf den bivariaten Zusammenhang von Y und X zu prüfen

Indirekter Effekt: kausaler Effekt von X auf Y, der über dritte Variablen vermittelt wird

Interaktion: gemeinsame Wirkung zweier unabhängiger Variablen X und W auf eine abhängige Variable Y

Interaktionseffekt: zwischen X und W liegt dann vor, wenn ein Zusammenhang zwischen Y und X bei verschiedenen Ausprägungen von W unterschiedlich ausfällt

Intervenierende Variable: Variable, die in einer Kausalkette zwischen X und Y steht und den Effekt von X auf Y vermittelt

Konditionaler Effekt: Effekt von X auf Y bei gegebenen Ausprägungen der Kontrollvariablen in einer Partialtabelle

Konditionale Prozentsatzdifferenz: Prozentsatzdifferenz bei einer gegebenen Ausprägung der Kontroll- oder Drittvariablen in einer Partialtabelle (siehe Partialtabelle)

Konfundierung: liegt vor, wenn eine bivariate Beziehung ungleich der kausalen Beziehung ist

Konstanthaltung: Der Zusammenhang zwischen Y und X wird unter der Bedingung einer Ausprägung von (einer) Kontroll- bzw. Drittvariablen W betrachtet

Kontrollvariable: siehe Drittvariable

Korrelierter Effekt: Zusammenhang zwischen zwei Variablen, der weder auf direkte noch indirekte Effekte zurückzuführen ist und daher entweder Folge einer Scheinkausalität ist oder auf einen kausal nicht aufgelösten ungerichteten Zusammenhang zwischen erklärenden Variablen zurückzuführen ist.

Mediatorvariable: eine den indirekten Effekt von X auf Y vermittelnde Variable

Moderatorvariable: Variable, deren Ausprägungen den Effekt einer erklärenden auf eine abhängige Variable beeinflussen

Partialtabelle: Tabelle, die den Zusammenhang zwischen zwei Variablen bei einer Ausprägung einer Kontrollvariablen zeigt (siehe trivariate Tabelle)

Partieller Effekt: bei Gleichheit der konditionalen Effekte über alle Ausprägungen der Drittvariablen werden die konditionalen Effekte als partieller Effekt bezeichnet

Pfaddiagramm: grafische Darstellung der Kausalstruktur der Effekte von erklärenden Variablen auf eine abhängige Variable, wobei die direkten Effekte als Pfeile dargestellt werden

Randtabelle: bivariate Tabelle, die durch Aufsummieren über die Ausprägungen einer Variablen aus einer trivariaten Tabelle berechnet wird

Scheinkausalität: Beziehung zwischen Y und X, die fälschlicherweise als kausale Ursache-Wirkungs-Beziehung interpretiert wird

Suppressoreffekt: negative Konfundierung, die dazu führt, dass die bivariate Beziehung geringer ist als der direkte Effekt

Suppressorvariable: Variable, die einen Suppressoreffekt bewirkt, wenn sie nicht als Kontrollvariable berücksichtigt wird

Totaler Effekt: Summe aus dem direkten Effekt und den indirekten Effekten

Trivariate Tabelle: Tabelle, die die Beziehung zwischen drei Variablen enthält

Trivariate Verteilung: gemeinsame Verteilung von drei Variablen

Verzerrung: im Kontext einer Kausalanalyse: Umkehrung der Richtung des bivariaten Effekts verglichen mit dem direkten Effekt; im Kontext der Parameterschätzung: Differenz zwischen dem Erwartungswert eines Schätzers und dem Wert des zu schätzenden Parameters.

E Korrelation und Regression

12 Zusammenhang zwischen zwei metrischen Variablen: Korrelation und bivariate lineare Regression

Da metrische Variablen oft sehr viele Ausprägungen haben, sind Tabellenanalysen bei diesen Variablen eher ungeeignet. Die resultierenden Tabellen sind unübersichtlich und enthalten keine oder nur sehr wenige Fälle in den einzelnen Tabellenzellen. Prozentuierungen sind dann weder sinnvoll noch aussagekräftig und statistische Tests können wegen der geringen erwarteten Häufigkeiten nicht angewendet werden.[1]

Deutlich wird dies am Beispiel der gemeinsamen Häufigkeitsverteilung des Alters von Befragten, die eine Lebenspartnerin bzw. einen Lebenspartner haben, mit der/dem sie nicht zusammenleben.[2] Inhaltlich geht es dabei um die Frage, ob es einen Zusammenhang zwischen dem Alter der beiden Partner gibt. Im Allbus 2008 variiert die Altersspanne der männlichen Partner zwischen 18 und 82 Jahren, die der Partnerinnen zwischen 16 und 83 Jahren. Die meisten der insgesamt 4420 ($= 65 \cdot 68$) Tabel-

---

1 Eine Lösungsmöglichkeit dieses Problems besteht darin, Ausprägungen zu Klassen zusammenzufassen. Allerdings können hierbei inhaltlich relevante Informationen verloren gehen.

2 Jede Person wurde nach dem eigenen Alter und nach dem Alter des Lebenspartners/der Lebenspartnerin gefragt. Der Hinweis, dass es sich um nicht zusammenlebende, unverheiratete Paare handelt, ist nur zur Identifikation dieser Gruppe in den Allbus-Daten (für eine Rekonstruktion der Rechenbeispiele) relevant. Da nur das Geschlecht der befragten Person erfasst ist, wird angenommen, dass es sich um heterosexuelle Partnerschaften handelt, was in einzelnen Fällen unzutreffend sein kann.

lenzellen der bivariaten Häufigkeitsverteilung können bei insgesamt n = 177 Fällen gar nicht besetzt sein. Tatsächlich variieren in diesem Beispiel die Besetzungszahlen zwischen 0 und 4. Im Unterschied zur detaillierten Betrachtung der bivariaten Verteilung besteht die alternative Strategie bei der Analyse des Zusammenhangs zwischen zwei metrischen Variablen darin, sich auf generelle Charakteristika der bivariaten Verteilung zu beschränken.

12.1 Kovariation und Kovarianz

Bei metrischem Messniveau können die gemeinsamen Realisierungen von zwei Variablen X und Y als Punkte in ein Koordinatensystem eingezeichnet werden (Abbildung 12.1). Im Beispiel ist das Alter der männlichen Partner (X) entlang der horizontalen Achse (X-Achse), das der Partnerinnen (Y) entlang der senkrechten Achse (Y-Achse) aufgetragen. Die resultierende Punktewolke zeigt einen von links unten nach rechts oben verlaufenden Anstieg: Je älter (jünger) ein Partner ist, desto älter (jünger) ist tendenziell auch der andere.

Erleichtert wird die Interpretation einer Punktewolke, wenn beim Mittelwert von X und von Y Linien parallel zur jeweiligen Achse eingezeichnet werden. Der Schnittpunkt der beiden Linien mit den Koordinaten $(\bar{x}; \bar{y})$ ist der Schwerpunkt der Punktewolke. Die beiden Linien teilen den Raum der Punktewolke in vier Teilregionen A, B, C und D.

- In der Region A liegen Punkte, deren X-Werte $<\bar{x}$ und deren Y-Werte $\geq \bar{y}$ sind.
- In der Region B liegen Punkte, deren X- und Y-Werte größer oder gleich den jeweiligen Mittelwerten sind.
- In der Region C liegen Punkte, deren X-und Y-Werte kleiner als die jeweiligen Mittelwerte sind.
- In der Region D liegen Punkte, deren X-Werte $\geq \bar{x}$ und deren Y-Werte $<\bar{y}$ sind.

Abbildung 12.1: **Punktewolke und geometrische Deutung der Kovariation**

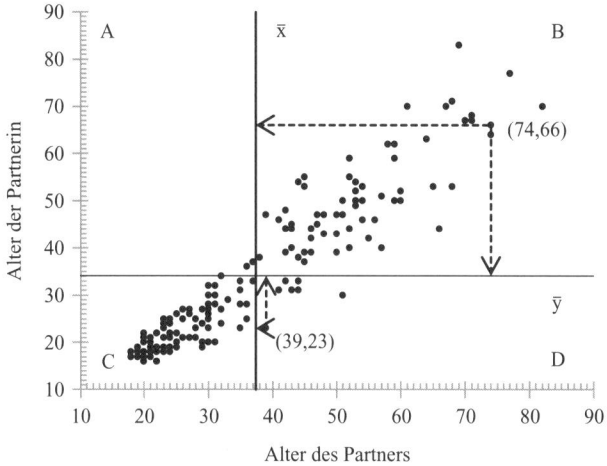

Daten: Allbus 2008, eigene Darstellung

Wenn – wie in der Abbildung 12.1 – die meisten Punkte in B oder C liegen, besteht eine positive Beziehung. Liegen die meisten Punkte dagegen in A oder D, dann zeigt die Punktewolke einen von links oben nach rechts unten sinkenden Verlauf und dann besteht tendenziell eine negative Beziehung zwischen den beiden Variablen. Wenn sich die Punkte gleichmäßig auf die vier Regionen verteilen, besteht keine monotone Beziehung.

Die rein grafische Analyse einer Punktewolke ist allerdings meist nicht hinreichend. Deshalb gibt es auch für metrische Variablen Statistiken (Maßzahlen), die einen positiven Wert aufweisen, wenn eine Punktewolke eine positive Beziehung zwischen den beiden Variablen anzeigt und einen negativen Wert bei einer Punktewolke, die auf eine negative Beziehung hinweist. Zur Entwicklung einer solchen Maßzahl werden die Abstände aller Punkte (x_i, y_i) zum Schwerpunkt $(\bar{x}; \bar{y})$ der Punktewolke betrachtet. Die Mittelwerte von X und Y betragen hier $\bar{x} = 37.37$ und $\bar{y} = 34.10$. In Abbildung 12.1 sind exemplarisch zwei Datenpunkte eingezeichnet. Der Punkt $(x,y) = 74,66)$ steht für ein Paar, bei dem der Partner 74 Jahre und die Partnerin 66 Jahre alt ist, der Punkt $(x,y) = (39,23)$ für ein Paar, bei dem der Partner 39 und die Partnerin 23 Jahre alt ist. Die Distanzen $(x_i - \bar{x})$ und $(y_i - \bar{y})$ der beiden Datenpunkte zu den Mittelwerten sind als Pfeile vom jeweiligen Punkt zu den Mittelwertlinien eingezeichnet. Der Absolutbetrag des Produkts aus den Differenzen $|(x_i - \bar{x}) \cdot (y_i - \bar{y})|$ definiert dann die Fläche eines Rechtecks zwischen einem Datenpunkt und dem Schwerpunkt der Verteilung, sodass der Punkt $(x,y) = (74,66)$ ein Rechteck in der Region B mit einer Fläche von $1168.50 (= |(74 - 37.37) \cdot (66 - 34.10)|)$ ist. Analog definiert der Punkt $(x,y) = (39,23)$ ein Rechteck der Fläche $18.09 (= |(39 - 37.37) \cdot (23 - 34.10)|)$ in der Region D.

Berücksichtigt man die Vorzeichen des Abstands zum Mittelwert, dann ergeben sich in den Regionen B und C positive und in den Regionen A und D negative Flächen bzw. Produktwerte. Die Summe aus den positiven und den negativen Flächen kann man dann als Statistik zur Erfassung eines *symmetrischen Zusammenhangs* zwischen zwei metrischen Variablen nutzen. Diese Statistik wird als *Kovariation* bezeichnet:

$$SP_{X,Y} = \sum_{i=1}^{n} (x_i - \bar{x}) \cdot (y_i - \bar{y}) = \sum_{i=1}^{n} x_i \cdot y_i - n \cdot \bar{x} \cdot \bar{y} \qquad (12.1)$$

wobei $SP_{X,Y}$ = Kovariation zwischen X und Y (SP = Abkürzung für die englische Bezeichnung *sum of products*)

      i = Index für eine Fallnummer von $i = 1, 2, ..., n$ Fällen mit gültigen Werten

      x_i, y_i = Realisierung des i-ten Falls bei den Variablen X und Y

      $\bar{x}, \bar{y}$ = Mittelwerte der beiden Variablen X und Y.

Die Kovariation $SP_{X,Y}$ gibt an, ob bei den Realisierungen von zwei metrischen Variablen X und Y eine positive je-desto-Beziehung ($SP_{X,Y}>0$), eine negative je-desto-Beziehung ($SP_{X,Y}<0$) oder gar keine monotone Beziehung ($SP_{X,Y} = 0$) besteht. Da die Werte von $SP_{X,Y}$ mit steigender Fallzahl (= steigender Zahl an Summanden) größer werden, wird die Kovariation durch die jeweilige Fallzahl (also die Zahl der Punkte einer Punktewolke) geteilt, um so Zusammenhänge bei unterschiedlichen Fallzahlen vergleichen zu können. Berechnet wird also der Durchschnittswert der positiven und negativen Flächen. Die resultierende Statistik heißt *Kovarianz*:[3]

$$s_{X,Y} = \frac{SP_{X,Y}}{n} = \frac{1}{n} \cdot \sum_{i=1}^{n} (x_i - \bar{x}) \cdot (y_i - \bar{y}) = \frac{1}{n} \cdot \sum_{i=1}^{n} x_i \cdot y_i - \bar{x} \cdot \bar{y} \quad (12.2)$$

wobei $s_{X,Y}$ = Kovarianz[4] zwischen X und Y.
Weitere Erläuterungen siehe Gleichung 12.1.

Bei Populationsverteilungen und Zufallsvariablen wird die Kovarianz zwischen X und Y durch $\sigma_{X,Y}$ oder $\sigma(X,Y)$ symbolisiert und bezieht sich dann auf alle N Fälle der Population bzw. bei Zufallsvariablen (nach Gleichung 5.21) auf den Erwartungswert der Produkte der Abweichungen der beiden Variablenausprägungen von ihrem jeweiligen Erwartungswert.

---

3 In Kapitel 5.6.2 wurde die Kovarianz bereits als Zusammenhangsmaß zwischen zwei Zufallsvariablen vorgestellt (Gleichung 5.21) und zur Berechnung der Varianz (Gleichung 5.22c) einer Linearkombinationen und der Kovarianz (Gleichung 5.23b) zwischen Linearkombinationen von Zufallsvariablen verwendet.

4 Die Symbole $s_{x,y}$, s_x^2 und s_y^2 werden in der Literatur nicht einheitlich verwendet. Wir benutzen sie zur Beschreibung der empirischen Stichprobenkovarianz bzw. Stichprobenvarianz. Sie werden aber oft auch als erwartungstreue Schätzer für die Populationskovarianz bzw. Populationsvarianz stetiger Variablen bei einfachen Zufallsstichproben (mit Zurücklegen) verwendet. Beim erwartungstreuen Schätzer wird die Kovariation bzw. Variation nicht durch die Fallzahl n, sondern durch n−1 geteilt (siehe Kapitel 7.3.1). Wir verwenden hierfür die Symbole $\hat{\sigma}_x^2$ und $\hat{\sigma}_{x,y}$.

Hinweis:

Zwischen Kovarianz und Varianz besteht nach Gleichung 12.2 eine formale Ähnlichkeit:[5]

$$s_{X,Y} = \frac{SP_{X,Y}}{n} = \frac{\sum_{i=1}^{n}(x_i - \overline{x}) \cdot (y_i - \overline{y})}{n}$$

$$s_X^2 = \frac{SS_X}{n} = \frac{\sum_{i=1}^{n}(x_i - \overline{x})^2}{n} = \frac{\sum_{i=1}^{n}(x_i - \overline{x}) \cdot (x_i - \overline{x})}{n} = s_{X,X}$$

12.2 Die Produktmomentkorrelation

Der Wertebereich der Kovarianz ist nach unten und oben nicht begrenzt. Ihr maximaler Absolutwert ist aber stets kleiner oder gleich dem geometrischen Mittel der Varianzen bzw. Variationen der beiden beteiligten Variablen:[6]

$$s_{X,Y} \leq \sqrt{s_X^2 \cdot s_Y^2} = s_X \cdot s_Y \text{ bzw. } SP_{X,Y} \leq \sqrt{SS_X \cdot SS_Y} \qquad (12.3)$$

Erläuterungen siehe Gleichung 12.1.

Teilt man die Kovarianz bzw. Kovariation durch dieses Maximum, ergibt sich ähnlich wie in der Vierfeldertabelle bei der Transformation von Pearsons Chiquadrat-Statistik zu Φ (Gleichung 9.15) ein Zusammenhangsmaß, das einen Wertebereich von –1 bis +1 aufweist. Dieses Maß wird *Produktmomentkorrelation* r_{XY} oder nach dem Statistiker Karl Pearson auch *Pearsons Korrelationskoeffizient* genannt und ist der Quotient aus der Kovarianz bzw. der Kovariation geteilt durch das geometrische Mittel der Varianzen bzw. Variationen von X und Y:[7]

---

5 Die Variation bzw. Varianz einer Variablen kann daher auch als Kovariation bzw. Kovarianz einer Variablen mit sich selbst betrachtet werden. Entsprechend wird in Formeln die Varianz s_X^2 bzw. σ_X^2 einer beliebigen Variablen X bisweilen auch durch $s_{X,X}$ bzw. $\sigma_{X,X}$ symbolisiert.
6 Zum geometrischen Mittel vgl. Gleichung 3.12 in Kapitel 3.1.4.
7 Zur Bezeichnung Produktmoment: Die Kovarianz ist der Mittelwert bzw. Erwartungswert der Produkte aus den Abweichungen der Realisierungen der beiden Va-

$$r_{X,Y} = \frac{s_{X,Y}}{\sqrt{s_X^2 \cdot s_Y^2}} = \frac{s_{X,Y}}{s_X \cdot s_Y} = \frac{SP_{X,Y}}{\sqrt{SS_X \cdot SS_Y}} \qquad (12.4)$$

wobei $r_{X,Y}$ = Produktmomentkorrelation zwischen X und Y.
Weitere Erläuterungen siehe Gleichung 12.1.

Interpretation der Produktmomentkorrelation

Die Extremwerte +1 und –1 können nur auftreten, wenn in Abbildung 12.1 alle Rechtecke entweder nur in den Regionen A und C oder nur in den Regionen B und D liegen und gleichzeitig eine maximale Fläche aufweisen. Dies ist genau dann der Fall, wenn alle Punkte der Punktewolke auf einer Geraden durch den Schwerpunkt liegen, die *nicht* parallel zu einer der Achsen verläuft. Dann lässt sich Y als Linearkombination von X: $Y = \beta_{0,X} + \beta_{1,X} \cdot X$ und X als Linearkombination von Y: $X = \beta_{0,Y} + \beta_{1,Y} \cdot Y$ beschreiben.

Tabelle 12.1 und Abbildung 12.2 zeigen rechnerische und grafische Beispiele für Y als Linearkombination von X anhand fiktiver Daten mit jeweils fünf Fällen. Abbildung 12.2 zeigt die Punktewolken der drei bivariaten Verteilungen, wobei die Punkte jeweils durch Linien verbunden sind. Alle drei Punktewolken haben den gleichen Schwerpunkt $(\bar{x}, \bar{y}) = (3, 4)$. Im Unterschied zur Punktewolke aus Abbildung 12.1 bestehen jeweils perfekte (deterministische) Beziehungen, d.h. die Realisierungen der einen Variablen lassen sich aus den Realisierungen der anderen Variablen berechnen. Die 5 Fälle aus Tabelle 12.1a liegen alle auf einer Geraden, die durch die Gleichungen $Y = 2.5 + 0.5 \cdot X$ bzw. $X = (Y - 2.5) / 0.5 = -5 + 2 \cdot Y$ beschrieben werden kann. Die

riablen von ihrem jeweiligen Mittel- bzw. Erwartungswert. In Verallgemeinerung des Begriffs der zentralen Momente auf Mittelwerte der Potenzen von Abweichungen einer Variablen von ihrem Mittelwert wird die Kovarianz als Produktmoment («m_{11}») bezeichnet (vgl. Kapitel 3.5, Gleichung 3.39). Die Korrelation ist dann der Quotient aus diesem Produkt geteilt durch das geometrische Mittel der zweiten zentralen Momente (Varianzen) m_2 von X und von Y:

$r_{X,Y} = m_{1,1}(X, Y) / \sqrt{m_2(X) \cdot m_2(Y)}$

Tabelle 12.1: **Produktmomentkorrelation als lineares Zusammenhangsmaß**

a. Perfekter linearer Zusammenhang. $Y = 2.5 + 0.5 \cdot X$ bzw. $X = -5 + 2 \cdot Y$

	X	Y	X²	Y²	X·Y
	1	3.0	1	9.00	3
	2	3.5	4	12.25	7
	3	4.0	9	16.00	12
	4	4.5	16	20.25	18
	5	5.0	25	25.00	25
Σ	15	20.0	55	82.50	65

$$r_{X,Y} = \frac{65 - \dfrac{15 \cdot 20}{5}}{\sqrt{\left(55 - \dfrac{15 \cdot 15}{5}\right) \cdot \left(82.5 - \dfrac{20 \cdot 20}{5}\right)}}$$

$$= \frac{5}{\sqrt{10 \cdot 2.5}} = 1.0$$

b. Perfekter monotoner Zusammenhang. $Y = 2/3 \cdot (X-1)^2$ bzw.
$X = 1 + \left| \sqrt{1.5 \cdot Y} \right|$

	X	Y	X²	Y²	X·Y
	1	0.00	1	0.000	0.00
	2	0.67	4	0.44	1.33
	3	2.67	9	7.11	8.00
	4	6.00	16	36.00	24.00
	5	10.67	25	113.78	53.33
Σ	15	20.00	55	157.33	86.67

$$r_{X,Y} = \frac{86.67 - \dfrac{15 \cdot 20}{5}}{\sqrt{\left(55 - \dfrac{15 \cdot 15}{5}\right) \cdot \left(157.33 - \dfrac{20 \cdot 20}{5}\right)}}$$

$$= \frac{26.67}{\sqrt{10 \cdot 77.33}} = 0.959$$

c. Perfekter nicht monotoner Zusammenhang. $Y = 2 \cdot (X-3)^2$ bzw.
$X = 3 + \left| \sqrt{0.5 \cdot X} \right|$

	X	Y	X²	Y²	X·Y
	1	8	1	64	8
	2	2	4	4	4
	3	0	9	0	0
	4	2	16	4	8
	5	8	25	64	40
Σ	15	20	55	136	60

$$r_{X,Y} = \frac{60 - \dfrac{15 \cdot 20}{5}}{\sqrt{\left(55 - \dfrac{15 \cdot 15}{5}\right) \cdot \left(136 - \dfrac{20 \cdot 20}{5}\right)}}$$

$$= \frac{0}{\sqrt{10 \cdot 56}} = 0$$

Produktmomentkorrelation beträgt hier erwartungsgemäß $r_{X,Y} = +1.0$ und die Gerade geht durch den Schwerpunkt der Punktewolke. Die fünf Datenpunkte aus Tabelle 12.1b liegen nicht auf einer Geraden, sondern auf einer Parabel, die durch die quadratische Beziehung $Y = 2/3 \cdot (X-1)^2$ bzw. $X = 1 + \left| \sqrt{1.5 \cdot Y} \right|$ beschrieben wird. Auch hier zeigt sich ein perfekter monoton steigender (positiver) Zusammenhang. Da der Zusammenhang aber

Abbildung 12.2: Werte der Produktmomentkorrelationen r_{XY} bei perfekten linearen, monotonen und nichtmonotonen Beziehungen zwischen den Variablen

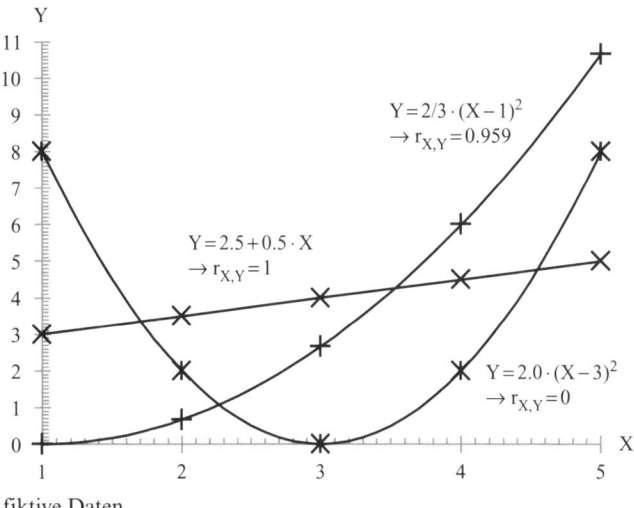

fiktive Daten

nichtlinear ist, ist die Produktmomentkorrelation nicht maximal, sondern nur $r_{X,Y} = 0.96$.

Auch die fünf Fälle aus Tabelle 12.1c liegen auf einer Parabel, die durch die Gleichung $Y = 2 \cdot (X-3)^2$ bzw. $X = 3 \pm \left| \sqrt{0.5 \cdot Y} \right|$ beschrieben wird. Die Korrelation ist hier jedoch null. Ursache ist der nichtmonotone u-förmige Kurvenverlauf, bei dem sich alle positiven und negativen Flächen (bei geometrischer Interpretation) genau ausgleichen (zu null summieren).

Für die Interpretation einer Produktmomentkorrelation bedeutet das:

– Wird der Zusammenhang zwischen zwei metrischen Variablen über die Produktmomentkorrelation gemessen, dann ist der Zusammenhang mit einem Wert von $r_{X,Y} = \pm 1$ am stärksten, wenn alle Punkte einer Punktewolke auf einer Geraden liegen. Zwischen den beiden Variablen besteht dann ein deterministischer linearer Zusammenhang.

– Je mehr Punkte der Punktewolke von einer Geraden abweichen und je größer die Abweichung ist, desto mehr nähert sich der Wert der Korrelation dem Wert null an. Die Korrelation erfasst somit einen *linearen Trend* in der Punktewolke. Da beliebige monotone Beziehungen durch einen linearen Trend angenähert werden können, ergibt sich bei einer tendenziell monoton steigenden Beziehung eine positive und bei einer tendenziell monoton fallenden Beziehung eine negative Korrelation.

– Der Wert null tritt auf, wenn es in den Daten keinerlei positiven oder negativen linearen Trend gibt. Dann gibt es auch keine tendenziell monotone Beziehung. Dies bedeutet aber nicht, dass die beiden Variablen statistisch unabhängig voneinander sein müssen. Es kann sogar eine perfekte nichtmonotone z. B. u-förmige Beziehung (Tabelle 12.1c) vorliegen oder eine umgekehrt u-förmige Beziehung oder eine wellenförmige Beziehung. Bei statistischer Unabhängigkeit ist die Produktmomentkorrelation aber auf jeden Fall null.

Für die Interpretation der Stärke einer Korrelation gelten die gleichen Faustregeln wie bei Φ oder τ_b, wann eine Beziehung als praktisch vernachlässigbar ($|r_{XY}|<0.05$), gering ($0.05\leq|r_{X,Y}|<0.25$), mittel ($0.25\leq|r_{X,Y}|<0.50$) oder stark ($|r_{X,Y}|\geq0.50$) gilt (vgl. Kapitel 9.3.1). In Vierfeldertabellen bei Binärkodierung der Variablen ist $r_{X,Y} = \tau_b = \Phi$ (vgl. auch Kapitel 10.5.2).

Hinweis:

Die Produktmomentkorrelation kann als Kovarianz zweier normierter oder standardisierter (z-transformierter) Variablen aufgefasst werden. Werden zwei metrische Variablen X und Y normiert (Gleichung 3.31) oder standardisiert (Gleichung 3.33), dann ist die Kovariation zwischen den normierten bzw. standardisierten Variablen nach Gleichung (5.23b) gleich der Produktmomentkorrelation der Ausgangsvariablen:

$$s\left(\frac{-\overline{x}}{s_X}+\frac{1}{s_X}\cdot X, \frac{-\overline{y}}{s_Y}+\frac{1}{s_Y}\cdot Y\right) = \frac{1}{s_X}\cdot\frac{1}{s_Y}\cdot s_{X,Y} = r_{X,Y}$$

Aus Gleichung 5.23b folgt auch, dass sich der Absolutwert einer Produktmomentkorrelation bei beliebigen Lineartransformationen $U = \beta_0 + \beta_1 \cdot X$ und $W = \gamma_0 + \gamma_1 \cdot Y$ der Variablen X und Y nicht ändert:

$$r_{U,W} = \frac{s(\beta_0 + \beta_1 \cdot X, \gamma_0 + \gamma_1 \cdot Y)}{\sqrt{s^2(\beta_0 + \beta_1 \cdot X)} \cdot \sqrt{s^2(\gamma_0 + \gamma_1 \cdot Y)}} = \frac{\beta_1 \cdot \gamma_1 \cdot s_{X,Y}}{\sqrt{\beta_1^2 \cdot s_X^2} \cdot \sqrt{\gamma_1^2 \cdot s_Y^2}} = |r_{X,Y}|$$

Das Betragszeichen ($|\ldots|$) ergibt sich daraus, dass die Korrelation $r_{X,Y}$ zwar nicht den Absolutwert, aber das Vorzeichen umdreht, wenn das Produkt aus den Transformationsgewichten $\beta_1 \cdot \gamma_1$ eine negative Zahl ist. Wenn – wie in der Sozialforschung nicht selten – die Maßeinheiten der betrachteten Variablen verschieden sind oder sich alle Realisierungen um einen konstanten Wert verschieben, dann hat das keinerlei Auswirkungen auf eine Produktmomentkorrelation, Korrelationen sind *invariant gegenüber linearen Transformationen*.

Anwendungsbeispiel

Zur Berechnung des Zusammenhangs zwischen den Altersverteilungen der n = 177 Paare (Abbildung 12.1) werden neben der Zahl der gültigen Fälle die Summen über alle Realisationen, die Quadratsummen und die Produktsummen der beiden Variablen benötigt. Tabelle 12.2 zeigt den Aufbau eines entsprechenden Rechenschemas. Für die Berechnung der Kennwerte wird nur die untere Summenzeile benötigt.

Die positive Kovarianz ($s_{X,Y} = 232.69$) weist auf einen positiven Zusammenhang hin, was sich bereits in der Punktewolke (Abbildung 12.1) gezeigt hat. Der nahe bei eins liegende Wert der Produktmomentkorrelation von $r_{X,Y} = 0.943$ besagt, dass die Beziehung zwischen dem jeweiligen Alter der Partner sehr eng ist und sich recht gut durch eine Gerade erfassen lässt.

Auch bei einer hohen Korrelation können sich die Mittelwerte und Varianzen der Verteilungen der beiden Variablen unterscheiden. Im Beispiel unterscheiden sich die Varianzen der Altersangaben mit Werten von $s_X^2 = 248.04$ für männliche und $s_Y^2 = 245.54$ für weibliche Partner nur geringfügig, die Mittelwerte dagegen

Tabelle 12.2: **Ausgangsgrößen zur Berechnung von Varianzen, Kovarianz und Korrelation**

Fall ID	Alter des Mannes X	X²	Alter der Frau Y	Y²	Produkt X·Y
1	23	529	23	529	529
2	21	441	20	400	420
...	...	...	...	...	...
177	36	1296	36	1296	1296
Σ	6614	291050	6036	249298	266735

$$\bar{x} = \frac{6614}{177} = 37.3672; \quad \bar{y} = \frac{6036}{177} = 34.1017$$

$$s_X^2 = \frac{291050}{177} - \left(\frac{6614}{177}\right)^2 = 248.0403; \quad s_Y^2 = \frac{249298}{177} - \left(\frac{6036}{177}\right)^2 = 245.5377$$

$$s_{X,Y} = \frac{266735}{177} - \frac{6614}{177} \cdot \frac{6036}{177} = 232.6915; \quad r_{X,Y} = \frac{232.6915}{\sqrt{248.0403 \cdot 245.5377}} = 0.943$$

Daten: Allbus 2008, n = 177

deutlich: Die männlichen Partner sind im Mittel gut 3 Jahre älter als die Partnerinnen. Beim Test des Mittelwertvergleichs für abhängige Stichproben ist diese Differenz (im zweiseitigen Test) bei einer Irrtumswahrscheinlichkeit von 1 % signifikant von null verschieden (T = 8.16; df = 176; p<0.001).[8]

12.3 Schätzen und Testen von symmetrischen Zusammenhängen zwischen zwei metrischen Variablen

In der Praxis stellen sich bei der Zusammenhangsanalyse von metrischen Variablen die gleichen Fragen wie bei nominal- oder ordinalskalierten Variablen: gibt es einen Zusammenhang, wie sieht er aus und wie stark ist er? Natürlich ist es immer möglich,

---

8 Für den Mittelwertvergleich bei abhängigen Stichproben (Kapitel 8.6.2) gilt Gleichung 8.14 mit dem Standardfehler aus Gleichung 7.26. Im Sinne eines strengen Testens wird anstelle der asymptotisch gültigen Standardnormalverteilung die T-Verteilung mit df = n−1 Freiheitsgraden verwendet:

$$T = (37.37 - 34.10) / \sqrt{((248.04 + 245.45 - 2 \cdot 232.69) / 176)} = 8.16.$$

metrische Variablen zu kategorisieren und mit der geringeren Zahl an Ausprägungen eine Kreuztabelle zu berechnen und einen Test auf statistische Unabhängigkeit durchzuführen (vgl. Kapitel 10.1). Obwohl dabei Information verloren geht, kann diese Art der Analyse erste Anhaltspunkte über das Vorliegen eines Zusammenhangs liefern. Da der Chiquadrat- und der LR-Test auf Unabhängigkeit bereits vorgestellt wurden, verzichten wir hier auf eine detaillierte Darstellung für das vorliegende Beispiel.

12.3.1 Test auf eine Produktmomentkorrelation von null

Hier interessiert vor allem die Frage nach dem Muster (ist die Beziehung positiv, negativ oder nichtmonoton) und der Stärke des Zusammenhangs. Eine hohe Produktmomentkorrelation weist auf eine starke positive Beziehung in der Stichprobe hin. Es stellt sich aber die Frage, ob dies auch für die Population gilt, aus der die Stichprobe kommt.

Schätzer der Populationskovarianz und der Populationskorrelation

Ähnlich wie die Stichprobenvarianz sind auch die Stichprobenkovarianz und die Produktmomentkorrelation in einfachen Zufallsauswahlen konsistente und asymptotisch erwartungstreue Schätzer der entsprechenden Populationswerte. Die Populationskovarianz $\sigma_{X,Y}$ kann wie die Populationsvarianz in einfachen Stichproben auch bei kleinen Fallzahlen erwartungstreu geschätzt werden, wenn durch den Korrekturfaktor $n/(n-1)$ die Verzerrung der Stichprobenvarianz aufgehoben wird:[9]

$$\hat{\sigma}_{X,Y} = \frac{n}{n-1} \cdot s_{X,Y} = \frac{SP_{X,Y}}{n-1} = \frac{1}{n-1} \cdot \sum_{i=1}^{n} (x_i - \overline{x}) \cdot (y_i - \overline{y}) \qquad (12.5)$$

wobei $\hat{\sigma}_{X,Y}$ = Schätzung der Populationskovarianz zwischen X und Y.

Weitere Erläuterungen siehe Gleichung 12.1.

9 Siehe Kapitel 7.3.1.

Für die Produktmomentkorrelation gilt das allerdings nicht. Die Stichprobenkorrelation ist nur dann ein erwartungstreuer Schätzer der Populationskorrelation $\rho_{X,Y}$ («ρ» ist der kleine griechische Buchstabe rho), wenn die Populationskorrelation null ist.

T-Test einer Korrelation

Aus der Stichprobenkorrelation und der Fallzahl kann eine Teststatistik berechnet werden, die bei Zutreffen der Nullhypothese, dass die Populationskorrelation null ist, mit $df = n-2$ Freiheitsgraden T-verteilt ist:[10]

$$T = r_{X,Y} \cdot \sqrt{\frac{n-2}{1-r_{X,Y}^2}} \qquad (12.6)$$

Mit Hilfe dieser Teststatistik kann in einem ein- oder zweiseitigen Test geprüft werden, ob die Produktmomentkorrelation $\rho_{X,Y}$ in der Population gleich null, kleiner / gleich null oder größer / gleich null ist.[11] Ist die Korrelation in der Population ungleich null, dann ist die Teststatistik nichtzentral T-verteilt und hat einen Erwartungs- bzw. Modalwert ungleich null. Entsprechend wird die Nullhypothese mit der Irrtumswahrscheinlichkeit α abgelehnt, wenn die Teststatistik den kritischen Wert der T-Verteilung mit $df = n-2$ Freiheitsgraden erreicht bzw. unter- oder überschreitet. Wenn der T-Test zu keinem signifikanten Er-

---

10 Da die Produktmomentkorrelation die Stärke eines linearen Zusammenhangs erfasst und eine lineare Beziehung durch zwei Parameter (Konstante b_0 und Gewicht (b_1) beschrieben wird, gehen bei n Fällen zwei Freiheitsgrade verloren, sodass $df = n-2$. Eine zusätzliche Annahme ist, dass X und Y in der Population bivariat normalverteilt sind. Die bivariate Normalverteilung ist eine Verallgemeinerung der Normalverteilung. Die Teststatistik ist allerdings gegenüber der Verletzung der Normalverteilungsannahme recht robust. Nicht robust ist der Test allerdings gegen die Verletzung der weiteren Annahme, dass entweder die bedingten Varianzen von Y gegeben X oder die bedingten Varianzen von X gegeben Y über den gesamten Wertebereich der bedingenden Variablen konstant sein müssen.

11 Da eine Korrelation genau dann null ist, wenn die Kovarianz null ist, kann diese Teststatistik auch verwendet werden, um die Nullhypothese zu prüfen, dass die Populationskovarianz $\sigma_{X,Y}$ null, kleiner / gleich null oder größer / gleich null ist.

gebnis kommt, ist das ein Hinweis, dass in der Population vermutlich kein linearer Trend bzw. keine monotone Beziehung besteht. Falls gleichzeitig ein Test auf Unabhängigkeit zu einem signifikanten Ergebnis kommt, liegt vermutlich ein nichtmonotoner Zusammenhang vor.[12]

Anwendungsbeispiel

Mit einer Irrtumswahrscheinlichkeit von 1% soll geprüft werden, dass die Korrelation zwischen den Altersangaben der n = 177 Paare auch in der Population größer null ist. Die Forschungshypothese lautet, dass es einen positiven Zusammenhang zwischen den Altersangaben von Befragungspersonen und deren Lebenspartnern gibt. Das zu prüfende Hypothesenpaar ist dann:

$H_0: \rho_{X,Y} \leq 0$ versus $H_1: \rho_{X,Y} > 0$

Wenn die Forschungshypothese zutrifft, also die Nullhypothese nicht zutrifft, ist eher mit positiven Werten der Teststatistik T zu rechnen. Bei einer Irrtumswahrscheinlichkeit von 1% wird die Nullhypothese daher abgelehnt, wenn die Teststatistik größer oder gleich dem Wert des 99%-Quantils der T-Verteilung mit df = 175 (= 177−2) Freiheitsgraden ist. Der kritische Wert liegt zwischen 2.326 bei df = ∞ und 2.358 bei df = 120. Für die Beispieldaten in Tabelle 12.2 beträgt die Teststatistik:

$$T = r_{X,Y} \cdot \sqrt{\frac{n-2}{1-r_{X,Y}^2}} = 0.943 \cdot \sqrt{\frac{177-2}{1-0.943^2}} = 37.5$$

Da der aus den Stichprobendaten errechnete Wert der Teststatistik deutlich größer ist als der kritische Wert, kann davon ausgegangen werden, dass es auch in der Grundgesamtheit eine positive Beziehung zwischen dem Alter der beiden Partner gibt.

---

12 Die Betrachtung des grafischen Erscheinungsbildes der Punktewolke kann dann Hinweise auf die Form des nichtmonotonen Zusammenhangs geben.

12.3.2 Fishers Z-Statistik und Konfidenzintervalle für die Produktmomentkorrelation

Die Kennwerteverteilung der Produktmomentkorrelation hängt vom Wert der Korrelation in der Population sowie von der bivariaten Populationsverteilung von X und Y ab. Sind X und Y allerdings normalverteilt, dann kann eine Statistik berechnet werden, die unabhängig vom Populationswert der Produktmomentkorrelation normalverteilt ist.[13] Diese Statistik heißt nach dem Statistiker Fisher[14] *Fishers Z-Statistik:*[15]

$$Z_F = \frac{1}{2} \cdot \ln\left(\frac{1+r_{X,Y}}{1-r_{X,Y}}\right) = 0.5 \cdot \left(\ln\left(1+r_{X,Y}\right) - \ln\left(1-r_{X,Y}\right)\right) \qquad (12.7)$$

wobei Z_F = Fishers Z-Statistik
$\ln(\dots)$ = natürlicher Logarithmus des Ausdrucks in der Klammer.

Die Kennwerteverteilung von Fishers Z ist:

$$Z_F = \frac{1}{2} \cdot \ln\left(\frac{1+r_{X,Y}}{1-r_{X,Y}}\right) \sim N\left(\mu = \frac{1}{2} \cdot \ln\left(\frac{1+\rho_{X,Y}}{1-\rho_{X,Y}}\right); \sigma^2 = \frac{1}{n-3}\right) \qquad (12.8)$$

wobei $\rho_{X,Y}$ = Produktmomentkorrelation von X und Y in der Population.

Weitere Erläuterungen siehe 12.7.

Die Kennwerteverteilung von Fishers Z-Statistik kann zu Tests über beliebige Werte von $\rho_{X,Y}$ und zur Berechnung von Konfidenzintervallen genutzt werden.

---

13 Wenn die Normalverteilungsannahme nicht zutrifft, ist diese Statistik *asymptotisch* normalverteilt, wobei der Erwartungswert gleich bleibt. Die Varianz ist dann allerdings nicht unabhängig vom Wert der Produktmomentkorrelation in der Population. Außerdem gehen in die Varianz dann höhere Momente der Populationsverteilung von X und Y ein (vgl. Hawkins, 1989).

14 Ronald Aylmer Fisher (1870–1962)

15 Die Transformation wird auch als Fishers Z-Transformation bezeichnet, wobei zu beachten ist, dass es sich *nicht* um die Z-Transformation handelt, mit der eine Variable standardisiert wird.

Als ein Beispiel soll das 95%-Konfidenzintervall für die Korrelation des Alters von Partner und Partnerin berechnet werden. Aus der Stichprobenkorrelation von $r_{X,Y} = 0.943$ in Tabelle 12.2 ergibt sich für Fishers Z-Statistik ein Wert von:

$$Z_F = \frac{1}{2} \cdot \ln\left(\frac{1 + r_{X,Y}}{1 - r_{X,Y}}\right) = 0.5 \cdot \ln\left((1 + 0.943)/(1 - 0.943)\right) = 1.764$$

Das Konfidenzintervall für Fishers Z-Statistik berechnet sich unter Anwendung der allgemeinen Gleichung 7.17 nach:

$$\text{c.i.}\left(\frac{1}{2} \cdot \ln\left(\frac{1 + \rho_{X,Y}}{1 - \rho_{X,Y}}\right)\right) = \frac{1}{2} \cdot \ln\left(\frac{1 + r_{X,Y}}{1 - r_{X,Y}}\right) \pm z_{1-\alpha/2} \cdot \sqrt{\frac{1}{n-3}} \qquad (12.9)$$

wobei $z_{1-\alpha/2}$ = $(1-\alpha/2)$-Quantil der Standardnormalverteilung.

Weitere Erläuterungen siehe Gleichung 12.7 und 12.8.

Im Beispiel ergeben sich die Intervallgrenzen bei der vorgegebenen Irrtumswahrscheinlichkeit von 5% nach

$$\text{c.i.}\left(\frac{1}{2} \cdot \ln\left(\frac{1 + \rho_{X,Y}}{1 - \rho_{X,Y}}\right)\right) = 1.764 \pm \frac{1.96}{\sqrt{177 - 3}} = [1.615, 1.913]$$

Die Auflösung von Fishers Z nach dem Korrelationskoeffizienten ergibt:

$$r_{X,Y} = \frac{e^{2 \cdot Z_F} - 1}{e^{2 \cdot Z_F} + 1} = \frac{\exp(2 \cdot Z_F) - 1}{\exp(2 \cdot Z_F) + 1} \qquad (12.10)$$

wobei e = Eulersche Zahl $2.71828\ldots$

Die Grenzen des 95%-Konfidenzintervalls für den Korrelationskoeffizienten der Altersangaben ergeben sich somit als

$$\text{c.i.}(\rho_{XY}) = \left[\frac{\exp(2 \cdot 1.615) - 1}{\exp(2 \cdot 1.615) + 1}, \frac{\exp(2 \cdot 1.913) - 1}{\exp(2 \cdot 1.913) + 1}\right] = [0.924, 0.957]$$

Vermutlich liegt die Korrelation des Alters der beiden Partner zwischen 0.924 und 0.957.

Lautet die Forschungshypothese, dass $\rho_{X,Y}$ größer als 0.90 ist, dann ist das zu prüfende Hypothesenpaar:

H_0: $\rho_{XY} \leq 0.9$ versus H_1: $\rho_{XY} > 0.9$.

Die Teststatistik Z berechnet sich durch Umformen der Kennwerteverteilung von Fishers Z-Statistik (Gleichung 12.8) nach:

$$Z = \frac{\frac{1}{2} \cdot \ln\left(\frac{1 + r_{X,Y}}{1 - r_{X,Y}}\right) - \frac{1}{2} \cdot \ln\left(\frac{1 + \rho}{1 - \rho}\right)}{\sqrt{\frac{1}{n - 3}}}$$

$$= \frac{\frac{1}{2} \cdot \ln\left(\frac{1 + 0.943}{1 - 0.943}\right) - \frac{1}{2} \cdot \ln\left(\frac{1 + 0.9}{1 - 0.9}\right)}{\sqrt{\frac{1}{177 - 3}}} = 3.86$$

Wenn in der Population die Produktmomentkorrelation $\rho_{X,Y}$ = 0.9 ist, die Nullhypothese also gerade noch zutrifft, ist Z standardnormalverteilt. Ist die Nullhypothese falsch, ist die Teststatistik mit einem Erwartungswert größer null normalverteilt. Wenn die Nullhypothese $Z > z_{1-\alpha/2}$ postuliert, wird sie in einem einseitigen Test nach oben mit einer Irrtumswahrscheinlichkeit von 5% abgelehnt, wenn $Z > 1.645$. Da 3.86 > 1.645, kann davon ausgegangen werden, dass die Korrelation in der Population größer 0.9 ist.

12.4 Spearmans Rangkorrelation

Die Produktmomentkorrelation erfasst lineare Trends. Bei monotonen nichtlinearen Beziehungen kann alternativ die Stärke eines Zusammenhangs durch ordinale Zusammenhangsmaße erfasst werden.

In Kapitel 10.5.2 wurden Zusammenhangsmaße für zwei ordinale Variablen auf der Basis von Paarvergleichen vorgestellt. Diese nutzen nicht alle ordinal verfügbaren Informationen. Wenn X bei einem Fall A den Rangplatz 1, bei einem Fall B den Rangplatz 2 und bei einem Fall C den Rangplatz 3 hat, dann wird nur die Information verwendet, dass A<B, A<C und B<C. Nicht genutzt wird dagegen die Information über die Entfernung der Rangplätze, aus der hervorgeht, dass die Entfernung zwischen A und C größer sein muss als die zwischen A und B sowie die zwischen B und C. Diese zusätzlichen Informationen verwerten Zusammenhangsmaße, die Rangplatzwerte der Realisierungen bei zwei ordinalen Variablen vergleichen. Um ein auf Rangreihen basierendes Zusammenhangsmaß berechnen zu können, müssen zunächst die kumulierten Randverteilungen (die kumulierten Ränge) berechnet werden. Bei n Fällen in einer Tabelle gibt es n Rangplätze. Je weniger Ausprägungen eine ordinale Variable hat, desto eher ist damit zu rechnen, dass Fälle bei einer Variablen den gleichen Rangplatz aufweisen. Allen Fällen mit gleicher Ausprägung wird dann meist der gemittelte Rangplatz zugewiesen.

Als Beispiel werden die Daten aus Tabelle 10.2 verwendet, die hier als Tabelle 12.3a wiederholt und erweitert wird. Die Berechnung der mittleren Rangplätze wird in Tabelle 12.3b exemplarisch vorgeführt. Dazu werden zunächst aus den Randverteilungen die kumulierten absoluten Häufigkeiten berechnet. Für die Zeilenvariable (eigene Lage, EWL) gilt: 1128 Fälle sind in der ersten Kategorie, 1940 Fälle sind kleiner oder gleich der zweiten Kategorie und alle 2363 Fälle sind kleiner oder gleich der dritten Kategorie. In die erste Kategorie fallen daher die geordneten Fälle 1 bis 1128, in die zweite Kategorie die Fälle 1129 (= 1128+1) bis 1940 und in die dritte Kategorie die geordneten Fälle 1941 (= 1940+1) bis 2363. Der Rangplatz eines Falls ist der mittlere Rangplatz der Kategorie, in der der Fall liegt. Fälle in der ersten Kategorie von EWL erhalten daher den Rangplatz

Tabelle 12.3: Einschätzung der eigenen Wirtschaftslage (EWL) in Abhängigkeit von der Einschätzung der allgemeinen wirtschaftlichen Lage (AWL): Berechnung der Rangkorrelation nach Spearman: Kumulierte Häufigkeiten und mittlere Rangplätze

a. Rangplätze für die Daten aus Tabelle 10.5

Eigene wirtschaftliche Lage (Y)	Allgemeine wirtschaftliche Lage (X)					
	(sehr) gut	teils/ teils	(sehr) schlecht	Summe	kumuliert	Rang-Platz
(sehr) gut	478	561	89	1128	1128	564.5
teils/teils	148	465	199	812	1940	1534.5
(sehr) schlecht	59	145	219	423	2363	2152.0
Summe	685	1171	507	2363		
kumuliert	685	1856	2363			
Rangplatz	343	1271	2110			

Daten: Allbus 2008, Westdeutschland; Daten aus Tabelle 10.5

b. Berechnung der mittleren Rangplätze für die Daten aus Tabelle 12.3a

Variable	Bewertung	(sehr) gut	teils/teils	(sehr) schlecht
AWL (X)	Rangplatz:	(1+685)/2 = 343	(686+1856)/2 = 1271	(1857+2363)/2 = 2110
EWL (Y)	Rangplatz:	(1+1128)/2 = 564.5	(1129+1940)/2 = 1534.5	(1941+2363)/2 = 2152

c. Berechnungsbasis für die Rangkorrelation

R(X)	R(Y)	n	n·R(X)	n·(R(X))²	n·R(Y)	n·(R(Y))²	n·R(X)·R(Y)
343	564.5	478	163954	56236222	269831	152319600	92552033.0
343	1534.5	148	50764	17412052	227106	348494157	77897358.0
343	2152	59	20237	6941291	126968	273235136	43550024.0
1271	564.5	561	713031	906262401	316684.5	178768400	402505999.5
1271	1534.5	465	591015	751180065	713542.5	1094930966	906912517.5
1271	2152	145	184295	234238945	312040	671510080	396602840.0
2110	564.5	89	187790	396236900	50240.5	28360762.3	106007455.0
2110	1534.5	199	419890	885967900	305365.5	468583360	644321205.0
2110	2152	219	462090	975009900	471288	1014211776	994417680.0
		2363	2793066	4229485676	2793066	4230414237	3664767112

(1+1128)/2 = 564.5, Fälle in der zweiten Kategorie von EWL den Rangplatz (1129+1940)/2 = 1534.5 und Fälle in der dritten Kategorie von EWL den Rangplatz (1941+2363)/2 = 2152. Analog ergeben sich die Rangplätze 343, 1271 und 2110 für Fälle in den drei Kategorien der allgemeinen Lage (AWL).

In *Spearmans Rangkorrelation*skoeffizienten[16] r_S wird eine Produktmomentkorrelation der (mittleren) Rangplätze berechnet:[17]

$$r_S = \frac{\sum_{i=1}^{n} r_{X,i} \cdot r_{Y,i} - \left(\sum_{i=1}^{n} r_{X,i}\right) \cdot \left(\sum_{i=1}^{n} r_{Y,i}\right) / n}{\sqrt{\left(\sum_{i=1}^{n} r_{X,i}^2 - \left(\sum_{i=1}^{n} r_{X,i}\right)^2 / n\right) \cdot \left(\sum_{i=1}^{n} r_{Y,i}^2 - \left(\sum_{i=1}^{n} r_{Y,i}\right)^2 / n\right)}} \qquad (12.11)$$

wobei r_S = Spearmans Rangkorrelation

i = Index für die Fallnummern in der Stichprobe

$r_{X,i}$ = Rangplatz des i-ten Falles bei der Rangvariable R_X

$r_{Y,i}$ = Rangplatz des i-ten Falles bei der Rangvariable R_Y

R = Bezeichnung für die nach Rängen geordneten Variablen.

Da die Daten in Tabelle 12.3c als Häufigkeitstabelle gruppiert vorliegen, wird die Berechnungsformel aus Gleichung 12.5 entsprechend angepasst:[18]

---

16 Benannt nach dem Psychologen und Statistiker Charles Edward Spearman, 1863–1945

17 Da Mittelwerte und bei vollständigen Rangreihen auch Varianzen von Rangreihen ausschließlich Funktionen der Fallzahl sind, gibt es alternative Rechenformeln. Uns geht es aber gerade um die Ähnlichkeit zwischen Spearmans Rangkorrelation mit Pearsons Produktmomentkorrelation.

18 Tabelle 12.3c ist auch ein Beispiel für die Berechnung von Mittelwerten, Varianzen, Kovarianzen oder Korrelationen über die mit den jeweiligen Auftretenshäufigkeiten $n_{i,j}$ gewichteten Ausprägungskombinationen der beiden Variablen, wenn statt der Rangwerte metrische Messwerte verwendet werden.

$$r_S = \frac{\displaystyle\sum_{i=1}^{I}\sum_{j=1}^{J} n_{i,j} \cdot r_{X,i} \cdot r_{Y,j} - \left(\sum_{i=1}^{I} n_{i,+} \cdot r_{X,i}\right) \cdot \left(\sum_{j=1}^{J} n_{+,j} \cdot r_{Y,j}\right) / n}{\sqrt{\left(\displaystyle\sum_{i=1}^{I} n_{i,+} \cdot r_{X,i}^2 - \left(\sum_{i=1}^{I} n_{i,+} \cdot r_{X,i}\right)^2 / n\right) \cdot \left(\sum_{j=1}^{J} n_{+,j} \cdot r_{Y,j}^2 - \left(\sum_{j=1}^{J} n_{+,j} \cdot r_{Y,j}\right)^2 / n\right)}} \quad (12.12)$$

wobei i, j = Indizes für die Zeilen- bzw. Spaltennummer der Häufigkeitstabelle von R_X und R_Y.
Weitere Erläuterungen siehe Gleichung 12.11.

Angewandt auf die Beispieldaten ergibt sich:

$$r_S = \frac{3664767112 - \dfrac{2793066 \cdot 2793066}{2363}}{\sqrt{\left(4229485676 - \dfrac{2793066^2}{2363}\right) \cdot \left(4230414237 - \dfrac{2793066^2}{2363}\right)}}$$

$= 0.391$

Da vor der Berechnung die Ausprägungen in Rangwerte transformiert werden, ergeben sich stets die gleichen Rangkorrelationen, wenn die Ausgangsvariablen X und Y durch beliebige, für Ordinalskalen zulässige (also monotone) Transformationen verändert werden. Daher kann die Rangkorrelation bereits bei Ordinalskalenniveau berechnet werden.[19] Dies gilt auch, wenn anstelle der mittleren Ränge stets die Kategoriennummern verwendet werden. Die drei Ausprägungen (sehr) gut, teils / teils und (sehr) schlecht würden dann die Codierungen 1, 2, 3 oder bei umgekehrter Polung 3, 2, 1 erhalten. Wendet man diese «Rangwerte» in Gleichung 12.12b an, ergibt sich ein Wert von 0.395. Im Beispiel führt die Berechnung über Ausprägungsnummern statt mittlerer Rangplätze zu einem geringfügig höheren Wert. Ursache abweichender Werte ist letztlich die Distanz der resultierenden Codierungen. Bei der Codierung 1, 2, 3 ist die Distanz

19 Die Maximalwerte ±1 werden allerdings nur erreicht, wenn sich die Rangwerte von X und Y als Punkte in einer Punktewolke entlang einer Geraden anordnen lassen. Dies setzt voraus, dass die Beziehung monoton ist und vollständige Rangreihen ohne Verknüpfungen (also ohne gleiche Rangwerte) auftreten.

zwischen den drei Ausprägungen gleich, bei den Kodierungen 343, 1271 und 2110 für AWL sowie 564.5, 1534.5 und 2152 für EWL ist die Entfernung zwischen (sehr) gut, teils/teils und (sehr) schlecht verschieden. Die gleichen Distanzen ergeben bei den Beispieldaten eine etwas stärkere Angleichung an eine lineare Beziehung.

Im Beispiel haben wir die Produktmomentkorrelation auf Ränge mit gleichen und ungleichen Rangabständen angewendet. Der geringe Unterschied zwischen den resultierenden Korrelationswerten zeigt, dass ungleiche (Rang-) Abstände zwischen den Kategorien nicht notwendigerweise zu sehr unterschiedlichen Zusammenhangsstärken führen. Dies verdeutlicht, dass die Produktmomentkorrelation bei vielen Anwendungen recht unempfindlich (robust) gegenüber monotonen Transformationen ist. Ergebnisse von Simulationsstudien zur Robustheit von Korrelationen haben dazu geführt, dass ordinale Variablen mit mindestens drei oder vier Ausprägungen in vielen statistischen Datenanalysen wie metrische Variablen behandelt werden, obwohl dies streng genommen nicht zulässig ist.

Testen von Spearmans Rangkorrelation
Ein Vorteil von Spearmans Rangkorrelation gegenüber Zusammenhangsmaßen auf der Basis von Paarvergleichen besteht darin, dass die gleichen Signifikanztests wie bei der Produktmomentkorrelation angewandt werden können. Soll im Beispiel getestet werden, ob die Rangkorrelation bei einer Irrtumswahrscheinlichkeit von 1% signifikant von null verschieden ist, wird das 99.5%-Quantil der T-Verteilung mit df = 2363−2 Freiheitsgraden benötigt. Die kritischen Werte des zweiseitigen Tests liegen zwischen ±2.617 (df = 120) und ±2.576 (df = ∞).

Die Teststatistik beträgt:

$$T = 0.391 \cdot \sqrt{\frac{2363-2}{1-0.391^2}} = 20.6$$

Bei df = 2361 Freiheitsgraden ist die Nullhypothese, dass es keinen Zusammenhang gibt, bei einer Irrtumswahrscheinlichkeit von 1 % zu verwerfen. Zur Berechnung von Konfidenzintervallen für Spearmans Rangkorrelationskoeffizienten r_S kann Fishers Z-Statistik angewendet werden.

12.5 Bivariate Lineare Regression zur Analyse asymmetrischer Zusammenhänge

Mit Korrelationsanalysen werden symmetrische Beziehungen zwischen zwei metrischen Variablen untersucht. Wird eine Variable als abhängig und die andere als unabhängig betrachtet, kann zunächst wieder von der geometrischen Darstellung der bivariaten Verteilung als Punktewolke ausgegangen werden. Dabei wird nun aber angenommen, dass die horizontal aufgetragene Variable X als erklärende Variable die Realisierungen der abhängigen Variablen Y prognostizieren bzw. erklären kann.[20] Wenn in Abbildung 12.1 die Positionen der beiden Variablen nicht ausgetauscht werden, dann wird das Alter der Partnerin als abhängig und das Alter des männlichen Partners als unabhängig betrachtet.

Wenn eine abhängige metrische Variable Y als Funktion einer erklärenden metrischen Variable X aufgefasst wird, liegt es bei der grafischen Betrachtung nahe, die Punkte durch eine Linie zu verbinden und die Linie als eine Funktion Y von X zu interpretieren. Bei einer Ausprägung der erklärenden Variablen kann es mehrere unterschiedliche Realisierungen der abhängigen Variablen geben. So gibt es in Abbildung 12.3 neun Paare, bei denen der männliche Partner 19 Jahre alt ist und das Alter der Partnerin zwischen 17 und 19 Jahren variiert. Im Unterschied zu den

---

20 Für die Frage, ob ein Zusammenhang symmetrisch (gerichtet) oder asymmetrisch (ungerichtet) ist und welche Variable bei einer asymmetrischen Beziehung abhängig ist, gelten die gleichen Argumente wie bei der Tabellenanalyse (vgl. Kapitel 9.3.2).

Abbildung 12.3: **Regression des Alters der Partnerin (Y) auf das Alter des Partners (X)**

a. Empirische Regressionsfunktion
$\bar{y} \mid X = x$

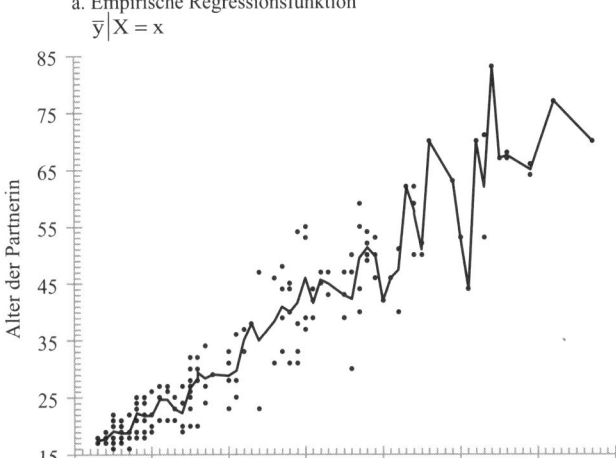

b. Lineare Regressionsfunktion
$Y = -0.953 + 0.938 \cdot x$

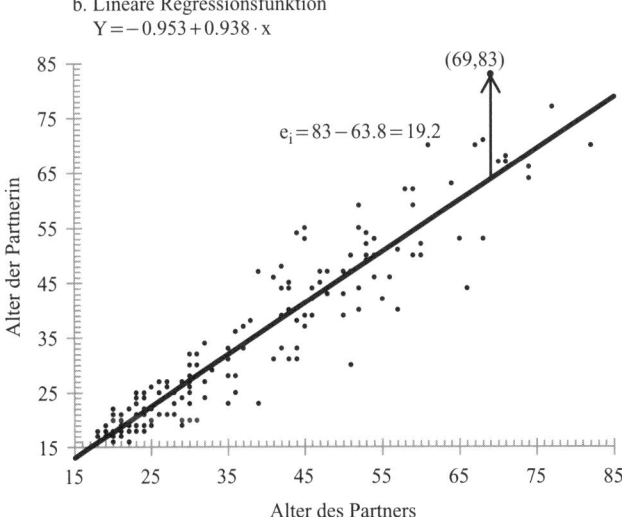

Daten: Allbus 2008, n = 177

deterministischen Beziehungen in Abbildung 12.2 lässt sich daher keine eindeutige Linie durch die Punktewolke ziehen. Möglich wird das, wenn die *bedingten Mittelwerte* der abhängigen Variablen bei den verschiedenen Ausprägungen der erklärenden Variablen berechnet und durch eine Linie verbunden werden.[21] Diese Linie wird als (empirische) *Regressionskurve* bezeichnet und die algebraische Funktion, die diese Linie beschreibt, als *empirische Regressionsfunktion*.

Abbildung 12.3a zeigt diese Funktion für die Daten aus Abbildung 12.1. Auch wenn der Kurvenverlauf sehr unregelmäßig ist, gibt es einen klaren Trend, nach dem das mittlere Alter der Frau tendenziell als Funktion des Alters des Mannes ansteigt. Die zunehmende Unregelmäßigkeit des Linienverlaufs bei steigendem Alter des Mannes dürfte vor allem eine Folge der geringen Fallzahlen bei der Berechnung der bedingten Mittelwerte in den höheren Altersgruppen sein.

12.5.1 Bestimmung der Regressionskoeffizienten

Wird die empirische Regressionsfunktion in Abbildung 12.3a durch eine *Regressionsgerade*, also durch eine lineare Funktion ersetzt, die den Verlauf der Punktewolke möglichst gut annähert, dann werden die durch die Gerade prognostizierten Werte als *Vorhersagewerte* $\hat{Y}$ mit den Realisierungen $\hat{y}_i$ bezeichnet. Um zu berücksichtigen, dass die Punkte nicht alle auf dieser Geraden liegen, wird die abhängige Variable Y als Summe aus den Vorhersagewerten $\hat{Y}$ plus einer Residualvariable E dargestellt, die die Abstände zwischen den empirischen Realisierungen von Y und den durch die Regressionsgerade prognostizierten Werten $\hat{Y}$ beinhaltet:

---

21 Wenn es nur einen Fall bei einer Ausprägung von $X = x_i$ gibt, ist der bedingte Mittelwert von Y gegeben diesen Wert von X gleich dieser einzigen realisierten Ausprägung y_i.

$$Y = \hat{Y} + E = \underbrace{b_0 + b_1 \cdot X}_{\hat{Y}} + E \quad \text{bzw.}$$

$$y_i = \hat{y}_i + e_i = \underbrace{b_0 + b_1 \cdot x_i}_{\hat{y}_i} + e_i \tag{12.13}$$

wobei Y, X = abhängige und erklärende Variablen

$\hat{Y}$ = Vorhersagevariable, deren Realisierungen $\hat{y}_i$ (y-Dach, engl. *y-hat*) als Vorhersagewerte bezeichnet werden

E = Residualvariable, deren Realisierungen e_i als Residuen bezeichnet werden.

b_0, b_1 = Parameter der linearen Vorhersagegleichung (Regressionsfunktion).

Gleichung 12.13 beschreibt das *lineare Regressionsmodell*, in dem die Vorhersagewerte Realisierungen der Linearkombination der unabhängigen Variablen sind, während die Realisierungen e_i der Residualvariablen die Differenzen zwischen den beobachteten und den Vorhersagewerten sind. Da die empirische Regressionsfunktion bedingte Mittelwerte beinhaltet, sollen auch die Realisierungen der linearen Regressionsfunktion, also die Vorhersagewerte, Eigenschaften von Mittelwerten aufweisen:

Die Summe der Abweichungen aller Realisierungen einer Variablen von ihrem Mittelwert ist stets null (Gleichung 3.8); entsprechend sollte auch die Summe aller Abweichungen der Realisierungen der abhängigen Variablen von den Vorhersagewerten, also die Summe der Residuen null sein.[22] Weiterhin kann ein Mittelwert nicht mit den Abweichungen der Realisierungen vom Mittelwert kovariieren.[23] Entsprechend soll es auch keine Kovariation zwischen den Abweichungen von den Vorhersagewerten,

---

22 Wenn die Summe aller Abweichungen e_i null ist, ist auch der Mittelwert von E null.

23 Gleichung 12.1 wird zu: $SP\left(\overline{x}, (x - \overline{x})\right) = \sum_{i=1}^{n} (\overline{x} - \overline{x}) \cdot (x_i - \overline{x}) = 0.$

also den Residuen, und den Vorhersagewerten geben. Diese beiden Eigenschaften des linearen Regressionsmodelles sind hinreichend, um eindeutige Werte für die Modellparameter b_0 und b_1 zu berechnen.[24]

Hinweis

Da Y in Gleichung 12.13 als Summe (Linearkombination) der Vorhersagewerte und der Residualvariablen E definiert wird, folgt bei Anwendung der Gleichungen 5.22b für den Mittelwert von y:

$$\overline{y} = \overline{\hat{y}} + \overline{e} = \underbrace{b_0 + b_1 \cdot \overline{x}}_{\overline{\hat{y}}} + \underbrace{0}_{\overline{e}} = \overline{\hat{y}}$$

wobei $\overline{\hat{y}}$ = Mittelwert der Realisierungen der Vorhersagevariablen $\hat{Y}$

$\overline{e}$ = Mittelwert der Realisierungen der Residualvariable E.

Da die Kovariation zwischen den Vorhersagewerten und der Residualvariable null ist, kovariiert auch die erklärende Variable X nicht mit der Residualvariable E:

$$s(\hat{Y}, E) = \sum_{i=1}^{n} \underbrace{(\hat{y}_i - \overline{y})}_{(b_0 + b_1 \cdot x_i - b_0 - b_1 \cdot \overline{x})} \cdot (e_i - \overline{e}) = b_1 \cdot \underbrace{\sum_{i=1}^{n} (x_i - \overline{x}) \cdot (e_i - \overline{e})}_{s(X,E)} = b_1 \cdot \underbrace{s_{X,E}}_{0} = 0$$

Erläuterungen siehe Gleichung 12.13.

Bei Anwendung von Gleichung 5.23b folgt dann für die Kovarianz zwischen der abhängigen und der erklärenden Variable:

$$s(Y, X) = s\left(\underbrace{b_0 + b_1 \cdot X}_{\hat{Y}} + E, X\right) = b_1 \cdot \underbrace{s(X, X)}_{s^2(X)} + \underbrace{s(E, X)}_{0} = b_1 \cdot s_X^2$$

Erläuterungen siehe Gleichung 12.13.

Aus diesen Bedingungen folgen (durch Auflösen der Gleichungen für den Mittelwert und die Kovarianz $s_{Y,X}$ nach b_0 bzw. b_1)

24 Die Bedingungen sind notwendig, da es beliebig viele Wertepaare (b_0, b_1) gibt, bei denen Gleichung 12.13 für *alle* Realisierungen erfüllt wird.

die Berechnungsformeln für die Modellparameter b_0 und b_1, die als *Regressionskoeffizienten* bezeichnet werden:

$$b_0 = \overline{y} - b_1 \cdot \overline{x} \tag{12.14a}$$

$$b_1 = \frac{s_{X,Y}}{s_X^2} = \frac{SP_{XY}}{SS_X} \tag{12.14b}$$

Erläuterungen siehe Gleichung 12.1, 12.13.

Eine alternative Vorgehensweise zur Bestimmung der Regressionskoeffizienten ist an die Bedingung geknüpft, dass die Summe der quadrierten Residuen minimal ist:[25]

Hinweis:

$$Q\left(b_0, b_1\right) = \sum_{i=1}^{n} e_i^2 = \sum_{i=1}^{n} \left(y_i - b_0 - b_1 \cdot x_i\right)^2 \overset{!}{=} min$$

wobei $Q(b_0, b_1)$ = Minimierungsfunktion
$\overset{!}{=} min$ = der Ausdruck links in der Gleichung soll minimal sein.

Werden (mit Hilfe der Differentialrechnung) die Werte von b_0 und b_1 so bestimmt, dass diese Minimierungsforderung erfüllt wird, dann ergeben sich wieder die Berechnungsformeln 12.14a und b. Man bezeichnet diese Vorgehensweise als *Kleinst-Quadrat-Methode* oder *Kleinst-Quadrat-Schätzung*, die dem englischen Sprachgebrauch «*ordinary least squares*» (OLS) folgend auch im Deutschen als *OLS-Methode* oder *OLS-Schätzung* bezeichnet wird.[26]

Die Anwendung von Gleichung 12.14a und b auf das Datenbeispiel in Tabelle 12.2 ergibt folgende Regressionskoeffizienten:

25 Für Stichprobenmittelwerte gilt nach Gleichung 3.9, dass die Summe der quadrierten Abweichungen vom Mittelwert minimal ist.

26 Es ist zu beachten, dass der Ausdruck «Schätzung» sich hier auf die Bestimmung von Stichprobenparametern bezieht und nicht auf die von Populationsparametern. Die Berechnungsformeln werden jedoch unten auch für die Schätzung einer linearen Regressionsgleichung in der Population verwendet.

$$b_1 = \frac{232.6915}{248.0403} = 0.9381;$$

$$b_0 = 34.1017 - 0.9381 \cdot 37.3672 = -0.9532.$$

In Abbildung 12.3b ist die mit diesen Regressionskoeffizienten berechnete Regressionsgerade in die Punktewolke der bivariaten Altersverteilung eingezeichnet. Der Vergleich mit der empirischen Regressionskurve aus Abbildung 12.3a zeigt, dass die mit der OLS-Methode ermittelte Gerade, die auch als *Trendlinie* bezeichnet wird, die bedingten Mittelwerte vor allem bei den stärker besetzten jüngeren Jahrgängen recht gut wiedergibt.

In Abbildung 12.3b ist ein Paar hervorgehoben, bei dem der männliche Partner 69 Jahre und seine Partnerin 83 Jahre alt ist. Bei Einsetzen dieser Werte in den rechten Teil von Gleichung 12.13 kann der Vorhersagewert für das durchschnittliche Alter der Partnerinnen bei einem 69-jährigen Partner berechnet werden als:

$$\hat{y}_1 = -0.953 + 0.938 \cdot 69 = 63.8$$

Es ist damit zu rechnen, dass die Partnerin eines 69-jährigen Mannes im Durchschnitt 63.8 Jahre alt ist. Tatsächlich ist die Partnerin bei dem betrachteten Paar jedoch 83 Jahre alt. Die Differenz zwischen dem beobachteten und dem Vorhersagewert ist das Stichprobenresiduum $e_i = y_i - \hat{y}_i$, das für diesen Fall 19.2 ($= 83 - (-0.953) + 0.938 \cdot 69$) beträgt. In der Abbildung ist dieses Residuum als senkrechter Pfeil von der Regressionsgeraden an der Stelle $x_i = 69$ zum Punkt (69,83) eingezeichnet.

12.5.2 Interpretation der Regressionskoeffizienten

Die Regressionsfunktion beschreibt einen asymmetrischen Zusammenhang. Da ihr Verlauf von den Regressionskoeffizienten abhängt, bestimmen diese letztlich die Lage der Regressionskurve in einem Koordinatensystem. Als Beispiel zeigt Abbildung 12.4 fünf (fiktive) Regressionsgraden, die sich nur durch die Werte der Koeffizienten unterscheiden.

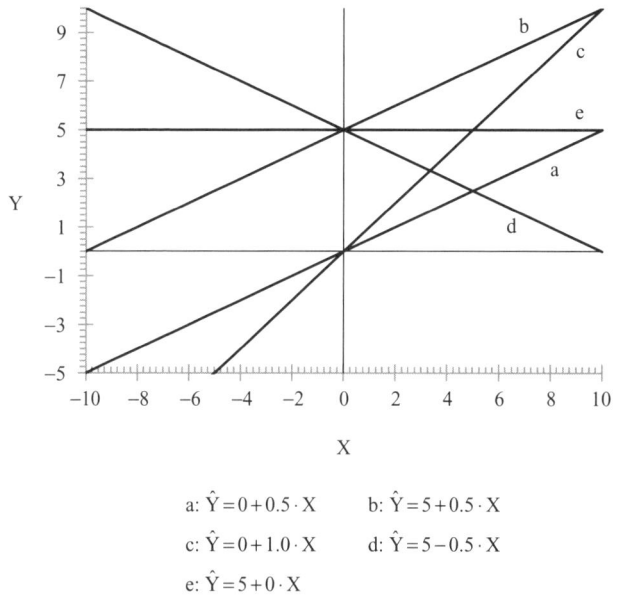

Abbildung 12.4: **Kurvenverläufe der Regressionsfunktion bei unterschiedlichen Werten der Regressionskoeffizienten**

a: $\hat{Y} = 0 + 0.5 \cdot X$ b: $\hat{Y} = 5 + 0.5 \cdot X$

c: $\hat{Y} = 0 + 1.0 \cdot X$ d: $\hat{Y} = 5 - 0.5 \cdot X$

e: $\hat{Y} = 5 + 0 \cdot X$

Die beiden Regressionsfunktionen (a): $\hat{Y} = 0 + 0.5 \cdot X$ und (b): $\hat{Y} = 5 + 0.5 \cdot X$ unterscheiden sich nur beim ersten Parameter, der *Regressionskonstanten* b_0, die in der Geradengleichung (a) den Wert $b_0 = 0.0$ und in Funktion (b) den Wert $b_0 = +5.0$ hat. Die beiden Geraden verlaufen parallel, wobei die zweite Gerade (b) bezogen auf die Y-Achse um die Differenz der Werte der Regressionskonstante $(5 = 5-0)$ über der ersten Gerade (a) verläuft. Die Regressionskonstante beeinflusst also nur das Niveau der Regressionsgeraden. Gleichzeitig gibt die Konstante den Vorhersagewert für Fälle mit dem Wert $x_i = 0$ an.

Der zweite Parameter, das *Regressionsgewicht* b_1, gibt die Steigung der Regressionsgeraden an. Je deutlicher sich der Wert des Regressionsgewichts von null unterscheidet, desto steiler verläuft die Regressionsgerade, d. h. desto stärker verändert sich der Vorhersagewert der Regressionsfunktion bei einer Veränderung der unabhängigen Variablen. So unterscheiden sich die beiden Regressionsfunktionen (a): $\hat{Y} = 0+0.5 \cdot X$ und (c): $Y = 0+1.0 \cdot X$ nur durch das jeweilige Regressionsgewicht b_1, das bei (c) doppelt so groß ist wie bei (a), weshalb die Steigung der Geraden (c) steiler ist. Sichtbar werden diese Unterschiede auch bei der Berechnung der Vorhersagewerte: Wenn $x_i = 0$, dann ist in beiden Funktionen (a) und (c) der Vorhersagewert gleich der Regressionskonstanten $\hat{y}_i = b_0$, hier also gleich null. Wenn die Ausprägung der erklärenden Variablen um +1 Einheit höher liegt ($x_i = 1$), dann ist der Vorhersagewert bei (a): $\hat{y}_i = 0+0.5 \cdot 1 = 0.5$ und bei (c): $\hat{y}_i = 0+0.1 \cdot 1 = 1.0$.

Das Vorzeichen des Regressionsgewichts gibt die Richtung der Veränderung bei einem Anstieg der Werte der erklärenden Variablen an. Bei positivem Vorzeichen des Regressionsgewichts verläuft die Regressionsgerade ansteigend, bei negativem abfallend. Deutlich wird dies an den beiden Regressionsfunktionen (b): $\hat{Y} = 5+0.5 \cdot X$ und (d): $Y = 5-0.5 \cdot X$, die sich nur durch das Vorzeichen von b_1 unterscheiden. Ist das Regressionsgewicht weder positiv noch negativ, sondern null ($b_1 = 0$) wie bei der Regressionsgeraden (e), dann verläuft die Regressionsgerade auf der Höhe des Wertes von b_0 parallel zur X-Achse. Da die Vorhersagewerte hier gar nicht auf Veränderungen bei der erklärenden Variable reagieren, beeinflusst X die Vorhersagevariable $\hat{Y}$ nicht. Aus Gleichung 12.14b wird deutlich, dass das Regressionsgewicht b_1 nur dann null sein kann, wenn auch die Kovarianz s_{XY} zwischen X und Y null ist. Dann ist auch die Produktmomentkorrelation null und es besteht kein linearer Trend. Das Regressionsgewicht b_1 ist somit im linearen Regressionsmodell der zentrale Kennwert zur Beschreibung eines gerichteten Zusammenhangs zwischen zwei metrischen Variablen: Bei einem Anstieg um +1 Einheit bei X verändert sich der Vorhersagewert für die abhängige Variable um b_1 Einheiten.

Im Beispiel (Abbildung 12.3b) beträgt die Regressionskonstante $b_0 = -0.953$. Bei einem männlichen Partner von null Jahren wäre also bei der Partnerin mit einem Alter von minus 0.95 Jahren zu rechnen. Diese Zahlen sind empirisch nicht realisierbar. Die Regressionskonstante ist daher oft eine rein technische Größe, die zur Berechnung der Vorhersagewerte notwendig ist.[27] Das Regressionsgewicht beträgt im Beispiel $b_1 = 0.938$. Unterscheiden sich zwei männliche Partner dadurch, dass der zweite um $+1$ Jahr älter ist als der erste, dann ist dessen Partnerin im Mittel nur um 0.938 Jahre älter. Mit zunehmendem Alter besteht eine größere Altersdifferenz zwischen den Partnern. Inhaltlich lässt sich dieses Ergebnis dahingehend interpretieren, dass mit zunehmendem Alter ein größerer Altersabstand beobachtbar ist.[28]

12.5.3 Erklärungskraft eines Regressionsmodells

Neben der Art der Beziehung (monoton oder nicht monoton) interessiert stets auch die Stärke der Beziehung. Eine in diesem Zusammenhang häufig anzutreffende Fehlinterpretation ist, dass eine Beziehung umso stärker ist, je größer der Absolutwert $|b_1|$ des Regressionsgewichts ist. Zwar reagieren die Vorhersagewerte bei großen Werten von b_1 stärker auf Veränderungen bei der unabhängigen Variable als bei geringen Werten von b_1, aber auch bei einer sehr steilen Regressionsfunktion ($|b_1|$ ist sehr groß) können die Realisierungen der Residualvariablen sehr große Werte

27 Inhaltlich bedeutsam können Regressionskonstanten aber bei Gruppenvergleichen sein. Wenn die Regressionsgewichte in zwei Gruppen gleich sind, unterscheiden sich die Vorhersagewerte nur um die Differenz der Regressionskonstanten. Die Höhe dieser Differenz kann empirisch von Interesse sein.

28 Es gibt aber auch eine rein technische Erklärung, wonach der langsamere Anstieg der Werte bei der abhängigen Variablen ein Artefakt als Folge von Messfehlern sein kann. Wenn Messfehler bei beiden Variablen zufällig und unabhängig voneinander um null schwanken, dann gibt es gleich viele Messfehlerpaare, bei denen zwei negative, zwei positive, ein positiver und ein negativer sowie ein negativer und ein positiver Messfehler bei X und Y vorkommen. Die Messfehler weisen dann eine Messfehlerregression mit der Steigung null auf. Da sich diese Gerade und die Steigung der Regressionsgeraden der messfehlerfreien «wahren» Werte überlagern, reduziert sich die Steigung der Regressionsgeraden der beobachteten Werte. Man bezeichnet dieses Phänomen als *Regression zur Mitte*.

annehmen, sodass die Prognose der abhängigen Variablen über die Vorhersagewerte ungenauer sein kann als bei einer weniger steilen Regressionsgeraden ($|b_1|$ ist kleiner) mit sehr kleinen Residuen. Dies bedeutet, dass der gerichtete Zusammenhang umso stärker ist, je weniger die Residuen um die Regressionsfunktion streuen. Umgekehrt gilt: Je größer die Varianz der Residualvariablen ist, desto geringer ist der gerichtete Zusammenhang.

Die Residualvarianz ist allerdings kein geeignetes Maß für die Stärke eines Zusammenhangs, da ihr Wertebereich nach oben unbegrenzt ist. Sie kann aber zur Berechnung eines Zusammenhangsmaßes verwendet werden: Aus der Forderung, dass die Residuen nicht mit den Vorhersagewerten korrelieren sollen, und der Anwendung von Gleichung 5.22c folgt, dass sich die Varianz der abhängigen Variablen als Summe aus der Varianz der Vorhersagewerte und der Varianz der Residuen ergibt:

$$s^2(Y) = s^2(\hat{Y}) + s^2(E) + 2 \cdot \underbrace{s(\hat{Y}, E)}_{=0} = s^2(\hat{Y}) + s^2(E) \qquad (12.15)$$

Erläuterungen siehe Gleichung 12.13.

Teilt man die Varianz der Vorhersagewerte durch die Varianz der abhängigen Variablen, dann ergibt sich eine Statistik, die den Minimalwert null hat, wenn die Vorhersagewerte keine Variation aufweisen, und den Maximalwert eins, wenn die Residuen keine Variation aufweisen. Diese Statistik wird *Determinationskoeffizient* genannt und durch das Symbol R^2 dargestellt:

$$R^2 = \frac{s_{\hat{Y}}^2}{s_Y^2} = \frac{SS_{\hat{Y}}}{SS_Y} = \frac{s_Y^2 - s_E^2}{s_Y^2} = 1 - \frac{s_E^2}{s_Y^2} = 1 - \frac{SS_E}{SS_Y} \qquad (12.16)$$

wobei R^2 = Determinationskoeffizient.

Da die Variation der Vorhersagewerte nur dann null sein kann, wenn $s_{X,Y} = 0$, bedeutet ein Determinationskoeffizient von null, dass das Regressionsgewicht null sein muss, also kein linearer

Trend in den Daten besteht. Umgekehrt wird der Maximalwert eins nur erreicht, wenn alle Residuen null sind, alle Datenpunkte also auf der Regressionsgeraden liegen und somit ein linearer deterministischer Zusammenhang zwischen der abhängigen und der erklärenden Variable besteht. Aus Gleichung 12.16 ist auch zu erkennen, dass R^2 ein PRE-Maß (vgl. Gleichung 10.6) ist. Dabei wird der Mittelwert der abhängigen Variablen als Vorhersagewert für Y (ohne Kenntnis von X) definiert und die Werte der Regressionsfunktion als Vorhersagewerte für Y bei Kenntnis von X. Die quadrierten Abweichungen von den Vorhersagen definieren die Fehler dieses PRE-Maßes. R^2 misst also, um welchen Anteil sich die Variation der abhängigen Variablen bei Kenntnis der unabhängigen Variablen reduziert (vgl. Kapitel 10.2.1). Man spricht in diesem Zusammenhang auch vom Anteil der *erklärten Varianz*, wobei «erklären» eher im Sinne von vorhersagen als von kausal erklären verstanden werden sollte. Der Determinationskoeffizient misst also die *Erklärungskraft* oder *Prognosegenauigkeit* eines Regressionsmodells.

Hinweis:

Bei Vorliegen der Korrelation ist es nicht notwendig, den Determinationskoeffizienten des bivariaten Regressionsmodells nach Gleichung 12.16 zu berechnen, da er das Quadrat der Produktmomentkorrelation ist, was sich durch Einsetzen der Werte für die Vorhersagevarianz zeigen lässt:[29]

$$R^2 = \frac{s_{\hat{Y}}^2}{s_Y^2} = \frac{s^2(b_0 + b_1 \cdot X)}{s_Y^2} = \frac{b_1^2 \cdot s_X^2}{s_Y^2} = \frac{\left(\frac{s_{X,Y}}{s_X^2}\right)^2 \cdot s_X^2}{s_Y^2} = \frac{(s_{X,Y})^2}{s_X^2 \cdot s_Y^2} = (r_{X,Y})^2.$$

29 Da die Produktmomentkorrelation die Quadratwurzel des Determinationskoeffizienten im bivariaten linearen Regressionsmodell ist und der Determinationskoeffizient als PRE-Maß zwischen 0 und 1 liegt, folgt für die Korrelation, dass auch ihr Absolutwert zwischen 0 und 1 liegt, der Wertebereich also $-1 \leq r_{X,Y} \leq +1$ ist. Daraus folgt auch die oben verwendete Aussage, dass die Kovarianz nicht größer als das geometrische Mittel des Produkts der Varianzen der beiden beteiligten Variablen sein kann.

Zwischen dem asymmetrischen Zusammenhangsmodell der bivariaten linearen Regression und dem symmetrischen Zusammenhangsmaß der Produktmomentkorrelation besteht also ein mathematischer Zusammenhang. Ähnlich wie sich Φ als geometrisches Mittel der beiden Anteilsdifferenzen $d_{YX}\%/100$ und $d_{XY}\%/100$ ergibt und τ_b als geometrisches Mittel von Somers d_{YX} und d_{XY}, gilt auch für die Produktmomentkorrelation, dass sie das geometrische Mittel der Regressionsgewichte $b_{1,Y\leftarrow X}$ und $b_{1,X\leftarrow Y}$ der linearen Regressionen von Y auf X und von X auf Y ist,[30] wobei $b_{1,X\leftarrow Y}$ die Kovarianz von X und Y geteilt durch die Varianz von Y ist. Somit gilt:

$$\sqrt{b_{1,Y\leftarrow X} \cdot b_{1,X\leftarrow Y}} = \sqrt{\frac{s_{X,Y}}{s_X^2} \cdot \frac{s_{X,Y}}{s_Y^2}} = \sqrt{R^2} = r_{X,Y}.$$

Es gibt noch eine dritte Beziehung zwischen der Produktmomentkorrelation $r_{X,Y}$ und der bivariaten linearen Regression. Wenn sowohl die abhängige Variable Y wie die unabhängige Variable X standardisiert werden, dann ist das Regressionsgewicht der standardisierten Variablen Z_X und Z_Y gleich der Produktmomentkorrelation. Die Kovarianz zwischen zwei standardisierten Variablen ist gleich der Korrelation und die Varianzen $s^2(Z_Y) = s^2(Z_X) = 1$, sodass der Quotient in Gleichung 12.14b sich auf den Zähler (d.h. die Korrelation) reduziert:[31]

$$b_1^* = \frac{s(Z_X, Z_Y)}{s^2(Z_X)} = \frac{r_{X,Y}}{1} = r_{X,Y}.$$

Die Korrelation für den Zusammenhang des Alters der männlichen und weiblichen Partner beträgt $r_{X,Y} = 0.943$ (Tabelle 12.2) und ist als starker symmetrischer Zusammenhang zu interpretieren. Nun kann dieser Wert auch im Kontext einer asymmetrischen Beziehung interpretiert werden: Wenn die erklärende Va-

---

30 Um bei den Regressionskoeffizienten zu unterscheiden, ob Y oder X die abhängige Variable ist, verwenden wir hier die Symbolik «Y←X», wenn Y auf X regrediert wird, und «X←Y», wenn X auf Y regrediert wird.

31 Um darauf hinzuweisen, dass die Gleichheit von Korrelation und Regressionsgewicht nur gilt, wenn in der bivariaten Regression X und Y standardisiert sind, wird anstelle von «b_1» das Symbol «b_1^*» verwendet.

riable um +1 Standardabweichung ansteigt, verändert sich der Vorhersagewert der abhängigen Variablen um 0.943 Standardabweichungen.[32]

Quadriert man die Korrelation, ergibt sich der Determinationskoeffizient. Im Beispiel beträgt $R^2 = 0.943^2 = 0.889$. Die Altersvariation der Partnerinnen kann also zu 88.9% durch die Altersvariation der männlichen Partner erklärt werden. Als Faustregeln für die Interpretation von R^2 können die bei der Devianzreduktion vorgestellten Werte herangezogen werden (vgl. Kapitel 10.2.2 bzw. Kapitel 9.3.1).

12.5.4 Konfidenzintervalle und Tests von Regressionskoeffizienten und Vorhersagewerten

Bei Stichprobendaten interessiert immer auch, wie hoch das Risiko eines fehlerhaften Induktionsschlusses ist, wenn von der Stichprobe auf die Population verallgemeinert wird, aus der die Stichprobe kommt. Beim Regressionsmodell ist zunächst zu klären, was hier Verallgemeinerung bedeuten soll. Dabei lassen sich drei Möglichkeiten unterscheiden:

a) Die Stichprobendaten sollen dazu dienen, eine *Trendlinie in der Population* zu schätzen.

b) Es wird angenommen, dass die bedingten *Populationsmittelwerte* $\mu_{Y|X}$ der abhängigen Variablen Y in der Population eine lineare Funktion der bedingenden (erklärenden) Variable X sind. Dann sind die Abweichungen der empirischen Regressionsfunktion aus Abbildung 12.3a von der linearen Regressionsfunktion in der Population ausschließlich Folge von zufälligen Stichprobenvariationen.

c) Es wird davon ausgegangen, dass die abhängige Variable Y von X kausal beeinflusst wird und der *kausale* Zusammenhang durch eine *lineare Funktion* beschreibbar ist.

---

32 Dies gilt sowohl für die Regression des Altes der Partnerin auf das Alter des männlichen Partners wie umgekehrt bei der Regression des Alters des männlichen Partners auf das Alter der Partnerin.

In allen drei Fällen lässt sich für alle Realisationen der Population eine lineare Gleichung analog zu Gleichung 12.13 formulieren:

$$Y = \beta_0 + \beta_1 \cdot X + \varepsilon \qquad (12.17)$$

wobei Y = abhängige Variable in der Population
β_0, β_1 = Regressionskoeffizienten in der Population
ε = Residualvariable in der Population.

Bei der Interpretation als *linearer Trend* wird analog zur linearen Regression in der Stichprobe gefordert, dass der Populationsmittelwert der quadrierten Abweichungen von den Populationsvorhersagewerten minimal ist, bzw. – was äquivalent dazu ist – dass die Populationsresidualvariable ε einen Erwartungswert von null aufweist und nicht mit den Vorhersagewerten (und dann auch nicht mit der unabhängigen Variable X) kovariiert. Bei der Interpretation der Regressionsgleichung als Funktion der bedingten Populationsmittelwerte werden diese Bedingungen notwendigerweise erfüllt, da die Residualvariable ε die Abweichungen von den bedingten Populationsmittelwerten zusammenfasst. Bei der Interpretation als kausaler Zusammenhang enthält die Residualvariable dagegen alle kausalen Effekte möglicher dritter Variablen, die nicht explizit in das Modell aufgenommen sind.

Die OLS-Schätzer b_0 und b_1 sind bei der Interpretation (a) konsistente und asymptotisch erwartungstreue Schätzer der Populationskoeffizienten β_0 und β_1 des linearen Trends, wenn die Stichprobe eine einfache Zufallsauswahl ist. Sind entsprechend Interpretation (b) die bedingten Populationsmittelwerte von Y tatsächlich eine lineare Funktion von X, dann sind die OLS-Schätzer in einfachen Zufallsauswahlen unabhängig vom Stichprobenumfang n konsistente und erwartungstreue Schätzer von β_0 und β_1. Wenn entsprechend Interpretation (c) X die abhängige Variable Y tatsächlich kausal beeinflusst, dann schätzen die OLS-Schätzer den kausalen Zusammenhang konsistent und erwartungstreu, wenn 1) der kausale Zusammenhang tatsächlich linear ist, also durch Gleichung 12.17 beschrieben werden kann, wenn 2) der Erwartungswert der in der Residualvariable ε zusammengefassten weiteren Einflussgrößen null ist und 3) ε nicht mit X kovariiert, wenn 4) Stationarität besteht, d. h. *alle* vor bzw. während der Messung aufgetretenen Veränderungen abgeschlossen sind, und schließlich, wenn 5) die Stichprobe homogen ist, d. h. die Regressionskoeffzienten β_0 und β_1 bei allen Fällen der Stichprobe die gleichen Werte aufweisen.

Standardfehler und Korrelation der OLS-Schätzer

Für die Berechnung von Konfidenzintervallen und Tests werden die Kennwerteverteilungen der Regressionskoeffizienten benötigt. Wenn die bedingten Populationsmittelwerte von Y eine lineare Funktion von X sind und die Stichprobe eine einfache Zufallsauswahl ist, dann sind die Regressionskoeffizienten um die Populationsparameter asymptotisch normalverteilt. Wenn außerdem gilt, dass die bedingten Populationsvarianzen von Y bei allen Ausprägungen von X den gleichen Wert haben und damit gleich der Residualvarianz σ_ε^2 sind, dann können die Standardfehler der Kennwerteverteilungen bei gegebenen Realisierungen x_i als Funktion dieser als homoskedastisch bezeichneten konstanten Residualvarianz dargestellt werden.[33] Ein konsistenter und erwartungstreuer Schätzer der homoskedastischen Residualvarianz in der Population ist die Summe der quadrierten Stichprobenresiduen geteilt durch die Zahl der Freiheitsgrade, die im bivariaten linearen Regresssionsmodell gleich der Fallzahl minus zwei ist:

---

33 Sind alle bedingten Varianzen $\sigma^2(\varepsilon | X = x) = \sigma^2(\varepsilon)$, nennt man dies *Homoskedastizität* (vgl. Kapitel 14.1.1). Ist diese Bedingung nicht erfüllt, spricht man von *Heteroskedastizität*. Für die Schätzung der Standardfehler muss zudem gelten, dass die Residuen ε_i und ε_j zweier beliebiger Fälle der Stichprobe nicht miteinander kovariieren. Man bezeichnet dies als Forderung, dass die *Autokorrelation* der Residuen null sein soll. In einfachen Zufallsauswahlen ist diese Bedingung notwendigerweise erfüllt.

$$\hat{\sigma}_\varepsilon^2 = \frac{\sum_{i=1}^{n} e_i^2}{n-2} = \frac{\sum_{i=1}^{n} (y_i - \hat{y}_i)^2}{n-2} = \frac{n}{n-2} \cdot s_E^2 = \frac{(1-R^2) \cdot SS_Y}{n-2} \qquad (12.18)$$

wobei $\hat{\sigma}_\varepsilon^2$ = geschätzte Residualvarianz.
Weitere Erläuterungen siehe Gleichung 12.13, 12.16 und 12.17.

Die Standardfehler der Regressionskoeffizienten berechnen sich dann nach:

$$\hat{\sigma}(b_0) = \sqrt{\left(\frac{1}{n} + \frac{\overline{x}^2}{SS_X}\right) \cdot \hat{\sigma}_\varepsilon^2} = \sqrt{\left(1 + \frac{\overline{x}^2}{s_X^2}\right) \cdot \frac{(1-R^2) \cdot s_Y^2}{n-2}} \qquad (12.19a)$$

$$\hat{\sigma}(b_1) = \sqrt{\frac{1}{SS_X} \cdot \hat{\sigma}_\varepsilon^2} = \sqrt{\frac{1}{s_X^2} \cdot \frac{(1-R^2) \cdot s_Y^2}{n-2}} \qquad (12.19b)$$

wobei $\hat{\sigma}(b_0)$, $\hat{\sigma}(b_1)$ = geschätzter Standardfehler der Kennwerteverteilung von b_0 bzw. b_1
Weitere Erläuterungen siehe Gleichung 12.16 und 12.18.

Die Schätzer von Regressionskonstante und Regressionsgewicht sind nicht unabhängig voneinander. Die geschätzte Kovarianz ist:

$$\hat{\sigma}(b_0, b_1) = \frac{-\overline{x}}{SS_X} \cdot \hat{\sigma}_\varepsilon^2 = \frac{-\overline{x}}{s_X^2} \cdot \frac{(1-R^2) \cdot s_Y^2}{n-2} \qquad (12.19c)$$

wobei $\hat{\sigma}(b_0, b_1)$ = geschätzte Kovarianz zwischen der Kennwerteverteilung von b_0 und b_1.
Weitere Erläuterungen siehe Gleichung 12.18.

Aus den Stichprobenvarianzen und Kovarianzen in Tabelle 12.2 und dem oben berechneten Determinationskoeffizienten $R^2 = 0.889$ ergeben sich für das Beispiel der bivariaten Altersverteilung der Paare folgende Schätzungen der Standardfehler:

$$\hat{\sigma}(b_0) = \sqrt{\left(1 + \frac{37.3672^2}{248.0403}\right) \cdot \frac{(1 - 0.889) \cdot 245.5377}{177 - 2}} = 1.016$$

$$\hat{\sigma}(b_1) = \sqrt{\frac{1}{248.0403} \cdot \frac{(1 - 0.889) \cdot 245.5377}{177 - 2}} = 0.025$$

$$\hat{\sigma}(b_0, b_1) = \frac{-37.3672}{248.0403} \cdot \frac{(1 - 0.889) \cdot 245.5377}{177 - 2} = -0.023$$

Hinweis

Aus der Kovarianz zwischen den Schätzern und den Standardfehlern kann nach Gleichung 12.4 die Korrelation zwischen den Schätzern berechnet werden:

$$r(b_0, b_1) = \frac{\hat{\sigma}(b_0, b_1)}{\hat{\sigma}(b_0) \cdot \hat{\sigma}(b_1)} = \frac{-0.023}{1.016 \cdot 0.025} = -0.906$$

Die Korrelation ist sehr hoch. Der negative Wert weist darauf hin, dass eine Überschätzung der Regressionskonstanten tendenziell mit einer Unterschätzung des Regressionsgewichts einhergeht und umgekehrt eine Unterschätzung der Konstanten mit einer Überschätzung des Gewichts.

Anwendungsbeispiele für Konfidenzintervalle und Tests

Da die OLS-Schätzer (asymptotisch) normalverteilt sind, lassen sie sich für die Berechnung von Konfidenzintervallen und für statistische Tests nutzen. Die Vorgehensweise unterscheidet sich nicht von der Vorgehensweise bei Konfidenzintervallen und Tests von Mittelwerten (vgl. Kapitel 7.4.3 und 8.6.1). Auch hier kann entweder die asymptotische Normalverteilung der Schätzer verwendet werden,[34] oder es wird die T-Verteilung mit $df = n-2$ Freiheitsgraden herangezogen.[35] Die $(1-\alpha)$-Konfidenzintervalle berechnen sich dann nach

---

34 Die Annäherung an die Normalverteilung ist in der Regel hinreichend genau, wenn $n > 32$.

35 Die Kennwerteverteilung der Regressionskoeffizienten ist exakt T-verteilt mit $df = n-2$ Freiheitsgraden, wenn die Populationsresiduen normalverteilt sind.

$$\text{c.i.}(\beta_0) = b_0 \pm \hat{\sigma}(b_0) \cdot T_{1-\alpha/2;df=n-2} \tag{12.20a}$$

$$\text{c.i.}(\beta_1) = b_1 \pm \hat{\sigma}(b_1) \cdot T_{1-\alpha/2;df=n-2} \tag{12.20b}$$

Erläuterungen siehe Gleichung 7.30, 12.19a und b.

Auch wenn die Normalverteilungsannahme für die Populationsresiduen nicht gegeben ist, wird im Sinne eines vorsichtigen (konservativen) Schätzens für die Berechnung von Konfidenzintervallen meist die T-Verteilung genutzt. Als Beispiel soll das 95%-Konfidenzintervall für die Regressionskonstante β_0 und das Regressionsgewicht β_1 der Regression des Alters der Partnerin auf das Alter des Partners berechnet werden. Der Quantilwert des 97.5%-Quantils der T-Verteilung mit df = 175 Freiheitsgraden beträgt 1.974. Aus der Schätzung $b_0 = -0.953$ der Regressionskonstante und deren Standardfehler von 1.016 sowie der Schätzung $b_1 = 0.938$ des Regressionsgewichts und dessen Standardfehler von 0.025 ergeben sich die Grenzen des 95%-Intervalls nach:

$$\text{c.i.}(\beta_0) = -0.953 \pm 1.016 \cdot 1.974 = [-2.958, 1.053]$$

$$\text{c.i.}(\beta_1) = 0.938 \pm 0.025 \cdot 1.974 = [0.889, 0.987]$$

Mit einer Wahrscheinlichkeit von 95% enthält das Intervall von –2.96 bis +1.05 die unbekannte Regressionskonstante in der Population und das Intervall von 0.889 bis 0.987 das unbekannte Regressionsgewicht.

Die Kennwerteverteilung der Regressionskoeffizienten kann auch für statistische Tests der Regressionskoeffizienten genutzt werden. Die Teststatistik berechnet sich analog zum Testen eines Mittelwerts (Gleichung 8.11) nach

$$T = \frac{b_0 - \beta_0 | H_0}{\hat{\sigma}(b_0)} \quad \text{bzw.} \quad T = \frac{b_1 - \beta_1 | H_0}{\hat{\sigma}(\beta_1)} \tag{12.21}$$

wobei $\beta_0|H_0$ = durch die Nullhypothese postulierter Wert bzw. mit der Nullhypothese gerade noch vereinbarer Wert der Regressionskonstante.

$\beta_1|H_0$ = durch die Nullhypothese postulierter Wert bzw. mit der Nullhypothese gerade noch vereinbarer Wert des Regressionsgewichts.

Weitere Erläuterungen siehe Gleichung 12.17 und 12.19.

Ohne die Normalverteilungsannahme für die Populationsresiduen ist die Teststatistik T (bei linearer Regression in der Population sowie bei Homoskedastizität der Residuen und einfacher Zufallsauswahl) bei gültiger Nullhypothese asymptotisch standardnormalverteilt, wobei die Annäherung an die Normalverteilung bei n>32 (besser n>50) Fällen hinreichend genau ist. Bei normalverteilten Populationsresiduen ist die Teststatistik T-verteilt mit df = n−2 Freiheitsgraden. Wenn die Alternativhypothese zutrifft, ist die Teststatistik bei normalverteilten Populationsresiduen nichtzentral T-verteilt bzw. im allgemeinen Fall asymptotisch normalverteilt mit einem Erwartungswert ungleich null. Die Entscheidungsregel ergibt sich entsprechend dem allgemeinen Vorgehen beim Testen eines Mittelwerts (vgl. Gleichung 8.12).

Als Beispiel soll die Vermutung geprüft werden, dass das Alter des Mannes einen Effekt auf das Alter der Partnerin hat. Dies führt zu einem zweiseitigen Hypothesentest:

H_0: $\beta_1 = 0$ versus H_1: $\beta_1 \neq 0$.

Die Teststatistik beträgt:

$$T = \frac{b_1 - \beta}{\hat{\sigma}(b_1)} = \frac{0.938 - 0}{0.025} = 37.52$$

Da $37.52 > 1.974 = z_{1-\alpha/2}$, liegt die Teststatistik im Ablehnungsbereich. Mit einer Irrtumswahrscheinlichkeit von $\alpha = 5\%$ kann ausgeschlossen werden, dass das Regressionsgewicht in der Population null ist.

Da ein Regressionsgewicht von null hier auch bedeutet, dass die Kovarianz und die Produktmomentkorrelation null sind, prüft der Test also die gleiche Hypothese wie der T-Test aus Gleichung 12.6. Tatsächlich sind die beiden Teststatistiken bis auf Rundungsfehler identisch. Nur wenn ein Regressionsgewicht auf einen Wert ungleich null getestet wird, unterscheiden sich die beiden Tests. Die Teststatistik aus Gleichung 12.21b kann auch dann angewendet werden. Beim Testen einer Korrelation ungleich null muss dagegen Fishers Z-Statistik angewendet werden (Gleichung 12.7).

Konfidenzintervalle und Tests von Vorhersagewerten

Auch für die bedingten Populationsmittelwerte lassen sich Konfidenzintervalle berechnen oder Tests durchführen. Da im linearen Regressionsmodell die bedingten Mittelwerte bei gegebenen Ausprägungen von X eine lineare Funktion der Regressionskoeffizienten sind, lässt sich aus deren quadrierten Standardfehlern und ihrer Kovarianz (Gleichung 12.19a-c) durch Anwendung von Gleichung 5.22c der Standardfehler bzw. die Varianz der Kennwerteverteilung eines bedingten Mittelwerts berechnen:[36]

36 Bei dieser Herleitung ist zu beachten, dass der Mittelwert und die Variation der unabhängigen Variablen X Konstanten sind, weil die Kennwerteverteilungen der Regressionskonstanten und des Regressionsgewichts gegeben X betrachtet werden.

$$\sigma^2\left(\hat{\mu}\left(Y\middle|X=x\right)\right) = \sigma^2\left(b_0 + b_1 \cdot x\right) \qquad (12.22a)$$

$$= \sigma^2\left(b_0\right) + x^2 \cdot \sigma^2\left(b_1\right) + 2 \cdot x \cdot \sigma\left(b_0, b_1\right)$$

$$= \left(\frac{1}{n} + \frac{\overline{x}^2}{SS_X}\right) \cdot \sigma_\varepsilon^2 + \frac{x^2}{SS_X} \cdot \sigma_\varepsilon^2 + 2 \cdot \frac{-\overline{x} \cdot x}{SS_X} \cdot \sigma_\varepsilon^2$$

$$= \sigma_\varepsilon^2\left(\frac{1}{n} + \frac{\overline{x}^2 + x^2 - 2 \cdot x \cdot \overline{x}}{SS_X}\right) = \left(\frac{1}{n} + \frac{(x - \overline{x})^2}{SS_X}\right) \cdot \sigma_\varepsilon^2$$

wobei $\hat{\mu}\left(Y\middle|X=x\right)$ = geschätzter bedingter Mittelwert von Y gegeben $X = x$.

Erläuterungen siehe Gleichung 12.13 und 12.18.

Will man anstelle des bedingten Mittelwerts eine konkrete Realisierung y_0 von Y für einen Wert $X = x_0$ vorhersagen, dann ist zu berücksichtigen, dass die einzelnen Realisierungen mit der Residualvarianz von ε um die bedingten Mittelwerte streuen. Die Varianz der Kennwerteverteilung einer geschätzten Realisierung $\hat{y}_0$ von Y ist daher die Summe aus der Varianz der Residualvariablen ε und der Varianz der Kennwerteverteilung des geschätzten bedingten Mittelwerts bei $X = x_0$:[37]

$$\hat{\sigma}^2\left(\hat{y}_0\right) = \left(1 + \frac{1}{n} + \frac{(x_0 - \overline{x})^2}{SS_X}\right) \cdot \hat{\sigma}_\varepsilon^2 \qquad (12.22b)$$

wobei $\hat{\sigma}^2\left(\hat{y}_0\right)$ = geschätzte Varianz der Kennwerteverteilung einer Realisation von $\hat{Y}$ bei vorgegebenem Wert $X = x_0$.

Weitere Erläuterungen siehe Gleichung 12.18.

Die Standardfehler können genutzt werden, um Konfidenzintervalle oder Tests für die bedingten Mittelwerte und die individuellen Vorhersagewerte zu berechnen. Dabei wird wie beim Schät-

---

37 Dies folgt aus Gleichung 5.22c, wobei genutzt wird, dass der Schätzer der Residualvarianz nicht mit den Schätzern der Regressionskoeffizienten korreliert ist.

zen und Testen von Regressionskoeffizienten vorgegangen. In Abbildung 12.5 sind neben der Punktewolke und der geschätzten Regressionsgeraden die Grenzen der 90%-Konfidenzintervalle für die bedingten Mittelwerte (durchgezogene Linien) und für die individuellen Vorhersagen (gestrichelte Linien) bei der Regression des Alters der Partnerin auf das Alter des Partners eingezeichnet.

Aus Abbildung 12.5 ist gut zu erkennen, dass das Konfidenzintervall für die bedingten Mittelwerte in der Nähe des Schwerpunkts $x \approx \bar{x}$ der Punktewolke dichter bei der Regressionsgeraden liegt als an den Rändern. Beim deutlich breiteren Konfidenzintervall für die einzelnen Fälle ist die Nichtlinearität des Konfidenzbandes dagegen nur zu erkennen, wenn die Abstände zur Regressionslinie direkt berechnet werden.

Abbildung 12.5: **Ober- und Untergrenzen von 90%-Konfidenzintervallen für die bedingten Populationsmittelwerte und die individuellen Vorhersagewerte**

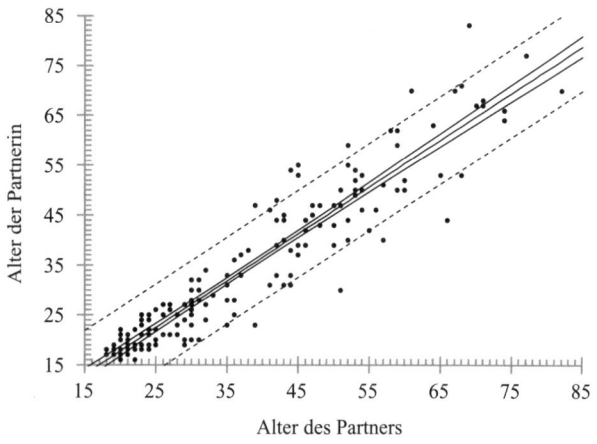

Daten: Allbus 2008

12.6 Zusammenfassung

Die wichtigsten Formeln dieses Kapitels

Kovariation

$$SP_{X,Y} = \sum_{i=1}^{n}(x_i - \overline{x}) \cdot (y_i - \overline{y}) = \sum_{i=1}^{n} x_i \cdot y_i - n \cdot \overline{x} \cdot \overline{y} \tag{12.1}$$

Kovarianz

$$s_{X,Y} = \frac{SP_{X,Y}}{n} = \frac{1}{n} \cdot \sum_{i=1}^{n}(x_i - \overline{x}) \cdot (y_i - \overline{y}) = \frac{1}{n} \cdot \sum_{i=1}^{n} x_i \cdot y_i - \overline{x} \cdot \overline{y} \tag{12.2}$$

Schätzer der Populationskovarianz

$$\hat{\sigma}_{X,Y} = \frac{n}{n-1} \cdot s_{X,Y} = \frac{SP_{X,Y}}{n-1} = \frac{1}{n-1} \cdot \sum_{i=1}^{n}(x_i - \overline{x}) \cdot (y_i - \overline{y}) \tag{12.5}$$

Produktmomentkorrelation

$$r_{X,Y} = \frac{s_{X,Y}}{\sqrt{s_X^2 \cdot s_Y^2}} = \frac{s_{X,Y}}{s_X \cdot s_Y} = \frac{SP_{X,Y}}{\sqrt{SS_X \cdot SS_Y}} \tag{12.4}$$

Spearmans Rangkorrelation

$$r_S = \frac{\sum_{i=1}^{n} r_{X,i} \cdot r_{Y,i} - \left(\sum_{i=1}^{n} r_{X,i}\right) \cdot \left(\sum_{i=1}^{n} r_{Y,i}\right)/n}{\sqrt{\left(\sum_{i=1}^{n} r_{X,i}^2 - \left(\sum_{i=1}^{n} r_{X,i}\right)^2 / n\right) \cdot \left(\sum_{i=1}^{n} r_{Y,i}^2 - \left(\sum_{i=1}^{n} r_{Y,i}\right)^2 / n\right)}} \tag{12.11}$$

Normalverteilung bei Transformation in Fishers Z-Statistik

$$Z_F = \frac{1}{2} \cdot \ln\left(\frac{1 + r_{X,Y}}{1 - r_{X,Y}}\right) \sim N\left(\mu = \frac{1}{2} \cdot \ln\left(\frac{1 + \rho_{X,Y}}{1 - \rho_{X,Y}}\right); \sigma^2 = \frac{1}{n-3}\right) \tag{12.8}$$

Lineares Regressionsmodell in der Stichprobe

$$Y = \hat{Y} + E = \underbrace{b_0 + b_1 \cdot X}_{\hat{Y}} + E \quad \text{bzw.}$$

$$y_i = \hat{y}_i + e_i = \underbrace{b_0 + b_1 \cdot x_i}_{\hat{y}_i} + e_i \tag{12.13}$$

OLS-Schätzer der Regressionskoeffizienten

$$b_0 = \bar{y} - b_1 \cdot \bar{x} \tag{12.14a}$$

$$b_1 = \frac{s_{X,Y}}{s_X^2} = \frac{SP_{XY}}{SS_X} \tag{12.14b}$$

Determinationskoeffizient

$$R^2 = \frac{s_{\hat{Y}}^2}{s_Y^2} = \frac{SS_{\hat{Y}}}{SS_E} = 1 - \frac{s_E^2}{s_Y^2} = 1 - \frac{SS_E}{SS_Y} \tag{12.16}$$

Lineares Regressionsmodell in der Population

$$Y = \beta_0 + \beta_1 \cdot X + \varepsilon \tag{12.17}$$

Geschätzte homoskedastische Residualvarianz in der Population

$$\hat{\sigma}_\varepsilon^2 = \frac{\sum_{i=1}^{n} e_i^2}{n-2} = \frac{\sum_{i=1}^{n} (y_i - \hat{y}_i)^2}{n-2} = \frac{n}{n-2} \cdot s_E^2 = \frac{(1-R^2) \cdot SS_Y}{n-2} \tag{12.18}$$

Glossar der wichtigsten Begriffe dieses Kapitels

Determinationskoeffizient: Maß für den asymmetrischen Zusammenhang zwischen X und Y, das den Anteil der Variation von Y angibt, der durch X aufgeklärt werden kann

Fishers Z: Transformation der Produktmomentkorrelation $r_{X,Y}$ in Fischers Z-Statistik Z_F

Kleinstquadratmethode: Schätzverfahren für die Regressionskoeffizienten b_0 und b_1

Kovarianz Mittelwert bzw. Erwartungswert der Produkte der zentrierten (mittelwertbereinigten) Realisierungen zweier Variablen

Kovariation Produktsumme der zentrierten Realisierungen zweier Variablen

Pearsons Korrelationskoeffizient siehe Produktmomentkorrelation

Produktmomentkorrelation: Zusammenhangsmaß für metrische Variablen

Rangkorrelation nach Spearman: Zusammenhangsmaß für ordinale Variablen

Regressionsgewicht: Steigung der Regressionsgeraden b_1; asymmetrisches, unstandardisiertes Zusammenhangsmaß

Regressionskoeffizient: Parameter der Regressionsgleichung

Regressionskonstante: Regressionskoeffizient b_0: Vorhersagewert, wenn $X = 0$, auch Interzept genannt

Residualvariable: E in der Stichprobe und ε in der Population; Gesamtheit der Abweichungen der Realisierungen der abhängigen Variablen Y entweder von den Vorhersagewerten $\hat{y}_i$ in der Stichprobe oder den bedingten Populationsmittelwerten $\mu_{Y|X}$

Residualvarianz: nicht erklärte Varianz

Vorhersagewert: Realisierung der Regressionsfunktion bei einer Ausprägung der erklärenden Variablen

13 Multiple Regression: Drittvariablenkontrolle im linearen Regressionsmodell

Regressionsmodelle werden in der Sozialforschung oft zur Untersuchung von vermuteten kausalen Zusammenhängen herangezogen. Wie in der Tabellenanalyse besteht auch hier das Risiko, dass der bivariate Zusammenhang den eigentlich interessierenden Kausalzusammenhang nicht korrekt erfasst (vgl. Kapitel 11). Mit Hilfe von Drittvariablenkontrolle lässt sich dieses Risiko reduzieren.

13.1 Trivariate lineare Regression

Im Unterschied zur Tabellenanalyse erfolgt die Drittvariablenkontrolle in der Regressionsanalyse i. A. nicht über die Berechnung konditionaler bivariater Regressionsmodelle für alle Ausprägungen der Drittvariablen.[1] Stattdessen werden Drittvariablen als *zusätzliche erklärende Variablen* in die Regressionsfunktion aufgenommen. Bei zunächst nur einer Kontrollvariablen X_2 ergibt sich dann das *trivariate Regressionsmodell*:[2]

$$Y = \underbrace{b_0 + b_1 \cdot X_1 + b_2 \cdot X_2}_{\hat{Y}} + E = \hat{Y} + E \qquad (13.1)$$

wobei X_1, X_2 = unabhängige Variablen im trivariaten Regressionsmodell

   $\hat{Y}, E$ = Vorhersagevariable und Residualvariable im trivariaten Regressionsmodell

1 Wenn die Drittvariablen metrisch sind und sehr viele Ausprägungen haben, gibt es bei einer Ausprägung der Drittvariablen möglicherweise nur einen Fall oder ganz wenige Fälle für die Berechnung der konditionalen Regressionskoeffizienten, was zu sehr großen Standardfehlern führt oder die Berechnung überhaupt unmöglich macht.

2 Bei der Drittvariablenkontrolle in der Tabellenanalyse haben wir die Kontrollvariable W genannt. Da im Regressionsmodell Kontrollvariablen zusätzliche Modellvariablen sind, werden in der allgemeinen Darstellung alle unabhängigen Variablen X genannt und durchnummeriert: X_1, X_2, ...

b_1, b_2 = Regressionsgewichte der erklärenden Variablen X_1 und X_2.

Weitere Erläuterungen siehe Gleichung 12.13.

13.1.1 Berechnung der Regressionskoeffizienten

Der einzige Unterschied zum bivariaten Regressionsmodell aus Gleichung 12.13 besteht darin, dass eine zweite erklärende Variable (hier: X_2) in die Modellgleichung aufgenommen wird, die über ein zusätzliches Regressionsgewicht b_2 die Vorhersagewerte und damit auch die abhängige Variable beeinflusst. Für die Berechnung der Regressionskoeffizienten b_0, b_1 und b_2 werden die gleichen Annahmen getroffen wie bei der bivariaten Regression (vgl. Kapitel 12.5.1). Nach der Kleinstquadrat-Methode (OLS) werden die Regressionskoeffizienten so gewählt, dass die Quadratsumme der Residuen minimal ist:

$$Q\left(b_0, b_1, b_2\right) = \sum_{i=1}^{n} e_i^2 = \sum_{i=1}^{n} \left(y_i - \hat{y}_i\right)^2$$
$$= \sum_{i=1}^{n} \left(y_i - \left(b_0 + b_1 \cdot x_{1,i} + b_2 \cdot x_{2,i}\right)\right)^2 \overset{!}{=} \min.$$

Alternativ wird für das Regressionsmodell gefordert, dass der Mittelwert der Residualvariablen null ist und dass die Residualvariable mit keiner unabhängigen Variablen, also weder mit X_1 noch mit X_2, kovariiert.[3] Beide Anforderungen an das Regressionsmodell führen zu denselben Rechenformeln, die nach der Kleinstquadratmethode wie schon bei der bivariaten Regression als OLS-Schätzer bezeichnet werden:

$$b_0 = \overline{y} - b_1 \cdot \overline{x}_1 - b_2 \cdot \overline{x}_2 \tag{13.2a}$$

$$b_1 = \frac{SS_2 \cdot SP_{1,Y} - SP_{2,1} \cdot SP_{2,Y}}{SS_2 \cdot SS_1 - \left(SP_{2,1}\right)^2}$$

$$= \frac{s_2^2 \cdot s_{1,Y} - s_{2,1} \cdot s_{2,Y}}{s_2^2 \cdot s_1^2 - \left(s_{2,1}\right)^2} = \frac{\hat{\sigma}_2^2 \cdot \hat{\sigma}_{1,Y} - \hat{\sigma}_{2,1} \cdot \hat{\sigma}_{2,Y}}{\hat{\sigma}_2^2 \cdot \hat{\sigma}_1^2 - \left(\hat{\sigma}_{2,1}\right)^2} \tag{13.2b}$$

3 Da $\hat{Y}$ eine Linearkombination von X_1 und X_2 ist, kann $\hat{Y}$ dann auch nicht mit der Residualvariable E kovariieren.

$$b_2 = \frac{SS_1 \cdot SP_{2,Y} - SP_{2,1} \cdot SP_{1,Y}}{SS_1 \cdot SS_2 - \left(SP_{21}\right)^2}$$

(13.2c)

$$= \frac{s_1^2 \cdot s_{2,Y} - s_{2,1} \cdot s_{1,Y}}{s_1^2 \cdot s_2^2 - \left(s_{2,1}\right)^2} = \frac{\hat{\sigma}_1^2 \cdot \hat{\sigma}_{2,Y} - \hat{\sigma}_{2,1} \cdot \hat{\sigma}_{1,Y}}{\hat{\sigma}_1^2 \cdot \hat{\sigma}_2^2 - \left(\hat{\sigma}_{2,1}\right)^2}$$

wobei $SS_k, s_k^2, \hat{\sigma}_k^2$ = Variation, Stichprobenvarianz und geschätzte Populationsvarianz der erklärenden Variablen X_k

$SP_{2,1}, s_{2,1}, \hat{\sigma}_{2,1}$ = Kovariation, Stichprobenkovarianz und geschätzte Populationskovarianz zwischen den beiden erklärenden Variablen X_1 und X_2[4]

$SP_{k,Y}, s_{k,Y}, \hat{\sigma}_{k,Y}$ = Kovariation, Stichprobenkovarianz und geschätzte Populationskovarianz zwischen der erklärenden Variablen X_k und Y.

Weitere Erläuterungen siehe Gleichung 12.1, 12.2 und 12.6.

Als empirisches Beispiel wird anhand der Allbus-Daten von 2006 untersucht, wie Region (X_1) und Religiosität (X_2) die Einstellung zum Schwangerschaftsabbruch (Y) beinflussen. Um eine metrische abhängige Variable Y zu erhalten, wird hier gezählt, wie oft sich eine befragte Person bei sieben vorgegebenen Indikationsgründen *gegen* einen Abbruch ausspricht.[5] Der Minimalwert 0 bedeutet dann, dass Schwangerschaftsabbruch in al-

---

4 Kovariationen und Kovarianzen sind symmetrische Variablen, sodass $SP_{2,1} = SP_{1,2}$. In der Regel werden die größeren Zahlen zuerst aufgeführt, also $SP_{2,1}$ statt $SP_{1,2}$.

5 Die sieben Situationen sind: Abbruch, (1) wenn das Kind behindert sein wird, (2) wenn die Frau keine weiteren Kinder haben möchte, (3) wenn die Gesundheit der Frau durch die Schwangerschaft gefährdet ist, (4) wenn eine finanzielle Notlage besteht, (5) wenn die Schwangerschaft Folge einer Vergewaltigung ist, (6) wenn die Frau ledig ist und den Vater des Kindes nicht heiraten will, (7) wenn die Frau einen Abbruch der Schwangerschaft wünscht. Gezählt wird die Ausprägung «sollte nicht möglich sein» (Code: 2).

Tabelle 13.1: Ausgangsdaten für die Regression der Ablehnung von Schwangerschaftsabbruch (Y) auf Region (X_1) und Religiosität (X_2)

a) Summen, Quadratsummen und Produktsummen

	n	$\Sigma x_{1,i}$	$\Sigma x_{2,i}$	Σy_i	$\Sigma x_{1,i}^2$	$\Sigma x_{2,i}^2$	Σy_i^2	$\Sigma x_{2,i} \cdot y_i$	$\Sigma x_{2,i} \cdot x_{1,i}$	$\Sigma x_{1,i} \cdot y_i$
West	2284	0	3378	6169	0	8656	24765	10410	0	0
Ost	1118	1118	824	1850	1118	1884	6770	1944	824	1850
Σ	3402	1118	4202	8019	1118	10540	31535	12354	824	1850

Daten: Allbus 2006

b) Mittelwerte, (Ko-)Variationen und Stichproben(ko)varianzen

Variable	Mittelwert	(Ko-)Variationen			Stichproben(ko)varianzen		
		X_1	X_2	Y	X_1	X_2	Y
X_1	0.3286	750.591			0.2206		
X_2	1.2352	–556.904	5349.875		–0.1637	1.5726	
Y	2.3571	–785.286	2449.286	12633.071	–0.2308	0.7200	3.7134

Daten: Allbus 2006, n = 3402

c) Mittelwerte, geschätzte Populations(ko)varianzen und Produktmomentkorrelationen

Variable	Mittelwert	Populationskovarianzen			Korrelationen		
		X_1	X_2	Y	X_1	X_2	Y
X_1	0.3286	0.2207			1.000		
X_2	1.2352	–0.1637	1.5730		–0.278	1.000	
Y	2.3571	–0.2308	0.7202	3.7145	–0.255	0.298	1.000

Daten: Allbus 2006, n = 3402

len Situationen erlaubt sein sollte, der Maximalwert 7, dass Schwangerschaftsabbruch in allen Situationen verboten sein sollte. Die «Region» (X_1) ist wieder eine dichotome Variable mit den Ausprägungen 0 für Westen und 1 für Osten. Als Indikator der «Religiosität» (X_2) wird die im Allbus erfragte Kirchgangshäufigkeit mit einem Wertebereich von 0 bis 5 verwendet.[6]

---

6 Die Ausprägungen sind (umgekehrt zu den ursprünglichen Codierungen im Allbus 2006): «mehrmals in der Woche» (5), «jede Woche» (4), «ein- bis dreimal im Monat» (3), «mehrmals im Jahr» (2), «seltener» (1) und «nie» (0). Auch wenn Kirch-

In Tabelle 13.1a sind sowohl für die beiden Regionen getrennt als auch für die Gesamtstichprobe die Summen, Quadratsummen und Produktsummen der drei Variablen für die Fälle mit gültigen Werten wiedergegeben. Tabelle 13.1b zeigt die daraus berechneten Mittelwerte, Variationen und Kovariationen, sowie Stichprobenvarianzen und Stichprobenkovarianzen und Tabelle 13.1c die geschätzten Populationsvarianzen und -kovarianzen sowie die Korrelationen. Die Regressionskoeffizienten des trivariaten Regressionsmodells für das empirische Beispiel berechnen sich dann nach Gleichung 13.2a-c:[7]

$$b_1 = \frac{s_2^2 \cdot s_{1,Y} - s_{2,1} \cdot s_{2,Y}}{s_2^2 \cdot s_1^2 - \left(s_{2,1}\right)^2} = \frac{1.5726 \cdot (-0.2308) - (-0.1637) \cdot 0.7200}{1.5726 \cdot 0.2206 - (-0.1637)^2}$$
$$= -0.7656$$

$$b_2 = \frac{s_1^2 \cdot s_{2,Y} - s_{2,1} \cdot s_{1,Y}}{s_2^2 \cdot s_1^2 - \left(s_{2,1}\right)^2} = \frac{0.2206 \cdot 0.7200 - (-0.1637) \cdot (-0.2308)}{1.5726 \cdot 0.2206 - (-0.1637)^2}$$
$$= 0.3781$$

$$b_0 = \overline{y} - b_1 \cdot \overline{x}_1 - b_2 \cdot \overline{x}_2$$
$$= 2.3571 - (-0.7656) \cdot 0.3286 - 0.3781 \cdot 1.2352 = 2.1416$$

13.1.2 Interpretation der Regressionskoeffizienten

Bei der Interpretation eines Regressionsmodells ist es hilfreich, sich anhand der berechneten Vorhersagegleichung vor Augen zu führen, wie die Vorhersagewerte auf Veränderungen bei den erklärenden Variablen reagieren. Für das Beispiel ergibt sich folgende Vorhersagegleichung:[8]

$$\hat{Y} = 2.1416 - 0.7656 \cdot X_1 + 0.3781 \cdot X_2$$

gangshäufigkeit aufgrund der Kategorisierung als ordinal aufgefasst werden kann, betrachten wir sie im Folgenden als metrische Variable.

7 Alle drei in Gleichung 13.2a–c aufgeführten Berechnungsformeln für die Regressionskoeffizienten führen bis auf Rundungsfehler zu identischen Ergebnissen.

8 Bei der Interpretation eines Regressionsmodells spricht man davon, dass die abhängige Variable durch die unabhängigen Variablen erklärt wird. Dieser Sprachge-

In Abbildung 13.1 ist diese Regressionsfunktion grafisch wieder-gegeben. Die drei Variablen Ablehnung von Schwangerschaftsab-bruch (Y), Region (X_1) und Religiosität (X_2) definieren einen drei-dimensionalen Raum. In diesem Raum ist die Regressionskurve eine Ebene. Durch die Projektion in den zweidimensionalen Raum von Y und X_2 (Abbildung 13.1a) bzw. Y und X_1 (Abbildung 13.1b) ergeben sich parallel verlaufende Linien, die die Regressionskurve für jeweils einen Wert der anderen Variablen anzeigen. Solche Ab-bildungen von bedingten Regressionsfunktionen werden dem englischen Sprachgebrauch folgend auch als *conditional effect plots*[9] bezeichnet.[10] Da X_1 nur zwei Ausprägungen aufweist, sind in der Abbildung 13.1a zwei bedingte Regressionsfunktionen ein-gezeichnet, wobei die durchgezogene Linie die bedingte Regressi-onsfunktion für $X_1 = 0$ (Westen) und die unterbrochene Linie die für $X_1 = 1$ (Osten) wiedergibt. Die bedingten Regressionsfunktio-nen ergeben sich, wenn jeweils die Werte der bedingenden Drittva-riablen in die Vorhersagegleichung eingetragen werden:

Wenn $X_1 = 0$: $\hat{Y} = 2.14 - 0.77 \cdot 0 + 0.38 \cdot X_2 = 2.14 + 0.38 \cdot X_2$
Wenn $X_1 = 1$: $\hat{Y} = 2.14 - 0.77 \cdot 1 + 0.38 \cdot X_2 = 1.37 + 0.38 \cdot X_2$.

Die beiden Kurven unterscheiden sich nur bei der Konstante, die Steigung ist in beiden Kurven gleich dem Regressionsgewicht b_2 der Regressionsfunktion mit beiden erklärenden Variablen.

Da das Regressionsgewicht b_2 die Steigung aller bedingten Re-gressionsfunktionen angibt und somit den *partiellen Effekt* der zweiten erklärenden Variablen (X_2) auf die abhängige Variable (Y) erfasst, wird b_2 als *partielles Regressionsgewicht* bezeichnet. Wenn X_2 um $+1$ Einheit steigt, ist damit zu rechnen, dass die Zahl der abgelehnten Indikationsgründe um $b_2 = 0.38$ ansteigt. Mit

brauch wird auch verwendet, wenn die modellierten Zusammenhänge nicht kausal interpretiert werden.

9 vgl. Bauer 2010.

10 Bedingte Regressionsfunktionen können für beliebige Werte der Drittvariablen be-rechnet werden. Bei stetigen Drittvariablen werden sie oft an der Stelle des Mittel-werts berechnet.

Abbildung 13.1: Grafische Darstellung der trivariaten Regressionsfunktion als bedingte Regressionslinien

a) Konditionale Regressionsfunktionen für X_2

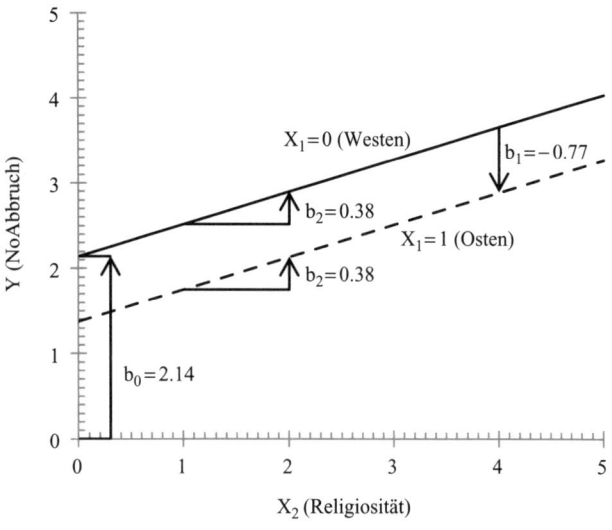

b) Konditionale Regressionsfunktionen für X_1

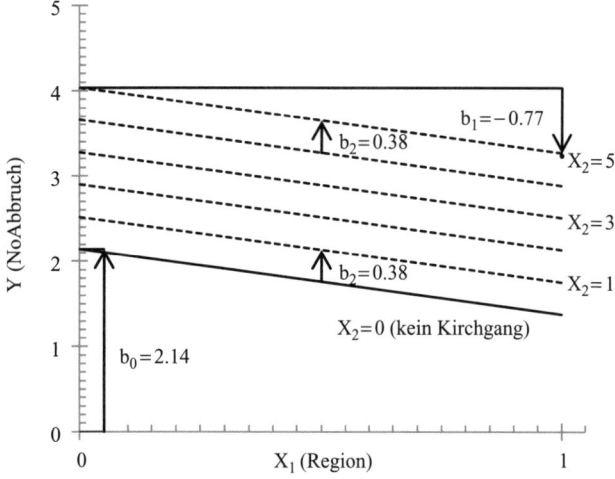

Daten: Allbus 2008, n = 3402

steigender Religiosität nimmt also die Ablehnung von Schwangerschaftsabbruch zu. Dies gilt unabhängig von der Region X_1. Da X_1 im Modell als unabhängige Variable berücksichtigt ist, erfasst b_2 den partiellen Effekt von X_2 *bei Kontrolle von X_1*.

Der Abstand zwischen den beiden bedingten Regressionsfunktionen gibt den Effekt b_1 der Region wieder. Da die unterbrochene Linie ($X_1 = 1$) unterhalb der durchgezogenen Linie ($X_1 = 0$) liegt, ist der Effekt negativ, was in der Abbildung durch die nach unten gerichtete Pfeilspitze sichtbar wird. Im Osten ($X_1 = 1$) ist im Durchschnitt mit $b_1 = -0.77$ weniger Ablehnungen von Indikationsgründen zu rechnen als im Westen ($X_1 = 0$). Dies gilt für alle Ausprägungen von X_2, sodass auch dieser Effekt ein partieller Effekt ist, der *bei Kontrolle von X_2* gilt.

Deutlich wird dies in Abbildung 13.1b, bei der die bedingten Regressionsfunktionen von Y auf X_1 für die verschiedenen Ausprägungen von X_2 dargestellt sind. Im *conditional effect plot* sind alle sechs bedingten Regressionsgeraden parallel und verlaufen mit einer Steigung von $b_1 = -0.77$ nach unten. Die einzelnen Linien haben wiederum einen konstanten Abstand, der nun durch $b_2 = 0.38$ bestimmt ist. Die Berechnung der bedingten Regressionsfunktionen ergibt:

Wenn $X_2 = 0$: $\hat{Y} = 2.14 + 0.38 \cdot 0 - 0.77 \cdot X_1 = 2.14 - 0.77 \cdot X_1$
Wenn $X_2 = 1$: $\hat{Y} = 2.14 + 0.38 \cdot 1 - 0.77 \cdot X_1 = 2.52 - 0.77 \cdot X_1$
Wenn $X_2 = 2$: $\hat{Y} = 2.14 + 0.38 \cdot 2 - 0.77 \cdot X_1 = 2.90 - 0.77 \cdot X_1$
Wenn $X_2 = 3$: $\hat{Y} = 2.14 + 0.38 \cdot 3 - 0.77 \cdot X_1 = 3.28 - 0.77 \cdot X_1$
Wenn $X_2 = 4$: $\hat{Y} = 2.14 + 0.38 \cdot 4 - 0.77 \cdot X_1 = 3.66 - 0.77 \cdot X_1$
Wenn $X_2 = 5$: $\hat{Y} = 2.14 + 0.38 \cdot 5 - 0.77 \cdot X_1 = 4.04 - 0.77 \cdot X_1$

Die Regressionskonstante gibt in der trivariaten Regression wie bei der bivariaten Regression den Vorhersagewert an, wenn alle unabhängigen Variablen den Wert null aufweisen. Der Wert $b_0 = 2.14$ ist in Abbildung 13.1a und b jeweils der Schnittpunkt der durchgezogenen bedingten Regressionslinie mit der Y-Achse. Da die Ausprägungskombination $X_1 = 0$ und $X_2 = 0$ für

Befragte steht, die im Westen wohnen und nicht religiös sind (nie zur Kirche gehen), folgt aus dem Modell, dass in dieser Teilgruppe damit zu rechnen ist, dass im Durchschnitt etwas mehr als zwei der sieben Indikationsgründe für einen Schwangerschaftsabbruch abgelehnt werden.

13.1.3 Trivariate Regression und konditionale Regressionsmodelle

Gleichung 13.1 modelliert die abhängige Variable als eine lineare Funktion der beiden erklärenden Variablen und der Residualvariablen. Die Parallelität der Kurvenverläufe der bedingten Regressionskurven weist zudem darauf hin, dass sich die Effekte der unabhängigen Variablen aufaddieren. Das trivariate Regressionsmodell ist ein *linear-additives Modell*. Welche Konsequenzen diese Form der Drittvariablenkontrolle hat, wird deutlich, wenn man die trivariate Regression sowohl mit der bivariaten Regression als auch mit einem konditionalen Regressionsmodell vergleicht, bei dem die bivariate Regression von Y auf X_2 für Ost und West getrennt berechnet wird. (Abbildung 13.2).

In Abbildung 13.2a ist zunächst die bivariate Regressionsfunktion für die Regression der Ablehnung von Schwangerschaftsabbruch auf die Religiosität abgebildet. Neben der Regressionsgeraden sind als Punkte die bedingten Mittelwerte der empirischen Regressionsfunktion eingezeichnet, wobei Werte für den Westen durch Quadrate und Werte für den Osten durch Kreise unterschieden werden.[11] Die unterschiedliche Größe der Quadrate und Kreise entspricht dabei den unterschiedlichen Besetzungszahlen der Ausprägungskombinationen. Die Regressionskoeffizienten sind nach Gleichung 12.14a und b aus den Daten in Tabelle 13.1b berechnet.[12] Die Vorhersagegleichung

---

11 Da die drei Variablen Y, X_1 und X_2 nur wenige Ausprägungen haben, ist die Darstellung der individuellen Punktewolke nicht aussagekräftig. Die einzelnen Punkte würden sich überlagern und da alle Ausprägungskombinationen vorkommen, ergibt sich eine gleichmäßig verteilte Punktewolke, in der keine Struktur erkennbar ist.
12 $b_1 = 0.7200 / 1.5726 = 0.4578$ und $b_0 = 2.3571 - 0.4578 \cdot 1.2352 = 1.7916$.

Abbildung 13.2: **Bivariate, trivariate und konditionale Regression im Vergleich**

a) Bivariate Regression von Y auf X_2

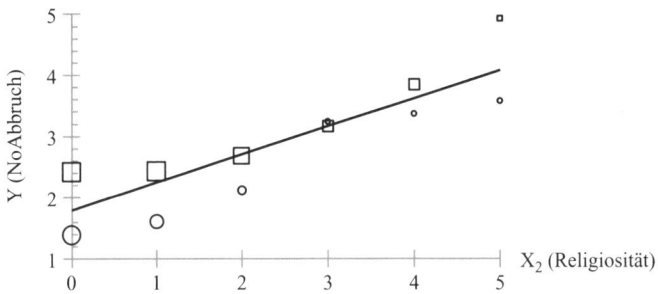

b) Trivariate Regression von Y auf X_1 und X_2

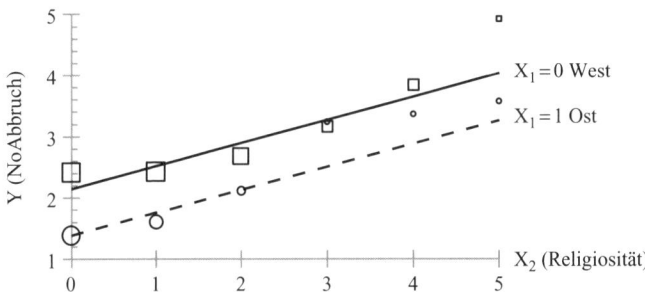

c) Konditionale Regression von Y auf X_2
innerhalb der Ausprägungen von X_1

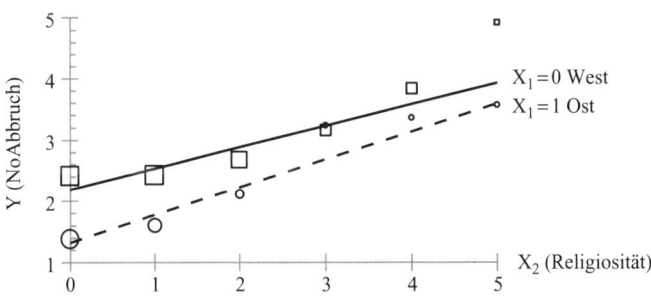

lautet: $\hat{Y} = 1.79 + 0.46 \cdot X_2$. Sichtbar wird, dass die Lage der Regressionsfunktion vor allem durch die stark besetzten Ausprägungskombinationen bestimmt wird. Da es im Westen mehr Befragte gibt als im Osten, liegt die bivariate Regressionsgerade dichter bei den Quadraten als bei den Kreisen.

Abbildung 13.2b zeigt die bedingten Regressionsfunktionen der trivariaten Regression für die beiden Regionen und entspricht damit Abbildung 13.1a. Da es hier zwei (bedingte) Regressionsgeraden gibt, können diese die bedingten Stichprobenmittelwerte besser approximieren. Die Gerade für Befragte aus dem Westen ($X_1 = 0$) liegt dichter bei den Quadraten, die Gerade für Befragte aus dem Osten ($X_1 = 1$) liegt dichter bei den Kreisen. Auffallend ist bei beiden bedingten Regressionsgeraden, dass die Mittelwerte bei den jeweils größten Werten von X_2 (sehr hohe Religiosität) relativ weit von ihren bedingten Regressionskurven entfernt liegen.

Sichtbar wird wieder, dass die beiden bedingten Regressionskurven parallel verlaufen, da das trivariate Regressionsmodell linear-additiv ist. Demgegenüber zeigt Abbildung 13.2c den nicht parallelen Verlauf der beiden konditionalen Regressionsfunktionen.[13]

Wenn $X_1 = 0$: $\hat{Y} = 2.18 + 0.35 \cdot X_2$

Wenn $X_1 = 1$: $\hat{Y} = 1.32 + 0.46 \cdot X_2$

---

13 Für diese Darstellung ist aus den Summen, Quadratsummen und Produktsummen in den ersten beiden Zeilen von Tabelle 13.1a jeweils eine eigene bivariate Regressionsgleichung berechnet worden nach der Formel

$$b_1 = \frac{\sum_{i=1}^{n} x_i y_i - (\sum_{i=1}^{n} x_i)(\sum_{i=1}^{n} y_i)/n}{\sum_{i=1}^{n} x_i^2 - (\sum_{i=1}^{n} x_i)^2 / n} \quad \text{und} \quad b_0 = \frac{\sum_{i=1}^{n} y_i}{n} - b_1 \cdot \frac{\sum_{i=1}^{n} x_i}{n}:$$

West: $b_1 = \dfrac{10410 - 3378 \cdot 6169 / 2284}{8656 - 3378^2 / 2284} = 0.351;\quad b_0 = \dfrac{6169}{2284} - 0.351 \cdot \dfrac{3378}{2284} = 2.182$

Ost: $b_1 = \dfrac{1944 - 824 \cdot 1850 / 1118}{1884 - 824^2 / 1118} = 0.455;\quad b_0 = \dfrac{1850}{1118} - 0.455 \cdot \dfrac{824}{1118} = 1.320$

Die Steigung der unteren konditionalen Regressionsgeraden für $X_1 = 1$ ist deutlich größer als die der Geraden für $X_1 = 0$. Im Unterschied zur trivariaten Regression liegt keine Additivität vor. Die beiden Regressionskurven verlaufen etwas dichter an den jeweiligen Punktewolken (bedingte Stichprobenmittelwerte für $X_1 = 0$ bzw. $X_1 = 1$) als im trivariaten Regressionsmodell. Die bessere Anpassung an die Daten ergibt sich auch daher, dass im konditionalen Modell vier Regressionskoeffizienten berechnet werden – jeweils zwei Konstanten b_0 und zwei Regressionsgewichte b_1 für jede Regressionsgleichung –, während im trivariaten Regressionsmodell nur drei Koeffizienten (b_0, b_1 und b_2) berechnet werden.

Die Schlussfolgerung, dass die Drittvariablenkontrolle über konditionale Regressionsmodelle geeigneter ist als die Drittvariablenkontrolle über eine Erweiterung der Regressionsfunktion, ist jedoch nicht angemessen. Bei Betrachtung der bedingten Mittelwerte und der Regressionsfunktionen wird deutlich, dass für das Datenbeispiel weder die trivariate noch die konditionale Regression angemessen ist, da die empirische Regressionsfunktion im Westen wie im Osten nicht linear ansteigt. Die Stärke der Regressionsanalyse besteht gerade darin, über die Spezifikation zusätzlicher erklärender Variablen solche Nichtlinearitäten modellieren zu können (siehe Abschnitt 13.3).[14]

Generell gilt für alle Regressionsmodelle, dass aufgrund der bei metrischen Variablen notwendigen Verdichtung der Daten immer die Gefahr besteht, ein nicht adäquates Modell zu spezifizieren. Zur Regressionsanalyse sollte daher immer auch die Prüfung der Modellangemessenheit gehören (siehe Kapitel 14.5).

14 Ein weiterer Vorteil der Drittvariablenkontrolle über die Einbeziehung weiterer Variablen besteht darin, dass nicht nur der partielle oder konditionale Effekt *einer* erklärenden Variablen betrachtet wird, sondern die partiellen bzw. konditionalen Effekte aller unabhängiger Variablen jeweils bei Kontrolle aller anderen unabhängigen Variablen.

13.1.4 Drittvariablenkontrolle als Residuenregresssion

Abbildung 13.2b und c verdeutlichen, dass die Drittvariablenkontrolle im Regressionsmodell nach einem anderen Verständnis von «Kontrolle» erfolgt als die Berechnung konditionaler Zusammenhänge bei verschiedenen Ausprägungskombinationen der Drittvariablen. Die Logik der Drittvariablenkontrolle im linearen Regressionsmodell wird deutlich, wenn die Schätzgleichungen 13.2b und 13.2c mit dem Kehrwert des Produkts der Variationen bzw. Varianzen von X_1 und X_2 erweitert werden:[15]

$$b_1 = \frac{b_{1,Y \leftarrow X_1} - b_{1,X_2 \leftarrow X_1} \cdot b_{1,Y \leftarrow X_2}}{1 - r_{2,1}^2};$$

$$b_2 = \frac{b_{1,Y \leftarrow X_2} - b_{1,X_1 \leftarrow X_2} \cdot b_{1,Y \leftarrow X_1}}{1 - r_{2,1}^2} \qquad (13.3)$$

wobei $b_{1,Y \leftarrow X_1}$ = Regressionsgewicht der bivariaten Regression von Y auf X_1

$b_{1,X_2 \leftarrow X_1}$ = Regressionsgewicht der bivariaten Regression von X_2 auf X_1

$b_{1,Y \leftarrow X_2}$ = Regressionsgewicht der bivariaten Regression von Y auf X_2

$b_{1,X_1 \leftarrow X_2}$ = Regressionsgewicht der bivariaten Regression von X_1 auf X_2

$r_{2,1}^2$ = quadrierte Korrelation zwischen X_2 und X_1.

---

15 Durch Erweiterung von Gleichung 13.2b durch den Kehrwert des Produkts $s_1^2 \cdot s_2^2$, der Varianzen von X_1 und X_2, ergibt sich:

$$b_1 = \frac{(s_2^2 \cdot s_{1,Y} - s_{2,1} \cdot s_{2,Y}) / (s_2^2 \cdot s_1^2)}{(s_2^2 \cdot s_1^2 - (s_{1,2})^2) / (s_2^2 \cdot s_1^2)}$$

$$= \left(\underbrace{\frac{s_2^2}{s_2^2} \cdot \frac{s_{1,Y}}{s_1^2}}_{b_{Y \leftarrow X_1}} - \underbrace{\frac{s_{2,1}}{s_1^2}}_{b_{X_2 \leftarrow X_1}} \cdot \underbrace{\frac{s_{2,Y}}{s_2^2}}_{b_{Y \leftarrow X_2}} \right) / \left(\underbrace{\frac{s_2^2 \cdot s_1^2}{s_2^2 \cdot s_1^2}}_{1} - \underbrace{\frac{s_{2,1}}{(s_2 \cdot s_1)}}_{r_{2,1}} \cdot \underbrace{\frac{s_{2,1}}{(s_2 \cdot s_1)}}_{r_{2,1}} \right)$$

Analoges gilt für b_2 bei Erweitern von Gleichung 13.2c.

In Kapitel 11.3.2 wurde der Begriff der Konfundierung eingeführt. Danach kann eine bivariate asymmetrische Beziehung aufgrund von Konfundierung einen kausalen Effekt nicht korrekt erfassen, wenn es indirekte oder korrelierte Effekte gibt. Ein indirekter Effekt ist dabei als Pfad von einer Ausgangsvariablen über Drittvariablen zur abhängigen Variablen definiert und berechnet sich als Produkt der gerichteten Effekte in einer Kausalkette. In diesem Sinne kann ein trivariates Regressionsgewicht auch so verstanden werden, dass der Effekt einer möglichen Konfundierung durch die Drittvariable «herausgerechnet» wird. Der Zähler von b_1 ist entsprechend gleich dem Regressionsgewicht der bivariaten Regression von Y auf X_1 minus dem Produkt der bivariaten Effekte von X_1 auf X_2 und von X_2 auf Y. Geteilt wird diese Differenz durch den Anteil der durch X_2 nicht erklärten Varianz von X_1.

Entsprechend gilt für das Regressionsgewicht b_2 von X_2, dass eine mögliche Konfundierung durch X_1 «herausgerechnet» wird, indem im Zähler der Berechnungsformel vom bivariaten Effekt von X_2 auf Y das Produkt der bivariaten Effekte von X_2 auf X_1 und von X_1 auf Y abgezogen wird und diese Differenz anschließend wieder durch den Anteil der Varianz von X_2 geteilt wird, der nicht durch die Regression von X_2 auf X_1 erklärt wird.[16]

Dieses «Herausrechnen» einer möglichen Konfundierung kann auch ganz praktisch erfolgen, indem in einem ersten Schritt sowohl die Residualvariable $E_{Y|X_2}$ der Regression von Y auf X_2 als auch die Residualvariable $E_{X_1|Y_1}$ der Regression von X_1 auf X_2 berechnet werden und in einem zweiten Schritt dann die erste Residualvariable $E_{Y|X_2}$ auf die zweite Residualvariable $E_{X_1|X_2}$ regrediert wird. Man spricht in diesem Zusammenhang auch von einer *Residuenregression*.

---

16 Die quadrierte Korrelation $r^2_{2,1}$ erfasst sowohl den Anteil der erklärten Varianz der bivariaten Regression von X_1 auf X_2 wie auch den von X_2 auf X_1.

Hinweis:

Faktisch ist es gar nicht nötig, die Residuen zu berechnen. Die Residual-variablen $E_{Y|X_2}$ und $E_{X_1|X_2}$ sind die jeweiligen Differenzen zwischen Vorhersagewert und Realisierung der jeweils abhängigen Variablen:

$$E_{Y|X_2} = \underbrace{Y - b_{0,Y \leftarrow X_2} - b_{1,Y \leftarrow X_2} \cdot X_2}_{\hat{Y}} \quad \text{und}$$

$$E_{X_1|X_2} = \underbrace{X_1 - b_{0,X_1 \leftarrow X_2} - b_{1,X_1 \leftarrow X_2} \cdot X_2}_{\hat{X}_1}$$

Das bivariate Regressionsgewicht der Regression von $E_{Y|X_2}$ auf $E_{X_1|X_2}$ ist nach Gleichung 12.14b die Kovarianz zwischen den beiden Residual-variablen geteilt durch die Varianz der unabhängigen Residualvaria-blen $E_{X_1|X_2}$[17] Da beide Residualvariablen Linearkombinationen sind, folgt aus Gleichung 5.23b und 5.22c:

$$s\left(E_{Y|X_2}, E_{X_1|X_2}\right)$$

$$= s\left(Y - b_{0,Y \leftarrow X_2} - b_{1,Y \leftarrow X_2} \cdot X_2, X_1 - b_{0,X_1 \leftarrow X_2} - b_{1,X_1 \leftarrow X_2} \cdot X_2\right)$$

$$= s_{1,Y} - b_{1,X_1 \leftarrow X_2} \cdot s_{2,Y} - b_{1,Y \leftarrow X_2} \cdot s_{2,1} + b_{1,Y \leftarrow X_2} \cdot b_{1,X_1 \leftarrow X_2} \cdot s_2^2$$

$$= s_{1,Y} - \frac{s_{2,1}}{s_2^2} \cdot s_{2,Y} - \frac{s_{2,Y}}{s_2^2} \cdot s_{2,1} + \frac{s_{2,Y}}{s_2^2} \cdot \frac{s_{2,1}}{s_2^2} \cdot s_2^2$$

$$= \frac{s_2^2 \cdot s_{1,Y} - s_{2,1} \cdot s_{2,Y} - s_{2,1} \cdot s_{2,Y} + s_{2,1} \cdot s_{2,Y}}{s_2^2} = \frac{s_2^2 \cdot s_{1,Y} - s_{2,1} \cdot s_{2,Y}}{s_2^2}$$

$$s^2\left(E_{X_1|X_2}\right) = s^2\left(X_1 - b_{0,X_1 \leftarrow X_2} - b_{1,X_1 \leftarrow X_2} \cdot X_2\right)$$

$$= s_1^2 + b_{1,X_1 \leftarrow X_2}^2 \cdot s_2^2 - 2 \cdot b_{1,X_1 \leftarrow X_2} \cdot s_{2,1}$$

$$= s_1^2 + \left(\frac{s_{2,1}}{s_2^2}\right)^2 \cdot s_2^2 - 2 \cdot \frac{s_{2,1}}{s_2^2} \cdot s_{2,1} = s_1^2 - \frac{\left(s_{2,1}\right)^2}{s_2^2} = \frac{s_2^2 \cdot s_1^2 - \left(s_{2,1}\right)^2}{s_2^2}$$

Teilt man die Kovarianz durch die Varianz, ergibt sich das Regressions-gewicht b_1 aus Gleichung 13.2b:

---

17 Da die Mittelwerte der Residualvariablen null sind, gibt es bei der Residuenregres-sion keine Regressionskonstante: Wenn beide Mittelwerte null sind, ist auch b_0 in Gleichung 12.14a null.

$$\frac{\dfrac{s_2^2 \cdot s_{1,Y} - s_{2,1}^2 \cdot s_{2,Y}}{s_2^2}}{\dfrac{s_2^2 \cdot s_1^2 - (s_{2,1})^2}{s_2^2}} = \frac{s_2^2 \cdot s_{1,Y} - s_{2,1}^2 \cdot s_{2,Y}}{s_2^2 \cdot s_1^2 - (s_{2,1})^2} = b_1$$

Durch ähnliche Umformungen ergibt sich auch das Regressionsgewicht b_2 aus Gleichung 13.2.c aus der Residuenregression von $E_{Y|X1}$ auf $E_{X2|X1}$.

Das «Herausrechnen» der bivariaten Effekte der jeweils anderen unabhängigen Variablen sowohl auf die abhängige wie auf die unabhängige Variable wird als *Auspartialisierung* bezeichnet. In der trivariaten Regression von Y auf X_1 und X_2 bedeutet Drittvariablenkontrolle also, dass der lineare Effekt der Drittvariablen X_2 auf die abhängige Variable Y *und* auf die übrige erklärende Variable (hier: X_1) auspartialisiert wird.

Wenn es keine lineare Beziehung zwischen den unabhängigen Variablen gibt, dann sind die Regressionsgewichte der Residuenregression null. Die Residualvariable ist dann gleich der zentrierten abhängigen Variablen. Entsprechend sollte dann das partielle Regressionsgewicht mit dem bivariaten Regressionsgewicht identisch sein. Dass dies tatsächlich zutrifft, zeigt sich, wenn in Gleichung 13.2b und c für die Kovarianz $s_{1,2}$ der Wert null eingesetzt wird:

$$b_1 = \frac{s_2^2 \cdot s_{1,Y} - \underbrace{s_{2,1}^2}_{=0} \cdot s_{2,Y}}{s_2^2 \cdot s_1^2 - \underbrace{(s_{2,1})^2}_{=0}} = \frac{s_2^2 \cdot s_{1,Y} - 0 \cdot s_{2,Y}}{s_2^2 \cdot s_1^2 - 0^2} = \frac{s_{1,Y}}{s_1^2} = b_{1,Y \leftarrow X_1} \quad \text{und}$$

$$b_2 = \frac{s_1^2 \cdot s_{2,Y} - \underbrace{s_{2,1}^2}_{=0} \cdot s_{1,Y}}{s_1^2 \cdot s_2^2 - \underbrace{(s_{2,1})^2}_{=0}} = \frac{s_1^2 \cdot s_{2,Y} - 0 \cdot s_{1,Y}}{s_1^2 \cdot s_2^2 - 0^2} = \frac{s_{2,Y}}{s_2^2} = b_{1,Y \leftarrow X_2}.$$

Nicht nur im trivariaten Regressionsmodell unterscheidet sich eine partielle gerichtete Beziehung nicht von der bivariaten gerichteten Beziehung, wenn die erklärende Variable mit allen anderen erklärenden Variablen unkorreliert ist. Dies gilt generell für linear-additive Modelle und wurde bereits in Kapitel 11.3.3 anhand der Daten aus Tabelle 11.4 demonstriert.

Partielle Korrelation

Die Logik der Auspartialisierung kann auch auf Korrelationen angewendet werden. Wird anstelle der bivariaten Regression von $E_{Y|X_2}$ auf $E_{X_1|X_2}$ die Korrelation zwischen den beiden Residualvariablen berechnet, wird diese Korrelation als *partielle Korrelation* zwischen X_1 und Y bei Kontrolle von X_2 bezeichnet. Entsprechend lassen sich auch die partiellen Korrelationen zwischen X_2 und Y bei Kontrolle von X_1 und zwischen X_2 und X_1 bei Kontrolle von Y berechnen. Die drei möglichen partiellen Korrelationen berechnen sich nach:

$$r_{1,Y|2} = \frac{r_{1,Y} - r_{2,1} \cdot r_{2,Y}}{\sqrt{\left(1 - r_{2,1}^2\right) \cdot \left(1 - r_{2,Y}^2\right)}}$$

$$r_{2,Y|1} = \frac{r_{2,Y} - r_{2,1} \cdot r_{1,Y}}{\sqrt{\left(1 - r_{2,1}^2\right) \cdot \left(1 - r_{1,Y}^2\right)}} \qquad (13.4)$$

$$r_{2,1|Y} = \frac{r_{2,1} - r_{1,Y} \cdot r_{2,Y}}{\sqrt{\left(1 - r_{1,Y}^2\right) \cdot \left(1 - r_{2,Y}^2\right)}}$$

wobei $r_{1,Y|2}$ = Korrelation zwischen X_1 und Y bei Kontrolle von X_2

$r_{2,Y|1}$ = Korrelation zwischen X_2 und Y bei Kontrolle von X_1

$r_{2,1|Y}$ = Korrelation zwischen X_2 und X_1 bei Kontrolle von Y.

Im Beispiel ergeben sich für die partiellen Korrelationen folgende Werte, die aus den Korrelationen in Tabelle 13.1c berechnet werden:

$$r_{1,Y|2} = \frac{r_{1,Y} - r_{2,1} \cdot r_{2,Y}}{\sqrt{\left(1-r_{2,1}^2\right) \cdot \left(1-r_{2,Y}^2\right)}} = \frac{-0.255 - (-0.278) \cdot 0.298}{\sqrt{\left(1-(-0.278)^2\right) \cdot \left(1-0.298^2\right)}} = -0.188$$

$$r_{2,Y|1} = \frac{r_{2,Y} - r_{2,1} \cdot r_{1,Y}}{\sqrt{\left(1-r_{2,1}^2\right) \cdot \left(1-r_{1,Y}^2\right)}} = \frac{0.298 - (-0.278) \cdot (-0.255)}{\sqrt{\left(1-(-0.278)^2\right) \cdot \left(1-(-0.255)^2\right)}} = 0.245$$

$$r_{2,1|Y} = \frac{r_{2,1} - r_{1,Y} \cdot r_{2,Y}}{\sqrt{\left(1-r_{1,Y}^2\right) \cdot \left(1-r_{2,Y}^2\right)}} = \frac{-0.278 - (-0.255) \cdot 0.298}{\sqrt{\left(1-(-0.255)^2\right) \cdot \left(1-0.298^2\right)}} = -0.219$$

Das Auspartialisieren des linearen Einflusses der jeweils dritten Variablen reduziert erwartungsgemäß die Höhe der Korrelationen.

13.1.5 Erklärungskraft und relative Effektstärken

Wenn eine abhängige Variable durch mehrere unabhängige Variablen erklärt wird, interessiert neben den Fragestellungen der bivariaten Analyse, ob ein Zusammenhang besteht, welches Muster er aufweist und wie stark er ist, zusätzlich, wie stark der Gesamtzusammenhang ist und ob die unabhängigen Variablen die abhängige Variable unterschiedlich stark beeinflussen. Auch in einem Regressionsmodell mit mehreren erklärenden Variablen gilt die Forderung der Unkorreliertheit der Residualvariablen mit der Vorhersagevariablen. Daher gilt entsprechend Gleichung 12.15, dass die Variation bzw. Varianz der abhängigen Variablen Y gleich der Summe aus den Variationen bzw. Varianzen der Vorhersagewerte und der Stichprobenresiduen ist. Diese Aufteilung wird als *Varianzzerlegung* bzw. nach der englischen Bezeichnung «*analysis of variance*» auch als *Varianzanalyse* bezeichnet:

$$s_Y^2 = s_{\hat{Y}}^2 + s_E^2 \quad \text{bzw.} \quad SS_Y = SS_{\hat{Y}} + SS_E$$

Als PRE-Maß für die Erklärungskraft wird daher auch für das trivariate Regressionsmodell der Determinationskoeffizient nach Gleichung 12.16 berechnet:

$$R^2 = \frac{s_{\hat{Y}}^2}{s_Y^2} = \frac{SS_{\hat{Y}}}{SS_E} = 1 - \frac{s_E^2}{s_Y^2} = 1 - \frac{SS_E}{SS_Y}.$$

Der Determinationskoeffizient gibt nicht nur an, wie stark der Zusammenhang ist, sondern ob überhaupt ein monotoner Zusammenhang zwischen der abhängigen Variablen und den erklärenden Variablen besteht. Der Minimalwert null kann nur auftreten, wenn die Vorhersagewerte keine Variation aufweisen, was wiederum nur der Fall sein kann, wenn *alle* Regressionsgewichte null sind. Dann ist die spezifizierte Regressionsfunktion nicht in der Lage, bessere Vorhersagen zu machen als der (unbedingte) Mittelwert der abhängigen Variablen. Im linearen Regressionsmodell aus Gleichung 13.1 bedeutet dies, dass die abhängige Variable weder mit X_1 noch mit X_2 einen linearen Trend aufweist.

Zur Berechnung des Determinationskoeffizienten wird die Varianz bzw. Variation der Vorhersagewerte benötigt. Da die Vorhersagevariable $\hat{Y}$ eine Linearkombination der unabhängigen Variablen ist, folgt nach Gleichung 5.22c für deren Varianz bzw. Variation:

$$s_{\hat{Y}}^2 = s\left(b_0 + b_1 \cdot X_1 + b_2 \cdot X_2,\ b_0 + b_1 \cdot X_1 + b_2 \cdot X_2\right) \qquad (13.5a)$$

$$= b_1^2 \cdot s_1^2 + b_2^2 \cdot s_2^2 + 2 \cdot b_1 \cdot b_2 \cdot s_{2,1}$$

$$SS_{\hat{Y}} = n \cdot s_{\hat{Y}}^2 = b_1^2 \cdot SS_1 + b_2^2 \cdot SS_2 + 2 \cdot b_1 \cdot b_2 \cdot SP_{2,1} \qquad (13.5b)$$

Erläuterungen siehe Gleichung 13.2.

Nach Gleichung 12.15 kann die Residualvarianz (oder -variation) als Differenz zwischen der Stichprobenvarianz (oder -variation) der abhängigen Variablen und der Stichprobenvarianz (oder -variation) der Vorhersagewerte berechnet werden. Alternativ kann die Residualvarianz (oder -variation) bei Vorliegen des Determinationskoeffizienten aus R^2 und der Varianz (Variation) der abhängigen Variablen berechnet werden:

$$s_E^2 = s_Y^2 - s_{\hat{Y}}^2 = \left(1 - R^2\right) \cdot s_Y^2 \qquad (13.5c)$$

$$SS_E = SS_Y - SS_{\hat{Y}} = \left(1 - R^2\right) \cdot SS_Y \qquad (13.5d)$$

Im Beispiel der Regression der Ablehnung von Schwangerschaftsabbruch auf Region und Religiosität ergibt sich aus den Daten in Tabelle 13.1:

$$s_{\hat{Y}}^2 = (-0.7656)^2 \cdot 0.2206 + 0.3781^2 \cdot 1.5726$$
$$+ 2 \cdot (-0.7656) \cdot 0.3781 \cdot (-0.1637) = 0.4489$$
$$s_E^2 = 3.7134 - 0.4489 = 3.2645$$
$$R^2 = 0.4489 / 3.7134 = 0.121$$

Die Erklärungskraft des Modells beträgt $R^2 = 0.121$, d. h. 12.1 % der Unterschiede (Variationen) in der Ablehnung von Schwangerschaftsabbruch lassen sich auf Unterschiede in der Religiosität und der Region zurückführen. Obwohl nur ein geringer Teil der Variation aufgeklärt wird, kann von einem mittelstarken Zusammenhang ausgegangen werden.

Generell kann in einem linearen Regressionsmodell mit beliebig vielen erklärenden Variablen die (positive) Wurzel aus R^2 als Produktmomentkorrelation der abhängigen Variablen mit der Vorhersagevariablen aufgefasst werden.[18] Der resultierende Wert wird *multiple Korrelation* genannt:

$$R = r_{\hat{Y},Y} = \sqrt{R^2} \qquad (13.6)$$

wobei   R   = multiple Korrelation
   $r_{\hat{Y},Y}$ = Korrelation zwischen den $\hat{Y}$-Werten und Y.

Im Beispiel ergibt sich für die multiple Korrelation ein Wert von $R = 0.348$. Die multiple Korrelation ist grundsätzlich größer als der Determinationskoeffizient, enthält aber die gleiche Information: Zwischen der abhängigen Variablen und den erklärenden Variablen besteht insgesamt ein mittlerer Zusammenhang.

18 Da die Regressionskoeffizienten so bestimmt werden, dass die Residualvarianz minimal ist und entsprechend umgekehrt die Vorhersagewerte die abhängige Variable möglichst gut vorhersagen, ist die Korrelation zwischen der abhängigen Variablen und den Vorhersagewerten nichtnegativ.

Relative Effektstärke

Nach der Gesamterklärungskraft stellt sich schließlich auch die Frage, welche der beiden unabhängigen Variablen einen größeren Effekt auf die abhängige Variable hat. Für die Region beträgt der Effekt $b_1 = -0.77$ und für die Religiosität $b_2 = 0.38$. Aus diesen Koeffizienten kann jedoch nicht geschlossen werden, dass die Religiosität einen geringeren Einfluss auf die Ablehnung von Schwangerschaftsabbruch hat als die Region, da die erklärenden Variablen in nicht vergleichbaren Einheiten gemessen wurden. Vergleichbarkeit der Regressionskoeffizienten wird in Regressionsanalysen meist dadurch herbeigeführt, dass die Modellvariablen nach Gleichung 3.33 standardisiert werden.[19] Nach der Standardisierung haben die abhängige Variable und alle erklärenden Variablen einen Stichprobenmittelwert von null und eine Varianz von eins. Kovarianzen werden zudem zu Korrelationen. Durch Einsetzen dieser Werte in die Gleichungen 13.2a–c ergeben sich die Schätzgleichungen für die *standardisierten Regressionskoeffizienten*:

$$b_1^* = \frac{1 \cdot r_{1,Y} - r_{2,1} \cdot r_{2,Y}}{1 \cdot 1 - (r_{2,1})^2} = \frac{r_{1,Y} - r_{2,1} \cdot r_{2,Y}}{1 - r_{2,1}^2}$$

$$b_2^* = \frac{1 \cdot r_{2,Y} - r_{2,1} \cdot r_{1,Y}}{1 \cdot 1 - (r_{2,1})^2} = \frac{r_{2,Y} - r_{2,1} \cdot r_{1,Y}}{1 - r_{2,1}^2} \qquad (13.7)$$

$$b_0^* = 0 - b_1^* \cdot 0 - b_2^* \cdot 0 = 0$$

wobei $r_{1,Y}, r_{2,1}, r_{2,Y}$ = Korrelation zwischen X_1 und Y, X_2 und X_1 sowie X_2 und Y

b_1^*, b_2^* = standardisierte Regressionsgewichte.[20]

---

19 Dadurch wird bei allen Variablen der Abstand der Realisierungen von ihrem jeweiligen Mittelwert in Standardabweichungen gemessen.

20 Standardisierte Regressionsgewichte kennzeichnen wir durch ein Sternchen (*). In Statistikprogrammen werden standardisierte Gewichte meist als «beta» bezeichnet, was jedoch insofern ungünstig ist, als auch die Regressionskoeffizienten in der Population so bezeichnet werden.

Durch die Standardisierung wird die Regressionskonstante stets null, sodass nur die *standardisierten Regressionsgewichte* in der Vorhersagegleichung verbleiben, die auch als *standardisierte partielle Effekte* bezeichnet werden. Sie geben an, um wie viele Standardabweichungen die abhängige Variable ansteigt (bzw. bei negativem Vorzeichen sinkt), wenn eine erklärende Variable um +1 Standardabweichung ansteigt.

Der Vergleich der standardisierten Regressionsgewichte (Gleichung 13.7) mit den partiellen Korrelationskoeffizienten (Gleichung 13.4) zeigt, dass sich die Koeffizienten nur im Nenner der Gleichungen unterscheiden. Daher sind die Vorzeichen von partiellen standardisierten (und unstandardisierten) Regressionsgewichten und partiellen Korrelationen immer identisch. Eine partielle Korrelation ist genau dann null, wenn auch das partielle (standardisierte wie unstandardisierte) Regressionsgewicht null ist. Anders als im bivariaten Regressionsmodell, wo Produktmomentkorrelation und standardisiertes Regressionsgewicht identisch sind, können die standardisierten Regressionsgewichte in Regressionsmodellen mit mehreren unabhängigen Variablen allerdings Werte größer +1 oder kleiner –1 annehmen.[21]

Für die Daten aus Tabelle 13.1c ergeben sich folgende standardisierten partiellen Effekte der Region (X_1) und der Religiosität (X_2) auf die Ablehnung von Schwangerschaftsabbruch (Y):

$$b_1^* = \frac{r_{1,Y} - r_{2,1} \cdot r_{2,Y}}{1 - r_{2,1}^2} = \frac{-0.255 - (-0.278) \cdot 0.298}{1 - (-0.278)^2} = -0.187$$

$$b_2^* = \frac{r_{2,Y} - r_{2,1} \cdot r_{1,Y}}{1 - r_{2,1}^2} = \frac{0.298 - (-0.278) \cdot (-0.255)}{1 - (-0.278)^2} = 0.246$$

---

21 Eine partielle Korrelation liegt dagegen immer im Wertebereich von ±1. Dass nicht die partielle Korrelation als standardisiertes Zusammenhangsmaß verwendet wird, liegt daran, dass bei jeder erklärenden Variablen eine andere Residualvariable (im trivariaten Modell $E_{Y|X_1}$ und $E_{Y|X_2}$) in die Berechnung einfließt, was bei gerichteten Effekten die Vergleichbarkeit in Frage stellt.

Erhöht sich die Region um +1 Standardabweichung, dann verringert sich die Ablehnung von Schwangerschaftsabbruch um 0.187 Standardabweichungen. Erhöht sich die Religiosität um +1 Standardabweichung, dann erhöht sich die Ablehnung von Schwangerschaftsabbruch um 0.246 Standardabweichungen. Bezogen auf den einheitlichen Maßstab «Standardabweichung» ist daher der Effekt der Religiosität stärker als derjenige der Region.

Vor allem in der Umfrageforschung, in der Variablen mit sehr unterschiedlichen Maßeinheiten erhoben werden, werden neben den unstandardisierten Regressionskoeffizienten zusätzlich (oft auch ausschließlich) die standardisierten Regressionsgewichte berichtet. Dies liegt auch daran, dass für ihre Interpretation die gleichen Faustregeln verwendet werden können wie bei einer Korrelation (vgl. Abschnitt 12.2).[22]

Hinweis:

Die Interpretation standardisierter Regressionsgewichte schafft zwar einen einheitlichen Maßstab zur Beurteilung der relativen Einflussstärke, doch gehen in diesen Maßstab auch die empirischen Streuungen der Variablen ein. Es ist daher möglich, dass bei zwei erklärenden Variablen die relative Größenordnung der unstandardisierten und der standardisierten Regressionsgewichte umgekehrt ist.[23]

22 Dies gilt allerdings nicht für sehr hohe Werte, die meist ein Hinweis auf ein Kollinearitätsproblem sind (vgl. Kapitel 14.2).
23 Wenn alle erklärenden Variablen in der gleichen Einheit gemessen werden, kann es sinnvoller sein, direkt die unstandardisierten Koeffizienten zu vergleichen. Dabei wird argumentiert, dass nur die unstandardisierten Regressionsgewichte den kausalen Einfluss einer Variablen unbeeinflusst von der Streuung der erklärenden Variablen wiedergeben. Tatsächlich ist es eine Frage der *Definition* von Effektstärke, ob ein Effekt – wie bei unstandardisierten Koeffizienten – als Effekt auf eine einzelne Untersuchungseinheit betrachtet werden soll oder – wie bei standardisierten Koeffizienten – als Beitrag einer erklärenden Variablen zur Aufdeckung der Unterschiedlichkeit der Ausprägungen der abhängigen Variablen. Zu beachten ist hierbei, dass sich die standardisierten Regressionskoeffizienten *nicht* zur Gesamterklärungskraft R^2 aufsummieren!
Bei dichotomen erklärenden Variablen (wie im Beispiel die Region) wird die Ansicht vertreten, dass standardisierte Koeffizienten keine sinnvollen Aussagen erlauben,

Unstandardisierte und standardisierte Regressionsgewichte lassen sich auch direkt ineinander umrechnen:

$$b_k^* = b_k \cdot \frac{s_k}{s_Y} \iff b_k = b_k^* \cdot \frac{s_Y}{s_k} \tag{13.8}$$

wobei b_k, b_k^* = unstandardisiertes bzw. standardisiertes Regressionsgewicht der k-ten erklärenden Variablen

s_k = Standardabweichung der k-ten erklärenden Variablen X_k.

Die Anwendung von Gleichung 13.8 ergibt für die standardisierten Regressionsgewichte die gleichen Werte wie zuvor die direkte Berechnung über die Korrelationen:

$$b_1^* = b_1 \cdot \frac{s_1}{s_Y} = -0.766 \cdot \frac{\sqrt{0.2207}}{\sqrt{3.7145}} = -0.187$$

$$b_2^* = b_2 \cdot \frac{s_2}{s_Y} = 0.378 \cdot \frac{\sqrt{1.5730}}{\sqrt{3.7145}} = 0.246$$

Nach Gleichung 13.7 ist auch die umgekehrte Berechnung möglich. Ob die Regressionsgewichte über Variationen und Kovariationen, Stichprobenvarianzen und -kovarianzen, geschätzte Populationsvarianzen und -kovarianzen oder über Korrelationen berechnet werden, ist daher vor allem eine Frage des Vorliegens der entsprechenden Ausgangsstatistiken.[24]

da ein Anstieg um +1 Standardabweichung gar nicht möglich sei. Dies gilt aber für fast alle nichtstetigen unabhängigen Variablen. Ein Anstieg um eine Standardabweichung sollte daher nicht als empirisches Phänomen verstanden werden, sondern als eine *nützliche Fiktion*, die es ermöglicht, ansonsten unvergleichbare Zahlenwerte durch eine *künstliche gemeinsame Einheit* in Bezug zueinander zu setzen.

24 Statistikprogramme berechnen die Koeffizienten oft über die Korrelationen. Dies hat den numerischen Vorteil, dass Rundungsfehler als Folge sehr unterschiedlicher Wertebereiche der Variablen minimiert werden, setzt aber voraus, dass die Korrelationen mit vielen Nachkommastellen berechnet werden.

13.2 Multiple Regression

Von der trivariaten zur multiplen Regression

Durch die Erweiterung der Regressionsfunktion ist es sehr einfach, gerichtete Zusammenhänge zu analysieren, bei denen der Einfluss mehrerer unabhängiger Variablen auf eine abhängige Variable betrachtet wird. Generell wird von einer *multiplen Regression* bzw. einem *multiplen linearen Regressionsmodell* gesprochen, wenn die abhängige Variable als Summe einer linearen Funktion von K unabhängigen Variablen X_1, X_2, ..., X_K und einer Residualvariablen E aufgefasst wird:

$$Y = b_0 + b_1 \cdot X_1 + b_2 \cdot X_2 + ... + b_K \cdot X_K + E$$

$$= b_0 + \underbrace{\sum_{k=1}^{K} b_k \cdot X_k + E}_{\hat{Y}} = \hat{Y} + E \qquad (13.9)$$

wobei   k = Index für die Nummer der unabhängigen Variablen X von 1 bis K.

Weitere Erläuterungen siehe Gleichung 13.1.

Um eindeutige Werte für die Regressionskoeffizienten zu erhalten, gelten die gleichen Bedingungen wie in der bivariaten und trivariaten Regression, dass der Mittelwert der Residualvariablen E null ist und die Residualvariable mit keiner der unabhängigen Variablen kovariiert, oder dass die Summe der quadrierten Residuen minimal ist:

$$Q(b_0, b_1, ..., b_K) = \sum_{i=1}^{n} e_i^2 = \sum_{i=1}^{n} (y_i - \hat{y}_i)^2 = \sum_{i=1}^{n} \left(y_i - \left(b_0 + \sum_{k=1}^{K} b_k \cdot X_k \right) \right)^2$$

$$\overset{!}{=} \min.$$

Beide Formulierungen der Bedingungen führen wieder zu denselben Rechenformeln für die OLS-Schätzer. Wie schon im bivariaten und trivariaten Modell sind die Berechnungsgleichungen für die Regressionsgewichte Funktionen der Varianzen und

Kovarianzen sowohl der abhängigen Variablen wie aller unabhängigen Variablen. Man spricht in der Statistik davon, dass die Mittelwerte, Varianzen und Kovarianzen bzw. die Mittelwerte, Standardabweichungen und Korrelationen *suffiziente Statistiken* sind, die alle für die Schätzung notwendigen Informationen enthalten. Die Formeln sind so komplex, dass sie praktisch nur in Matrixalgebra darstellbar sind und zudem kaum ohne Statistikprogramme berechnet werden können.[25] Einfach zu berechnen ist in Verallgemeinerung von Gleichung 13.2b bei bereits berechneten Regressionsgewichten die Berechnungsformel für die Regressionskonstante:

$$b_0 = \overline{y} - \sum_{k=1}^{K} b_k \cdot \overline{x}_k \qquad (13.10)$$

wobei $\overline{x}_k$ = Mittelwert des Prädiktors X_k.
Weitere Erläuterungen siehe Gleichung 13.9.

Die prinzipielle Logik und damit auch die Interpretation bleiben gegenüber der trivariaten Regression unverändert. Die Regressionskonstante gibt den Vorhersagewert an, wenn alle Prädiktoren null sind. Das unstandardisierte partielle Regressionsgewicht b_k des Prädiktors X_k erfasst die Veränderung beim bedingten Mittelwert der abhängigen Variablen Y, wenn X_k um +1 Einheit ansteigt.[26] Analog zur trivariaten Regression ist diese Veränderung ein partieller Effekt, d. h. dass der (lineare) Einfluss *aller* übrigen erklärenden Variablen sowohl auf X_k wie auf die abhängige Variable Y auspartialisiert wird. Das partielle Regressionsgewicht b_k ist daher gleich dem bivariaten Regressionsgewicht einer Residuenregression, bei der Y *und* X_k auf alle erklärenden Variablen mit Ausnahme von X_k regrediert werden.

---

25 Darstellung und Herleitung der OLS-Schätzung in Matrixschreibweise finden sich in Ökonometrie-Lehrbüchern, z. B. in Johnston & DiNardo, 1997.
26 Diese Veränderung kann, muss aber nicht kausal interpretiert werden.

Um die relative Einflussstärke der einzelnen erklärenden Variablen zu erfassen, werden bei unterschiedlichen Maßeinheiten der Prädiktoren die standardisierten partiellen Regressionsgewichte b_k^* verglichen, bei denen die abhängige Variable und alle erklärenden Variablen nach Gleichung 3.33 standardisiert (Z-transformiert) sind. Unstandardisierte und standardisierte Regressionsgewichte lassen sich nach Gleichung 13.8 ineinander umrechnen.

Für die Berechnung der Gesamterklärungskraft kann wiederum nach Gleichung 12.16 der Determinationskoeffizient berechnet werden, da auch im multiplen Regressionsmodell nach Gleichung 12.15 die Varianz bzw. Variation der abhängigen Variablen die Summe aus der Varianz (Variation) der Vorhersagewerte und der Residualvarianz (Residualvariation) ist:

$$s_Y^2 = s_{\hat{Y}}^2 + s_E^2 \text{ bzw. } SS_Y = SS_{\hat{Y}} + SS_E.$$

Die Variation bzw. Varianz der Vorhersagewerte berechnet sich im multiplen linearen Regressionsmodell durch Anwendung von Gleichung 5.22c auf die lineare Funktion der Vorhersagevariablen aus den OLS-Schätzern und den Varianzen und Kovarianzen der unabhängigen Variablen (vgl. Gleichung 13.5a):

$$s_{\hat{Y}}^2 = \sum_{k=1}^{K} \sum_{j=1}^{K} b_k \cdot b_j \cdot s_{k,j} = \sum_{k=1}^{K} b_k^2 \cdot s_k^2 + 2 \cdot \sum_{k=2}^{K} \sum_{j=1}^{k-1} b_k \cdot b_j \cdot s_{k,j} \qquad (13.11a)$$

$$SS_{\hat{Y}} = \sum_{k=1}^{K} \sum_{j=1}^{K} b_k \cdot b_j \cdot SP_{k,j} = \sum_{k=1}^{K} b_k^2 \cdot SS_k + 2 \cdot \sum_{k=2}^{K} \sum_{j=1}^{k-1} b_k \cdot b_j \cdot SP_{k,j}$$
$$(13.11b)$$

wobei   k und j   = Indizes für die erklärenden Variablen X_k
        = bzw. X_j
  $s_{k,j}, s_k^2$ Kovarianz zwischen X_k und X_j bzw. Varianz von X_k
  $SP_{k,j}, SS_k$ = Kovariation zwischen X_k und X_j bzw. Variation von X_k.

Weitere Erläuterungen siehe Gleichung 13.9.

Da auch die Regressionsgewichte Funktionen der Varianzen und Kovarianzen (bzw. Variationen und Kovariationen) sind, können die Gleichungen 13.11a und b durch Umformen so umgewandelt werden, dass nur jeweils eine Produktsumme über K Elemente zu berechnen ist:

$$s_{\hat{Y}}^2 = \sum_{k=1}^{K} b_k \cdot s_{Y,k} \text{ bzw. } SS_{\hat{Y}} = \sum_{k=1}^{K} b_k \cdot SP_{Y,k} \tag{13.11c}$$

wobei $s_{Y,k}, SP_{Y,k}$ = Kovarianz bzw. Kovariation zwischen der abhängigen Variablen Y und einer unabhängigen Variablen X_k.

Weitere Erläuterungen siehe Gleichung 13.11b.

Die Residualvariation bzw. Varianz lässt sich dann wie im trivariaten Modell nach Gleichung 13.5c und d berechnen. Aus Gleichung 13.11c ergibt sich auch eine vereinfachte Berechnungsformel für den Determinationskoeffizienten:

$$R^2 = \frac{\sum_{k=1}^{K} b_k \cdot SP_{Y,k}}{SS_Y} = \frac{\sum_{k=1}^{K} b_k \cdot s_{Y,k}}{s_Y^2} = \sum_{k=1}^{K} b_k^* \cdot r_{Y,k} \tag{13.12}$$

wobei $r_{Y,k}$ = Korrelation zwischen Y und X_k.

Weitere Erläuterungen siehe Gleichung 13.11c.

Anwendungsbeispiel
Für ein empirisches Beispiel erweitern wir das trivariate Regressionsmodell aus Kapitel 13.1.1 um drei demografische Variablen. Die Ablehnung von Schwangerschaftsabbruch (Y) wird nun durch Region (X_1), Religiosität (Kirchgangshäufigkeit = X_2), Geschlecht (X_3), Alter (X_4) und Bildung (X_5) erklärt. Geschlecht ist wie Region eine 0/1-kodierte dichotome Variable, wobei der Code 1 für «weiblich» steht. Alter wird in Lebensjahren gemessen. Bildung ist streng genommen eine ordinale Variable, die die

Tabelle 13.2: **Regression der Ablehnung von Schwangerschaftsabbruch (Y) auf Region (X$_1$) und Religiosität (X$_2$) in (Modell A) sowie zusätzlich Geschlecht (X$_3$), Alter (X$_4$) und Bildung (X$_5$) in (Modell B)**

		Modell A		Modell B	
Prädiktor		b	b*	b	b*
Konstante	b$_0$	2.142		2.504	
X$_1$	b$_1$	−0.766	−0.187	−0.731	−0.179
X$_2$	b$_2$	0.378	0.246	0.397	0.258
X$_3$	b$_3$			−0.143	−0.037
X$_4$	b$_4$			−0.001	−0.007
X$_5$	b$_5$			−0.143	−0.080
Quelle		Variationszerlegung			
Regression[1] (SS$_{\hat{Y}}$)		1527.391		1635.704	
Residuen (SS$_E$)		11105.680		10796.816	
Gesamt (SS$_Y$)		12633.071		12432.520	
Determinationskoeff. (R^2)		0.121		0.132	
Fallzahl		3402		3352	

Daten: Allbus 2006; 1: Regression = Vorhersagewerte

Rangnummer des Bildungsabschlusses angibt,[27] im Analysemodell aber als metrisch unterstellt wird.

In Tabelle 13.2 sind die Ergebnisse der Modellberechnung zusammengefasst. Modell A fasst zunächst die Resultate der trivariaten Regression zusammen, Modell B zeigt die Ergebnisse bei der Erweiterung um die drei zusätzlichen sozio-demografischen Variablen. Verglichen mit Modell A ist im Modell B das unstandardisierte Regressionsgewicht b$_1$ der Region (X$_1$) leicht gesunken, während der Effekt b$_2$ der Religiosität (X$_2$) leicht gestiegen ist.[28] Der Anstieg des Regressionsgewichts von X$_2$ könnte ein

27 Die Codes 0–4 stehen für: 0 = kein Abschluss, 1 = Hauptschulabschluss, 2 = mittlere Reife, 3 = (Fach-)Hochschulreife und 4 = (Fach-)Hochschulabschluss.
28 Beim Vergleich der Koeffizienten ist zu berücksichtigen, dass die beiden Modelle – als Folge der Aufnahme zusätzlicher erklärender Variablen in Modell B – auf unterschiedlichen Fallzahlen beruhen. Änderungen der Koeffizientenwerte können daher auch Folge unterschiedlicher Stichprobenzusammensetzungen sein.

Hinweis auf Suppression durch Alter, Geschlecht und/oder Bildung sein.

Die unstandardisierten Regressionsgewichte von Alter, Geschlecht und Bildung haben verglichen mit Region und Religiosität deutlich geringere Werte. Aufgrund der unterschiedlichen Maßeinheiten ist ein Vergleich der relativen Effektstärke allerdings nur bei standardisierten Regressionsgewichten sinnvoll. Aber auch die Werte der standardisierten Regressionsgewichte sind recht klein. Nach der Faustregel zur Interpretation der Stärke standardisierter Effekte (Kapitel 12.2) sind die Effekte von Alter und Geschlecht praktisch vernachlässigbar und der Effekt der Bildung ist sehr gering. Nach dieser Regel hat Religiosität einen mittleren und Region einen geringen Effekt auf die Ablehnung von Schwangerschaftsabbruch. Die Erklärungskraft ist mit $R^2 = 0.132$ ein Prozent höher als im trivariaten Modell

13.3 Spezifikation von Interaktionseffekten und nichtlinearen Zusammenhängen im multiplen Regressionsmodell

Die multiple Regression ermöglicht es, eine große Zahl unabhängiger Variablen zur Erklärung einer abhängigen Variablen in ein linear-additives Modell aufzunehmen. Allerdings hat bereits die konditionale bivariate Regression in Abbildung 13.2c nahegelegt, dass eine nichtadditive oder auch nichtlineare Regressionsfunktion möglicherweise angemessener ist, den Einfluss von Region und Religiosität auf die Ablehnung von Schwangerschaftsabbruch zu modellieren. Das multiple Regressionsmodell ist so flexibel, dass auch die Spezifikation von Interaktionseffekten und nichtlinearen Beziehungen möglich ist.

13.3.1 Spezifikation von Interaktionseffekten
Das Grundprinzip bei der Modellierung von Interaktionseffekten und nichtlinearen Beziehungen ist die Einbeziehung von spe-

zifischen unabhängigen Variablen, die Funktionen der eigentlich interessierenden erklärenden Variablen sind. Solche technischen Hilfsvariablen werden als *Design-Variablen* bezeichnet.[29] Dies wird zunächst am Beispiel der Interaktion von Region und Religiosität bei der Regression der Ablehnung von Schwangerschaftsabbruch auf diese beiden erklärenden Variablen exemplarisch verdeutlicht. Die getrennten bivariaten Regressionsgleichungen zeigen, dass die Regressionsgerade im Osten steiler verläuft als im Westen (Abbildung 13.2c). Um dies im multiplen Regressionsmodell (Gleichung 13.9) berücksichtigen zu können, wird eine Design-Variable benötigt, die das Regressionsgewicht der Religiosität im Osten gegenüber dem Regressionsgewicht im Westen verändert. Dazu wird eine weitere unabhängige Variable gebildet, die das Produkt aus der Variablen X_1 (Region) und X_2 (Religiosität) ist: $X_3 = X_1 \cdot X_2$. Die Vorhersagegleichung lautet dann:

$$
\begin{aligned}
\hat{Y} &= b_0 + b_1 \cdot X_1 + b_2 \cdot X_2 + b_3 \cdot X_3 \\
&= b_0 + b_1 \cdot X_1 + b_2 \cdot X_2 + b_3 \cdot (X_1 \cdot X_2) \\
&= b_0 + b_2 \cdot X_2 + (b_1 + b_3 \cdot X_2) \cdot X_1
\end{aligned}
\tag{13.13}
$$

wobei $X_1 \cdot X_2$ = Design-Variable zur Modellierung des Interaktionseffekts von X_1 und X_2 auf Y: $X_3 = X_1 \cdot X_2$.
Weitere Erläuterungen siehe Gleichung 13.9.

In der Spalte M1 in Tabelle 13.3 sind die berechneten Regressionskoeffizienten aufgeführt. Um die Aussage dieses Modells zu verdeutlichen, ist es wieder sinnvoll, die bedingten Regressionsfunktionen für die beiden Regionen zu berechnen:

---

29 Wenn ein Modell Design-Variablen enthält, zählen diese bei der Ermittlung der Freiheitsgrade mit zu den unabhängigen bzw. erklärenden Variablen. Um die mehrdeutige Bezeichnung unabhängige Variable zu vermeiden, bezeichnen wir im Folgenden alle unabhängigen Variablen X_1 bis X_K eines Regressionsmodells als *Prädiktoren* und bezeichnen als *erklärende Variablen* solche Variablen, die mit einem oder mehreren Prädiktoren in das Modell eingehen.

Tabelle 13.3: **Spezifizierung von Regressionsmodellen mit Interaktions- und nichtlinearen Effekten für den Einfluß von Region (X_1) und Religiosität (X_2) auf die Ablehnung von Schwangerschaftsabbruch (Y)**

Y		M1	M2	M3	M4	M5
Konstante	b_0	2.181	2.301	2.410	2.406	2.408
X_1	b_1	−0.862	−0.827	−1.054	−1.024	−1.028
X_2	b_2	0.351	0.034	−0.108	−0.081	−0.136
$X_1 \cdot X_2$	b_3	0.103		0.405	−0.036	0.119
$(X_2)^2$	b_4		0.092	0.119	0.101	0.166
$X_1 \cdot (X_2)^2$	b_5			−0.072	0.268	0.068
$(X_2)^3$	b_6				0.003	−0.021
$X_1 \cdot (X_2)^3$	b_7				−0.055	−0.019
$(X_2)^4$	b_8					0.003
$X_1 \cdot (X_2)^4$	b_9					−0.008
Quelle	Variationszerlegung					
Regression[1]		1537.49	1622.42	1656.01	1667.93	1668.28
Residuen		11095.58	11010.65	10977.06	10965.14	10964.79
R^2		0.122	0.128	0.131	0.132	0.132
$R^2_{adj.}$		0.1214	0.1276	0.1298	0.1302	0.1298
(vgl. Kapitel 14.1.3)						

Daten: Allbus 2006, n = 3402; 1: Regression = Vorhersagewerte

M1: Modell mit Interaktion zwischen X_1 und X_2 = Polynom 1. Ordnung mit Interaktionseffekt

M2: Modell mit nichtlinearem (quadratischem) Effekt für X_2 = Polynom 2. Ordnung

M3: Modell mit nichtlinearem (quadratischem) Effekt für X_2 und Interaktion zwischen X_1 und X_2 sowie $(X_2)^2$ = Polynom 2. Ordnung mit Interaktionseffekten

M4: Modell mit nichtlinearen Effekten für X_2 und Interaktion zwischen X_1 und X_2, $(X_2)^2$ sowie $(X_2)^3$ = Polynom 3. Ordnung mit Interaktionseffekten

M5: Modell mit nichtlinearen Effekten für X_2 und Interaktion zwischen X_1 und X_2, $(X_2)^2$, $(X_2)^3$ sowie $(X_2)^4$ = Polynom 4. Ordnung mit Interaktionseffekten

$$\text{Wenn } X_1 = 0: \ \hat{Y} = 2.181 - 0.862 \cdot 0 + 0.351 \cdot X_2 + 0.103 \cdot (0 \cdot X_2)$$
$$= 2.18 + 0.35 \cdot X_2$$
$$\text{Wenn } X_1 = 1: \ \hat{Y} = 2.181 - 0.862 \cdot 1 + 0.351 \cdot X_2 + 0.103 \cdot (1 \cdot X_2)$$
$$= 1.32 + 0.46 \cdot X_2$$

Der Vergleich mit den Koeffizienten des konditionalen Regressionsmodells aus Abschnitt 13.1.3 zeigt, dass die Werte (bis auf Rundungsfehler) identisch sind. Es ist also nicht nötig, getrennte (konditionale) Regressionsmodelle in den beiden Regionen zu schätzen, da das Regressionsgewicht der Produktvariablen den Interaktionseffekt zwischen Region und Religiosität und damit die Differenz zwischen den Regressionsgewichten für Religiosität in den beiden Regionen erfasst. Die Region fungiert hier als *Moderatorvariable*, die den Effekt der Religiosität auf die Ablehnung von Schwangerschaftsabbruch moderiert (vgl. Abbildung 11.1e und Kapitel 11.3.5).

Die Ergebnisse des Regressionsmodells können aber auch so interpretiert werden, dass die Religiosität die Moderatorvariable ist, die den Effekt der Region moderiert. Bei einer Religiosität von null ($X_2 = 0$) unterscheiden sich die Vorhersagewerte im Osten um $b_1 = -0.862$ von denen im Westen. Steigt die Religiosität um $+1$ Einheit an ($X_2 = 1$), verringert sich die (negative) Differenz, zwischen Ost und West um den Wert des Interaktionseffektes also um $b_3 = 0.103$ auf -0.759 ($= b_1 + b_3$). Steigt die Religiosität um eine weitere Einheit an ($X_2 = 2$), verringert sich der Unterschied zwischen Ost und West weiter um $b_3 = 0.103$ auf dann -0.656 ($= b_1 + 2 \cdot b_3$). Da das multiple Regressionsmodell alle unabhängigen Variablen gleich behandelt, kann empirisch nicht unterschieden werden, welche Variable bei einem Interaktionseffekt Moderatorvariable ist.

Daher ist auch die in Abbildung 11.1f dargestellte symmetrische Sichtweise auf Interaktionseffekte möglich. Bei dieser symmetrischen Sichtweise werden die Regressionsgewichte der beiden erklärenden Variablen Region (X_1) und Religiosität (X_2) als *Haupteffekte* bezeichnet. Dann kann versucht werden, die Stärke der Haupteffekte von denen des Interaktionseffekts zu unterscheiden. So sind die standardisierten Regressionsgewichte im Modell M1 aus Tabelle 13.3 gleich -0.210 für die Region, $+0.229$ für die Religiosität und $+0.038$ für den Interaktionseffekt.[30] Wir raten jedoch von einem Vergleich der standardisierten Koeffizienten der Haupt- und Interaktionseffekte ab. Da Region und Religiosität die Ablehnung von Schwangerschaftsabbruch in Interaktion gemeinsam beeinflussen, sollte auch nur der über alle drei Koeffizienten b_1, b_2 und b_3 erfasste gemeinsame Einfluss beider Variablen betrachtet werden.

Hinweis:

Gegen die Aufteilung und den Vergleich des gemeinsamen Einflusses in Haupt- und Interaktionseffekte spricht, dass die bei Intervallskalenniveau zulässige Transformation einer Verschiebung des Nullpunktes der Messskalen eine nahezu beliebige Aufteilung auf die drei Effekte erlaubt. Wenn W_1 Ergebnis einer Verschiebung $W_1 = X_1 + \gamma$ ist und $W_2 = X_2 + \delta$ ist,[31] dann weisen bei einer Regression von Y auf W_1 und W_2 und $W_1 \cdot W_2$ die Regressionskoeffizienten folgende Werte auf:

$$
\begin{aligned}
\hat{Y} &= b_0 + b_1 \cdot X_1 + b_2 \cdot X_2 + b_3 \cdot (X_1 \cdot X_2) \\
&= b_0 + b_1 \cdot (W_1 - \gamma) + b_2 \cdot (W_2 - \delta) + b_3 \cdot \big((W_1 - \gamma) \cdot (W_2 - \delta)\big) \\
&= b_0 + b_1 \cdot W_1 - b_1 \cdot \gamma + b_2 \cdot W_2 - b_2 \cdot \delta + b_3 \cdot W_1 \cdot W_2 \\
&\quad - b_3 \cdot W_1 \cdot \delta - b_3 \cdot W_2 \cdot \gamma + b_3 \cdot \gamma \cdot \delta \\
&= \underbrace{(b_0 - b_1 \cdot \gamma - b_2 \cdot \delta + b_3 \cdot \gamma \cdot \delta)}_{= b_0'} + \underbrace{(b_1 - b_3 \cdot \delta)}_{= b_1'} \cdot W_1 \\
&\quad + \underbrace{(b_2 - b_3 \cdot \gamma)}_{= b_2'} \cdot W_2 + b_3 \cdot W_1 \cdot W_2 \\
&= b_0' + b_1' \cdot W_1 + b_2' \cdot W_2 + b_3 \cdot W_1 \cdot W_2
\end{aligned}
$$

Durch entsprechende Wahl von γ und δ kann erreicht werden, dass entweder das durch die Verschiebung veränderte Regressionsgewicht $b_1' = 0$ wird, oder dass durch die Verschiebung veränderte Regressionsgewicht $b_2' = 0$ wird, oder dass $b_1' = b_2' = 0$ werden, d. h. dass entweder ein Haupteffekt oder beide Haupteffekte Null werden. Vergleiche der

30 Die standardisierten Koeffizienten sind in Tabelle 13.3 nicht dokumentiert.

31 Die Koeffizienten γ (gamma) und δ (delta) stehen für zwei beliebige Zahlen, die von allen Ausprägungen von X_1 und X_2 abgezogen werden, um W_1 und W_2 zu erhalten. Mathematisch gesehen handelt es sich um Spezialfälle von auf Intervallskalenniveau zulässigen linearen Transformationen $W_1 = \gamma + 1 \cdot X_1$ und $W_2 = \delta + 1 \cdot X_2$.

Größenordnung von Haupt- und Interaktionseffekten sind somit nur sinnvoll, wenn die beiden Variablen W_1 und W_2 bzw. X_1 und X_2 auf Ratioskalenniveau gemessen sind.[32]

13.3.2 Spezifikation von nichtlinearen Effekten

Design-Variablen können auch verwendet werden, um nichtlineare Beziehungen zu modellieren. Eine sehr generelle Möglichkeit ist dabei die Spezifikation von sogenannten *Polynomen*. Ein Polynom ist eine Linearkombinationen von Potenzen einer Variablen. Um einen nichtlinearen Einfluss von X auf Y zu modellieren, werden in einer *Polynom-Regression* neben einer erklärenden Variablen X zusätzlich X^2, X^3, …, X^K als unabhängige Variablen in die Vorhersagegleichung aufgenommen:

$$\hat{Y} = b_0 \cdot X^0 + b_1 \cdot X^1 + b_2 \cdot X^2 + b_3 \cdot X^3 + … + b_K \cdot X^K$$
$$= \sum_{k=0}^{K} b_k \cdot X^k \tag{13.14}$$

wobei X^k = k-te Potenz von X mit $X^0 = 1$ und $X^1 = X$.

Die höchste Potenz X^K bestimmt die Ordnung eines Polynoms. Bei einer Polynom-Regression K-ter Ordnung wird der Einfluss von X auf Y bis zur K-ten Potenz berechnet. In Abbildung 13.3 sind die Funktionsverläufe von X, X^2, X^3 und X^4 im Wertebereich von –2 bis +2 abgebildet. Bei einer Polynom-Regression ist die Regressionsfunktion eine gewichtete Summe dieser Kurven. Dadurch ist es möglich, sehr unterschiedliche Verläufe zu modellieren, einschließlich nichtmonotoner Beziehungen.

Als Beispiel sind in Tabelle 13.3 neben dem bereits vorgestellten linearen Regressionsmodell mit Interaktionseffekt (Modell M1) die Ergebnisse von Polynom-Regressionen bis zur 4. Ordnung wiedergegeben. In Modell M2 ist neben dem Einfluss der Region der Einfluss von Religiosität als quadratische Funktion (Polynom 2. Ordnung) spezifiziert. Abbildung 13.4a zeigt die

---

32 Bei Ratioskalen sind Verschiebungen keine zulässigen Transformationen.

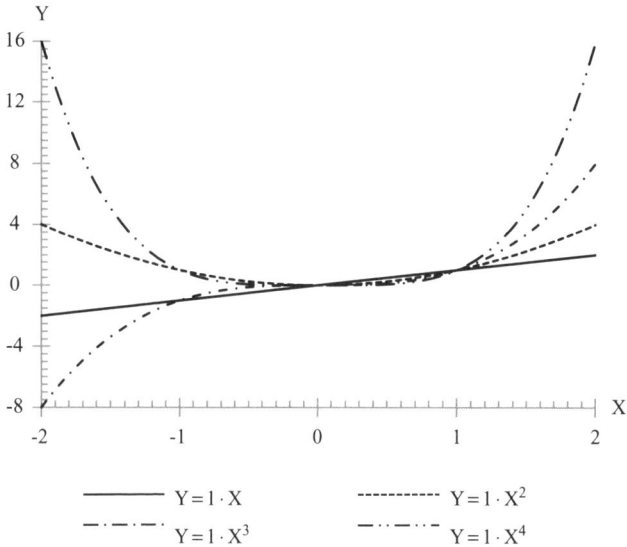

$$\overline{\qquad} \quad Y = 1 \cdot X \qquad \text{-----} \quad Y = 1 \cdot X^2$$
$$\text{-·-·-} \quad Y = 1 \cdot X^3 \qquad \text{-··-··-} \quad Y = 1 \cdot X^4$$

grafische Darstellung als *conditional effect plot* für die beiden Regionen. Es ist sehr gut sichtbar, dass die Steigung der bedingten Regressionsfunktionen nicht linear ist, sondern bei zunehmenden Werten der Religiosität (X_2) steiler wird. Dies lässt sich auch direkt aus den Gleichungen für die bedingten Regressionsfunktionen erkennen.

$$\text{Wenn } X_1 = 0: \ \hat{Y} = 2.301 - 0.827 \cdot 0 + 0.034 \cdot X_2 + 0.092 \cdot X_2^2$$
$$= 2.301 + 0.034 \cdot X_2 + 0.092 \cdot X_2^2$$
$$\text{Wenn } X_1 = 1: \ \hat{Y} = 2.301 - 0.827 \cdot 1 + 0.034 \cdot X_2 + 0.092 \cdot X_2^2$$
$$= 1.474 + 0.034 \cdot X_2 + 0.092 \cdot X_2^2.$$

Ist $X_2 = 1$, dann steigt der Vorhersagewert der Ablehnung von Schwangerschaftsabbruch gegenüber Befragten mit dem Wert $X_2 = 0$ um $+0.126 = 0.034 \cdot (1-0) + 0.092 \cdot (1^2 - 0^2)$ an. Bei einem Anstieg von $X_2 = 1$ auf $X_2 = 2$ erhöht sich der Vorhersagewert um $+0.310 = 0.034 \cdot (2-1) + 0.092 \cdot (2^2 - 1^2)$, bei einem weiteren Anstieg von $X_2 = 2$ auf $X_2 = 3$ um $+0.494 = 0.034 \cdot (3-2) + 0.092 \cdot (3^2 - 2^2)$,

**Abbildung 13.4: Polynom-Regressionen der Ablehnung von Schwanger-
schaftsabbruch auf Religiosität und Region**

a) Quadratische Regressionsfunktion

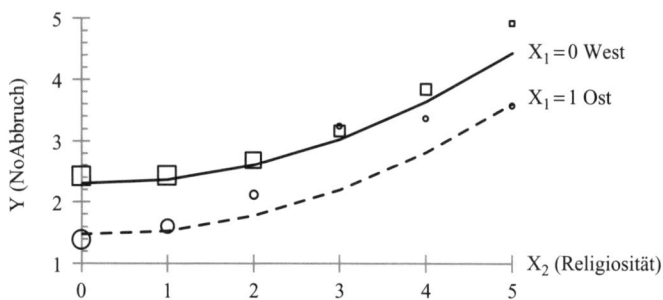

b) Quadratische Regression mit Interaktion

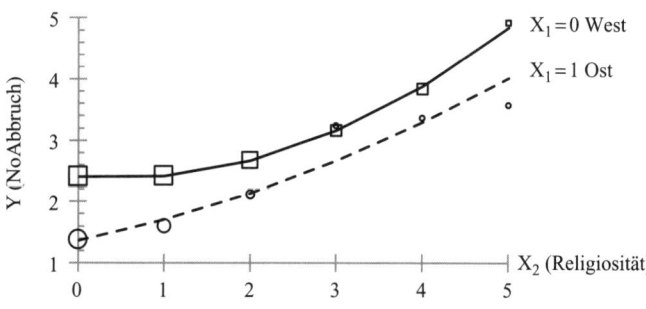

c) Polynom dritter Ordnung mit Interaktion

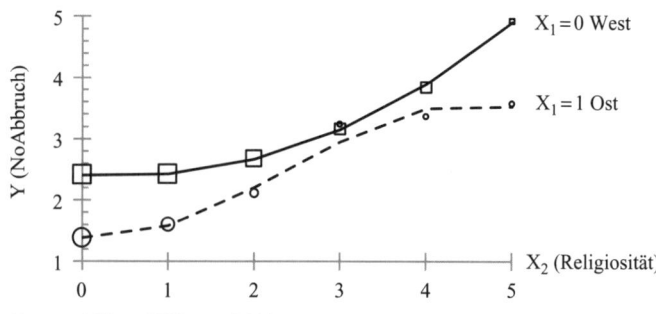

Daten: Allbus 2008, n = 3402

bei einem Anstieg von $X_2 = 3$ auf $X_2 = 4$ um $+0.678 = 0.034 \cdot 4 - 3) + 0.092 \cdot (4^2 - 3^2)$ und schließlich bei einem Anstieg von $X_2 = 4$ auf $X_2 = 5$ um $+0.862 = 0.034 \cdot (5 - 4) + 0.092 \cdot (5^2 - 4^2)$.

Da sich die bedingten Regressionsgleichungen für Westen ($X_1 = 0$) und Osten ($X_1 = 1$) nur in der Regressionskonstante unterscheiden, ist der nichtlineare Einfluss der Religiosität bei diesem Modell in beiden Regionen gleich. Das Modell M2 ist daher ein nichtlinear-additives Modell.

Bei additiven Modellen kann es sinnvoll sein, die relative Einflussstärke der erklärenden Variablen zu vergleichen. Da Religiosität aber mit zwei Prädiktoren, X_2 und X_2^2 im Modell vertreten ist, können die standardisierten Effekte von Region und Religiosität nicht einfach verglichen werden. Um zu vergleichbaren Koeffizienten zu kommen, wird eine weitere Design-Variable W als Summe aus den Prädiktoren für Religiosität berechnet, die mit den in M2 berechneten Regressionsgewichten gewichtet (multipliziert) wird:[33]

$$W = b_2 \cdot X_2 + b_3 \cdot X_2^2 = 0.03428227 \cdot X_2 + 0.09223318 \cdot X_2^2.$$

In einer zweiten Modellberechnung wird dieser Prädiktor W anstelle von X_2 und X_2^2 in das Modell aufgenommen. In Tabelle 13.4 enthält die Spalte M2 das Modell M2 aus Tabelle 13.3 und die Spalte M2a das trivariate Modell mit X_1 (Region) und der Design-Variablen W als Prädiktoren. Beide Modelle weisen identische Werte bei den Varianzzerlegungen auf. Daher ist auch der Determinationskoeffizient identisch.[34]

---

33 In die Berechnung dieser Design-Variablen sollten die Regressionsgewichte mit möglichst großer Rechengenauigkeit eingehen. Deshalb sind anstelle der in Tabelle 13.3 berichteten drei Nachkommastellen hier acht Stellen aufgeführt.

34 Die Modelle M2 und M2a führen auch zu identischen Vorhersagewerten:

$$\hat{Y} = 2.301 - 0.827 \cdot X_1 + \underbrace{1.000 \cdot \underbrace{(0.034 \cdot X_2 + 0.092 \cdot X_2^2)}_{W}}_{\text{Modell M2a}}$$

$$= \underbrace{2.301 - 0.827 \cdot X_1 + 0.034 \cdot X_2 + 0.092 \cdot X_2^2}_{\text{Modell M2}}$$

Tabelle 13.4: Quadratisch-additive Regression der Ablehnung von Schwanger-schaftsabbruch (Y) auf X_1 und X_2 in (M2) sowie des Modells mit einer Design-Variablen W für die Summe aus linearem und quadratischem Effekt (M2a)

Y		Modell M2		Modell M2a	
Prädiktor		b	b*	b	b*
Konstante	b_0	2.301		2.301	
X_1	b_1	–0.827	–0.202	–0.827	–0.202
X_2	b_2	0.034	0.022		
$(X_2)^2$	b_3	0.092	0.237		
W: $b_2 \cdot X_2 + b_3 \cdot (X_2)^2$	b_4			1.000	0.257
Quelle		Variationszerlegung			
Regression[1] ($SS_{\hat{Y}}$)		1622.421		1622.421	
Residuen (SS_E)		11010.650		11010.650	
Gesamt (SS_Y)		12633.071		12633.071	
Determinationskoeff. (R^2)		0.128		0.128	

Daten: Allbus 2006, n = 3402; 1: Regression = Vorhersagewerte

Von Interesse ist hier ausschließlich das standardisierte Regressionsgewicht für W, das den Wert 0.257 aufweist. Dieser Wert kann als der standardisierte Effekt der nichtlinearen Beziehung von Religiosität auf die Ablehnung von Schwangerschaftsabbruch interpretiert werden: Wenn W um +1 Standardabweichung zunimmt, dann erhöht sich der Vorhersagewert von Y um 0.257 Standardabweichungen. Da der Wert dieses Effekts größer ist als das standardisierte Regressionsgewicht der Region, ist davon auszugehen, dass der nichtlineare Effekt von Religiosität größer ist als der lineare Effekt der Region.[35]

Diese Vorgehensweise kann auf den generellen Fall verallgemeinert werden, bei dem eine erklärende Variable X_k über J>1 Design-Variablen $D_{k,1}$ bis $D_{k,J}$ die abhängige Variable Y beeinflusst, wobei X_k selbst eine dieser Design-Variablen sein kann. Diese Hilfsvariable W_k ist:

---

35 Da Region eine dichotome Variable ist, ist der additive Effekt notwendigerweise linear. Die Spezifikation eines Polynoms ist hier nicht weiterführend, weil $1^k = 1$ ist (für alle k>0).

$$W_k = \sum_{j=1}^{J} b_j \cdot D_{k,j} \qquad\qquad (13.15a)$$

wobei W_k =   Design-Variable, die die Effeke der J Design-Variablen $D_{k,1}$ bis $D_{k,J}$ zusammenfasst

b_j =   Regressionsgewicht der Design-Variable $D_{k,j}$.

Wird W_k *anstelle* der J Design-Variablen in die Regressionsgleichung aufgenommen und das Modell noch einmal geschätzt, ergibt sich ein unstandardisiertes Regressionsgewicht von 1.0 (vgl.
Tabelle 13.4). Nach Gleichung 13.8 kann dann das standardisierte Regressionsgewicht von W_k berechnet werden. Diese Berechnung kann allerdings auch direkt erfolgen, da für das standardisierte Regressionsgewicht von W_k gilt:

$$b_k^* = \frac{\sqrt{\sum_{j=1}^{J} \sum_{r=1}^{J} b_j \cdot b_r \cdot s_{j,r}}}{s_Y} \qquad\qquad (13.15b)$$

wobei b_j, b_r =   unstandardisierte Regressionsgewichte der
Design-Variablen $D_{k,j}$ und $D_{k,r}$

$s_{j,r}, s_Y$ =   Kovarianz der Design-Variablen $D_{k,j}$ und $D_{k,r}$
bzw. Standardabweichung von Y.

Interaktionseffekte können auch zwischen nichtlinearen Zusammenhängen spezifiziert werden. Die Vorgehensweise unterscheidet sich nicht von der in Abschnitt 13.3.1 vorgestellten Spezifikation einer Interaktion bei linearer Regression. Da im Modell
M2 Religiosität mit zwei Prädiktoren (X_2 und $(X_2)^2$) vertreten
ist, können auch zwei Interaktionseffekte modelliert werden, die
im Modell M3 in Tabelle 13.3 aufgeführt sind. Abbildung 13.4b
zeigt die bedingten Regressionskurven von M3 in den beiden Regionen. Während im Westen ($X_1 = 0$) eine deutliche nichtlineare
(quadratische) Beziehung zu beobachten ist, ist der Einfluss von
Religiosität auf die Vorhersagewerte im Osten ($X_1 = 1$) nahezu li-

near. Dies zeigt sich auch bei den beiden bedingten Vorhersage-gleichungen:

Wenn $X_1 = 0$: $\hat{Y} = 2.410 - 1.054 \cdot 0 - 0.108 \cdot X_2 + 0.405 \cdot (0 \cdot X_2)$
$$+ 0.119 \cdot X_2^2 - 0.072 \cdot (0 \cdot X_2^2)$$
$$= 2.410 - 0.108 \cdot X_2 + 0.119 \cdot X_2^2$$

Wenn $X_1 = 1$: $\hat{Y} = 2.410 - 1.054 \cdot 1 - 0.108 \cdot X_2 + 0.405 \cdot (1 \cdot X_2)$
$$+ 0.119 \cdot X_2^2 - 0.072 \cdot (1 \cdot X_2^2)$$
$$= 1.356 + 0.297 \cdot X_2 + 0.047 \cdot X_2^2.$$

Im Westen ist ein deutlicherer Anstieg der Steigung zu beobachten als im Osten:

Westen:

von $X_2=0$ zu $X_2=1$:
Anstieg um $0.011 = -0.108 \cdot (1-0) + 0.119 \cdot (1^2 - 0^2)$
von $X_2=1$ zu $X_2=2$:
Anstieg um $0.249 = -0.108 \cdot (2-1) + 0.119 \cdot (2^2 - 1^2)$
von $X_2=2$ zu $X_2=3$:
Anstieg um $0.487 = -0.108 \cdot (3-2) + 0.119 \cdot (3^2 - 2^2)$
von $X_2=3$ zu $X_2=4$:
Anstieg um $0.725 = -0.108 \cdot (4-3) + 0.119 \cdot (4^2 - 3^2)$
von $X_2=4$ zu $X_2=5$:
Anstieg um $0.963 = -0.108 \cdot (5-4) + 0.119 \cdot (5^2 - 4^2)$

Osten:

von $X_2=0$ zu $X_2=1$:
Anstieg um $0.344 = 0.297 \cdot (1-0) + 0.047 \cdot (1^2 - 0^2)$
von $X_2=1$ zu $X_2=2$:
Anstieg um $0.438 = 0.297 \cdot (2-1) + 0.047 \cdot (2^2 - 1^2)$
von $X_2=2$ zu $X_2=3$:
Anstieg um $0.532 = 0.297 \cdot (3-2) + 0.047 \cdot (3^2 - 2^2)$
von $X_2=3$ zu $X_2=4$:
Anstieg um $0.626 = 0.297 \cdot (4-3) + 0.047 \cdot (4^2 - 3^2)$
von $X_2=4$ zu $X_2=5$:
Anstieg um $0.720 = 0.297 \cdot (5-4) + 0.047 \cdot (5^2 - 4^2)$

Im Modell M4 ist für den Einfluss der Religiosität ein Polynom dritter Ordnung spezifiziert. Da neben der Religiosität zwei Design-Variablen zur Spezifikation dieses Effekts notwendig sind, wird der Einfluss über drei Regressionsgewichte b_2, b_4 und b_6 vermittelt. Dem entsprechend sind im Modell M4 auch drei Interaktionseffekte b_3, b_5 und b_7 berechnet. Die grafische Darstellung der Regressionsfunktion ist in Abbildung 13.4c wiedergegeben. Im Westen ($X_1 = 0$) unterscheidet sich der Kurvenverlauf kaum von dem der konditionalen quadratischen Regressionsfunktion (Modell M3). Im Osten ($X_1 = 1$) ändert sich der Kurvenverlauf dagegen deutlich. Anstelle einer annähernd linearen Beziehung ist hier die Beziehung s-förmig, steigt erst deutlich an und flacht dann wieder ab. In beiden Regionen werden die bedingten Stichprobenmittelwerte recht gut durch die nichtlinearen konditionalen Regressionsfunktionen approximiert.

In Tabelle 13.3 ist schließlich auch noch die Polynom-Regression vierter Ordnung mit Interaktionseffekten aufgeführt (M5). Betrachtet man den Wert des Determinationskoeffizienten R^2, so unterscheidet sich dieser im Modell M5 bei drei Stellen Genauigkeit praktisch nicht mehr vom Regressionskoeffizienten in Modell M4 mit Interaktionseffekten. Theoretisch kann auch noch ein Polynom fünfter Ordnung spezifiziert werden. Da dieses Modell mit Interaktionseffekten mit der Regressionskonstanten 12 Regressionsgewichte aufweisen würde, können die insgesamt 12 bedingten Stichprobenmittelwerte dann exakt reproduziert werden. Ein multiples Regressionsmodell, dass genauso viele Regressionskoeffizienten beinhaltet wie Ausprägungskombinationen bei den Prädiktoren auftreten, wird als *saturiertes Modell* bezeichnet. Mehr Regressionskoeffizienten können aus logisch-mathematischen Gründen nicht berechnet werden.[36]

---

36 Ein Modell mit mehr Regressionskoeffizienten als Ausprägungskombinationen der unabhängigen Variablen wäre *unteridentifiziert*.

13.4 Zusammenfassung

Die wichtigsten Formeln dieses Kapitels

Trivariates Regressionsmodell

$$Y = \underbrace{b_0 + b_1 \cdot X_1 + b_2 \cdot X_2}_{\hat{Y}} + E = \hat{Y} + E \qquad (13.1)$$

OLS-Schätzer der Regressionskoeffizienten in der trivariaten Regression

$$b_0 = \overline{y} - b_1 \cdot \overline{x}_1 - b_2 \cdot \overline{x}_2 \qquad (13.2a)$$

$$b_1 = \frac{\hat{\sigma}_2^2 \cdot \hat{\sigma}_{1,Y} - \hat{\sigma}_{2,1} \cdot \hat{\sigma}_{2,Y}}{\hat{\sigma}_2^2 \cdot \hat{\sigma}_1^2 - (\hat{\sigma}_{2,1})^2} \qquad (13.2b)$$

$$b_2 = \frac{\hat{\sigma}_1^2 \cdot \hat{\sigma}_{2,Y} - \hat{\sigma}_{2,1} \cdot \hat{\sigma}_{1,Y}}{\hat{\sigma}_1^2 \cdot \hat{\sigma}_2^2 - (\hat{\sigma}_{2,1})^2} \qquad (13.2c)$$

Partielle Korrelation zwischen drei Variablen

$$r_{1,Y|2} = \frac{r_{1,Y} - r_{2,1} \cdot r_{2,Y}}{\sqrt{(1 - r_{2,1}^2) \cdot (1 - r_{2,Y}^2)}}$$

$$r_{2,Y|1} = \frac{r_{2,Y} - r_{2,1} \cdot r_{1,Y}}{\sqrt{(1 - r_{2,1}^2) \cdot (1 - r_{1,Y}^2)}} \qquad (13.4)$$

$$r_{2,1|Y} = \frac{r_{2,1} - r_{1,Y} \cdot r_{2,Y}}{\sqrt{(1 - r_{1,Y}^2) \cdot (1 - r_{2,Y}^2)}}$$

Vorhersagevarianz und Variation in der trivariaten Regression

$$s_{\hat{Y}}^2 = b_1^2 \cdot s_1^2 + b_2^2 \cdot s_2^2 + 2 \cdot b_1 \cdot b_2 \cdot s_{2,1} \qquad (13.5a)$$

$$SS_{\hat{Y}} = n \cdot s_{\hat{Y}}^2 = b_1^2 \cdot SS_1 + b_2^2 \cdot SS_2 + 2 \cdot b_1 \cdot b_2 \cdot SP_{2,1} \qquad (13.5b)$$

Multiples Regressionsmodell

$$Y = b_0 + b_1 \cdot X_1 + b_2 \cdot X_2 + \ldots + b_K \cdot X_K + E$$

$$= \underbrace{b_0 + \sum_{k=1}^{K} b_k \cdot X_k}_{\hat{Y}} + E = \hat{Y} + E \qquad (13.9)$$

Umrechnen von unstandardisierten und standardisierten Regressionsgewichten

$$b_k^* = b_k \cdot \frac{s_k}{s_Y} \iff b_k = b_k^* \cdot \frac{s_Y}{s_k} \tag{13.8}$$

Varianz und Variation der Vorhersagewerte in der multiplen Regression

$$s_{\hat{Y}}^2 = \sum_{k=1}^{K} b_k \cdot s_{Y,k} \text{ bzw. } SS_{\hat{Y}} = \sum_{k=1}^{K} b_k \cdot SP_{Y,k} \tag{13.11c}$$

Residualvarianz und Residualvariation

$$s_E^2 = s_Y^2 - s_{\hat{Y}}^2 = \left(1 - R^2\right) \cdot s_Y^2 \tag{13.5c}$$

$$SS_E = SS_Y - SS_{\hat{Y}} = \left(1 - R^2\right) \cdot SS_Y \tag{13.5d}$$

Determinationskoeffizient im multiplen Regressionsmodell

$$R^2 = \frac{\sum_{k=1}^{K} b_k \cdot SP_{Y,k}}{SS_Y} = \frac{\sum_{k=1}^{K} b_k \cdot s_{Y,k}}{s_Y^2} = \sum_{k=1}^{K} b_k^* \cdot r_{Y,k} \tag{13.12}$$

Multiple Korrelation

$$R = r_{\hat{Y},Y} = \sqrt{R^2} \tag{13.6}$$

Spezifikation eines Interaktionseffekts

$$\begin{aligned} \hat{Y} &= b_0 + b_1 \cdot X_1 + b_2 \cdot X_2 + b_3 \cdot X_3 \\ &= b_0 + b_1 \cdot X_1 + b_2 \cdot X_2 + b_3 \cdot \left(X_1 \cdot X_2\right) \end{aligned} \tag{13.13}$$

Polynom-Regression

$$\begin{aligned} \hat{Y} &= b_0 \cdot X^0 + b_1 \cdot X^1 + b_2 \cdot X^2 + b_3 \cdot X^3 + \dots + b_K \cdot X^K \\ &= \sum_{k=0}^{K} b_k \cdot X^k \end{aligned} \tag{13.14}$$

Glossar der wichtigsten Begriffe dieses Kapitels

Auspartialisierung: Eliminierung der (linearen) Effekte mehrerer erklärender Variablen (Drittvariablen) auf eine erklärende Variable und auf die abhängige Variable

Design-Variable: Funktion (z. B. eine Potenz) einer oder mehrerer erklärenden Variablen, die als ein Prädiktor ins multiple Regressionsmodell aufgenommen wird

Interaktion, Interaktionseffekt: Produkt von unterschiedlichen erklärenden Variablen als Prädiktor in einem multiplen Regressionsmodell

Linear-additiv: die konditionalen Regressionsfunktionen sind linear und verlaufen parallel

Multipler Determinationskoeffizient (R²): Anteil der Variation der abhängigen Variablen, der sich auf die Variation der erklärenden Variablen zurückführen lässt

Multiple Korrelation: Korrelation einer abhängigen Variablen mit den Vorhersagewerten im multiplen Regressionsmodell, Quadratwurzel des Determinationskoeffizienten

Multiple Regression: Regression einer abhängigen Variablen auf mehrere erklärende Variablen

Partialkorrelation: oder partielle Korrelation ist die Korrelation zwischen zwei Variablen X und Y bei Auspartialisierung von dritten Variablen

Partielles Regressionsgewicht: Regressionsgewicht im multiplen Regressionsmodell

Partieller Effekt: Effekt von X auf Y bei Kontrolle des Effekts weiterer erklärender Variablen

Saturiertes Modell: in der Regression: die Zahl der Ausprägungskombinationen der erklärenden Variablen ist gleich der Zahl der Regressionskoeffizienten

Suffiziente Statistik: Stichprobenkennwert, der alle für die Schätzung eines Parameters notwendigen Informationen enthält

Residuenregression: Regression zwischen den Residuen aus zwei Regressionen

Standardisierte Regressionsgewichte: Regressionsgewicht in einer Regressionsgleichung mit standardisierten Variablen

14 Inferenzstatistische Absicherungen der Ergebnisse multipler Regressionsmodelle

Das in Kapitel 13 vorgestellte multiple Regressionsmodell wird aufgrund seiner Flexibilität sehr häufig in sozialwissenschaftlichen Studien zur Analyse gerichteter Zusammenhänge eingesetzt. Dabei sollen die Ergebnisse eines Modells meist über die Stichprobendaten hinaus verallgemeinert werden. Um das bei einem solchen Induktionsschluss auftretende Fehlerrisiko abschätzen zu können, bedarf es inferenzstatistischer Absicherungen. Schon bei einer rein deskriptiven Nutzung multipler Regressionsmodelle zur Beschreibung von Zusammenhängen muss eine Entscheidung über die Angemessenheit eines Modells für die empirisch vorliegenden Daten getroffen werden. Inferenzstatistische Aussagen können hierbei Anhaltspunkte geben und im Sinne von «Faustregeln» genutzt werden.

14.1 Standardfehler und Kennwerteverteilung der Parameter eines multiplen Regressionsmodells

Ausgangspunkt inferenzstatistischer Urteile sind stets Kennwerteverteilungen der Koeffizienten (Parameter) eines statistischen Modells. In der multiplen Regression sind dies zum einen die Regressionskoeffizienten. Darüber hinaus ist die Verteilung der Residuen eine zentrale Eigenschaft eines multiplen Regressionsmodells, da sich zwei Modelle mit gleicher Regressionsfunktion darin unterscheiden können, wie sich die Residuen um diese Funktion verteilen.

14.1.1 Voraussetzungen für Konsistenz und Erwartungstreue der OLS-Schätzer

Analog zu dem für empirisch vorliegende Daten formulierten Regressionsmodell in Gleichung 13.9 wird für inferenzstatistische Überlegungen ein entsprechendes Modell für die Population formuliert:[1]

$$Y = \beta_0 + \beta_1 \cdot X_1 + \beta_2 \cdot X_2 + \ldots + \beta_k \cdot X_k + \varepsilon =$$
$$= \beta_0 + \sum_{k=1}^{K} \beta_k \cdot X_k + \varepsilon \qquad (14.1)$$

wobei β_0 = Regressionskonstante in der Population
β_k = Regressionsgewicht der erklärenden Variablen X_k in der Population
ε = Residualvariable mit den Realisierungen ε_i in der Population[2].
Weitere Erläuterungen siehe Gleichung 13.9.

Um aus Gleichung 14.1 zu Kennwerteverteilungen für die Modellparameter zu kommen, müssen Voraussetzungen erfüllt sein:
1. Bei allen Ausprägungskombinationen der Prädiktoren X_1 bis X_K sind die bedingten Populationsmittelwerte der Residualvariablen null:[3]

$$\mu(\varepsilon|X_1, \ldots, X_K) = 0 \qquad (14.2a)$$

wobei $\mu(\varepsilon|\ldots)$ = bedingter Populationsmittelwert von ε.

---

1 Zur Unterscheidung des «Stichprobenmodells» aus Gleichung 13.9 verwenden wir für das «Populationsmodell» in Gleichung 14.1 griechische Buchstaben für die unbekannten Regressionskoeffizienten β_0 bis β_k in der Population sowie für die unbekannte Residualvariable ε (epsilon). Wie im Stichprobenmodell kann ε als eine Hilfsvariable aufgefasst werden, in der alle Abweichungen der Realisierungen von Y von der Regressionsgeraden zusammengefasst werden. Dabei sind die in einer Stichprobe realisierten *Populationsresiduen* ε_i im Unterschied zu den berechneten *Stichprobenresiduen* e_i nicht beobachtbar, da deren Berechnungsbasis die unbekannten Parameter des Regressionsmodells, die Regressionskoeffizienten sind.

2 Die Realisierungen ε_i der unbekannten Residualvariablen können als Zufallsvariablen aufgefasst werden, da die n Fälle in einer Stichprobe als Resultate von n Zufallsexperimenten anzusehen sind, bei denen jeweils ein Fall aus der Population ausgewählt wird. Da jede Realisierung von ε eines Falles von Stichprobe zu Stichprobe variieren kann, wird bei der statistischen Modellierung auch jedes Residuum ε_i als eine Zufallsvariable aufgefasst.

3 Damit wird implizit vorausgesetzt, dass die Residualvariable ε und damit auch die abhängige Variable Y metrisches Skalenniveau aufweist.

Wenn die Bedingung in Gleichung 14.2a erfüllt ist, dann beschreibt die lineare Regressionsfunktion $\beta_0 + \beta_1 \cdot X_1 + \ldots + \beta_K \cdot X_K$ die bedingten Populationsmittelwerte von Y gegeben die erklärenden Variablen. Die Vorhersagegleichung ist dann die «wahre» Regressionsfunktion in der Population:

$$\mu\left(Y \mid X_1, \ldots, X_K\right) = \beta_0 + \sum_{k=1}^{K} \beta_k \cdot x_k \qquad (14.2b)$$

wobei $\mu_{Y\mid\ldots}$ = bedingter Populationsmittelwert Y
  x_k = Realisierung des Prädiktors X_k.

2. Die Residualvariable ε kovariiert in der Population mit keinem der Prädiktoren X_1 bis X_K:

$$\sigma\left(\varepsilon, X_1\right) = \sigma\left(\varepsilon, X_2\right) = \ldots = \sigma\left(\varepsilon, X_K\right) = 0 \qquad (14.3)$$

wobei $\sigma(\varepsilon, X_k)$ = Populationskovarianz von ε und einer unabhängigen Variablen X_k.
  Weitere Erläuterungen siehe Gleichung 14.1.

Da nach Gleichung 14.2b die Regressionsfunktion die bedingten Populationsmittelwerte beschreibt, und die Abweichungen von bedingten Mittelwerten nicht mit diesen kovariieren können, ist Gleichung 14.3 eine Konsequenz aus Gleichung 14.2a. Allerdings ist die Bedingung in Gleichung 14.3 bei einer Kausalinterpretation des multiplen Regressionsmodells von Bedeutung, bei dem die Residualvariable alle nicht explizit im Modell berücksichtigten kausalen Einflüsse auf die abhängige Variable Y erfasst. Wenn die Residualvariable mit den Prädiktoren des Modells kovariiert, dann ist die Bedingung aus Gleichung 14.2a nicht erfüllt.

3. Für alle Fälle i = 1, 2, …, n der Stichprobe gilt, dass die Residuen *nicht* untereinander korrelieren:

$$\sigma(\varepsilon_i, \varepsilon_j) = 0 \text{ für alle } i \neq j, \text{ wobei } i, j = 1, 2, \ldots, n \qquad (14.4)$$

wobei $\sigma(\varepsilon_i, \varepsilon_j)$ = Kovarianz der Kennwerteverteilungen von ε_i und ε_j.

Diese Bedingung der Unkorreliertheit der Residuen ist in einfachen Zufallsauswahlen (mit Zurücklegen) stets erfüllt. Handelt es sich aber um abhängige Stichproben, z. B. Messungen bei identischen Untersuchungseinheiten zu verschiedenen Zeitpunkten, dann kann diese Bedingung verletzt sein. Wenn Residuen miteinander kovariieren, bezeichnet man dies auch als *Autokorrelation*. Gleichung 14.4 beinhaltet somit die Forderung, dass *keine Autokorrelation* besteht.

4. Für alle Ausprägungskombinationen aller unabhängigen Variablen X_k sind die bedingten Varianzen der Residualvariablen gleich groß:

$$\sigma^2(\varepsilon|X_1, \ldots, X_K) = \sigma^2(\varepsilon) \tag{14.5a}$$

wobei $\sigma^2(\varepsilon|\ldots)$ = bedingte Varianz von ε gegeben die unabhängigen Variablen X_1 bis X_k

$\sigma^2(\varepsilon)$ = Wert der (gleichen) bedingten Residualvarianz für alle Ausprägungskombinationen der unabhängigen Variablen.

Sind alle bedingten Residualvarianzen gleich, spricht man davon, dass die Residuen *homoskedastisch* sind. Ist *Homoskedastizität* der Residuen nicht gegeben, dann liegt *Heteroskedastizität* vor.

Bei einer einfachen Zufallsauswahl folgt bei Erfüllung der Bedingung aus Gleichung 14.5a, dass auch die Kennwerteverteilungen aller realisierten Residuen ε_i in der Stichprobe die gleiche Varianz aufweisen. Bei einer Kausalinterpretation der Regressionsgleichung muss dies dagegen explizit formuliert werden:

$$\sigma^2(\varepsilon_i|X_1, \ldots, X_K) = \sigma^2(\varepsilon) \text{ für } i = 1, 2, \ldots, n \tag{14.5b}$$

wobei $\sigma^2(\varepsilon_i|\ldots)$ = bedingte Varianz der Zufallsvariablen ε_i.

Zusätzlich wird oft gefordert, dass die Residualvariable in der Population einer Normalverteilung folgt. Dann können die Forderungen 1 bis 4 auch zu einer Forderung zusammengefasst werden. Diese besagt dann, dass die Populationsresiduen in der Stichprobe Realisierungen unabhängiger und identisch verteilter Normalverteilungen mit Erwartungswert null und gemeinsamer Varianz sind:

$$\varepsilon_i \sim N\left(\mu = 0; \sigma^2 = \sigma^2\left(\varepsilon\right)\right) \text{ mit } \sigma\left(\varepsilon_i, \varepsilon_j\right) = 0 \text{ für alle } i \neq j \qquad (14.6)$$

Erläuterungen siehe Gleichung 14.4 und 14.5a und b.

14.1.2 Optimalitätseigenschaften der OLS-Schätzer

Wenn das Regressionsmodell aus Gleichung 14.1 in der Population gilt und bei einfachen Zufallsauswahlen die Gleichungen 14.2a bzw. b sowie bei kausaler Interpretation 14.3 erfüllt sind, dann sind die OLS-Schätzer b_0, b_1, ..., b_K des Regressionsmodells in der Stichprobe aus Gleichung 13.9 konsistente und erwartungstreue Schätzer der Regressionskoeffizienten in der Population:

$$\mu\left(b_0\right) = \beta_0, \ \mu\left(b_1\right) = \beta_1, \ ..., \ \mu\left(b_K\right) = \beta_K \qquad (14.7a)$$

$$\lim_{n \to \infty}\left(\sigma^2\left(b_0\right)\right) = \lim_{n \to \infty}\left(\sigma^2\left(b_1\right)\right) = ... = \lim_{n \to \infty}\left(\sigma^2\left(b_K\right)\right) = 0 \qquad (14.7b)$$

wobei $\mu(b_0), \mu(b_1), ..., \mu(b_K)$ = Erwartungswerte der Kennwerteverteilungen der Regressionskoeffizienten

$\sigma^2(b_0), \ \sigma^2(b_1), ..., \ \sigma^2(b_K)$ = Varianzen der Kennwerteverteilungen der Regressionskoeffizienten.

Wenn zusätzlich die Homoskedastizitätsbedingung (Gleichung 14.5a bzw. b) erfüllt ist und keine Autokorrelation vorliegt (Gleichung 14.4), dann ist die Stichprobenvarianz $s^2(E)$ ein konsistenter und asymptotisch erwartungstreuer Schätzer der gemeinsamen (bei allen Ausprägungskombinationen von X_1 bis X_K gleichen) Residualvarianz in der Population. Die OLS-Schätzer der Regressionskoeffizienten sind bei Erfüllung der vier Annahmen nicht nur konsistent und erwartungstreu, sie sind auch insofern effizient, als es keine anderen *linearen Schätzfunktionen* gibt,[4] die zu erwartungstreuen Schätzern mit kleineren Standardfehlern führen. Nach der englischen Beschreibung «best linear unbiased» wird dies als *BLU-Eigenschaft* der OLS-Schätzer bezeichnet.

14.1.3 Erwartungstreue Schätzer der Residualvarianz und adjustierter Determinationskoeffizient

Die Residualvarianz $s^2(E)$ ist wie die Stichprobenvarianz $s^2(Y)$ nur asymptotisch erwartungstreu. Ein konsistenter und erwartungstreuer Schätzer der Residualvarianz kann berechnet werden, wenn die Residualvariation in der Stichprobe durch die Freiheitsgrade des spezifizierten Regressionsmodells geteilt wird, wobei die Freiheitsgrade eines multiplen Regressionsmodells mit homoskedastischen Residuen gleich der Fallzahl n minus der Zahl der Regressionskoeffizienten ist, bei insgesamt K unabhängigen Variablen (*Prädiktoren*) also $df = n-(K+1)$

$$\hat{\sigma}^2(\varepsilon) = \frac{SS_E}{df} = \frac{\sum_{i=1}^{n} e_i^2}{n - K - 1}$$

$$\text{mit: } \mu\left(\hat{\sigma}^2(\varepsilon)\right) = \sigma^2(\varepsilon), \lim_{n \to \infty}\left(\sigma^2\left(\hat{\sigma}^2(\varepsilon)\right)\right) = 0 \qquad (14.8)$$

wobei $\hat{\sigma}^2(\varepsilon)$ =   geschätzte homoskedastische Residualvarianz in der Population

          SS_E =   Variation der Residualvariablen E in der Stichprobe.

---

4 Die OLS-Schätzer sind lineare Schätzfunktionen, da die Berechnungsformeln – gegeben die Werte der Prädiktoren – als lineare Funktion der abhängigen Variablen bzw. der Residualvariablen ε aufgefasst werden können.

Die erwartungstreue Residualvarianz wird auch verwendet, um den sogenannten korrigierten oder *adjustierten Determinationskoeffizienten* $R_{adj.}^2$ zu berechnen:

$$R_{adj.}^2 = 1 - \frac{\hat{\sigma}_\varepsilon^2}{\hat{\sigma}_Y^2} = 1 - \frac{\dfrac{SS_E}{n - K - 1}}{\dfrac{SS_Y}{n - 1}} = 1 - \frac{\dfrac{n}{n - K - 1} \cdot s_E^2}{\dfrac{n}{n - 1} \cdot s_Y^2}$$

$$= 1 - \frac{n - 1}{n - K - 1} \cdot \left(1 - R^2\right)$$

(14.9)

wobei $\hat{\sigma}_\varepsilon^2$ = geschätzte Residualvarianz in der Population

$\hat{\sigma}_Y^2$ = geschätzte Populationsvarianz von Y

$R_{adj.}^2$ = adjustierter Determinationskoeffizient.

Weil der Determinationskoeffizient R^2 bei der Aufnahme zusätzlicher Prädiktoren in ein Regressionsmodell niemals sinken kann, überschätzt R^2 den Determinationskoeffizienten in der Population. Dieser Fehler wird durch $R_{adj.}^2$ verringert,[5] denn der adjustierte Determinationskoeffizient kann sinken und im Extremfall sogar negative Werte annehmen. So zeigt die letzte Zeile in Tabelle 13.3, dass $R_{adj.}^2$ von M1 bis M4 zunimmt, bei M5 aber wieder sinkt. Beim Vergleich der adjustierten Determinationskoeffizienten ist also das Modell M4 der Polynom-Regression dritter Ordnung mit Interaktionseffekten dasjenige Modell, das die größte Erklärungskraft aufweist.

14.1.4 Standardfehler der Regressionskoeffizienten

Wenn die Anwendungsvoraussetzungen 1 bis 4 erfüllt sind, können die Standardfehler der OLS-Regression berechnet werden. Die generellen Formeln der Standardfehler und der Korrelationen zwischen den Schätzern sind allerdings komplex, weswegen

---

5 Der adjustierte Determinationskoeffizient ist allerdings auch nicht erwartungstreu. Es gibt keinen erwartungstreuen Schätzer des Determinationskoeffizienten in der Population, der unabhängig von der Verteilung der Residualvariablen ε ist.

sie nur als Matrixgleichungen dargestellt werden. Es gibt jedoch zumindest für den Standardfehler eines einzelnen Regressionsgewichts eine generelle Berechnungsformel, die ohne Matrixschreibweise auskommt:[6]

$$\hat{\sigma}(b_k) = \sqrt{\frac{1}{s_k^2 \cdot (1 - R_k^2)} \cdot \frac{\hat{\sigma}_\varepsilon^2}{n}} \qquad (14.10)$$

wobei $\hat{\sigma}(b_k)$ = geschätzter Standardfehler des Regressionsgewichts von X_k

R_k^2 = Determinationskoeffizient der Regression von X_k auf alle übrigen $K-1$ Prädiktoren.

Weitere Erläuterungen siehe Gleichung 14.9.

Im Spezialfall der *trivariaten Regression* mit nur zwei erklärenden Variablen spezialisiert sich Gleichung 14.10 zu:

$$\hat{\sigma}(b_1) = \sqrt{\frac{1}{s_1^2 \cdot (1 - r_{2,1}^2)} \cdot \frac{\hat{\sigma}_\varepsilon^2}{n}} = \sqrt{\frac{1}{\hat{\sigma}_1^2 \cdot (1 - r_{2,1}^2)} \cdot \frac{(1 - R^2) \cdot \hat{\sigma}_Y^2}{n - 3}} \qquad (14.11a)$$

$$\hat{\sigma}(b_2) = \sqrt{\frac{1}{s_2^2 \cdot (1 - r_{2,1}^2)} \cdot \frac{\hat{\sigma}_\varepsilon^2}{n}} = \sqrt{\frac{1}{\hat{\sigma}_2^2 \cdot (1 - r_{2,1}^2)} \cdot \frac{(1 - R^2) \cdot \hat{\sigma}_Y^2}{n - 3}} \qquad (14.11b)$$

Die geschätzte Kovarianz zwischen den beiden Regressionsgewichten ist dann:

$$\hat{\sigma}(b_1, b_2) = \frac{-s_{2,1}}{s_1^2 \cdot s_2^2 - (s_{2,1})^2} \cdot \frac{\hat{\sigma}_\varepsilon^2}{n}$$

$$= \frac{-r_{2,1}}{\hat{\sigma}_1 \cdot \hat{\sigma}_2 \cdot (1 - r_{2,1}^2)} \cdot \frac{(1 - R^2) \cdot \hat{\sigma}_Y^2}{n - 3} \qquad (14.11c)$$

---

6 Gleichung 14.10 ergibt sich aus der Logik der Residuenregression und verallgemeinert die Formel für den Standardfehler des Regressionsgewichts der bivariaten Regression in Gleichung 12.19b.

wobei $\hat{\sigma}(b_1, b_2)$ = geschätzte Kovarianz zwischen b_1 und b_2
R^2 = Determinationskoeffizient des multiplen Regressionsmodells.

Weitere Erläuterungen siehe Gleichung 13.1, 13,2 und 14.10.

Das Vorzeichen der Kovarianz zwischen den Schätzern hängt vom Vorzeichen der Kovarianz bzw. Korrelation der beiden Prädiktoren ab. Korrelieren die erklärenden Variablen negativ miteinander, dann ist die Kovarianz zwischen den Schätzern positiv, korrelieren die Variablen positiv, dann ist die Kovarianz negativ. Eine allgemeine einfache Formel für Modelle mit mehr als zwei Prädiktoren ist hier nicht verfügbar.

Die Kovarianzen zwischen den Schätzern der Regressionsgewichte werden bei der Berechnung des Standardfehlers für die Regressionskonstante benötigt. In der trivariaten Regression berechnet sich dieser Standardfehler nach:

$$\hat{\sigma}(b_0) = \sqrt{\frac{\hat{\sigma}_\varepsilon^2}{n} + \overline{x}_1^2 \cdot \hat{\sigma}^2(b_1) + \overline{x}_2^2 \cdot \hat{\sigma}^2(b_2) + 2 \cdot \overline{x}_1 \cdot \overline{x}_2 \cdot \hat{\sigma}(b_1, b_2)} \quad (14.11d)$$

Erläuterungen siehe Gleichung 5.22 und 14.11a-c.

Im allgemeinen Fall einer Regression mit K erklärenden Variablen ergibt sich:

$$\hat{\sigma}(b_0) = \sqrt{\frac{\hat{\sigma}_\varepsilon^2}{n} + \sum_{k=1}^{K} \overline{x}_k^2 \cdot \hat{\sigma}^2(b_k) + 2 \cdot \sum_{k=2}^{K} \sum_{j=1}^{k-1} \overline{x}_k \cdot \overline{x}_j \cdot \hat{\sigma}(b_k, b_j)} \quad (14.12)$$

$$= \sqrt{\frac{s_E^2}{n-K-1} + \sum_{k=1}^{K} \overline{x}_k^2 \cdot \hat{\sigma}^2(b_k) + 2 \cdot \sum_{k=2}^{K} \sum_{j=1}^{k-1} \overline{x}_k \cdot \overline{x}_j \cdot \hat{\sigma}(b_k, b_j)}$$

Als Anwendungsbeispiel für die Berechnung der Standardfehler nach Gleichung 14.11a und b verwenden wir die trivariate Regression der Ablehnung von Schwangerschaftsabbruch auf die Region (X_1) und die Religiosität (X_2) aus Modell A in Tabelle 13.2. Die für diese Berechnung verwendeten Variationen und Kovariationen sowie Korrelationen sind den Tabellen 13.1b und c entnommen, der Determinationskoeffizient R^2 Tabelle 13.2 (Modell A):

$$\hat{\sigma}(b_1) = \sqrt{\frac{1}{\hat{\sigma}_1^2 \cdot (1 - r_{2,1}^2)} \cdot \frac{(1 - R^2) \cdot \hat{\sigma}_Y^2}{n - 3}}$$

$$= \sqrt{\frac{1}{0.2207 \cdot (1 - (-0.278)^2)} \cdot \frac{(1 - 0.121) \cdot 3.7145}{3402 - 3}} = 0.069$$

$$\hat{\sigma}(b_2) = \sqrt{\frac{1}{\hat{\sigma}_2^2 \cdot (1 - r_{2,1}^2)} \cdot \frac{(1 - R^2) \cdot \hat{\sigma}_Y^2}{n - 3}}$$

$$= \sqrt{\frac{1}{1.5730 \cdot (1 - (-0.278)^2)} \cdot \frac{(1 - 0.121) \cdot 3.7145}{3402 - 3}} = 0.026$$

Um den Standardfehler der Regressionskonstanten zu berechnen, wird zunächst die Kovarianz zwischen den beiden Regressionsgewichten nach Gleichung 14.11c berechnet:

$$\hat{\sigma}(b_1, b_2) = \frac{-r_{2,1}}{\sqrt{\hat{\sigma}_1^2 \cdot \hat{\sigma}_2^2 \cdot (1 - r_{2,1}^2)}} \cdot \frac{(1 - R^2) \cdot \hat{\sigma}_Y^2}{n - 3}$$

$$= \frac{-(-0.278)}{\sqrt{0.2206 \cdot 1.5730 \cdot (1 - (-0.278)^2)}} \cdot \frac{(1 - 0.121) \cdot 3.7145}{3402 - 3}$$

$$= 0.000491$$

Der Standardfehler der Regressionskonstanten nach Gleichung 14.11d beträgt:

$$\hat{\sigma}(b_0) = \sqrt{\frac{s_E^2}{n - 3} + \bar{x}_1^2 \cdot \hat{\sigma}^2(b_1) + \bar{x}_2^2 \cdot \hat{\sigma}^2(b_2) + 2 \cdot \bar{x}_1 \cdot \bar{x}_2 \cdot \hat{\sigma}(b_1, b_2)}$$

$$= \sqrt{\frac{(1 - 0.121) \cdot 3.7134}{3402 - 3} + 0.329^2 \cdot 0.069^2 + 1.235^2 \cdot 0.026^2 + 2 \cdot 1.235 \cdot 0.329 \cdot 0.000491}$$

$$= 0.054$$

14.2 Multikollinearität

In den Formeln der Standardfehler der trivariaten Regression (Gleichung 14.11a und b) tritt in den Nennern die Differenz $1-r_{2,1}^2$ auf.[7] Je größer die Korrelation zwischen den beiden Prädiktoren ist, desto stärker nähert sich die Differenz $1-r_{2,1}^2$ dem Wert null. Bei einer perfekten Korrelation von +1 oder −1 ist sie genau null. Die Regressionsgewichte wie auch deren Standardfehler sind dann nicht mehr berechenbar. Man bezeichnet eine solche Situation als *perfekte Multikollinearität*, die dann auftritt, wenn die Information, die ein Prädiktor zu den Vorhersagewerten beitragen kann, bereits im zweiten Prädiktor enthalten ist. Es ist dann nicht möglich, eine eindeutige Lösung bei der Schätzung der Regressionskoeffizienten zu finden, die Lösung ist unbestimmt. Man spricht dann auch davon, dass das Modell *nicht identifiziert* ist.

Für das multiple Regressionsmodell mit mehr als zwei Prädiktoren gilt analog: Wenn sich eine erklärende Variable X_k in einer multiplen Regression perfekt durch die übrigen $K-1$ erklärenden Variablen voraussagen lässt, dann ist R_k^2 gleich 1.0, sodass der Nenner in Gleichung 14.10 null und damit das Regressionsgewicht und sein Standardfehler unberechenbar wird.

Problematisch ist Multikollinearität aber bereits dann, wenn die Korrelation zwischen den Prädiktoren sehr hoch ist. Sichtbar wird dies daran, dass der Nenner in den Berechnungsformeln mit steigender Multikollinearität immer kleiner wird und damit sowohl die Standardfehler als auch die (standardisierten) Regressionsgewichte immer größer werden. Sehr hohe standardisierte Regressionsgewichte (sehr nahe oder sogar jenseits von ±1) sind daher nicht unbedingt ein Hinweis auf eine große Erklärungskraft, sondern können auch ein *Kollinearitätsproblem* anzeigen.

---

7 Dies gilt auch für die Berechnungsformeln der Regressionsgewichte, vgl. Gleichung 13.7.

Da Multikollinearität umso größer ist, je stärker der Zusammenhang zwischen X_k und den übrigen $K-1$ Prädiktoren ist, wird als Maß für die Multikollinearität eines Prädiktors oft die Differenz zwischen 1.0 und R_k^2 verwendet. Diese Maß wird als *Toleranz* bezeichnet.

$$Tol(X_k) = 1 - R_k^2 \qquad (14.13a)$$

wobei $Tol(X_k)$ = Toleranz von X_k als Maß für Multikollinearität.

Bei perfekter Multikollinearität ist die Toleranz null. Bei Toleranzwerten kleiner 0.005 liegt eine deutliche Multikollinearität vor. Informativer als die Toleranz ist ihr Kehrwert, der als *variance inflation factor (VIF)* bezeichnet wird. Das VIF-Maß gibt an, um welchen Betrag sich die Varianz der Kennwerteverteilung bei korrelierten Prädiktoren als Folge von Multikollinearität erhöht:

$$VIF(X_k) = \frac{1}{1 - R_k^2} \qquad (14.13b)$$

wobei $VIF(X_k)$ = Multikollinearitätsmaß, gibt die Erhöhung des quadrierten Standardfehlers von X_k an, wenn X_k mit anderen Prädiktoren korreliert, im Vergleich zum Standardfehler von X_k, wenn X_k mit allen anderen Prädiktoren unkorreliert ist.

Im Beispiel der Regression der Ablehnung von Schwangerschaftsabbruch auf Region und Religiosität beträgt die Toleranz für beide erklärenden Variablen $1-(-0.278)^2 = 0.923$ und $VIF = 1/0.923 = 1.083.$[8] Diese Werte zeigen kein Multikollineari-

---

8 In diesem Beispiel ist R_k^2 gleich der quadrierten Korrelation zwischen X_1 und X_2, also ist $Tol(X_k) = 1 - 0.278^2$ und gilt somit für beide erklärenden Variablen.

tätsproblem an. Wenn es keine Korrelation zwischen Religiosität und Region gäbe, dann wäre VIF = 1 und der quadrierte Standardfehler geringer. Durch die Korrelation zwischen X_1 und X_2 erhöht sich der quadrierte Standardfehler hier also um 8.3 % ($= \text{VIF} - 1 \cdot 100\,\%$).

Weist eine Variable X_k eine Toleranz bzw. einen VIF von 1 auf, korreliert also mit keiner der übrigen erklärenden Variablen, dann ist nicht nur der Standardfehler b_k minimal, sondern zudem der partielle Effekt von X_k auf Y gleich dem bivariaten Effekt von X_k auf Y. In experimentellen Untersuchungsdesigns lässt sich eine Toleranz bzw. ein VIF von 1.0 dadurch erreichen, dass allen Untersuchungs- und Kontrollgruppen, d. h. allen Ausprägungskombinationen der erklärenden Variablen die gleiche Zahl von Fällen zugeordnet wird.[9]

In der nichtexperimentellen Forschung besteht dagegen meist eine Korrelation zwischen den erklärenden Variablen. Wenn also Multikollinearität auftritt, ist zu überlegen, warum Prädiktoren eng miteinander zusammenhängen, und dies dann in einer geeigneten Analysestrategie, z. B. durch Indexbildung, zu berücksichtigen. Generell ist festzuhalten, dass nichtperfekte Multikollinearität die statistischen Eigenschaften der OLS-Schätzung nicht in Frage stellt.

14.3 Konfidenzintervalle und Tests von Regressionskoeffizienten

Die in Abschnitt 14.1.4 vorgestellten Standardfehler werden für die Berechnung von Konfidenzintervallen und Hypothesentests benötigt. Benötigt wird zudem eine geeignete Testverteilung. Für die OLS-Schätzer der Regressionskoeffizienten des multiplen Regressionsmodells in Gleichung 14.1 gilt, dass sie bei Zu-

---

9 Die erklärenden Variablen werden in experimentellen Designs oft als Faktoren bezeichnet. Bei gleicher Fallzahl der Ausprägungskombinationen aller Faktoren spricht man von einem ausgewogenen Design (vgl. Kapitel 16).

treffen der Voraussetzungen 1 bis 4 (Gleichungen 14.2a bis 14.5b) asymptotisch multinormalverteilt sind.[10] Die Erwartungswerte sind die zu schätzenden Regressionskoeffizienten in der Population. Die Varianzen und Kovarianzen der Multinormalverteilung können durch die quadrierten geschätzten Standardfehler und die geschätzten Kovarianzen zwischen den Schätzern geschätzt werden. Die Normalverteilung ist für Anwendungen i. A. hinreichend genau, wenn der Stichprobenumfang n größer als $30+K+1$ ist, besser wenn $n>50+K+1$ ist, wobei K die Zahl der Prädiktoren ist. Wenn die Residuen nach Gleichung 14.6 normalverteilt sind, dann sind die Schätzer exakt normalverteilt. Für Konfidenzintervalle und Tests kann dann anstelle der nur asymptotisch gültigen Standardnormalverteilung (wie bei Tests von Mittelwerten) die T-Verteilung herangezogen werden, die hier bei K Prädiktoren $df = n-K-1$ Freiheitsgrade hat.

14.3.1 Konfidenzintervalle für die Regressionskoeffizienten

Die Vorgehensweise bei der Berechnung von Konfidenzintervallen unterscheidet sich nicht von der bei der bivariaten Regression (vgl. Gleichung 12.20a und b). Als Beispiel wird ein 95%-Konfidenzintervall für das Regressionsgewicht b_2 der Religiosität (X_2) im Regressionsmodell A aus Tabelle 13.2 berechnet. Im Sinne eines vorsichtigen Schätzens wird die T-Verteilung auch ohne Normalverteilungsannahme für die Residuen verwendet.[11] Der Wert des 97.5%-Quantils der T-Verteilung mit $df = 3399$ $(= 3402-3)$ Freiheitsgraden (vgl. Anhang, Tabelle A2) liegt zwischen 1.98 (bei $df = 120$) und 1.96 (bei $df = \infty$ bzw. bei Verwendung der Standardnormalverteilung). Bei konservativem Schät-

---

10 Die Multinormalverteilung ist eine multivariate Verallgemeinerung der Normalverteilung.

11 Die T-Verteilung führt bei gleichen Irrtumswahrscheinlichkeiten wie die Standardnormalverteilung zu etwas weiter von null entfernt liegenden kritischen Werten und damit zu etwas längeren Konfidenzintervallen (vgl. Kapitel 7.4.3).

zen wird der größere Wert verwendet. Für den geschätzten Standardfehler von b_2 wurde bereits in Abschnitt 14.1.4 der Wert 0.026 berechnet. Die Intervallgrenzen berechnen sich dann nach:

$$c.i.(\beta_2) = b_2 \pm \hat{\sigma}(b_2) \cdot t_{0.975;df=n-K-1} = 0.378 \pm 0.026 \cdot 1.98$$
$$= [0.327; 0.429]$$

Bei einer Irrtumswahrscheinlichkeit von 5% kann davon ausgegangen werden, dass das Intervall von 0.327 bis 0.429 den Populationswert des Regressionsgewichts b_2 enthält.

14.3.2 Test einer Linearkombination von Regressionskoeffizienten

Die asymptotisch gültige Normalverteilung oder die bei normalverteilten Residuen exakt gültige T-Verteilung kann auch zum Testen einer Hypothese über einen Regressionskoeffizienten oder über eine Linearkombination mehrerer Regressionskoeffizienten herangezogen werden. Die Vorgehensweise ist ganz analog zu der beim Testen eines Mittelwerts oder eines linearen Kontrasts von Mittelwerten (vgl. Kapitel 7.5). Im Falle der Verknüpfung mehrerer Regressionskoeffizienten zu einer Linearkombination berechnet sich die Varianz der Kennwerteverteilung der Linearkombination über die Varianzen und Kovarianzen der Kennwerteverteilungen der beteiligten Regressionskoeffizienten.

Als ein etwas komplexeres Beispiel soll die Vermutung geprüft werden, dass der Mittelwert der Ablehnungen von Schwangerschaftsabbruch bei *Kontrolle der Religiosität* (X_2) im Osten um mehr als 25% *geringer* ist als im Westen. Die Region (X_1) ist eine dichotome Variable mit den Ausprägungen $X_1 = 0$ im Westen und $X_1 = 1$ im Osten. Da die Vorhersagewerte bedingte Populationsmittelwerte schätzen, kann die Forschungshypothese über die Vorhersagewerte formuliert werden als:

$$H_1 : 100\% \cdot \hat{Y}_{Ost} < 75\% \cdot \hat{Y}_{West}$$

Das zu prüfende Hypothesenpaar lautet dann:

$$H_0 : 100\% \cdot \hat{Y}_{Ost} - 75\% \cdot \hat{Y}_{West} \geq 0 \quad \text{versus}$$
$$H_1 : 100\% \cdot \hat{Y}_{Ost} - 75\% \cdot \hat{Y}_{West} < 0$$

Durch Einsetzen der Regressionskoeffizienten lässt sich die Nullhypothese umformulieren als:

$$H_0: \underbrace{(\beta_0 + \beta_1 \cdot 1 + \beta_2 \cdot X_2)}_{\text{Vorhersagewert im Osten}} - 0.75 \cdot \underbrace{(\beta_0 + \beta_1 \cdot 0 + \beta_2 \cdot X_2)}_{\text{Vorhersagewert im Westen}}$$

$$= 0.25 \cdot \beta_0 + \beta_1 + 0.25 \cdot \beta_2 \cdot X_2 \geq 0$$

Das zu prüfende Hypothesenpaar lautet dann:

$$H_0: 0.25 \cdot \beta_0 + \beta_1 + 0.25 \cdot \beta_2 \cdot X_2 \geq 0 \quad \text{versus}$$
$$H_1: 0.25 \cdot \beta_0 + \beta_1 + 0.25 \cdot \beta_2 \cdot X_2 < 0$$

Die Hypothesenformulierung enthält neben dem Regressionsgewicht β_1 für die Region auch das Regressionsgewicht β_2 für die Religiosität (X_2), die hier den Status einer Kontrollvariablen hat. Dies führt zu zwei möglichen Interpretationen der Hypothese. Zum einen kann die Vermutung so interpretiert werden, dass bei *allen* Ausprägungen von X_2 der Mittelwert der abhängigen Variablen im Osten um mehr als 25 % niedriger ist als im Westen. Dann ist für X_2 der Wert einzusetzen, bei dem die Alternativhypothese am schwierigsten zu erfüllen ist, was aufgrund des positiven Regressionsgewichts β_2 hier bei der größten Ausprägung der Religiosität ($X_2 = 5$) der Fall ist.[12] Die zu prüfende Nullhypothese lautet dann:

$$H_0: 0.25 \cdot \beta_0 + \beta_1 + 0.25 \cdot \beta_2 \cdot 5 \geq 0 \quad \text{versus}$$
$$H_1: 0.25 \cdot \beta_0 + \beta_1 + 0.25 \cdot \beta_2 \cdot 5 < 0$$

Alternativ kann die zu prüfende Vermutung auch so interpretiert werden, dass der Ost-West-Unterschied *im Mittel* für alle Fälle der Population gilt, also bei einer mittleren Religiosität. Die Nullhypothese würde dann lauten:

---

12 Bei $X_2 = 5$ ist dann die mittlere Zahl der Ablehnungen größer als bei $X_2 = 0$ und entsprechend ein Unterschied von 25 % bei den Mittelwerten ein größerer absoluter Wert.

$H_0: 0.25 \cdot \beta_0 + \beta_1 + 0.25 \cdot \beta_2 \cdot \overline{x}_2 \geq 0$ versus

$H_1: 0.25 \cdot \beta_0 + \beta_1 + 0.25 \cdot \beta_2 \cdot \overline{x}_2 < 0$

Während bei der ersten Interpretation die Teststatistik eine Linearkombination aller drei Regressionskoeffizienten ist, kann der Test bei der zweiten Interpretation vereinfacht werden, wenn X_2 (Religiosität) vor der Schätzung der Regressionskoeffizienten zentriert wird: $X_2^/ = X_2 - \overline{x}_2$ Wird die zentrierte Religiosität $X_2^/$ als Prädiktor ins Regressionsmodell aufgenommen, ändern sich die Werte der Regressionsgewichte und deren Standardfehler nicht.[13] Ändern kann sich allerdings die Regressionskonstante. Das Regressionsmodell hat dann folgende Form:

$Y = \beta_0^/ + \beta_1 \cdot X_1 + \beta_2 \cdot X_2^/ + E.$

Der Mittelwert von $X_2^/$ ist null und damit gilt auch: $0.25 \cdot \beta_2 \cdot \overline{x}_2 = 0$. Die zu prüfende Hypothese lautet dann:

$H_0: 0.25 \cdot \beta_0^/ + \beta_1 \geq 0$ versus $H_1: 0.25 \cdot \beta_0^/ + \beta_1 < 0$

Da die Zentrierung von X Auswirkungen auf die Regressionskonstante hat, muss diese nach Gleichung 13.2a neu berechnet werden:

$b_0^/ = \overline{y} - b_1 \cdot \overline{x}_1 - b_2 \cdot \overline{x}_2^/ = \overline{y} - b_1 \cdot \overline{x}_1 - b_2 \cdot 0 = \overline{y} - b_1 \cdot \overline{x}_1.$

Für die Beispieldaten in Tabelle 13.1 und 13.2 (Modell A) wird die Regressionskonstante bei zentriertem X zu:

$b_0^/ = 2.3571 - (-0.766) \cdot 0.3286 = 2.609.$

Die Berechnung des Standardfehlers der Regressionskonstanten (Gleichung 14.11d) vereinfacht sich im Modell mit zentrierter Religiosität zu:

---

13 Dies gilt allgemein für Verschiebungen, bei denen zu allen Ausprägungen einer Variablen ein Wert ungleich null addiert bzw. davon subtrahiert wird.

$$\hat{\sigma}\left(b_0'\right) = \sqrt{\frac{\hat{\sigma}_\varepsilon^2}{n} + \overline{x}_1^2 \cdot \hat{\sigma}^2\left(b_1\right)}$$

$$= \sqrt{\frac{11105.680 / (3402 - 3)}{3402} + 0.3286^2 \cdot 0.069^2} = 0.038$$

Zur Berechnung des Standardfehlers der Linearkombination von b_0 und b_1 wird auch die Kovarianz zwischen den beiden Schätzern benötigt. Diese ergibt sich wegen der Unabhängigkeit des Mittelwerts der abhängigen Variablen Y von den Schätzern der Regressionsgewichte nach Gleichung 5.23b als:

$$\hat{\sigma}\left(b_0', b_1\right) = \hat{\sigma}\left(\overline{y} - b_1 \cdot \overline{x}_1, b_1\right) = \underbrace{\hat{\sigma}\left(\overline{y}, b_1\right)}_{0} - \overline{x}_1 \cdot \hat{\sigma}^2\left(b_1\right) = -\overline{x}_1 \cdot \hat{\sigma}^2\left(b_1\right)$$

$$= -0.3286 \cdot 0.069^2 = -0.00156$$

Zur Prüfung der Nullhypothese, dass die Summe $0.25 \cdot \beta_0' + \beta_1$ größer/gleich Null ist, wird die Teststatistik T berechnet, wozu die Linearkombination der beiden Regressionskoeffizienten durch ihren Standardfehler geteilt wird. Der Standardfehler der Linearkombination berechnet sich unter Anwendung von Gleichung 5.22c nach:

$$\hat{\sigma}\left(0.25 \cdot b_0' + b_1\right) = \sqrt{0.25^2 \cdot \hat{\sigma}^2\left(b_0'\right) + \hat{\sigma}^2\left(b_1\right) + 2 \cdot 0.25 \cdot \hat{\sigma}\left(b_0', b_1\right)}$$

Die Teststatistik in diesem Beispiel beträgt dann:

$$T = \frac{0.25 \cdot b_0' + b_1}{\hat{\sigma}\left(0.25 \cdot b_0' + b_1\right)} = \frac{0.25 \cdot 2.609 + \left(-0.766\right)}{\sqrt{0.25^2 \cdot 0.038^2 + 0.069^2 + 2 \cdot 0.25 \cdot \left(-0.00156\right)}}$$

$$= -1.78$$

Wenn die Nullhypothese gerade noch zutrifft, ist die Teststatistik asymptotisch standardnormalverteilt bzw. bei normalverteilten Populationsresiduen T-verteilt mit df = n − 3 = 3399 Freiheitsgraden. Bei einem einseitigen Test nach unten wird die Nullhypothese mit der Irrtumswahrscheinlichkeit α abgelehnt, wenn die Teststatistik kleiner ist als das α-Quantil der Testverteilung. Bei einer Irrtumswahrscheinlichkeit von 5% und Anwendung der T-Verteilung liegt der kritische Wert zwischen –1.658 und –1.645. Im Sinne eines konservativen Vorgehens wird der kleinere Wert verwendet. Da die Teststatistik kleiner ist (–1.78<–1.658), ist die Nullhypothese abzulehnen. Vermutlich war 2006 die durchschnittliche Ablehnung von Schwangerschaftsabbruch im Osten bei Kontrolle der Religiosität im Mittel um mindestens 25 % geringer als im Westen.

14.4 Die F-Verteilung und deren Anwendung im linearen Regressionsmodell

Neben den Tests einzelner Regressionsgewichte werden in der multiplen Regression auch Tests benötigt, die die Behauptung prüfen, dass *alle* Regressionsgewichte null sind. Das zu prüfende Hypothesenpaar lautet hier:

H_0: $\beta_1 = 0$ und $\beta_2 = 0$ und ... und $\beta_K = 0$ bzw. $R^2_{Pop.} = 0$

versus H_1: $\beta_1 \neq 0$ oder $\beta_2 \neq 0$ oder ... oder $\beta_K \neq 0$ bzw. $R^2_{Pop.} > 0$

wobei $R^2_{Pop.}$ = Determinationskoeffizient in der Population.[14]

Die Nullhypothese enthält *mehrere* durch «und» verknüpfte Behauptungen über die Regressionsgewichte, die *gleichzeitig* zutreffen müssen. Zur Realisierung eines gemeinsamen Tests mehrerer Regressionsgewichte wird eine Teststatistik benötigt, die die gemeinsame Kennwerteverteilung der Schätzer der Regressionsgewichte berücksichtigt. In Abschnitt 14.2 wurde bereits erwähnt, dass die OLS-Schätzer der Regressionskoeffizienten des multiplen Regressionsmodells aus Gleichung 14.1 asymptotisch und bei normalverteilten Residuen exakt multinormalverteilt

---

14 Der Regel folgend, dass Populationsparameter durch griechische Buchstaben gekennzeichnet werden, müsste eigentlich ein quadriertes griechisches Rho (P) anstelle $R^2_{Pop.}$ in der Nullhypothese stehen. Da das große griechische Rho aber nicht vom großen lateinischen Buchstaben P unterscheidbar ist, verwenden wir hier diese abweichende Darstellung.

sind. (Asymptotische) Multinormalverteilungen haben die Eigenschaft, dass ihre *quadratische Form* (asymptotisch) chiquadratverteilt ist.[15] Die quadratische Form (QF) der Kennwerteverteilung berechnet sich nach:

$$QF = \frac{1}{\sigma_\varepsilon^2} \cdot \sum_{k=1}^{K} \sum_{j=1}^{K} (b_k - \beta_k) \cdot (b_j - \beta_j) \cdot SP_{k,j} \qquad (14.14a)$$

wobei   QF   =   Quadratische Form der gemeinsamen Kennwerteverteilung der Regressionsgewichte

b_k, b_j =   geschätzte Regressionsgewichte von X_k und X_j im multiplen Regressionsmodell

k,j   =   Index für die Prädiktoren X_k bzw. X_j

$SP_{k,j}$ =   Kovariation der erklärenden Variablen X_k und X_j

Bei Zutreffen der Nullhypothese (alle β_k sind null) reduziert sich die quadratische Form in Gleichung 14.14a zum Quotienten aus der Variation der Vorhersagewerte geteilt durch die Residualvarianz (vgl. Gleichung 13.11b). Diese Statistik ist dann asymptotisch chiquadratverteilt:

$$QF_{\hat{Y}} = \frac{\sum_{k=1}^{K} \sum_{j=1}^{K} b_k \cdot b_j \cdot SP_{k,j}}{\sigma_\varepsilon^2} = \frac{SS_{\hat{Y}}}{\sigma_\varepsilon^2} \underset{n \to \infty}{\sim} \chi_{df=K}^2 \qquad (14.14b)$$

wobei $QF_{\hat{Y}}$ =   Variation der Vorhersagewerte geteilt durch die Residualvarianz in der Population

$\underset{n \to \infty}{\sim} \chi_{df=K}^2$ =   ist asymptotisch mit df = K Freiheitsgraden chiquadratverteilt.

15 Die quadratische Form einer Multinormalverteilung ist eine Funktion der Erwartungswerte, Varianzen und Kovarianzen dieser Verteilung. Für statistische Hintergründe vgl. Johnston & DiNardo (1997, S. 492 f.).

Wird in Gleichung 14.14a bzw. b die Residualvarianz durch deren Schätzer (Gleichung 14.8) ersetzt, bleibt die resultierende Teststatistik mit df = K Freiheitsgraden asymptotisch chiqadratverteilt. Tatsächlich wird jedoch i. A. kein asymptotischer Test nach Gleichung 14.14b verwendet, sondern eine exakte Teststatistik, bei der die Information genutzt wird, dass bei normalverteilten Populationsresiduen (Gleichung 14.6) die Quadratsumme dieser Residuen geteilt durch die Residualvarianz ebenfalls eine quadratische Form ist und daher auch chiqadratverteilt ist, wobei die Residualvariation df = n – K – 1 Freiheitsgrade hat:

$$QF_E = \frac{SS_E}{\sigma_\varepsilon^2} \sim \chi^2_{df=n-K-1} \qquad (14.14c)$$

wobei QF_E = Quadratische Form der Kennwerteverteilung der Residuen, das ist die Variation der Residuen geteilt durch die Residualvarianz in der Population.

Weitere Erläuterungen siehe Gleichung 14.14a.

Wenn die Residuen normalverteilt sind, sind die quadratischen Formen in den Gleichungen 14.14b und 14.14c nicht nur asymptotisch, sondern exakt chiqadratverteilt. Teilt man die Chiqadratverteilung in Gleichung 14.14b durch die Chiqadratverteilung in Gleichung 14.14c, dann kürzt sich die Residualvarianz in der Population heraus. Werden zudem Nenner und Zähler durch die Freiheitsgrade der jeweiligen quadratischen Form geteilt, ergibt sich eine Statistik, die als «F» bezeichnet wird:

$$F = \frac{SS_{\hat{Y}} / \sigma_\varepsilon^2}{SS_E / \sigma_\varepsilon^2} / \frac{K}{n-K-1} = \frac{SS_{\hat{Y}} / K}{SS_E / (n-K-1)} \qquad (14.15)$$

wobei K   = Anzahl der Prädiktoren, Freiheitsgrade der Vorhersagevariation

n – K – 1 = Freiheitsgrade der Residualvariation.

Erläuterungen siehe Gleichung 14.14b und c.

Der Name «F» für die Statistik in Gleichung 14.15 ergibt sich daraus, dass die Statistik bei gültiger Nullhypothese F-verteilt ist.

14.4.1 Die F-Verteilung

Sind zwei Zufallsvariablen unabhängig voneinander und chiquadratverteilt mit df_1 und df_2 Freiheitsgraden, dann ist der Quotient F-verteilt, wenn zuvor die beiden Chiquadratverteilungen durch ihre jeweiligen Freiheitsgrade geteilt werden:

$$F = \frac{\chi_1^2 / df_1}{\chi_2^2 / df_2} \sim F_{df1,df2} \tag{14.16}$$

wobei df_1, df_2 = Freiheitsgrade der Chiquadratverteilungen im Zähler (df_1) und im Nenner (df_2)

χ_1^2, χ_2^2 = Zufallsvariablen, die mit df_1 bzw. df_2 Freiheitsgraden chiquadratverteilt sind

$F_{df1,df2}$ = F-verteilte Zufallsvariable F mit df_1 und df_2 Freiheitsgraden.

Die F-Verteilung ist – wie die Chiquadratverteilung – eine rechtsschiefe Verteilungsfamilie, deren Mitglieder durch die beiden Parameter df_1 und df_2 gekennzeichnet sind. Abbildung 14.1 zeigt die Dichtefunktion verschiedener F-Verteilungen. Erwartungswert und Varianz einer F-Verteilung berechnen sich nach:

$$\mu\left(F\left(df_1, df_2\right)\right) = \frac{df_2}{df_2 - 2};$$
$$\sigma^2\left(F\left(df_1, df_2\right)\right) = \frac{2 \cdot df_2^2 \cdot \left(df_1 + df_2 - 2\right)}{df_1 \cdot \left(df_2 - 2\right)^2 \cdot \left(df_2 - 4\right)} \tag{14.17}$$

Erläuterungen siehe Gleichung 14.16.

Wichtige Quantile der F-Verteilung finden sich im Anhang, Tabelle A4.

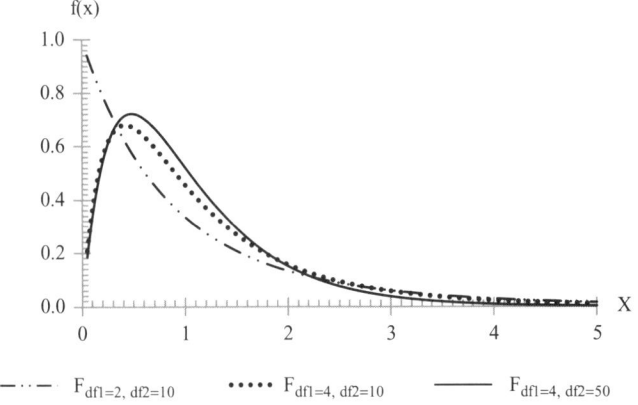

14.4.2 F-Test des Determinationskoeffizienten

Die in Gleichung 14.17 vorgestellte Teststatistik F kann zur Prüfung der Nullhypothese verwendet werden, dass alle Regressionsgewichte des Regressionsmodells null sind. Zur Berechnung der Teststatistik F gibt es unterschiedliche Berechnungsformeln:

$$F = \frac{SS(\hat{Y})/K}{SS(E)/(n-K-1)} = \frac{R^2/K}{(1-R^2)/(n-K-1)} \tag{14.18}$$

Erläuterungen siehe Gleichung 14.15.

Voraussetzung für die Gültigkeit des F-Tests ist, dass alle Annahmen des linearen Regressionsmodells erfüllt sind. Ist mindestens ein Regressionsgewicht in der Population ungleich null, dann ist die Teststatistik nichtzentral F-verteilt. Dann ist mit größeren Werten der Teststatistik zu rechnen. Die Nullhypothese, dass die Erklärungskraft in der Population null ist, bzw. alle Regressionsgewichte null sind, wird daher mit einer Irrtumswahrscheinlichkeit von α abgelehnt, wenn die F-Statistik größer oder gleich dem $(1-\alpha)$-Quantil der F-Verteilung mit $df_1 = K$ und $df_2 = n-K-1$ Freiheitsgraden ist.

Bei der trivariaten Regression der Ablehnung von Schwangerschaftsabbruch auf Region und Religiosität (Modell A in Tabelle 13.2) beträgt der Determinationskoeffizient $R^2 = 0.121$. Bei 3402 Fällen berechnet sich die Teststatistik F nach:[16]

$$F = \frac{0.121 / 2}{(1 - 0.121) / (3402 - 3)} = 233.95$$

Bei einer Irrtumswahrscheinlichkeit von 5% wird der Wert des 95%-Quantils der F-Verteilung mit $df_1 = 2$ und $df_2 = 3399$ Freiheitsgraden benötigt. Aus Tabelle A4 im Anhang ergibt sich ein Wert zwischen 2.996 (bei $df_1 = 2$ und $df_2 = \infty$) bzw. 3.072 (bei $df_1 = 2$ und $df_2 = 120$). Da die Teststatistik größer ist (233.95 > 3.072) ist die Nullhypothese abzulehnen. Es ist davon auszugehen, dass mindestens ein Regressionsgewicht ungleich null ist.

14.4.3 Schrittweise Regression und Test auf Veränderung der Erklärungskraft

Es ist auch möglich, nur eine Teilmenge der Regressionsgewichte zu testen. Hierfür gibt es zwei unterschiedliche Zugänge, die zu identischen Ergebnissen führen. Schon bei der Prüfung der Nullhypothese, dass alle Regressionsgewichte null sind, wird nicht die quadratische Form aller K+1 Regressionskoeffizienten verwendet, sondern die quadratische Form für die Teilmenge der K Regressionsgewichte. Wenn nur für eine Teilmenge von J der insgesamt K Regressionsgewichte die Nullhypothese geprüft werden soll, dass deren Regressionsgewichte null sind, kann im Zähler von Gleichung 14.15 die quadratische Form der Kennwerteverteilung für diese J Regressionsgewichte eingesetzt werden, wobei die quadratische Form dann (asymptotisch) chiquadratvereilt mit $df = J$ ist.

---

16 Eine größere Rechengenauigkeit ergibt sich meist, wenn bei der Berechnung der F-Statistik anstelle des Determinationskoeffizienten die Variationen der Vorhersagewerte und der Residuen verwendet werden.

Ein zweiter Zugang basiert auf dem Prinzip der *schrittweisen Regression*, bei der in einem ersten Schritt ein Modell M_0 mit den ersten $K-J$ Prädiktoren und in einem zweiten Schritt das Modell M_1 mit allen K Prädiktoren berechnet wird.[17] Die Variationszerlegung im ersten Schritt zerlegt die Variation SS(Y) der abhängigen Variablen in die Variation $SS(\hat{Y}_0)$ der Vorhersagewerte des Modell M_0 und die Variation $SS(E_0)$ der Residuen von M_0:

$$SS(Y) = SS(\hat{Y}_0) + SS(E_0)$$

Die Zahl der Freiheitsgrade von $SS(E_0)$ beträgt $df_0 = n-(K-J)-1 = n-K-1+J$. Wenn im zweiten Schritt im Modell M_1 die abhängige Variable Y auf alle K Prädiktoren regrediert wird, wird die Variation Y in die Variation $SS(\hat{Y}_1)$ der Vorhersagewerte von M_1 und die Variation $SS(E_1)$ der Residuen von M_1 zerlegt:

$$SS(Y) = SS(\hat{Y}_1) + SS(E_1).$$

Aus den beiden Variationszerlegungen von SS(Y) folgt, dass die Gesamtvariation von Y in drei Komponenten zerlegt werden kann:

$$
\begin{aligned}
SS(Y) &= SS(\hat{Y}_1) + SS(E_1) \\
&= \underbrace{SS(\hat{Y}_0)}_{A} + \underbrace{SS(\hat{Y}_1) - SS(\hat{Y}_0)}_{B} + \underbrace{SS(E_1)}_{C} \qquad (14.19)\\
&= \underbrace{SS(\hat{Y}_0)}_{A} + \underbrace{SS(E_0) - SS(E_1)}_{B} + \underbrace{SS(E_1)}_{C}
\end{aligned}
$$

17 Die Bezeichnung ist nicht ganz eindeutig. Bisweilen wird unter einer schrittweisen Regression auch eine automatisierte Prädiktorenselektion verstanden, bei der ausgehend von einer bivariaten Regression schrittweise jeweils der Prädiktor aus einer Menge von Prädiktoren in das Modell aufgenommen wird, der zum einen eine Signifikanzschwelle erreicht und zum anderen R^2 am stärksten erhöht (forward selection). Alternativ wird von einem Modell mit allen Prädiktoren schrittweise jeweils der Prädiktor ausgeschlossen, dessen Regressionsgewicht nicht signifikant ist und dessen Ausschluss die Erklärungskraft des Modells am wenigsten reduziert (backward selection).

Die Komponente A ist die Variation der Vorhersagewerte der Regression von Y auf die ersten K−J Prädiktoren (M_0), C ist die Residualvariation der Regression von Y auf alle K Prädiktoren (M_1) und die Komponente B ist entweder die Differenz der Variation der Vorhersagewerte von M_1 minus der Variation der Vorhersagewerte von M_0 oder die Differenz der Residualvariation von M_0 minus der Residualvariation von M_1. Die n−1 Freiheitsgrade der Variation von Y lassen sich in die K−J Freiheitsgrade der Komponente A, in die J Freiheitsgrade der Komponente B und die n−K−1 Freiheitsgrade der Komponente C aufteilen.[18]

Wird die Komponente B durch ihre J Freiheitsgrade geteilt und die Komponente C durch ihre n−K−1 Freiheitsgrade geteilt, dann ist der Quotient dieser beiden Quotienten F-verteilt mit $df_1 = J$ und $df_2 = n−K−1$ Freiheitsgraden:[19]

$$F = \frac{\left(SS(E_0) - SS(E_1)\right)/J}{SS(E_1)/(n-K-1)} = \frac{\left(SS(\hat{Y}_1) - SS(\hat{Y}_0)\right)/J}{SS(E_1)/(n-K-1)}$$

$$= \frac{\left(R_1^2 - R_0^2\right)/J}{\left(1 - R_1^2\right)/(n-K-1)} \sim F_{df1=J,\, df2=n-K-1}$$

$$(14.20)$$

wobei F = Teststatistik der schrittweisen Regression

J = Differenz zwischen der Anzahl der Prädiktoren in M_1 und in M_0

$SS(\hat{Y}_0), SS(E_0)$ = Variation der Vorhersagewerte und der Residuen bei der Regression von Y auf K−J Prädiktoren (M_0)

---

18 Die Variation SS(Y) von Y hat n−1 Freiheitsgrade, weil einer der n Fälle für die Schätzung des Stichprobenmittelwerts verbraucht wird.

19 Dies ist eine Folge davon, dass die Residualvariation von Modell M_1 den gleichen Wert aufweist wie die Residualvariation einer Residuenregression, bei der die Residuen von Modell M_0 auf die Residuen der letzten J Prädiktoren regrediert werden, nachdem zuvor die letzten J Prädiktoren auf die ersten K−J Prädiktoren regrediert wurden.

$SS(\hat{Y}_1), SS(E_1)$ = Variation der Vorhersagewerte und der Residuen bei der Regression von Y auf alle K Prädiktoren (M_1)

R_0^2, R_1^2 = Determinationskoeffizienten der Modelle M_0 und M_1.

Weitere Erläuterungen siehe Gleichung 14.15.

Der F-Test aus Gleichung 14.20 prüft, ob sich bei Aufnahme zusätzlicher Prädiktoren in das Modell die Erklärungskraft im zweiten Schritt gegenüber dem ersten Schritt signifikant erhöht, bzw. beim umgekehrten Vorgehen, also dem Auslassen der letzten J Prädiktoren, im zweiten Schritt signifikant verringert. Dabei ist es notwendig, dass die Schätzung der beiden Modelle auf denselben Fällen beruht.

Die Logik dieses F-Tests gilt für beliebige hierarchisch ineinandergeschachtelte lineare Regressionsmodelle M_0 und M_1, wenn M_0 als ein *restriktiver* Spezialfall eines weniger restriktiven (liberalen) Modells M_1 aufgefasst werden kann.[20] Der F-Test kann auch iterativ auf eine Folge von Modellen angewendet werden. Die allgemeine Teststatistik für den Vergleich zweier ineinandergeschachtelter Modelle ist:

$$F = \frac{\left(SS(E_0) - SS(E_1)\right) / \left(df_0 - df_1\right)}{SS(E_1) / df_1}$$

$$= \frac{\left(SS(\hat{Y}_1) - SS(\hat{Y}_0)\right) / \left(df_0 - df_1\right)}{SS(E_1) / df_1}$$

(14.21)

wobei df_0, df_1 = Zahl der Freiheitsgrade der Residuen im Modell M_0 bzw. M_1.

Weitere Erläuterungen in Gleichung 14.20.

20 Die Vorgehensweise entspricht damit dem hierarchischen Testen über den LR-Test in der Tabellenanalyse (vgl. Kapitel 10.1.2).

Die Nullhypothese, dass das Modell M_0 in der Population die gleiche Erklärungskraft hat wie das Modell M_1, wird abgelehnt, wenn die Teststatistik F größer oder gleich dem $(1-\alpha)$-Quantil der F-Verteilung mit df_0-df_1 Freiheitsgraden im Zähler und df_1 Freiheitsgraden im Nenner ist.[21]

Die Teststatistik in Gleichung 14.21 kann auch verwendet werden, um einen einzelnen Prädiktor X_k zu testen. Dieser F-Test führt (bis auf mögliche Rundungsfehler) stets zum gleichen Ergebnis wie der T-Test des Koeffizienten b_k. Das liegt daran, dass das Quadrat der T-Verteilung mit $df_1 = 1$ und $df_2 = n-K-1$ Freiheitsgraden F-verteilt ist.

Anwendungsbeispiel

Als Beispiel verwenden wir die Schätzungen der trivariaten Regression (Modell A in Tabelle 13.2) und der multiplen Regression (Modell M1 bis M5 in Tabelle 13.3), bei denen hierarchische Tests möglich sind. Nicht möglich ist dagegen die Anwendung des F-Tests aus Gleichung 14.20 bzw. 14.21, um Modell A gegen Modell B aus Tabelle 13.2 zu testen. Da die beiden Modelle bei fallweisem Ausschluss fehlender Werte getrennt berechnet wurden, basiert Modell A auf 3402 Fällen, während Modell B wegen der Einbeziehung zusätzlicher Variablen eine höhere Zahl fehlender Werte und deshalb nur 3352 Fälle hat. Hierarchische Tests sind aber nur anwendbar, wenn die gegeneinander zu testenden Modelle auf einer Stichprobe beruhen.[22] Die Modelle M1 bis M5 der Polynom-Regressionen, bei denen die abhängige Va-

---

21 In der schrittweisen Regression werden die Modelle durchnummeriert als M_0, M_1 ... usw. oder auch als M_1, M_2, ... usw. Entsprechend werden die Freiheitsgrade der Residualvariationen als df_0, df_1 ... usw. oder als df_1, df_2, usw. nummeriert. Bei der Einführung der F-Verteilung in Abschnitt 14.4.1 haben wir der üblichen Konvention folgend die Freiheitsgrade im Zähler der F-Verteilung als df_1 und im Nenner der F-Verteilung als df_2 bezeichnet. Zur Vermeidung von Missverständnissen sprechen wir bei der F-Verteilung nur noch von Freiheitsgraden im Zähler und im Nenner.

22 Um die Modelle gegeneinander testen zu können, müsste Modell A ein zweites Mal auf der Basis der 3352 Fälle von Modell B geschätzt werden.

riable Ablehnung von Schwangerschaftsabbruch durch Region und Religiosität erklärt wird, basieren trotz unterschiedlicher Zahl von Prädiktoren auf den gleichen 3402 Fällen wie Modell A.

Das Modell M1 (Tabelle 13.3) weist gegenüber Modell A (Tabelle 13.2) einen zusätzlichen Prädiktor auf. Für den F-Test aus Gleichung 14.21 bedeutet das $df_1 = 1$ Freiheitsgrad im Zähler. Im Nenner wird die Residualvarianz von Modell M1 aufgeführt. Da in diesem Modell 3 Regressionsgewichte und eine Regressionskonstante geschätzt wird, beträgt die Zahl der Freiheitsgrade im Nenner $df_2 = 3402 - 3 - 1 = 3398$. Aus den in den Tabellen aufgelisteten Vorhersage- und Residualvariationen ergibt sich dann die Teststatistik:

$$F = \frac{(1537.49 - 1527.39)/1}{11095.58/(3402 - 3 - 1)} = \frac{(11105.68 - 11095.58)/1}{11095.58/(3402 - 3 - 1)} = 3.09$$

Bei einer Irrtumswahrscheinlichkeit von $\alpha = 5\%$ hat das 95%-Quantil der F-Verteilung mit $df_1 = 1$ und $df_2 = 3398$ Freiheitsgraden den Wert 3.84. Da 3.09<3.84, ist die Nullhypothese, dass das restriktive Modell A (mit einem Prädiktor weniger) ebenso gut wie oder schlechter ist als das liberale Modell M1, im einseitigen Test nach oben beizubehalten.[23] Verglichen mit dem linear-additiven trivariaten Regressionsmodell weist das lineare Regressionsmodell mit Interaktionseffekt keine signifikante Erhöhung der Erklärungskraft auf, obwohl der Vergleich von Abbildung 13.2b (trivariate Regression) mit 13.2c (konditionale Regression und gleichzeitig lineare Regression mit Interaktion) den Augenschein erweckt, dass das Modell mit Interaktionseffekt die Vorhersagen deutlich verbessert.[24]

---

23 Berechnet man die Teststatistik über die R^2-Werte, ergibt sich ein Wert von $F = (0.122 - 0.121)/((1 - 0.122)/3398) = 3.87$, der bei $\alpha = 5\%$ signifikant ist. Allerdings ist die Rechengenauigkeit hier sehr gering. Das Beispiel zeigt, dass – wenn möglich – F-Tests über die genaueren Variationen berechnet werden sollten.

24 Da Tabelle 13.3 nur die deskriptiven Ergebnisse der Modellschätzung enthält, werden für die Regressionskoeffizienten keine Standardfehler berichtet. Der vom Statistikprogramm berechnete Standardfehler des Interaktionseffekts von Modell M1

Wird anstelle von Modell M1 das nichtlinear-additive Modell M2 gegen das trivariate Regressionsmodell A getestet, ergibt sich folgende Teststatistik:

$$F = \frac{(1622.42 - 1527.39)/1}{11010.65/3398} = \frac{(11105.68 - 11010.65)/1}{11010.65/3398} = 29.33$$

Dieser Wert ist bei $\alpha = 5\%$ signifikant. Modell M2 ist Modell A vorzuziehen.

Modell M1 und Modell M2 können nicht gegeneinander getestet werden, da sie nicht hierarchisch geschachtelt sind. Modell A ist gegenüber beiden Modellen ein restriktiver Spezialfall, aber nicht Modell M1 gegenüber Modell M2 oder umgekehrt. Aus Tabelle 13.3 können getestet werden: M3 gegen M2 und M1, M4 gegen M3 und M5 gegen M4. Dabei zeigt sich, dass Modell M3 gegenüber M2 und M1 (und auch gegenüber Modell A) bei einer Irrtumswahrscheinlichkeit von 5% vorzuziehen ist. Während im Modell mit quadratischen Effekten auch die Interaktionseffekte signifikant sind, ist der Interaktionseffekt zwischen Region und Religiosität im Modell M1 nicht signifikant. Ohne Spezifikation einer nichtlinearen Beziehung von Religiosität würde man vermutlich zu dem Schluss kommen, dass Region und Religiosität additiv wirken. Dieses Ergebnis ist ein Hinweis darauf, dass Tests geschachtelter Modelle nicht automatisch zu korrekten Ergebnissen führen. Im vorliegenden Fall ist das lineare Modell mit Interaktionseffekten nicht angemessener als das linear-additive Modell, während im Modell mit nichtlinearen Beziehungen Interaktionseffekte die Vorhersagekraft signifikant erhöhen.[25]

betragt 0.059. Teilt man das Regressionsgewicht $b_3 = 0.103$ durch diesen Wert, ergibt sich eine T-Statistik zur Prüfung der Nullhypothese, dass das Regressionsgewicht null ist. Der Wert beträgt 1.76 und ist im zweiseitigen Test bei $\alpha = 5\%$ nicht signifikant. Das Quadrat der Statistik ist 3.10 und bis auf Rundungsfehler mit der F-Statistik identisch.

25 Nicht ausgeschlossen ist zudem, dass die Anwendungsvoraussetzungen beim Test von Modell A gegen Modell M1 nicht gegeben sind, da möglicherweise keines der beiden Modelle die Voraussetzung aus Gleichung 14.2a erfüllt.

Die Tests von Modell M4 gegen Modell M3 und von Modell M5 gegen Modell M4 ergeben bei $\alpha = 5\%$ jeweils kein signifikantes Ergebnis: die restriktiveren Modelle sind jeweils vorzuziehen. Beim letzten Test ist das zu erwarten gewesen, da sich bereits die Determinationskoeffizienten R^2 nicht unterscheiden und der adjustierte Determinationskoeffizient sogar sinkt. Aber auch bei Modell M4 steigt R^2 gegenüber M3 nur um 0.1% an. Die Abbildungen 13.4b und c verdeutlichen, dass die bedingten Regressionskurven (allerdings nur im Osten!) sehr unterschiedlich aussehen, was jedoch statistisch gesehen auch Folge von Zufallsschwankungen bei der Stichprobenziehung sein kann.

14.5 Prüfung der Anwendungsvoraussetzungen

Die Gültigkeit von Konfidenzintervallen und statistischen Tests basiert darauf, dass die in Abschnitt 14.1.1 aufgeführten Bedingungen erfüllt sind. Wie bei allen inferenzstatistischen Aussagen sollten daher auch in Regressionsanalysen die Anwendungsvoraussetzungen kontrolliert werden. Sowohl für T- wie F-Tests wird Normalverteilung der Residuen vorausgesetzt (Gleichung 14.6). Bei einer diskreten abhängigen Variablen mit wenigen Ausprägungen ist diese Voraussetzung nicht erfüllbar. Wenn die Fallzahl groß genug ist (n>30+K+1), kann jedoch in Tests anstelle der T-Verteilung die asymptotisch gültige Standardnormalverteilung verwendet werden und anstelle der F-Verteilung die asymptotisch gültige Chiquadrat-Verteilung der quadratischen Form mit der geschätzten Residualvarianz in der Population. Der T-Test wird aber auch bei Verletzung der Normalverteilungsannahme genutzt, weil er aufgrund der weiter von null entfernt liegenden kritischen Werte konservativer ist, also zu längeren Konfidenzintervallen führt und bei Tests zu kleineren Ablehnungsbereichen der Nullhypothese. Gleiches gilt für den F-Test verglichen mit dem asymptotisch gültigen Chiquadrattest: Bei gleicher Irrtumswahrscheinlichkeit wird beim F-Test die

Nullhypothese seltener abgelehnt als beim Chiquadrat-Test.[26] Wenn die Forschungshypothese die Alternativhypothese ist, ist daher der F-Test auch dann vorzuziehen, wenn die Normalverteilungsannahme nicht zutrifft.

14.5.1 Tests auf gleiche Varianzen

Für die Gültigkeit inferenzstatistischer Aussagen ist die Erfüllung der Homoskedastizitätsbedingung (Gleichung 14.5) wichtiger als die Normalverteilungsannahme. Bei ungleichen bedingten Varianzen sind die geschätzten Standardfehler keine konsistenten Schätzer der tatsächlichen Standardfehler, was dazu führen kann, dass alle inferenzstatistischen Aussagen – also auch asymptotisch gültige Z- und Chiquadrat-Tests, die keine Normalverteilungsannahme benötigen – Artefakte sind. Die Gleichheit der Varianzen sollte daher stets überprüft werden. Wir beschreiben hier nur den White-Test auf Homoskedastizität, der von Halbert White Jr.[27] vorgeschlagen wurde.[28]

Die quadrierten Residuen sind konsistente Schätzer der bedingten Residualvarianzen. Im White-Test wird die Heteroskedastizität dadurch geprüft, dass die quadrierten Residuen einer ersten Regressionsanalyse in einer zweiten OLS-Regression auf die Prädiktoren des auf Heteroskedastizität zu prüfenden Regressionsmodells sowie auf die Quadrate dieser Prädiktoren und die Produkte aus jeweils zwei Prädiktoren regrediert werden. Wenn keine Heteroskedastizität vorliegt, sollte dieses zweite Regressionsmodell keine signifikante Erklärungskraft aufweisen.

Die Residuen des auf Heteroskedastizität zu prüfenden Regressionsmodells werden berechnet nach:

---

26 Beide Tests sind asymptotisch äquivalent, da $\chi^2_{df}/df = F_{df1 = df, df2 = \infty}$.

27 Halbert White, 1950–2012.

28 Im nächsten Kapitel werden wir zusätzlich den Levene-Test auf Gleichheit der Varianzen in K unabhängigen Stichproben vorstellen. Weitere Tests auf Varianzgleichheit finden sich bei Johnston & DiNardo 1997, Kapitel 6.2.

$$E_Y = Y - \hat{Y} = Y - b_0 - \sum_{k=1}^{K} b_k \cdot X_k \qquad (14.22a)$$

wobei E_Y = Residualvariable in der Stichprobe.
Weitere Erläuterungen siehe Gleichung 13.9.

Anschließend werden die quadrierten Residuen auf die Prädiktoren sowie deren Quadrate und alle Produkte von jeweils zwei Prädiktoren regrediert:

$$E_Y^2 = b_0 + \sum_{J=1}^{J} b_j \cdot W_j + E^* \qquad (14.22b)$$

wobei E_Y^2 = quadrierte Residuen der ersten Regression und gleichzeitig abhängige Variable in der zweiten Regression

W_j = Prädiktor j in der Regression der Residuen, das ist ein Prädiktor X_k oder dessen Quadrat X_k^2 oder das Produkt von jeweils zwei Prädiktoren X_k und X_r aus der ersten Regression (Gleichung 14.22a)

E^* = Residualvariable in der Regression der quadrierten Residuen.
Weitere Erläuterungen siehe Gleichung 13.9.

Die Teststatistik des White-Tests ist das Produkt aus dem Determinationskoeffizienten der Regression 14.22b und der Fallzahl:

$$\text{White} = n \cdot \frac{SS\left(\hat{Y}\left(E_Y^2\right)\right)}{SS\left(E_Y^2\right)} = n \cdot R^2\left(E_Y^2\right) \underset{n \to \infty}{\sim} \chi_{df}^2 \qquad (14.22c)$$

wobei White = Teststatistik des White-Tests

$SS(\hat{Y}(E_Y^2))$ = Variation der Vorhersagewerte des Regressionsmodells aus Gleichung 14.22b

$SS(E_Y^2)$ = Variation der quadrierten Residuen aus Gleichung 14.22a

$R^2(E_Y^2)$ = Determinationskoeffizient der Regression der quadrierten Residuen aus Gleichung 14.22b.

Bei Homoskedastizität ist die Teststatistik asymptotisch chiquadratverteilt, wobei die Zahl der Freiheitsgrade gleich der Zahl der Regressionsgewichte der zweiten Regression (Gleichung 14.22b) ist. Bei Heteroskedastizität ist mit größeren Werten der Teststatistik zu rechnen. Die Nullhypothese (Homoskedastizität) wird daher mit einer Irrtumswahrscheinlichkeit α abgelehnt, wenn die Teststatistik größer ist als das $(1-\alpha)$-Quantil der Testverteilung.

Im Beispiel wird der White-Test für das Regressionsmodell M3 aus Tabelle 13.3 berechnet. Dazu müssen zuerst die quadrierten Stichprobenresiduen dieses Modells berechnet werden. Dann wird folgende Vorhersagegleichung geschätzt:[29]

$$E_Y^2 = b_0 + b_1 \cdot X_1 + b_2 \cdot X_2 + b_3 \cdot X_1 \cdot X_2 + b_4 \cdot X_2^2 + b_5 \cdot X_1 \cdot X_2^2 + b_6 \cdot X_2^4$$
$$+ b_7 \cdot X_1 \cdot X_2^4 + b_8 \cdot X_2^3 + b_9 \cdot X_1 \cdot X_2^3 + E^*$$

Die Fallzahl beträgt n = 3402, R^2 = 0.0054 = 0.54%. Die Teststatistik berechnet sich nach: W^2 = n · R^2 = 3402 · 0.00544 = 18.5. Bei α = 5% beträgt der kritische Wert der Chiquadratverteilung mit df = 9 Freiheitsgraden 16.92. Da die Teststatistik größer ist, ist die Nullhypothese homoskedastischer Residuen zu verwerfen. Es kann nicht davon ausgegangen werden, dass alle bedingten Residualvarianzen gleich groß sind.

14.5.2 Robuste Standardfehler

Da die Residualvarianzen des Modells M3 aus Tabelle 13.3 in der Population vermutlich heteroskedastisch sind, besteht ein

---

29 Um perfekte Multikollinearität zu vermeiden, werden möglicherweise auftretende redundante Prädiktoren nur einmal berücksichtigt. So ist z.B. die Interaktion $(X_1 \cdot X_2)$ bereits ein Produkt aus zwei Prädiktoren und wird deshalb nicht doppelt aufgeführt. Entsprechendes gilt auch für die quadrierten Prädiktoren. Insgesamt führen die Quadrate und Produkte von jeweils zwei Prädiktoren der insgesamt 5 Prädiktoren aus Modell M3 (Tabelle 13.3) zu nur 9 Prädiktoren W_j.

Tabelle 14.1: **Polynom-Regression zweiter Ordnung mit Interaktionseffekten von Ablehnung von Schwangerschaftsabbruch (Y) auf Region (X₁) und Religiosität (X₂): OLS-Schätzung mit robusten Standardfehlern; Modell M3 aus Tabelle 13.3**

Y		Koeff.	S.E.$_{OLS}$	p	S.E.$_{robust}$	p
Konstante	b_0	2.410	0.0697	<.001	0.0725	<.001
X_1	b_1	−1.054	0.0989	<.001	0.0990	<.001
X_2	b_2	−0.108	0.0836	0.195	0.0865	0.211
$X_1 \cdot X_2$	b_3	0.405	0.1466	0.006	0.1490	0.007
$(X_2)^2$	b_4	0.119	0.0202	<.001	0.0213	<.001
$X_1 \cdot (X_2)^2$	b_5	−0.072	0.0385	0.063	0.0411	0.081
Variationszerlegung		Variation	df	R^2:	0.131	p
Regression¹		1656.0119	5	$R^2_{adj.}$:	0.129	
Residuen		10977.0595	3396	F_{OLS}:	102.46	<.001
abhängige Variable		12633.0714	3401	F_{robust}:	101.21	<.001

Quelle: Allbus 2006, n = 3402; 1: Regression = Vorhersagewerte

hohes Risiko, dass die geschätzten Standardfehler verzerrt und damit alle inferenzstatistischen Schlüsse falsch sind. White (1980) hat daher nicht nur einen Test auf Heteroskedastizität, sondern auch Formeln zur Berechnung korrekter Standardfehler bei der OLS-Schätzung und heteroskedastischer Residualvarianzen entwickelt.[30] Diese *robusten Standardfehler* basieren wie beim White-Test darauf, dass die quadrierten Residuen konsistente Schätzer der heteroskedastischen Residualvarianzen sind. Statistikprogramme zur Berechnung von OLS-Regressionen berechnen auf Anforderung auch robuste Standardfehler.[31]

In Tabelle 14.1 sind für das Modell M3 zum einen die Ergebnisse der OLS-Schätzung aus Tabelle 13.3 wiederholt, wobei zu-

30 Es gibt verschiedene Bezeichnungen für die robusten Standardfehler, da die zugrundeliegende Idee in unterschiedlichen Kontexten mehrfach entwickelt wurde. So wird der robuste Standardfehler auch als Huber-White-Standardfehler oder nach seiner Berechnungsformel als Sandwich-Standardfehler bezeichnet. Es gibt zudem leicht abweichende Berechnungsformeln.

31 Nutzer von STATA geben dazu die Option «vce(robust)» beim Schätzen eines Regressionsmodells an, Nutzer von SPSS müssen die OLS-Regression mit der Prozedur GENLIN schätzen und dabei die Option «/criteria covb = robust» verwenden.

sätzlich die Standardfehler (in der Spalte S.E.$_{OLS}$) wiedergegeben sind und das empirische Signifikanzniveau des zweiseitigen T-Tests der Nullhypothese, dass der jeweilige Regressionskoeffizient null ist. In der vorletzten Spalte sind die mit STATA berechneten robusten Standardfehler (S.E.$_{robust}$) aufgeführt. Die empirischen Signifikanzniveaus in der letzten Spalte beziehen sich auf T-Tests, bei deren Berechnung die robusten Standardfehler eingesetzt werden: $T = b / S.E.(b)$. Der Vergleich mit den OLS-Standardfehlern zeigt nur geringe Unterschiede auf. Entsprechend ändern sich auch die Ergebnisse der Signifikanztests der einzelnen Prädiktoren nur unwesentlich.

Unter den Schätzungen für die Regressionskoeffizienten ist die Variationszerlegung aufgeführt. Neben dem F-Test nach Gleichung 14.18 unter der Annahme homoskedastischer Residuen und dessen empirischem Signifikanzniveau ist auch der F-Test auf der Basis robuster Standardfehler, also bei möglicher Heteroskedastizität aufgeführt. Diese F-Statistik basiert auf der quadratischen Form der Kennwerteverteilung der Regressionsgewichte bei Anwendung der robusten Schätzervarianzen und -kovarianzen.

14.5.3 Ramseys Spezifikationstest

Neben der Forderung nach Homoskedastizität (Gleichung 14.5a bzw. b) und keiner Autokorrelation (Gleichung 14.4)[32] ist für die Gültigkeit inferenzstatistischer Aussagen die Erfüllung der Forderung zentral, dass die spezifizierte Regressionsfunktion die empirische Regressionsfunktion in der Population korrekt beschreibt (Gleichung 14.2b). Wenn diese Annahme erfüllt ist, ist das Regressionsmodell korrekt spezifiziert. Mit Hilfe von Spezifikationstests lässt sich diese Annahme prüfen. Bekannt ist

---

32 Ähnlich wie zur Prüfung auf Homoskedastizität gibt es auch Tests zur Prüfung der Nullhypothese, dass keine Autokorrelation vorliegt (vgl. Johnston / DiNardo, 1997, Kapitel 6.4).

der sehr allgemeine Spezifikationstest RESET[33] von Ramsey (1969).

Die Logik dieses Tests basiert darauf, dass mit Hilfe von Polynom-Regressionen nahezu beliebige Regressionsfunktionen modellierbar sind. Statt für alle Prädiktoren eines Modells Polynome und Interaktionen zwischen den Potenzen der Prädiktoren zu spezifizieren, werden stattdessen in einer schrittweisen Regression die zweiten bis vierten Potenzen der Vorhersagewerte der zu prüfenden Regressionsfunktion in die Regressionsgleichung aufgenommen. Wenn der F-Test der Nullhypothese, dass das Modell korrekt spezifiziert ist, dass also die Potenzen der Vorhersagewerte die Erklärungskraft des Modells *nicht* erhöhen, zu keinem signifikanten Ergebnis führt,[34] dann gilt das ursprüngliche Regressionsmodell als vermutlich korrekt spezifiziert.

Bei der Anwendung des Tests werden in einem ersten Schritt die Vorhersagewerte der zu prüfenden Regressionsfunktion berechnet:

$$M_1: Y = \underbrace{b_0 + \sum_{k=1}^{K} b_k \cdot X_k}_{\hat{Y}_1} + E_1$$

Anschließend werden die Potenzen der Vorhersagewerte berechnet. Um die dabei auftretende sehr hohe Multikollinearität zu reduzieren, werden die Vorhersagewerte vor der Potenzierung meist zentriert oder standardisiert:

$$Z^2(\hat{Y}_1) = \left(\frac{\hat{Y}_1 - \overline{y}}{s_{\hat{Y}_1}}\right)^2, \quad Z^3(\hat{Y}_1) = \left(\frac{\hat{Y}_1 - \overline{y}}{s_{\hat{Y}_1}}\right)^3,$$

$$Z^4(\hat{Y}_1) = \left(\frac{\hat{Y}_1 - \overline{y}}{s_{\hat{Y}_1}}\right)^4 \tag{14.23a}$$

33 RESET: Regression Specification Error Test
34 Die Nullhypothese ist hier die Forschungshypothese.

In einer zweiten Regression werden diese Potenzen als zusätzliche Prädiktoren in das Regressionsmodell aufgenommen:

$$M_2: Y = \underbrace{b_0 + \sum_{k=1}^{K} b_k \cdot X_k + b_{K+1} \cdot Z_{\hat{Y}_1}^2 + b_{K+2} \cdot Z_{\hat{Y}_1}^3 + b_{K+3} \cdot Z_{\hat{Y}_1}^4}_{\hat{Y}_2} + E_2 \quad (14.23b)$$

Mit dem F-Test der schrittweisen Regression (Gleichung 14.21) wird dann die Nullhypothese geprüft, dass die Potenzen der Vorhersagewerte die Erklärungskraft nicht erhöhen:

$$F = \frac{\left(SS(\hat{Y}_2) - SS(\hat{Y}_1)\right)/3}{SS(E_2)/(n-K-4)} \sim F_{df1=3, df2=n-K-4} \quad (14.23c)$$

Wird mit dem Ramsey-Test das trivariate Regressionsmodell A aus Tabelle 13.2 auf Fehlspezifikation geprüft, dann ergibt sich bei Anwendung von Gleichung 14.23c ein F-Wert von 7.18, der bei $df_1 = 3$ und $df_2 = 3396$ zu einem empirischen Signifikanzniveau $p < 0.001$ führt. Das trivariate Modell ist vermutlich fehlspezifiziert. Wird mit dem Test das Modell M3 der quadratischen Regressionsfunktion mit Interaktionseffekten aus Tabelle 13.3 geprüft, ergibt sich ein F-Wert von 1.28, der mit $df_1 = 3$ und $df_2 = 3393$ Freiheitsgraden ein empirisches Signifikanzniveau von $p \leq 0.280$ (berechnet mit STATA) ergibt. Die Nullhypothese, dass das Modell korrekt spezifiziert ist, kann daher auch bei einer Irrtumswahrscheinlichkeit von 20% nicht abgelehnt werden.[35]

Für Modell M3 gibt es somit keine Hinweise auf eine Fehlspezifikation.

Bisweilen wird der Ramsey-Test dahingehend fehlinterpretiert, dass er prüft, ob keine relevanten erklärenden Variablen im Regressionsmodell fehlen.[36] Dies ist jedoch unzutreffend. Die

---

35 Da die Nullhypothese die Forschungshypothese ist, wird ein großer α-Wert gefordert. Wird der Spezifikationstest bei einer OLS-Schätzung mit robusten Standardfehlern berechnet (Fußnote 31), ergibt sich ein empirisches Signifikanzniveau von 0.37.

36 So wird der Test in STATA als «Ramsey regression specification-error test for omitted variables» bezeichnet.

Nullhypothese besagt nur, dass die erklärenden Variablen (evtl. einschließlich der verwendeten Design-Variablen) die bedingten Populationsmittelwerte korrekt beschreiben. Dies bedeutet aber weder, dass das Modell einen möglichen kausalen Zusammenhang der erklärenden Variablen auf die abhängige Variable korrekt beschreibt, noch, dass die Erklärungs- bzw. Vorhersagekraft nicht ansteigen kann, wenn weitere erklärende Variablen in das Modell aufgenommen werden.

14.6 Zusammenfassung

Die wichtigsten Formeln dieses Kapitels
Multiple Regressionsfunktion in der Population

$$Y = \beta_0 + \beta_1 \cdot X_1 + \beta_2 \cdot X_2 + \ldots + \beta_k \cdot X_k + \varepsilon =$$
$$= \beta_0 + \sum_{k=1}^{K} \beta_k \cdot X_k + \varepsilon \tag{14.1}$$

Erwartungstreu geschätzte homoskedastische Residualvarianz

$$\hat{\sigma}^2(\varepsilon) = \frac{SS_E}{df} = \frac{\sum_{i=1}^{n} e_i^2}{n - K - 1} \tag{14.8}$$

Korrigierter oder adjustierter Determinationskoeffizient

$$R_{adj.}^2 = 1 - \frac{\hat{\sigma}_{\varepsilon}^2}{\hat{\sigma}_Y^2} = 1 - \frac{n-1}{n-K-1} \cdot (1 - R^2) \tag{14.9}$$

Toleranz und Varianzinflationsfaktor eines Prädiktors X_k

$$\text{Tol.}(X_k) = 1 - R_k^2 \tag{14.13a}$$

$$\text{VIF}(X_k) = \frac{1}{1 - R_k^2} \tag{14.13b}$$

F-Teststatistik der Nullhypothese, dass alle Regressionsgewichte null sind

$$F = \frac{SS(\hat{Y})/K}{SS(E)/(n-K-1)} = \frac{R^2/K}{(1-R^2)/(n-K-1)} \qquad (14.18)$$

F-Test zweier hierarchisch ineinandergeschachtelter Regressionsmodelle M_0 und M_1

$$F = \frac{(SS(E_0) - SS(E_1))/(df_0 - df_1)}{SS(E_1)/df_1}$$

$$= \frac{(SS(\hat{Y}_1) - SS(\hat{Y}_0))/(df_0 - df_1)}{SS(E_1)/df_1} \qquad (14.21)$$

Glossar der wichtigsten Begriffe dieses Kapitels

Adjustierter Determinationskoeffizient: Determinationskoeffizient auf der Basis der erwartungstreuen Schätzung der Residualvarianz, ist selbst kein erwartungstreuer Schätzer

Autokorrelation: Korrelation zwischen den Residuen

Homoskedastizität: Gleichheit der Varianzen der Populationsresiduen bei allen Ausprägungskombinationen der erklärenden Variablen

Heteroskedastizität: Ungleiche Varianzen der Populationsresiduen

Kollinearitätsproblem: Auftreten sehr hoher Multikollinearität

Multikollinearität: lineare Zusammenhänge zwischen den Prädiktoren eines Regressionsmodells

Multinormalverteilung: multivariate Verallgemeinerung der Normalverteilung; die OLS-Schätzer eines Regressionsmodells sind (asymptotisch) multinormalverteilt

Nicht identifiziertes Modell: die Stichprobendaten enthalten nicht genügend Informationen, um alle Modellparameter eindeutig zu berechnen; kann Folge perfekter Multikollinearität sein

Polynom: Linearkombination von nichtnegativen, ganzzahligen Potenzen einer erklärenden Variablen

Robuster Standardfehler: heteroskedastizitätskorrigierter Standardfehler der OLS-Schätzung

Schrittweise Regression: Schätzung einer Abfolge hierarchisch ineinandergeschachtelter Regressionsmodelle

Toleranz: Maßzahl zur Feststellung der Kollinearität zwischen den erklärenden Variablen

VIF: *variance inflation factor*; Maßzahl zur Feststellung der Kollinearität zwischen den erklärenden Variablen

15 Anwendungen der Regressionsanalyse in der Praxis

15.1 Modellanpassung bei diskreten erklärenden Variablen

In Kapitel 13 und 14 haben wir den Einfluss von Region (X_1) und Religiosität (X_2) auf die Ablehnung von Schwangerschaftsabbruch (Y) untersucht. Dabei hat sich in der schrittweisen Regression das Modell M3 aus Tabelle 13.3 als das relativ beste Modell herausgestellt. Hierarchische F-Tests zeigen, dass dieses Modell sowohl gegenüber Modell M5 und M4 keine signifikant geringere Erklärungskraft aufweist. Umgekehrt ist die Erklärungskraft gegenüber M1 und M2 bei einer Irrtumswahrscheinlichkeit von 5% signifikant höher. Schließlich rechtfertigt auch der Ramsey-Test (vgl. Kapitel 14.5.3) die Vermutung, dass Modell M3 die Regressionsfunktion in der Population zutreffend beschreibt.

Tabelle 13.3 enthält für das Modell M3 lediglich die unstandardisierten Regressionskoeffizienten und die Variationszerlegung. Tabelle 14.1 enthält zusätzlich die Standardfehler der Regressionskoeffizienten, empirische Signifikanzen von T-Tests der Nullhypothesen, dass jeweils ein Regressionskoeffizient null ist, sowie das Ergebnis des F-Tests, dass alle Regressionsgewichte null sind. Von den fünf Regressionsgewichten sind bei $\alpha = 5\%$ zwei nicht signifikant. Dies nehmen wir zum Anlass, um generelle Strategien der Regressionsanalyse vorzustellen.[1] Zum einen kann die Strategie verfolgt werden, ein Modell zu finden, das empirische Zusammenhänge möglichst effizient (sparsam) beschreibt.[2] Nicht signifikante Koeffizienten sind hier ein Hinweis,

---

[1] Da wir hierzu und im weiteren Verlauf des Kapitels eine Vielzahl von Regressionsmodellen und statistischen Tests berechnen, werden aus Platzgründen nur ausgewählte Ergebnisse und Modelle vorgestellt. Die Berechnungen erfolgten mit STATA.

[2] Sparsamkeit bezieht sich auf die Zahl der zu schätzenden Modellparameter. Je weniger Regressionskoeffizienten geschätzt werden, desto sparsamer ist ein Modell.

dass ein Modell so optimiert werden kann, dass alle verbleibenden Effekte signifikant sind.

Eine andere Strategie besteht darin, die Aussagen des Modells inhaltlich möglichst prägnant zu modellieren. Dabei kann die grafische Darstellung wichtige Hinweise liefern. So legt Abbildung 13.4b für das Modell M3 die Vermutung nahe, dass im Osten die Ablehnung von Schwangerschaftsabbruch bei zunehmender Religiosität gleichmäßig (linear) ansteigt, während im Westen mit steigender Religiosität die Ablehnung überproportional (nichtlinear) zunimmt. Wenn das zutrifft, dann sollte das Modell so spezifiziert sein, dass der nichtlineare (quadratische) Zuwachs im Westen im Osten nicht beobachtbar ist. Im Modell M3 wird der quadratische Anstieg der Religiosität durch das Regressionsgewicht b_4 erfasst (Tabelle 14.1). Das Regressionsgewicht b_5 erfasst den zugehörigen Interaktionseffekt und damit den Unterschied zwischen Ost und West beim quadratischen Anstieg. Wenn es einen quadratischen Anstieg nur im Westen gibt, dann müssten die beiden Regressionsgewichte b_4 und b_5 gleiche absolute Werte haben, sich aber im Vorzeichen unterscheiden. Die Prüfung dieser Vermutung führt zu folgendem Hypothesenpaar:[3]

$H_0: \beta_4 + \beta_5 = 0$ versus $H_1: \beta_4 + \beta_5 \neq 0$

Zur Prüfung dieses linearen Kontrasts wird ein T-Test berechnet (vgl. Kapitel 14.3.2). Dazu wird die geschätzte Kovarianz der Kennwerteverteilung von b_4 und b_5 benötigt. Der Wert beträgt -0.0004089.[4] Nach Gleichung 5.22c berechnet sich dann der Standardfehler der Summe der beiden Koeffizienten als:

---

3 Da die Vorzeichen verschieden sind, gibt die Summe die Differenz der Absolutwerte wieder.

4 Dieser Wert ist der Kovarianzmatrix der Kennwerteverteilungen der Schätzer zu entnehmen, die von Statistikprogrammen nicht standardmäßig, sondern nur auf Anforderung ausgegeben wird. Aus Platzgründen verzichten wir auf die Wiedergabe der Matrix.

$$\hat{\sigma}(b_4 + b_5) = \sqrt{\hat{\sigma}^2(b_4) + \hat{\sigma}^2(b_5) + 2 \cdot \hat{\sigma}(b_4, b_5)}$$

$$= \sqrt{0.0202^2 + 0.0385^2 + 2 \cdot (-0.0004089)} = 0.0327$$

Die Teststatistik ist der Quotient aus der Summe der beiden Koeffizienten geteilt durch dessen Standardfehler:

$$T = \frac{b_4 + b_5}{\hat{\sigma}(b_4 + b_5)} = \frac{0.119 + (-0.072)}{0.0327} = 1.44$$

Bei df = 3396 Freiheitsgraden ergibt sich im zweiseitigen Test ein (mit STATA berechnetes)[5] Signifikanzniveau von p = 0.150. Die Nullhypothese ist vermutlich zutreffend.[6]

Statt über den linearen Kontrast lässt sich die Vermutung der Gleichheit der Regressionskoeffizienten auch über einen F-Test prüfen. Dazu muss ein Regressionsmodell spezifiziert werden, das die Restriktion(en) der Nullhypothese erfüllt. Möglich wird das, wenn eine weitere Design-Variable (X_3) gebildet wird, die nun die *Differenz* der Prädiktoren der beiden zu testenden Regressionsgewichte ist:[7]

$$X_3 = X_2^2 - X_1 \cdot X_2^2$$

Diese Design-Variable kann umgeformt werden zu:

$$X_2^2 - X_1 \cdot X_2^2 = (1 - X_1) \cdot X_2^2$$

Da X_1 (Region) 0/1-codiert ist mit Osten = 1, misst die Design-Variable X_3 das Quadrat der Religiosität $(X_2)^2$ ausschließlich bei Befragten aus dem Westen $(1-0) \cdot (X_2)^2$. Wird X_3 *anstelle* der bei-

---

5 Alle in diesem Kapitel berichteten empirischen Signifikanzniveaus sind mit STATA berechnet.

6 Da vermutet wird, dass die Regressionsgewichte bis aufs Vorzeichen gleich sind, ist die Forschungshypothese die Nullhypothese.

7 Generell können Restriktionen bei der Schätzung von Regressionsmodellen dadurch erzwungen werden, dass anstelle der unrestringierten Prädiktoren geeignete Design-Variablen spezifiziert werden, die die Restriktion erfüllen. Im Beispiel hat b_4 ein positives und b_5 ein negatives Vorzeichen. Um bis aufs Vorzeichen die Gleichheit der Regressionsgewichte b_4 für $(X_2)^2$ und b_5 für $X_1 \cdot (X_2)^2$ zu erzwingen, ist die Design-Variable, die diese Restriktion erfüllt, die Differenz der Ausgangsvariablen $(X_2)^2 - X_1 \cdot (X_2)^2$ und nicht ihre Summe:

den Prädiktoren $(X_2)^2$ *und* $X_1 \cdot (X_2)^2$ in die Regressionsgleichung von M3 in Tabelle 13.3 eingesetzt, dann ergibt sich das Regressionsmodell M3a in Tabelle 15.1:

$$Y = b_0 + \underbrace{b_1 \cdot X_1}_{\text{Region}} + \underbrace{b_2 \cdot X_2}_{\text{Religiosität}} + \underbrace{b_3 \cdot X_1 \cdot X_2}_{\text{Religiosität im Osten}} + \underbrace{b_4 \cdot \left(1 - X_1\right) \cdot X_2^2}_{\text{Religiosität}^2 \text{ im Westen}} + E$$

Da Modell M3a in Tabelle15.1 ein restriktiver Spezialfall von M3 (Tabelle 13.3 bzw. Tabelle 14.1) ist und beide Modelle mit denselben Daten berechnet wurden, kann mit Hilfe eines hierarchischen F-Tests nach Gleichung 14.21 die Nullhypothese H_0: $\beta_4 + \beta_5 = 0$ für das Modell M3 geprüft werden:[8]

$$F = \frac{(10983.7526 - 10977.0595) / 1}{10977.0595 / 3396} = 2.07$$

Der F-Test bei $df_1 = 1$ und $df_2 = 3396$ führt (wie der T-Test) zu einem empirischen Signifikanzniveau von wiederum $p = 0.150$. Der Vorteil des F-Tests gegenüber dem T-Test besteht darin, dass mit der Schätzung des restriktiven Modells M3a Informationen darüber vorliegen, wie sich die übrigen Regressionskoeffizienten ändern, wenn die Restriktion eingeführt wird. So steigt das Regressionsgewicht für den Interaktionseffekt zwischen Region und Religiosität von 0.405 in Modell M3 in Tabelle 14.1 auf 0.563 in Modell M3a in Tabelle 15.1 an.[9]

Als Beispiel für die Strategie einer möglichst sparsamen Modellierung wird der einzige nicht signifikante Effekt in Modell M3a ($b_2 = -0.108$) des Haupteffekts der Religiosität (X_2) auf null gesetzt, d.h. der Prädiktor wird aus dem Modell ausgeschlossen. Das Ergebnis der Schätzung ist das Modell M3b:

$$Y = b_0 + \underbrace{b_1 \cdot X_1}_{\text{Region}} + \underbrace{b_2 \cdot X_1 \cdot X_2}_{\text{Religiosität im Osten}} + \underbrace{b_3 \cdot \left(1 - X_1\right) \cdot X_2^2}_{\text{Religiosität}^2 \text{ im Westen}} + E$$

8 Der mit STATA berechnete genauereWert beträgt 2.02.
9 Da dieser Interaktionseffekt inhaltlich nicht ohne die Haupteffekte betrachtet werden sollte, wird der Wert 0.56 hier nicht interpretiert.

Tabelle 15.1: **Regression der Ablehnung von Schwangerschaftsabbruch (Y)
auf Region (X_1) und Religiosität(X_2)**

a) quadratische Regressionsfunktion im Westen, lineare im Osten

Y		Modell M3a			Modell M3b		
		Koeff.	S.E.	p	Koeff.	S.E.	p
Konstante	b_0	2.410	0.0697	<.001	b_0 2.343	0.0465	<.001
X_1	b_1	−1.091	0.0956	<.001	b_1 −1.023	0.0802	<.001
X_2	b_2	−0.108	0.0836	0.196			
$X_1 \cdot X_2$	b_3	0.563	0.0976	<.001	b_2 0.455	0.0503	<.001
$(1-X_1) \cdot (X_2)^2$	b_4	0.119	0.0202	<.000	b_3 0.094	0.0072	<.001
Quelle		Variation	df	p	Variation	df	p
Vorhersagew.		1649.3188	4		1643.9001	3	
Residuen		10983.7526	3397		10989.1714	3398	
R^2; F		0.1306; 127.52		<.001	0.1301; 169.44		<.001

Daten: Allbus 2006, n = 3402

b) quadratische Regressionsfunktion im Westen, s-förmige im Osten

Y		Modell M3c			Modell M3d		
		Koeff.	S.E.	p	Koeff.	S.E.	p
Konstante	b_0	2.343	0.0464	<.001	b_0 2.343	0.0464	<.001
X_1	b_1	−0.961	0.0851	<.001	b_1 −0.976	0.0794	<.001
$(1-X_1) \cdot (X_2)^2$	b_2	0.094	0.0072	<.001	b_2 0.094	0.0072	<.001
$X_1 \cdot X_2$	b_3	−0.118	0.2482	0.636			
$X_1 \cdot (X_2)^2$	b_4	0.369	0.1713	0.032	b_3 0.292	0.0572	<.001
$X_1 \cdot (X_2)^3$	b_5	−0.052	0.0271	0.056	b_4 −0.041	0.0131	0.002
Quelle		Variation	df	p	Variation	df	p
Vorhersagew.		1662.393	5		1661.67	4	
Residuen		10970.678	3396		10971.40	3397	
R^2; F		0.132; 102.92		<.001	0.1315; 128.62		<.001

Daten: Allbus 2006, n = 3402

Das Modell M3b ist bei $\alpha = 5\%$ nicht signifikant schlechter
als M3a.[10] Der Ramsey-Test kommt zudem zu dem Ergebnis,
dass das Modell M3b nicht fehlspezifiziert ist ($F = 1.56$, $df_1 = 3$,

---

10 Es ist nicht notwendig, einen F-Test zwischen Modell M3b und M3a durchzuführen, weil dieser das gleiche empirische Signifikanzniveau aufweisen würde wie das Regressionsgewicht b_2 in Modell 3a.

$df_2 = 3395$, $p = 0.1977$). Der White-Test (Gleichung 14.22c) legt nahe, dass die Residuen im Modell M3b keine homoskedastische Varianz aufweisen (White = 16.1, df = 5, p = 0.007). Wird das Modell mit robusten Standardfehlern geschätzt, ändern sich die Werte der Standardfehler allerdings nur geringfügig gegenüber den OLS-Standardfehlern. Vor allem bleiben sämtliche Regressionskoeffizienten auch bei $\alpha = 0.1\%$ signifikant.

Die Interpretation des Modells M3b ist recht einfach: Die Regressionskonstante des Modells M3b in Tabelle 15.1 gibt die mittlere Zahl der Ablehnungen von Schwangerschaftsabbruch für Befragte aus dem Westen an, die nicht religiös sind. Im Durchschnitt werden hier 2.34 Indikationsgründe abgelehnt. Das Regressionsgewicht für die Region (X_1) erfasst den Unterschied (Kontrast) zwischen Ost und West. Der negative Wert -1.02 bedeutet, dass im Osten nichtreligiöse Personen im Mittel einen Indikationsgrund weniger ablehnen. Mit zunehmender Religiosität steigt im Durchschnitt die Zahl der abgelehnten Indikationsgründe. Im Westen ist der Anstieg kurvilinear (nichtlinear), erst sehr langsam und dann schneller. Der Anstieg von $X_2 = 0$ auf X_2 beträgt $0.094 (= 0.094 \cdot (1^2 - 0^2))$, der Anstieg von $X_2 = 1$ auf $X_2 = 2$ beträgt bereits $0.282 (= 0.094 \cdot (2^2 - 1^2))$. Im Osten ist der Anstieg linear und vor allem bei geringeren Ausgangswerten der Religiosität bei einem Wert von $b_2 = 0.455$ deutlich stärker als $b_3 = 0.094$.

In Abbildung 15.1a ist der Kurvenverlauf der bedingten Regressionskurven dargestellt. Der quadratische Anstieg im Westen ($X_1 = 0$) und der lineare Anstieg im Osten ($X_1 = 1$) wird sehr gut sichtbar. Auch liegen beide bedingten Regressionskurven dicht bei den jeweiligen bedingten Mittelwerten. Auffallend ist einzig der Abstand des Stichprobenmittelwerts bei einer Religiosität von $X_2 = 3$ (d. h. Kirchgangshäufigkeit 1–2-mal im Monat) im Osten. Der Wert ist deutlich höher als von der Regressionsfunktion vorhergesagt und liegt mit 3.24 Ablehnungen von Indikationsgründen für Schwangerschaftsabbruch sogar ganz knapp

Abbildung 15.1: Alternative Regressionsmodelle zur Erfassung des Einflusses von Religiosität auf die Ablehnung von Schwangerschaftsabbruch im Osten und im Westen

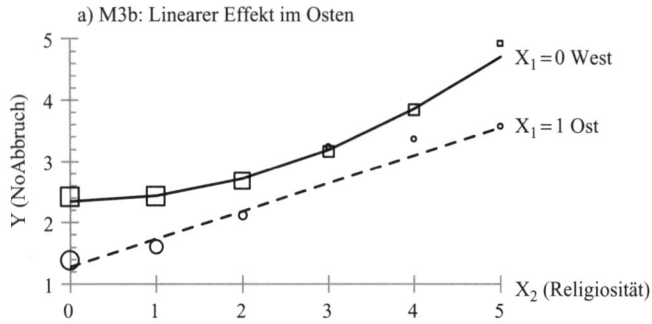

a) M3b: Linearer Effekt im Osten

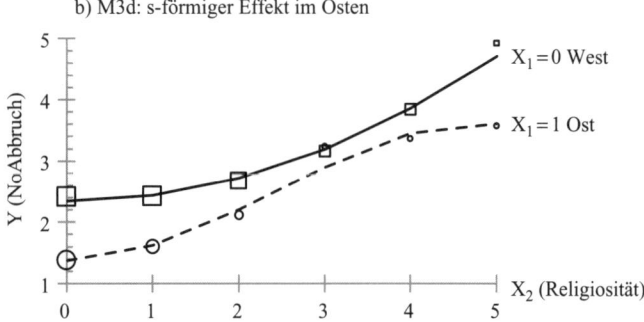

b) M3d: s-förmiger Effekt im Osten

Daten: Allbus 2008, Modelle M3b und M3d aus Tabelle 15.1, n = 3402

über dem entsprechenden Wert im Westen mit 3.17 Ablehnungen.

Die multiple Regressionsanalyse bietet die Möglichkeit zu testen, ob dieser *Ausreißerwert* signifikant ist. Dazu wird als Hilfsvariable eine 0/1-codierte Design-Variable gebildet, die hier den Wert 1 bei Befragten mit der Ausprägungskombination $X_1 = 1$ und $X_2 = 3$ aufweist. Wenn das Regressionsgewicht dieser Hilfsvariablen signifikant ist, ist das Modell an dieser Stelle mögli-

cherweise fehlspezifiziert.[11] Tatsächlich ist das Regressionsgewicht der Hilfsvariablen mit einem T-Wert von 1.96 bei $\alpha = 5\%$
gerade noch signifikant von null verschieden. Bei der Verwendung robuster Standardfehler ist das Regressionsgewicht dagegen bei einem empirischen Signifikanzniveau von $p = 0.08$
($T = 1.74$) nicht mehr signifikant.

Da der White-Test auch für dieses Modell Heteroskedastizität
diagnostiziert, würde man in der Praxis aufgrund dieses Ergeb-
nisses vermutlich bei Modell M3b bleiben. Wir wollen hier jedoch alternativ im Osten nach einer Regressionsfunktion su-
chen, die diesen Ausreißerwert *nicht* als zufällige Abweichung,
sondern als systematischen Effekt betrachtet. Wenn der Wert
kennzeichnend für die Regressionsfunktion ist, sollte diese einen
s-förmigen Verlauf aufweisen. Es wird daher wieder eine Polynom-Regression dritter Ordnung spezifiziert, im Unterschied zu
Modell M4 aus Tabelle 13.3 (dargestellt in Abbildung 13.4c) allerdings nur für die bedingte Regressionsfunktion im Osten, d. h.
nur die Interaktionseffekte aus M4 werden berücksichtigt:

$$Y = b_0 + \underbrace{b_1 \cdot X_1}_{\text{Region}} + \underbrace{b_2 \cdot (1 - X_1) \cdot X_2^2}_{\text{Religiosität}^2 \text{ im Westen}}$$

$$+ \underbrace{b_3 \cdot X_1 \cdot X_2 + b_4 \cdot X_1 \cdot X_2^2 + b_5 \cdot X_1 \cdot X_2^3}_{\text{Polynom-Regression dritter Ordnung nur im Osten}} + E$$

Gegenüber dem Modell M3b ist das Modell M3c in Tabelle 15.1
wiederum an der Grenze zur Signifikanz. Der hierarchische
F-Test zwischen Modell M3b und M3c ergibt ein empirisches
Signifikanzniveau von $p = 0.0574$ ($F = 2.86$, $df_1 = 2$, $df_2 = 3396$).[12]
Das bedeutet, dass im liberaleren Modell M3c mindestens einer
der zusätzlichen Effekte, b_4 und / oder b_5, nicht signifikant ist.

11 Zwar weist der Ramsey-Test auf keine Fehlspezifikation hin, singuläre Abweichungen können aber nicht in jedem Fall von dem globalen Anpassungstest entdeckt
werden.

12 Der F-Test basiert auf OLS-Standardfehlern unter der vermutlich unzutreffenden
Homoskedastizitätsannahme.

In Modell M3c ist nun auch der lineare Interaktionseffekt b_3 für $X_1 \cdot X_2$ von Religiosität im Osten nicht mehr signifikant (p = .636). Wird dieser Effekt im Regressionsmodell ausgelassen, ergibt sich mit Modell M3d (Tabelle 15.1b) ein Modell, das bei $\alpha = 1\%$ wieder ausschließlich signifikante Effekte aufweist[13] und das in Abbildung 15.1b grafisch dargestellt ist.

Wie schon bei der deskriptiven Analyse in Kapitel 13.3 und in Abbildung 13.4 führt die Regressionsanalyse zu zwei Modellen M3b und M3d, die hier beide mit wenigen Parametern die Daten gut beschreiben, aber (im Osten) zu unterschiedlichen Aussagen kommen: Nach dem Modell M3b hat die Religiosität im Osten einen linearen Effekt auf die Ablehnung von Schwangerschaftsabbruch; nach Modell M3d besteht dagegen im Osten ein s-förmiger Zusammenhang. Diese Gegenüberstellung der beiden Modelle verdeutlicht, dass Ergebnisse von Regressionsanalysen nicht allein durch die Daten bestimmt werden, sondern auch durch theoretische Vorstellungen, die in die Modellspezifikation eingehen.

Eine empirische Entscheidung kann hier nicht über einen F-Test zwischen den beiden Modellen erreicht werden, da sie nicht hierarchisch ineinandergeschachtelt sind. Zwar weist Modell M3d ein Regressionsgewicht mehr auf als M3b, aber in beiden Modellen gibt es jeweils mindestens einen Prädiktor ($X_1 \cdot X_2$ in M3b und $X_1 \cdot (X_2)^3$ in M3d), der im anderen Modell nicht vorkommt und ein Testen verhindert. Auch alternative Möglichkeiten des Modellvergleichs kommen nicht ohne theoretische Vorannahmen aus.[14] Eine rein empirische Modellauswahl ist also nicht hilfreich.[15]

Auf zwei mögliche Probleme unserer Modellanpassung soll hingewiesen werden. Dies betrifft zunächst die Strategie, Prädik-

13 Dies gilt auch, wenn robuste Standardfehler berechnet werden.
14 So können für Vergleiche nicht hierarchisch geschachtelter Modelle informations-theoretische Kriterien wie z.B AIC (Akaike's Information Criteria) verwendet werden (vgl. Bozdogan, 1987).
15 Entscheidungshilfe könnte hier allerdings ein unabhängig erhobener zweiter Datensatz geben.

toren mit nicht signifikanten Regressionsgewichten aus dem Modell zu entfernen, falls diese Prädiktoren Haupteffekte spezifizieren, zu denen es im Modell Interaktionseffekte gibt. In Kapitel 13.3.1 wurde gezeigt, dass Haupteffekte bei Vorliegen eines Interaktionseffekts durch eine auf Intervallskalenniveau zulässige Verschiebung des Nullpunkts der Maßeinheit beliebige Werte (einschließlich des Wertes null) annehmen können. Daher hat der Ausschluss solcher Effekte aufgrund fehlender Signifikanz keine empirisch begründbare Rechtfertigung. Gleiches gilt für Potenzen geringerer Ordnung, wenn Potenzen höherer Ordnung für einen Prädiktor im Modell enthalten sind. Dieses Problem tritt aber nur auf, wenn erklärende Variablen *kein* Ratioskalenniveau aufweisen, da bei Ratioskalen Verschiebungen keine zulässigen Transformationen sind. Im Beispiel der Erklärung von Schwangerschaftsabbruch kann argumentiert werden, dass die erklärende Variable Religiosität als Ratioskala interpretiert werden kann, da es einen natürlichen Nullpunkt (Kirchgangshäufigkeit = 0) gibt. Ähnliches gilt für die Region, da eine dichotome Variable immer auch als ratioskaliert aufgefasst werden kann. Deshalb kann im Beispiel das Auslassen von Haupteffekten inhaltlich interpretiert werden und basiert nicht ausschließlich auf dem rein formalen Kriterium der Sparsamkeit des Modells.

Ein weiteres Problem ist das der *Überanpassung* (*Overfitting*) an eine Stichprobe. Die rein empirische Suche nach einem gut passenden Regressionsmodell kann zu einem Modell führen, das die Stichprobendaten sehr gut beschreibt, aber für andere Datensätze nicht geeignet ist. Wenn Verallgemeinerungen auf eine Grundgesamtheit angestrebt werden, sollte daher nicht die Strategie verfolgt werden, unbedingt ein sehr gut passendes und gleichzeitig sehr sparsames Modell zu finden. Bei großen Datensätzen kann zur Vermeidung von Überanpassung die Möglichkeit der *Kreuzvalidierung* genutzt werden. Die Stichprobe wird dabei zufällig in zwei Teilstichproben zerlegt. In der ersten Teilstichprobe – der *Kalibrierungsstichprobe* – wird dann ein passendes Modell gesucht und in der zweiten Stichprobe – der *Validie-rungsstichprobe* – wird geprüft, ob das Modell auch hier passt. Dieses Vorgehen entschärft auch das Problem des mehrfachen Hypothesentestens an einem Datensatz, das darin besteht, dass die geforderten Signifikanzschwellen nicht korrekt sind, sodass die α-Fehlerwahrscheinlichkeiten unterschätzt werden.[16]

15.2 Konditionale Haupteffekte und Regression durch den Ursprung

In den Regressionsmodellen M3b und M3d gelten die geschätz-ten Regressionsgewichte für den Effekt der Religiosität entweder nur im Westen bei $(1-X_1) \cdot (X_2)^2$ oder nur im Osten bei $X_1 \cdot (X_2)^2$ und $X_1 \cdot (X_2)^3$. Formal handelt es sich um Interaktionseffekte, da sie als Produkte mit X_1 bzw. $1-X_1$ gebildet wurden. Im Unter-schied zu den Interaktionseffekten in Tabelle 13.3 erfassen sie aber nicht die Differenzen (also Veränderungen) gegenüber den Haupteffekten, sondern geben den Effekt in einer Teilstichprobe an. Man spricht dann davon, dass *konditionale Haupteffekte* ge-schätzt werden.

Formal sind Modelle mit Interaktionseffekten oder mit kon-ditionalen Haupteffekten äquivalent. Sie können auch ineinan-der umgerechnet werden. Welche Darstellung gewählt wird, ist daher beliebig. Wenn sich die Ausprägungen einer Variablen wie im Beispiel die Region inhaltlich als Definition von Subpopu-lationen auffassen lassen, sind konditionale Haupteffekte oft leichter zu interpretieren als Haupt- plus Interaktionsefffekte. Wenn Haupt- und Interaktionseffekte spezifiziert sind, sind

16 Wenn K unabhängige Tests mit einer Irrtumswahrscheinlichkeit α durchgeführt wer-den und bei allen die Nullhypothese zutrifft, dann ist die Wahrscheinlichkeit, dass mindestens ein Test zu einem signifikanten Ergebnis kommt $1-(1-\alpha)^K$, bei $\alpha = 5\,\%$ und 10 Tests also $1 - 0.95^{10} = 40.1\,\%$. Es gibt verschiedene Korrekturen der α-Fehler-wahrscheinlichkeit, um dieses Problem zu lösen. Leider weisen alle das Problem auf, dass sie gleichzeitig die Trennschärfe der Tests reduzieren und nicht berücksichtigen, dass Tests anhand von Daten einer Strichprobe nicht unabhängig voneinander sind.

nämlich bereits die Haupteffekte streng genommen konditionale Haupteffekte für die durch die Regressionskonstante festgelegte Referenzgruppe, bei der die miteinander interagierenden Variablen null sind (im Beispiel die durch $X_1 = 0$ definierte Gruppe, also Westen), während die Interaktionseffekte die Abweichungen von dieser Referenzgruppe bilden.

Im Modell M3d ist der Effekt von Region (X_1) als eigener Haupteffekt spezifiziert. Der Effekt misst den Unterschied zwischen der Referenzgruppe Westen ($X_1 = 0$) und der zweiten Gruppe Osten ($X_1 = 1$). Sollen auch für Region konditionale Haupteffekte geschätzt werden, müsste neben X_1 eine Design-Variable $X_4 = 1 - X_1$ in das Modell aufgenommen werden, die als konditionalen Haupteffekt den Mittelwert von nichtreligiösen ($X_2 = 0$) Personen im Westen erfasst, sodass X_1 nicht mehr die Differenz zum Westen, sondern den konditionalen Haupteffekt im Osten, also den Mittelwert von nichtreligiösen Personen im Osten wiedergibt.

Es besteht allerdings das Problem, dass bei gleichzeitiger Berücksichtigung von X_4 und X_1 im Regressionsmodell perfekte Multikollinearität besteht, da die beiden Variablen durch die lineare Gleichung $X_4 = 1 - X_1$ ineinander überführbar sind. Dies kann dadurch vermieden werden, dass die Regressionskonstante b_0 nicht geschätzt wird. Wird die Konstante ausgelassen, können konditionale Haupteffekte der Region für Osten und Westen geschätzt werden. Da keine Regressionskonstante geschätzt wird und formal der Vorhersagewert $\hat{Y} = 0$ dann auftritt, wenn alle Prädiktoren jeweils den Wert null aufweisen (d. h. in der allgemeinen Gleichung 13.9 gilt: $b_0 = 0$ & $X_1 = 0$ & $X_2 = 0$, …), bezeichnet man ein Regressionsmodell ohne Regressionskonstante als *Regression durch den Ursprung*. In Statistikprogrammen muss eine solche Regression meist explizit angefordert werden.

In Tabelle 15.2a ist für Modell M3d das Ergebnis einer Regression durch den Ursprung wiedergegeben (Modell M3e), dessen Regressionsgewichte und Standardfehler bis auf eine Ausnahme

Tabelle 15.2: **Regression der Ablehnung von Schwangerschaftsabbruch (Y) auf Region (X_1) und Religiosität (X_2): Spezifikation von Interaktionseffekten als konditionale Haupteffekte**

a) Regression durch den Ursprung

Y		Modell M3e				
		Koeff.	$S.E._{OLS}$	p	$S.E._{robust}$	p
$(1-X_1)$	b_1	2.343	0.0464	<.001	0.0476	<.001
$(1-X_1)\cdot(X_2)^2$	b_2	0.094	0.0072	<.001	0.0076	<.001
X_1	b_3	1.367	0.0645	<.001	0.0624	<.001
$X_1\cdot(X_2)^2$	b_4	0.292	0.0572	<.001	0.0600	<.001
$X_1\cdot(X_2)^3$	b_5	−0.041	0.0131	0.002	0.0140	0.004
Quelle		Rohmomente	df	p		
Vorhersagewerte		20563.59	5			
Residuen		10971.404	3397			
R^2; F		0.6521; 1273.39		<.001		

b) Konstantenmodell M3f: Regression durch den Ursprung auf Konstante «1»

Y	Koeff.	S.E	p	Quelle	Rohmomente	df
«1» b_1	2.357	0.0330	<.001	Vorhersagew.	18901.9286	1
R^2; F	0.5994; 5088.66		<.001	Residuen	12633.0714	3401

c) Konditionale Regressionen im Westen und im Osten

Y		Westen (M3g)			Osten (M3h)		
		Koeff.	S.E.	p	Koeff.	S.E.	p
Konstante	b_0	2.343	0.0470	<.001	1.367	0.0629	<.001
$X_1\cdot(X_2)^2$	b_1	0.094	0.0073	<.001	0.292	0.0558	<.001
$X_1\cdot(X_2)^3$	b_2				−0.041	0.0128	0.002
Quelle		Variation	df	p	Variation	df	p
Vorhersagew.		558.3731	1		281.7107	2	
Residuen		7544.3848	2282		3427.019	1115	
R^2; F		0.0689; 168.893		<.001	0.0760; 45.83		<.001
Fallzahl		2284			1118		

Daten: Allbus 2006, n = 3402

mit den Schätzungen von Modell M3d in Tabelle 15.1b identisch sind. Diese Ausnahme betrifft den Effekt von X_1, der nun (ohne Konstante) als konditionaler Haupteffekt den Mittelwert nichtreligiöser Personen im Osten erfasst: $1.367 = 2.343 + (-0.976)$. Die zusätzliche Design-Variable $X_4 = 1 - X_1$ hat in Modell M3e (Tabelle 15.2a) den Wert und den Standardfehler der Regressionskonstanten von Modell 3d (Tabelle 15.1b), d. h. dass b_0 im Modell M3d bereits den Mittelwert der nichtreligiösen Befragten im Westen erfasst. Deutlich wird dies bei genauer Betrachtung der Regressionsgleichung von Modell M3e:

$$Y = \underbrace{0}_{\substack{\text{keine} \\ \text{Konstante} \\ =0}} + \underbrace{b_1 \cdot \left(1 - X_1\right)}_{\substack{\text{Mittelwert bei } X_2 = 0 \\ \text{im Westen} \\ b_1 = 2.343}} + \underbrace{b_2 \cdot \left(1 - X_1\right) \cdot X_2^2}_{\substack{\text{Religiosität}^2 \text{ im Westen} \\ b_2 = 0.094}} + \underbrace{b_3 \cdot X_1}_{\substack{\text{Mittelwert bei } X_2 = 0 \\ \text{im Osten} \\ b_3 = 1.367}}$$

$$+ \underbrace{b_4 \cdot X_1 \cdot X_2^2 + b_5 \cdot X_1 \cdot X_2^3 + E}_{\substack{\text{Polynom-Regression} \\ \text{dritter Ordnung im Osten} \\ b_4 = 0.292; \, b_5 = (-0.041)}}$$

Da in Modell M3d und Modell M3e die Vorhersagewerte und somit auch die Residualvariation SS_E (10971.404) identisch sind, sind die beiden Modelle beobachtungsäquivalent. Dennoch gibt es Unterschiede, die darauf beruhen, dass im Modell M3e (Tabelle 15.2a) bei der Regression durch den Ursprung nicht die Variation der abhängigen Variablen, sondern die Summe der quadrierten Realisierungen der abhängigen Variablen (das zweite Rohmoment (vgl. Gleichung 3.39) zerlegt wird:

$$\sum_{i=1}^{n} y_i^2 = \sum_{i=1}^{n} \hat{y}_i^2 + \sum_{i=1}^{n} e_i^2 = \sum_{i=1}^{n} \left(\sum_{k=1}^{K} \beta_k \cdot x_{k,i}\right)^2 + \sum_{i=1}^{n} e_i^2 \qquad (15.1)$$

wobei i = Index für die n Fälle im Datensatz

k = Index für die K Prädiktoren

$\sum_{i=1}^{n} y_i^2$ = Summe der quadrierten Realisierungen der abhängigen Variablen (= zweites Rohmoment von Y).

Bei der Rohmomentzerlegung im Modell M3e ist zwar die Residualvariation mit der von Modell M3d identisch, aber der Wert für die «Variation» $SS(\hat{Y})$ (genau genommen die Summe der quadrierten Vorhersagewerte) ist viel höher und hat $df = 5$ statt $df = 4$ Freiheitsgrade. Entsprechend sind auch die angegebenen Werte für die F-Statistik und R^2 im Modell M3e sehr viel höher als im Modell M3d.

Bei einer Regression durch den Ursprung beinhaltet die Variationszerlegung nur dann tatsächlich eine Zerlegung der *Variation* von Y, wenn Y selbst und alle Prädiktoren zentriert sind, also Mittelwerte von null haben. Dies ist hier aber nicht der Fall.[17] Der angegebene Wert von R^2 ist deshalb hier auch nicht der klassische Determinationskoeffizient. Er gibt vielmehr den Anteil der quadrierten Vorhersagewerte an der Summe der quadrierten Realisierungen der abhängigen Variablen (vgl. Gleichung 15.1) an.

Aus Gleichung 15.1 wird auch deutlich, warum der F-Test bei Modell M3e andere Werte aufweist als bei Modell M3d. Im Modell M3e prüft der F-Test *nicht* die übliche Nullhypothese, dass alle Regressionsgewichte null sind und damit alle bedingten Populationsmittelwerte gleich einem *beliebigen Wert* sind. Da es im Modell M3e keine Regressionskonstante gibt, wird hier *zusätzlich* in der Nullhypothese des F-Tests die Restriktion geprüft, dass alle bedingten Mittelwerte in der Population *exakt null* sind. Der F-Test von Modell M3e kommt zu dem Ergebnis, dass diese Nullhypothese unzutreffend ist.

Soll bei einer Regression durch den Ursprung dagegen die «übliche» Nullhypothese geprüft werden, dass alle Regressionsgewichte gleich null, aber nicht gleichzeitig alle bedingten Mittelwerte gleich null sind, dann muss dies durch eine für das Modell

---

17 Einen Mittelwert von null hat nur die Residualvariable, weswegen ihr zweites Rohmoment ihre Variation ist.

$$\sum_{i=1}^{n} e_i^2 = SS_E.$$

M3e (Regression durch den Ursprung) geeignete Restriktion spezifiziert werden.

Diese Restriktion (alle bedingten Mittelwerte bzw. Vorhersagewerte gleich, aber möglicherweise ungleich null) wird im Modell M3e erfüllt, wenn a) die Religiosität keinen Effekt hat und b) die konditionalen Haupteffekte der Region b_1 und b_3 (bzw. in der Population β_1 und β_3) gleich sind. Daraus ergibt sich die Modifikation für die Vorhersagewerte von Modell M3e:

$$\hat{Y} = b_1 \cdot (1 - X_1) + b_2 \cdot (1 - X_1) \cdot X_2^2 + b_3 \cdot X_1 + b_4 \cdot X_1 \cdot X_2^2$$
$$+ b_5 \cdot X_1 \cdot X_2^3$$
$$\rightarrow \hat{Y} = b \cdot (1 - X_1) + 0 \cdot (1 - X_1) \cdot X_2^2 + b \cdot X_1 + 0 \cdot X_1 \cdot X_2^2 + 0 \cdot X_1 \cdot X_2^3$$
$$= b \cdot ((1 - X_1) + X_1).$$

Diese modifizierte Vorhersagegleichung kann auch als Modell M3f geschätzt werden:

$$Y = \hat{Y} + E = b \cdot ((1 - X_1) + X_1) + E = \underbrace{b_1 \cdot 1}_{\substack{\text{Regression} \\ \text{auf Konstante}}} + E.$$

Dieses Modell heißt *Konstantenmodell,* weil die abhängige Variable auf einen Prädiktor mit dem konstanten Wert 1.0 regrediert wird.[18] In Tabelle 15.2b ist das Konstantenmodell M3f wiedergegeben. Der hierarchische F-Test des Modells M3f gegen das Modell M3e ergibt nach Gleichung 14.21 folgende Teststatistik:

$$F = \frac{(SS(E_0) - SS(E_1)) / (df_0 - df_1)}{SS(E_1) / df_1}$$
$$= \frac{(12633.0714 - 10971.404) / (3401 - 3397)}{10971.404 / 3397} = \frac{1661.667 / 4}{10971.404 / 3397}$$
$$= 128.62.$$

Der resultierende F-Wert ist mit der Teststatistik F des Modells M3d (Tabelle 15.1b) identisch. Identisch sind auch die Werte der

---

18 Formal kann die Konstante bei einer Regression durch den Ursprung als Regressionsgewicht einer «Pseudovariablen» aufgefasst werden, bei der alle Befragten den Wert 1 haben.

Variationen und Freiheitsgrade im Zähler und Nenner mit der Vorhersagevariation und der Residualvariation des Modells M3d. Damit zeigt sich, dass der F-Test eines (beliebigen) Regressionsmodells identisch ist mit einem hierarchischen F-Test, wenn anstelle des Regressionsmodells mit Konstante eine beobachtungsäquivalente Regression durch den Ursprung geschätzt wird[19] und das Konstantenmodell gegen diese Regression durch den Ursprung getestet wird.

Das bedeutet, dass sämtliche Koeffizienten separat geschätzter Regressionsmodelle in Subpopulationen, in denen die Subgruppen über 0/1-codierte Design-Variablen und die Effekte der Prädiktoren der separaten Modelle als konditionale Haupteffekte spezifiziert sind, auch immer durch ein gemeinsames Regressionsmodell durch den Ursprung geschätzt werden können. Als ein Beispiel zeigt Tabelle 15.2c die separate Schätzung von zwei Regressionsmodellen zur Erklärung der Ablehnung von Schwangerschaftsabbruch durch die Religiosität im Osten und Westen. Die Regressionskoeffizienten dieser Modelle sind mit den Koeffizienten von Modell M3e identisch. Unterschiede gibt es allerdings bei den Standardfehlern. Die Ursache hierfür liegt darin, dass sich die Standardfehler des gemeinsamen Modells M3e auf die Gesamtfallzahl (n = 3402) beziehen, während sich die Standardfehler von Modell M3g nur auf die (n = 2284) Fälle im Westen bzw. von Modell M3h nur auf die (n = 1118) Fälle im Osten beziehen.

Das gemeinsame Regressionsmodell M3e weist gegenüber den separaten Schätzungen (M3g und M3h) in den beiden Regionen eine zusätzliche Annahme auf: Bei der gemeinsamen Schätzung der Regressionskoeffizienten folgt aus der Homoskedastizitätsannahme (gleiche Varianzen bei allen Ausprägungen der erklärenden Variablen), dass die bedingten Populations-

---

19 Dies ist der Fall, wenn die Regression durch den Ursprung ein Regressionsgewicht mehr hat als das Regressionsmodell mit Regressionskonstante und wenn die Residualvariationen gleiche Werte haben.

varianzen in Ost und West gleiche Werte aufweisen. Dies wird bei der separaten Schätzung nicht unterstellt. Die separaten Modelle ergeben für die geschätzte Residualvarianz in der Population $\hat{\sigma}^2 = SS_E/df$ im Westen (M3g) einen Wert von 3.31 ($= 7544.3848/2282$) und im Osten (M3h) einen Wert von 3.07 ($= 3427.0192/1115$). Die beiden Werte unterscheiden sich im Beispiel allerdings nicht sehr.[20]

15.3 Nominalskalierte erklärende Variablen

15.3.1 Regression auf eine nominalskalierte dichotome Variable

Das lineare Regressionsmodell aus Gleichung 13.9 verlangt metrisches Messniveau bei allen Modellvariablen. Mit der Variablen «Region» (X_1) mit den beiden Ausprägungen «Westen» ($X_1 = 0$) und «Osten» ($X_1 = 1$) haben wir allerdings eine nominalskalierte erklärende Variablen im Regressionsmodell berücksichtigt. Möglich ist dies, weil dichotome 0/1-codierte Variable immer auch als metrisch aufgefasst werden können.[21] Inhaltlich erfasst das Regressionsgewicht einer binär codierten Variablen den Kontrast zwischen den beiden Gruppen, im Beispiel also die Mittelwertdifferenz zwischen Befragten im Westen und Befragten im Osten.[22] In Kapitel 14.3.2 haben wir dies bereits genutzt, um eine Hypothese über die Mittelwertdifferenz bei Kontrolle der Religiosität zu prüfen.

Ist die 0/1-codierte dichotome Variable die einzige unabhängige Variable im Modell:

$$Y = b_0 + b_1 \cdot X_1 + E$$

---

20 Um Heteroskedastizität zu berücksichtigen, sind für Modell M3e zusätzlich robuste Standardfehler berechnet. Damit kann bei einer gemeinsamen Schätzung auf die Bedingung gleicher Varianzen zwischen den Subpopulationen verzichtet werden.
21 Der Mittelwert einer 0/1-codierten Variablen ist gleich dem Anteil mit der Ausprägung 1.
22 Dies gilt für Modelle mit Regressionskonstante.

dann ist die Prüfung des Hypothesenpaars H_0: $\beta_1 = 0$ versus H_0: $\beta_1 \neq 0$ gleichbedeutend mit der Prüfung einer Mittelwertdifferenz bei unabhängigen Stichproben: H_0: $\mu_1 - \mu_2 = 0$ versus H_0: $\mu_1 - \mu_2 \neq 0$, wobei μ_1 für den Mittelwert in der durch $X_1 = 1$ definierten Gruppe und μ_2 für den Mittelwert in der zweiten durch $X_1 = 0$ definierten Gruppe steht. Der in Kapitel 8.6.2 vorgestellte T-Test des Hypothesenpaares aus Gleichung 8.13a über die Teststatistik nach Gleichung 8.16 kommt immer zum gleichen Ergebnis wie der Test des Regressionsgewichts β_1 im bivariaten Regressionsmodell mit einer dichotomen unabhängigen Variablen. Die Homoskedastizitätsannahme entspricht der Annahme gleicher Populationsvarianzen in den beiden Gruppen beim T-Test.[23]

15.3.2 Regression auf eine nominalskalierte polytome Variable

Im Gegensatz zu einer binären Variablen kann eine nominalskalierte Variable mit mehr als zwei Ausprägungen nicht direkt als Prädiktor im Regressionsmodell verwendet werden, da zulässige Transformationen i. A. zu völlig unterschiedlichen Ergebnissen führen und somit keine empirische Bedeutung haben. Wird beispielsweise zur Erklärung der Ablehnung von Schwangerschaftsabbruch anstelle der Religiosität die Konfessionszugehörigkeit mit den drei Ausprägungen katholisch = 1, protestantisch = 2 und konfessionslos = 3 als Prädiktor Konfess1 verwendet, ergibt sich ein ganz anderes Ergebnis als bei Verwendung der Variable Konfess2 mit der Codierung katholisch = 1, konfessionslos = 2 und protestantisch = 3. Zur Verdeutlichung zeigt Abbildung 15.2 die geschätzte Regressionsfunktion für beide Regressionsmodelle mit den bedingten Mittelwerten als Punkte.

Beide Codierungen der Konfessionszugehörigkeit sind gleichwertig und durch zulässige Transformationen ineinander über-

---

23 Wenn robuste Standardfehler geschätzt werden, entspricht dies dem Z-Test bei ungleichen Varianzen nach Gleichung 8.17.

Abbildung 15.2: **Regression der Ablehnung von Schwangerschaftsabbruch auf die Konfession**

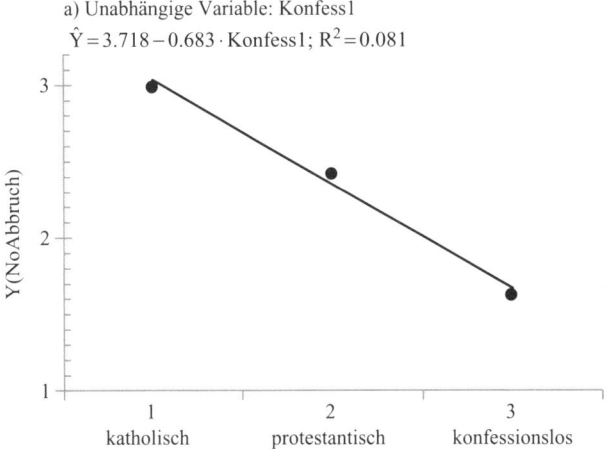

a) Unabhängige Variable: Konfess1

$\hat{Y} = 3.718 - 0.683 \cdot \text{Konfess1}; R^2 = 0.081$

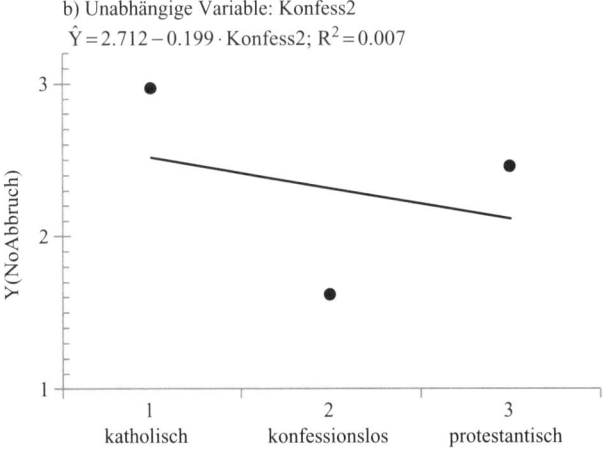

b) Unabhängige Variable: Konfess2

$\hat{Y} = 2.712 - 0.199 \cdot \text{Konfess2}; R^2 = 0.007$

Daten: Allbus 2006 (n = 3214)

führbar. Je nach Codierung der Konfession werden die bedingten Mittelwerte allerdings recht gut oder gar nicht durch eine Gerade angenähert. Entsprechend unterscheiden sich die ge-

Tabelle 15.3: **Codierschema für die Erstellung von Dummy-Variablen als Prädiktoren D_1, D_2 und D_3 für die erklärende Variable Konfession im Regressionsmodell**

| Dummy-Variable | Konfession | | |
	katholisch	protestantisch	konfessionslos
D_1	1	0	0
D_2	0	1	0
D_3	0	0	1

schätzten Regressionskoeffizienten und auch die Erklärungskraft der Modelle ganz erheblich. Die Ergebnisse der Analyse sind somit Artefakte und sollten nicht inhaltlich interpretiert werden.

Dummy-Variablen als erklärende Variablen im Regressionsmodell

Die Verwendung einer nominalskalierten erklärenden Variablen mit mehreren Ausprägungen ist in der linearen Regression problematisch, weil hier die Abstände zwischen den Kategorien fälschlicherweise als informativ aufgefasst werden. Dies lässt sich überwinden, wenn für jede Kategorie der nominalskalierten Variable jeweils eine 0/1-codierte Design-Variable gebildet wird und diese – auch als *Dummy-Variablen* bezeichneten – Variablen anstelle der ursprünglichen nominalskalierten Variablen als Prädiktoren in einer multiplen Regression verwendet werden.

Tabelle 15.3 zeigt die Vorgehensweise der Konstruktion von Dummy-Variablen am Beispiel der Konfession. Für jede der drei Ausprägungen der nominalskalierten Variablen wird eine Dummy-Variable mit den Werten «Merkmal vorhanden» = 1 bzw. «Merkmal nicht vorhanden» = 0 gebildet. Bei katholischen Befragten ist $D_1 = 1$, die übrigen Dummy-Variablen haben den Wert 0. Bei protestantischen Befragten ist $D_2 = 1$ und bei konfessionslosen Befragten ist $D_3 = 1$ und jeweils alle übrigen Dummy-Variablen haben den Wert null.

So wie bei der binären Variablen X_1 nicht gleichzeitig die komplementäre Variable $1-X_1$ in einem Regressionsmodell mit Regressionskonstante spezifiziert werden kann, können auch nicht alle drei Dummy-Variablen gleichzeitig aufgenommen werden, da dann perfekte Kollinearität zwischen den Prädiktoren besteht. So ergeben sich z. B. die Werte der Dummy-Variablen für die Ausprägung «konfessionslos» als: $D_3 = 1-D_1-D_2$. Bei einer nominalskalierten unabhängigen Variablen mit K Kategorien werden daher immer nur $K-1$ Dummy-Variablen als Prädiktoren ins Regressionsmodell aufgenommen.[24]

Referenzkategorie und Bedeutung der Regressionsgewichte bei der Regression auf Dummy-Variablen

Im Beispiel werden also nur zwei der drei Dummy-Variablen als Prädiktoren in das Regressionsmodell aufgenommen. Tabelle 15.4 zeigt neben den bedingten Mittelwerten der abhängigen Variablen (Tabelle 15.4a) die Ergebnisse von drei OLS-Schätzungen der Regressionskoeffizienten für unterschiedliche Kombinationen der drei Dummy-Variablen (Tabelle 15.4b-d). Bei den drei Modellschätzungen sind zwar die Regressionskoeffizienten verschieden, aber die Variationszerlegung, der Determinationskoeffizient und die F-Statistik zur Prüfung der Nullhypothese, dass alle Regressionsgewichte null sind, sind in allen drei Modellen identisch. Die Modelle sind daher beobachtungsäquivalent und sind rein empirisch nicht unterscheidbar. Setzt man die Regressionskoeffizienten in die Modellgleichung(en) ein und berechnet die Vorhersagewerte für die drei Ausprägungen der Konfession in den drei Modellen, dann sind diese (bis auf Rundungsfehler) untereinander und mit den bedingten Mittelwerten aus Tabelle 15.4a identisch. Wenn D_3 (konfessionslos) ausgelassen wird (Tabelle 15.4b), ergibt sich folgende Vorhersagegleichung:

---

24 Nur bei einer Regression durch den Ursprung können Dummy-Variablen für alle Ausprägungen einer nominalskalierten Variablen ins Modell aufgenommen werden.

Tabelle 15.4: **Regression der Ablehnung von Schwangerschaftsabbruch (Y) auf Konfessionszugehörigkeit**

a) Durchschnittliche Ablehnung von Schwangerschaftsabbruch in den Konfessionsgruppen

	Mittelwert $\bar{y}$	n
Katholiken	2.966	883
Protestanten	2.452	1189
Konfessionslose	1.615	1142
gesamt	2.296	3214

Daten: Allbus 2006

b) Regression der Ablehnung von Schwangerschaftsabbruch (Y) auf die Dummy-Variablen D_1 = katholisch und D_2 = protestantisch

Y		b	S.E.(b)	p	Variationszerlegung		
Konstante	b_0	1.615	0.054	<.001	*Quelle:*	*Variation*	*df*
D_1	b_1	1.351	0.081	<.001	Vorhers.	955.587	2
D_2	b_2	0.838	0.075	<.001	Residuen	10594.019	3211
					R^2: 0.083; F: 144.817; p<.001		

Daten: Allbus 2006, n = 3214

c) Regression der Ablehnung von Schwangerschaftsabbruch (Y) auf die Dummy-Variablen D_1 = katholisch und D_3 = konfessionslos

Y		b	S.E.(b)	p	Variationszerlegung		
Konstante	b_0	2.452	0.053	<.001	*Quelle:*	*Variation*	*df*
D_1	b_1	0.514	0.081	<.001	Vorhers.	955.587	2
D_3	b_2	–0.838	0.075	<.001	Residuen	10594.019	3211
					R^2: 0.083; F: 144.817; p<.001		

Daten: Allbus 2006, n = 3214

d) Regression der Ablehnung von Schwangerschaftsabbruch (Y) auf die Dummy-Variablen D_2 = protestantisch und D_3 = konfessionslos

Y		b	S.E.(b)	p	Variationszerlegung		
Konstante	b_0	2.966	0.061	<.001	*Quelle:*	*Variation*	*df*
D_2	b_1	–0.514	0.081	<.001	Vorhers.	955.587	2
D_3	b_2	–1.351	0.081	<.001	Residuen	10594.019	3211
					R^2: 0.083; F: 144.817; p<.001		

Daten: Allbus 2006, n = 3214

$$\hat{Y} = b_0 + b_1 \cdot D_1 + b_2 \cdot D_2 = \underbrace{1.615}_{\substack{\text{Mittelwert für} \\ \text{Konfessionslose}}} + \underbrace{1.351 \cdot D_1}_{\substack{\text{Abweichung} \\ \text{bei Katholiken}}} + \underbrace{0.838 \cdot D_2}_{\substack{\text{Abweichung} \\ \text{bei Protestanten}}}$$

Wenn $D_1 = 0$ und $D_2 = 0$, dann ist die befragte Person konfessionslos. Der Vorhersagewert ist dann gleich dem Wert der Regressionskonstante, die (bis auf Rundungsfehler) gleich dem Mittelwert der Konfessionslosen in Tabelle 15.4a ist. Ist $D_1 = 1$, dann muss $D_2 = 0$ sein, und Befragte mit dieser Ausprägungskombination der beiden Prädiktoren sind Katholiken. Der Vorhersagewert ist $b_0 + b_1 \cdot 1 = 1.615 + 1.351 = 2.966$ und gleich dem Mittelwert von Katholiken. Das Regressionsgewicht b_1 misst somit die Mittelwertdifferenz (den *Kontrast*) zwischen Konfessionslosen und Katholiken bei der abhängigen Variablen: Katholiken lehnen im Mittel 1.351 mehr Indikationsgründe ab als Konfessionslose. Bei der Ausprägungskombination $D_1 = 0$ und $D_2 = 1$ ist die befragte Person protestantisch und der Vorhersagewert beträgt $b_0 + b_2 \cdot 1 = 1.615 + 0.838 = 2.453$. Dies ist (bis auf Rundungsfehler) der Mittelwert von Protestanten. Das Regressionsgewicht b_2 erfasst somit den Kontrast zwischen Konfessionslosen und Protestanten.

Wird D_2 (protestantisch) ausgelassen (Tabelle 15.4c), gilt:

$$\hat{Y} = b_0 + b_1 \cdot D_1 + b_2 \cdot D_3 = \underbrace{2.452}_{\substack{\text{Mittelwert für} \\ \text{Protestanten}}} + \underbrace{0.514 \cdot D_1}_{\substack{\text{Abweichung} \\ \text{bei Katholiken}}} + \underbrace{(-0.838) \cdot D_3}_{\substack{\text{Abweichung bei} \\ \text{Konfessionslosen}}}$$

Die Regressionskonstante misst hier den Mittelwert bei Protestanten ($D_1 = 0$ & $D_3 = 0$) und $b_1 = 0.514$ die Mittelwertdifferenz zwischen Katholiken und Protestanten.

Das Gewicht b_2 erfasst hier wieder die Mittelwertdifferenz (Kontrast) zwischen Konfessionslosen und Protestanten: ($D_1 = 0$ & $D_3 = 1$).

Wird schließlich D_1 (katholisch) ausgelassen (Tabelle 15.4d), gilt:

$$\hat{Y} = b_0 + b_1 \cdot D_2 + b_2 \cdot D_3 = \underbrace{2.966}_{\substack{\text{Mittelwert für} \\ \text{Katholiken}}} + \underbrace{(-0.514) \cdot D_2}_{\substack{\text{Abweichung} \\ \text{bei Protestanten}}} + \underbrace{(-1.351) \cdot D_3}_{\substack{\text{Abweichung bei} \\ \text{Konfessionslosen}}}$$

In diesem Modell erfasst die Regressionskonstante den Mittelwert von Katholiken ($D_2 = 0$ & $D_3 = 0$), b_1 die Mittelwertdifferenz zwischen Protestanten und Katholiken ($D_2 = 1$ & $D_3 = 0$) und b_2 die Abweichung des Mittelwerts von Konfessionslosen gegenüber Katholiken ($D_2 = 0$ & $D_3 = 1$).

Die jeweils ausgelassene Kategorie wird als *Referenzkategorie* bezeichnet. Die Regressionskonstante b_0 erfasst stets den bedingten Mittelwert der abhängigen Variablen bei der durch die Referenzkategorie definierten Gruppe. Das Regressionsgewicht einer Dummy-Variablen gibt dann an, um welchen Betrag der bedingte Mittelwert in der durch die jeweilige Dummy-Variable definierten Gruppe im Vergleich zur Referenzgruppe ansteigt (oder absinkt).

Die Wahl der Referenzkategorie ist statistisch gesehen beliebig, da Modelle mit unterschiedlichen Referenzkategorien *beobachtungsäquivalent* sind. Die beobachtungsäquivalenten Modelle in den Tabellen 15.4c-d sind formal *Reparametrisierungen* des Ausgangsmodells in Tabelle 15.4b. Inhaltlich ist die Wahl der Referenzkategorie nur insofern bedeutsam, als jeweils unterschiedliche Kontraste modelliert werden. Interessieren andere Mittelwertdifferenzen, kann ein Modell mit anderer Referenzkategorie neu geschätzt werden.

Alternativ können die Koeffizienten der Modelle in den Tabellen 15.4c-d auch aus der ersten Schätzung berechnet werden. Wählt man Konfessionslose als Referenzkategorie, so ergibt sich (Tabelle 15.4b) die Mittelwertdifferenz (die Differenz der durchschnittlichen Zahl abgelehnter Indikationsgründe) zwischen Katholiken und Protestanten als Differenz der beiden Regressionsgewichte:

$$\overline{y}_{\text{katholisch}} - \overline{y}_{\text{protestantisch}} = \left(b_0 + b_1\right) - \left(b_0 + b_2\right) = b_1 - b_2 = 1.351 - 0.838$$
$$= 0.513$$

Soll diese Mittelwertdifferenz auf Signifikanz geprüft werden, kann der Standardfehler nach Gleichung 5.22c aus den quadrierten Standardfehlern und der Kovarianz der Schätzer berechnet werden:

$$\hat{\sigma}\left(b_1 - b_2\right) = \sqrt{\hat{\sigma}^2\left(b_1\right) + \hat{\sigma}^2\left(b_2\right) - 2 \cdot \hat{\sigma}\left(b_1, b_2\right)}$$
$$= \sqrt{0.081^2 + 0.075^2 - 2 \cdot 0.00288905} = 0.0800$$

Der T-Test für die Mittelwertdifferenz zwischen Katholiken und Protestanten berechnet sich nach:

$$T = \frac{b_1 - b_2}{\hat{\sigma}\left(b_1 - b_2\right)} = \frac{1.351 - 0.838}{0.0800} = 6.4$$

Bei einer Irrtumswahrscheinlichkeit von $\alpha = 5\%$ ist die Nullhypothese, dass die durchschnittliche Anzahl der Ablehnungen von Indikationsgründen für Schwangerschaftsabbruch bei Katholiken und Protestanten gleich ist, zurückzuweisen. Das empirische Signifikanzniveau ist mit $p \leq 0.001$ kleiner als 1%.

Der F-Test prüft in allen drei Modellen die Nullhypothese, dass die beiden Regressionsgewichte null sind und dann die Mittelwerte in allen Gruppen gleich sind. Die Alternativhypothese besagt, dass mindestens ein Gruppenmittelwert von null abweicht. Die Nullhypothese ist in allen drei Modellen mit einem empirischen Signifikanzniveau von $p < 0.001$ abzulehnen, d.h. zwischen den Konfessionsgruppen gibt es deutliche Unterschiede bei der Ablehnung von Schwangerschaftsabbruch.

15.3.3 Regressionsmodelle mit mehreren nominalskalierten erklärenden Variablen

In einem Regressionsmodell können auch mehrere nominalskalierte erklärende Variablen enthalten sein. Als Beispiel wird neben der Konfession zusätzlich wieder die Region (X_1) berücksichtigt.

Durch die Erweiterung gibt es insgesamt sechs Ausprägungs-kombinationen der beiden nominalskalierten erklärenden Variablen. In Tabelle 15.5a sind die Mittelwerte und Fallzahlen der bedingten Mittelwerte aufgeführt, in Tabelle 15.5b die Ergebnisse der OLS-Regression der Ablehnung von Schwangerschaftsabbruch auf die drei 0/1-kodierten Prädiktoren für Katholiken (D_1), Protestanten (D_2) und Befragte im Osten (X_1). Da die Konfession drei und die Region zwei Ausprägungen hat, werden bei der Regression mit Regressionskonstante (additives Modell) zwei Dummy-Variablen für die Konfession und eine für die Region in das Regressionsmodell aufgenommen.

Alle Regressionskoeffizienten sind bei einem empirischen Signifikanzniveau von 0.1% signifikant. Bei Kontrolle der Konfession hat die Region (X_1) einen Effekt auf die Ablehnung von Schwangerschaftsabbruch und bei Kontrolle der Region die Konfession. Die Referenzgruppe bei der Konfession bilden die Konfessionslosen, die Referenzgruppe bei der Region die Befragten im Westen. Katholiken haben im Vergleich zu Konfessionslosen einen um 1.001 und Protestanten einen um 0.594 höheren Mittelwert. Im Vergleich zum Modell mit Konfession als einziger erklärender Variable (Tabelle 15.4b) sind die Mittelwertdifferenzen geringer, was kausalanalytisch als Folge der Konfundierung mit der Region interpretiert werden kann. So weist das Regressionsgewicht b_3 des Prädiktors X_1 in Tabelle 15.5b auf einen deutlichen Effekt der Region hin: Im Osten ($X_1 = 1$) ist die Ablehnung von Schwangerschaftsabbruch um 0.566 geringer als im Westen ($X_1 = 0$).

Die Vorhersagewerte für alle Ausprägungskombinationen der erklärenden Variablen betragen:

$$\hat{Y} = b_0 + b_1 \cdot D_1 + b_2 \cdot D_2 + b_3 \cdot X_1$$
$$= \underbrace{1.994}_{\substack{\text{Mittelwert für}\\\text{Konfessionlose}\\\text{im Westen}}} + \underbrace{1.001 \cdot D_1}_{\substack{\text{Abweichung}\\\text{bei Katholiken}}} + \underbrace{0.594 \cdot D_2}_{\substack{\text{Abweichung}\\\text{bei Protestanten}}} + \underbrace{(-0.566) \cdot X_1}_{\substack{\text{Abweichung}\\\text{im Osten}}}$$

Tabelle 15.5: **Regression der Ablehnung von Schwangerschaftsabbruch auf Konfessionszugehörigkeit und Region: additives Modell**

a) Mittelwerte und Fallzahlen in den Teilgruppen

	Westen		Osten		gesamt	
	$\bar{y}$	n	$\bar{y}$	n	$\bar{y}$	n
Katholiken	2.980	838	2.711	45	2.966	883
Protestanten	2.549	905	2.144	284	2.453	1189
Konfessionslose	2.119	377	1.366	765	1.615	1142
gesamt	2.643	2120	1.623	1094	2.296	3214

Daten: Allbus 2006; n = 3214

b) Regression der Ablehnung von Schwangerschaftsabbruch (Y) auf die Dummy-Variablen für D_1 = katholisch, D_2 = protestantisch und X_1 = Osten: additives Modell

Y		b	S.E.(b)	p	b*	Variationszerlegung		
Konstante	b_0	1.994	0.075	<.001	–	*Quelle:*	*Variation*	*df*
D_1	b_1	1.001	0.095	<.001	0.236	Vorhers.	1119.160	3
D_2	b_2	0.594	0.082	<.001	0.151	Residuen	10430.446	3210
X_1	b_3	–0.566	0.080	<.001	–0.141	R^2: 0.097; F: 114.808; p<.001		

Daten: Allbus 2006, n = 3214

c) Regression der Ablehnung von Schwangerschaftsabbruch (Y) auf die Design-Variable W zur Erfassung der relativen Effektstärke der Konfession

Y		b	S.E.(b)	p	b*	Variationszerlegung		
Konstante	b_0	1.994	0.072	<.001	–	*Quelle:*	*Variation*	*df*
W	b_1	1.000	0.094	<.001	0.212	Vorhers.	1119.160	2
X_1	b_2	–0.566	0.079	<.001	–0.141	Residuen	10430.446	3211
						R^2: 0.097; F: 172.266; p<.001		

Daten: Allbus 2006, n = 3214

Wenn alle Design-Variablen null sind ($D_1 = 0$ & $D_2 = 0$ & $X_1 = 0$), ist eine befragte Person im Westen konfessionslos. Ist $D_1 = 1$, $D_2 = 0$ und $X_1 = 0$, handelt es sich um einen Katholiken aus dem Westen. b_1 erfasst somit die Abweichung der Katholiken zur Referenzgruppe. Analog erfasst b_2 die Abweichung der Protestanten zur Referenzgruppe und b_3 die Abweichung konfessionsloser Befragter im Osten von konfessionslosen Befragten im Westen. Für Katholiken im Osten ist der Vorhersagewert: $b_0+b_1+b_3 = 1.994+1.001-0.566 = 2.429$. Die Differenz zu Katholiken im Westen beträgt $(b_0+b_1+b_3)-(b_0+b_1) = b_3 = -0.566$. Entsprechendes gilt für die Differenz zwischen Protestanten im Osten und Westen. Das Regressionsgewicht b_3 erfasst immer den West-Ost-Kontrast. Entsprechend erfasst b_1 den Kontrast zwischen Konfessionslosen und Katholiken in Ost wie West und b_2 den Kontrast zwischen Konfessionslosen und Protestanten in Ost wie West.

Der Vergleich der Vorhersagewerte mit den empirischen Stichprobenmittelwerten in den sechs Gruppen (Tabelle 15.5a) zeigt, dass es bei Modellen mit zwei (oder mehreren) im Unterschied zu Modellen mit nur einer nominalskalierten erklärenden Variablen Abweichungen zwischen den geschätzten Mittelwerten (Vorhersagewerten) und den empirischen Stichprobenmittelwerten geben kann. In Abbildung 15.3a sind wieder sowohl die empirischen Mittelwerte wie auch die Vorhersagewerte eingetragen. Die empirischen Mittelwerte für Befragte im Westen sind durch Quadrate, die für Befragte im Osten durch Kreise symbolisiert, wobei die Fläche der Symbole in etwa proportional zur Fallzahl ist. Die Vorhersagewerte sind durch Linien verbunden.

In Abbildung 15.3a ist erkennbar, dass die Differenzen der Vorhersagewerte (geschätzte Mittelwerte) zwischen den Konfessionen in Ost und West gleich groß sind bzw. dass die Unterschiede zwischen Ost und West bei allen Ausprägungen der Konfession gleich sind. Die Kurven verlaufen daher parallel. Dies ergibt sich durch die *Additivität* des Regressionsmodells: Der Effekt der Dummy-Variablen für die Region addiert sich zum Effekt der Dummy-Variablen für die Konfession bzw. der Effekt der Dummy-Variablen für die Konfession addiert sich zum Effekt der Dummy-Variablen für die Region.

Dagegen sind die Differenzen der bedingten empirischen Mit-

Abbildung 15.3: **Empirische Mittelwerte und Vorhersagewerte im Regressionsmodell mit zwei nominalskalierten unabhängigen Variablen**

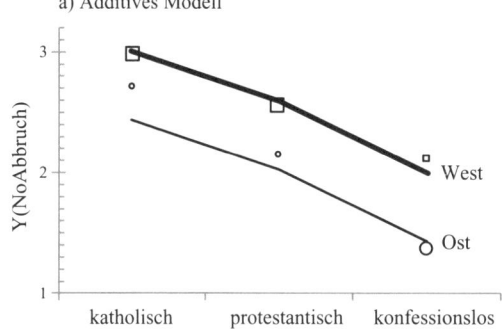

a) Additives Modell

b) Modell mit Interaktionseffekten

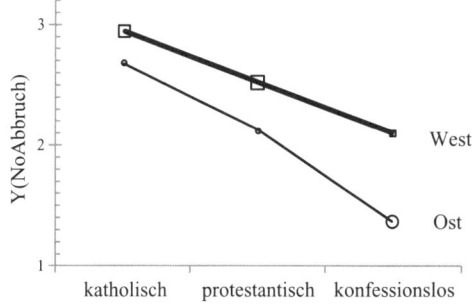

Daten: Allbus 2006, n = 3214

telwerte (Tabelle 15.5a) zwischen Ost und West nicht gleich groß. So ist der Unterschied bei der Ablehnung von Schwangerschaftsabbruch zwischen den Katholiken in den beiden Regionen deutlich kleiner ($0.269 = 2.980 - 2.711$) als der zwischen den Konfessionslosen in beiden Gebieten ($= 0.753 = 2.119 - 1.366$). Bei einer Modellierung mit additiven Effekten wird unterstellt, dass diese Unterschiede eine rein zufällige Folge der Auswahl der Elemente in der Stichprobe sind.

Relative Effektstärken

Bei der Verwendung von Dummy-Variablen als Prädiktoren für polytome erklärende Variablen ist die Berechnung bzw. Interpretation der standardisierten Regressionsgewichte zum Vergleich der Effektstärken von Konfession und Region nicht angemessen, da der Effekt der Konfession über zwei Regressionsgewichte, der der Region nur über ein Regressionsgewicht erfasst wird.[25] Ein Vergleich der Effektstärken ist aber analog zu dem Vorgehen bei der Polynom-Regression aus Kapitel 13.3.2 mit Hilfe einer Design-Variablen W möglich, die als Summe aus den mit den unstandardisierten Regressionskoeffizienten gewichteten Dummy-Variablen einer nominalskalierten erklärenden Variablen gebildet wird. In Tabelle 15.5b haben die beiden Dummy-Variablen D_1 und D_2 die Regressionsgewichte 1.001 und 0.594. Die Design-Variable für die erklärende Variable Konfession ergibt sich dann nach:

$$W = 1.001 \cdot D_1 + 0.594 \cdot D_2$$

Wird W *anstelle* der *beiden* Dummy-Variablen D_1 und D_2 als Prädiktor verwendet, resultiert die Schätzung in Tabelle 15.5c. Interessant ist hier ausschließlich das standardisierte Regressionsgewicht des Index W mit dem Wert $b^* = 0.212$. Dieser Wert kann mit den standardisierten Regressionsgewichten anderer erklärender Variablen verglichen werden. Im Beispiel hat das standardisierte Regressionsgewicht der Region (X_1) den Wert $b^* = -0.141$. Da der Absolutbetrag von 0.212 größer ist als der Absolutbetrag $|-0.141|$, hat die Konfession einen stärkeren Effekt auf die Haltung zum Schwangerschaftsabbruch als die Region.[26]

---

25 Es ist *auch nicht sinnvoll*, die Regressionsgewichte der Dummy-Variablen für die unterschiedlichen Ausprägungen der Konfession zu vergleichen, da diese die Kontraste zur willkürlich gewählten Referenzkategorie erfassen und bei Wechsel der Referenzkategorie andere Werte annehmen können.

26 Die T-Statistiken und die F-Statistik des Tests aller Regressionskoeffizienten sollten bei der Schätzung der Regression mit der Design-Variablen W als Prädiktor ignoriert werden, weil der Index bereits auf einer Schätzung basiert, weswegen sein Standardfehler und die Freiheitsgrade des Modells (Tabelle 15.5c) nicht korrekt sind.

Bei der Berechnung von W spielt es keine Rolle, welche Kontraste verwendet werden. Werden anstelle von D_1 und D_2 die Dummy-Variablen D_2 und D_3 für die Schätzung des Effekts der Konfession verwendet, ergeben sich andere unstandardisierte Regressionsgewichte und damit auch eine andere Berechnung von W. Das standardisierte Regressionsgewicht von W ist aber weiterhin 0.212.

Interaktionseffekte bei nominalskalierten erklärenden Variablen

Wie bei metrischen Variablen können auch mit nominalskalierten erklärenden Variablen Interaktionseffekte spezifiziert werden. Dabei werden Produktvariablen für jede Design-Variable der nominalskalierten Variablen gebildet. So kann untersucht werden, ob bei der Ablehnung von Schwangerschaftsabbruch die Unterschiede zwischen den Konfessionsgruppen im Osten anders sind als im Westen. Da Konfession über zwei Design-Variablen in das Modell eingeht, werden für die Modellierung des Interaktionseffffekts zwei Produktvariablen gebildet. Die Vorhersagewerte eines Modells mit Interaktionseffekten zwischen Konfession und Region können aus den Daten in Tabelle 15.6a berechnet werden:

$$\hat{Y} = b_0 + b_1 \cdot D_1 + b_2 \cdot D_2 + b_3 \cdot X_1 + b_4 \cdot D_1 \cdot X_1 + b_5 \cdot D_2 \cdot X_1$$

$$= \underbrace{2.119}_{\substack{\text{Mittelwert für} \\ \text{Konfessionslose} \\ \text{im Westen}}} + \underbrace{0.860 \cdot D_1}_{\substack{\text{Abweichung} \\ \text{bei Katholiken} \\ \text{im Westen}}} + \underbrace{0.430 \cdot D_2}_{\substack{\text{Abweichung} \\ \text{bei Protestanten} \\ \text{im Westen}}} + \underbrace{(-0.753) \cdot X_1}_{\substack{\text{Abweichung} \\ \text{im Osten} \\ \text{bei Konfessionslosen}}}$$

$$+ \underbrace{0.485 \cdot D_1 \cdot X_1}_{\substack{\text{Differenz zur Abweichung} \\ \text{zwischen Konfessionslosen} \\ \text{und Katholiken im Osten}}} + \underbrace{0.349 \cdot D_2 \cdot X_1}_{\substack{\text{Differenz zur Abweichung} \\ \text{zwischen Konfessionslosen} \\ \text{und Protestanten im Osten}}}$$

Bei Spezifikation eines Interaktionseffekts ist der Haupteffekt der konditionale Haupteffekt für die Referenzkategorie der Variablen, für die ein Interaktionseffekt im Modell geschätzt wird.

Tabelle 15.6: **Regression der Ablehnung von Schwangerschaftsabbruch auf Konfessionszugehörigkeit (D_1 = katholisch, D_2 = protestantisch) und Region mit den Ausprägungen Westen ($X_1 = 0$) und Osten ($X_1 = 1$): Modelle mit Interaktionseffekten**

a) Spezifikation der Interaktion über Produktvariablen

Y		b	S.E.(b)	p	b*	Variationszerlegung		
Konstante	b_0	2.119	0.093	<.001	–	*Quelle*	*Variation*	*df*
D_1	b_1	0.860	0.112	<.001	0.203	Vorhers.	1137.418	5
D_2	b_2	0.430	0.110	<.001	0.109	Residuen	10412.187	3208
X_1	b_3	–0.753	0.113	<.001	–0.188	Total	11549.606	3213
$D_1 \cdot X_1$	b_4	0.485	0.298	0.104	0.030	F: 70.088; p<.001		
$D_2 \cdot X_1$	b_5	0.349	0.167	0.037	0.052	R^2: 0.098; $R^2_{adj.}$: 0.097		

Daten: Allbus 2006, n = 3214

b) Spezifikation der Interaktion über konditionale Haupteffekte der Konfession in Ost ($X_1 = 1$) und West ($X_1 = 0$) in einer Regression durch den Ursprung

Y		b	S.E.(b)	p	b*	Rohmomentzerlegung		
$1 - X_1$	b_1	2.119	0.093	<.001	0.578		*Quadrat-*	
$(1 - X_1) \cdot D_1$	b_2	0.860	0.112	<.001	0.148	*Quelle*	*summe*	*df*
$(1 - X_1) \cdot D_2$	b_3	0.430	0.110	<.001	0.077	Vorhers.	18078.813	6
X_1	b_4	1.366	0.065	<.001	0.268	Residuen	10412.187	3208
$X_1 \cdot D_1$	b_5	1.345	0.276	<.001	0.053	Total	28491.000	3214
$X_1 \cdot D_2$	b_6	0.778	0.125	<.001	0.078	F: 928.348; p<.001		

Daten: Allbus 2006, n = 3214

So erfasst der Haupteffekt der Dummy-Variablen für die Katholiken ($D_1 = 1$) nur den Unterschied zwischen Katholiken und der Referenzgruppe Konfessionslose im Westen ($X_1 = 0$; Referenzkategorie der Region) und der Haupteffekt der Dummy-Variablen für die Protestanten ($D_2 = 1$) den Unterschied zwischen Protestanten und Konfessionslosen im Westen. Der Haupteffekt der Region gibt schließlich den Unterschied zwischen Ost und West nur in der Gruppe der Konfessionslosen ($D_3 = 0$; Referenzkategorie der Konfession) wieder. Die Interaktionseffekte erfassen die Differenz zwischen den Haupteffekten. So erfasst die Interaktion $D_1 \cdot X_1$ den Unterschied des Kontrasts zwischen Katholiken und Konfessionslosen in Ost und West. Sichtbar wird das, wenn die Vorhersagewerte betrachtet werden:

$$\hat{Y}_{\text{Kontrast Katholik-Konf.los Ost}}$$
$$= (b_0 + b_1 + b_3 + b_4) - (b_0 + b_3)$$
$$= (2.119 + 0.860 - 0.753 + 0.485) - (2.119 - 0.753) = 0.860 + 0.485$$
$$= 1.345$$

$$\hat{Y}_{\text{Kontrast Katholik-Konf.los West}}$$
$$= b_0 + b_1 - b_0 = 0.860$$

Der Unterschied bzw. die Differenz beträgt 0.485 und ist genau der Wert des Regressionsgewichts b_4 der Interaktion $D_1 \cdot X_1$. Entsprechend erfasst die Interaktion $D_2 \cdot X_1$ den Ost-West-Kontrast der Mittelwertdifferenzen zwischen Protestanten und Konfessionslosen: $0.779 - 0.430 = 0.349$.

Alternativ kann bei einer Regression durch den Ursprung ein Modell mit ausschließlich konditionalen Haupteffekten berechnet werden. Die Ergebnisse sind in Tabelle 15.6b wiedergegeben. Die ersten drei Koeffizienten (b_1, b_2, b_3) unterscheiden sich nicht von den ersten drei Koeffizienten (b_0, b_1, b_2) aus Tabelle 15.6a und geben die konditionalen Haupteffekte im Westen an. Unterschiede gibt es bei den letzten drei Koeffizienten, die die konditionalen Haupteffekte im Osten schätzen. Bei der Regression durch den Ursprung entsprechen die Prädiktoren für die Region, $(1-X_1)$ und X_1 den Konstanten bei einer separaten Schätzung für Ost und West. In Tabelle 15.6b sind diese beiden Dummy-Variablen als Quasi-Konstanten für je eine Ausprägung der Region anzusehen. Die Produkte $X_1 \cdot D_1$ und $(1-X_1) \cdot D_1$ messen die Mittelwertdifferenz zwischen den Katholiken und den Konfessionslosen im Osten und im Westen.[27]

---

27 Möglich wäre es auch, konditionale Haupteffekte für die Region in den drei Konfessionsgruppen zu schätzen.

Die Signifikanz der Interaktionseffekte wird über den F-Test zweier geschachtelter Modelle geprüft.[28] Bei der Anwendung auf das Beispiel ist das restriktive Modell (in der allgemeinen Formel: M_0) das Modell ohne Interaktionseffekte (Tabelle 15.5b) und das liberale Modell (M_1) das Modell mit Interaktionseffekten (Tabelle 15.6a). Werden die Quadratsummen der Residuen eingesetzt, ergibt sich folgende Teststatistik:

$$F = \frac{\left(SS\left(E_0\right) - SS\left(E_1\right)\right) / \left(df_0 - df_1\right)}{SS\left(E_1\right) / df_1}$$

$$= \frac{\left(10430.446 - 10412.187\right) / \left(3210 - 3208\right)}{10412.187 / 3208} = 2.81$$

Bei einer Irrtumswahrscheinlichkeit von 5% und bei 2 Freiheitsgraden im Zähler und 3208 Freiheitsgraden im Nenner liegt der kritische Wert zwischen 3.072 und 2.996. Der erste Wert gilt für $df = 120$ im Nenner der F-Verteilung, der zweite Wert gilt für $df = \infty$. Da der Wert der Teststatistik kleiner ist als 3.072 und auch als 2.996, kann die Nullhypothese nicht abgelehnt werden. Bei einer Irrtumswahrscheinlichkeit von 5% kann nicht ausgeschlossen werden, dass das Modell additiv ist, also keine Interaktionseffekte aufweist.

15.4 Levene-Test auf Gleichheit von Varianzen in K unabhängigen Stichproben

Bei Regressionsmodellen mit ausschließlich nominalskalierten Variablen ist die Zahl der Ausprägungen begrenzt. Anstelle des White-Tests zur Prüfung der Homoskedastizität versus Heteroskedastizität in Regressionsmodellen kann dann auch der von Levene[29] (1960) vorgeschlagene und nach ihm benannte Levene-Test auf Varianzgleichheit angewendet werden.

---

28 Bei der Schätzung robuster Standardfehler wird nur das liberalere Modell geschätzt und über die quadratische Form geprüft, ob die Regressionsgewichte null sein können.
29 Howard Levene (1914–2003)

Ausgangspunkt für den Test sind die Realisierungen einer Variablen X in K voneinander unabhängigen einfachen Zufallsstichproben des Umfangs n_1, n_2, …, n_K. Anstelle von K unabhängigen Zufallsstichproben kann auch von einer nominalskalierten Variablen mit K Ausprägungen ausgegangen werden, wobei jede Ausprägung eine Häufigkeit von n_k aufweist. In einem ersten Berechnungsschritt werden in jeder Stichprobe die *absoluten Abweichungen* Y_k der Realisationen vom jeweiligen Stichprobenmittelwert berechnet:[30]

$$Y_k = \left| X_k - \overline{x}_k \right| \qquad \text{für } k = 1, 2, ..., K \tag{15.2a}$$

wobei   k   =   Index für die k-te Gruppe

X_k =   Variable X in der k-ten Gruppe

$\overline{x}_k$ =   Mittelwert von X in der k-ten Gruppe.

Die Teststatistik L des Levene-Tests ist dann der Quotient aus der geschätzten Varianz von Y zwischen den K Gruppen, geteilt durch die geschätzte Varianz innerhalb der K Gruppen (vgl. Kapitel 10):

$$L = \frac{\dfrac{1}{K-1} \cdot \sum_{k=1}^{K} n_k \cdot \left(\overline{y}_k - \overline{y} \right)^2}{\dfrac{1}{n-K} \cdot \sum_{k=1}^{K} \sum_{i=1}^{n_k} \left(y_{k,i} - \overline{y}_k \right)^2} \tag{15.2b}$$

wobei   k   =   Index für die Stichprobennummer k

i   =   Index für die Fallnummer i innerhalb einer Stichprobe

n_k =   Fallzahl in der k-ten Stichprobe

$\overline{y}_k$ =   Stichprobenmittelwert von Y_k

     =   Gesamtmittelwert der Realisierungen $y_{k,i}$ über alle K Stichproben

n   =   Gesamtfallzahl: n= n_1+ n_2 +…+ n_K

K   =   Anzahl der Gruppen bzw. Stichproben.

30 In alternativen Versionen des Tests wird anstelle des arithmetischen Mittels der Median oder das getrimmte Mittel verwendet.

Wenn die Nullhypothese zutrifft, dass alle Varianzen in den K Gruppen gleich sind, dann sind Zähler und Nenner zwei unabhängige Messungen der Variation von Y. Bezogen auf Y ist der Levene-Test ein klassischer F-Test zur Prüfung der Nullhypothese, dass die Mittelwerte $\bar{y}_k$ in allen K Gruppen gleich sind, und entspricht Gleichung 14.18. Die Teststatistik L ist daher bei gültiger Nullhypothese (gleichen Varianzen in den Gruppen) F-verteilt mit $df_1 = K-1$ und $df_2 = n-K$ Freiheitsgraden.

Die grundlegende Idee des Tests besteht darin, den F-Test der linearen Regression einer abhängigen metrischen Variablen auf eine nominalskalierte unabhängige Variable mit K Ausprägungen nicht auf die Realisierungen der abhängigen Variablen anzuwenden. Anstelle der Realisierungen werden die quadrierten Abweichungen der Realisierungen vom jeweiligen Gruppenmittelwert berechnet. Die Variation dieser quadrierten Abweichungen wird in einem F-Test in die Variation der quadrierten Abweichungen um die Stichprobenvarianzen in den Gruppen und in die Variation der Stichprobenvarianzen um den (mit der Gruppenfallzahl) gewichteten Mittelwert der Varianzen zerlegt. Die quadrierten Abweichungen vom Mittelwert sind nach dem zentralen Grenzwertsatz asymptotisch normalverteilt. Da die Annäherung aber sehr langsam verläuft, werden im Levene-Test die absoluten Abweichungen vom Mittelwert verwendet. Die Annäherung an die Normalverteilung erfolgt dann deutlich schneller, sodass der Test auch bei relativ kleinen Gruppengrößen unabhängig von der Verteilung der eigentlich interessierenden Variablen X in der Population anwendbar ist.

15.5 Modellanpassung bei stetigen erklärenden Variablen

Bei der Suche nach einem «passenden» Regressionsmodell sind wir in Kapitel 13 zunächst von einem linearen Modell ausgegangen (Modell A in Tabelle 13.2), das schrittweise modifiziert wurde. Hilfestellung bei der Suche nach einem «passenden»

Regressionsmodell, das die bedingten Populationsmittelwerte zutreffend als Funktion der erklärenden Variablen beschreibt, waren zum einen die grafischen Darstellungen der bedingten Stichprobenmittelwerte, die eine spezifische funktionale Form nahelegen, und zum anderen Polynom-Regressionen (mit Interaktionseffekten), die bis zur Ordnung 4 berechnet wurden (Tabelle 13.3). Die Angemessenheit des resultierenden Modells wurde mit dem Ramsey-Test geprüft. Zusätzlich haben wir mit Hilfe einer 0/1-kodierten Design-Variablen geprüft, ob die Abweichung eines bedingten Stichprobenmittelwerts von der Regressionsfunktion signifikant ist.

Die Logik der grafischen Prüfung einer Regressionsfunktion kann auch bei stetigen unabhängigen Variablen genutzt werden. Bereits in Abbildung 12.3 wurde zunächst die empirische Regressionskurve der Altersverteilung der Partnerinnen auf das Alter der Partner betrachtet, um dann ein lineares Regressionsmodell zu spezifizieren. Bei Modellen mit mehreren erklärenden Variablen weist diese Vorgehensweise allerdings das Problem auf, dass die Form der bivariaten Regressionsfunktion völlig anders aussehen kann als die bedingte Regressionsfunktion der multivariaten Verteilung.

15.5.1 Abschnittsweise lineare Regression

Eine Lösungsmöglichkeit ist die *abschnittsweise lineare Regression* (engl. *piecewise linear regression*).[31] Dabei wird der Wertebereich einer stetigen unabhängigen Variablen X in Teilabschnitte zerlegt, wobei in jedem Teilabschnitt eine eigene, aber innerhalb der Teilabschnitte konstante Steigung der Regressionsfunktion geschätzt wird. Wenn die erklärende Variablen X z.B. in vier Abschnitte zerlegt wird, dann kann sich an den drei Abschnittsgrenzen (auch *Schwellenwerte* genannt) $x_a < x_b < x_c$ jeweils die Stei-

---

31 Diese Vorgehensweise wird in der Literatur auch als *spline regression* bezeichnet (Lohmann, 2010: S. 685 ff.).

gung ändern. Um dies zu spezifizieren, werden zusätzlich zu der erklärenden Variablen X drei weitere Design-Variablen X_a, X_b und X_c spezifiziert, die ab Erreichen der Schwellenwerte die Differenzen zwischen dem jeweiligen Schwellenwert und dem Wert der erklärenden Variablen in der jeweiligen Kategorie anzeigen: $X_a = X - x_a$, $X_b = X - x_b$ und $X_c = X - x_c$. Unterhalb des jeweiligen Schwellenwerts haben diese Prädiktoren den Wert null. Ein nichtlinearer Zusammenhang liegt vermutlich dann vor, wenn ein F-Test zeigt, dass die Regressionsgewichte der zusätzlichen Prädiktoren die Vorhersagekraft signifikant erhöhen. Die grafische Betrachtung der schrittweisen linearen Regressionsgeraden gibt dann Hinweise, wie die «wahre» Regressionsfunktion verläuft.

Als Beispiel soll im Folgenden der Einfluss des Alters auf die Ablehnung von Schwangerschaftsabbruch betrachtet werden. Dazu wird das Alter der Befragten in Jahrzehnten (X_3) in die vier Bereiche «bis unter 30 Jahre», «30 bis unter 45 Jahre», «45 bis

Abbildung 15.4: Lineare quadratische und abschnittsweise lineare Regression

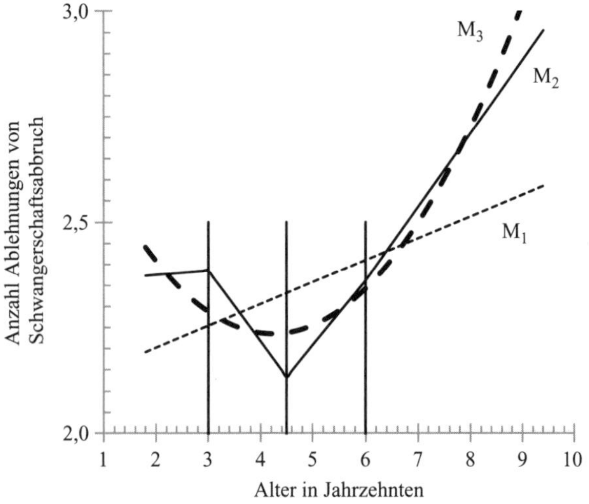

Daten: Allbus 2006

Tabelle 15.7: **Lineare, abschnittsweise lineare und quadratische Regression des Einflusses von Alter in Jahrzehnten (X_3) auf die Ablehnung von Schwangerschaftsabbruch (Y)**

Y		M_1		M_2		M_3	
		b	p	b	p	b	p
Konstante	b_0	2.099	<.001	2.356	<.001	2.856	<.001
X_3	b_1	0.052	0.007	0.010	0.954	−0.293	0.006
X_{3a}: Schwelle 3.0	b_2			−0.178	0.466		
X_{3b}: Schwelle 4.5	b_3			0.321	0.054		
X_{3c}: Schwelle 6.0	b_4			0.022	0.879		
$(X_3)^2$	b_5					0.035	0.001
R^2		0.002	0.007	0.006	<.001	0.005	<.001
Anstieg R^2 zu M_1				0.004	0.002	0.003	0.001

Daten: Allbus 2006, n = 3413

unter 60 Jahre» und «60 Jahre und älter» eingeteilt, sodass die Schwellenwerte $X_{3a} = 3.0$, $X_{3b} = 4.5$ und $X_{3c} = 6.0$ sind. In einer schrittweisen Regression wird dann geprüft, ob neben dem Alter die drei zusätzlichen Prädiktoren X_{3a} bis X_{3c} die Vorhersagekraft signifikant erhöhen. Die Ergebnisse einer linearen Regression (M_1), der abschnittsweisen Regression (M_2) und einer quadratischen Regressionsfunktion (M_3) sind in Tabelle 15.7 wiedergegeben. Abbildung 15.4 zeigt die Regressionsfunktionen für die drei Modelle sowie die Schwellenwerte der abschnittsweisen Regression.

Verglichen mit dem linearen Effekt des Alters führt die abschnittsweise lineare Regression (M_2) zu einer signifikanten Erhöhung der Vorhersagekraft. Alter beeinflusst die Ablehnung von Schwangerschaftsabbruch also nicht linear. Betrachtet man die einzelnen Regressionsgewichte, so steigt die mittlere Ablehnung von Schwangerschaftsabbruch zunächst mit einem Wert von $b_1 = 0.010$ pro 10 Jahren) an, sinkt dann ab 30 Jahren bis zum Alter von 45 Jahren mit einem Wert von −0.168 ($= b_1 + b_2 = 0.010 − 0.178$) pro Jahrzehnt, steigt dann wieder bis zum Alter von 60 Jahren mit einem Wert von +0.153 ($= b_1 + b_2 + b_3 = 0.010 − 0.178 +$

0.321) pro Jahrzehnt an und steigt ab 60 Jahren mit einer Steigung von 0.175 ($= b_1 + b_2 + b_3 + b_4 = 0.010 - 0.178 + 0.321 + 0.022$) pro Jahrzehnt an.

Mit der abschnittsweisen linearen Regression lassen sich beliebige Regressionsfunktionen annähern, wobei die Annäherung an die «wahre» Regressionsfunktion umso genauer ist, je größer die Zahl der Intervalle wird. Dabei können jedoch Probleme auftreten. Zum einen können die Ergebnisse davon abhängen, wo die Schwellenwerte gesetzt werden, die die Abschnitte trennen.[32] Zum anderen gibt es mit steigender Zahl von Abschnitten ein Multikollinearitätsproblem, da die Design-Variablen untereinander und mit der Ausgangsvariablen in der Regel hoch korrelieren.[33]

Die abschnittsweise Regression aus Abbildung 15.4 weist auf einen tendenziell U-förmigen Verlauf der Regressionsfunktion hin, der sich über ein Polynom zweiter Ordnung (quadratische Regressionsfunktion) beschreiben lässt. In Tabelle 15.7 und Abbildung 15.4 sind daher auch die Ergebnisse einer quadratischen Regression (M_3) der Ablehnung von Schwangerschaftsabbruch auf das Alter wiedergegeben. Als Alternative zur abschnittsweisen Regression bietet sich generell die Verwendung von polynomen Regressionsfunktionen (mit Interaktionseffekten) an.

Im Beispiel ist die abschnittsweise Regression für einen bivariaten Zusammenhang berechnet. Ein Vorteil der abschnittsweisen Regression ist, dass sie auch auf konditionale Regressionsfunktionen anwendbar ist. Die abhängige Variable ist dann

---

32 Ähnlich wie die grafische Darstellung von Kern-Dichte-Schätzern (Abbildung 2.3c) nichtparametrische Weiterentwicklungen von Histogrammen sind, gibt es auch nichtparametrische Regressionsschätzungen von stetigen Regressionskurven, die dieses Problem nicht aufweisen.

33 So zeigt Tabelle 15.7, dass bei $\alpha = 5\%$ gar kein Regressionsgewicht von M_2 signifikant von null verschieden ist, obwohl der F-Test auf eine signifikante Erklärungskraft hinweist. Daher ist für die Interpretation des Modells die grafische Betrachtung der abschnittsweisen linearen Regressionskurve interessanter als die Betrachtung der geschätzten Regressionsgewichte.

nicht Y, sondern die partielle Residualvariable E_p nach einer Regression von Y auf alle erklärenden Variablen und anschließender Addition von $b_x \cdot X$ (zur Berechnung der partiellen Residualvariablen s. Abschnitt 15.5.2).

15.5.2 Grafische Bestimmung der Regressionsfunktion über einen partiellen Residuenplot

Neben der abschnittsweisen Regression gibt es weitere grafische Verfahren zur Bestimmung der Form einer konditionalen Regressionsfunktion. Um das Problem zu lösen, dass eine bivariate empirische Regressionsfunktion den Verlauf der konditionalen Regressionsfunktion bei mehreren unabhängigen Variablen möglicherweise völlig falsch wiedergibt, liegt es nahe, eine Residuenregression zur Bestimmung der funktionalen Form der Beziehung zu nutzen. Wenn die Form der partiellen Regression von Y auf X_K geprüft werden soll, werden zunächst Y und X_K beide auf die ersten $K-1$ erklärenden Variablen regrediert. Anschließend kann die Punktewolke der Residuen von Y und der Residuen von X_K betrachtet werden.

Die gleiche Aussagekraft hat ein *partieller Residuenplot*. Ausgangspunkt ist ein Regressionsmodell, in dem die Variable, für deren Effekt die funktionale Form grafisch bestimmt werden soll, bereits als Prädiktor enthalten ist. Als Beispiel soll die funktionale Form des Effekts von Alter in Jahrzehnten (hier: X_3) auf die Ablehnung von Schwangerschaftsabbruch bei Kontrolle von Region und Religiosität bestimmt werden.[34] Dazu wird das Modell M3b aus Tabelle 15.1 um den Prädiktor X_3 erweitert. Die resultierenden Regressionskoeffizienten sind in Tabelle 15.8 wie-

---

34 Das Alter wird in Jahrzehnten statt in Jahren gemessen, um die Wertebereiche der Variablen anzunähern. Bei erklärenden Variablen mit sehr großen Wertebereichen (z. B. Alter von 18 bis 99 Jahren) und abhängigen Variablen mit sehr viel kleineren Wertebereichen (hier von 0 bis 7) ist mit erklärungsstarken signifikanten unstandardisierten Regressionsgewichten nahe null zu rechnen. Eine Re-Skalierung löst dieses Darstellungsproblem.

dergegeben. Im ersten Schritt werden die Vorhersagewerte des Regressionsmodells mit allen erklärenden Variablen berechnet:

$$\hat{Y} = b_0 + b_1 \cdot X_1 + b_2 \cdot X_1 \cdot X_2 + b_3 \cdot (1 - X_1) \cdot X_2^2 + b_4 \cdot X_3$$

Mit Hilfe der Vorhersagewerte werden sodann die Residuen berechnet:

$$E = Y - \hat{Y} = Y - \left(b_0 + b_1 \cdot X_1 + b_2 \cdot X_1 \cdot X_2 + b_3 \cdot (1 - X_1) \cdot X_2^2 + b_4 \cdot X_3 \right)$$

In der Residualvariablen E ist bereits der partielle lineare Effekt des Alters ($b_4 \cdot X_3$) enthalten. Dieser wird im nächsten Schritt durch Addition aus der Residualvariablen E entfernt:

$$E_p = E + b_4 \cdot X_3 = Y - \left(b_0 + b_1 \cdot X_1 + b_2 \cdot X_1 \cdot X_2 + b_3 \cdot (1 - X_1) \cdot X_2^2 \right)$$

wobei E_p = partielles Residuum.

Die partiellen Residuen sind die – um die partiellen Effekte der übrigen (neben Alter = X_3) erklärenden Variablen – bereinigten Realisierungen der abhängigen Variablen. Die Form des partiellen Einflusses wird im letzten Schritt grafisch durch Abtragen von E_p gegen X_3 dargestellt. Wenn – wie in diesem Beispiel – die abhängige Variable nur wenige (hier: acht) Ausprägungen hat, dann ist die resultierende Punktewolke meist wenig aussagekräftig. Sinnvoller ist es dann, die bedingten Mittelwerte der partiellen Residuen als Funktion der erklärenden Variablen wiederzugeben.

Abbildung 15.5 zeigt die durch Linien verbundenen bedingten Mittelwerte der partiellen Residuen. Sichtbar wird, dass der partielle Effekt des Alters vermutlich eher U-förmig ist und nicht linear. In der Abbildung ist zusätzlich die Regressionsfunktion der polynomen Regression zweiter Ordnung für die partiellen Residuen wiedergegeben (dicke gestrichelte Linie). Der in Tabelle 15.7 im Modell M_1 als linear spezifizierte partielle Effekt des Alters ist vermutlich nicht angemessen.

Tabelle 15.8: **Regression von NoAbbruch auf Region (X_1), Religiosität (X_2) und Alter in Jahrzehnten (X_3)**

Y		Koeff.	S.E.	p
Konstante	b_0	2.315	0.097	<.001
X_1	b_1	−1.015	0.080	<.001
$X_1 \cdot X_2$	b_2	0.454	0.050	<.001
$(1-X_1) \cdot (X_2)^2$	b_3	0.097	0.007	<.001
X_3	b_4	0.004	0.0182	0.822
Quelle		Variation	df	p
Vorhersagewerte		1644.950	4	
Residuen		10927.671	3389	
R^2; F:		0.132; 129.09		<.001

Daten: Allbus 2006, n = 3394

Abbildung 15.5: **Bedingte Mittelwerte der partiellen Residuen der Ablehnung von Schwangerschaftsabbruch (Y) gegen das Alter in Jahrzehnten (X_3) und quadratische Regressionsfunktion der partiellen Residuen auf das Alter**

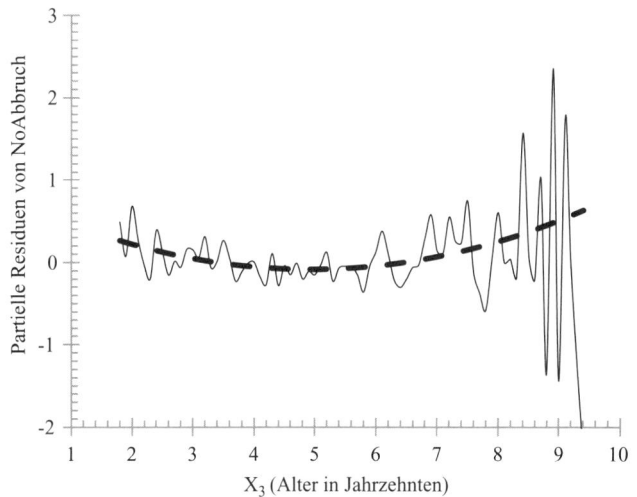

$$E_p = 0.78307 - 0.35280 \cdot X_3 + 0.03581 \cdot (X_3)^2$$

Daten: Allbus 2006

15.5.3 Beurteilung der Homogenität der Stichprobe

Die vorgestellten inferenzstatistischen Aussagen setzten voraus, dass die Stichprobe eine einfache Zufallsauswahl aus der interessierenden Population ist.[35] Auch wenn es letztlich nicht möglich ist, mit Sicherheit das Vorliegen einer Zufallsstichprobe festzustellen, kann zumindest nach Hinweisen gesucht werden, die dies in Frage stellen. Dies ist etwa der Fall, wenn es zu systematischen Ausfällen kommt. Bei einer Datenanalyse sollte daher geprüft werden, ob sich Fälle mit fehlenden Werten bei Modellvariablen (item nonresponse) systematisch von Fällen unterschieden, die gültige Werte aufweisen. Liegen Informationen über Populationseigenschaften vor, kann zudem untersucht werden, ob die korrespondierenden Stichprobenstatistiken signifikante Abweichungen aufweisen.

Statistische Modelle unterstellen in der Regel, dass die Stichprobe homogen ist, was praktisch bedeutet, dass die Modellparameter für alle Fälle der Stichprobe gelten.[36] Heterogenität in der Stichprobe kann dazu führen, dass das «wahre» Regressionsmodell in der Population selbst dann nicht kausal interpretiert werden kann, wenn die funktionale Form des kausalen Zusammenhangs mit der spezifizierten Regressionsfunktion übereinstimmt. Die Parameter der kausalen Beziehung werden dann verzerrt geschätzt. Hinweise für Heterogenität im Sinne einer «Kontaminierung» der Stichprobe können Ausreißeranalysen geben (vgl. Jann, 2010: S. 709). *Ausreißer* sind in diesem Kontext individuelle Fälle, die sich deutlich von den übrigen Fällen unterscheiden. Solche Fälle können einen erheblichen Einfluss auf die geschätzten Regressionskoeffizienten haben. Es gibt

---

35 Inzwischen bieten Statistikprogramme Schätzverfahren zur Schätzung multipler Regressionsmodelle bei komplexen Stichprobendesigns (gewichtete Daten aus geschichteten mehrstufigen Stichproben) an.

36 Mit Hilfe von *Mischverteilungsmodellen* kann versucht werden, unbeobachtete Heterogenität zu berücksichtigen. Bei diesen Modellen wird davon ausgegangen, dass sich die Stichprobe aus homogenen Teilstichproben zusammensetzt, die sich in den Modellparametern unterscheiden.

eine Reihe von Statistiken zur Identifikation von Ausreißern (vgl. Ohr, 2010).

Die Identifikation von Ausreißerfällen ist allerdings nur ein erster Schritt. Entscheidend ist, wie mit solchen Fällen umgegangen wird. Wenn es möglich ist, solche Fälle auf Beobachtungs- bzw. Codierfehler zurückzuführen, können diese korrigiert oder die Fälle aus der Analyse ausgeschlossen werden. Wenn keine expliziten Messfehler nachweisbar sind, ist ein Ausschluss von Ausreißerfällen aber problematisch, da die Gefahr besteht, dass die Daten an das statistische Modell angepasst werden und nicht umgekehrt das statistische Modell zur Beschreibung der Daten verwendet wird. Oft bleibt am Ende nur die Feststellung, dass das geschätzte Modell empfindlich auf Ausreißerfälle reagiert und daher Vorsicht bei der Interpretation angeraten ist.

15.6 Zusammenfassung

Die wichtigsten Formeln dieses Kapitels

Zerlegung der Summe der quadrierten Realisierungen von Y (zweiten Rohmomente) bei einer Regression durch den Ursprung

$$\sum_{i=1}^{n} y_i^2 = \sum_{i=1}^{n} \hat{y}_i^2 + \sum_{i=1}^{n} e_i^2 = \sum_{i=1}^{n} \left(\sum_{k=1}^{K} \beta_k \cdot x_{k,i} \right)^2 + \sum_{i=1}^{n} e_i^2 \tag{15.1}$$

Glossar der wichtigsten Begriffe dieses Kapitels

Dummy-Variable: dichotome Design-Variable mit den Ausprägungen 0 und 1, wobei der Wert «1» für die Realisierung der Ausprägung einer inhaltlich interessierenden Variablen steht

Haupteffekt: Effekt einer erklärenden Variablen

Geschachtelte Modelle: Vorliegen von mindestens zwei Modellen, die sich nur dadurch unterscheiden, dass ein restriktives Modell Spezialfall eines weniger restriktiven (liberalen) Modells ist

Interaktionseffekte: Unterschied zwischen den Effekten einer erklärenden bei den Ausprägungen einer zweiten erklärenden Variablen

Konditionaler Haupteffekt: getrennte Berechnung des Effekts einer erklärenden Variablen bei jeweils einer Ausprägung einer Drittvariablen

Konstantenmodell: die abhängige Variable wird in einer Regression durch den Ursprung auf einen Prädiktor mit dem konstanten Wert 1.0 regrediert

Referenzkategorie: Ausprägung einer nominalskalierten Variablen, für die keine eigene Design-Variable spezifiziert ist

Regression durch den Ursprung: Regressionsmodell ohne Regressionskonstante.

Reparametrisierung: alternative Spezifizierung eines statistischen Modells

16 Varianzanalyse und Varianzkomponenten-modelle

Neben dem Regressionsmodell mit Dummy-Variablen als Prädiktoren gibt es mit dem Modell der *Varianzanalyse* eine alternative Methode der Analyse von Effekten nominalskalierter erklärender Variablen auf abhängige metrische Variablen. Die Varianzanalyse wird weitgehend unabhängig von der Regressionsanalyse im Kontext experimenteller Forschung angewendet. In einem echten oder *randomisierten Experiment* werden die Untersuchungseinheiten zufällig einer von mindestens zwei Gruppen zugeordnet, wobei die Gruppen unterschiedlichen Treatments ausgesetzt sind. Ein *Treatment* ist eine durch das Untersuchungsdesign vorgegebene Ausprägung bzw. Ausprägungskombination eines oder mehrerer experimenteller *Faktoren*, deren kausaler Einfluss auf die abhängige Variable untersucht werden soll. Dabei lässt sich die Gesamtvariation der abhängigen Variablen stets in die Variation der Realisierungen innerhalb der Treatmentgruppen und in die Variation der Gruppenmittelwerte zwischen den Treatmentgruppen zerlegen:

$$\underbrace{\sum_{j=1}^{J}\sum_{i=1}^{n_j}\left(y_{j,i}-\overline{y}\right)^2}_{\text{Gesamtvariation}} = \underbrace{\sum_{j=1}^{J}n_j\cdot\left(\overline{y}_j-\overline{y}\right)^2}_{\substack{\text{Variation zwischen}\\\text{den Gruppenmittelwerten}}} + \underbrace{\sum_{j=1}^{J}\sum_{i=1}^{n_j}\left(y_{j,i}-\overline{y}_j\right)^2}_{\substack{\text{Variation innerhalb}\\\text{der Gruppen}}} \qquad (16.1)$$

wobei
j	=	Index für die J Treatmentgruppen
i	=	Index für die Fallnummer der Fälle *innerhalb* einer Treatmentgruppe
$y_{j,i}$	=	Realisierung der abhängigen Variablen beim Fall i in der Gruppe j
$\overline{y}$	=	Gesamtmittelwert
$\overline{y}_j$	=	Mittelwert in der Treatmentgruppe j
n_j	=	Fallzahl innerhalb einer Treatmentgruppe.

Wenn es keinen kausalen Einfluss eines Faktors gibt, dann sind die Mittelwerte $\bar{y}_j$ der Treatmentgruppen bzw. der Ausprägungen des Faktors zufällige Abweichungen vom Gesamtmittelwert $\bar{y}$. Die Variation zwischen den Gruppenmittelwerten wird dann ausschließlich durch die Variation der Untersuchungseinheiten um den Gesamtmittelwert hervorgerufen und kann zur Schätzung der Gesamtvariation verwendet werden. Die Variation der abhängigen Variablen innerhalb der Gruppen ist stets auf die individuelle Variation der Untersuchungseinheiten zurückzuführen.

Gibt es dagegen einen kausalen Einfluss eines Faktors auf die abhängige Variable, dann ist die Variation der Mittelwerte der Treatmentgruppen nicht allein auf die individuelle Variation der Untersuchungseinheiten zurückzuführen, sondern zusätzlich auf die Wirkung der Treatments, also auf die Ausprägungen des Faktors. Dann ist das Verhältnis der Variation zwischen den Gruppenmittelwerten zur Variation innerhalb der Gruppen größer als beim Fehlen eines kausalen Effekts. Mit dem F-Test (vgl. Kapitel 14.4) lässt sich statistisch prüfen, ob vorhandene Mittelwertdifferenzen zwischen den Treatmentgruppen rein zufällig auftreten oder auf Unterschiede zwischen den Treatments zurückzuführen sind.

16.1 Mehrfaktorielle Varianzanalyse

In der mehrfaktoriellen Varianzanalyse wird die Variation der abhängigen Variablen in Komponenten zerlegt, die auf die Wirkung der einzelnen Faktoren und zusätzlich auf mögliche Interaktionen zwischen den Faktoren zurückzuführen sind. Dies wird im Folgenden am Beispiel der zweifaktoriellen Varianzanalyse vorgestellt.[1] Ausgangspunkt ist der Gesamtmittelwert *(grand*

---

1 Vom zweifaktoriellen Design kann leicht auf den allgemeinen Fall einer Varianzanalyse mit mehr als zwei Faktoren verallgemeinert werden. Der einzige Unterschied besteht darin, dass bei mehr als zwei Faktoren auch komplexere Interaktionseffekte zwischen drei oder noch mehr Faktoren spezifiziert werden können.

mean) der abhängigen Variablen Y über alle Untersuchungseinheiten. Eine Realisierung der abhängigen Variablen beim Fall i ist die Summe aus dem Gesamtmittelwert plus den durch die Faktoren A und B verursachten Abweichungen vom Gesamtmittelwert plus einem möglichen Interaktionseffekt A×B zwischen den Faktoren plus der individuellen Abweichung (Residuum) vom Mittelwert (innerhalb) der Treatmentgruppen:[2]

$$y_{k,j,i} = \mu + \alpha_k + \beta_j + \gamma_{k,j} + \varepsilon_{k,j,i} \qquad (16.2)$$

wobei $y_{k,j,i}$ = Realisierung der abhängigen Variablen Y bei der Ausprägungskombination k,j beim Fall i

   k = Index für die Ausprägungen (Treatmentgruppen) des Faktors A

   j = Index für die Ausprägungen (Treatmentgruppen) des Faktors B

   i = Index für die Fallnummer innerhalb der Ausprägungskombination k von A und j von B

   μ = Gesamtmittelwert (grand mean) von Y

   α_k, β_j = durch die k-te Ausprägung von Faktor A bzw. die j-te Ausprägung von Faktor B bewirkte Abweichung vom Gesamtmittelwert

   $\gamma_{k,j}$ = Interaktionseffekt zwischen A und B

   $\varepsilon_{k,j,i}$ = Residuum des i-ten Falls in der Treatmentkombination α_k & β_j.

Formal lässt sich Gleichung 16.2 als Regressionsmodell auffassen. Wenn z. B. der Faktor A drei Ausprägungen hat und der Faktor B zwei Ausprägungen, dann hat dieses Modell 12 Regressionskoeffizienten: μ für den Gesamtmittelwert, drei Haupteffekte α_1, α_2 und α_3 für die durch die Ausprägungen von Faktor A definierten Abweichungen vom Gesamtmittelwert,

---

2 In der Varianzanalyse werden Faktoren meist durch große Buchstaben vom Anfang des Alphabets gekennzeichnet, der erste Faktor also durch A, der zweite durch B usw.

zwei Haupteffekte β_1 und β_2 für die durch die Ausprägungen von Faktor B definierten Abweichungen vom Gesamtmittelwert, sowie sechs Interaktionseffekte γ_{11}, γ_{12}, γ_{21}, γ_{22}, γ_{31} und γ_{32} für die durch das Zusammenspiel der k-ten Ausprägung von A und der j-ten Ausprägung von B *zusätzlich* zu α_k und β_j bewirkten Abweichungen vom Gesamtmittelwert. Die individuellen Abweichungen von den Treatmentgruppenmittelwerten innerhalb der Gruppen werden als Residualvarianz σ_ε^2 berücksichtigt.

Da die einzelnen Effekte jeweils als Abweichungen vom Gesamtmittelwert bzw. bei Interaktionseffekten als Abweichungen von den erwarteten Gruppenmittelwerten ohne Interaktionseffekt aufgefasst werden, summieren sie sich jeweils zu null:

$$\sum_{k=1}^{K} \alpha_k = 0; \quad \sum_{j=1}^{J} \beta_j = 0; \quad \sum_{k=1}^{K} \gamma_{k,j} = 0 \text{ für alle } j;$$

$$\sum_{j=1}^{J} \gamma_{k,j} = 0 \text{ für alle } k$$

(16.3)

wobei　K　= Anzahl der Treatmentgruppen des Faktors A
　　　　J　= Anzahl der Treatmentgruppen des Faktors B.
　　　　Weitere Erläuterungen siehe Gleichung 16.2.

Das Regressionsmodell mit 12 Regressionskoeffizienten modelliert nur die Mittelwerte der sechs ($= 3 \cdot 2$) Treatmentgruppen (im Kontext der Varianzanalyse auch als *Zellen* bezeichnet). Ein Identifikationsproblem aufgrund perfekter Kollinearität (vgl. Kapitel 14.2) gibt es wegen der Restriktionen in Gleichung 16.3 nicht. Da eine der sieben Restriktionen redundant ist,[3] werden die sechs Mittelwerte durch sechs unabhängige Modellparame-

---

3 Aus Gleichung 16.3 folgen sieben Restriktionen: 1. $\alpha_1 + \alpha_2 + \alpha_3 = 0 \Rightarrow \alpha_3 = -\alpha_1 - \alpha_2$; 2. $\beta_1 + \beta_2 = 0 \Rightarrow \beta_2 = -\beta_1$; 3. $\gamma_{11} + \gamma_{21} + \gamma_{31} = 0 \Rightarrow \gamma_{31} = -\gamma_{11} - \gamma_{21}$; 4. $\gamma_{12} + \gamma_{22} + \gamma_{32} = 0 \Rightarrow \gamma_{32} = -\gamma_{12} - \gamma_{22}$; 5. $\gamma_{11} + \gamma_{12} = 0 \Rightarrow \gamma_{12} = -\gamma_{11}$; 6. $\gamma_{21} + \gamma_{22} = 0 \Rightarrow \gamma_{22} = -\gamma_{21}$; 7. $\gamma_{31} + \gamma_{32} = 0 \Rightarrow \gamma_{32} = -\gamma_{31}$. Die vierte Restriktion ergibt sich aus den letzten drei Restriktionen (5. bis 7.) und ist daher redundant.

ter geschätzt. Folglich ist das Modell saturiert: es werden genauso viele Modellparameter geschätzt, wie Mittelwerte modelliert werden.

16.1.1 Varianzanalyse mit vollständigem Design und gleichen Zellenbesetzungen

Da in einem Experiment die Aufteilung der Fälle zufällig durch den Untersuchungsleiter erfolgt, kann im Idealfall sichergestellt werden, dass für alle Ausprägungskombinationen der Faktoren gleich viele Untersuchungseinheiten zur Verfügung stehen. Ein solches Untersuchungsdesign wird als *vollständiges und ausgewogenes Design* oder *vollständiges Design mit gleicher Zellenbesetzung* oder als *orthogonales Design* bezeichnet.

Beispielhaft wird ein ausgewogenes Design mit den Allbusdaten für den Einfluss von Konfession mit drei Ausprägungen und Region mit zwei Ausprägungen auf die Einstellung zum Schwangerschaftsabbruch simuliert. Da die Katholiken im Osten mit n = 45 Fällen die kleinste Gruppe sind, werden in den anderen fünf Gruppen jeweils n = 45 Fälle zufällig ausgewählt, um ein ausgewogenes Design zu erhalten.[4] In der Analyse werden also anstelle der 3214 Fälle nur 270 Fälle (= 6 · 45) berücksichtigt (Tabelle 16.1a).[5]

Berechnung der Variationsanteile über die Zellenstatistiken

In einem vollständigen und ausgewogenen Design lassen sich alle Berechnungen einer Varianzanalyse (Tabelle 16.1b) direkt aus den jeweiligen Fallzahlen, Mittelwerten und Variationen

---

4 Bei der Varianzanalyse ist zu beachten, dass sich die Fallzahl n meist nicht auf die Gesamtfallzahl bezieht, sondern auf die Besetzungszahl einer Zelle. Zur Unterscheidung verwenden wir hier N für die Gesamtfallzahl und n für die Fallzahl in einer Zelle.

5 Die durchschnittliche Zahl der Ablehnung von Indikationsgründen für Schwangerschaftsabbruch ist in dieser Zufallsstichprobe von N = 270 (aus der Gesamtstichprobe von N = 3214) bei Protestanten im Westen größer als bei Katholiken.

Tabelle 16.1: Varianzanalyse der Ablehnung von Schwangerschaftsabbruch (Y) mit den Faktoren Region und Konfession bei einem vollständigen und ausgewogenen Design

a) Ausgangsdaten:

Konfession/Region	Osten	Westen	insgesamt
katholisch	$\bar{y}_{1,1}=2.7111$ $SS_Y=163.244$ $n=45$	$\bar{y}_{1,2}=2.5556$ $SS_Y=157.111$ $n=45$	$\bar{y}_{1,+}=2.6333$ $SS_Y=320.900$ $n_{1+}=90$
protestantisch	$\bar{y}_{2,1}=2.3111$ $SS_Y=161.644$ $n=45$	$\bar{y}_{2,2}=2.8667$ $SS_Y=163.200$ $n=45$	$\bar{y}_{2,+}=2.5889$ $SS_Y=331.789$ $n_{2+}=90$
konfessionslos	$\bar{y}_{3,1}=1.4444$ $SS_Y=129.111$ $n=45$	$\bar{y}_{3,2}=1.9778$ $SS_Y=150.978$ $n=45$	$\bar{y}_{3,+}=1.7111$ $SS_Y=286.489$ $n_{3+}=90$
insgesamt	$\bar{y}_{+,1}=2.1556$ $SS_Y=491.733$ $n_{+,1}=135$	$\bar{y}_{+,2}=2.4667$ $SS_Y=489.600$ $n_{+,2}=135$	$\bar{y}_{+,+}=2.3111$ $SS_Y=987.867$ $n_{+,+}=270$

Daten: Allbus 2006, N = 270 von 3214

b) Ergebnisse der Varianzanalyse

Quelle	Variation	df	MS	F	p	part. η^2
Haupteffekte:						
Konfession	48.689	2	24.344	6.946	0.001	5.0%
Region	6.533	1	6.533	1.864	0.173	0.7%
Konfession + Region	55.222	3	18.407	5.252	0.002	5.6%
Interaktionseffekte:						
Konfession×Region	7.356	2	3.678	1.049	0.352	0.8%
Modell:						
erklärt ($SS_{\hat{Y}}$)	62.578	5	12.516	3.571	0.005	6.3%
Residuen:						
nicht erklärt (SS_E)	925.289	264	3.505			
insgesamt:						
Summe (SS_Y)	987.867	269	3.672			

Daten: Allbus 2006, N = 270 von 3214

(Tabelle 16.1a) in den Zellen berechnen.[6] In einem ersten Schritt werden die Modellparameter μ, α_k, β_j und $\gamma_{k,j}$ aus den Stichprobendaten geschätzt: Der Gesamtmittelwert $\bar{y}$ über alle Fälle ist der Schätzer $\hat{\mu}$ für μ. Der Schätzer $\hat{\alpha}_k$ für α_k ist die Abweichung $\bar{y}_{k,+} - \bar{y}$ des Mittelwerts der Fälle mit der k-ten Ausprägung des Faktors A vom Gesamtmittelwert. Der Schätzer $\hat{\beta}_j$ für β_j berechnet sich analog als Abweichung $\bar{y}_{+,j} - \bar{y}$ des Mittelwerts der Fälle in der j-ten Treatmentgruppe von B vom Gesamtmittelwert. Der Schätzer $\hat{\gamma}_{k,j}$ für den Interaktionseffekt $\gamma_{k,j}$ ist schließlich die Abweichung $\bar{y}_{k,j} - \hat{\bar{y}}_{k,j}$ des empirischen Mittelwerts $\bar{y}_{k,j}$ von dem bei Abwesenheit eines Interaktionseffekts erwarteten Mittelwert $\hat{\bar{y}}_{k,j}$ in der Gruppe mit der Ausprägungskombination k,j. Dieser erwartete Schätzer für den Interaktionseffekt errechnet sich aus der Summe der Schätzer für μ, α_k und β_j:

$$\hat{\gamma}_{k,j} = \bar{y}_{k,j} - \hat{\bar{y}}_{k,j} = \bar{y}_{k,j} - \left(\hat{\mu} + \hat{\alpha}_k + \hat{\beta}_j \right)$$

$$= \bar{y}_{k,j} - \left(\bar{y} + \left(\bar{y}_{k,+} - \bar{y} \right) + \left(\bar{y}_{+,j} - \bar{y} \right) \right) = \bar{y}_{k,j} - \bar{y}_{k,+} - \bar{y}_{+,j} + \bar{y}$$

Auf der Basis dieser Schätzungen erfolgt die Zerlegung der Gesamtvariation. Die Variationen der Haupteffekte ergeben sich als Summe der quadrierten Abweichungen der Mittelwerte in den Treatmentgruppen des jeweiligen Faktors vom Gesamtmittelwert multipliziert mit der Anzahl der Fälle in den jeweiligen Gruppen:

$$SS_A = \sum_{k=1}^{K} J \cdot n \cdot \hat{\alpha}_k^2 = \sum_{k=1}^{K} J \cdot n \cdot \left(\bar{y}_{k,+} - \bar{y} \right)^2$$
$$= J \cdot n \sum_{k=1}^{K} \bar{y}_{k,+}^2 - K \cdot J \cdot n \cdot \bar{y}^2 \qquad (16.4a)$$

---

6 Obwohl Variationen die rechnerische Basis der Varianzanalyse sind, werden in der Praxis meist die Standardabweichungen der abhängigen Variablen in den Zellen oder die Standardfehler der Zellmittelwerte berichtet, aus denen die Variationen rückgerechnet werden können.

$$SS_B = \sum_{j=1}^{J} K \cdot n \cdot \hat{\beta}_j^2 = \sum_{j=1}^{J} K \cdot n \cdot \left(\overline{y}_{+,j} - \overline{y} \right)^2$$

$$= K \cdot n \sum_{j=1}^{J} \overline{y}_{+,j}^2 - K \cdot J \cdot n \cdot \overline{y}^2 \qquad (16.4b)$$

wobei SS_A, SS_B = Variation der Mittelwerte der durch A bzw. B definierten Treatmentgruppen um den Gesamtmittelwert

n = Fallzahl innerhalb einer Zelle des Designs.
Weitere Erläuterungen siehe Gleichung 16.2.

Für die Variationskomponenten der Haupteffekte der Faktoren A und B (hier: Konfession und Region) ergeben sich aus Tabelle 16.1a die Werte:[7]

$$SS_{Konfession} = 90 \cdot \left((2.6333 - 2.3111)^2 + (2.5889 - 2.3111)^2 \right.$$
$$+ \left. (1.7111 - 2.3111)^2 \right)$$
$$= 90 \cdot \left(2.6333^2 + 2.5889^2 + 1.7111^2 \right) - 270 \cdot 2.3111^2$$
$$\approx 48.689$$

$$SS_{Region} = 135 \cdot \left((2.1556 - 2.3111)^2 + (2.4667 - 2.3111)^2 \right)$$
$$= 135 \cdot \left(2.1556^2 + 2.4667^2 \right) - 270 \cdot 2.3111^2 \approx 6.533$$

Die Variation des Interaktionseffekts ist die Summe der quadrierten Abweichungen der Gruppenmittelwerte in den durch die Faktoren A *und* B definierten Gruppen von dem auf der Basis der Haupteffekte geschätzten Mittelwert multipliziert mit der Fallzahl in den Gruppen:

$$SS_{A \times B} = \sum_{k=1}^{K} \sum_{j=1}^{J} n \cdot \hat{\gamma}_{k,j}^2 = \sum_{k=1}^{K} \sum_{j=1}^{J} n \cdot \left(\hat{\overline{y}}_{k,j} - \overline{y}_{k,j} \right)^2$$

$$= n \cdot \sum_{k=1}^{K} \sum_{j=1}^{J} \overline{y}_{k,j}^2 - J \cdot n \sum_{k=1}^{K} \overline{y}_{k,+}^2 - K \cdot n \sum_{j=1}^{J} \overline{y}_{+,j}^2 + K \cdot J \cdot n \cdot \overline{y}^2 \qquad (16.5)$$

---

7 Die Berechnung der Statistiken in Tabelle 16.1b erfolgte mit der SPSS-Prozedur ANOVA.

wobei $SS_{A \times B}$ = Variation der Mittelwerte der durch A *und* B
definierten Gruppen um den Vorhersagewert
auf Basis der Haupteffekte A und B.

Die Variationskomponente für die Interaktion beträgt im Beispiel:

$$SS_{\text{Konf} \times \text{Reg}} = 45 \cdot \left(2.7111^2 + 2.3111^2 + 1.4444^2 + 2.5556^2 + 2.8667^2 \right.$$
$$\left. + 1.9778^2\right) - 90 \cdot \left(2.6333^2 + 2.5889^2 + 1.7111^2\right)$$
$$- 135 \cdot \left(2.1556^2 + 2.4667^2\right) + 270 \cdot 2.3111^2 \approx 7.356$$

Die Residualvariation ist die Summe der quadrierten Abweichungen der Realisationen in den Zellen von den (geschätzten) Zellenmittelwerten:

$$SS_E = \sum_{k=1}^{K}\sum_{j=1}^{J}\sum_{i=1}^{n} e_{k,j,i}^2 = \sum_{k=1}^{K}\sum_{j=1}^{J}\sum_{i=1}^{n}\left(y_{k,j,i} - \left(\hat{\mu} + \hat{\alpha}_k + \hat{\beta}_j + \hat{\gamma}_{k,j}\right)\right)^2$$
$$= \sum_{k=1}^{K}\sum_{j=1}^{J}\sum_{i=1}^{n}\left(y_{k,j,i} - \overline{y}_{k,j}\right)^2 \tag{16.6}$$

wobei SS_E = Residualvariation.

Der Wert für die Variationskomponente der Residuen bzw. für die Residualvariation ergibt sich durch Aufsummieren der Variationen in den sechs Zellen:

$$SS_E = 163.244 + 161.644 + 129.111 + 157.111 + 163.200 + 150.978$$
$$\approx 925.289$$

Die Gesamtvariation SS_Y ist die Summe der quadrierten Abweichungen aller Realisationen vom Gesamtmittelwert:

$$SS_Y = \sum_{k=1}^{K}\sum_{j=1}^{J}\sum_{i=1}^{n}\left(y_{k,j,i} - \hat{\mu}\right)^2 = \sum_{k=1}^{K}\sum_{j=1}^{J}\sum_{i=1}^{n}\left(y_{k,j,i} - \overline{y}\right)^2 \tag{16.7}$$

Im Beispiel des orthogonalen Designs (mit zwei Faktoren und Interaktionseffekten) ist die Gesamtvariation von Y gleich der Summe aller Variationsanteile:

$$SS_Y = SS_A + SS_B + SS_{A \times B} + SS_E = 48.689 + 6.533 + 7.356 + 925.289$$
$$= 987.867$$

Bei einem vollständigen und ausgewogenen Design sind die einzelnen Faktoren und Interaktionseffekte nicht miteinander korreliert. Anderenfalls müssten bei der Varianzzerlegung Kovariationen (nach Gleichung 5.22c) berücksichtigt werden.

F-Test der Effekte

Der F-Test in der Varianzanalyse prüft die Nullhypothese, dass ein Faktor keinen kausalen Effekt hat bzw. dass es keinen Interaktionseffekt gibt. Die Logik ist die gleiche wie in der Regressionsanalyse (vgl. Kapitel 14.4). Bei gültiger Nullhypothese und homoskedastisch normalverteilten Residuen sind sowohl die durch die Faktoren definierten Varianzkomponenten (SS_A, SS_B, $SS_{A \times B}$) als auch die Residualvariation (SS_E) geteilt durch die Residualvarianz $\sigma^2(\varepsilon)$ unabhängig voneinander chiquadratverteilt. Teilt man die Variationen durcheinander, kürzt sich die Residualvarianz heraus. Werden die Variationen zudem durch die Freiheitsgrade geteilt, ergibt sich (analog Gleichung 14.15) eine F-verteilte Statistik.

Der Quotient aus einer Variationskomponente geteilt durch ihre Freiheitsgrade wird in der Varianzanalyse als *mittlere Quadratsumme* bezeichnet, nach dem englischen Begriff «*mean squares*» durch «MS» symbolisiert.

Die Zahl der Freiheitsgrade der Varianzkomponente eines Faktors ist gleich der Zahl seiner Ausprägungen minus eins.[8] Die Freiheitsgrade für die Gesamtvariation der Haupteffekte (im Beispiel: der beiden Faktoren A und B zusammen) ergeben sich dann als Summe der Freiheitsgrade der Haupteffekte. Die

---

8 Da die Variation eines Faktors die Summe der quadrierten Abweichungen der Gruppenmittelwerte vom Gesamtmittelwert ist, sind bei K Ausprägungen des Faktors A K−1 Summanden unabhängig voneinander berechenbar. Analog sind beim Faktor B J-1 Mittelwerte unabhängig voneinander berechenbar.

Freiheitsgrade der Interaktionseffekte berechnen sich aus dem Produkt der Freiheitsgrade der beteiligten Faktoren. Die Zahl der Freiheitsgrade der Residuen ist gleich der Gesamtfallzahl ($N = K \cdot J \cdot n$) minus der Anzahl der Modellparameter, beim saturierten Modell also gleich der Fallzahl minus der Zahl der Zellen.

Bei gültiger Nullhypothese und homoskedastisch normalverteilten Residuen sind die mittleren Quadrate (MS) eines Effekts geteilt durch die mittleren Quadrate der Residuen F-verteilt:

Faktor A:
$$\frac{SS_A / (K-1)}{SS_E / (N - K \cdot J)} \sim F_{df1 = K-1, df2 = N - K \cdot J} \qquad (16.8a)$$

Faktor B:
$$\frac{SS_B / (J-1)}{SS_E / (N - K \cdot J)} \sim F_{df1 = J-1, df2 = N - K \cdot J} \qquad (16.8b)$$

Interaktion $A \times B$:
$$\frac{SS_{A \times B} / ((K-1) \cdot (J-1))}{SS_E / (N - K \cdot J)} \sim F_{df1 = (K-1) \cdot (J-1), df2 = N - K \cdot J} \qquad (16.8c)$$

Erläuterungen siehe Gleichung 16.4 bis 16.7.

Wenn die Nullhypothese zutrifft (keine Mittelwertdifferenzen in der Population), dann wird die Variation zwischen den Mittelwerten der durch einen Faktor definierten Gruppen ausschließlich durch die Populationsresiduen $\varepsilon_{k,j,i}$ erzeugt. Trifft die Nullhypothese dagegen *nicht* zu, dann wird die Variation zusätzlich durch die Unterschiede bei den Populationsmittelwerten erhöht. Daher ist dann mit einem höheren F-Wert in Gleichung 16.8 zu rechnen. Die Nullhypothese, dass kein Effekt vorliegt, wird daher abgelehnt, wenn die Teststatistik F größer ist als das $(1-\alpha)$-Quantil der F-Verteilung. Voraussetzung für die Gültigkeit des F-Tests ist neben der Normalverteilung der Residuen die Gleichheit der Residualvarianzen in allen Treatmentgruppen (Homoskedastizitätsannahme).

Die Ergebnisse der Varianzanalyse für die Beispieldaten sind in Tabelle 16.1b wiedergegeben. Bei einer Irrtumswahrscheinlichkeit von 5 % hat nur die Konfession (Faktor A) einen signifikanten Effekt auf die Ablehnung von Schwangerschaftsabbruch. Die Effekte der Region (Faktor B) und der Interaktionseffekt (A×B) sind mit $p \leq 0.173$ und $p \leq 0.352$ bei einer Irrtumswahrscheinlichkeit von 5 % nicht signifikant.

Die in der letzten Spalte von Tabelle 16.1b aufgeführten partiellen η^2-Werte (Etaquadrat-Werte) sind in der Varianzanalyse oft verwendete Maße für die relative Stärke eines Effekts. Partielle η^2-Werte berechnen sich nach:

$$\text{part. } \eta^2_{\text{Effekt}} = \frac{SS_{\text{Effekt}}}{SS_{\text{Effekt}} + SS_E} \tag{16.9}$$

wobei SS_{Effekt} = Variation eines Effekts SS_A, SS_B oder $SS_{A \times B}$

SS_E = Residualvariation

$\text{part. } \eta^2_{\text{Effekt}}$ = Partieller Etaquadrat-Wert eines Effekts.

Der formale Aufbau eines partiellen η^2-Wertes entspricht dem des Determinationskoeffizienten R^2, der gleich dem Quotienten der erklärten Variation geteilt durch die Gesamtvariation (= Summe aus erklärter und Residualvariation) ist. Im Beispiel von Tabelle 16.1b werden 6.3 % der Variation von Y auf die beiden Faktoren und den Interaktionseffekt zurückgeführt.

16.1.2 Varianzanalyse als OLS-Schätzung eines Regressionsmodells mit Effekt-Codierung

Formal kann das Modell der Varianzanalyse (Gleichung 16.2) als ein spezielles Regressionsmodell für ausschließlich nominalskalierte Variablen aufgefasst werden. Um Gleichung 16.2 als multiples Regressionsmodell zu schätzen, werden Prädiktoren benötigt, deren Regressionskoeffizienten die Restriktionen in Gleichung 16.3 erfüllen. Anstelle von 0/1-codierten Dummy-Variablen (vgl. Kapitel 15.3.2) werden hierzu Design-Variablen mit der sogenannten Effekt-Codierung verwendet.[9] Bei der Effekt-Codierung wird der Wert «1» für das Auftreten einer Kategorie k und der Wert «–1» für die Referenzkategorie vergeben. Der Wert «0» wird vergeben, wenn die empirische Ausprägung der erklärenden Variablen weder der Kategorie k noch der Referenzkategorie entspricht. Bei Effekt-Codierung schätzt die Regressionskonstante bei einem ausgewogenen Design den Mittelwert über alle Kategorien, also den Gesamtmittelwert. Entsprechend werden die Regressionsgewichte bei Effekt-Codierung als Kontraste zum Gesamtmittelwert interpretiert.

In Tabelle 16.2a und 16.2b ist die Effekt-Codierung der nominalskalierten Ausgangsvariablen Konfession und Region in die *Design-Variablen* E_1, E_2 und E_W wiedergegeben. In Tabelle 16.2c ist zudem die *Design-Matrix* für alle Zellen des saturierten Modells angegeben, aus der sich die Ausprägungen aller Prädiktoren in den Zellen ablesen lassen.[10] Da die Wahl der Referenzkategorie im Prinzip beliebig ist, verwenden wir hier beim Faktor Region den Osten als Referenzkategorie. In den Regressionsmodellen in Kapitel 15 ist dagegen der Westen Referenzkategorie.

Mit Ausnahme der Spalte für die Konstante sind die Spaltensummen in der Design-Matrix stets null.[11] Die Stichprobenmittelwerte sämtlicher Design-Variablen E_1, E_2, E_W, $E_1 \cdot E_W$ und

---

9 Design-Variablen werden anstelle der eigentlich interessierenden erklärenden Variablen als Prädiktoren in ein Regressionsmodell aufgenommen, wenn die ursprüngliche Variable nicht den Modellanforderungen entspricht. In diesem Sinne sind auch Dummy-Variablen spezielle Design-Variablen.

10 Genau genommen handelt es sich um eine verkürzt dargestellte Design-Matrix, da eine vollständige Designmatrix die Ausprägungen aller Prädiktoren (einschließlich der Konstanten soweit vorhanden) für alle Fälle des Datensatzes angibt. Da es aber empirisch nur so viele unterschiedliche Ausprägungskombinationen der Prädiktoren geben kann, wie das Design Zellen enthält, ist es hinreichend, die Design-Matrix für jeweils einen Fall pro Zelle darzustellen.

11 Da bei einem ausgewogenen Design die Fallzahlen in den Zellen gleich sind, gelten die Eigenschaften der Design-Matrix aus Tabelle 16.2c auch für die vollständige Design-Matrix für alle (im Beispiel $270 = 3 \cdot 2 \cdot 45$) Fälle.

Tabelle 16.2: **Design-Variablen und Design-Matrix bei Effektkodierung**
für die Berechnung der Varianzanalyse in Tabelle 16.1

a) Effektkodierung für die Konfession

Design-variable	Konfession		
	katholisch	protestantisch	konfessionslos
E_1	1	0	-1
E_2	0	1	-1

b) Effektkodierung für die Region

Design-variable	Region	
	Osten	Westen
E_W	-1	1

c) Design-Matrix für die Ausprägungskombinationen bei Effekt-Codierung

Zelle	Region	Konfession	Konst. μ	E_1 α_1	E_2 α_2	E_W β_1	$E_1 \cdot E_W$ $\gamma_{1,1}$	$E_2 \cdot E_W$ $\gamma_{2,1}$
1	Westen	katholisch	1	1	0	1	1	0
2	Westen	protestantisch	1	0	1	1	0	1
3	Westen	konfessionslos	1	-1	-1	1	-1	-1
4	Osten	katholisch	1	1	0	-1	-1	0
5	Osten	protestantisch	1	0	1	-1	0	-1
6	Osten	konfessionslos	1	-1	-1	-1	1	1

$E_2 \cdot E_W$ sind somit null. Für alle Variablen mit einem Mittelwert
von null gilt, dass ihre Kovariation mit einer beliebigen anderen
Variablen gleich der Summe der Produkte der beiden Variablen
über alle Fälle ist. Die Kovariation zwischen jeweils zwei Design-
Variablen berechnet sich daher über die Summe der Produkte
der entsprechenden Spalten der Design-Matrix. Aus Tabelle 16.2c ist ersichtlich, dass nur die Summe der Produkte von E_1
und E_2 sowie von $E_1 \cdot E_w$ und $E_2 \cdot E_w$ ungleich null sind. Alle
anderen Kovariationen sind gleich null. Daraus folgt, dass bei
einem orthogonalen Design und Effekt-Codierung weder die
Design-Variablen für verschiedene Faktoren untereinander kor-

relieren, noch die Design-Variablen für die Haupteffekte mit denen für die Interaktionseffekte.[12]

Wegen der Unkorreliertheit der Haupt- und Interaktionseffekte kann die Gesamtvariation der abhängigen Variablen in die Summe der Variationskomponenten für die einzelnen Haupteffekte, für die Interaktionseffekte und für die Residuen zerlegt werden. Dies gilt allerdings nur bei gleichen Fallzahlen in allen Zellen!

Aus der Unkorreliertheit der Faktoren folgt auch, dass die getrennte Schätzung der Regressionskoeffizienten in Modellen mit nur jeweils einem Faktor oder nur additiven Effekten zu den gleichen Ergebnissen führt wie die Schätzung im saturierten Gesamtmodell. Dies ist aus Tabelle 16.3 ersichtlich, in der die Ergebnisse der Schätzung von Regressionsmodellen zusammengefasst sind, bei denen die Ablehnung von Schwangerschaftsabbruch (a) nur durch die Design-Variablen der Konfession, (b) nur durch die der Region, (c) durch ein additives Modell mit Design-Variablen für beide Effekte, (d) durch ein Modell mit ausschließlich Interaktionseffekten und (e) durch das saturierte Modell mit Haupt- und Interaktionseffekten wiedergegeben sind. In allen fünf Modellen sind sowohl die Regressionskonstanten als auch die Regressionsgewichte, sofern sie im Modell enthalten sind, gleich groß.

Die Regressionskonstante ist in allen Modellen gleich dem Gesamtmittelwert (*grand mean*) 2.311.[13] Die Design-Variable E_1 misst die Abweichung des Mittelwerts der Katholiken vom Gesamtmittelwert ($0.322 = 2.633 - 2.311$), die Design-Variable E_2 die Abweichung des Mittelwerts der Protestanten vom Gesamt-

---

12 Bei Varianzanalysen mit mindestens drei Faktoren korrelieren auch die Design-Variablen für die Interaktionseffekte zwischen verschiedenen Faktoren nicht miteinander. Werden in solchen Analysen Interaktionseffekte höherer Ordnung, d. h. zwischen drei oder mehr Faktoren spezifiziert, dann korrelieren auch die Design-Variablen für die Interaktionseffekte verschiedener Ordnung nicht miteinander.

13 Die Mittelwerte finden sich in Tabelle 16.1a, die Regressionskoeffizienten in Tabelle 16.3.

Tabelle 16.3: Regressionsmodelle für die Berechnung von F-Tests bei der Varianzanalyse für Tabelle 16.1

Effekt	Koeff.	S.E.	Variationszerlegung		
a) *nur Konfession:*				Variation	df
Konstante	2.311	0.114	Regression	48.689	2
E_1	0.322	0.161	Residuen	939.178	267
E_2	0.278	0.161			
b) *nur Region:*					
Konstante	2.311	0.116	Regression	6.533	1
E_W	0.156	0.116	Residuen	981.333	268
c) *additives Modell:*					
Konstante	2.311	0.114	Regression	55.222	3
E_1	0.322	0.161	Residuen	932.644	266
E_2	0.278	0.161			
E_W	0.156	0.114			
d) *nur Interaktion*					
Konstante	2.311	0.117	Regression	7.356	2
$E_1 \cdot E_W$	−0.233	0.165	Residuen	980.511	267
$E_2 \cdot E_W$	0.122	0.165			
e) *saturiertes Modell:*					
Konstante	2.311	0.114	Regression	62.578	5
E_1	0.322	0.161	Residuen	925.289	264
E_2	0.278	0.161	Total	987.867	269
E_W	0.156	0.114			
$E_1 \cdot E_W$	−0.233	0.161			
$E_2 \cdot E_W$	0.122	0.161			

Daten: Allbus 2006, N = 270 von 3214
E_1: katholisch, E_2: protestantisch, E_W: Westen, $E_1 \cdot E_W$: katholisch & Region, $E_2 \cdot E_W$: protestantisch & Region

mittelwert(0.278 = 2.589−2.311), die Design-Variable E_W die Abweichung des Mittelwerts der Befragten im Westen vom Gesamtmittelwert (0.156 = 2.467−2.311).

Die Abweichungen der Referenzkategorien vom Gesamtmittelwert ergeben sich aus der mit −1 multiplizierten Summe der Regressionsgewichte eines Faktors.[14]

14 So berechnet sich die Abweichung der Konfessionslosen vom Gesamtmittelwert als Summe der mit −1 multiplizierten Werte der Regressionsgewichte von E_1 und E_2, im

Der Interaktionseffekt $E_1 \cdot E_W$ erfasst die Abweichung von Katholiken im Westen vom vorhergesagten Mittelwert des additiven Modells ($-0.233 = 2.556 - 2.311 - 0.322 - 0.156$) und der Interaktionseffekt $E_2 \cdot E_W$ die Abweichung von Protestanten im Westen vom vorhergesagten Mittelwert des additiven Modells ($0.122 = 2.867 - 2.311 - 0.278 - 0.156$). Wie bei allen Regressionsmodellen lässt sich dies auch über die Berechnung der Vorhersagewerte erkennen:

$$
\begin{aligned}
\hat{Y} &= b_0 + b_1 \cdot E_1 + b_2 \cdot E_2 + b_3 \cdot E_W + b_4 \cdot (E_1 \cdot E_W) + b_5 \cdot (E_2 \cdot E_W) \\
&= 2.311 + 0.322 \cdot E_1 + 0.278 \cdot E_2 + 0.156 \cdot E_W - 0.233 \cdot (E_1 \cdot E_W) \\
&\quad + 0.122 \cdot (E_2 \cdot E_W)
\end{aligned}
$$

katholisch & Westen :

$$
\begin{aligned}
\hat{Y} &= b_0 + b_1 + b_3 + b_4 \\
&= 2.311 + 0.322 + 0.156 - 0.233 = 2.556
\end{aligned}
$$

protestantisch & Westen :

$$
\begin{aligned}
\hat{Y} &= b_0 + b_2 + b_3 + b_5 \\
&= 2.311 + 0.278 + 0.156 + 0.122 = 2.867
\end{aligned}
$$

konfessionslos & Westen :

$$
\begin{aligned}
\hat{Y} &= b_0 - b_1 - b_2 + b_3 - b_4 - b_5 \\
&= 2.311 - 0.322 - 0.278 + 0.156 + 0.233 - 0.122 = 1.978
\end{aligned}
$$

katholisch & Osten :

$$
\begin{aligned}
\hat{Y} &= b_0 + b_1 - b_3 - b_4 \\
&= 2.311 + 0.322 - 0.156 + 0.233 = 2.710
\end{aligned}
$$

protestantisch & Osten:

$$
\begin{aligned}
\hat{Y} &= b_0 + b_2 - b_3 - b_5 \\
&= 2.311 + 0.278 - 0.156 - 0.122 = 2.311
\end{aligned}
$$

konfessionslos & Osten :

$$
\begin{aligned}
\hat{Y} &= b_0 - b_1 - b_2 - b_3 + b_4 + b_5 \\
&= 2.311 - 0.322 - 0.278 - 0.156 - 0.233 + 0.122 = 1.144
\end{aligned}
$$

Beispiel also –0.6 (= –0.322+(–0.278)). Für die Abweichung der Befragten im Osten vom Gesamtmittelwert ergibt sich der Wert –0.156.

Die in Tabelle 16.1b aufgeführten Variationskomponenten der Effekte sind gleich den Variationen der Vorhersagewerte der fünf Modelle in Tabelle 16.3.[15] Alternativ können sie auch über die Differenz zwischen den Residuen (bzw. Vorhersagewerten) des saturierten Modells und denen des Modells ohne den jeweils interessierenden Effekt berechnet werden.[16]

16.2 Varianzanalyse bei nicht orthogonalen Designs

Die Unkorreliertheit oder Orthogonalität der einzelnen Effekte einer Varianzanalyse ist nur bei gleichen Zellenbesetzungen garantiert. Ist die Fallzahl in den einzelnen Zellen nicht gleich oder sind nicht alle Zellen besetzt, dann ist das Design nicht orthogonal und die Design-Variablen für die Faktoren korrelieren auch bei Effekt-Codierung untereinander und mit den Produktvariablen für die Interaktionseffekte.[17] Weil sich dann (nach Gleichung 5.22c) die Gesamtvariation aus den Variationen plus den Kovariationen der Prädiktoren ergibt, ist beim zweifaktoriellen (nicht orthogonalen) Design die Zerlegung der Variation in die der beiden Haupteffekte und die des Interaktionseffekts nicht mehr eindeutig. So zeigt Tabelle 16.4a die Ergebnisse einer nicht orthogonalen Varianzanalyse der Ablehnung von Schwangerschaftsabbruch mit den Faktoren Konfession und Region für die Gesamtstichprobe der 3214 Fälle. Im Unterschied zu Tabelle 16.1b summieren sich die Variationskomponenten der

---

15 So ist z. B. die Variationskomponente der Konfession in Höhe von 48.689 in Tabelle 16.1b gleich der Variation der Vorhersagewerte (Regression) in Modell a) aus Tabelle 16.3.

16 So berechnet sich die Summe der Varianzkomponenten der beiden Haupteffekte $SS_A + SS_B = 55.222$ in Tabelle 16.1b auch aus der Differenz zwischen den Residualvariationen der Modelle (d) und (e) in Tabelle 16.3: $55.222 = 980.511 - 925.289$.

17 Im Unterschied zur Effektkodierung korrelieren bei Dummy-Codierung (Kapitel 15.3) bereits in einem orthogonalen Design Prädiktoren der Haupteffekte mit den Prädiktoren der Interaktionseffekte.

Haupt- und Interaktionseffekte in Tabelle 16.4a *nicht* zur Gesamtvariation der Vorhersagewerte:

$$SS_{\hat{Y}} = 1137.418 \neq 358.203$$
$$= SS_{Konfession} + SS_{Region} + SS_{Interaktion} = 276.342 + 63.611 + 18.258$$

Im nicht orthogonalen Design ist nicht nur die Summe der einzelnen Variationsquellen (Haupteffekte und Interaktionseffekt) ungleich der Vorhersagevariation. Darüber hinaus gibt

Tabelle 16.4: **Varianzanalyse der Ablehnung von Schwangerschaftsabbruch (Y) mit den Faktoren Region und Konfession bei ungleichen Fallzahlen in den Gruppen**

a) Ergebnisse der Varianzanalyse

Quelle	Variation	df	MS	F	p	part. η^2
Haupteffekte:	1066.407	3	213.2814	109.520	<.001	9.3%
Konfession	276.342	2	138.171	42.571	<.001	2.6%
Region	63.611	1	63.611	19.599	<.001	0.6%
Interaktionseffekte:	18.258	2	9.129	2.813	0.060	0.2%
Modell ($SS_{\hat{Y}}$):	1137.418	5	227.484	70.088	<.001	9.8%
Residuen (SS_E):	10412.187	3208	3.246			
insgesamt (SS_Y):	11549.606	3213	3.595			

Daten: Allbus 2006, N = 3214

b) Variationszerlegung und F-Tests bei Effekt- und Dummy-Codierung

		Effekt-Codierung				Dummy-Codierung	
Modell	Beschreibung	$SS_{\hat{Y}}$	df	SS_E	df	$SS_{\hat{Y}}$	SS_E
M_1	saturiert	1137.418	5	10412.187	3208	1137.418	10412.187
M_2	ohne Konf.	861.076	3	10688.529	3210	956.419	10593.187
M_3	ohne Region	1073.807	4	10475.799	3209	994.090	10555.515
M_4	nur Interakt.	71.011	2	11478.594	3211	887.452	10662.154
M_5	nur Haupteff.	1119.160	3	10430.446	3210	1119.160	10430.446
Differenzentests							
	$M_1 - M_2$	276.342	2	F: 42.571		180.999	F: 27.883
	$M_1 - M_3$	63.611	1	F: 19.599		143.328	F: 44.159
	$M_1 - M_4$	1066.407	3	F: 109.520		249.966	F: 25.672
	$M_1 - M_5$	18.252	2	F: 2.813		18.252	F: 2.813

Daten: Allbus 2006, N = 3214

c) geschätzte Parameter bei Effekt- und Dummy-Codierung für M_1 und M_5

Modell	Effekt-Codierung		Dummy-Codierung	
	Prädiktor	Koeffizient	Prädiktor	Koeffizient
M_1: saturiert	Konstante	2.312 ***	Konstante	1.366 ***
	E_1	0.534 ***	D_1	1.345 ***
	E_2	0.035 n.s.	D_2	0.778 ***
	E_W	0.238 ***	DW	0.753 ***
	$E_1 \cdot E_W$	−.103 n.s.	$D_1 \cdot$ DW	−.485 n.s.
	$E_2 \cdot E_W$	−.035 n.s.	$D_2 \cdot$ DW	−.349 *
M_5: additiv	Konstante	2.243 ***	Konstante	1.428 ***
	E_1	0.470 ***	D_1	1.001 ***
	E_2	0.062 n.s.	D_2	0.594 ***
	E_W	0.283 ***	DW	0.566 ***

Daten: Allbus 2006, N = 3214

n.s. nicht signifikant; * bei 5% signifikant; ** bei 1% signifikant; *** bei 0.1% signifikant

E_1: katholisch, E_2: protestantisch, E_W: Westen, $E_1 \cdot E_W$: katholisch & Westen, $E_2 \cdot E_W$: protestantisch & Westen

D_1: katholisch, D_2: protestantisch, DW: Westen; $D_1 \cdot$DW: katholisch & Westen, $D_2 \cdot$DW: protestantisch & Westen

es auch keine eindeutige Berechnungsformel für die Variationsanteile.[18]

Die Variationskomponenten in Tabelle 16.4a werden aus der Differenz zwischen der Vorhersage- bzw. Residualvariation des

18 Es gibt verschiedene Vorschläge, die zu einer eindeutigen Varianz- bzw. Variationszerlegung bei Regressionsmodellen mit korrelierten Prädiktoren führen sollen (vgl. für solche Vorschläge Wolf/Best, 2010: 627f..). Das Problem dieser Vorschläge besteht darin, dass sie rein formal sind. Eine kausalanalytisch «korrekte» Varianzlegung in additive (und damit unkorrelierte) Anteile wäre aber nur möglich, wenn der Kausalprozess, der die Daten generiert, nicht nur bekannt wäre, sondern auch im strengen Sinne linear-additiv, sodass sich sämtliche Kovarianzen aus direkten und indirekten Effekten bzw. erklärten Scheinkausalitäten ergäben. Bei Modellen mit Interaktionseffekten ist die kausale Interpretation der Aufteilung auf Haupt- und Interaktionseffekte deshalb aus unserer Sicht nicht sinnvoll. So ist auch die Unkorreliertheit von Haupt- und Interaktionseffekten im orthogonalen Design nur durch die gleiche Zellenbesetzung (und Effekt-Codierung) «künstlich» erzwungen und in empirischen Stichproben meist nicht gegeben.

saturierten Regressionsmodells und den entsprechenden Variationen eines Modells berechnet, bei dem die jeweilige Varianzkomponente nicht spezifiziert ist. Bei dieser Berechnung wird zudem Effekt-Codierung vorausgesetzt. Ersichtlich ist dies aus Tabelle 16.4b, in der die Vorhersage und Residualvariationen einschließlich der Freiheitsgrade für verschiedene Modelle aufgeführt sind. So berechnet sich z. B. die Variationskomponente für den Haupteffekt der Konfession (in Tabelle 16.4a) als Differenz zwischen dem saturierten Modell M_1 und dem Modell M_2, bei dem die beiden Design-Variablen E_1 und E_2 für die Konfession ausgelassen sind.[19] Dabei ist die Differenz der Vorhersagevariationen bis auf Rundungsfehler identisch mit der Differenz der Residualvariationen der beiden Modelle:

$$SS_{Konfession} = SS_{\hat{Y}}(M_1) - SS_{\hat{Y}}(M_2) = SS_E(M_2) - SS_E(M_1)$$
$$276.342 = 1137.418 - 861.076 = 10688.529 - 10412.187$$

Zum Test eines Effekts wird die F-Statistik nach Gleichung 16.8 berechnet. So gilt beispielsweise für die Konfession:

$$F = \frac{SS_{Konfession} / df_{Konfession}}{SS_{Residuen}(M_1) / df_{Residuen}} = \frac{276.342 / 2}{10412.187 / 3208} = 42.571$$

Die partiellen η^2-Werte berechnen sich wie beim orthogonalen Design nach Gleichung 16.9, wobei jeweils die Residualvariation des saturierten Modells herangezogen wird.

Die Gegenüberstellung von Effekt- und Dummy-Codierung in Tabelle 16.4b zeigt deutliche Unterschiede zwischen den Modellen.[20] Tatsächlich sind Effekt- und Dummy-Codierung nur bei sogenannten *hierarchischen Modellen* beobachtungsäquivalent. Ein Regressionsmodell wird als *hierarchisches Modell* be-

---

19 Im Modell enthalten sind aber die Interaktionseffekte, sodass die Schätzgleichung von M_2 lautet:

$\hat{Y} = b_0 + b_1 \cdot E_W + b_2 \cdot (E_1 \cdot E_W) + b_3 (E_2 \cdot E_W)$.

20 Auch bei der Dummy-Codierung ist hier im Unterschied zu Kapitel 15 der Osten Referenzkategorie.

zeichnet, wenn beim Vorliegen eines Interaktionseffekts höherer Ordnung auch alle Interaktionseffekte der beteiligten Variablen niedrigerer Ordnung und alle Haupteffekte dieser Variablen spezifiziert sind. So ist aus Tabelle 16.4b ersichtlich, dass die Variationen für die Vorhersagewerte und die Residuen nur bei den hierarchischen Modellen M_1 und M_5 identisch sind, die beiden Codierungen hier also beobachtungsäquivalente Modelle ergeben. Die nichthierarchischen Modelle M_2, M_3 und M_4 sind bei den beiden Codierungen dagegen nicht beobachtungsäquivalent.[21]

In der Varianzanalyse erfolgt auch bei nicht orthogonalem Design die Modellschätzung über Effekt- und nicht wie (meist) bei multiplen Regressionsmodellen mit nominalskalierten erklärenden Variablen über Dummy-Codierung.[22]

Hinweis:

Da bei Effekt-Codierung die Variationsanteile der Haupteffekte meist geringer sind als bei Dummy-Codierung, können Haupteffekte bei der Schätzung von Modellen mit Interaktionseffekten bei bestimmten Datenkonstellationen nur bei Dummy-Codierung signifikant sein. Der F-Test auf Signifikanz der Interaktionseffekte führt dagegen unabhängig von der Art der Codierung zum gleichen Ergebnis.

Tabelle 16.4c enthält die geschätzten Regressionskoeffizienten für das saturierte Modell M_1 und das additive Modell ohne Interaktionseffekte M_5 bei Effekt- und bei Dummy-Codierung.

21 Die für die Modelle in Tabelle 16.4 nicht berichteten Parameterschätzungen ergeben daher auch bei Effekt- und Dummy-Codierung andere Vorhersagewerte für die sechs Gruppen.
22 Rein rechnerisch werden Varianzanalysen in Statistikprogrammen allerdings oft über die Schätzung eines saturierten Modells mit Dummy-Codierung berechnet. Die Effekte des saturierten Modells mit Effekt-Codierung lassen sich dann als spezifische Kontraste der geschätzten Regressionskoeffizienten berechnen. Die einzelnen Effekte der Varianzanalyse können nicht nur über F-Tests zweier geschachtelter Modelle getestet werden, sondern mit gleichem Ergebnis über Tests, die auf der quadratischen Form des saturierten Modells basieren.

Selbst bei hierarchischen Modellen führen die beiden Codierungen trotz Beobachtungsäquivalenz zu unterschiedlichen Regressionskoeffizienten. Das ist eine Folge davon, dass in den Modellen unterschiedliche Kontraste (Mittelwertdifferenzen) modelliert werden. Da sich auch die Standardfehler unterscheiden, ergeben sich im Detail etwas andere Schlussfolgerungen. So sind in M_1 bei der Effekt-Codierung die Regressionsgewichte der Design-Variablen E_2 (Abweichung des Mittelwerts der Protestanten vom «Gesamtmittelwert»)[23] und der Interaktionseffekte $E_1 \cdot E_W$ und $E_2 \cdot E_W$ (Abweichung des Mittelwerts der Teilgruppe der Protestanten im Westen von dem erwarteten Wert auf der Basis der Haupteffekte) nicht signifikant, während bei der Dummy-Codierung die Interaktion $D_2 \cdot DW$ (Abweichung der Mittelwertdifferenz zwischen Protestanten und Konfessionslosen im Westen von der im Osten) bei $\alpha = 5\%$ signifikant ist. Bei der Effekt-Codierung ist sowohl in M_1 wie in M_5 das Regressionsgewicht von E_2 nicht signifikant, während bei der Dummy-Codierung das Regressionsgewicht von D_2 (Abweichung des Mittelwerts der Protestanten von dem der Konfessionslosen) in beiden Modellen signifikant ist. Konsequenzen kann die unterschiedliche Codierung insbesondere dann haben, wenn nach einem möglichst sparsamen Modell gesucht wird.

Für die Praxis lässt sich daraus der Schluss ziehen, dass die Entscheidung für die Codierung von Design-Variablen und die Wahl der Referenzkategorien von der inhaltlichen Fragestellung geleitet werden sollte.[24] So unterscheiden sich die Regres-

23 Bei einem nicht ausgewogenen Design ist der bei Effekt-Codierung über die Regressionskonstante «geschätzte» Gesamtmittelwert das ungewichtete arithmetische Mittel der Gruppenmittelwerte und weicht somit bei ungleichen Fallzahlen auch im saturierten Modell vom empirischen Gesamtmittelwert ab, der das fallzahlgewichtete Mittel der Gruppenmittelwerte ist.
24 Durch unterschiedliche Wahl der Referenzkategorie einer Drittvariablen werden bei Dummy-Codierung unterschiedliche Kontraste geschätzt. Insofern ist die Wahl einer Referenzkategorie nur formal beliebig, kann aber im Prozess der Modellselektion von Bedeutung sein.

sionsgewichte der Dummy-Variablen D_1 und D_2 in Modell M_1 aus Tabelle 16.4c von den entsprechenden Gewichten aus Tabelle 15.6a. Während im Modell aus Tabelle 15.6a der Westen Referenzkategorie der Region ist, ist es im Modell M_1 aus Tabelle 16.4c der Osten. In Tabelle 15.6a erfassen die Regressionsgewichte daher die konditionalen Haupteffekte für den Westen, in Tabelle 16.4c die konditionalen Haupteffekte für den Osten.

16.3 Varianzanalyse mit Messwiederholungen

Eine besondere Form der Varianzanalyse liegt bei mehrfachen Messungen der abhängigen Variablen vor. Dabei werden die Untersuchungseinheiten vor den Messungen der abhängigen Variablen unterschiedlichen Treatments ausgesetzt. Als Folge davon ist jede Untersuchungseinheit in verschiedenen Treatmentgruppen. Zwischen den Gruppen besteht dann statistische Abhängigkeit, da davon auszugehen ist, dass nicht gemessene Eigenschaften der Untersuchungseinheiten Kovariationen zwischen den Gruppen generieren.[25]

Als Beispiel für eine *Varianzanalyse mit Messwiederholungen* wird im Folgenden untersucht, ob Konfession und Geschlecht die Links-Rechts-Selbsteinstufung (1 = links, 11 = rechts) beeinflussen. Datenbasis sind Befragte aus einer vierwelligen Panelstudie zur Bundestagswahl 1990.[26] Die vier Befragungswellen bilden zusammen mit den drei Konfessionsgruppen der Katholi-

---

25 Die Varianzanalyse mit Messwiederholungen kann daher als Verallgemeinerung der Mittelwertdifferenz bei abhängigen Stichproben aufgefasst werden (vgl. Kapitel 8.6.2).

26 Die Daten sind unter der Studiennummer 1919 bei GESIS-Datenarchiv (Köln) erhältlich. Die erste Welle wurde im November / Dezember 1989 erhoben, die zweite Welle im Mai / Juni 1990, die dritte Welle im Oktober / November 1990 und die vierte Welle direkt nach der Bundestagswahl im Dezember 1990. Da die Vorbereitung der Studie vor der Wiedervereinigung erfolgte, wurden nur Wahlberechtigte im Westen persönlich und telefonisch befragt.

ken, Protestanten und Konfessionslosen und dem Geschlecht der Befragten ein 4×3×2-Design, wobei jede der 24 Zellen 30 Fälle umfasst.[27] Insgesamt liegen damit $24 \cdot 30 = 720$ Messungen der abhängigen Variablen vor. Allerdings basieren diese 720 Messungen auf nur 180 ($3 \times 2 \cdot 30$) Untersuchungseinheiten (im Kontext der Varianzanalyse mit Messwiederholungen als *subjects* bezeichnet), bei denen die abhängige Variable im Zeitverlauf jeweils viermal erfasst wurde.

Eine naheliegende Möglichkeit, mit dem Problem umzugehen, dass nicht gemessene Eigenschaften der Untersuchungseinheiten die Effekte der Treatments verzerren können, besteht darin, die Untersuchungseinheiten neben den Messwiederholungen, der Konfession und dem Geschlecht als einen vierten Faktor zu verwenden.[28] Zu beachten ist hier allerdings, dass bereits das zweifaktorielle Modell mit den Faktoren Untersuchungseinheit (ID), Messzeitpunkt (Welle) und deren Interaktion notwendigerweise die gesamte Varianz der abhängigen Variablen «erklärt», da die Zahl der Parameter dieses Modells gleich der Zahl der Messungen ist.

So basiert im Beispiel die Varianzanalyse bei 180 Untersuchungseinheiten und vier Messzeitpunkten auf 720 Parametern, nämlich der Regressionskonstanten, 179 Parametern für die Untersuchungseinheiten, 3 Parametern für die Messzeitpunkte und 537 ($=179 \cdot 3$) Parametern für die Interaktionseffekte, die die 720 Messungen der abhängigen Variable exakt «voraussagen» können. Die Variation der Residuen ist daher null. Daher können mögliche Interaktionen zwischen Messzeitpunkten und Untersuchungseinheiten nicht von Residuen un-

---

27 Insgesamt haben 681 Befragte an allen vier Erhebungen teilgenommen. Die Zahl von 30 Befragten pro Zelle basiert auf der Gruppe von 30 konfessionslosen weiblichen Befragten, die an allen vier Wellen teilgenommen haben. Aus den übrigen zunächst stärker besetzten Gruppen wurden jeweils 30 Fälle zufällig ausgewählt.

28 In der Praxis wird hierzu die Identifikationsnummer (ID) der Untersuchungseinheiten als nominalskalierte erklärende Variable aufgefasst.

terschieden werden. Bei Varianzanalysen mit Messwiederholungen wird daher a priori unterstellt, dass es solche Interaktionen nicht gibt.[29]

Werden die Untersuchungseinheiten nur als additiver Faktor (Haupteffekt) ohne Interaktion mit den anderen Faktoren spezifiziert, dann ist es möglich, neben den Effekten von Untersuchungseinheit und Messzeitpunkt zusätzlich die Effekte von Konfession und Geschlecht zu untersuchen.

Eine logische Konsequenz dieser Modellspezifikation ist allerdings, dass weder Konfession noch Geschlecht, noch deren Interaktion irgendeinen Beitrag zur Variationszerlegung leisten können. Das liegt daran, dass Konfession und Geschlecht zeitkonstante Eigenschaften der Untersuchungseinheiten sind. Wenn aber die Untersuchungseinheiten als erklärende Variable im Modell berücksichtigt sind, dann werden sämtliche zeitkonstanten Eigenschaften durch diese Variable erfasst, sodass es keine zusätzlichen zeitkonstanten Effekte mehr geben kann. Formal besteht daher perfekte Multikollinearität zwischen ID und Konfession bzw. Geschlecht.

Bei der Varianzanalyse mit Messwiederholungen wird daher eine alternative Modellierung verwendet, die in zwei Schritten erfolgt. Im ersten Schritt wird die Gesamtvariation der abhängigen Variablen in die Variation *zwischen* den Untersuchungseinheiten (SS_B für *variation between subjects*) und in die Variation *innerhalb* der Untersuchungseinheiten (SS_W für *variation within subjects*) zerlegt:

---

29 Formal gesehen basieren Varianzanalysen mit Messwiederholungen auf unvollständigen Designs, weil bei Berücksichtigung der Untersuchungseinheit als zusätzlichem Faktor ein Teil der Effekte – im Beispiel Konfession und Geschlecht – in diesen Faktor «geschachtelt» (nested) sind, d. h. nicht unabhängig von ihm variieren können. So kann im Beispiel eine Person nicht gleichzeitig männlich und weiblich sein oder verschiedenen Konfessionen angehören. Bei unvollständigen Designs ist es prinzipiell unmöglich, alle denkbaren Effekte zu schätzen.

$$SS_Y = SS_B + SS_W \qquad (16.10)$$

$$\sum_{i=1}^{N}\sum_{t=1}^{T}\left(y_{i,t}-\overline{y}\right)^2 = \sum_{i=1}^{N}T\cdot\left(\overline{y}_i-\overline{y}\right)^2 + \sum_{i=1}^{N}\sum_{t=1}^{T}\left(y_{i,t}-\overline{y}_i\right)^2$$

wobei i = Index für die $i = 1,2, \ldots,$ N Untersuchungseinheiten

  t = Index für die $t = 1,2, \ldots,$ T Messzeitpunkte

  $\overline{y}$ = Gesamtmittelwert der abhängigen Variablen über alle Untersuchungseinheiten und Messzeitpunkte

  $\overline{y}_i$ = Mittelwert der abhängigen Variablen über die T Messzeitpunkte bei der i-ten Untersuchungseinheit

  $y_{i,t}$ = Realisierung der abhängigen Variablen beim Fall i zum Messzeitpunkt t

  SS_B = Variation zwischen den Untersuchungseinheiten (between subjects)

  SS_W = Variation innerhalb der Untersuchungseinheiten (within subjects).

In der rechten Seite von Gleichung 16.10 enthält der erste Summand die Summe der quadrierten Abweichungen des Mittelwerts der abhängigen Variablen über alle Messzeitpunkte vom Gesamtmittelwert der abhängigen Variablen. Der zweite Summand enthält die Summe der quadrierten Abweichungen der individuellen Messwerte zu den einzelnen Messzeitpunkten vom Mittelwert jeder Untersuchungseinheit über alle Messzeitpunkte. Da die Abweichungen von einem Mittelwert unabhängig von diesem Mittelwert sind, sind die beiden Variationsanteile unkorreliert. Formal entspricht Gleichung 16.10 einer Regression der abhängigen Variablen auf die Untersuchungseinheiten, wobei der Summand SS_B den Vorhersagewerten und der Summand SS_W den Residuen dieser Regression entspricht.

Im zweiten Schritt der Analyse werden dann für jeden der beiden Variationsanteile eigene Varianzanalysen berechnet: Bei der Varianzanalyse der Variation SS_B werden die Haupteffekte der zeitkonstanten Faktoren und deren Interaktionen untereinander geprüft. Bei der Varianzanalyse der Variation SS_W werden die Haupteffekte aller zeitveränderlichen Faktoren und deren Interaktionen sowie die Interaktionen zwischen zeitkonstanten und zeitveränderlichen Faktoren geprüft.

Tabelle 16.5 gibt die Ergebnisse der beiden Analysen wieder. Bei separaten Varianzanalysen der Variationen der Mittelwerte, SS_B, und der Variationen der individuellen Realisierungen um den Mittelwert über die Messzeitpunkte, SS_W, ist zu beachten, dass diese zwar korrekte Werte für die Variationen der Effekte, aber inkorrekte Freiheitsgrade aufweisen.[30] So basiert die Variation der Mittelwerte (SS_B) auf $N \cdot T = 180 \cdot 4 = 720$ Beobachtungen. Da sich aber die Realisierungen bei T Messwiederholungen T-mal, im Beispiel also viermal, wiederholen, beträgt die tatsächliche Fallzahl nur $N = 180$. Entsprechend hat SS_B nach Berücksichtigung der Regressionskonstanten $df = 179$ ($= N-1$) Freiheitsgrade.[31] Da der Faktor Konfession $df_{Konfess} = 2$, der Faktor Geschlecht $df_{Sex} = 1$ und die Interaktion zwischen Konfession und Geschlecht $df_{Konfess \times Sex} = 2$ Freiheitsgrade hat, verbleiben für die Residualvariation $df_{Resid} = 174$ ($= 179-5$) Freiheitsgrade. Bei einer Irrtumswahrscheinlichkeit von 5% sind nur die Haupteffekte signifikant, nicht aber die Interaktion von Geschlecht und Konfession. Haupteffekte und Interaktion erklären 9.5% der Variation zwischen den Untersuchungseinheiten (Tabelle 16.5a).

Bei der Variationszerlegung der individuellen Abweichungen vom Mittelwert über die Messzeitpunkte (SS_W) ist zu beachten, dass der Mittelwert der Abweichungen notwendigerweise null

---

30 Statistikprogramme, die Varianzanalysen mit Messwiederholungen berechnen, wie die SPSS-Prozeduren MANOVA oder GLM, berücksichtigen dies.

31 Diese Zahl ergibt sich auch bei einer Regression der abhängigen Variablen auf die Untersuchungseinheiten.

Tabelle 16.5: **Varianzanalyse mit Messwiederholungen**
Varianzanalyse der Links-Rechts-Selbsteinstufung mit den Faktoren
Konfession, Geschlecht (Sex) und Messwiederholungen (Time)

Quelle	Variation	df	MS	F	p	part. η^2
a) *between subjects:*						
Konfession	121.169	2	60.585	5.551	0.005	6.0%
Sex	57.235	1	57.235	5.244	0.023	2.9%
Konfession×Sex	20.953	2	10.476	0.960	0.385	1.1%
Modell (SS$_{\hat{Y}}$):	199.357	5	39.871	3.653	0.004	9.5%
Residuen (SS$_E$):	1898.992	174	10.914			
insgesamt between	2098.349	179	11.723	4.872	<.001	61.8%
b) *within subjects:*						
Time	29.360	3	9.787	4.131	0.007	2.3%
Time×Konfession	24.819	6	4.137	1.746	0.108	2.0%
Time×Sex	0.304	3	0.101	0.043	0.988	0.0%
Time×Konf.×Sex	7.992	6	1.332	0.562	0.761	0.6%
Modell (SS$_{\hat{Y}}$):	62.475	18	3.471	1.471	0.095	4.8%
Residuen (SS$_E$):	1236.775	522	2.369			
insgesamt within	1299.250	540	2.406			38.2%
Total	3397.599	719	4.725			

Daten: Vier-Wellen-Panel zur Bundestagswahl 1990, N = 180 (Auswahl aus allen
Fällen), T = 4

ist. Da diese Variation auf allen Realisierungen über die vier
Messzeitpunkte beruht und der Mittelwert null ist, beträgt die
Zahl der Freiheitsgrade für die Gesamtvariation df$_{gesamt}$ = 540
(= 720 – 180), für die Vorhersagevariation bei Berücksichtigung des Faktors für die Messzeitpunkte (Time) und die Interaktionen mit Konfession, Geschlecht sowie mit Konfession
und Geschlecht df$_{Regr.}$ = 18 (= 3+6+3+6)) und für die Residuen
df$_{Resid.}$ = 522 (= 720 – 180 – 18) Freiheitsgrade (Tabelle 16.5b). Der
zeitveränderliche Faktor Messzeitpunkte (Time) und dessen Interaktionen mit den zeitkonstanten Faktoren Geschlecht und
Konfession erklären insgesamt 4.8% der Variation innerhalb der
Untersuchungseinheiten. Bei einer Irrtumswahrscheinlichkeit
von 5% ist dabei nur der Haupteffekt der Messzeitpunkte signifikant. Es gibt hier keine signifikanten Interaktionseffekte.

Für die inhaltliche Interpretation müssen die bedingten Mittelwerte der beiden Varianzanalysen für die Variation zwischen den Untersuchungseinheiten und für die Variation zwischen den Messzeitpunkten innerhalb der Untersuchungseinheiten betrachtet werden.[32] Abbildung 16.1a zeigt die über die vier Messzeitpunkte gemittelten Mittelwerte der 11-stufigen Links-Rechts-Selbsteinstufung (Y) nach Konfession (X_1) und Geschlecht (X_2). Die Punkte zeigen die empirischen Mittelwerte im saturierten Modell, die durchgezogenen Linien die geschätzten Mittelwerte ohne Berücksichtigung der nicht signifikanten Interaktion zwischen Konfession und Geschlecht. Deutlich wird, dass Katholiken einen höheren Wert auf der Links-Rechts-Skala aufweisen als Protestanten und diese einen höheren Wert als Konfessionslose. Konfessionslose stufen sich selbst also im Durchschnitt etwas weiter links im politischen Spektrum ein als Protestanten und diese etwas weiter links als Katholiken. Frauen positionieren sich etwas weiter links als Männer.

Abbildung 16.1b zeigt die geschätzten Abweichungen der Links-Rechts-Selbsteinstufungen zu den einzelnen Messzeitpunkten von den individuellen Mittelwerten der Befragten auf der Links-Rechts-Skala für die drei Konfessionsgruppen. Bei einer Irrtumswahrscheinlichkeit von 5% ist die Interaktion zwischen Messzeitpunkt und Konfession nicht signifikant (Tabelle 16.5b). Die durchgezogene Linie für die Katholiken zeigt, dass die Abweichungen von negativen (weiter links stehenden) zu positiven (weiter rechts stehenden) Werten ansteigen, katholische Befragte sich also über die Erhebungszeitpunkte hinweg leicht nach rechts bewegen. Die beiden anderen Gruppen variieren um den Nullpunkt.

---

32 Die Werte der Messungen für die Variation zwischen den Untersuchungseinheiten (Abbildung 16.1a) beziehen sich auf die 11-stufige Links-Rechts-Skala von 1 bis 11. Die Werte der Messungen für die Variation zwischen den Messzeitpunkten innerhalb der Untersuchungseinheiten (Abbildung 16.1b) sind individuell zentrierte Werte der Links-Rechts-Skala. Die Messskala variiert daher um den Wert null.

Abbildung 16.1: **Mittelwerte der Links-Rechts-Selbsteinstufung von Männern und Frauen nach Messzeitpunkten und Konfession**

a) Mittelwerte der Selbsteinstufung nach Konfession und Geschlecht

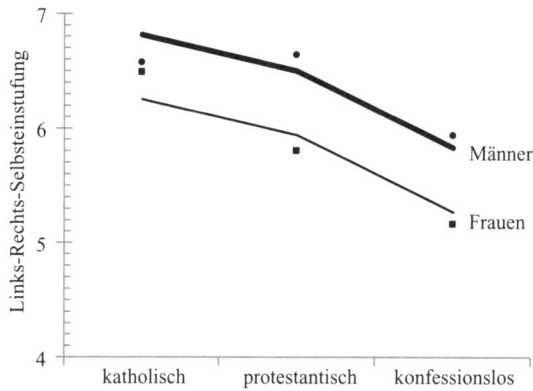

b) Abweichungen von den Mittelwerten nach Messzeitpunkt und Konfession

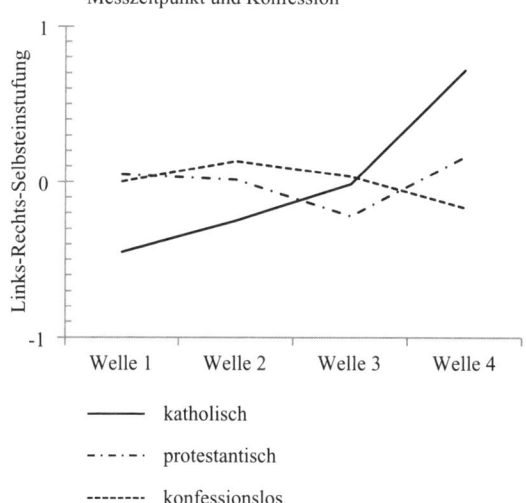

16.4 Zufällige Effekte und Varianzkomponentenmodelle

Wie bei der multiplen Regression werden in klassischen varianzanalytischen Modellen nur die Residuen als Zufallsvariablen aufgefasst, während die Design-Variablen für die Ausprägungen der Faktoren vorgegebene feste Größen sind. Im Kontext der Varianzanalyse spricht man auch von *festen Effekten* (engl.: «*fixed effects*»). Diese Sichtweise ist aber aus theoretischen Gründen nicht immer sinnvoll.

Zur Verdeutlichung ein Beispiel: Bisher haben wir stets nur zwischen den drei Konfessionsgruppen Katholiken, Protestanten und Konfessionslosen unterschieden. Denkbar ist jedoch, dass sich das Forschungsinteresse auf Unterschiede zwischen allen Konfessionen richtet, also auch auf solche, die in der Analyse nicht berücksichtigt wurden. Die drei Konfessionsgruppen stehen dann stellvertretend für alle Konfessionen.

Der Faktor «Konfession» wird bei dieser generelleren Sichtweise nicht als *fixed effect*, sondern als *zufälliger Effekt* (engl. «*random effect*») aufgefasst. Um das unvermeidbare Risiko eines unzutreffenden Induktionsschlusses abzuschätzen, müssen die drei berücksichtigten Konfessionen dann als eine zufällige Stichprobe aus allen Konfessionen angesehen werden. Dieser Wechsel der Perspektive hat Auswirkungen auf das Schätzen und Testen der Effekte. Werden die Effekte eines Faktors als zufällige Effekte interpretiert, bedeutet «kein Effekt», dass in der Grundgesamtheit nicht nur die berücksichtigten Ausprägungen, sondern *alle* Ausprägungen dieses Faktors *keinen* Effekt aufweisen.

16.4.1 Varianzkomponentenmodelle

Um zufällige Effekte statistisch angemessen zu modellieren, werden anstelle der klassischen Varianzanalyse sogenannte *Varianzkomponentenmodelle* spezifiziert. Der Unterschied zur klassischen Varianzanalyse und zu einfachen Regressionsmodellen besteht darin, dass zusätzlich zur Residualvariablen ε weitere Zufallsvariablen spezifiziert werden.

Einfaktorielle Varianzanalyse mit zufälligen Effekten

Das einfachste Varianzkomponentenmodell ist die *einfaktorielle Varianzanalyse mit zufälligen Effekten*:

$$Y_{k,i} = \mu + \alpha_k + \varepsilon_{k,i}$$

$$\text{mit: } \alpha_k \sim N\left(0; \sigma_\alpha^2\right); \quad \varepsilon_{k,i} \sim N\left(0; \sigma_\varepsilon^2\right); \quad \sigma\left(\alpha_k, \varepsilon_{k,i}\right) = 0$$

(16.11a)

wobei α_k = Zufallsvariable, deren Realisierungen die Abweichungen der Gruppenmittelwerte beim Faktor A vom Gesamtmittelwert μ bilden.

Weitere Erläuterungen in Gleichung 16.2

Während in der einfaktoriellen Varianzanalyse mit festen Effekten die Zahl der Regressionskoeffizienten α_k bekannt und gleich der Zahl der betrachteten Gruppen ist, wird im Modell mit Zufallseffekten von einer unendlich großen Anzahl von Regressionskoeffizienten ausgegangen, die für die Abweichungen vom Gesamtmittelwert bei allen denkbaren Gruppen (hier: Konfessionen) stehen. Entsprechend der Restriktion bei fixen Effekten, dass sich die Koeffizienten α_k über alle Gruppen zu null summieren und somit die Abweichungen in jeder Gruppe vom *grand mean* μ modellieren (siehe Gleichung 16.3), wird bei zufälligen Effekten gefordert, dass der Erwartungswert der Zufallsvariablen α_k null ist.

Bei der Varianzanalyse mit festen Effekten postuliert die Nullhypothese, dass in der Population alle Koeffizienten α_k null sind. Die entsprechende Nullhypothese bei zufälligen Effekten ist, dass die Varianz $\sigma^2(\alpha)$ null ist:

$$H_0: \sigma^2\left(\alpha\right) = 0 \qquad \text{versus} \qquad H_1: \sigma^2\left(\alpha\right) > 0.$$

Bei gültiger Nullhypothese existiert die Varianzkomponente also nicht.

Zufallskoeffizientenmodelle

Statt der Modellierung in Gleichung 16.11a ist eine äquivalente Modellierung möglich, die eine etwas andere Sicht auf das statistische Modell nahelegt:

$$Y_{k,i} = \alpha_k + \varepsilon_{k,i} \qquad (16.11b)$$

mit: $\alpha_k \sim N\left(\mu; \sigma^2(\alpha)\right)$; $\varepsilon_{k,i} \sim N\left(0; \sigma^2(\varepsilon)\right)$; $\sigma(\alpha_k, \varepsilon_{k,i}) = 0$

wobei α_k = k-te Realisierung einer Zufallsvariablen α, die mit der Varianz $\sigma^2(\alpha)$ um den Erwartungswert μ normalverteilt ist.

Weitere Erläuterungen siehe Gleichung 16.2.

Bei der Modellierung aus Gleichung 16.11b erfassen die Realisierungen α_k die Populationsmittelwerte der durch den Faktor A definierten Gruppen und nicht Abweichungen vom Gesamtmittelwert, wobei jedoch alle Populationsmittelwerte α_k um den gleichen Erwartungswert μ streuen. Diese alternative Formulierung lässt sich auch als modifiziertes Konstantenmodell interpretieren, bei dem die Regressionskonstante eine Zufallsvariable ist, die unterschiedliche Ausprägungen annehmen kann. Wenn die Koeffizienten eines Regressionsmodells als zufällige Realisierungen aufgefasst werden, bezeichnet man ein solches Modell auch als *Zufallskoeffizientenmodell* (engl.: *random coefficient model*).

Die in Gleichung 16.11b formalisierte Sichtweise wird in der *Mehrebenenanalyse* verfolgt, bei der angenommen wird, dass die Untersuchungseinheiten mehreren Aggregationsebenen zugeordnet werden können, etwa Schüler (unterste Ebene) verschiedener Klassen (mittlere Ebene) in unterschiedlichen Schulen (oberste Ebene), wobei die betrachteten Einheiten jeder Ebene (Schüler, Klassen, Schulen) zufällige Realisierungen aus Populationen (von Schülern, Klassen und Schulen) sind. Die Koeffizienten von Regressionsgleichungen einer unteren Ebene können dann in Regressionsgleichungen auf höherer Ebene als abhängige Variablen betrachtet werden. So könnte z.B. die durchschnittliche Ablehnung von Schwangerschaftsabbruch α_k in einer Konfessionsgruppe von den aggregierten Eigenschaften der Angehörigen dieser Konfession abhängen, also z.B. vom durchschnittlichen Rigorismus. Er könnte aber auch vom Klerus, z.B. dessen moralischen Vorstellungen abhängen. Solche Mehrebenenanalysen können als spezifische Varianzkomponentenmodelle aufgefasst werden.[33]

Komplexere Zufallskoeffizientenmodelle werden auch genutzt, um *unbeobachtete Heterogenität* zu berücksichtigen, d.h. Verzerrungen bei Schätzungen von kausalanalytisch interpretierten Regressionsmodellen durch nicht berücksichtigte Variablen, die neben den interessierenden erklärenden Variablen die abhängige Variable beeinflussen.

Statistische Konsequenzen von Varianzkomponenten

Die zentrale Konsequenz von Varianzkomponentenmodellen ist, dass die einzelnen Fälle im Unterschied zu klassischen Regressionsmodellen nicht grundsätzlich als statistisch unabhängig voneinander aufgefasst werden. In der einfaktoriellen Varianzanalyse mit Zufallseffekten aus Gleichung 16.11a bzw. 16.11b ist der Erwartungswert für jeden Fall gleich dem *grand mean* μ. Zwei Fälle aus verschiedenen Gruppen sind nach diesem Modell wie in der klassischen Regression unkorreliert. Kommen zwei Fälle dagegen aus derselben Gruppe k, teilen sie die Varianzkomponente α_k. Die Kovarianz zwischen zwei Fällen aus einer Gruppe ist daher gleich der Varianz von α_k.

Da Varianzen Kovarianzen einer Variablen mit sich selbst sind, können alle Varianzen und Kovarianzen eines Varianzkomponentenmodells als Kovarianz zwischen $y_{k,i}$ und $y_{k',i'}$ von einem Fall i in der Gruppe k und einem Fall i' in der Gruppe k' darge-

---

33 Die Mehrebenenanalyse hat sich zu einem eigenen Gebiet der Statistik entwickelt, auf das wir in dieser Einführung nicht näher eingehen können (vgl. Kreft & de Leeuw, 1998; Langer, 2008).

stellt werden. Die beiden Fälle gehören der gleichen Gruppe an, wenn $k = k'$. Wenn zusätzlich $i = i'$, dann handelt es sich um einen einzigen Fall und die Kovarianz ist gleich der Varianz. Insgesamt sind somit drei Möglichkeiten zu unterscheiden:

$$\sigma(y_{k,i}, y_{k',i'}) = \begin{cases} 0 & \text{wenn } k \neq k' \text{ und } i \neq i' \\ \sigma^2(\alpha) & \text{wenn } k = k' \text{ und } i \neq i' \\ \sigma^2(\alpha) + \sigma^2(\varepsilon) & \text{wenn } k = k' \text{ und } i = i' \end{cases} \qquad (16.12)$$

Aus Gleichung 16.12 ist zu erkennen, dass die Varianz der abhängigen Variablen $y_{k,i}$ eines beliebigen Falles i in einer beliebigen Gruppe k gleich der Summe der Varianz von α plus der Varianz von ε ist. Aus dieser Zusammensetzung der Varianz aus zwei Elementen folgt die Bezeichnung *Varianzkomponentenmodell*.

Zweifaktorielle Varianzanalyse mit zufälligen Effekten
Bei Modellen mit mehreren Varianzkomponenten ergibt sich eine komplexere Abhängigkeitsstruktur zwischen den Realisierungen. So lautet die Modellgleichung einer zweifaktoriellen Varianzanalyse mit den Faktoren A und B und zufälligen Effekten α_k und β_j sowie einem zufälligen Interaktionseffekt $\gamma_{k,j}$:

$$Y_{k,j,i} = \mu + \alpha_k + \beta_j + \gamma_{k,j} + \varepsilon_{k,j,i}$$

mit: $\alpha_k \sim N(0; \sigma^2(\alpha))$; $\beta_j \sim N(0; \sigma^2(\beta))$; $\gamma_{k,j} \sim N(0; \sigma^2(\gamma))$;
$\varepsilon_{k,j,i} \sim N(0; \sigma^2(\varepsilon))$

und $\qquad\qquad\qquad\qquad\qquad\qquad\qquad\qquad\qquad\qquad (16.13)$

$$\sigma(\alpha_k, \varepsilon_{k,i,j}) = \sigma(\beta_j, \varepsilon_{k,j,i}) = \sigma(\gamma_{k,j}, \varepsilon_{k,j,i}) = \sigma(\alpha_k, \beta_j) = \sigma(\alpha_k, \gamma_{k,j})$$
$$= \sigma(\beta_j, \gamma_{k,j}) = 0$$

Erläuterungen siehe Gleichung 16.2 und 16.11.

Der Erwartungswert für jeden Fall ist gleich μ. Für die Varianzen und Kovarianzen zweier beliebiger Fälle $y_{k,j,i}$ und $y_{k',j',i'}$ gilt dann:

$$\sigma\left(y_{k,j,i}, y_{k',j',i'}\right) = \hspace{4cm} (16.14)$$

$$\begin{cases} 0 & \text{wenn } k \neq k', j \neq j' \text{ und } i \neq i' \\ \sigma^2\left(\alpha\right) & \text{wenn } k = k', j \neq j' \text{ und } i \neq i' \\ \sigma^2\left(\beta\right) & \text{wenn } k \neq k', j = j' \text{ und } i \neq i' \\ \sigma^2\left(\alpha\right) + \sigma^2\left(\beta\right) + \sigma^2\left(\gamma\right) & \text{wenn } k = k', j = j' \text{ und } i \neq i' \\ \sigma^2\left(\alpha\right) + \sigma^2\left(\beta\right) + \sigma^2\left(\gamma\right) + \sigma^2\left(\varepsilon\right) & \text{wenn } k = k', j = j' \text{ und } i = i' \end{cases}$$

Das Modell hat also neben dem Erwartungswert μ vier Varianzkomponenten. Die Effekte der Faktoren A und B werden über die Varianzkomponenten $\sigma^2(\alpha)$ und $\sigma^2(\beta)$ erfasst, die Interaktion zwischen den beiden Faktoren durch die Varianzkomponente $\sigma^2(\gamma)$ und die individuelle Variation durch die Varianzkomponente $\sigma^2(\varepsilon)$.

16.4.2 F-Tests bei Varianzanalysen mit zufälligen Effekten

Varianzkomponentenmodelle können mit unterschiedlichen Methoden geschätzt bzw. deren Komponenten getestet werden. Die klassische Methode folgt der Logik der Varianzanalyse und zerlegt die Variation der abhängigen Variablen in Variationsanteile, die zum Testen von Varianzkomponenten oder auch zum Schätzen der Komponenten verwendet werden können. Die Vorgehensweise soll zunächst am Beispiel der einfaktoriellen Varianzanalyse aus Gleichung 16.11a vorgestellt werden. Wir unterstellen im Folgenden jeweils gleiche Zellenbesetzungen des Umfangs n in allen Gruppen. Die Variation SS_Y der abhängigen Variablen Y wird hierbei wie bei einer Varianzanalyse mit festen Effekten in die Variation SS_A der Abweichungen der Gruppenmittelwerte vom Gesamtmittelwert μ und die Variation SS_E der Residuen, d.h. der Abweichungen der Realisationen von $y_{k,i}$ vom jeweiligen Gruppenmittelwert $\bar{y}_k$ zerlegt (siehe Gleichung 16.1).

Wenn es in jeder der K Gruppen n Fälle gibt, folgt aus dem Modell in Gleichung 16.11a bzw. 16.11b für die Erwartungswerte der *mean squares*, also die Variationsanteile geteilt durch deren jeweilige Freiheitsgrade:

$$\mu(MS_A) = \mu\left(\frac{SS_A}{K-1}\right) = n \cdot \sigma^2(\alpha) + \sigma^2(\varepsilon)$$

$$\mu(MS_E) = \mu\left(\frac{SS_E}{K \cdot (n-1)}\right) = \sigma^2(\varepsilon)$$

(16.15)

wobei n = Fallzahl in jeder der K Gruppen.

Wenn die Varianzkomponente $\sigma^2(\alpha)$ entsprechend der Nullhypothese in der Grundgesamtheit null ist, dann schätzen sowohl MS_A wie MS_E die Varianzkomponente $\sigma^2(\varepsilon)$. Da SS_A und SS_E unabhängig voneinander sind und aus der Normalverteilungsannahme für die beiden Komponenten folgt, dass beide Komponenten mit ihren Freiheitsgraden chiquadratverteilt sind, ist der Quotient MS_A durch MS_E bei gültiger Nullhypothese mit $K-1$ und $K \cdot (n-1)$ Freiheitsgraden F-verteilt:

$$\frac{MS_A}{MS_E} = \frac{n\sum_{k=1}^{K}(\overline{y}_k - \overline{y})^2 / (K-1)}{\sum_{k=1}^{K}\sum_{i=1}^{n}(y_{k,i} - \overline{y}_k)^2 / (K \cdot (n-1))} \sim F_{df_1 = K-1; df_2 = K \cdot (n-1)}$$

(16.16)

Ist die Nullhypothese falsch, hat also die Varianzkomponente des Faktors A eine Varianz größer null, dann ist mit größeren Werten von F zu rechnen. Die Nullhypothese wird daher mit einer Irrtumswahrscheinlichkeit α abgelehnt, wenn F größer ist als das $(1-\alpha)$-Quantil der F-Verteilung mit $df_A = K-1$ und $df_E = K \cdot (n-1)$ Freiheitsgraden. Bei der einfaktoriellen Varianzanalyse mit zufälligen Effekten ergibt sich damit der gleiche F-Test wie bei der einfaktoriellen Varianzanalyse mit festen Effekten (siehe Gleichung 16.8).

Dies ändert sich jedoch bei einer zweifaktoriellen Varianzanalyse mit zufälligen Effekten nach Gleichung 16.13. Zwar ist hier die Zerlegung der Variation SS_Y in die Variationsanteile identisch mit der entsprechenden Zerlegung bei einer Varianzanalyse mit festen Effekten (siehe Gleichung 16.4 bis 16.7), aber für die Erwartungswerte der *mean squares* gilt:

$$\mu\left(MS_A\right) = \mu\left(\frac{SS_A}{K-1}\right) = J \cdot n \cdot \sigma^2\left(\alpha\right) + n \cdot \sigma^2\left(\gamma\right) + \sigma^2\left(\varepsilon\right)$$

$$\mu\left(MS_B\right) = \mu\left(\frac{SS_B}{J-1}\right) = K \cdot n \cdot \sigma^2\left(\beta\right) + n \cdot \sigma^2\left(\gamma\right) + \sigma^2\left(\varepsilon\right)$$

$$\mu\left(MS_{A\times B}\right) = \mu\left(\frac{SS_{AB}}{(K-1)\cdot(J-1)}\right) = n \cdot \sigma^2\left(\gamma\right) + \sigma^2\left(\varepsilon\right) \qquad (16.17)$$

$$\mu\left(MS_E\right) = \mu\left(\frac{SS_E}{K \cdot J \cdot (n-1)}\right) = \sigma^2\left(\varepsilon\right)$$

wobei n = Fallzahl in jeder der $K \cdot J$ Gruppen.

Für das Testen der einzelnen Effekte ergeben sich dann folgende F-Tests:

Faktor A: H_0: $\sigma^2\left(\alpha\right) = 0$ $\qquad\qquad\qquad\qquad$ (16.18a)

$$F = \frac{SS_A / (K-1)}{SS_{A\times B} / ((K-1)\cdot(J-1))} \sim F_{df1=K-1, df2=(K-1)\cdot(J-1)}$$

Faktor B: H_0: $\sigma^2\left(\beta\right) = 0$ $\qquad\qquad\qquad\qquad$ (16.18b)

$$F = \frac{SS_B / (J-1)}{SS_{A\times B} / ((K-1)\cdot(J-1))} \sim F_{df1=J-1, df2=(K-1)\cdot(J-1)}$$

Interaktion A $\times$ B: H_0: $\sigma^2\left(\gamma\right) = 0$ $\qquad\qquad\qquad$ (16.18c)

$$F = \frac{SS_{A\times B} / ((K-1)\cdot(J-1))}{SS_E / (K \cdot J \cdot (n-1))} \sim F_{df1=(K-1)\cdot(J-1), df2=K\cdot J\cdot(n-1)}$$

In den Gleichungen 16.18a und b stehen im Nenner der Teststatistiken andere mittlere Quadratsummen als in den Gleichungen 16.8a und b für Varianzanalysen mit festen Effekten, sodass sich Tests der Haupteffekte bei der zweifaktoriellen Varianzanalyse mit zufälligen und festen Effekten voneinander unterscheiden. Dies zeigt auch der Vergleich von Tabelle 16.1b mit Tabelle 16.6a: In Tabelle 16.1b wird die zweifaktorielle Varianzanalyse mit festen Effekten, in Tabelle 16.6a das entsprechende Modell mit zufälligen Effekten berechnet – Letzteres nur, um die Gemeinsamkeiten und Unterschiede zwischen der Analyse bei festen und bei zufälligen Effekten zu verdeutlichen.[34] Im Unterschied zur Varianzanalyse mit festen Effekten ist bei der mit zufälligen Effekten kein Effekt bei einer Irrtumswahrscheinlichkeit von 5% signifikant von null verschieden. Dies ist letztlich eine Folge davon, dass die Varianzkomponenten nur auf 3 (Konfession) bzw. 2 (Geschlecht) Ausprägungen beruhen, die jeweils stellvertretend für eine unbegrenzte Anzahl von jeweils möglichen Ausprägungen eines Faktors stehen.

16.4.3 ML-Schätzung von Varianzkomponentenmodellen

Da die Modellformulierungen in Gleichung 16.11a und b sowie 16.13 Verteilungsannahmen über die Varianzkomponenten beinhalten, lassen sich die Varianzkomponenten mit der *Maximum-Likelihood-Methode* schätzen. Dabei werden die Modellparameter so bestimmt, dass die realisierten Stichprobendaten bei diesen Werten eine größere (maximale) Wahrscheinlichkeit bzw. Wahrscheinlichkeitsdichte aufweisen als bei anderen Schätzwerten.

In Tabelle 16.6b ist die ML-Schätzung der Modellparameter des Varianzkomponentenmodells aus Gleichung 16.13 mit den Daten aus Tabelle 16.1a wiedergegeben.[35] Für jeden Parameter werden auch die Standardfehler geschätzt. Da die Kennwerteverteilungen von ML-Schätzern asymptotisch um den zu schätzenden Parameter normalverteilt sind, können asymptotisch gültige Z-Tests der Modellparameter berechnet werden. Wie

---

34 Inhaltlich sinnvoll ist das Modell mit zufälligen Effekten nur, wenn man davon ausgeht, dass es im Prinzip eine unbegrenzte Zahl von Religionsgemeinschaften und auch eine unbeschränkte Zahl von Geschlechtern gibt.
35 Die Schätzung erfolgte mit der SPSS-Prozedur MIXED.

Tabelle 16.6: **Varianzanalyse der Ablehnung von Schwangerschaftsabbruch mit den Faktoren Konfession und Geschlecht bei Annahme zufälliger Effekte**

a) F-Tests bei angenommenen Zufallseffekten

Quelle	Variation	df	MS	F	p
Konfession:					
Konfession (SS$_A$)	48.689	2	24.344	6.619	0.131
wenn H$_0$ = SS$_{AB}$	7.356	2	3.678		
Region:					
Region (SS$_B$)	6.533	1	6.533	1.776	0.314
wenn H$_0$ = SS$_{AB}$	7.356	2	3.687		
Interaktion					
Konfession×Region (SS$_{AB}$)	7.356	2	3.687	1.049	0.352
wenn H$_0$ = SS$_E$	925.289	264	3.505		
Residuen					
Residuen (SS$_E$)	925.289	264	3.505		

Daten: Allbus 2006, N = 270 von 3214

b) ML-Schätzung des Varianzkomponentenmodells

Parameter	Schätzung	S.E.	Par./S.E.	p
Feste Effekte				
Konstante (μ)	2.31111	.25378	9.107	0.010
Varinzkomponenten				
Konfession (σ_α^2)	0.13698	.16760	0.817	0.414
Region (σ_β^2)	0.00652	.10975	0.111	0.912
Konfession×Region (σ_γ^2)	0.01501	.05873	0.136	0.892
Residuum (σ_ε^2)	3.50488	.30506	11.489	<.001
Modellanpassung: –2lnL: 1110.70				

Daten: Allbus 2006, N = 270 von 3214

der letzten Spalte der Tabelle 16.6b zu entnehmen ist, ist nur die Schätzung des *grand mean* μ und die Schätzung der individuellen Residualvarianz $\sigma^2(\varepsilon)$ signifikant von null verschieden.

Da die Schätzung der Varianzkomponenten der Effekte nur auf den Gruppenunterschieden beruht, ist nicht ausgeschlossen, dass die asymptotische Annäherung an die Normalverteilung nicht hinreichend genau ist. Insofern ist im Beispiel eine gewisse Skepsis bei der Interpretation der Ergebnisse angebracht. Die direkte ML-Schätzung der Varianzkomponenten ist aus unserer Sicht nur zu empfehlen, wenn genügend Freiheitsgrade für jede Varianzkomponente zur Verfügung stehen oder wenn F-Tests der Varianzanalyse mit zufälligen Effekten die Komplexität des eigentlich interessierenden Modells nicht erfassen können.[36]

16.5 Zusammenfassung

Die wichtigsten Formeln dieses Kapitels

Modell der Varianzanalyse

$$\underbrace{\sum_{j=1}^{J}\sum_{i=1}^{n_j}\left(y_{j,i}-\overline{y}\right)^2}_{\text{Gesamtvariation}} = \underbrace{\sum_{j=1}^{J}n_j\cdot\left(\overline{y}_j-\overline{y}\right)^2}_{\substack{\text{Variation zwischen}\\\text{den Gruppenmittelwerten}}} + \underbrace{\sum_{j=1}^{J}\sum_{i=1}^{n_j}\left(y_{j,i}-\overline{y}_j\right)^2}_{\substack{\text{Variation innerhalb}\\\text{der Gruppen}}} \tag{16.1}$$

Zweifaktorielle Varianzanalyse

$$y_{k,j,i} = \mu + \alpha_k + \beta_j + \gamma_{k,j} + \varepsilon_{k,j,i} \tag{16.2}$$

F-Tests der zweifaktoriellen Varianzanalyse mit festen Effekten

Faktor A:

$$\frac{SS_A / (K-1)}{SS_E / (N-K\cdot J)} \sim F_{df1=K-1, df2=N-K\cdot J} \tag{16.8a}$$

Faktor B:

$$\frac{SS_B / (J-1)}{SS_E / (N-K\cdot J)} \sim F_{df1=J-1, df2=N-K\cdot J} \tag{16.8b}$$

Interaktion $A \times B$:

$$\frac{SS_{A\times B} / \left((K-1)\cdot(J-1)\right)}{SS_E / (N-K\cdot J)} \sim F_{df1=(K-1)\cdot(J-1), df2=N-K\cdot J} \tag{16.8c}$$

36 Da die ML-Schätzung nur asymptotische Ergebnisse liefert, werden die Schätzungen der Varianzkomponenten mit dieser Methode erst verlässlich, wenn es für jeden Faktor viele Ausprägungen (>30) gibt.

Zerlegung der Gesamtvariation in die Variation zwischen den und die Variation innerhalb der Subjekte bei einer Varianzanalyse mit Messwiederholungen

$$SS_Y \qquad = SS_B \qquad + SS_W \qquad (16.10)$$

$$\sum_{i=1}^{N}\sum_{t=1}^{T}\left(y_{i,t}-\overline{y}\right)^2 = \sum_{i=1}^{N}T\cdot\left(\overline{y}_i-\overline{y}\right)^2 + \sum_{i=1}^{N}\sum_{t=1}^{T}\left(y_{i,t}-\overline{y}_i\right)^2$$

Zweifaktorielle Varianzanalyse mit zufälligen Effekten

$$Y_{k,j,i} = \mu + \alpha_k + \beta_j + \gamma_{k,j} + \varepsilon_{k,j,i}$$

mit: $\alpha_k \sim N\left(0;\sigma^2(\alpha)\right);\ \beta_j \sim N\left(0;\sigma^2(\beta)\right);\ \gamma_{k,j} \sim N\left(0;\sigma^2(\gamma)\right);$

$\varepsilon_{k,j,i} \sim N\left(0;\sigma^2(\varepsilon)\right)$

und $\qquad\qquad\qquad\qquad\qquad\qquad\qquad\qquad (16.13)$

$$\sigma\left(\alpha_k,\varepsilon_{k,i,j}\right)=\sigma\left(\beta_j,\varepsilon_{k,j,i}\right)=\sigma\left(\gamma_{k,j},\varepsilon_{k,j,i}\right)=\sigma\left(\alpha_k,\beta_j\right)=\sigma\left(\alpha_k,\gamma_{k,j}\right)$$

$$=\sigma\left(\beta_j,\gamma_{k,j}\right)=0$$

F-Tests der zweifaktoriellen Varianzanalyse mit zufälligen Effekten

Faktor A: H_0: $\sigma^2\left(\alpha\right)=0$ $\qquad\qquad\qquad\qquad (16.18a)$

$$F = \frac{SS_A \,/\, \left(K-1\right)}{SS_{A\times B} \,/\, \left(\left(K-1\right)\cdot\left(J-1\right)\right)} \sim F_{df1=K-1,df2=(K-1)\cdot(J-1)}$$

Faktor B: H_0: $\sigma^2\left(\beta\right)=0$ $\qquad\qquad\qquad\qquad (16.18b)$

$$F = \frac{SS_B \,/\, \left(J-1\right)}{SS_{A\times B} \,/\, \left(\left(K-1\right)\cdot\left(J-1\right)\right)} \sim F_{df1=J-1,df2=(K-1)\cdot(J-1)}$$

Interaktion A × B: H_0: $\sigma^2\left(\gamma\right)=0$ $\qquad\qquad\qquad (16.18c)$

$$F = \frac{SS_{A\times B} \,/\, \left(\left(K-1\right)\cdot\left(J-1\right)\right)}{SS_E \,/\, \left(K\cdot J\cdot\left(n-1\right)\right)} \sim F_{df1=(K-1)\cdot(J-1),df2=K\cdot J\cdot(n-1)}$$

Glossar der wichtigsten Begriffe dieses Kapitels

Design-Matrix: Tabelle, die die Ausprägungen aller Prädiktoren bei allen Ausprägungskombinationen zeigt

Effekt-Codierung: Zerlegung nominalskalierter Variablen mittels einer 1 / 0/–1-Codierung

Einfaktorielle Varianzanalyse: Varianzanalyse mit einer erklärenden nominalskalierten Variablen (einem Faktor)

Faktor: Sprachgebrauch für erklärende Variablen in der Varianzanalyse

Grand mean: ist bei einem orthogonalen Design der Gesamtmittelwert der abhängigen Variablen über alle Fälle, d. h. über alle Ausprägungskombinationen

Mehrebenenanalyse: Gleichzeitige Betrachtung von Einheiten auf verschiedenen (Aggregations-)Ebenen

ML-Schätzung: Schätzmethode, die Annahmen über die Wahrscheinlichkeitsverteilung der Realisierungen in der Stichprobe voraussetzt

Orthogonales Design: Untersuchungsplan mit gleicher Zellenbesetzung (Fallzahl) und allen möglichen Ausprägungskombinationen der Faktoren (erklärenden Variablen); in einem orthogonalen Design sind die erklärenden Variablen (Faktoren) unkorreliert

Randomisierung: zufällige Zuordnung von Untersuchungseinheiten zu mindestens zwei Gruppen, die einem unterschiedlichen Treatment ausgesetzt werden

Treatment: durch das Untersuchungsdesign vorgegebene Ausprägung bzw. Ausprägungskombination eines oder mehrerer experimenteller Faktoren (erklärender Variablen), deren kausaler Einfluss auf die abhängige Variable untersucht werden soll

Varianzanalyse: Analysemodell, bei dem Mittelwertunterschiede bei einer abhängigen Variablen durch nominalskalierte unabhängige Variablen (Faktoren) erklärt werden

Varianzkomponente: Varianzanteile in einem Regressionsmodell

Varianzkomponentenmodell: Regressionsmodell, bei dem neben der Residualvariablen weitere Variablen als Zufallsvariablen aufgefasst werden

Varianzanalyse mit Messwiederholungen: wiederholte Messung bei identischen Untersuchungseinheiten mit unterschiedlichen Treatments

Vollständiges und ausgewogenes Design: siehe orthogonales Design

Zellen: Untersuchungsgruppen, die sich durch die Ausprägungskombinationen der erklärenden Variablen ergeben

Zufallskoeffizientenmodell, auch *random coefficient model:* Die Koeffizienten eines Regressionsmodells werden als Realisierungen einer Zufallsvariablen aufgefasst und können daher über Fälle variieren.

F Nichtlineare Regressionsmodelle

17 Regressionsmodelle für dichotome abhängige Variablen

Das multiple Regressionsmodell setzt metrisches Skalenniveau bei der abhängigen Variable voraus, da hier bedingte Mittelwerte als Funktionen der Prädiktoren betrachtet werden und Mittelwerte für Messungen auf Nominal- und Ordinalskalenniveau nicht definiert sind. Ein Grenzfall ergibt sich bei dichotomen Variablen. Da zwei Ausprägungen nur ein einziges Intervall definieren, lassen sich dichotome Variablen *formal* selbst dann als *metrisch* auffassen, wenn es sich *inhaltlich* gesehen um *nominalskalierte* Variablen handelt. So lässt sich der gerichtete Zusammenhang zwischen der 0/1-codierten abhängigen Variablen Einstellung zum Schwangerschaftsabbruch «wenn die Frau es will» (Y) und der ebenfalls 0/1-codierten erklärenden Variablen Mitgliedschaft in einer Religionsgemeinschaft (Tabelle 9.1a) auch über ein bivariates lineares Regressionsmodell analysieren. Die resultierende Vorhersagegleichung der OLS-Schätzung lautet: $\hat{Y} = 0.496 + 0.188 \cdot X$. Der Vergleich mit der Prozentsatzdifferenz (Tabelle 9.2a) zeigt, dass diese ($d_{YX}\% = 18.8$) gleich dem bivariaten Regressionsgewicht mal 100 ist. Das Regressionsgewicht der bivariaten linearen Regression einer dichotomen abhängigen Variablen auf eine 0/1-codierte erklärende Variable schätzt also die Anteilsdifferenz zwischen den Ausprägungen 0 und 1 der erklärenden Variablen.

Da die Varianz einer binären abhängigen Variablen gleich dem Produkt $p_1 \cdot (1 - p_1)$ der beiden Anteile ist, ist die Homoskedastizitätsannahme verletzt. Die OLS-Standardfehler der Regressionskoeffizienten geben daher bei einem tatsächlichen Zusammenhang in der Population die Streuung der Schätzungen über verschiedene Stichproben nicht korrekt wieder.[1] Robuste Standardfehler lösen dieses Problem. Die Schätzung des Zusammenhangs zwischen zwei binären Variablen über eine OLS-Regression mit robusten Standardfehlern ergibt tendenziell die gleichen Ergebnisse wie das Berechnen und Testen der Prozentsatzdifferenz.[2] Da der Mittelwert einer binär (0/1) codierten abhängigen Variablen die Realisierungswahrscheinlichkeit der Ausprägung Y = 1 wiedergibt, spricht man hier auch von einem *linearen Wahrscheinlichkeitsmodell.*

Der Vorteil des Regressionsmodells gegenüber der Tabellenanalyse eines gerichteten Zusammenhangs für eine dichotome abhängige Variable besteht darin, dass der simultane Einfluss mehrerer erklärender Variablen untersucht werden kann und auch metrische stetige Variablen mit vielen Ausprägungen als unabhängige Variablen ins Modell aufgenommen werden können. Allerdings besteht bei einer dichotomen abhängigen Variablen die Gefahr, dass die Vorhersagewerte kleiner als null oder größer als eins werden können. Dies zeigt das Beispiel in Abbildung 17.1: Die von links oben nach rechts unten verlaufende Gerade gibt die Vorhersagefunktion $\hat{Y} = 1.172-0.135 \cdot X$ der linearen Regression der Wahlabsicht (Y) für die SPD statt für die CDU/CSU[3] auf die Links-Rechts-Selbsteinstufung (X) der Be-

---

1 Wenn alle Regressionsgewichte null sind, ist die Residualvarianz der dichotomen abhängigen Variablen allerdings homoskedastisch.

2 Tatsächlich sind hier der F-Test der OLS-Regression und der Chiquadrat-Test auf statistische Unabhängigkeit asymptotisch äquivalent. Schon im Beispiel (Daten aus Tabelle 9.1a) liegen die Werte sehr dicht beieinander: $F = 47.17$ ($df_1 = 1$, $df_2 = 2134$, $p<.001$), $\chi^2 = 46.19$ ($df = 1$, $p<.001$).

3 Aus Platzgründen wird die Wahlabsicht von CDU/CSU, also die CDU außerhalb Bayerns bzw. die CSU in Bayern wählen zu wollen, im Folgenden durch CDU abgekürzt.

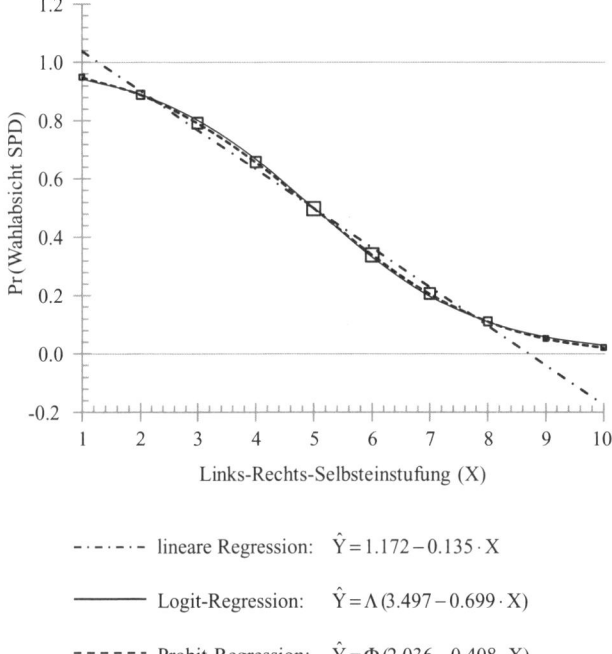

Abbildung 17.1: **Bedingte Regressionsfunktionen von linearer Regression sowie Logit- und Probit-Regression der Wahlabsicht SPD statt CDU auf die Links-Rechts-Selbsteinstufung**

$-\cdot-\cdot-\cdot-$ lineare Regression: $\hat{Y} = 1.172 - 0.135 \cdot X$

————— Logit-Regression: $\hat{Y} = \Lambda(3.497 - 0.699 \cdot X)$

$------$ Probit-Regression: $\hat{Y} = \Phi(2.036 - 0.408 \cdot X)$

Daten: Allbus 2008, n = 1367

fragten an.[4] Bei Personen, die sich selbst als sehr links (Code: 1) einstufen, beträgt die vorhergesagte «Wahrscheinlichkeit», SPD zu wählen, $\hat{Y} = \hat{\pi}(Y = 1|X = 1) = 1.037$, und bei Personen, die sich als sehr rechts (Code: 10) einstufen, beträgt die «Wahrscheinlichkeit» einer SPD-Wahl $\hat{Y} = \hat{\pi}(Y = 1|X = 10) = -0.178$.

4 Die Wahlabsicht basiert auf der sogenannten «Sonntagsfrage», bei der nach der beabsichtigten Parteienwahl bei einer vorgestellten Bundestagswahl am nächsten Sonntag gefragt wird. Wir berücksichtigen hier nur Befragte, die bei dieser Frage angeben, entweder die SPD (Y = 1) oder die CDU (Y = 0) wählen zu wollen. Personen ohne Wahlabsicht oder mit einer Wahlabsicht für eine andere Partei werden nicht berücksichtigt. Die Links-Rechts-Selbsteinstufung hat 10 Ausprägungen von 1 «links» bis 10 «rechts».

Um zu vermeiden, dass bei einem multiplen Regressionsmodell die Vorhersagewerte einer binären abhängigen Variablen Y
außerhalb des Wertebereichs 0/1 von Y liegen, wird für die
Berechnung der Vorhersagewerte eine lineare Funktion von
Prädiktoren als Argument in die Verteilungsfunktion Λ (großer
griechischer Buchstabe Lambda) der standard-logistischen Verteilung eingesetzt:[5]

$$
\hat{Y} = \hat{Pr}\left(Y = 1 \middle| X_1,...,X_K\right) = \Lambda\left(b_0 + \sum_{k=1}^{K} b_k \cdot X_k\right)
$$

$$
= \frac{e^{\,b_0 + \sum_{k=1}^{K} b_k \cdot X_k}}{1 + e^{\,b_0 + \sum_{k=1}^{K} b_k \cdot X_k}} = \frac{1}{1 + e^{\,-b_0 - \sum_{k=1}^{K} b_k \cdot X_k}} \tag{17.1}
$$

wobei $\hat{Y}, \hat{Pr}$ = Vorhersagewerte, hier geschätzte Wahrscheinlichkeiten der Ausprägung $Y = 1$
der abhängigen Variablen

b_0, b_k = Regressionskonstante bzw. Regressionsgewicht der Logit-Regression in der Stichprobe

$\Lambda(...)$ = Symbol für die standard-logistische Verteilungsfunktion

$e^x = \exp(x)$ = Antilogarithmus, Umkehrfunktion des
natürlichen Logarithmus $\ln(x)$ bzw. die
x-te Potenz zur Basis der Euler'schen Zahl
e (e≈2.71828).

Gleichung 17.1 beschreibt das Modell der *logistischen Regression*, die auch als *Logit-Regression* bezeichnet wird. Anstelle der
standard-logistischen Verteilungsfunktion der logistischen Re-

---

5 Die geschätzten Regressionskoeffizienten b_0, b_1, ..., b_K der Logit- und Probit-Regression werden oft durch $\hat{\beta}_0, \hat{\beta}_1,...,\hat{\beta}_k$ symbolisiert. Wir verwenden die gleichen
Symbole wie in linearen Regressionsmodellen. Gleiches gilt für die Vorhersage-
werte $\hat{Y}$, die bei binären Regressionsmodellen als Schätzer bedingter Wahrscheinlichkeiten oder bedingter Populationsanteile interpretiert werden können und
dann auch durch $\hat{Pr}(Y = 1)$ oder $\hat{\pi}(Y = 1)$ symbolisiert werden.

gression wird in der Probit-Regression die Verteilungsfunktion Φ der Standardnormalverteilung verwendet, um die lineare Funktion der Prädiktoren in den Wertebereich zwischen null und eins zu transformieren:

$$\hat{Y} = \hat{Pr}\left(Y = 1 \middle| X_1, ..., X_K\right) = \Phi\left(b_0 + \sum_{k=1}^{K} b_k \cdot X_k\right)$$

$$= \int_{-\infty}^{b_0 + \sum_{k=1}^{K} b_k \cdot X_k} \frac{e^{-0.5 \cdot z^2}}{\sqrt{2 \cdot \pi}} \cdot dz \tag{17.2}$$

wobei Φ = Verteilungsfunktion der Standardnormalverteilung.

Weitere Erläuterungen siehe Gleichung 6.6 und 17.1.

Abbildung 17.1 zeigt als durchgezogene bzw. gepunktete Kurven die geschätzten Regressionsfunktionen der Logit- bzw. der Probit-Regression der SPD-Wahl auf die Links-Rechts-Selbsteinstufung:

Logit-Regression: $\hat{Y} = \Lambda\left(3.497 - 0.699 \cdot X\right)$,

Probit-Regression: $\hat{Y} = \Phi\left(2.036 - 0.408 \cdot X\right)$.

Obwohl sich die Regressionskoeffizienten von Logit- und Probit-Regression unterscheiden, sind die Kurvenverläufe der beiden Regressionsfunktionen sehr ähnlich. Beide Funktionen können die als Quadrate eingezeichneten bedingten Stichprobenmittelwerte der SPD-Wahl gegeben die Selbsteinstufung deutlich besser wiedergeben als die lineare Regressionsfunktion.[6] Die unterschiedlichen Regressionskoeffizienten der Logit- und Probit-Regression sind im Wesentlichen Folge der unterschiedlichen Varianzen der Standardnormalverteilung und der standardlogistischen Verteilung. Die Standardnormalverteilung hat eine Varianz von 1, die standard-logistische Verteilung dagegen eine

6 Die unterschiedliche Größe der Quadrate verdeutlicht die unterschiedlichen Fallzahlen bei den zehn Ausprägungen der Selbsteinstufung.

Abbildung 17.2: Verteilungsfunktion der standard-logistischen Verteilung und der Standardnormalverteilung

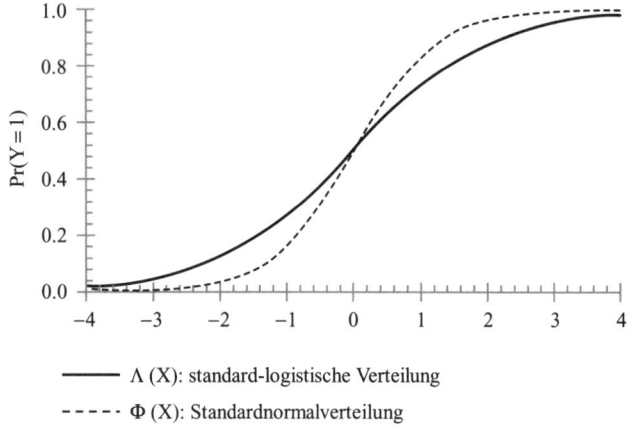

——— Λ (X): standard-logistische Verteilung

– – – – Φ (X): Standardnormalverteilung

Varianz von $\pi^2/3$ (≈ 3.2899). In Abbildung 17.2 sind beide Kurvenverläufe $\Lambda(X)$ und $\Phi(X)$ im Wertebereich von -4 bis $+4$ abgebildet. Beide Kurven sind um die Wahrscheinlichkeit 0.5 symmetrisch s-förmig verteilt. Aufgrund der größeren Varianz verläuft die logistische Funktion bei gleichem Argument ($X = x$) flacher als die Verteilungsfunktion der Standardnormalverteilung.

17.1 Das binäre logistische Regressionsmodell

17.1.1 ML-Schätzung der Regressionskoeffizienten

Aus Gleichung 17.1 folgt, dass bei der Logit-Regression die $0/1$-codierte abhängige Variable Y *keine* lineare Funktion der Prädiktoren $X_1, X_2, ..., X_K$ und der Residualvariablen E ist:

$$Y = \hat{Y} + E = \frac{e^{b_0 + \sum_{k=1}^{K} b_k \cdot X_k}}{1 + e^{b_0 + \sum_{k=1}^{K} b_k \cdot X_k}} + E$$

Um (wie im multiplen Regressionsmodell) eine in den Parametern lineare Funktion von Prädiktoren zu erhalten, kann

Gleichung 17.1 umgeformt werden. Auf der linken Seite der umgeformten Gleichung steht dann das sogenannte *Logit* des Vorhersagewerts bzw. der geschätzten Realisierungswahrscheinlichkeit von Y = 1 und auf der rechten Seite die Linearkombination der Prädiktoren:

$$\underbrace{\ln\left(\frac{\hat{Y}}{1-\hat{Y}}\right)}_{\text{Logit}} = \Lambda^{-1}\left(\hat{Y}\big|X_1, X_2, ..., X_K\right) = b_0 + \sum_{k=1}^{K} b_K \cdot X_K \qquad (17.3)$$

wobei $\quad \Lambda^{-1}(...) =$ Logit-Funktion, das ist die Inverse (Umkehrfunktion) der Verteilungsfunktion der standard-logistischen Verteilung

$\qquad$ Logit $\quad =$ logarithmiertes Odds (Verhältnis der relativen Häufigkeiten bzw. der Realisierungswahrscheinlichkeiten von Y).

Weitere Erläuterungen siehe Gleichung 17.1.

Weil durch diese Umformung von Gleichung 17.1 in Gleichung 17.3 die Logits der bedingten relativen Häufigkeiten bzw. Wahrscheinlichkeiten der beiden Ausprägungen von Y als lineare Funktion der Prädiktoren dargestellt werden, wird die logistische Regression auch als Logit-Regression bezeichnet.

Im Unterschied zu den Logits der Vorhersagewerte ist das Logit $\ln(y_i/(1-y_i))$ einer Realisierung y_i der abhängigen Variablen Y nicht berechenbar, da es entweder den Wert $-\infty$ aufweist, wenn Y = 0, oder den Wert $+\infty$, wenn Y = 1. Daher können die Regressionskoeffizienten des Logit-Modells aus Gleichung 17.3 auch nicht mit Hilfe der OLS-Methode geschätzt werden.[7] Stattdessen

---

7 Nur wenn für jede realisierte Ausprägungskombinationen der Prädiktoren jeweils so viele Fälle vorliegen, dass für die Kombination sowohl die Ausprägung Y = 1 wie Y = 0 vorkommt, ist es möglich, die Regressionsgleichung mit Hilfe der Kleinstquadratmethode zu schätzen, wobei dann die bedingten Stichprobenmittelwerte die Ausgangsdaten bilden:

$$\ln\left(\frac{\overline{y}\big|X_1, ..., X_K}{1-\overline{y}\big|X_1, ..., X_K}\right) = b_0 + \sum_{k=1}^{K} b_k \cdot X_k + E$$

werden die Regressionskoeffizienten der Logit-Regression mit der in Kapitel 10.1.2 und 16.4.3 erwähnten *Maximum-Likelihood-Methode (ML-Schätzung)* bestimmt.

Hinweis:

Bei der ML-Methode werden die Regressionskoeffizienten so berechnet, dass die (geschätzte) Wahrscheinlichkeit der in der Stichprobe beobachteten Realisierungen der abhängigen Variablen gegeben die geschätzten Regressionskoeffizienten und die Realisierungen der Prädiktoren maximal ist. Da Y entweder 1 oder 0 ist, kann die bedingte geschätzte Wahrscheinlichkeit einer beliebigen Realisierung y_i mit der ML-Methode nach Gleichung 17.1 berechnet werden:

$$\hat{Pr}\left(Y = y_i \middle| x_{1,i}, x_{2,i}, ..., x_{K,i}\right)$$

$$= \left(\frac{1}{1 + \exp\left(-b_0 - \sum_{k=1}^{K} b_k \cdot x_{k,i}\right)}\right)^{y_i} \cdot \left(\frac{1}{1 + \exp\left(b_0 + \sum_{k=1}^{K} b_k \cdot x_{k,i}\right)}\right)^{1-y_i}$$

Wenn $y_i = 1$ ist $1-y_i = 0$, sodass der zweite Faktor eins wird ($z^0 = 1$ für beliebige Zahlen z); ist $y_i = 0$ dann wird der erste Faktor eins und $1-y_i = 1$. In Abhängigkeit von der Realisierung von Y ist daher stets der erste oder der zweite Faktor in obiger Gleichung eins.

Bei einer einfachen Zufallsauswahl sind die Realisierungen unabhängig voneinander. Die Wahrscheinlichkeit der Stichprobe, gegeben die Realisierungen der Prädiktoren, ist daher gleich dem Produkt aus den nach obiger Gleichung berechneten Wahrscheinlichkeiten der einzelnen Realisierungen.[8] Wird die so berechnete Wahrscheinlichkeit als

---

Bei der Schätzung mittels Aggregatdaten wird die Heteroskedastizität der Residuen nicht erst bei den robusten Standardfehlern, sondern schon bei einer gewichteten Kleinstquadratschätzung berücksichtigt (vgl. Andreß u.a., 1997: Kapitel 2).

8 Dabei wird die Reihenfolge der Auswahl der n Realisierungen berücksichtigt. Ohne Berücksichtigung der Reihenfolge muss das Produkt wie bei einer Binomialverteilung mit dem Binomialkoeffizienten der Fallzahl n über der Anzahl n_1 der Realisierungen von Y mit der Ausprägung 1 multipliziert werden. Da der Binomialkoeffi-

Funktion der zu schätzenden Regressionskoeffizienten aufgefasst, ergibt sich die *Likelihood-Funktion* L der Logit-Regression:

$$L(b_0,...,b_K) = \prod_{i=1}^{n} \left(Pr\left(y_i = 1 \middle| x_{1,i},...,x_{K,i}\right)\right)^{y_i} \cdot \left(Pr\left(y_i = 0 \middle| x_{1,i},...,x_{K,i}\right)\right)^{1-y_i}$$

In der Gleichung steht das Symbol $\prod$ für die Berechnung des Produkts der n mit dem Index i indizierten Fälle. Bei der ML-Schätzung wird die Likelihood-Funktion maximiert. Zu identischen Schätzwerten führt die Maximierung der logarithmierten Likelihood-Funktion (Log-Likelihood-Funktion lnL) bzw. die Minimierung der negativen Log-Likelihood-Funktion –lnL. Die negative Log-Likelihood-Funktion ist die von Statistikprogrammen verwendete Minimierungsfunktion (Schätzfunktion) der ML-Schätzung.

Ähnlich wie OLS-Schätzer weisen auch ML-Schätzer wünschenswerte Eigenschaften auf.[9] Voraussetzung ist, dass alle Fälle der Stichprobe als eine einfache Zufallsauswahl aus einer Population aufgefasst werden können, für die eine der Gleichung 17.1 entsprechende Populationsgleichung gilt:

$$\pi\left(Y = 1 \middle| X_1,...,X_k\right) = \frac{e^{\beta_0 + \sum_{k=1}^{K} \beta_k \cdot X_k}}{1 + e^{\beta_0 + \sum_{k=1}^{K} \beta_k \cdot X_k}} \tag{17.4}$$

wobei $\pi(...)$ =   bedingter Populationsanteil der Ausprägung $Y = 1$ gegeben die Ausprägungskombinationen der Prädiktoren X_1 bis X_K

       β_0, β_k =   Populationsparameter, die durch die Regressionskoeffizienten b_0, b_k geschätzt werden.

Weitere Erläuterungen siehe Gleichung 17.1.

zient bei der Maximierung der Wahrscheinlichkeit keine Rolle spielt, wird er in der Regel ausgelassen. Berechnet wird dann der sogenannte Kern (engl: kernel) der Likelihood-Funktion.

9 vgl. Johnston & DiNardo, 1997: Kapitel 5.1.

Gilt Gleichung 17.4 in der Population für alle Ausprägungskombinationen der Prädiktoren,[10] dann sind die ML-Schätzer $b_0,\ldots,b_K$ der Regressionskoeffizienten $\beta_0,\ldots,\beta_K$ bei einer einfachen Zufallsauswahl konsistent und asymptotisch erwartungstreu. Die gemeinsame Kennwerteverteilung der ML-Schätzer ist zudem asymptotisch multinormalverteilt. Da es keine konsistenten und asymptotisch unverzerrten und normalverteilten Schätzer mit geringeren Standardfehlern gibt, sind die ML-Schätzer effizient.[11] Man bezeichnet dies auch als *BAN*-Eigenschaft der ML-Schätzer, wobei BAN für den englischen Ausdruck «*best asymptotically normal*» steht.[12]

Die Varianzen bzw. Standardfehler der Schätzer und ihre Kovarianzen lassen sich konsistent aus den Stichprobendaten schätzen und werden von Statistikprogrammen meist zusammen mit den ML-Schätzern berechnet. Die Berechnung selbst ist allerdings numerisch aufwendig und erfolgt in einem iterativen Rechenprozess. Wie in der multiplen Regression mit mehreren erklärenden Variablen gibt es daher keine einfachen Rechenformeln, die eine schnelle Berechnung mit einem Taschenrechner erlauben.

Multikollinearitäts- und Separabilitätsprobleme

Bei der Schätzung der Regressionskoeffizienten wird wie in der multiplen Regression vorausgesetzt, dass keine perfekte Multikollinearität zwischen den Prädiktoren besteht, da ansonsten die Regressionskoeffizienten nicht identifiziert sind. Auch gilt wie bei der multiplen Regression, dass die ML-Schätzungen umso

10 Wie in der linearen Regression können auch bei den binären Regressionsmodellen der Logit- und der Probit-Regression Design-Variablen der erklärenden Variablen spezifiziert werden. Dies ermöglicht die Berücksichtigung nominalskalierter erklärender Variablen und die Schätzung von monotonen wie nichtmonotonen Regressionsfunktionen im Wertebereich von 0 bis 1.

11 Bei der ML-Schätzung ist zu beachten, dass ihre Eigenschaften nur asymptotisch gelten. Bei kleinen Stichproben ist nicht ausgeschlossen, dass die ML-Schätzer diese Optimalitätseigenschaften nicht aufweisen.

12 siehe Andreß u.a., 1997: S. 281.

ungenauer und instabiler werden, je höher die Multikollinearität unter den Prädiktoren ist.[13]

Bei der Anwendung eines binären Regressionsmodells tritt zudem ein Problem auf, wenn die abhängige Variable bei einem Prädiktor bei Kontrolle der übrigen Prädiktoren keine Streuung aufweist. Dies führt dazu, dass das Regressionsgewicht des Prädiktors $+\infty$ oder $-\infty$ ist. Bei der Schätzung ergeben sich dann sehr große positive bzw. negative Koeffizienten, die aber aufgrund der ebenfalls sehr großen Standardfehler nicht signifikant sind. Man bezeichnet dies als *Separabilitätsproblem*. Bei Vorliegen eines Separabilitätsproblems kann es notwendig werden, Fälle und/oder Prädiktoren von der Analyse auszuschließen.

17.1.2 Interpretation der Regressionskoeffizienten im Logit-Modell[14]

Als Beispiel für ein binäres Logit-Modell zeigt Tabelle 17.1 die Ergebnisse der ML-Schätzung von zwei Regressionsmodellen der abhängigen binären Variablen Wahlabsicht zugunsten der SPD anhand der Daten des Allbus 2008. Erklärende Variablen sind neben der Region (X_1) mit der binären Codierung für Ost $X_1 = 1$ und West $X_1 = 0$ die Selbsteinstufung auf der Links-Rechts-Skala (X_2) mit den Polen 1 für ganz links und 10 für ganz rechts und die nominalskalierte Konfession mit den Dummy-Variablen D_1 für katholisch, D_2 für protestantisch und der Referenzkategorie konfessionslos. In Modell A sind nur Haupteffekte spezifiziert, in Modell B zusätzlich ein Interaktionseffekt zwischen Region und der Links-Rechts-Selbsteinstufung.

Zunächst wird nur Modell A betrachtet. Aufgeführt sind in den ersten Spalten die geschätzten Regressionskoeffizienten b,

---

13 Im Unterschied zur linearen Regression sind hier aber bereits die Schätzer unkorrelierter Prädiktoren korreliert, sodass zwar die Toleranz (Gleichung 14.13a) ein sinnvolles Maß für die Multikollinearität ist, nicht aber VIF (Gleichung 14.13b).

14 Die Bezeichnung Logit-Modell verwenden wir als Abkürzung des Begriffs Logistisches Regressionsmodell.

Tabelle 17.1: **Binäre logistische Regression (Binäre Logit-Regression) der Wahlabsicht von SPD versus CDU (Y) auf Region (X_1), Links-Rechts-Selbsteinstufung (X_2) und Konfession: D_1 = katholisch, D_2 = protestantisch**

		A: multiplikativ-proportional					B: Interaktion: $X_1 \cdot X_2$			
Prädiktor		b	S.E.	p	exp(b)	$b_X \cdot \hat{\sigma}_X$	b	S.E.	p	exp(b)
Konstante	b_0	4.299	0.313	<.001	73.635	--	4.923	0.378	<.001	137.363
X_1	b_1	−0.560	0.177	0.002	0.571	−0.255	−2.328	0.540	<.001	0.098
X_2	b_2	−0.706	0.048	<.001	0.494	−1.183	−0.822	0.062	<.001	0.440
Konfession		W^2=46.61		<.001		0.532	W^2=46.90		<.001	
D_1	b_3	−1.305	0.199	<.001	0.271	--	−1.323	0.201	<.001	0.266
D_2	b_4	−0.535	0.181	0.003	0.586	--	−0.519	0.180	0.004	0.595
$X_1 \cdot X_2$	b_5						0.347	0.100	0.001	1.415
LR-Test		369.88	df=4	<.001			381.5224	df=5	<.001	
McFadden $R^/$			0.199					0.205		
Nagelkerke $R^/$			0.320					0.329		
−2lnL_1			1491.58					1479.84		

Daten: Allbus 2008, n = 1356, Devianz des Konstantenmodells = −2lnL_0: 1861.36; W^2 = Wald-Teststatistik

deren geschätzte Standardfehler S.E. und die empirische Signifikanz p der Nullhypothese, dass der Regressionskoeffizient null ist. Da die logistische Verteilungsfunktion eine monoton steigende Funktion ist, gelten für die Interpretation der Koeffizienten einer Logit-Regression viele, aber nicht alle Eigenschaften der Regressionskoeffizienten der linearen Regression. So stehen positive Regressionsgewichte für einen positiven Effekt des Prädiktors, negative für einen negativen Effekt und ein Regressionsgewicht von null dafür, dass ein Prädiktor die Vorhersagewerte gar nicht beeinflusst.[15] Zudem kann aus der Regressionskon-

15 Wie im linearen Regressionsmodell bedeutet ein Regressionsgewicht von null nicht, dass die abhängige Variable statistisch unabhängig von den Prädiktoren ist, sondern nur, dass der in der Regressionsgleichung spezifizierte Zusammenhang nicht besteht. Besteht jedoch statistische Unabhängigkeit zwischen den Prädiktoren und der abhängigen Variable, dann sind auch alle Regressionsgewichte der Logit-Regression in der Population null.

stante ein Vorhersagewert berechnet werden, der sich ergibt, wenn alle Prädiktoren den Wert null aufweisen.

Im Beispiel sind bis auf die Konstante alle Effekte negativ: Je weiter rechts sich eine Person einordnet, desto seltener beabsichtigt sie, die SPD zu wählen. Der negative Effekt für die Region besagt, dass Befragte im Osten seltener SPD wählen wollen als Befragte im Westen, und die negativen Effekte für die beiden Konfessionsgruppen weisen darauf hin, dass Katholiken wie Protestanten seltener SPD wählen wollen als Konfessionslose.

Sind die Maßeinheiten der Prädiktoren vergleichbar, können auch die Regressionsgewichte direkt verglichen werden. Im Beispiel gilt dies für die beiden Dummy-Variablen der erklärenden Variablen Konfession. Da das Gewicht für Katholiken größer ist als das für Protestanten, ist der Kontrast der Katholiken zur Referenzkategorie der Konfessionslosen größer als bei Protestanten: Katholiken wählen daher seltener SPD als Protestanten.

X-standardisierte Regressionsgewichte
Wenn die erklärenden Variablen in nicht vergleichbaren Maßeinheiten erfasst werden, ist ein Vergleich der Regressionsgewichte nicht informativ. In multiplen Regressionsmodellen werden für den relativen Vergleich von Einflussstärken meist standardisierte Regressionsgewichte berechnet. Dieselbe Logik lässt sich auch bei Logit-Modellen nutzen. Da im Logit-Modell aber relative Häufigkeiten bzw. Wahrscheinlichkeiten einer Kategorie der abhängigen Variablen betrachtet werden und daher die Standardisierung von Y nicht sinnvoll ist, werden nur die erklärenden (X-) Variablen standardisiert, was auch als *X-Standardisierung* bezeichnet werden kann.

Wie bei der linearen Regression ist es nicht nötig, eine Schätzung mit den standardisierten Prädiktoren zu wiederholen. Wenn $\hat{\sigma}_k$ die geschätzte Standardabweichung von X_k bezeichnet, berechnen sich die *X-standardisierten Koeffizienten* entsprechend der Logik von Gleichung 13.8 durch Multiplikation der unstandardisierten Regressionsgewichte b_k mit den geschätzten Standardabweichungen $\hat{\sigma}_k$ der erklärenden Variablen:[16]

$$b_k^{std} = b_k \cdot \hat{\sigma}_k \qquad (17.5)$$

wobei b_k^{std} = geschätztes X-standardisiertes Regressionsgewicht von X_k

$\hat{\sigma}_k$ = geschätzte Standardabweichung von X_k.

Wenn eine erklärende Variable die abhängige Variable über mehrere Design-Variablen beeinflusst, ist es i. A. nicht sinnvoll, X-standardisierte Effekte für die einzelnen Design-Variablen zu berechnen. Stattdessen kann wie bei der multiplen Regression eine zusätzliche Design-Variable berechnet werden, die die Summe der mit den geschätzten Regressionskoeffizienten gewichteten Design-Variablen ist (Gleichung 13.15a). Wird W_k *anstelle* der K Designgewichte in die Regressionsgleichung aufgenommen und das Modell noch einmal geschätzt, ergibt sich ein unstandardisiertes Regressionsgewicht von 1.0 (vgl. Tabelle 13.4). Das X-standardisierte Regressionsgewicht ist dann gleich der Standardabweichung von W_k. Diese kann allerdings auch direkt aus den Daten berechnet werden, da für die Design-Variable W_k gilt:

$$b_k^{std} = \hat{\sigma}(W_k) = \sqrt{\sum_{j=1}^{J} \sum_{r=1}^{J} b_j \cdot b_r \cdot \hat{\sigma}_{j,r}} \qquad (17.6)$$

wobei $\hat{\sigma}(W_k)$ = geschätzte Standardabweichung von W_k

b_j, b_r = Regressionsgewichte der Design-Variablen $D_{k,j}$ und $D_{k,r}$

$\hat{\sigma}_{j,r}$ = geschätzte Populationskovarianz der Design-Variablen $D_{k,j}$ und $D_{k,r}$.

16 Bei der Berechnung ist zu beachten, dass alle Standardabweichungen auf der gleichen Fallzahl basieren wie die Berechnung der Regressionsgleichung. Im Unterschied zu standardisierten Koeffizienten im linearen Regressionsmodell gibt es bei X-standardisierten Regressionsgewichten leicht unterschiedliche Werte, je nachdem, ob die Standardabweichung über die Stichprobenvarianz (n-Gewichtung) oder die geschätzte Populationsvarianz ((n−1)-Gewichtung) berechnet wird. In Gleichung 17.5 und Tabelle 17.1 basiert die X-Standardisierung auf der geschätzten Populationsvarianz.

In Tabelle 17.1 sind die X-standardisierten Effekte in der mit «$b_X \cdot \hat{\sigma}_X$» überschriebenen Spalte aufgeführt. Den stärksten X-standardisierten Effekt hat die Links-Rechts-Selbsteinstufung vor dem Effekt der Konfession. Am geringsten ist der relative Effekt der Region.

17.1.3 Multiplikativ-proportionale Logit-Modelle

Im *Unterschied* zur linearen Regression gibt ein unstandardisiertes oder ein X-standardisiertes Regressionsgewicht in einer Logit-Regression *nicht* an, um welchen Wert sich der Vorhersagewert ändert, wenn die erklärende Variable um +1 Einheit bzw. um +1 Standardabweichung ansteigt. Das ist eine Folge davon, dass die bedingte Regressionsfunktion nichtlinear ist. Sichtbar wird dies, wenn der Kurvenverlauf einer bedingten Regressionsfunktion grafisch dargestellt wird (Abbildung 17.3). Für die hierfür notwendige Berechnung der Vorhersagewerte werden die geschätzten Regressionskoeffizienten (Modell A in Tabelle 17.1) in die Modellgleichung 17.1 eingesetzt. Bei einer konfessionslosen Person ($D_1 = 0$ & $D_2 = 0$) im Westen ($X_1 = 0$), die sich selbst leicht links von der Mitte einstuft ($X_2 = 5$), ergibt sich aus den unstandardisierten Regressionskoeffizienten für Modell A in Tabelle 17.1 eine geschätzte Wahrscheinlichkeit, SPD zu wählen, von:

$$\Pr\left(Y = 1 \mid X_1 = 0, X_2 = 5, D_1 = 0, D_2 = 0\right)$$

$$= \frac{e^{4.299 - 0.56 \cdot 0 - 0.706 \cdot 5 - 1.305 \cdot 0 - 0.535 \cdot 0}}{1 + e^{4.299 - 0.56 \cdot 0 - 0.706 \cdot 5 - 1.305 \cdot 0 - 0.535 \cdot 0}} = 0.683.$$

Das geschätzte Logit-Modell sagt also voraus, dass von allen Personen mit dieser Eigenschaftskombination im Mittel 68.3% SPD wählen wollen und entsprechend 31.7% (= 100.0%–68.3%) die CDU. Durch Einsetzen anderer Werte für die Prädiktoren lassen sich auf die gleiche Weise die Anteile bzw. geschätzten Wahrscheinlichkeiten für beliebige andere Ausprägungskombinationen der Prädiktoren berechnen. Abbildung 17.3 zeigt grafisch die Vorhersagewerte (geschätzten Wahrscheinlichkeiten) der SPD-Wahl für die drei Konfessionsgruppen in den beiden Regionen als Funktion der Links-Rechts-Selbsteinstufung (X_2). Entsprechend den Werten der Regressionsgewichte sinken die Vorhersagewerte, je weiter rechts sich eine Person einordnet. Bei der Konfession liegen die Kurven von Protestanten unter denen der Konfessionslosen und die Kurven der Katholiken unter denen der Protestanten. Auch liegen die Kurvenverläufe im Osten bei jeder Konfessionsgruppe unter denen im Westen. Je weiter rechts sich eine Person einordnet, desto geringer ist ihre Neigung, die SPD zu wählen. Die Neigung, SPD zu wählen, ist zudem im Osten geringer als im Westen. Weiterhin ist die Neigung, SPD zu wählen, bei Katholiken geringer als bei Protestanten und bei diesen geringer als bei Konfessionslosen. Dies gilt bei allen Ausprägungen der jeweils anderen erklärenden Variablen.

Die Nichtlinearität gilt für die Vorhersagewerte, also die prognostizierten relativen bedingten Häufigkeiten oder bedingten Wahrscheinlichkeiten. Gleichung 17.3 besagt jedoch, dass die Logit-Regression bezogen auf die Logits der Vorhersagewerte bzw. in der Population bezogen auf die Logits der Populationsanteile von Y = 1 zu Y = 0 linear ist.[17] Da ein Logit, also ein logarithmiertes Häufigkeits- oder Wahrscheinlichkeitsverhältnis, keine gewohnte Größe ist, fällt es allerdings schwer, in Logits zu «denken». Wird der Antilogarithmus von Gleichung 17.3 berechnet, ergibt sich:

$$\frac{\hat{Y}}{1-\hat{Y}} = \frac{\hat{\pi}\left(Y=1 \mid X_1,...,X_K\right)}{\hat{\pi}\left(Y=0 \mid X_1,...,X_K\right)} = \exp\left(b_0 + \sum_{k=1}^{K} b_k \cdot X_k\right)$$

$$= e^{b_0 + \sum_{k=1}^{K} b_k \cdot X_k}$$

(17.7)

---

17 Tatsächlich ist die binäre Logit-Regression (wie auch die Probit-Regression) ein *verallgemeinertes lineares Modell*, bei dem eine Linearkombination der Prädiktoren die bedingte Verteilung der abhängigen Variablen über eine sogenannte *Link-Funktion* beeinflusst.

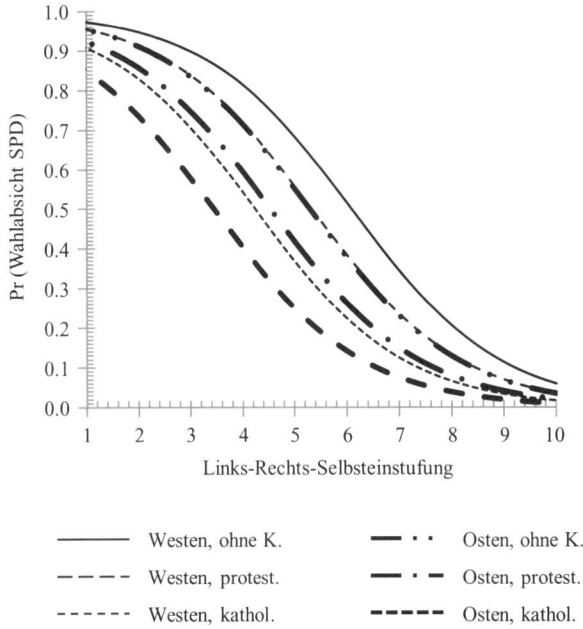

Abbildung 17.3: **Geschätzte Wahrscheinlichkeiten, SPD zu wählen, für Konfessionslose, Protestanten und Katholiken in Ost und West in Abhängigkeit von der Links-Rechts-Selbsteinstufung**

Berechnung nach Tabelle 17.1, Modell A

wobei $\hat{\pi}(Y = \ldots)$ = geschätzte bedingte relative Populations-häufigkeit (bzw. Wahrscheinlichkeit) einer Ausprägung von Y.

Weitere Erläuterungen in Gleichung 17.4.

Gleichung 17.7 besagt, dass das bedingte Odds der beiden Ausprägungen von Y gegeben die Prädiktoren resultiert, wenn die Linearkombination der Prädiktoren antilogarithmiert wird, also die Potenz zur Basis e bildet. Das bedeutet aber, dass ein Anstieg um +1 Einheit bei einem Prädiktor X_k das Odds stets um den konstanten Faktor $\exp(b_k) = e^{b_k}$ verändert:

$$\frac{\hat{\pi}\left(Y=1\middle|X_1,...,X_k+1,...,X_K\right)}{\hat{\pi}\left(Y=0\middle|X_1,...,X_k+1,...,X_K\right)} \Big/ \frac{\hat{\pi}\left(Y=1\middle|X_1,...,X_k,...,X_K\right)}{\hat{\pi}\left(Y=0\middle|X_1,...,X_k...,X_K\right)} = \exp(b_k).$$

Die antilogarithmierten Regressionsgewichte geben daher das Odds-Ratio der Häufigkeitsverhältnisse bei einem Anstieg eines Prädiktors um eine Einheit wieder. In Tabelle 17.1 sind die Antilogarithmen der Regressionskoeffizienten in der Spalte «exp(b)» aufgeführt. Für Modell A gilt daher: Wenn die Links-Rechts-Selbsteinstufung um +1 Einheit ansteigt, dann sinkt das Odds von SPD-Wahl zu CDU-Wahl um den *Faktor* $e^{-0.706} = 0.494$, bzw. die Wahrscheinlichkeit für die Wahl der SPD (im Vergleich zur CDU) sinkt um 50.6% $(= (1.0 - 0.494) \cdot 100)$.[18] Ein Anstieg auf der Links-Rechts-Skala um +1 Einheit halbiert also jeweils das Odds von SPD zu CDU. Beträgt der Anstieg +2 Einheiten, verringert sich das Odds auf nicht einmal ein Viertel des Ausgangswertes: $e^{-0.706 \cdot 2} = 0.244 \approx 1/4$: die Chancen der SPD im Vergleich zur CDU sinken um rund 75%. Verglichen mit dem Westen sind die Odds von SPD zu CDU im Osten um den Faktor 0.571 $(= e^{-0.560})$ oder 42.9% geringer. Gegenüber Konfessionslosen sinkt das Odds der Wahl von SPD versus CDU bei Katholiken um den Faktor 0.271 oder 72.9% und bei Protestanten um den Faktor 0.586 oder 41.4%. Protestanten haben dann ein um den Faktor $0.586/0.271 = e^{-0.535-(-1.305)} = 2.160$ oder 116% $(= (2.16-1) \cdot 100)$ höheres Odds, SPD statt CDU zu wählen als Katholiken. Da diese Veränderungen jeweils unabhängig von Ausgangswerten vor der Veränderung und unabhängig von den Ausprägungen der übrigen Prädiktoren gelten, ist das Logit-Modell bei den Odds *multiplikativ-proportional*.

In Kapitel 9.4 wurde das Kreuzproduktverhältnis α als ein alternatives Zusammenhangsmaß vorgestellt. Für die Daten

---

18 Zur Interpretation von Odds und Odds-Ratios vgl. Kapitel 9.4.

in Tabelle 9.1a (und 9.2a) ergibt sich jeweils ein Kreuzprodukt-verhältnis von $\alpha = 2.196$. Genau dieser Wert ergibt sich auch, wenn eine logistische Regression der binär codierten Einstellung zu Schwangerschaftsabbruch, wenn die Frau es will, auf die ebenfalls binäre Variable Mitgliedschaft in einer Religionsge-meinschaft für die Befragten im Westen aus dem Allbus 2006 berechnet wird und das resultierende Regressionsgewicht 0.787 antilogarithmiert wird.[19] So wie das lineare Wahrscheinlich-keitsmodell die Prozentsatzdifferenz verallgemeinert, so verall-gemeinert die logistische Regression das Kreuzproduktverhält-nis.[20]

Interaktionseffekte

Bei einer logistischen Regression sind die senkrechten Abstände zwischen den konditionalen Regressionskurven nicht konstant. Wenn in linearen Regressionsmodellen die senkrechten Ab-stände zwischen zwei konditionalen Regressionsgraden variie-ren, liegt eine Interaktion vor. Aus Sicht eines linear-additiven Modells besteht daher zwischen den Prädiktoren einer logisti-schen Regression *stets* eine *implizite Interaktion*. Im allgemeinen Fall beliebiger Regressionskurven erscheint es sinnvoller, nur dann von einer Interaktion zwischen zwei Prädiktoren zu spre-chen, wenn auch der waagerechte Abstand zwischen zwei kondi-tionalen Regressionskurven variiert. Die Kurven können dann nicht durch Verschieben entlang der horizontalen Achse zur De-ckung gebracht werden.[21]

---

19 Voraussetzung ist die gleiche Codierung wie in Tabelle 9.1. Aus Platzgründen ver-zichten wir auf eine detaillierte Darstellung der Ergebnisse dieser Logit-Regression.

20 Mit Hilfe von Logit-Regressionen lassen sich daher auch Konfidenzintervalle und Tests für Kreuzproduktverhältnisse berechnen.

21 Dies gilt auch für linear-additive Modelle. Wenn zwei konditionale Regressionsge-raden parallel verlaufen, also kein Interaktionseffekt besteht, dann sind sowohl die senkrechten wie die waagerechten Abstände zwischen den Geraden konstant und können durch waagerechtes Verschieben zur Deckung gebracht werden. Bei Vorlie-gen einer Interaktion ist dies durch waagerechtes Verschieben nicht möglich.

Abbildung 17.4: **Konditionale Regressionskurven ohne und mit Interaktionseffekt**

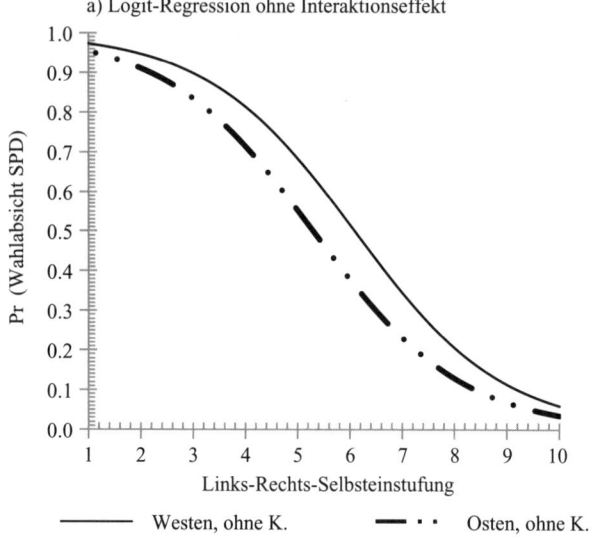

a) Logit-Regression ohne Interaktionseffekt

Pr (Wahlabsicht SPD)

Links-Rechts-Selbsteinstufung

——— Westen, ohne K.   — • • — Osten, ohne K.

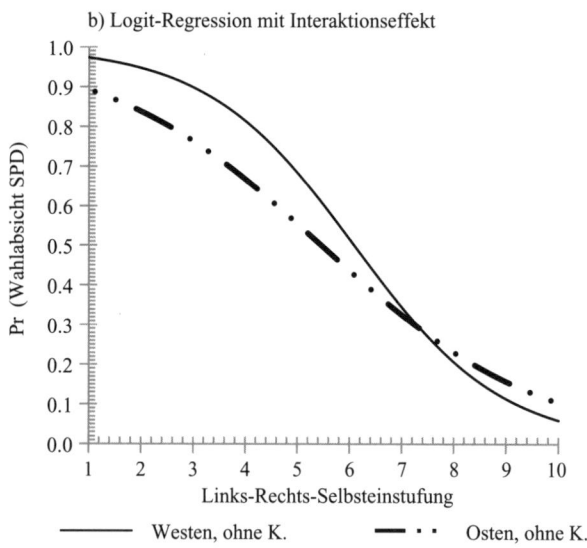

b) Logit-Regression mit Interaktionseffekt

Pr (Wahlabsicht SPD)

Links-Rechts-Selbsteinstufung

——— Westen, ohne K.   — • • — Osten, ohne K.

Zur Verdeutlichung sind in Abbildung 17.4a nur die beiden konditionalen Regressionskurven für Konfessionslose im Westen und Osten eingezeichnet. Der waagerechte Abstand zwischen den beiden Kurven ist immer gleich groß. Wird dagegen analog zur Spezifikation eines Interaktionseffekts im multiplen Regressionsmodell ein zusätzlicher Prädiktor in das logistische Regressionsmodell aufgenommen, der das Produkt aus Region (X_1) und Links-Rechts-Selbsteinstufung (X_2) enthält, dann ändert sich auch der waagerechte Abstand zwischen den konditionalen Regressionskurven. So zeigt Abbildung 17.4b, dass sich die konditionalen Regressionskurven nun für Konfessionslose in Ost und West schneiden.

Die Ergebnisse dieser ML-Schätzung des Logitmodells mit Interaktionseffekt zwischen der Region und der Selbsteinstufung zeigt Modell B in Tabelle 17.1. Während der Interaktionseffekt positiv ist, sind die Regressionsgewichte für die Selbsteinstufung und für Osten beide negativ und deutlich größer als die im Modell A ohne Interaktionseffekt. Mit steigenden Werten der Selbsteinstufung wird daher der zunächst sehr große Ost-West-Unterschied immer geringer. Ab etwa einer Links-Rechts-Selbsteinstufung von 7 wird das ursprünglich negative Regressionsgewicht sogar positiv: $b_1 + b_5 \cdot 7 = -2.328 + 0.347 \cdot 7 = 0.101 > 0$. Die Regressionskurve für den Osten verläuft daher zunächst unterhalb der Kurve für den Westen, nähert sich dieser aber immer mehr an und schneidet die Kurve für den Westen etwas links von einer Links-Rechts-Selbsteinstufung von 7 (genauer: bei $X_2 = 2.328 / 0.347 = 6.709$). Anschließend verläuft die Kurve oberhalb der Kurve für den Westen. Der flachere Kurvenverlauf im Osten lässt sich auch an den Regressionsgewichten für die Selbsteinstufung ablesen. Da im Westen $X_1 = 0$ ist, ist hier das Regressionsgewicht gleich $b_2 = -0.822$. Im Osten ist $X_1 = 1$, sodass zu diesem Wert noch der Wert des Interaktionseffekts addiert werden muss, wodurch sich ein geringeres Regressionsgewicht von $b_2 + b_5 = -0.822 + 0.347 = -0.475$ ergibt.

Bei der Spezifikation von Interaktionseffekten in einer Logit-Regression sind die Effekte auf die Odds *nicht* multiplikativ-proportional: Im Modell B erhöht sich bei jedem Anstieg der Links-Rechts-Skala um +1 Einheit der Effekt der Region auf das Odds von SPD zu CDU um den Faktor $\exp(b) = e^b = 1.415 (= e^{0.347})$ des Interaktionseffekts. Wenn die Selbsteinstufung 1 ist, ist der Ost-West-Effekt $\alpha = \exp(b_1) \cdot \exp(b_5 \cdot 1) = 0.098 \cdot 1.415^1 = 0.112$, und das Odds von SPD zu CDU im Osten *sinkt* um 88.8%. Beträgt die Selbsteinstufung 10, ist der Ost-West-Effekt dagegen $\alpha = \exp(b_1) \cdot \exp(b_5 \cdot 10) = \exp(b_1) \cdot (\exp(b_5))^{10} = 0.098 \cdot 1.415^{10} = 3.153$, und das Odds von SPD zu CDU *steigt* also um 215.3% an. Interaktionseffekte und Design-Variablen, die nichtlineare Transformationen von erklärenden Variablen sind, erschweren also auch bei der Logit-Regression die Interpretation. Auf der anderen Seite ermöglichen sie aber die Spezifikation von z. B. nichtmonotonen Beziehungen und damit von Modellen, die die Beziehungen zwischen der abhängigen Variablen und den erklärenden Variablen möglicherweise angemessener erfassen als ein proportional-multiplikatives Modell.

Bei der Spezifikation von Interaktionseffekten ist die Berechnung von X-standardisierten Regressionsgewichten meist nicht sinnvoll, da hier wieder gilt, dass mindestens zwei erklärende Variablen zusammenwirken. Sinnvoll ist es dann nur, den gemeinsamen Effekt der miteinander interagierenden Variablen analog zur Berechnung des relativen Einflusses einer nominalskalierten erklärenden Variablen (Gleichung 17.6a) mit mehreren Ausprägungen über eine Design-Variable zu berechnen.

17.2 Hypothesenprüfung und Konfidenzintervalle

Analog zur linearen Regression können auch bei Logit-Regressionen die Risiken einer fälschlichen Verallgemeinerung der Ergebnisse von der Stichprobe (Gleichung 17.1) auf die Population (Gleichung 17.4) über Konfidenzintervalle und statistische Tests abgesichert werden. Die Vorgehenslogik bleibt gleich. Im Unterschied zur OLS-Schätzung wird bei der ML-Schätzung von Logit-Modellen anstelle der T-Verteilung die Standardnormalverteilung und anstelle der F-Verteilung die Chiquadrat-Verteilung herangezogen. Die Tests gelten zudem nur asymptotisch, wobei eine Faustregel ist, dass die Fallzahl die Zahl der geschätzten Regressionskoeffizienten um mindestens 50, besser 100 übersteigen sollte.[22]

17.2.1 Test einzelner Koeffizienten

In den mit «p» überschriebenen Spalten der Modelle A und B aus Tabelle 17.1 sind die empirischen Signifikanzniveaus von Z-Tests wiedergegeben. Analog zu den T-Tests in den Ausgaben von Statistikprogrammen zur multiplen Regression beziehen sie sich auf zweiseitige Tests der Nullhypothese, dass der jeweilige Regressionskoeffizient in der Population null ist.[23] Die zugrundeliegende Teststatistik berechnet sich wie beim T-Test in der linearen Regression als Quotient des geschätzten Regressionskoeffizienten (b) geteilt durch den zugehörigen Standardfehler (S.E.).[24]

17.2.2 Berechnung von Konfidenzintervallen

Auch Konfidenzintervalle lassen sich analog zur linearen Regression berechnen. Den Ergebnissen für Modell A in Tabelle 17.1 ist zu entnehmen, dass der geschätzte Standardfehler des Regressionsgewichts der Links-Rechts-Selbsteinstufung 0.048 beträgt. Über das 97.5%-Quantil der Standardnormalver-

22 vgl. Andreß u.a., 1997: S. 281.
23 Einige Statistikprogramme, z.B. SPSS, berechnen anstelle des Z-Tests die univariate Wald-Statistik, die das Quadrat der Z-Statistik ist und bei zutreffender Nullhypothese mit df = 1 Freiheitsgrad asymptotisch chiquadratverteilt ist.
24 Analog zum Testen eines Mittelwerts oder eines Regressionsgewichts in der linearen Regression können auch einseitige Hypothesentests geprüft werden und Hypothesen, die einen anderen Wert als null bei der (gerade noch gültigen) Nullhypothese postulieren.

teilung ($z_{0.975} = 1.96$) lässt sich zunächst ein asymptotisch gültiges Konfidenzintervall des Regressionsgewichts β_2 berechnen:

$$\text{c.i.}(\beta_2) = b_2 \pm z_{1-\alpha/2} \cdot \hat{\sigma}(b_2) = -0.706 \pm 1.96 \cdot 0.048 = [-0.800; 0.612]$$

Die Kennwerteverteilungen der Regressionskoeffizienten können zudem genutzt werden, um beliebige umkehrbare Funktionen der Koeffizienten inferenzstatistisch abzusichern. So kann aus den Grenzen des gerade berechneten Intervalls ein 95%-Konfidenzintervall für die Odds von SPD versus CDU berechnet werden, indem die Intervallgrenzen antilogarithmiert werden:

$$\text{c.i.}(\exp(\beta_2)) = [e^{-0.800}; e^{-0.612}] = [0.449; 0.542]$$

Mit einer Irrtumswahrscheinlichkeit von 5% enthält das Intervall von 0.449 bis 0.542 somit den (konstanten) Veränderungsfaktor der Odds von SPD-Wahl zu CDU-Wahl, wenn die Links-Rechts-Selbsteinstufung um +1 Einheit ansteigt.

17.2.3 Tests von Kontrasten

Die Vorgehensweise zur Berechnung von Konfidenzintervallen für Odds-Ratios kann auch für Hypothesentests beliebiger Kontraste von Effekten verwendet werden. So kann z. B. geprüft werden, ob nach dem Logit-Modell A aus Tabelle 17.1 der Effekt des Kontrasts zwischen Katholiken (b_3) und Konfessionslosen auf die Odds der Wahlabsicht mehr als doppelt so groß ist wie der Effekt des Kontrasts zwischen Protestanten und Konfessionslosen (b_4). Da beide Regressionsgewichte negativ sind, ergibt sich bezogen auf die Odds folgendes Hypothesenpaar:

$$H_0: \exp(\beta_3)/\exp(\beta_4) \geq 0.5 \quad \text{versus} \quad H_1: \exp(\beta_3)/\exp(\beta_4) < 0.5$$

Durch Logarithmieren ergibt sich die entsprechende Hypothese für die Regressionsgewichte:

$$H_0: \beta_3 - \beta_4 \geq \ln(0.5) \quad \text{versus} \quad H_1: \beta_3 - \beta_4 < \ln(0.5)$$

Zur Prüfung der Hypothese wird dann analog zum Vorgehen beim Prüfen einer Mittelwertdifferenz bei abhängigen Stichproben die Differenz der beiden Regressionsgewichte berechnet, wovon der in der H_0 postulierte Wert ln(0.5) subtrahiert wird. Der resultierende Wert wird durch den Standardfehler der Differenz der beiden Regressionsgewichte geteilt. Für die Berechnung dieses Standardfehlers nach Gleichung 5.22c wird die Kovarianz zwischen den Schätzern benötigt. Im Modell A in Tabelle 17.1 beträgt die geschätzte Kovarianz zwischen den Schätzern der Regressionsgewichte 0.02433209.[25] Die Varianzen der Kennwerteverteilungen der geschätzten Regressionsgewichte sind die quadrierten Standardfehler der Regressionsgewichte. Der Standardfehler der Differenz der beiden Regressionskoeffizienten ergibt sich dann bei Anwendung von Gleichung 5.22c als:

$$\hat{\sigma}(b_3 - b_4) = \sqrt{\hat{\sigma}^2(b_3) + \hat{\sigma}^2(b_4) - 2 \cdot \hat{\sigma}(b_4, b_3)}$$
$$= \sqrt{0.199^2 + 0.181^2 - 2 \cdot 0.02433209}$$
$$= 0.154$$

Die Teststatistik ist gleich dem Kontrast bei (gerade noch) gültiger Nullhypothese geteilt durch den Standardfehler:

$$Z = \frac{(b_3 - b_4) - \ln(0.5)}{\hat{\sigma}(b_4, b_3)} = \frac{(-1.305 - (-0.535)) - (-0.693)}{0.154} = -0.5$$

Bei einer Irrtumswahrscheinlichkeit von 5 % wird die Nullhypothese in diesem einseitigen Hypothesentest nach unten abgelehnt, wenn die Teststatistik kleiner oder gleich dem 5 %-Quantil der Standardnormalverteilung ist, also kleiner oder gleich –1.645. Da –0.5>–1.645, kann die Nullhypothese nicht abgelehnt werden. Bei einer Irrtumswahrscheinlichkeit von 5 % ist nicht damit zu rechnen, dass der Effekt des Kontrasts von Ka-

---

25 Die geschätzten Varianzen und Kovarianzen der Regressionsgewichte werden von Statistikprogrammen auf Anforderung ausgegeben. Aus Platzgründen wird auf die Wiedergabe verzichtet.

tholiken zu Konfessionslosen auf die Odds der SPD-Wahl zur CDU-Wahl mehr als doppelt so groß ist wie der Kontrast zwischen Protestanten und Konfessionslosen.

17.2.4 Simultane Test von mehreren Kontrasten

Bei der OLS-Schätzung eines multiplen Regressionsmodells werden mit F-Tests Hypothesen geprüft, die mehrere Kontraste simultan prüfen (vgl. Kapitel 14.4). Ein analoges Vorgehen ist auch bei logistischen Regressionsmodellen möglich. Zum einen können solche Hypothesen über Wald-Tests geprüft werden, die die quadratische Form der asymptotischen Multinormalverteilung der Regressionskoeffizienten nutzen. Soll im Beispiel des logistischen Regressionsmodells aus Tabelle 17.1 etwa geprüft werden, ob die Konfession keinen Effekt auf die Wahlabsicht hat, ergibt sich folgendes Hypothesenpaar:

$$H_0: \beta_3 = 0 \ \& \ \beta_4 = 0 \quad \text{versus} \quad H_1: \beta_3 \neq 0 \text{ oder } \beta_4 \neq 0$$

Der über die quadratische Form der gemeinsamen asymptotisch gültigen Normalverteilung der ML-Schätzer berechnete Wert W^2 der Wald-Teststatistik ergibt für das Modell aus Tabelle 17.1 einen Wert von $W^2 = 46.61$.[26] Wenn die Nullhypothese zutrifft, ist die Teststatistik asymptotisch chiquadratverteilt. Die Zahl der Freiheitsgrade ist gleich der Zahl der zu testenden Kontraste, hier also df = 2. Bei einer Irrtumswahrscheinlichkeit von 5% ist der kritische Wert gleich dem Wert des 95%-Quantils der Chiquadrat-Verteilung mit zwei Freiheitsgraden: 5.991. Da 46.61>5.991, ist die Nullhypothese abzulehnen. Vermutlich hat die Konfession auch in der Population einen Effekt auf die Wahlabsicht von SPD versus CDU. Wie in der multiplen Regression

---

26 Die Teststatistik berechnet sich ganz analog dem Vorgehen beim F-Test bei robusten Standardfehlern. Der Unterschied zum linearen Modell besteht alleine darin, dass nur der Zähler der F-Statistik verwendet wird, da im Unterschied zur linearen Regression die Kennwerteverteilung der Regressionskoeffizienten keine Residualvarianz enthält.

gilt auch bei der logistischen Regression, dass der Test unabhängig von der Wahl der Referenzkategorie ist.

Alternativ können bei der ML-Schätzung auch zwei hierarchisch ineinandergeschachtelte Modelle gegeneinander getestet werden.[27] Generell gilt bei ML-Schätzungen von zwei hierarchisch geschachtelten Modellen, die sich nur dadurch unterscheiden, dass ein Modell ein restriktiver Spezialfall eines allgemeineren Modells ist, dass die Differenz der zweifachen negativen Loglikelihood-Funktionen der beiden Modelle chiquadratverteilt ist, wenn das restriktivere Modell zutrifft.

Diese generelle Logik des LR-Tests wurde bereits beim Test der Devianzreduktion in einer Kreuztabelle angewendet (vgl. Kapitel 10.1.2). Bei logistischen Regressionen wird der Test regelmäßig eingesetzt, um die Nullhypothese zu prüfen, dass das spezifizierte Modell überhaupt Erklärungskraft aufweist. Dazu wird das geschätzte Logit-Modell mit dem Konstantenmodell (vgl. Kapitel 15.2) verglichen, das gar keine erklärende Variable enthält, sondern nur die Regressionskonstante schätzt. Da sich die zweifache negative Loglikelihood-Funktion auch direkt berechnen lässt, ist es nicht notwendig, das Konstantenmodell gesondert zu schätzen. Wenn n die Fallzahl der Stichprobe ist und n_1 die Anzahl der Fälle mit der Ausprägung $Y = 1$, dann beträgt die zweifache negative Loglikelihood-Funktion:

$$-2\ln L_0 = -2 \cdot \left(n_1 \cdot \ln\left(\frac{n_1}{n}\right) + (n - n_1) \cdot \ln\left(\frac{n - n_1}{n}\right) \right) \qquad (17.8)$$

wobei $\quad L_0 =$ Wert der Likelihoodfunktion des Konstantenmodells.

---

27 Das entspricht der Berechnung der Teststatistik F für den Test von mehreren Regressionsgewichten, die nicht nur über die quadratische Form der Kennwerteverteilungen, sondern auch über die Residualvariationen von zwei geschachtelten Regressionsmodellen (Gleichung 14.20) erfolgen kann.

Bei den für die Schätzung von Modell A und B verwendeten Allbus-Daten haben $n_1 = 599$ von $n = 1356$ Fällen bei der Wahlabsicht SPD versus CDU die Ausprägung 1. Bei Anwendung von Gleichung 17.8 ergibt sich als Wert des Konstantenmodells: $-2\ln L_0 = 1861.3632$. Der Wert der zweifachen negativen Loglikelihood-Funktion des Logit-Modells A beträgt 1491.5803. Die Differenz der beiden Werte ist 369.7829. Dies ist der Wert der Teststatistik für den LR-Test der Nullhypothese, dass alle 4 Regressionsgewichte in der Population null sind. Da vier Regressionsgewichte geprüft werden, ergibt sich als Testverteilung die Chiquadratverteilung mit $df = 4$ Freiheitsgraden. Bei 5% Irrtumswahrscheinlichkeit ist der kritische Wert der Wert des 95%-Quantils dieser Verteilung und beträgt 9.488. Da 369.7829>9.488, ist die Nullhypothese abzulehnen. Bei einer Irrtumswahrscheinlichkeit von 5% ist davon auszugehen, dass mindestens eines der vier Regressionsgewichte in der Population ungleich null ist.

Im Unterschied zur multiplen Regression, wo der F-Test über die quadratische Form der Kennwerteverteilung der Regressionskoeffizienten und über die Differenz der Residualvariationen stets zu identischen Ergebnis führt, kann die Teststatistik des Wald-Tests von der LR-Teststatistik abweichen.[28] Allerdings sind Wald-Test und LR-Test bei gültiger Nullhypothese asymptotisch äquivalent. Große Abweichungen zwischen den Teststatistiken können daher ein Hinweis darauf sein, dass entweder die asymptotische Annäherung nicht genau genug ist oder Modellannahmen verletzt sind.

Als Beispiel soll die Signifikanz des Interaktionseffekts b_5 zwischen der Region und der Links-Rechts-Selbsteinstufung geprüft werden. Analog zum T-Test der Signifikanz eines Regressionsgewichts: $T = (b-\beta)/S.E.(b)$ ergibt sich in Modell B in

---

28 Dass der F-Test in beiden Varianten zu identischen Ergebnissen führt, liegt daran, dass auch der F-Test von zwei hierarchisch geschachtelten Modellen formal ein Wald-Test ist und kein LR-Test.

Tabelle 17.1 für die Teststatistik des Wald-Tests ein Wert von $W^2 = Z^2 = (0.347 / 0.100)^2 = 12.0409$.[29] Die LR-Teststatistik kann einfach aus der Differenz der beiden LR-Teststatistiken für Modell A und Modell B in Tabelle 17.1 berechnet werden: $L^2 = LR_B - LR_A = 381.5224 - 369.8829 = 11.6395$. Da nur ein Regressionsgewicht geprüft wird, ist der kritische Wert für beide Teststatistiken der Wert des $(1-\alpha)$-Quantils der Chiquadrat-Verteilung mit $df = 1$ Freiheitsgraden. Bei einer Irrtumswahrscheinlichkeit von 5 % ist dies der Wert 3.841. Beide Tests führen zur Ablehnung der Nullhypothese: Vermutlich besteht ein signifikanter Interaktionseffekt zwischen der Region und der Selbsteinstufung.

17.3 Erklärungskraft des Regressionsmodells bei einer dichotomen abhängigen Variablen

Bei der Erfassung des Zusammenhangs zwischen der abhängigen Variablen und den erklärenden Variablen durch die spezifizierte Regressionsfunktion und ihre inferenzstatistische Absicherung geht es auch um die Stärke des Zusammenhangs. Im multiplen Regressionsmodell wird hierzu der Determinationskoeffizient oder der adjustierte Determinationskoeffizient berechnet. Theoretisch ließe sich der Anteil der durch die Regressionsfunktion erklärten Varianz auch für eine dichotome abhängige Variable berechnen.[30] Tatsächlich werden jedoch alternative Zusammenhangsmaße berechnet, die auch bei einer Interpretation der abhängigen Variablen als Messung einer nominalskalierten Eigenschaft interpretierbar bleiben.

---

29 Bei einem Test eines einzelnen Koeffizienten ist die Wald-Statistik das Quadrat der Z- bzw. T-Statistik.

30 Dass die Residuen bei einer binären abhängigen Variablen heteroskedastisch sind, spielt für die formale Berechnung von R^2 keine Rolle. Bei Heteroskedastizität ist die Varianz der Randverteilung der abhängigen Variablen gleich der Summe aus der Varianz der bedingten Mittelwerte plus dem Mittelwert (bzw. Erwartungswert) der bedingten Varianzen.

Da die Devianz bei nominalskalierten Variablen als Streuungsmaß verwendet werden kann, liegt es nahe, anstelle des Determinationskoeffizienten als Anteil der durch die Regressionsfunktion reduzierten Variation bei binären abhängigen Variablen die Devianzreduktion als analoges Maß zu verwenden. Bei einer dichotomen Variablen ist die Devianz zudem gleich dem Wert der zweifachen negativen Loglikelihood-Funktion und damit gleich dem Wert der Minimierungsfunktion der ML-Schätzung. Die Devianzreduktion $R^{/}$ bei einer ML-Schätzung kann daher als direkte Entsprechung zum Determinationskoeffizienten R^2 bei einer OLS-Schätzung aufgefasst werden. Aufgrund dieser Ähnlichkeit wird die Devianzreduktion nach dem Ökonometriker McFadden auch als McFaddens Pseudo-R-Quadrat, $R^{/}$ bezeichnet:

$$R^{/}_{MF} = 1 - \frac{\ln L_1}{\ln L_0} = 1 - \frac{-2\ln L_1}{-2\ln L_0} = \frac{L^2}{-2\ln L_0} = \frac{L^2}{-2\ln L_1 + L^2} \qquad (17.9a)$$

wobei $R^{/}_{MF}$ = Devianzreduktion oder McFaddens Pseudo-R-Quadrat

          $\ln L_1$ = Wert der Loglikelihood-Funktion des geschätzten Regressionsmodells

          $\ln L_0$ = Wert der Loglikelihood-Funktion des Konstantenmodells

          L^2 = LR-Teststatistik der Nullhypothese, dass in der Population alle Regressionsgewichte null sind.

Bisweilen wird es als Nachteil betrachtet, dass die Devianzreduktion $R^{/}$ in der Regel sehr kleine Werte aufweist. Neben der Devianzreduktion sind daher weitere Maße für die Erklärungskraft entwickelt worden, wobei in sozialwissenschaftlichen Arbeiten zurzeit am häufigsten Nagelkerkes Pseudo-R-Quadrat berichtet wird:

$$R'_{NK} = \frac{1 - \exp\left(\dfrac{-L^2}{n}\right)}{1 - \exp\left(\dfrac{2\ln L_0}{n}\right)} = \frac{1 - \exp\left(\dfrac{2\ln L_0 - 2\ln L_1}{n}\right)}{1 - \exp\left(\dfrac{2\ln L_0}{n}\right)} \qquad (17.9b)$$

wobei R'_{NK} = Nagelkerkes Pseudo-R^2.

Weitere Erläuterungen siehe Gleichung 17.9a.

Wenn das Modell gegenüber dem Konstantenmodell keine Erklärungskraft aufweist, ist L^2 null und daher sowohl McFaddens wie Nagelkerkes Pseudo-R-Quadrat ebenfalls null. Wenn die erklärenden Variablen umgekehrt die abhängige Variable perfekt prognostizieren können, sind alle bedingten Wahrscheinlichkeiten gleich eins und die Devianz $-2\ln L_1$ wird null. Dann sind die beiden Pseudo-R'-Werte gleich 1.0.[31] Abgesehen von diesen beiden Extremwerten gilt: $R'_{NK} > R'_{MF}$. Wie McFaddens Pseudo-R-Quadrat ist auch Nagelkerkes Pseudo-R-Quadrat eine monotone Funktion der Likelihood-Funktion und damit der Minimierungsfunktion des Regressionsmodells.

Im Beispiel beträgt die Devianzreduktion bei Modell A 19.9% und $R'_{NK} = 32.0\%$. Eine Erklärungskraft von fast 32% ist als recht hoch einzuschätzen.

Die Signifikanz des Pseudo-R-Quadrat-Werts wird über den LR-Test gegen das Konstantenmodell berechnet. Der LR-Test kann auch verwendet werden, um einen signifikanten Anstieg der Erklärungskraft bei zwei geschachtelten Modellen zu prüfen. So steigt durch die Berücksichtigung des Interaktionseffekts zwischen der Region und der Selbsteinstufung die Devianzreduktion im Modell B gegenüber dem Modell A in Tabelle 17.1 um 0.6% an. Bezogen auf Nagelkerkes Pseudo-R-Quadrat ergibt sich ein Anstieg von 0.9%. Obwohl der Zuwachs sehr gering ist, wurde

---

31 Ein perfekter Zusammenhang bedeutet allerdings auch, dass die Vorhersagewerte entweder 0 oder 1 sind, was nur möglich ist, wenn ein Regressionsgewicht $+\infty$ oder $-\infty$ ist.

oben bereits mit der Differenz zwischen den LR-Teststatistiken ($L^2 = LR_B – LR_A = 11.6395$) geprüft, dass der Unterschied von Modell B mit Interaktionseffekt zu Modell A ohne Interaktionseffekt bei einer Irrtumswahrscheinlichkeit von 5% signifikant ist.

17.4 Probit-Regression

Anstelle einer binären logistischen Regression kann bei einer dichotomen abhängigen Variablen auch eine binäre Probit-Regression geschätzt werden. Der wesentliche Unterschied besteht darin, dass anstelle der standard-logistischen Verteilungsfunktion die Verteilungsfunktion der Standardnormalverteilung verwendet wird, um den Wertebereich der Linearkombination der Prädiktoren auf das Intervall von null bis eins zu begrenzen (vgl. Gleichung 17.2).

Tabelle 17.2 zeigt die Ergebnisse der Probitregression für die binäre Regression der Wahlabsicht der SPD statt der CDU auf die Region (X_1), die Links-Rechts-Selbsteinstufung (X_2) und die Konfession mit den Dummy-Variablen D_1 für katholisch und D_2 für protestantisch. In Modell A werden wiederum nur Haupteffekte, in Modell B zusätzlich ein Interaktionseffekt zwischen Region und Selbsteinstufung spezifiziert.

Aufgrund der Ähnlichkeit der standard-logistischen Verteilung und der Standardnormalverteilung (Abbildung 17.2) sollten auch die Ergebnisse der Probit- und Logit-Regression sehr ähnlich sein. Tatsächlich zeigt der Vergleich von Tabelle 17.1 und Tabelle 17.2, dass sowohl die Erklärungskraft des Probit-Modells gemessen über die Devianzreduktion oder Nagelkerkes Pseudo-R-Quadrat als auch der LR-Test, der prüft, ob alle Regressionskoeffizienten in der Population null sind, nur wenig von den Werten der korrespondierenden Logit-Regression abweichen.

Vergleicht man die Regressionskoeffizienten, so sind die Vorzeichen der Koeffizienten gleich. Auch kommen die Z- bzw. Wald-Tests der Nullhypothese, dass die Koeffizienten in der Po-

Tabelle 17.2: Ergebnisse der Probit-Regression der Wahlabsicht von SPD versus CDU (Y) auf Region (X_1), Links-Rechts-Selbsteinstufung (X_2) und Konfession: D_1=katholisch, D_2=protestantisch

Prädiktor		Modell A: nur Haupteffekte				Modell B: mit Interaktion		
		b	S.E.	p	$b_X \cdot \hat{\sigma}_X$	b	S.E.	p
Konstante	b_0	2.503	0.1719	<.001	–	2.867	0.2054	<.001
X_1	b_1	–0.320	0.1040	0.002	–0.146	–1.327	0.3013	<.001
X_2	b_2	–0.411	0.0263	<.001	–0.689	–0.478	0.0333	<.011
Konfession		W^2=48.32; df=2		<.001	0.318	W^2=48.92; df=2		<.001
D_1	b_3	–0.780	0.1169	<.001	–	–0.792	0.1177	<.001
D_2	b_4	–0.318	0.1072	0.003	–	–0.320	0.1071	0.003
$X_1 \cdot X_2$	b_5					0.197	0.0552	<.001
LR-Test		366.82, df=4		<.001		379.36, df=5		<.001
McFadden $R^/$		0.197				0.204		
Nagelkerke $R^/$		0.317				0.327		
$-2 \ln L_1$		1494.54				1482.00		

Daten: Allbus 2008, n = 1356, Devianz des Konstantenmodells = $-2 \ln L_0$: 1861.36; W^2 = Wald-Teststatistik

pulation null sind, bei der Probit- und der Logit-Regression zu sehr ähnlichen Ergebnissen. Sowohl die unstandardisierten wie auch die X-standardisierten Regressionsgewichte sind allerdings bei der Probit-Regression deutlich näher bei null als bei der Logit-Regression. Ursache hierfür ist die geringere Varianz der Standardnormalverteilung verglichen mit derjenigen der standard-logistischen Verteilung. Abbildung 17.2 ist zu entnehmen, dass bei gleicher Quantilwahrscheinlichkeit (ungleich 0.5) der Abstand zu null auf der horizontalen Achse bei der Verteilungsfunktion der Standardnormalverteilung geringer ist als bei der der standard-logistischen Verteilung. Um bei gleichen Werten eines Prädiktors die gleiche geschätzte Wahrscheinlichkeit der abhängigen Variable zu erhalten, muss ein Regressionsgewicht der Probit-Regression daher kleiner sein als das korrespondierende Gewicht der Logit-Regression.

Dividiert man die Regressionskoeffizienten der Logit-Regression durch die Standardabweichung $\pi/\sqrt{3}$ der standard-logistischen Verteilung bzw. multipliziert man die Regressionskoeffizienten der Probit-Regression mit $\pi/\sqrt{3}$, dann ergeben sich auch bei den Koeffizienten ähnliche Werte. Gleiches gilt, wenn man Quotienten von jeweils zwei Regressionskoeffizienten berechnet. So beträgt das Verhältnis der unstandardisierten Regressionsgewichte der Links-Rechts-Selbsteinstufung und der Region im Logit-Modell A (Tabelle 17.1) $-0.706/-0.560 = 1.261$. Bei der Probit-Regression (Tabelle 17.2) beträgt dieses Verhältnis $-0.411/-0.320 = 1.284$. Beide Quotienten unterscheiden sich erst in der zweiten Nachkommastelle.

Insgesamt sind die Differenzen so gering, dass es in der Praxis in der Regel keine Rolle spielt, ob ein binäres Logit-Modell oder ein binäres Probit-Modell geschätzt wird. Ein Nachteil der Probit-Regression ist allerdings, dass das Modell auch ohne Interaktionseffekte und nichtlineare Design-Variablen nicht multiplikativ-proportional bezogen auf die Odds ist. In Tabelle 17.2 haben wir daher darauf verzichtet, auch die Antilogarithmen der Regressionskoeffizienten zu berechnen.[32]

Hinweis:

Um trotz der unterschiedlichen Auswirkungen der Änderung einer erklärenden Variablen um jeweils den gleichen Wert einen durchschnittlichen Effekt zu erhalten, wird bisweilen die durchschnittliche partielle Steigung der Regressionsfunktion als unstandardisiertes Effektstärkemaß berichtet. Die Steigung der Regressionsfunktion bei Änderungen einer erklärenden Variablen X_k ist die partielle Ableitung der Regressionsfunktion nach X_k. Bei der Probit-Regression ist diese Ableitung das Produkt aus der Dichte $\phi(\ldots)$ der Standardnormalver-

---

32 Will man die Änderung in den Odds bei einem Probit-Modell berechnen, kann man diese annähern, wenn die Regressionsgewichte der Probit-Regression mit der Standardabweichung der standard-logistischen Verteilung, also mit $\pi/\sqrt{3} \approx 1{,}8138$ multipliziert werden.

teilung der Vorhersagewerte von X_k mal dem Regressionsgewicht b_k dieser Variablen:

$$\frac{\partial \hat{Pr}\left(Y=1\middle|X_1,...,X_k,...,X_K\right)}{\partial X_k} = \phi\left(b_0 + \sum_{k=1}^{K} b_k \cdot X_k\right) \cdot b_k \qquad (17.10a)$$

wobei $\partial Pr\left(Y=1\middle|...\right)/\partial X_k$ = partielle erste Ableitung der Regressionsfunktion nach einer erklärenden Variablen X_k

$\phi(...)$ = Dichtefunktion der Standardnormalverteilung.

Weitere Erläuterungen siehe Gleichung 17.2.

Die entsprechende Gleichung der Steigung der Regressionsfunktion bei einer Änderung von X_k für die Logit-Regression lautet:

$$\begin{aligned}\frac{\partial \hat{Pr}\left(Y=1\middle|X_1,...,X_k,...,X_K\right)}{\partial X_k} &= \hat{\pi}_{1|X_1,...,X_K} \cdot \left(1 - \hat{\pi}_{1|X_1,...,X_K}\right) \cdot b_k \\ &= \hat{Y} \cdot \left(1 - \hat{Y}\right) \cdot b_k\end{aligned} \qquad (17.10b)$$

Erläuterungen in Gleichung 17.4 und 17.10a.

Um einen mittleren Wert für die partielle Steigung der Regressionskurve zu berechnen, wird entweder die Ableitung im Schwerpunkt $(\bar{x}_1, \bar{x}_2, ..., \bar{x}_k)$ der Verteilung der erklärenden Variablen berechnet, oder es wird der Mittelwert der Steigungen über alle Fälle der Stichprobe berechnet. Aufgrund der Nichtlinearität unterscheiden sich die resultierenden Werte. Die partielle Steigung der Regressionsfunktion im Schwerpunkt der Verteilung der erklärenden Variablen wird als Durchschnittseffekt beim Mittelwert *(marginal effect at the mean, MEM)*, der Mittelwert der partiellen Steigungen als duchschnittlicher marginaler Effekt *(average marginal effect, AME)* bezeichnet.[33] Da sowohl die Berechnung von MEM wie von AME zu Werten führt, die jeweils proportional zu den korrespondierenden unstandardisierten Regressionsgewichten sind, enthalten diese Koeffizienten keine zusätzliche, über die Regressionsgewichte hinausgehende Information. Wir verzichten daher auf eine Berechnung.

33 vgl. Best & Wolf, 2010: S. 840.

17.5 Beurteilung der Modellanpassung

Wie bei allen statistischen Modellen hängt die Aussagekraft eines Logit- oder Probit-Modells davon ab, ob die Anwendungsvoraussetzungen erfüllt sind, wobei in Abhängigkeit von der Sichtweise auf das Modell unterschiedliche Voraussetzungen gelten. Am voraussetzungsreichsten ist die Interpretation als Kausalmodell, am voraussetzungsärmsten die Interpretation als Beschreibung eines *nichtlinearen Trends* zwischen einer abhängigen dichotomen Variablen und den unabhängigen Variablen in einer Stichprobe. Aber selbst bei einer reinen Beschreibung sollte diese doch die wesentlichen Eigenschaften des Zusammenhangs korrekt wiedergeben. Wenn von der Stichprobe auf eine Population verallgemeinert wird, sollten zudem die berechneten Regressionskoeffizienten die unbekannten Populationswerte möglichst gut schätzen. Letztlich ist die Interpretation eines Regressionsmodells daran gebunden, dass die spezifizierte Regressionsfunktion die bedingten Stichproben- oder Populationsmittelwerte von Y (bzw. die Realisierungswahrscheinlichkeiten der Ausprägungen von Y) möglichst gut oder sogar exakt beschreibt. Vor der Interpretation eines Regressionsmodells sollte daher geprüft werden, ob die Modellanpassung hinreichend genau ist.

Statistikprogramme für Logit- und Probit-Regressionen berechnen dazu meist Pearsons Chiquadrat-Tests oder LR-Tests, bei denen die erwarteten Häufigkeiten bei allen Ausprägungskombinationen mit den tatsächlichen Häufigkeiten verglichen werden. Im Beispiel der Logit- und Probit-Modelle zur Erklärung der Wahlabsicht von SPD oder CDU führen die 10 Ausprägungen der Links-Rechts-Selbsteinstufung, die zwei Regionen und die drei Konfessionsgruppen zu insgesamt 60 ($= 10 \cdot 2 \cdot 3$) möglichen Ausprägungskombinationen der erklärenden Variablen, von denen allerdings nur 56 in der Allbus-Stichprobe von 2008 realisiert sind.

Für jede Ausprägungskombination lässt sich der Vorhersagewert berechnen. Die erwartete Häufigkeit der Ausprägung $Y = 1$ gegeben die Realisierungen der erklärenden Variablen X_1 bis X_k ist dann die Anzahl der Fälle in dieser Ausprägungskombination mal dem Vorhersagewert und die erwartete Häufigkeit der Ausprägung $Y = 0$ ist die erwartete Anzahl der Fälle mal eins minus dem Vorhersagewert:

$$e_{Y=1|X_1,...,X_K} = n_{Y=1|X_1,...,X_K} \cdot \hat{Y}; \; e_{Y=0|X_1,...,X_K} = n_{Y=0|X_1,...,X_K} \cdot \left(1 - \hat{Y}\right)$$

Nach Gleichung 10.15 kann Pearsons Chiquadrat-Statistik bzw. die LR-Statistik für die Häufigkeiten von $Y = 1$ und $Y = 0$ für alle Ausprägungskombinationen berechnet werden. Für Modell A aus Tabelle 17.1 ergibt sich für $112 = 2 \cdot 56$ Ausprägungskombinationen von Wahlabsicht, Region, Selbsteinstufung und Konfession für Pearsons Chiquadrat-Satistik ein Wert von $\chi^2 = 149.81$ und für die LR-Statistik ein Wert von $L^2 = 89.26$. Da für die 56 Ausprägungskombinationen 5 Regressionskoeffizienten geschätzt werden, sind diese Teststatistiken bei df $= 56 - 5 = 51$ Freiheitsgraden chiquadratverteilt, wenn die Nullhypothese zutrifft, dass die beobachteten Häufigkeiten nur durch Stichprobenzufälligkeiten von den erwarteten Häufigkeiten abweichen. Beide Teststatistiken führen zu einem empirischen Signifikanzniveau p<0.001, sodass die Nullhypothese zu verwerfen ist: Modell A ist danach mit den empirischen Daten unvereinbar.[34]

Pearsons Chiquadrat-Statistik und auch die LR-Statistik gilt nur asymptotisch, wobei als Faustregel für Goodness-of-Fit-Tests gilt, dass keine erwartete Häufigkeit kleiner 1 sein soll und höchstens 20% der Zellen eine erwartete Häufigkeit kleiner 5 aufweisen sollen. Im Beispiel gibt es allerdings bei 26.8% (30 von 112) der Zellen eine erwartete Häufigkeit kleiner 5 und in einigen Zellen sogar kleiner 1. Dieses Problem ist bei Logit- und Probit-Modellen mit metrischen erklärenden Variablen zu erwarten, sodass die für die Tabellenanalyse bekannten Goodness-of-Fit-Tests hier meist nicht angemessen sind. Es gibt aber einen modi-

---

34 Dies trifft auch auf Modell B und die beiden Probit-Regressionen aus Tabelle 17.2 zu.

fizierten Test, bei dem die der Größe nach sortierten geschätzten Wahrscheinlichkeiten in (maximal) 10 Gruppen zusammengefasst werden.[35] Für das Logit-Modell A aus Tabelle 17.1 kommt auch dieser in vielen Statistikprogrammen implementierte Test zu dem Ergebnis, dass die geschätzten Wahrscheinlichkeiten die Daten nicht hinreichend erfassen ($\chi^2 = 23.17$, df $= 8$, p $= 0.0032$).[36]

Für die Prüfung der Modellanpassung lässt sich auch die Logik von Ramseys Spezifikationstest anwenden und ein LR-Test oder ein Wald-Test gegen ein Modell durchführen, bei dem neben den Prädiktoren des interessierenden Modells die Quadrate sowie die dritten und vierten Potenzen der Vorhersagewerte, hier also der vorhergesagten Wahrscheinlichkeiten als zusätzliche Variablen in das Modell aufgenommen werden. Auch dieser Spezifikationstest führt bei Modell A in Tabelle 17.1 zu dem Ergebnis, dass das spezifizierte Modell die bedingten Populationswahrscheinlichkeiten vermutlich nicht korrekt erfasst ($\chi^2 = 19.28$, df $= 3$, p $= 0.0002$).[37]

Wenn Goodness-of-Fit- bzw. Spezifikationstests darauf hinweisen, dass ein Modell vermutlich die bedingten Wahrscheinlichkeiten in der Population nicht korrekt schätzt, sollte das Modell modifiziert werden. Die Vorgehenslogik entspricht derjenigen bei der Modifikation eines linearen Regressionsmodells.[38] Aus Platzgründen verzichten wir hier auf entsprechende Analysen.

35 vgl. Hosmer und Lemeshow, 1980
36 Da hier die Nullhypothese die Forschungshypothese ist, gilt die Nullhypothese bei einem geringen empirischen Signifikanzniveau p als widerlegt (vgl. Kapitel 10.4).
37 Der Ramsey-Test wird in Programmen zur Logit- oder Probit-Regression nicht berechnet. Im Beispiel wurden daher die Vorhersagewerte als Variablen generiert, die zweiten bis vierten Potenzen der Vorhersagewerte berechnet und in einer zweiten ML-Schätzung als zusätzliche Prädiktoren in das Modell aufgenommen. Das berichtete Testergebnis basiert auf einem LR-Test dieses erweiterten Modells gegen Modell A in Tabelle 17.1.
38 So können etwa Polynome der erklärenden Variablen und Interaktionseffekte zwischen erklärenden Variablen spezifiziert werden. Hinweise für Modifikationen können auch standardisierte Residuen nach Gleichung 9.13 geben, die bei der Berechnung von Pearsons Chiquadrat-Test mitberechnet werden können.

17.6 Logit- und Probit-Analysen oder lineare Regression?

Aufgrund unvermeidbarer Heteroskedastizität und möglicher Probleme, Vorhersagewerte außerhalb des Wertebereichs der abhängigen Variablen zu generieren, ist die OLS-Regression bei einer dichotomen abhängigen Variablen nicht angemessen. Trotzdem zeigt sich in der Praxis, dass zumindest die Vorzeichen und damit die generelle Tendenz bei der Schätzung eines linearen Regressionsmodells und einer Probit- oder Logit-Regression bei den gleichen Daten gleich sind. Bei inferenzstatistischen Aussagen kann es jedoch zu konträren Ergebnissen kommen, selbst wenn bei der linearen Regression robuste Standardfehler berechnet werden. Es ist daher ratsam, bei dichotomen abhängigen Variablen ein Logit- oder Probit-Modell statt eines linearen Modells zu berechnen.[39]

Ein wichtiger Unterschied zwischen der klassischen linearen Regression einer metrischen abhängigen Variablen und der Logit- bzw. Probit-Regression einer dichotomen abhängigen Variablen besteht darin, dass die bedingte Verteilung einer dichotomen abhängigen Variablen vollständig durch die Regressionsfunktion beschrieben wird, während die multiple Regression bei einer metrischen Variablen mit vielen Ausprägungen nur die bedingten Erwartungswerte modelliert. Eine Konsequenz dieses Unterschiedes ist, dass in der multiplen OLS-Regression die Verteilung der Residuen, insbesondere deren bedingte Varianz bzw. bei Heteroskedastizität die bedingten Varianzen unabhängig von der Regressionsfunktion geschätzt werden müssen. Im binären Logit- und Probit-Modell ist die Residualverteilung dagegen bereits durch die Regressionsfunktion vollständig deter-

---

39 Um einen ersten Eindruck möglicher Beziehungen zu erhalten, werden trotz dieser Problematik in der Praxis oft zunächst lineare Regressionsmodelle berechnet, deren Ergebnisse erst nachträglich über eine Logit- oder Probit-Regression kontrolliert werden.

miniert.[40] Dies hat vor allem bei der Drittvariablenkontrolle und bei einer Kausalinterpretation Konsequenzen.

Für linear-additive Modelle gilt, dass das bivariate und das partielle Regressionsgewicht eines Prädiktors gleiche Werte aufweist, wenn ein Prädiktor mit den übrigen Prädiktoren unkorreliert ist. Umgekehrt ändern sich die partiellen Regressionsgewichte von Prädiktoren nicht, wenn ein mit diesen Prädiktoren unkorrelierter weiterer Prädiktor in die Modellgleichung aufgenommen oder aus der Gleichung entfernt wird. Dies ist eine spezielle Eigenschaft linear-additiver Modelle, die für nichtlineare Modelle nicht gilt (vgl. dazu auch Kapitel 11.3.6).

Bei Logit- und Probit-Modellen ändern sich dagegen die Regressionsgewichte auch bei unkorrelierten Prädiktoren, wenn diese aus einem Regressionsmodell entfernt werden oder hinzukommen. Dieses Phänomen kann am multiplikativ-proportionalen Logit-Modell A (Tabelle 17.1) nachvollzogen werden. Wenn Region und Konfession aus der Modellgleichung ausgeschlossen werden, dann wird anstelle der sechs bedingten Regressionsfunktionen (Abbildung 17.3a) nur noch eine einzige Regressionsfunktion geschätzt. Falls das multiplikativ-proportionale Modell A die bedingte Verteilung der abhängigen Variablen (Y) gegeben die Prädiktoren X_1, X_2, D_1 und D_2 in der Population korrekt beschreibt, dann berechnet sich die Regressionsfunktion von Y gegeben nur X_2 (Selbsteinstufung) als fallzahlgewichtetes Mittel der sechs Regressionsfunktionen aus Abbildung 17.3a. Bei einem ausgewogenen Design kommen die 60 Ausprägungskombinationen von Region (X_1), Konfession (D_1 und D_2) und Links-Rechts-Selbsteinstufung (X_2) mit gleicher Häufigkeit vor. Die drei erklärenden Variablen sind dann statistisch unabhängig voneinander. Die bivariate Regressionskurve von Y nach X_2 ergibt sich dann als Durchschnitt der sechs

---

40 Wenn bei einer binären abhängigen Variablen der Vorhersagewert des i-ten Falles $\hat{y}_i$ beträgt, dann hat das Residuum entweder den Wert $-\hat{y}_i$, wenn $y_i = 0$, oder $1-\hat{y}_i$, wenn $y_i = 1$. Die Residualvarianz beträgt dann $\hat{\sigma}^2(\varepsilon_i) = \hat{y}_i \cdot (1-\hat{y}_i)$.

bedingten Regressionskurven aus Abbildung 17.3. Da die Kurven am oberen und am unteren Rand einen geringeren vertikalen Abstand aufweisen als in der Mitte, ist die resultierende bivariate Regressionskurve etwas flacher als die sechs bedingten Regressionskurven. Das Regressionsgewicht der Selbstpositionierung liegt daher etwas dichter beim Wert null.

Das Auslassen von erklärenden Variablen reduziert also tendenziell den Absolutbetrag der Regressionsgewichte der verbleibenden erklärenden Variablen. Für eine kausale Interpretation bedeutet das, dass auch ohne Konfundierung durch unberücksichtigte Einflussgrößen bivariate Regressionsgewichte kausale Effekte nicht konsistent schätzen können. Auch bei einem randomisierten Experiment ist es daher nicht möglich, einen kausalen Effekt unverzerrt zu schätzen, wenn der kausale Zusammenhang den Kurvenverlauf einer Logit- oder Probit-Regression aufweist.[41] Um hier einen kausalen Zusammenhang konsistent zu schätzen, müssen alle kausal relevanten Einflussgrößen in das Schätzmodell aufgenommen werden.

17.7 Zusammenfassung

Die wichtigsten Formeln dieses Kapitels

Modellgleichung der binären logistischen Regression in der Stichprobe:

$$\hat{Y} = \Lambda \left(b_0 + \sum_{k=1}^{K} b_k \cdot X_k \right) = \frac{e^{b_0 + \sum_{k=1}^{K} b_k \cdot X_k}}{1 + e^{b_0 + \sum_{k=1}^{K} b_k \cdot X_k}} = \frac{1}{1 + e^{-b_0 - \sum_{k=1}^{K} b_k \cdot X_k}} \qquad (17.1)$$

41 Wenn es nur darum geht, ob überhaupt ein kausaler Effekt besteht, ist diese Eigenschaft der Logit- und Probit-Regression unproblematisch. Auch wenn das bivariate Regressionsgewicht in einem orthogonalen Design geringer ist als der korrespondierende partielle Effekt in einem Modell mit allen kausal wirkenden Variablen, ändert sich bei unkorrelierten Prädiktoren weder das Vorzeichen des Regressionsgewichts, noch wird der Wert null. Solche Verzerrungen sind nur in einem nichtorthogonalen Design möglich, wo als Folge von positiver oder negativer Konfundierung bivariate Effekte gänzlich andere Werte aufweisen könnten als partielle Effekte.

Modellgleichung der Logit-Regression für die Population

$$\pi_{1|X_1,\ldots,X_k} = \frac{e^{\beta_0 + \sum_{k=1}^{K} \beta_k \cdot X_k}}{1 + e^{\beta_0 + \sum_{k=1}^{K} \beta_k \cdot X_k}} \tag{17.4}$$

Modellgleichung der Probit-Regression für die Stichprobe

$$\hat{Y} = \Phi\left(b_0 + \sum_{k=1}^{K} b_k \cdot X_k\right) = \int_{-\infty}^{b_0 + \sum_{k=1}^{K} b_k \cdot X_k} \frac{e^{-0.5 \cdot z^2}}{\sqrt{2 \cdot \pi}} \cdot dz \tag{17.2}$$

X-standardisiertes Regressionsgewicht

$$b_k^{std} = b_k \cdot \hat{\sigma}_k \tag{17.5}$$

Devianzreduktion oder McFaddens Pseudo-R^2:

$$R'_{MF} = 1 - \frac{\ln L_1}{\ln L_0} = 1 - \frac{-2\ln L_1}{-2\ln L_0} = \frac{L^2}{-2\ln L_0} = \frac{L^2}{-2\ln L_1 + L^2} \tag{17.9a}$$

Nagelkerkes Pseudo-R^2:

$$R'_{NK} = \frac{1 - \exp\left(\dfrac{-L^2}{n}\right)}{1 - \exp\left(\dfrac{2\ln L_0}{n}\right)} = \frac{1 - \exp\left(\dfrac{2\ln L_0 - 2\ln L_1}{n}\right)}{1 - \exp\left(\dfrac{2\ln L_0}{n}\right)} \tag{17.9b}$$

Glossar der wichtigsten Begriffe dieses Kapitels

Binäre Variable: Eine dichotome Variable ist binär, wenn ihre Ausprägungen die Werte 0 und 1 aufweisen.

Logit oder *Logits:* logarithmierte Odds, d.h. logarithmiertes Verhältnis der Ausprägungshäufigkeiten der abhängigen Variablen

Pseudo-R-Quadrat: Maß zur Bestimmung der Erklärungskraft eines Regressionsmodells mit binärer abhängiger Variablen, das analog zum Determinationskoeffizienten R^2 die Reduktion der Streuung der abhängigen Variablen bei Berücksichtigung der erklärenden Variablen erfasst

Separabilitätsproblem: Die Ausprägungen eines Prädiktors teilen die Realisierungen der abhängigen Variablen so in zwei Bereiche ein, dass die abhängige Variable in mindestens einem der Bereiche keine Variation aufweist. Da dann das Regressionsgewicht $\pm\infty$ ist, kann es nicht geschätzt werden

X-standardisierte Koeffizienten: Regressionsgewichte standardisierter erklärender Variablen, die das Produkt aus dem unstandardisierten Regressionsgewicht mal der Standardabweichung der erklärenden Variablen sind

18 Regressionsmodelle für polytome abhängige Variablen

Die Grundidee der binären Logit- und Probit-Regression, eine lineare Funktion von Prädiktoren mit Hilfe der standard-logistischen bzw. der Standardnormalverteilung so zu transformieren, dass die Vorhersagewerte stets im Wertebereich der binärcodierten abhängigen Variablen liegen, kann auch auf polytome abhängige Variablen verallgemeinert werden. Dabei ist zu berücksichtigen, ob die abhängige Variable nominalskaliert oder ordinalskaliert ist.

18.1 Die multinomiale Logit-Regression für eine abhängige nominalskalierte Variable

Als Beispiel für eine binäre Logit-Regression ist in Kapitel 17 die Wahlabsicht von SPD statt CDU auf die Links-Rechts-Selbsteinstufung, die Region und die Konfession regrediert worden. Dieses Beispiel wird nun dahingehend erweitert, dass die abhängige Variable eine Wahlabsicht zugunsten aller fünf im Bundestag vertretenen Parteien beinhaltet.[1] Die abhängige Variable Wahlabsicht (Y) hat dann die fünf Ausprägungen «Die Linke» ($Y = 1$), «B90/Grüne» ($Y = 2$), «SPD» ($Y = 3$), «FDP» ($Y = 4$) und «CDU» ($Y = 5$).[2]

Die Erweiterung der binären Logit-Regression zur *multinomialen Logit-Regression*, die auch als *multinomiale logistische Regression* bezeichnet wird, besteht darin, anstelle einer einzigen Regressionsgleichung für eine 0/1-codierte abhängige Variable

---

1 In Erweiterung der dichotomen abhängigen Variablen Wahlabsicht von SPD oder CDU (Kapitel 17) werden hier auch Nennungen der übrigen im Bundestag vertretenen Parteien bei der Sonntagsfrage (s. Kapitel 17, Fußnote 4) als Ausprägungen der abhängigen Variablen berücksichtigt.

2 Die Entscheidung für die CDU/CSU wird abkürzend als CDU bezeichnet.

mehrere lineare Gleichungen der Prädiktoren X_1, X_2, …, X_K für die
J Ausprägungen von Y zu spezifizieren und durch Transformationen für Schätzungen der relativen Populationshäufigkeiten
bzw. Realisierungswahrscheinlichkeiten der Ausprägungen von
Y zu nutzen. Bei insgesamt J Ausprägungen der nominalskalierten abhängigen Variablen werden so J−1 Gleichungen spezifiziert. Dass eine Ausprägung ausgelassen wird, liegt wie bei der
Dummy-Codierung einer nominalskalierten erklärenden Variablen daran, dass bereits mit J−1 Gleichungen die Auftretenswahrscheinlichkeiten $\hat{\pi}(Y = j)$ aller J Ausprägungen vollständig
vorhergesagt werden können, da die J-te Ausprägung realisiert
wird, wenn keine der ersten J−1 Ausprägungen realisiert ist.
Die ausgelassene Kategorie wird wieder als *Referenzkategorie*
bezeichnet. Welche Ausprägung der abhängigen Variablen Referenzkategorie ist, ist vollkommen beliebig.[3] Um die formale
Darstellung zu erleichtern, gehen wir in den Modellgleichungen
davon aus, dass es die letzte (J-te) Kategorie ist, im Beispiel also
die CDU (Y = 5).

Die Modellgleichungen des multinomialen Logit-Modells
sind dann:

$$\hat{\pi}\left(Y = j \big| X_1, ..., X_K\right)$$

$$= \frac{\exp\left(b_{j,0} + \sum_{k=1}^{K} b_{j,k} \cdot X_k\right)}{1 + \sum_{j=1}^{J-1} \exp\left(b_{j,0} + \sum_{k=1}^{K} b_{j,k} \cdot X_k\right)}; \quad \text{für } j = 1, 2, ..., J-1 \tag{18.1}$$

$$\hat{\pi}\left(Y = J \big| X_1, ..., X_K\right)$$

$$= \frac{1}{1 + \sum_{j=1}^{J-1} \exp\left(b_{j,0} + \sum_{k=1}^{K} b_{j,k} \cdot X_k\right)}; \quad \text{für Referenzkategorie J}$$

---

3 Wichtig ist allerdings, dass in allen J−1 Regressionsgleichungen *dieselbe Ausprägung*
Referenzkategorie ist.

wobei $\left.\begin{array}{l}\hat{\pi}\left(Y=j|...\right)\\\hat{\pi}\left(Y=J|...\right)\end{array}\right\}$ = geschätzte bedingte relative Häufigkeit bzw. Wahrscheinlichkeit der Ausprägung $Y=j$ bzw. $Y=J$ der abhängigen Variablen gegeben eine Ausprägungskombination der erklärenden Variablen X_1 bis X_K

J = letzte Ausprägung von Y und damit gleichzeitig Anzahl der Ausprägungen der abhängigen Variablen

$b_{j,0}; b_{j,k}$ = Regressionskonstante bzw. Regressionsgewicht des Prädiktors X_k in der j-ten linearen Gleichung.

Weitere Erläuterungen siehe Gleichung 17.1.

Bei einer dichotomen abhängigen Variablen $(J=2)$ hat Gleichung 18.1 die Form von Gleichung 17.1, sodass die binäre Logit-Regression als ein Spezialfall der multinomialen Logit-Regression aufgefasst werden kann.[4] Bei den Vorhersagen der ersten $J-1$ Ausprägungen von Y steht im Zähler der Antilogarithmus einer linearen Funktion der Prädiktoren und bei der Referenzkategorie die Zahl 1.[5] Der Nenner ist in einem Logit-Modell immer die Summe der J Zähler der einzelnen Ausprägungen.

Tabelle 18.1 zeigt die ML-Schätzung des multinomialen Logit-Modells für die Wahlabsicht (Y) auf die Region (X_1), die Links-Rechts-Selbsteinstufung (X_2) und die Konfession, die die abhängige Variable mit zwei Dummy-Variablen D_1 für Katholiken und D_2 für Protestanten beeinflusst. Da die CDU Referenz-

---

4 Der einzige Unterschied besteht dann darin, dass in Gleichung 18.1 bei nur zwei Ausprägungen $(J=2)$ diese mit den Werten 1 und 2 statt mit 0 und 1 codiert sind. Referenzkategorie ist bei der binären Logit-Regression somit die Ausprägung $Y=0$.

5 Formal kann die Zahl «1» bei der Referenzkategorie auch als ein linearer Ausdruck der Form $b_{J,0} + b_{J,1} \cdot X_1 + b_{J,2} \cdot X_2 + ... + b_{J,K} \cdot X_K$ aufgefasst werden, wobei aus Identifikationsgründen die Regressionskoeffizienten $b_{J,0}, b_{J,1}, ..., b_{J,K}$ auf den Wert null festgesetzt sind.

Tabelle 18.1: Multinomiale logistische Regression der Wahlabsicht (Y)
auf Region (X_1), Links-Rechts-Selbsteinstufung (X_2),
und Konfession: D_1 = katholisch, D_2 = protestantisch

Y: Wahlabsicht		b	S.E.	p	exp(b)	$b_X \cdot \hat{\sigma}_X$
Linke zu CDU						
Konstante	$b_{1,0}$	5.014	0.3608	<.001	150.480	
X_1	$b_{1,1}$	0.731	0.223	<.001	2.078	−0.341
X_2	$b_{1,2}$	−1.246	0.0681	<.001	0.288	−2.189
Konfession		W^2=36.37		<.001		0.766
$\quad D_1$	$b_{1,3}$	−1.880	0.3163	<.001	0.153	
$\quad D_2$	$b_{1,4}$	−0.796	0.2335	0.001	0.451	
Grüne zu CDU						
Konstante	$b_{2,0}$	4.117	0.3336	<.001	61.362	
X_1	$b_{2,1}$	−1.398	0.2266	<.001	0.247	−0.651
X_2	$b_{2,2}$	−0.806	0.0558	<.001	0.447	−1.416
Konfession		W^2=23.29, df=2		<.001		0.443
$\quad D_1$	$b_{2,3}$	−1.087	0.2271	<.001	0.337	
$\quad D_2$	$b_{2,4}$	−0.580	0.2158	0.007	0.560	
SPD zu CDU						
Konstante	$b_{3,0}$	4.225	0.2903	<.001	68.394	
X_1	$b_{3,1}$	−0.472	0.1657	0.004	0.623	−0.220
X_2	$b_{3,2}$	−0.708	0.0455	<.001	0.493	−1.244
Konfession		W^2=41.67, df=2		<.001		0.479
$\quad D_1$	$b_{3,3}$	−1.175	0.1884	<.001	0.309	
$\quad D_2$	$b_{3,4}$	−0.486	0.1702	0.004	0.615	
FDP zu CDU						
Konstante	$b_{4,0}$	0.667	0.3483	0.055	1.949	
X_1	$b_{4,1}$	−0.891	0.215	<.001	0.410	−0.415
X_2	$b_{4,2}$	−0.163	0.0502	0.001	0.849	−0.287
Konfession		W^2=21.77, df=2		<.001		0.407
$\quad D_1$	$b_{4,3}$	−1.002	0.2230	<.001	0.367	
$\quad D_2$	$b_{4,4}$	−0.449	0.2089	0.031	0.638	

Prädiktoren	Wald	df	p	ΔR^l_{MF}	p
X_1	94.43	4	<.001	0.016	<.001
X_2	430.74	4	<.001	0.100	<.001
Konfession	63.48	8	<.001	0.010	<.001

LR-Test:	1009.50, df=16	<.001
McFadden R^l_{MF}:	0.156	
Nagelkerke R^l_{NK}:	0.394	

Daten: Allbus 2008, n=2155, Devianz des Konstantenmodells: $-2\ln L_0$: 6458.4778

W^2 = Wald-Test-Statistik

kategorie ist, gibt es vier lineare Gleichungen für die übrigen vier 2008 im Bundestag vertretenen Parteien. In Tabelle 18.1 sind die Koeffizienten der Gleichungen untereinander aufgeführt.

18.1.1 Interpretation eines multinomialen Regressionsmodells

Die Berechnung der Vorhersagewerte, hier also der geschätzten Anteile bzw. Wahrscheinlichkeiten der Wahlabsicht für die fünf Parteien, erfolgt wie in der linearen Regression durch Einsetzen der Prädiktorwerte in die Modellgleichungen. Als Beispiel wird der geschätzte Anteil der Wahlabsicht für die fünf Parteien bei Protestanten ($D_1 = 0$, $D_2 = 1$) im Osten ($X_1 = 1$) bei einer Selbstpositionierung leicht links vom Skalenmittelpunkt ($X_2 = 5$) berechnet.

Im ersten Schritt werden dazu die vier Linearkombinationen berechnet:

Linke zu CDU: $L1 = 5.014 + 0.731 \cdot 1 - 1.246 \cdot 5 - 1.880 \cdot 0 - 0.796 \cdot 1$
$= -1.281$

Grüne zu CDU: $L2 = 4.117 - 1.398 \cdot 1 - 0.806 \cdot 5 - 1.087 \cdot 0 - 0.580 \cdot 1$
$= -1.891$

SPD zu CDU: $L3 = 4.225 - 0.472 \cdot 1 - 0.708 \cdot 5 - 1.175 \cdot 0 - 0.486 \cdot 1$
$= -0.273$

FDP zu CDU: $L4 = 0.667 - 0.891 \cdot 1 - 0.163 \cdot 5 - 1.002 \cdot 0 - 0.449 \cdot 1$
$= -1.488$

Im zweiten Schritt werden dann aus den Linearkombinationen die Wahrscheinlichkeiten berechnet:

$$\hat{\pi}_{\text{Die Linke}} = \frac{e^{L1}}{1 + e^{L1} + e^{L2} + e^{L3} + e^{L4}}$$

$$= \frac{e^{-1.281}}{1 + e^{-1.281} + e^{-1.891} + e^{-0.273} + e^{-1.488}} = 0.114$$

$$\hat{\pi}_{\text{B90/Grüne}} = \frac{e^{L2}}{1 + e^{L1} + e^{L2} + e^{L3} + e^{L4}}$$

$$= \frac{e^{-1.891}}{1 + e^{-1.281} + e^{-1.891} + e^{-1.488} + e^{-0.488}} = 0.069$$

Abbildung 18.1: **Bedingte Regressionsfunktionen der Wahlabsicht einer im Bundestag vertretenen Partei nach Region, Links-Rechts-Selbsteinstufung und Konfession**

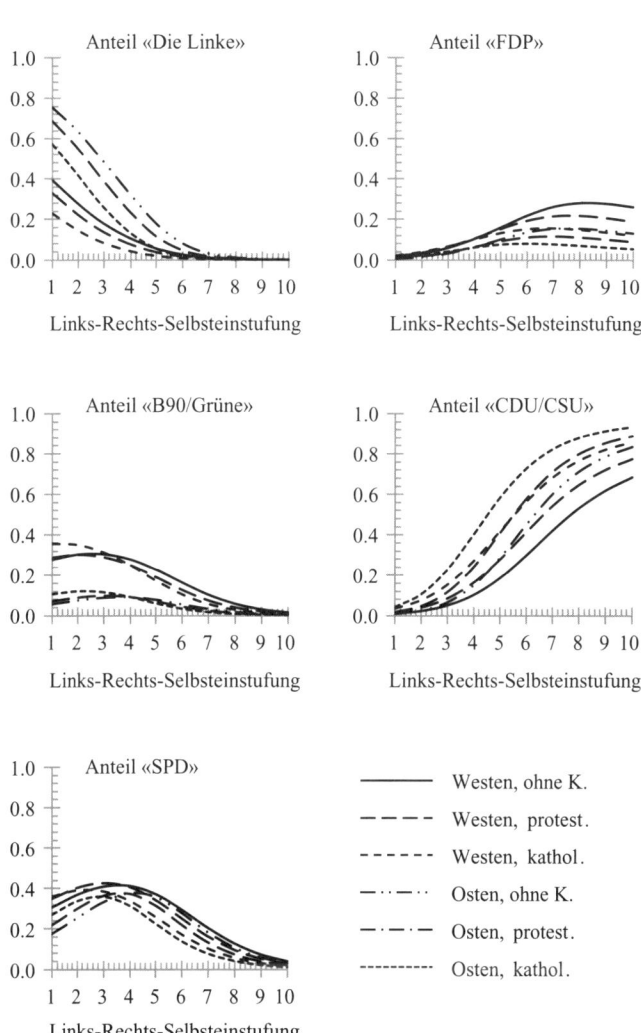

Daten: Allbus 2008, n = 2155 (Tabelle 18.1).

$$\hat{\pi}_{SPD} = \frac{e^{L3}}{1 + e^{L1} + e^{L2} + e^{L3} + e^{L4}}$$

$$= \frac{e^{-1.488}}{1 + e^{-1.281} + e^{-1.891} + e^{-0.273} + e^{-1.488}} = 0.313$$

$$\hat{\pi}_{FDP} = \frac{e^{L4}}{1 + e^{L1} + e^{L2} + e^{L3} + e^{L4}}$$

$$= \frac{e^{-0.273}}{1 + e^{-1.281} + e^{-1.891} + e^{-0.273} + e^{-1.488}} = 0.093$$

$$\hat{\pi}_{CDU} = \frac{1}{1 + e^{L1} + e^{L2} + e^{L3} + e^{L4}}$$

$$= \frac{1}{1 + e^{-1.281} + e^{-1.891} + e^{-0.273} + e^{-1.488}} = 0.411$$

Kurvenverlauf der bedingten Regressionsfunktionen

In Abbildung 18.1 sind für die Parteien getrennt die bedingten Regressionsfunktionen der Wahlabsicht auf die Region, die Links-Rechts-Selbsteinschätzung und die Konfession für die drei Konfessionsgruppen in Ost und West wiedergegeben. Die Regressionskurven zeigen nur bei der Linkspartei einen monoton fallenden und bei der CDU einen monoton steigenden Trend in allen sechs Gruppen. Stellt man eine Verbindung zwischen der Wahlabsicht der Befragten, deren Selbstpositionierung auf der Links-Rechts-Skala und der Position der Parteien auf der Links-Rechts-Skala der Art her, dass die Selbstpositionierung der Wähler einer Partei die Position der jeweiligen Partei bestimmt, dann sind die Linke und die CDU mit Mittelwerten von 3.28 für die Linke und 6.06 für die CDU die am weitesten links bzw. am weitesten rechts stehenden Parteien.[6] Die Mittelwerte der Selbstpositionierung liegen bei den potentiellen Wählern der Grünen bei 4.36, bei der SPD bei 4.52 und bei der FDP bei 5.74. Bei die-

6 Dies ist eine Folge der Beschränkung auf die im Bundestag vertretenen Parteien. Personen mit einer Wahlabsicht zugunsten anderer Parteien sind aus der Analyse ausgeschlossen. Die berichteten Mittelwerte sind unabhängig von der Regression berechnet worden.

sen drei «mittleren» Parteien sind die bedingten Regressionskurven nicht monoton, sondern zunächst ansteigend und dann wieder fallend, einige der Kurven für die aus der Region und der Konfession gebildeten Gruppen überschneiden sich zudem und können daher nicht durch Verschieben entlang der waagerechten Achse zur Deckung gebracht werden. Diese irregulären Verläufe, die keine einfache Beziehung zu den Vorzeichen und Größenordnungen der Regressionsgewichte aufweisen, scheinen auf den ersten Blick ein «Paradox» einer multinomialen logistischen Regression zu sein.

Nachvollziehbar wird dieses scheinbare Paradox anhand der Regressionsgleichung: Im Nenner von Gleichung 18.1 stehen immer alle J Zähler der Modellgleichungen. Es ist daher nicht hinreichend, anhand nur einer Modellgleichung den Kurvenverlauf vorherzusagen. Dies hat die Konsequenz, dass ein negatives Regressionsgewicht, wie z. B. der Wert $b_{4,2} = -0.163$ für X_2 (Selbsteinstufung) in der Gleichung für die FDP *nicht allein* den Kurvenverlauf der FDP determiniert, sondern nur *zusammen* mit den Regressionsgewichten der anderen Parteien. Ein monotoner Kurvenverlauf einer bedingten Regressionsfunktion tritt immer dann auf, wenn das Regressionsgewicht einer Modellgleichung kleiner (oder größer) ist als das aller anderen Gleichungen. Bei der Links-Rechts-Selbsteinstufung (X_2) ist dies bei der Partei «Die Linke» der Fall. Der Wert $b_{1,2} = -1.246$ ist kleiner als der Wert aller anderen Regressionsgewichte. Entsprechend gibt es eine negative Beziehung und damit einen abfallenden Kurvenverlauf.

Anders ist es z. B. bei der SPD. Auch hier ist das Regressionsgewicht von X_2 negativ mit einem Wert von $b_{3,2} = -0.708$. Dieser Wert ist kleiner als der Wert für die FDP, aber größer als der Wert für die Linke und die Grünen. Gegenüber Linke und Grünen gibt es daher einen positiven Effekt, was dazu führt, dass die Anteile der SPD zunächst ansteigen. Gegenüber FDP und CDU besteht ein negativer Effekt, der dazu führt, dass der Anstieg gebremst wird und sich schließlich sogar ins Gegenteil umkehrt.

Da die CDU die Referenzkategorie bildet, gibt es im multinomialen Logit-Modell keine eigene Gleichung für diese Partei.[7] Rein formal kann aber auch eine Gleichung für die CDU formuliert werden, bei der alle Regressionskoeffizienten auf den Wert null festgesetzt sind (siehe Fußnote 5). Beim Vergleich der Regressionsgewichte ist der Wert «0» bei der Referenzkategorie (hier: CDU) mit zu berücksichtigen. Da alle vier Regressionsgewichte der Links-Rechts-Selbsteinstufung negativ sind, ist der in Tabelle 18.1 nicht enthaltene Wert $b_{5,2} = 0$ bei der CDU der relativ größte Wert. Daher gibt es einen monoton ansteigenden Kurvenverlauf entlang der Links-Rechts-Skala für die bedingten Regressionsfunktionen einer Wahlabsicht zugunsten der CDU.

Das Überschneiden der bedingten Regressionsfunktionen in den sechs Regions- und Konfessionsgruppen ist ebenfalls Folge davon, dass die Effekte in *allen* linearen Gleichungen gemeinsam betrachtet werden müssen. So steigt der Wert der Grünen-Wahlabsicht im Westen bei Konfessionslosen zunächst an und sinkt dann wieder. Bei den Katholiken im Westen ist der Kurvenverlauf dagegen monoton sinkend von einem Wert, der zunächst über dem der Konfessionslosen im Westen liegt. Gleichzeitig ist aber der Kontrast zwischen Katholiken und Konfessionslosen bei der Linken mit $b_{1,3} = -1.880$ deutlich stärker als bei den Grünen mit $b_{2,3} = -1.087$. Die Differenz von -0.793 ($= -1.880-(-1.087)$) ist so groß, dass im Westen auch bei kleinen Werten von X_2 die Wahlabsicht der Grünen über der der Linken liegt, sodass es zu keinem nichtmonotonen Kurvenverlauf kommt. Im multinominalen Regressionsmodell gilt generell: Wird der Effekt eines Prädiktors betrachtet, dann zeigt sich ein monotoner Trend nur beim jeweiligen Maximum bzw. Minimum der diesem Prädiktor zugeordneten Regressionsgewichte.[8]

---

7 Aus diesem Grund wird in Tabelle 18.1 in den Überschriften der Modellgleichungen auf die Referenzkategorie verwiesen: *Linke zu CDU, Grüne zu CDU* usw.

8 Würde man X_1 statt X_2 auf der waagerechten Achse abtragen, so wären wiederum nur die resultierenden Regressionsgeraden für die Linke und die Grünen mit Sicher-

Interpretation des multinomialen Logit-Modells als multiplikatives Modell: Veränderungsfaktoren der relativen Risiken (Kreuzproduktverhältnisse)

Die binäre Logit-Regression ist im Unterschied zur binären Probit-Regression multiplikativ-proportional in den Odds. Eine vergleichbare Eigenschaft hat auch das multinomiale Logit-Modell. Wird der Quotient zwischen der geschätzten relativen Häufigkeit bzw. Wahrscheinlichkeit einer Ausprägung von Y und der Referenzkategorie gebildet, ergibt sich:

$$\frac{\hat{\pi}_{j|X_1,\ldots,X_K}}{\hat{\pi}_{J|X_1,\ldots,X_K}} \tag{18.2}$$

$$= \frac{\exp\left(b_{j,0} + \sum_{k=1}^{K} b_{j,k} \cdot X_k\right)}{1 + \exp\left(b_{j,0} + \sum_{k=1}^{K} b_{j,k} \cdot X_k\right)} \Bigg/ \frac{1}{1 + \exp\left(b_{j,0} + \sum_{k=1}^{K} b_{j,k} \cdot X_k\right)} \quad \text{für } j \neq J$$

$$= \exp\left(b_{j,0} + \sum_{k=1}^{K} b_{j,k} \cdot X_k\right)$$

Erläuterungen siehe Gleichung 18.1.

Die Antilogarithmierung (Potenzberechnung zur Basis e) des Zählers der der Kategorie $Y = j$ ($j<J$) zugeordneten linearen Gleichung gibt also das Anteils-bzw. Wahrscheinlichkeitsverhältnis der Kategorie zur Referenzkategorie, also das Odds zwischen den beiden Kategorien an.[9] Werden generell für zwei beliebige Vorhersagegleichungen die Verhältnisse berechnet, ergibt sich:

$$\frac{\hat{\pi}_{j|X_1,\ldots,X_K}}{\hat{\pi}_{r|X_1,\ldots,X_K}} = \exp\left((b_{j,0} - b_{r,0}) + \sum_{k=1}^{k} (b_{j,k} - b_{r,k}) \cdot X_k\right) \tag{18.3}$$

$$= e^{b_{j,0} - b_{r,0}} \cdot e^{(b_{j,1} - b_{r,1}) \cdot X_1} \cdot \ldots \cdot e^{(b_{j,K} - b_{r,K}) \cdot X_K}$$

heit additiv (überschneidungsfrei), da die Linke bei X_1 das größte ($b_{1,1} = 0.731$) und die Grünen das kleinste Regressionsgewicht ($b_{2,1} = -1.398$) aufweisen.

9 In multinomialen Modellen wird anstelle von Odds auch von relativen Risiken (engl: relative risks) gesprochen.

wobei $\hat{\pi}_{j|\ldots}$ / $\hat{\pi}_{r|\ldots}$ = geschätztes Häufigkeits- bzw. Wahrscheinlichkeitsverhältnis von zwei Ausprägungen j und r der abhängigen Variablen.
Weitere Erläuterungen in Gleichung 18.1.

Gleichung 18.3 beschreibt das multinomiale Logit-Modell als multiplikatives Modell für Wahrscheinlichkeitsverhältnisse (Odds). Wenn eine der beiden Ausprägungen die Referenzkategorie ist, werden deren Regressionsgewichte auf null gesetzt (Gleichung 18.2). Das multiplikative Modell der Odds ist ohne explizite Spezifikation von Interaktionseffekten multiplikativ-proportional. Steigt nämlich der Wert eines Prädiktors X_k um +1 Einheit an, dann folgt aus Gleichung 18.3 für die Veränderung eines beliebigen Odds:

$$\frac{\hat{\pi}_{j|X_1,\ldots,X_k+1,\ldots,X_K}}{\hat{\pi}_{r|X_1,\ldots,X_k+1,\ldots,X_K}} / \frac{\hat{\pi}_{j|X_1,\ldots,X_k,\ldots,X_K}}{\hat{\pi}_{r|X_1,\ldots,X_k,\ldots,X_K}} = \exp\left(b_{j,k} - b_{r,k}\right)$$
$$= \exp\left(b_{j,k}\right) / \exp\left(b_{r,k}\right)$$

(18.4)

Erläuterungen in Gleichung 18.3.

Der Antilogarithmus $\exp(b_{j,k})$ eines Regressionskoeffizienten $b_{j,k}$ gibt somit an, wie sich das Odds von $Y = j$ zur Referenzkategorie $Y = J$ ändert, wenn X_k um +1 Einheit ansteigt, und der Antilogarithmus der Differenz zweier Regressionsgewichte $\exp(b_{j,k}-b_{r,k}) = \exp(b_{j,k})/\exp(b_{r,k})$ gibt an, wie sich das Odds der Ausprägungen $Y = j$ zu $Y = r$ ändert, d. h. wie sich bei einem Anstieg von X_k um +1 Einheit das Verhältnis der geschätzten Populationsanteile bzw. Wahrscheinlichkeiten von Ausprägung j zur Wahrscheinlichkeit von Ausprägung r verändert.

Anwendungsbeispiel
Geschätzt werden die Effekte der multinominalen logistischen Regression der Wahlabsicht auf die Region, die Links-Rechts-Selbst-

einstufung und die Konfession. Der Effekt der Region zeigt sich darin, dass die Linke bei Personen im Osten (im Vergleich zum Westen) gegenüber den anderen vier Parteien gewinnt, am relativ meisten gegenüber den Grünen: Die Odds der Linken zu den Grünen steigen um den Faktor $\exp(b_{1,1}-b_{2,1}) = e^{0.731-(-1.398)} = e^{2.129} = 8.406$ oder 741% $(= (8.41-1)\cdot 100)$. Geringer sind die Effekte gegenüber der FDP, der SPD und am geringsten gegenüber der CDU. Aber auch hier beträgt der Effekt noch $e^{0.731} = 2.078$ oder 108%. Das Odds, CDU statt FDP zu wählen, verdoppelt sich also, wenn Personen sich bei der Selbstpositionierung auf der Links-Rechts-Skala um eine Einheit weiter rechts einordnen.

Bei der Links-Rechts-Selbsteinstufung besteht der größte Effekt auf die Odds von der Linken zur CDU. Wenn eine Person sich um +1 Einheit weiter rechts einordnet als eine zweite Person, dann ist das Odds (also die relative Chance) der ersten Person, die Linke statt CDU zu wählen, um den Faktor $\exp(b_{1,2}) = 0.288$ oder um 71.2% $(= 1-0.288)\cdot 100)$ geringer. Interessiert umgekehrt die Chance der ersten Person, CDU statt die Linke zu wählen, dann ist das Odds der ersten zur zweiten Person im Osten um den Faktor $1/0.288 = 3.476$ oder 248% höher als im Westen.[10] Die Odds der anderen Parteien zur CDU fallen geringer aus, wobei das Odds von FDP zur CDU am geringsten ist.

Bei der Konfession gilt ebenfalls, dass sowohl die Kontraste zwischen Katholiken und Konfessionslosen als auch zwischen Protestanten und Katholiken auf die Odds der Linken zur Referenzkategorie CDU mit Werten von -84.8% $(0.153 = e^{-1.880})$ bzw. -44.9% $(0.451 = e^{-0.796})$ jeweils am größten sind. Beim Kontrast zwischen Katholiken und Konfessionslosen sinken die Odds von SPD zu CDU um -69.1% $(0.309 = e^{-1.175})$, bei den Odds von Grü-

---

10 Wenn Zähler und Nenner eines Odds vertauscht werden, ergibt sich der Kehrwert des ursprünglichen Odds.

nen zur CDU um -66.3% ($= 1-0.337$) und bei den Odds von FDP zur CDU um -58.5% ($1-0.415$). Der Kontrast von Protestanten zu Konfessionslosen führt bei den Odds von Grünen zur CDU zu einer Reduktion um -44.0% ($0.560 = e^{-0.580}$), bei den Odds von SPD zur CDU um -38.5% ($0.615 = e^{-0.486}$) und bei den Odds von FDP zu CDU um -15.1% ($0.849 = e^{-0.163}$). Der Kontrast zwischen Katholiken und Konfessionslosen ist also bei den Odds von SPD zu CDU größer als bei den Odds von Grünen zur CDU. Beim Kontrast zwischen Protestanten und Konfessionslosen ist es umgekehrt. Die Differenzen der Effekte auf die Odds von Grünen bzw. der SPD zur CDU sind aber jeweils sehr gering.

Aus den Differenzen der Regressionsgewichte der Dummy-Variablen D_1 und D_2 lässt sich der Effekt des Kontrasts zwischen Katholiken und Protestanten auf die Odds berechnen. Am größten ist wiederum der Effekt auf die Odds von Linke zur CDU mit -66.2% ($0.338 = e^{-1.880-(-0.796)}$) gefolgt vom Effekt auf die Odds von FDP zur CDU mit -51.8% ($0.482 = e^{-0.891-(-0.163)}$), den Odds von SPD zu CDU mit -49.8% ($0.502 = e^{-1.175-(-0.486)}$) und schließlich den Odds von Grünen zur CDU mit -39.8% ($0.602 = e^{-1.087-(-0.580)}$).

Zusammenfassend lässt sich festhalten, dass alle drei erklärenden Variablen Effekte auf die abhängige Variable haben. Die Linke und in etwas geringerem Maße die CDU profitieren vom Osten, die CDU zusätzlich von der Zugehörigkeit zu einer Konfessionsgruppe, insbesondere zu den Katholiken. Die Links-Rechts-Selbsteinstufung hat deutliche Effekte, wobei am extremsten wieder der Gegensatz zwischen der Linken und der CDU ist. Naturgemäß schwächer werden die Effekte auf die relativen Risiken der mittleren Parteien.

18.1.2 Erklärungskraft und relative Effektstärke

Aus der Interpretation der Regressionskoeffizienten lässt sich im Detail das Beziehungsmuster zwischen der nominalskalierten abhängigen Variablen und den unabhängigen Variablen erfassen.[11] Darüber hinaus interessiert, ob und wie stark der Zusammenhang insgesamt ist und wie die relative Erklärungskraft zwischen den Variablen aussieht. Für die Gesamterklärungskraft werden wie bei binären Logit- und Probit-Regressionen üblicherweise Pseudo-R-Quadrat-Werte angegeben. In Tabelle 18.1 sind die Devianzreduktion ($R^{/}_{MF}$) und der Koeffizient $R^{/}_{NK}$ aufgeführt. Der Wert von McFadden ist mit 15.6% zwar deutlich kleiner als der Wert von Nagelkerke (39.4%), weist aber gleichwohl auf einen relativ starken Zusammenhang hin.[12] Lägen beide Werte sehr nahe bei null (<0.0025), würde man davon ausgehen, dass die abhängige Variable von den erklärenden Variablen praktisch unbeeinflusst ist. Dies gilt aber nur, wenn das Regressionsmodell korrekt spezifiziert ist.

Zur Erfassung der relativen Effektstärke können wie bei der binären Logit- oder Probit-Regression X-standardisierte Effekte berechnet werden. Für nominalskalierte Variablen wird dazu wieder eine Design-Variable nach Gleichung 17.6a für die Konfession gebildet. Die X-standardisierten Effekte sind in Tabelle 18.1 in der Spalte «$b_X \cdot \hat{\sigma}_X$» aufgeführt. Bei den Odds von der Linken zur CDU, der Grünen zur CDU und der SPD zur CDU weist die Links-Rechts-Selbsteinstufung mit Änderungsfaktoren von 0.112 (= $e^{-2.189}$), 0.243 (= $e^{-1.416}$) und 0.288 (= $e^{-1.244}$) jeweils den re-

---

11 Vorausgesetzt wird dabei, dass das Modell korrekt spezifiziert ist, was regressionsanalytisch gesehen bedeutet, dass das spezifizierte Regressionsmodell die bedingte Verteilung der abhängigen Variablen korrekt beschreibt, und kausalanalytisch, dass die Regressionsgleichung den kausalen Prozess korrekt und vollständig erfasst, dass *Stationarität* (keine Veränderung der Werte der Variablen während der Datenerhebung) vorherrscht, dass keine relevante Kausalgröße ausgelassen wurde und dass kein Endogenitätsproblem auftritt, also eine erklärende Variable nicht durch die abhängige Variable kausal beeinflusst wird. Bei einer rein beschreibenden Sicht nur auf die Stichprobendaten bedeutet eine korrekte Spezifikation, dass das Regressionsmodell die Zusammenhangstrends in den Daten korrekt beschreibt.

12 Nagelkerkes Pseudo-$R^{/}_{NK}$ entspricht in der Praxis eher den üblichen Werten von R^2 in linearen Modellen, weswegen dieser Koeffizient meist vorgezogen wird.

lativ größten Effekt auf.[13] Beim Odds von FDP zur CDU ist dagegen der Effekt der Region am relativen größten. Die Konfession hat größere relative Effekte als die Region bei den Odds der Linken ($b_X \cdot \hat{\sigma}_X = 0.766$) und der SPD ($b_X \cdot \hat{\sigma}_X = 0.479$) zur CDU, während bei den Odds der Grünen ($b_X \cdot \hat{\sigma}_X = -0.651$) und der FDP ($b_X \cdot \hat{\sigma}_X = -0.451$) zur CDU die Region größere relative Effekte hat als die Konfession. Die relativen Effekte der nicht ausgegebenen Odds z. B. zwischen Linke und Grünen können wie die unstandardisierten Effekte auf die Odds nach Gleichung 18.4 berechnet werden.

Interessiert die relative Einflussstärke einer erklärenden Variablen insgesamt, also der Effekt auf alle Odds, dann kann der Zuwachs an Erklärungskraft in einer schrittweisen Regression geklärt werden, bei der die interessierende Variable an letzter Stelle ins Modell aufgenommen wird. In diesem Sinne zeigt die mit «$\Delta R'_{MF}$» überschriebene Spalte am unteren Ende der Tabelle, um welchen Wert die Devianzreduktionen ansteigen.[14] Den deutlich relativ stärksten Effekt hat danach die Links-Rechts-Selbsteinstufung. Die Einbeziehung dieser Variablen erhöht die Erklärungskraft (Devianzreduktion) des Modells um 10.0%. Sehr viel geringer ist der Einfluss von Region mit 1.6% und der Konfession mit 1.0%. Da der Zuwachs bei der Region größer ist, hat diese auch einen größeren Effekt als die Konfession.

Im Unterschied zu den X-standardisierten partiellen Regressionsgewichten erfasst der Zuwachs an Erklärungskraft nur den *semi-partiellen* Zusammenhang. Wenn eine erklärende Variable X_k (z. B. die Links-Rechts-Selbsteinstufung) in einem letzten

13 In Tabelle 18.1 sind die X-standardisierten Koeffizienten für die Regressionsgewichte und nicht für die Antilogarithmen dieser Werte berechnet. Da der Antilogarithmus aber eine monoton steigende Funktion ist, ändern sich die relativen Größenverhältnisse nicht.

14 Da McFadden R'_{MF} und Nagelkerkes R'_{NK} in einer monoton steigenden Beziehung zueinander stehen, ergibt sich das gleiche Muster, wenn der Zuwachs über R'_{NK} berechnet wird.

Schritt in das Regressionsmodell aufgenommen wird, wird der Effekt der übrigen Variablen auf die abhängige Variable kontrolliert, aber nicht der Effekt zwischen diesen Variablen und X_k.

18.1.3 Hypothesenprüfung und Konfidenzintervalle

Die statistische Absicherung der Ergebnisse unterscheidet sich praktisch nicht von derjenigen bei der binären Logit-Regression. Wenn das spezifizierte Regressionsmodell die bedingte Verteilung der abhängigen Variablen gegeben die erklärenden Variablen in der Population korrekt erfasst,[15] dann sind die ML-Schätzer in einfachen Zufallsauswahlen BAN (*best asymptotically normal*), wobei die Erwartungswerte die unbekannten Populationswerte (Modellparameter) sind und die Varianzen und Kovarianzen bzw. Standardfehler konsistent aus den Daten geschätzt werden können.[16] Die asymptotische Annäherung an die Normalverteilung ist in der Regel hinreichend, wenn die Fallzahl die Summe aus der Zahl der geschätzten Modellparameter plus 100 überschreitet.

In Tabelle 18.1 sind für jeden Regressionskoeffizienten die geschätzten Standardfehler und die empirischen Signifikanzniveaus der Nullhypothese, dass das Regressionsgewicht in der Population null ist, angegeben. Fast alle Koeffizienten sind bei $\alpha = 1\%$ signifikant. Nur das Regressionsgewicht des Kontrasts zwischen Protestanten und Konfessionslosen beim Odds der FDP zur CDU hat mit $p = 0.031$ eine etwas geringere empirische Signifikanz. Auch ist die Regressionskonstante dieses Modells mit $p = 0.055$ bei $\alpha = 5\%$ nur an der Schwelle zur Signifikanz.[17]

---

15 Wie bei binären Regressionsmodellen wird auch bei polytomen Modellen die gesamte bedingte Verteilung modelliert und nicht nur wie im multiplen Regressionsmodell die bedingten Mittelwerte.

16 Bei abweichendem Stichprobendesign gibt es Korrekturen für die Standardfehler und Kovarianzen der Schätzer oder auch spezielle Schätzmethoden.

17 Wir haben auf die Interpretation der Konstanten verzichtet. Über sie werden die Wahrscheinlichkeiten geschätzt, wenn alle Prädiktoren null sind. In vielen Modellen handelt es sich aber um eine rein technische Größe.

Soll der Einfluss der erklärenden Variablen auf andere Odds als die zur Referenzkategorie geprüft werden, können die Odds nach Gleichung 18.4 als Differenzen zweier geschätzter Odds berechnet werden. Die entsprechenden Standardfehler ergeben sich über die Anwendung von Gleichung 5.22c, wobei wieder neben den Standardfehlern die Kovarianz zwischen den Schätzern benötigt wird. Alternativ können durch die Wahl einer anderen Referenzkategorie alle möglichen Odds einer abhängigen Variablen in den Modellgleichungen spezifiziert und mit den zugehörigen Standardfehlern geschätzt werden.

Die Frage, ob eine erklärende Variable überhaupt einen signifikanten Effekt hat, wird mittels Wald-Tests der Nullhypothese geprüft, dass sämtliche mit einer erklärenden Variablen verbundenen Prädiktoren Regressionsgewichte von null aufweisen. Dabei hat der Wald-Test (vgl. Kapitel 17.2.4) so viele Freiheitsgrade, wie Regressionsgewichte für diese Variable geschätzt werden. Im Beispiel werden für die erklärenden Variablen X_1 und X_2 jeweils vier lineare Regressionsgewichte ($b_{1,1}$, $b_{2,1}$, $b_{3,1}$ und $b_{4,1}$ sowie $b_{1,2}$, $b_{2,2}$, $b_{3,2}$ und $b_{4,2}$) geschätzt, also hat der Wald-Test für diese Variablen df = 4. Da der Einfluss der Konfession über zwei Dummy-Variablen spezifiziert ist, verdoppelt sich für den Test der Konfession die Zahl der zu schätzenden Regressionsgewichte, sodass hier df = 8. Die Werte der Wald-Statistiken und deren Signifikanzen sind für jede erklärende Variable in Tabelle 18.1 aufgeführt.

Alternativ zum Wald-Test können auch immer LR-Tests berechnet werden, bei denen die Devianzdifferenz zweier geschachtelter Modelle als Teststatistik verwendet wird. In Tabelle 18.1 sind (in der letzten Spalte neben den Änderungen der Erklärungskraft, $\Delta R^{/}_{MF}$) nur die empirischen Signifikanzen dieser Tests aufgeführt. Wie die Wald-Tests kommen auch die LR-Tests zu dem Ergebnis, dass alle drei erklärenden Variablen Effekte auf die abhängige Variable haben. Entsprechend kommt auch der LR-Test der Pseudo-R-Quadrat-Werte gegen das Konstantenmodell zu einem signifikanten Ergebnis: $L^2 = 1009.50$, df = 16, p<0.001.

Für die Prüfung der Angemessenheit des Modells kann wieder ein Ramsey-Spezifikationstest herangezogen werden. Auch können für die einzelnen Modellgleichungen Polynome und Interaktionseffekte spezifiziert und mit LR-Tests geprüft werden. Bei hinreichend großen Fallzahlen können schließlich auch die bedingten empirischen Stichprobenanteile mit den geschätzten Wahrscheinlichkeiten verglichen werden.

18.2 Die konditionale Logit-Regression

Im multinomialen Logit-Modell aus Tabelle 18.1 ist die Links-Rechts-Selbsteinstufung die erklärungskräftigste Einflussgröße. Möglicherweise wird die Wahlabsicht aber eher durch die ideologische Distanz zwischen der eigenen Position und der wahrgenommenen Position der Parteien auf der Links-Rechts-Skala bestimmt. Im Allbus 2008 gibt es neben der Frage nach der eigenen Positionierung auch die Fragen zur wahrgenommenen Position der Parteien auf einer Links-Rechts-Dimension. Anstelle der Selbstpositionierung sollen daher nun die absoluten Distanzen zwischen der eigenen Position und derjenigen der Parteien die erklärenden Variablen für die Wahlabsicht sein.[18]

Diese Fragestellung kann in verschiedene Modellspezifikationen übertragen werden. So könnte für die fünf Distanzen zwischen einer Person und den Parteien ein multinomiales Logit-Modell spezifiziert werden, das mit insgesamt 20 (= fünf Distanzen mal vier lineare Gleichungen) Regressionsgewichten die Wahlabsicht prognostiziert. Nimmt man aber an, dass die Differenz zu einer Partei nur die Wahl dieser Partei direkt beeinflusst, dann besteht ein Einfluss auf andere Parteien insofern nur indirekt, als eine stärkere (schwächere) Neigung, eine Partei zu wählen, gleichzeitig die Neigung, irgendeine andere Partei zu wäh-

---

18 Die absoluten Distanzen werden verwendet, da davon ausgegangen wird, dass die Richtung des Abstands keine Rolle spielt.

len, schwächt (stärkt). Möglich ist auch, dass der Effekt der Distanz bei allen Parteien gleich ist. Zur Prüfung solcher Vermutungen ist im multinomialen Logit-Modell die Spezifizierung umfangreicher Bedingungen notwendig, die hier nicht näher erläutert werden, weil mit dem *konditionalen Logit-Modell*, das als auch *konditionale logistische Regression* oder *konditionale Logit-Regression* bezeichnet wird,[19] eine direkte Spezifikation möglich ist. Die geschätzten Populationsanteile bzw. Wahrscheinlichkeiten der J Ausprägungen der abhängigen Variablen berechnen sich im konditionalen Logit-Modell nach:

$$\hat{\pi}\left(Y = j \middle| X_{j,1}, ..., X_{j,K}\right) = \frac{\exp\left(\sum_{k=1}^{K} b_{j,k} \cdot X_{j,k}\right)}{\sum_{r=1}^{J} \exp\left(\sum_{k=1}^{K} b_{r,k} \cdot X_{r,k}\right)}; \text{ für } j = 1, 2, ..., J \tag{18.5}$$

wobei $X_{j,k}$, $X_{r,k}$ = alternativenspezifischer Prädiktor, der über das Regressionsgewicht $b_{j,k}$ bzw. $b_{r,k}$ nur die Ausprägung j bzw. r des Prädiktors X_k direkt beeinflusst

$b_{j,k}, b_{r,k}$ = alternativenspezifische Regressionsgewichte.
Weitere Erläuterungen s. Gleichung 18.1.

Werden die Modellgleichungen 18.5 und 18.1 verglichen, fallen drei wesentliche Unterschiede auf: 1. Das Modell hat keine Regressionskonstante. 2. Für *jede* der J Ausprägungen der abhängigen Variablen wird eine eigene Linearkombination von erklärenden Variablen spezifiziert, deren Antilogarithmus exp(...) die Realisierungswahrscheinlichkeit beeinflusst. Es gibt also keine

---

19 Die Bezeichnung «konditionales Logit-Modell» ist nicht eindeutig. In der Regel wird diese Bezeichnung für eine Verallgemeinerung des Modells aus Gleichung 18.4 verwendet, bei der sowohl die Anzahl der Ausprägungen der abhängigen Variablen pro Fall variieren kann und zudem Ausprägungen auch mehrfach realisiert werden können. Gleichung 18.4 ist daher eine restriktive Version des konditionalen Logit-Modells, wie es etwa im Statistikprogramm STATA implementiert ist (StataCorp 2011, S. 282ff.).

Referenzkategorie. 3. Die Regressionsgewichte *und* die erklärenden Variablen sind doppelt indiziert, was bedeutet, dass jeweils statt *einer* erklärenden Variablen X_k *eine Menge von J* erklärenden Variablen in das Modell aufgenommen wird, die genau eine Ausprägung der abhängigen Variablen über ein eigenes Regressionsgewicht beeinflussen. Im konditionalen Logit-Modell bezeichnet man die Ausprägungen von Y als Alternativen, die realisiert werden können. Daher werden die Variablen $X_{j,k}$ als *alternativenspezifische Variablen* bezeichnet.

18.2.1 Effekte im konditionalen Logit-Modell und die Unabhängigkeit von irrelevanten Alternativen

Wie bei allen Logit-Modellen lässt sich die Modell-Logik leichter nachvollziehen, wenn nicht die Realisierungen der einzelnen Ausprägungen betrachtet werden, sondern Verhältnisse zweier Ausprägungen, also Odds. Wird aus Gleichung 18.5 das Odds zweier beliebiger Ausprägungen Y = j und Y = r berechnet, dann ergibt sich:

$$\frac{\hat{\pi}\left(Y=j\middle|X_{1,1},...,X_{J,K}\right)}{\hat{\pi}\left(Y=r\middle|X_{1,1},...,X_{J,K}\right)} = \frac{\exp\left(\sum_{k=1}^{K} b_{j,k} \cdot X_{j,k}\right)}{\exp\left(\sum_{k=1}^{K} b_{r,k} \cdot X_{r,k}\right)} \tag{18.6}$$

Erläuterungen siehe Gleichung 18.5.

Ändert sich bei *einer* alternativenspezifischen Variablen $X_{j,k}$ der Wert um +1 Einheit, so ändern sich *alle* Odds *dieser* Alternative um den Faktor $\exp(b_{j,k})$:

$$\frac{\hat{\pi}\left(Y=j\middle|X_{1,1},...,X_{j,k}+1,...,X_{J,K}\right)}{\hat{\pi}\left(Y=r\middle|X_{1,1},...,X_{j,k}+1,...,X_{J,K}\right)} \Bigg/ \frac{\hat{\pi}\left(Y=j\middle|X_{1,1},...,X_{j,k},...,X_{J,K}\right)}{\hat{\pi}\left(Y=r\middle|X_{1,1},...,X_{j,k},...,X_{J,K}\right)}$$

$$= \exp\left(b_{j,k}\right)$$

Tabelle 18.2: Konditionales Logit-Modell zur Erklärung der Wahlabsicht (Y) durch die Distanz ($X_{j,1}$) der Positionen von Parteien und Befragten auf der Links-Rechts-Skala über alternativen-spezifische Variablen ohne Konstanten

a) Ergebnisse der Modellschätzung

Y: Wahlabsicht		b	S.E.	p	exp(b)		
Linke: $X_{1,1}$	$b_{1,1}$	−0.580	0.0307	<.001	0.560	$-2\ln L_0$:	6296.1211
Grüne: $X_{2,1}$	$b_{2,1}$	−0.839	0.0474	<.001	0.432	$-2\ln L_1$:	5114.8878
SPD: $X_{3,1}$	$b_{3,1}$	−0.456	0.0305	<.001	0.634	L^2:	1181.2333
FDP: $X_{4,1}$	$b_{4,1}$	−0.851	0.0488	<.001	0.427	df (p):	5 (<.001)
CDU: $X_{5,1}$	$b_{5,1}$	−0.381	0.0276	<.001	0.683	R'_{MF}:	0.188

Daten: Allbus 2008, n = 1956

b) Auswirkungen einer Veränderung von $X_{2,1}$ um +1 Einheit

Prädiktor	$x_{j,1}$	$\hat{\pi}(Y=j)$	Veränderung	$x_{j,1}$	$\hat{\pi}(Y=j)$
Linke: $X_{1,1}$	=4	0.0575		=4	0.0671
Grüne: $X_{2,1}$	=1	0.2529	+1	=2	0.1276
SPD: $X_{3,1}$	=1	0.3709		=1	0.4331
FDP: $X_{4,1}$	=3	0.0456		=3	0.0532
CDU: $X_{5,1}$	=2	0.2731		=2	0.3189

c) Odds vor und nach der Veränderung

Odds	vorher	nachher	Veränderung
Linke/Grüne	0.227	0.526	2.314 = 1/0.432
Linke/SPD	0.155	0.155	1
Linke/FDP	1.262	1.262	1
Linke/CDU	0.211	0.211	1
Grüne/SPD	0.682	0.295	0.432
Grüne/FDP	5.551	2.399	0.432
Grüne/CDU	0.926	0.400	0.432
SPD/FDP	8.142	8.142	1
SPD/CDU	1.358	1.358	1
FDP/CDU	0.167	0.167	1

Da nur die Linearkombination für die Ausprägung j durch den Anstieg von $X_{j,k}$ um +1 Einheit betroffen ist, werden die Odds anderer Ausprägungen nicht beeinflusst. Diese Eigenschaft von alternativenspezifischen Variablen wird als Unabhängigkeit von irrelevanten Alternativen (engl: *independence of irrelevant alternatives*, IIA) bezeichnet. Inhaltlich bedeutet das, dass bei der Analyse von Odds nur die Eigenschaften (= alternativenspezifischen Variablen) von je zwei Ausprägungen (Alternativen) von Y betrachtet werden müssen, Eigenschaften anderer Ausprägungen dabei aber keine Bedeutung haben.

Zur Verdeutlichung zeigt Tabelle 18.2a die Ergebnisse der ML-Schätzung des konditionalen Logit-Modells nach Gleichung 18.5, bei der die abhängige Variable Wahlabsicht (Y) durch die fünf alternativenspezifischen Variablen Distanz zwischen der eigenen Position und der Position der Partei auf der Links-Rechts-Skala ($X_{1,1}$ bis $X_{5,1}$) vorhergesagt wird.[20] Im Beispiel ist K = 1. In Tabelle 18.2b sind in der Spalte «$\hat{\pi}(Y = j)$» exemplarisch die geschätzten Wahrscheinlichkeiten von Personen aufgeführt, die zur Linken eine Distanz von 4, zu den Grünen und zur SPD eine von 1, zur FDP eine Distanz von 3 und zur CDU eine von 2 aufweisen.[21] Die Wahrscheinlichkeit für Y = j ist dann nach Gleichung 18.5 der Quotient, in dessen Zähler der Antilogarithmus des Produkts aus dem Regressionsgewicht für Y = j und dem Wert des Prädiktors steht, geteilt durch die Summe der Antilogarithmen aus den Produkten aller Regressionsgewichte der J Ausprägungen von Y und den zugehörigen Werten des jeweiligen alternativenspezifischen Prädiktors. So berechnet sich beispielsweise die Wahrscheinlichkeit, die Linke zu wählen, nach:

---

20 Gegenüber Tabelle 18.1 reduziert sich die Fallzahl, da nicht alle Befragten die fünf im Bundestag vertretenen Parteien auf der Links-Rechts-Skala eingeordnet haben.
21 Die Zahlen sind willkürlich gewählt.

$$\hat{\pi}\left(Y=1 \mid X_{1,1}=4, X_{2,1}=2, X_{3,1}=1, X_{4,1}=3, X_{5,1}=2\right)$$

$$= \frac{e^{-0.580 \cdot 4}}{e^{-0.580 \cdot 4}+e^{-0.839 \cdot 1}+e^{-0.456 \cdot 1}+e^{-0.851 \cdot 3}+e^{-0.381 \cdot 2}} = 0.0575$$

Die Wahrscheinlichkeit für die Wahl der Grünen ist entsprechend:

$$\hat{\pi}\left(Y=2 \mid X_{1,1}=4, X_{2,1}=1, X_{3,1}=1, X_{4,1}=3, X_{5,1}=2\right)$$

$$= \frac{e^{-0.839 \cdot 1}}{e^{-0.580 \cdot 4}+e^{-0.839 \cdot 1}+e^{-0.456 \cdot 1}+e^{-0.851 \cdot 3}+e^{-0.381 \cdot 2}} = 0.2529$$

Die Ergebnisse für die anderen Parteien ergeben sich analog.

Steigt nun die Distanz z. B. zu den Grünen um +1 Einheit von 1 auf 2, dann reduziert sich die Wahrscheinlichkeit für die Wahl der Grünen und beträgt nun:

$$\hat{\pi}\left(Y=2 \mid X_{1,1}=4, X_{2,1}=2, X_{3,1}=1, X_{4,1}=3, X_{5,1}=2\right)$$

$$= \frac{e^{-0.839 \cdot 2}}{e^{-0.580 \cdot 4}+e^{-0.839 \cdot 2}+e^{-0.456 \cdot 1}+e^{-0.851 \cdot 3}+e^{-0.381 \cdot 2}} = 0.1276$$

Da sich durch die Veränderung der Distanz zu einer Partei der Nenner von Gleichung 18.5 bei allen Ausprägungen von Y ändert, ändern sich auch die Wahrscheinlichkeiten für die Wahl aller anderen Parteien. Die geänderten Wahrscheinlichkeiten sind in der letzten Spalte von Tabelle 18.2b aufgeführt. In Tabelle 18.2c sind schließlich alle nichtredundanten Odds der Ausprägungen der geschätzten Wahrscheinlichkeiten vor und nach dem Anstieg bei $X_{2,1}$ um +1 Einheit aufgelistet. Das Odds von der Linken zu den Grünen beträgt vor der Änderung $0.0575/0.2529 = 0.227$ und nach der Änderung $0.0671/0.1276 = 0.526$. Der Veränderungsfaktor, um den die Odds zugunsten der Linken steigen, ist dann $0.526/0.227 = 2.317$. Bezogen auf die Grünen reduziert sich das Odds von Grünen zu Linken um $1/2.317 = 0.432$. Dies ist gerade der Wert des Antilogarithmus des Regressionsgewichts $b_{2,1} = -0.839$ (vgl. Spalte exp(b) in Tabelle 18.2a und Spalte «Veränderung» in Tabelle 18.2c). Tabelle 18.2c ist weiterhin zu entnehmen, dass sich alle

Odds, bei denen die Grünen im Zähler stehen, um den gleichen Faktor ändern. Ist die Distanz zu den Grünen irrelevant, z. B. bei den Odds von SPD zu CDU, ändern sich die Odds durch den Anstieg der Distanz zu den Grünen nicht. Trotz der Veränderung der Realisierungswahrscheinlichkeiten beider Parteien betragen die Odds bei diesen beiden Parteien unverändert $1.358 = 0.3709 / 0.2731 = 0.4331 / 0.3189$. Der Veränderungsfaktor ist entsprechend 1.0. Diese Stabilität der Odds bei nicht beteiligten Ausprägungen ist die erwähnte Unabhängigkeit von irrelevanten Alternativen.

Die Interpretation des Modells wird durch diese Unabhängigkeit sehr erleichtert, da aus den geschätzten Parametern geschlossen werden kann, dass der Anstieg der Distanz zu den Linken um +1 Einheit alle Odds, bei denen die Linke beteiligt ist, um den Faktor 0.56 reduziert. Bei den Grünen wurde der entsprechende Faktor 0.432 bereits vorgestellt. Bei der SPD verringern sich die Odds bei einem Anstieg der Distanz um +1 Einheit um den Faktor 0.634, bei der FDP um den Faktor 0.427 und bei der CDU um den Faktor 0.683.

Zur Prüfung, ob diese Unterschiede zwischen den Regressionsgewichten der Parteien signifikant sind, wird ein restriktiveres konditionales Logit-Modell geschätzt, bei dem alle Regressionsgewichte gleichgesetzt sind. Wenn die Regressionsgewichte aller alternativenspezifischen Variablen $X_{j,k}$ ($j = 1, 2, …, J$) den gleichen Wert $b_{1,k} = b_{2,k} = … = b_{J,k} = b_{*,k}$ aufweisen, spricht man auch davon, dass die Menge der J alternativenspezifischen Variablen *generische Variablen* $X_{*,k}$ sind. Werden die Distanzen der eigenen Position und der Position der Parteien auf der Links-Rechts-Skala als generische Variable definiert, dann ergibt sich ein Regressionsgewicht von –0.564, was antilogarithmiert bedeutet, dass jede Veränderung einer Distanz um +1 Einheit die Odds dieser Distanz um den Faktor 0.569 (= $e^{-0.564}$) reduziert.[22] Das ge-

---

22 Diese Ergebnisse werden ohne tabellarische Darstellung berichtet.

nerische Modell passt allerdings nicht auf die Daten, da der LR-Test gegen das Modell aus Tabelle 18.2a ergibt eine Teststatistik von 176.69, die bei df = 4 Freiheitsgraden zur Ablehnung der Nullhypothese führt (p<0.001), dass das generische Modell die Daten mindestens ebenso gut beschreibt wie das Modell aus Tabelle 18.2a mit fünf alternativenspezifischen Regressionsgewichten.

18.2.2 Die Flexibilität des konditionalen Logit-Modells

Der Vorteil des konditionalen Logit-Modells besteht zunächst nur darin, dass die Interpretation der Ergebnisse aufgrund der Unabhängigkeit irrelevanter Alternativen einfach ist.[23] Allerdings kann die Beschreibung des Zusammenhangs unzutreffend sein. So kann die Annahme der Unabhängigkeit von irrelevanten Alternativen empirisch falsch sein. Zudem unterstellt das Modell in Gleichung 18.5 eine Gleichverteilung für den Fall, dass alle Prädiktorwerte null sind. Diese Konsequenz aus Gleichung 18.5 ist oft empirisch nicht zutreffend.

Die Gleichverteilung folgt aus dem Fehlen von Regressionskonstanten.[24] Dieses Fehlen der Konstanten führt dazu, dass das konditionale Logit-Modell in gewisser Hinsicht einer linearen Regression durch den Ursprung entspricht. Daher ist auch der Wert der Devianzreduktion in Tabelle 18.2a nicht mit dem entsprechenden Wert aus Tabelle 18.1 vergleichbar. In Tabelle 18.2a bezieht sich die Reduktion der Devianz um 0.188 auf die Devianz bei unterstellter Gleichverteilung der Ausprägungen, während der Wert 0.156 in Tabelle 18.1 sich auf die tatsächliche Devianz der Randverteilung der abhängigen Variablen bezieht.

Der Vorteil des konditionalen Logit-Modells besteht jedoch darin, dass es sehr flexibel ist und es daher Spezifikationen er-

---

23 Darüber hinaus ist es aus theoretischen Gründen im Rahmen empirischer Entscheidungstheorien interessant.

24 Ohne Konstante ergibt sich im Zähler der Wert $e^0 = 1$, wenn alle Prädiktoren dieser Alternative der Linearkombination null sind. Da dies für alle J Ausprägungen von Y gilt, ist die prognostizierte Wahrscheinlichkeit dann $1/J$, wenn alle Prädiktoren aller Alternativen null sind, im Beispiel also $1/5$.

Tabelle 18.3: **Schrittweise Regression von konditionalen Logit-Modellen der Wahlabsicht (Y) auf alternativenspezifische Konstanten ($X_{1,0}$ bis $X_{4,0}$) und Distanzen (X_1) zwischen eigener Position und Position der Parteien auf der Links-Recht-Skala ($X_{1,1}$ bis $X_{5,1}$)**

Y		b	S.E.	p	exp(b)		
M_0: Konstantenmodell							
$X_{1,0}$	$b_{1,0}$	−1.009	0.0748	<.001	0.365	−2ln$L_0(M_0)$:	6296.121
$X_{2,0}$	$b_{2,0}$	−0.945	0.0731	<.001	0.389	−2ln$L_1(M_0)$:	5916.668
$X_{3,0}$	$b_{3,0}$	−0.229	0.0581	<.001	0.795	L^2:	379.453
$X_{4,0}$	$b_{4,0}$	−0.980	0.0740	<.001	0.375	df = 4	p<.001
M_1: Konstanten+$X_{j,1}$ alternativenspezifisch							
$X_{1,0}$	$b_{1,0}$	−0.518	0.1552	0.001	0.596	−2ln$L_1(M_1)$:	4996.283
$X_{2,0}$	$b_{2,0}$	−0.884	0.1258	<.001	0.413	$L^2_{M0/M1}$	920.385
$X_{3,0}$	$b_{3,0}$	−0.407	0.1071	<.001	0.665	df = 5	p<.001
$X_{4,0}$	$b_{4,0}$	−1.102	0.1135	<.001	0.332	R'_{MF}	0.156
$X_{1,1}$	$b_{1,1}$	−0.572	0.0496	<.001	0.564		
$X_{2,1}$	$b_{2,1}$	−0.643	0.0605	<.001	0.526		
$X_{3,1}$	$b_{3,1}$	−0.482	0.0428	<.001	0.618		
$X_{4,1}$	$b_{4,1}$	−0.535	0.0584	<.001	0.586		
$X_{5,1}$	$b_{5,1}$	−0.578	0.0406	<.001	0.561		
M_2: Konstanten+$X_{*,1}$ generisch							
$X_{1,0}$	$b_{1,0}$	−0.520	0.0875	0.001	0.595	−2ln$L_1(M_2)$:	5002.365
$X_{2,0}$	$b_{2,0}$	−0.953	0.0792	<.001	0.386	$L^2_{M0/M2}$	914.303
$X_{3,0}$	$b_{3,0}$	−0.280	0.0641	<.001	0.756	df = 1	p<.001
$X_{4,0}$	$b_{4,0}$	−1.048	0.0768	<.001	0.351	R'_{MF}	0.155
$X_{*,1}$	$b_{*,1}$	−0.557	0.0215	<.001	0.573		

Daten: Allbus 2008, n = 1956

laubt, die theoretisch und empirisch von Interesse sind. Um sich dies leichter vorstellen zu können, wird das Modell zunächst so restringiert, dass nur noch generische Variablen spezifiziert werden können. Die generelle Modellgleichung lautet dann:

$$\hat{\pi}\left(Y = j \middle| X_{j,1}, ..., X_{j,K}\right) = \frac{\exp\left(\sum_{k=1}^{K} b_k \cdot X_{j,k}\right)}{\sum_{r=1}^{J} \exp\left(\sum_{k=1}^{K} b_k \cdot X_{r,k}\right)}; \text{ für } j = 1, 2, ..., J \quad (18.7)$$

wobei b_k = generische Regressionsgewichte für alle alternativenspezifischen Variablen $X_{j,k}$ bzw $X_{r,k}$.
Weitere Erläuterungen s. Gleichung 18.5.

Gegenüber dem multinomialen Logit-Modell aus Gleichung 18.1 ist hier gewissermaßen die Rolle von Prädiktor und Regressionsgewicht vertauscht. Während im multinomialen Regressionsmodell eine erklärende Variable über $J-1$ Regressionsgewichte wirkt, weisen hier J erklärende alternativenspezifische Variablen ein gemeinsames Regressionsgewicht auf.

Formal müssen ins konditionale Logit-Modell aus Gleichung 18.7 zu jedem Regressionsgewicht b_k J alternativenspezifische Variablen X_k ins Modell aufgenommen werden. Von diesen J alternativenspezifischen Prädiktoren können $J-1$ bei allen Fällen den Wert null und nur ein einziger Wert ungleich null haben. Dies entspricht dann einer alternativenspezifischen Variablen, die Y über ein eigenes Regressionsgewicht beeinflusst. Sind die Werte bei dieser einen alternativenspezifischen Variablen alle gleich, z. B. eins, dann spricht man von einer *alternativenspezifischen Konstanten*.

Tabelle 18.3 zeigt die Ergebnisse der schrittweisen Regression konditionaler Logit-Modelle. In der Tabelle werden die Prädiktoren alternativenspezifischer Konstanten als $X_{j,0}$ bezeichnet, wobei der Index j die Ausprägung von Y bezeichnet, bei der die Konstante den Wert eins aufweist. Der zweite Index 0 besagt, dass die Regressionsgewichte $b_{j,0}$ geschätzt werden, also die Koeffizienten, die im multinomialen Logit-Modell Konstanten symbolisieren. Modell M_0 schätzt ein konditionales Logit-Modell mit ausschließlich alternativenspezifischen Konstanten. Dabei ist zu beachten, dass wie im multinomialen Logit-Modell nur maximal $J-1$ alternativenspezifische Konstanten spezifiziert werden können, da es anderenfalls als Folge von perfekter Multikollinearität ein Identifikationsproblem gibt. Als Referenzkategorie wird wieder die CDU gewählt, also für die CDU keine alternativenspezifische Konstante $b_{J,0}$ geschätzt. Das Modell M_0 reproduziert ausschließlich die Randverteilung der abhängigen Variablen und dient zur Berechnung von Devianzreduktionen und LR-Tests der nachfolgenden Modelle.[25] Im zweiten Schritt werden zusätzlich die Distanzen zu den Parteien berücksichtigt, wobei wie in Tabelle 18.2a fünf alternativenspezifische Regressionsgewichte geschätzt werden.

Die Regressionsgewichte von Modell M_1 liegen deutlich näher beieinander als im Modell aus Tabelle 18.2a. Das Vorhandensein von Regressionskonstanten ändert jedoch die Interpretation der Regressionsgewichte gegenüber dem Modell in Tabelle 18.2 nicht: Wenn die Distanz zur Linken um +1 Einheit zunimmt, ändern sich die Odds der Linken zu allen anderen Parteien um den Faktor $e^{0.572} = 0.564$ oder –43.6% Bei Zunahme der Distanz zu den Grünen sinken die Odds der Grünen zu anderen Parteien um den Faktor 0.526 oder –47.4%. Bei der SPD lauten die entsprechenden Werte 0.618 oder –38.2%, bei der FDP 0.586 oder –41.4% und bei der CDU 0.561 oder –43.9%.

Die LR-Teststatistik der Nullhypothese, dass die fünf Regressionsgewichte der Distanzen in der Population alle null sind, wird über die Differenz der Devianzen (–2lnL) des Modells M_1 gegen das Konstantenmodell M_0 geprüft. Der resultierende Wert ist $L^2 = 920.385$ (= 5916.668–4996.283).[26] Da M_1 gegenüber M_0 fünf zusätzliche Regressionsgewichte schätzt, ergeben sich für den hierarchischen Modelltest df = 9–4 = 5 Freiheitsgrade. Das empirische Signifikanzniveau ist <.001. Vermutlich hat die Distanz in der Population Effekte auf die Wahlabsicht. Wird die

---

25 Die Devianz $-2lnL_0(M_0)$ ist hier unter der Annahme der Gleichverteilung berechnet, die Devianz $-2lnL_1(M_0)$ bei M_0 gilt für das Konstantenmodell ohne diese Annahme. Zum Test dieser beiden Modelle gegeneinander wird die Teststatistik $L^2 = -2lnL_0(M_0)-(-2lnL_1(M_0))$ für M_0 berechnet.

26 Bei der Berechnung der Teststatistik für den Modellvergleich wird wie beim F-Test geschachtelter Modelle (vgl. Gleichung 14.21) vorgegangen, wobei hier die Devianz mit der Variation der Residuen und die Teststatistik L^2 mit der Variation der Vorhersagewerte vergleichbar ist.

Teststatistik $L^2_{M0/M1}$ durch die Devianz von M_0 (ohne Gleichverteilungsannahme) geteilt, ergibt sich die Devianzreduktion, die hier $R'_{MF} = 920.385 / 5916.668 = 15.6\%$ beträgt. Dieser Wert ist praktisch genauso hoch wie die Devianzreduktion des multinomialen Logit-Modells aus Tabelle 18.1, bei dem mit 16 (statt 5) Regressionsgewichten die beabsichtigte Parteienwahl durch Region, Konfession und die Selbstpositionierung prognostiziert wird.

Als letztes Modell (M_2) zeigt Tabelle 18.3 auch die Ergebnisse des konditionalen Logit-Modells mit Konstanten, wenn die Distanzen als generische Variablen spezifiziert werden. Das gemeinsame Regressionsgewicht beträgt dann $b_{*,1} = -0.557$. Steigt die Distanz zu einer Partei um $+1$ Einheit, reduzieren sich die Odds dieser Partei zu allen anderen Parteien um den Faktor 0.573 oder -42.7%. Gegenüber dem Modell M_1 reduziert sich die Devianz nur um 0.1% auf 15.5%.

Modell M_2 ist hierarchisch in M_1 geschachtelt. Der LR-Test ergibt eine Teststatistik von $L^2 = 920.385 - 914.303 = 5002.365 - 4996.283 = 6.08$. Bei $df = 5 - 1 = 4$ Freiheitsgraden ergibt sich ein empirisches Signifikanzniveau von 0.1931. Die Nullhypothese, dass das Modell mit einer generischen Variablen die Daten mindestens ebenso gut beschreibt wie das Modell mit fünf alternativenspezifischen Variablen, kann im Unterschied zum Modell ohne Konstanten (Tabelle 18.2) selbst bei $\alpha = 10\%$ nicht zurückgewiesen werden.[27] Da die beabsichtigte Parteienwahl nicht nur durch die Distanz erklärt werden kann, werden die Konstanten im Modell M_2 benötigt, um die Unterschiedlichkeit der Wahlneigungen zu berücksichtigen, wenn die Distanzen zu allen Parteien gleich sind.

Die Flexibilität des konditionalen Logit-Modells zeigt sich erst, wenn weitere erklärende Variablen berücksichtigt werden, die bei den Ausprägungen der abhängigen Variablen nicht vari-

---

27 Forschungshypothese ist hier die Nullhypothese.

ieren (z. B. Region oder Geschlecht). Der «Trick» der Einbeziehung solcher Variablen besteht darin, diese mit alternativenspezifischen Konstanten zu multiplizieren. Soll also z. B. der Effekt der Region (X_2) berücksichtigt werden, dann wird diese Variable der Reihe nach mit den alternativenspezifischen Konstanten $X_{1,0}$ bis $X_{4,0}$ multipliziert. Diese Produktvariablen haben formal die gleiche Eigenschaft wie eine alternativenspezifische Variable. In Tabelle 18.4 sind auf diese Weise die Region (X_2) und die beiden Dummy-Variablen der Konfession (D_1 und D_2) als zusätzliche Prädiktoren in das Modell M_2 aus Tabelle 18.3c aufgenommen, das dann zu Modell M_3 wird. Durch die Multiplikation jedes der drei Prädiktoren mit jeder der vier alternativenspezifischen Konstanten $X_{1,0}$ bis $X_{4,0}$ werden die Variablen im Datensatz gewissermaßen «gedoppelt» und beeinflussen über ein jeweils eigenes Regressionsgewicht die Modellgleichung für eine Ausprägung von Y. Wie bei den alternativenspezifischen Konstanten gilt dabei, dass aus Identifikationsgründen jede dieser *nicht* alternativenspezifischen Produktvariablen maximal $J-1$-mal in eine der J Modellgleichungen aufgenommen werden kann.[28]

Bei der Interpretation der Ergebnisse ist zu beachten, ob eine Variable die abhängige Variable ausschließlich alternativenspezifisch oder generisch beeinflusst oder ob dieselbe Variable über mehrere Regressionsgewichte wirkt (im Beispiel X_2, D_1 und D_2).[29] Die Distanzen sind als generische Variable $X_{*,1}$ spezifiziert. Ändert sich bei einer Partei die Distanz, so verändern sich die Odds dieser Partei zu allen anderen Parteien um den Faktor $e^{-0.535} = \exp(0.586)$ bei einer Änderung um $+1$ Einheit. Würde

---

28 Welche Ausprägung dabei ausgelassen wird, spielt keine Rolle. Es wäre sogar möglich, dass bei der Variablen D_1 eine andere Referenzkategorie gewählt wird als bei D_2.

29 Es ist auch möglich, mehrere Regressionsgewichte für zunächst alternativenspezifische Variablen zu schätzen. Wenn etwa die Distanz $X_{1,1}$ zur Linken nicht nur die Gleichung für diese Partei direkt beeinflusst, sondern auch die Gleichung der FDP, dann kann diese Variable analog zur Region durch Multiplikation mit einer alternativenspezifischen Konstanten «gedoppelt» werden und so als Produkt $X_{3,0} \cdot X_{1,1}$ mit einem eigenen Regressionsgewicht die Gleichung für die FDP beeinflussen.

Tabelle 18.4: **Konditionale logistische Regression der Wahlabsicht auf alternativenspezifische Konstanten ($X_{1,0}$ bis $X_{4,0}$), Distanzen zwischen eigener Position und Position der Parteien auf der Links-Rechts-Skala ($X_{*,1}$) als generische Variable und Region (X_2) und Konfession: D_1 = katholisch, D_2 = protestantisch**

Y: Wahlabsicht		b	S.E.	p	exp(b)		
M3:							
$X_{1,0}$	$b_{1,0}$	−0.600	0.2260	0.008	0.549	$-2\ln L_0$:	5926.668
$X_{2,0}$	$b_{2,0}$	−0.116	0.1971	0.557	0.891	$-2\ln L_1$:	4810.790
$X_{3,0}$	$b_{3,0}$	−0.316	0.1690	0.062	1.371	L^2:	1115.878
$X_{4,0}$	$b_{4,0}$	−0.454	0.2036	0.026	0.635		
$X_{*,1}$	$b_{*,1}$	−0.535	0.0220	<.001	0.586	$R^/_{MF}$	0.188
$X_{1,0}{\cdot}X_2$	$b_{1,2}$	1.023	0.2305	<.001	2.782		
$X_{2,0}{\cdot}X_2$	$b_{2,2}$	−1.208	0.2329	<.001	0.299		
$X_{3,0}{\cdot}X_2$	$b_{3,2}$	−0.245	0.1744	0.159	0.782		
$X_{4,0}{\cdot}X_2$	$b_{4,2}$	−0.764	0.2241	0.001	0.466		
$X_{1,0}{\cdot}D_1$	$b_{1,3}$	−1.436	0.3282	<.001	0.238		
$X_{2,0}{\cdot}D_1$	$b_{2,3}$	−0.951	0.2362	<.001	0.386		
$X_{3,0}{\cdot}D_1$	$b_{3,3}$	−1.049	0.2010	<.001	0.350		
$X_{4,0}{\cdot}D_1$	$b_{4,3}$	−0.805	0.2387	0.001	0.447		
$X_{1,0}{\cdot}D_2$	$b_{1,4}$	−0.575	0.2412	0.017	0.563		
$X_{2,0}{\cdot}D_2$	$b_{2,4}$	−0.537	0.2229	0.016	0.585		
$X_{3,0}{\cdot}D_2$	$b_{3,4}$	−0.495	0.1805	0.006	0.609		
$X_{4,0}{\cdot}D_2$	$b_{4,4}$	−0.293	0.2207	0.185	0.746		

Daten: Allbus 2008, n = 1956

also etwa die Distanz zur FDP um +1 Einheit steigen, sinken die Odds der FDP zur Linken, zu den Grünen, zur SPD und zur CDU um −41.4 % ($e^{-0.535}$). Die Odds der Linken zu den Grünen, der SPD und der CDU bleiben genauso unbeeinflusst wie die Odds der Grünen zu SPD und CDU und der SPD zur CDU.

Anders sieht es bei den Effekten der Konfession aus. Beim Vergleich zwischen Katholiken und Konfessionslosen zeigt die Modellschätzung in Tabelle 18.4, dass dadurch die Odds der Linken zur CDU um den Faktor 0.238 = exp($b_{1,3}$) sinken, die der Grünen zur CDU um den Faktor 0.386 = exp($b_{2,3}$), die der SPD zu CDU um den Faktor 0.350 = exp($b_{3,3}$) und die der FDP um den

Faktor $0.447 = \exp(b_{4,3})$. Dann ändern sich auch die Odds der Linken zu den Grünen um $\exp(b_{1,3}-b_{2,3}) = \exp(-1.436+0.951)$ $= \exp(-0.485) = 0.615$, die der Linken zur SPD um $\exp(b_{1,3}-b_{3,3})$ $= 0.679$, der Linken zur FDP um $\exp(b_{1,3}-b_{4,3}) = 0.532$, der Grünen zur SPD um $\exp(b_{2,3}-b_{3,3}) = 1.10$, der Grünen zur FDP um $\exp(b_{2,3}-b_{4,3}) = 0.864$ und der SPD zur FDP um $\exp(b_{3,3}-b_{4,3})$ $= 0.783$.

Als generellere Aussage ist zum Ergebnis dieser Modellschätzung festzuhalten, dass die CDU von der Konfessionszugehörigkeit profitiert, während die Linke, die Grünen, und die FDP in dieser Reihenfolge mit abnehmenden Effekten an die CDU verlieren. Dies gilt für beide Konfessionsgruppen, wobei jedoch die Unterschiede zwischen Katholiken und Konfessionslosen größer sind als die zwischen Protestanten und Konfessionslosen. Die einzige Abweichung von diesem generellen Trend gibt es bei den Odds der SPD zur CDU, deren Effekt (Verlust) beim Vergleich zwischen Katholiken und Konfessionslosen mit 65 % größer ist als der bei den Grünen mit 61.4 % ($= (1-0.386)\cdot 100$). Bei der Region zeigt sich, dass die relativen Chancen der Linken im Osten gegenüber allen anderen Parteien stark steigen. Am stärksten verlieren hier die Grünen vor der FDP. Geringer sind die relativen Verluste der SPD und am geringsten die der CDU zugunsten der Linken.

Mit zunehmender Distanz verringern sich die relativen Chancen einer Partei. Das gilt für alle Parteien in gleichem Maße. Der Effekt der Distanzen als generische Variable kann auch in diesem Modell getestet werden, indem alternativ ein Modell geschätzt wird, bei dem die Distanzen bei jeder Partei einen eigenen Effekt aufweisen. Die Teststatistik des LR-Werts kommt zu einem Wert von 8.99, was bei 4 Freiheitsgraden einem empirischen Signifikanzniveau von 0.0613 entspricht. Bei 5 % Irrtumswahrscheinlichkeit kann die Nullhypothese beibehalten werden. Das Modell mit alternativenspezifischen Distanzeffekten wird daher nicht weiter betrachtet. Die Betrachtung der Standardfehler und Signifikanzen weist darauf hin, dass möglicherweise nicht alle Effekte signifikant sind.

Im Unterschied zum multinomialen Logit-Modell können bei der Schätzung von konditionalen Logit-Modellen Effekte aus dem Modell problemlos ausgelassen werden. Umgekehrt können auch nur für spezifische Odds zusätzliche Effekte modelliert werden. So können etwa für die einzelnen Modellgleichungen unterschiedliche Polynome und Interaktionseffekte geschätzt werden. Da dies der bereits mehrfach beschriebenen Logik der Modellmodifikation entspricht, verzichten wir hier auf Beispiele.

18.3 Logit- und Probit-Modelle für ordinale abhängige Variablen

In multinomialen und konditionalen Logit-Modellen wird die abhängige Variable Y als nominalskaliert betrachtet. Kann bei Y ein höheres Skalenniveau angenommen werden, dann sollten die ordinalen Informationen genutzt werden, um zu einer effizienteren Beschreibung eines Zusammenhangs zu gelangen. Hierzu wird bei ordinalen Logit- und Probit-Modellen die Logik der linearen metrischen Regression aufgegriffen, derzufolge ein Prädiktor die abhängige Variable nur über ein Regressionsgewicht und nicht wie in der multinomialen Regression über K–1 Gewichte beeinflusst.

Dabei wird gefordert, dass die Odds der Ausprägungen einer abhängigen Variablen in systematischer Weise beeinflusst werden müssen. Von den verschiedenen Möglichkeiten der Berücksichtigung ordinaler Informationen konzentrieren wir uns nur auf das Modell der kumulierten Logits bzw. kumulierten Probits.[30] Die Grundidee dieser Modellierung besteht darin, Dicho-

---

30 Die Modelle der kumulierten Logits und Probits werden inzwischen so oft angewendet, dass die Bezeichnung ordinales Logit- bzw. Probit-Modell praktisch ein Synonym für die beiden Modelle ist. Es gibt jedoch alternative Modellierungen eines Zusammenhangs bei einer ordinalen abhängigen Variablen, vgl. Andreß u.a. 1997: Kapitel 3.8.

tomisierungen der J Ausprägungen der abhängigen ordinalen Variablen zu betrachten. Wenn die abhängige Variable z. B. die Beurteilung der eigenen wirtschaftlichen Lage (Y) mit den Ausprägungen Y = 1 für (sehr) schlecht, Y = 2 für teils/teils und Y = 3 für (sehr) gut ist, dann können zwei Dichotomien gebildet werden: eine nicht schlechte Einschätzung (Y>1) versus eine schlechte Einschätzung (Y = 1) und eine gute Einschätzung (Y>2) versus eine nicht gute Einschätzung (Y≤2).[31]

Für jede Dichotomie wird ein binäres Logit- oder Probit-Modell spezifiziert. Da bei beiden Dichotomien das Odds einer höheren zu einer niedrigeren Kategorie modelliert wird, ist zu erwarten, dass die Effekte einer erklärenden Variablen auf die Odds der beiden Dichotomien sehr ähnlich sind. Im Beispiel würde man also bei einem Modell mit nur einer erklärenden Variablen X für diese Odds erwarten:

$$\frac{\hat{\pi}(Y > 1)}{\hat{\pi}(Y = 1)} = \exp(b_{1,0} + b_{1,1} \cdot X) \text{ und}$$

$$\frac{\hat{\pi}(Y > 2)}{\hat{\pi}(Y \leq 2)} = \exp(b_{2,0} + b_{2,1} \cdot X) \text{ mit } b_{1,1} \approx b_{2,1}$$

Im Modell der ordinalen Logits bzw. der ordinalen Probits werden explizit identische Regressionsgewichte eines Prädiktors bei allen Dichotomien einer ordinalen abhängigen Variablen spezifiziert und so die Zahl der zu schätzenden Modellparameter gegenüber einem multinomialen Logit-Modell stark reduziert.

Wenn eine ordinale abhängige Variable Y insgesamt J Ausprägungen hat, dann gibt es J−1 mögliche Dichotomien. Bei K Prädiktoren lauten die Modellgleichungen im Regressionsmodell der kumulierten Logits dann:

---

31 Wir greifen hier als Beispiel wieder die bereits in Kapitel 10 analysierte ordinale Variable «Beurteilung der wirtschaftlichen Lage» auf (vgl. Tabelle 10.2). Im Unterschied zu Kapitel 10 ist die Codierung im Sinne einer leichteren Interpretation umgedreht, sodass niedrige Werte für eine schlechte Einschätzung und hohe Werte für eine gute Einschätzung der wirtschaftlichen Lage stehen.

$$\hat{\pi}\left(Y>j\right)=\frac{\exp\left(a_j+\sum_{k=1}^{K}b_k\cdot X_k\right)}{1+\exp\left(a_j+\sum_{k=1}^{K}b_k\cdot X_k\right)}; \quad \text{für } j=1,2,...,J-1 \qquad (18.8a)$$

wobei a_j = Regressionskonstante bei der Dichotomisierung von Y in Y>j und Y≤j

b_k = gemeinsames Regressionsgewicht des Prädiktors X_k in den Modellgleichungen für alle Dichotomien von Y.

Weitere Erläuterungen siehe Gleichung 18.2.

Da die Indizes der Regressionskonstanten nur über die Ordnungsnummern der Kategorien j von Y variieren und die Regressionsgewichte nur über die Ordnungsnummern k der erklärenden Variablen, werden in ordinalen Logitmodellen üblicherweise unterschiedliche Buchstaben für die Konstanten (a_j) und die Gewichte (b_k) verwendet, um so die Doppelindizierung ($b_{j,k}$) des multinomialen Logit-Modells einzusparen.

Die Bezeichnung «Modell der kumulierten Logits» wird plausibel, wenn analog zur Umwandlung von Gleichung 17.1 zu Gleichung 17.3 die Logits aus Gleichung 18.8a berechnet werden:

$$\ln\left(\frac{\hat{\pi}\left(Y>j\right)}{\hat{\pi}\left(Y\leq j\right)}\right)=a_j+\sum_{k=1}^{K}b_k\cdot X_k; \quad \text{für } j=1,2,...,J-1 \qquad (18.8b)$$

wobei $\ln\left(\dfrac{\hat{\pi}\left(Y>j\right)}{\hat{\pi}\left(Y\leq j\right)}\right)$ = Logit einer Dichotomisierung von Y in Y>j und Y≤j.

Weitere Erläuterungen siehe Gleichung 18.8a.

Gleichung 18.8b formuliert das Regressionsmodell als lineare Gleichung für Logits. Da bei jeder Dichotomie die Kategorien bis Y = j und ab Y = j+1 aufsummiert (kumuliert) werden, können die Logits als «kumulierte Logits» bezeichnet werden.

Beim Modell der kumulierten Probits besteht der einzige Unterschied darin, dass anstelle der Logits kumulierte Probits als lineare Funktion der Prädiktoren modelliert werden:

$$\Phi^{-1}\left(\hat{\pi}\left(Y > j\right)\right) = a_j + \sum_{k=1}^{K} b_k \cdot X_k ; \quad \text{für } j = 1, 2, ..., J - 1 \qquad (18.8c)$$

wobei $\Phi^{-1}(\dots)$ = Inverse der Verteilungsfunktion der Standardnormalverteilung.

Weitere Erläuterungen s. Gleichung 18.8b.

Die Vorhersagewerte für die Dichotomien ergeben sich dann nach:

$$\hat{\pi}\left(Y > j\right) = \Phi\left(a_j + \sum_{k=1}^{K} b_k \cdot X_k\right); \quad \text{für } j = 1, 2, ..., J - 1 \qquad (18.8d)$$

Erläuterungen siehe Gleichung 17.2.

Wenn die abhängige Variable nur zwei Ausprägungen hat, sind keine weiteren Dichotomisierungen möglich. Die Modelle der kumulierten Logits bzw. Probits sind dann mit binären Logit- und Probit-Regressionen identisch.

18.3.1 Das Modell der kumulierten Logits
Formal besteht das Modell der kumulierten Logits aus der simultanen Schätzung mehrerer binärer Logit-Modelle. Aufgrund der Restriktion, dass die Regressionsgewichte gleich sein sollen, ist die Schätzung aufwendiger als bei einem binären Logit-Modell. Sichtbar wird dies, wenn die Modellgleichungen so umgeformt werden, dass die Realisierungswahrscheinlichkeiten der einzelnen Kategorien von Y Funktionen der Modellparameter sind:

$$\hat{\pi}\left(Y=1\mid X_1,...,X_K\right) = \underbrace{\cfrac{1}{1+\exp\left(a_1 + \displaystyle\sum_{k=1}^{K} b_k \cdot X_k\right)}}_{1-\hat{\pi}(Y>1\mid X_1,...,X_k)}$$

$$\left.\begin{aligned}
&\hat{\pi}\left(Y=j\mid X_1,...,X_K\right) \\[2pt]
&= \underbrace{\cfrac{\exp\left(a_{j-1} + \displaystyle\sum_{k=1}^{K} b_k \cdot X_k\right)}{1+\exp\left(a_{j-1} + \displaystyle\sum_{k=1}^{K} b_k \cdot X_k\right)}}_{\hat{\pi}(Y>j-1\mid X_1,...,X_k)} - \underbrace{\cfrac{\exp\left(a_{j} + \displaystyle\sum_{k=1}^{K} b_k \cdot X_k\right)}{1+\exp\left(a_{j} + \displaystyle\sum_{k=1}^{K} b_k \cdot X_k\right)}}_{\hat{\pi}(Y>j\mid X_1,...,X_k)}
\end{aligned}\right\} \begin{aligned}&\text{für } j=2,..., \\ &J-1\end{aligned}$$

$$\hat{\pi}\left(Y=J\mid X_1,...,X_K\right) = \underbrace{\cfrac{\exp\left(a_{J-1} + \displaystyle\sum_{k=1}^{K} b_k \cdot X_k\right)}{1+\exp\left(a_{J-1} + \displaystyle\sum_{k=1}^{K} b_k \cdot X_k\right)}}_{\hat{\pi}(Y>J-1\mid X_1,...,X_k)}$$

(18.9)

Erläuterungen siehe Gleichung 18.8a.

Damit die Wahrscheinlichkeiten bei den Dichotomien von $j=2$ bis $j=J$ positive Werte annehmen, müssen die Werte der Konstanten so beschaffen sein, dass $a_{j-1}>a_j$. Bei den meisten Statistikprogrammen wird eine Reparametrisierung verwendet, die dazu führt, dass anstelle der Konstanten deren negativer Wert $-a_j$ ausgegeben wird. Anstelle von Konstanten werden die Werte dann auch als Schwellenwerte (thresholds) bezeichnet.

Tabelle 18.5a zeigt die Ergebnisse der ML-Schätzung eines ordinalen Logit-Modells. Abhängige Variable (Y) ist die trichotome Bewertung der eigenen Wirtschaftslage (EWL). Prädiktoren sind die Bewertung der allgemeinen Wirtschaftslage (AWL = X_1), die Region (X_2), Vollzeitbeschäftigung (X_3), das Alter in Jahrzehnten (X_4) und das quadrierte Alter (($X_4)^2$).[32] Von

---

32 Datenbasis ist wieder der Allbus 2008. Die Schätzung basiert auf 3423 Fällen. Die Berechnung erfolgt mit STATA.

Tabelle 18.5: **Ordinale Regression der Beurteilung der eigenen wirtschaft-**
lichen Lage (Y) auf die allgemeine wirtschaftliche Lage (X_1),
die Region (X_2), die Vollzeitbeschäftigung (X_3), das Alter in
Jahrzehnten (X_4) und das quadrierte Alter

a) Logit-Regression (Modell der kumulierten Logits)

		b	S.E.	p	exp(b)	b*
X_1	b_1	1.139	0.0512	<.001	3.124	0.398
X_2	b_2	–0.381	0.0719	<.001	0.683	–0.087
X_3	b_3	0.612	0.0760	<.001	1.844	0.147
X_4	b_4	–0.529	0.1086	<.001	0.589	Alter: 0.160
$(X_4)^2$	b_5	0.066	0.0109	<.001	1.068	
Y>1/Y=1	$-a_1$	0.036	0.2737	$L^2 = 699.51$, df = 5, p<.001		
Y=3/Y<3	$-a_2$	1.922	0.2759	$R'_{MF} = 0.098$; $R'_{NK} = 0.211$; $R^2 = 0.207$		

Daten: Allbus 2008, n = 3423

b) Probit-Regression (Modell der kumulierten Probits)

		b	S.E.	p	b*
X_1	b_1	0.666	0.0293	<.001	0.417
X_2	b_2	–0.217	0.0429	<.001	–0.088
X_3	b_3	0.373	0.0452	<.001	0.161
X_4	b_4	–0.310	0.0638	<.001	Alter: 0.169
$(X_4)^2$	b_5	0.039	0.0064	<.001	
Y>1/Y=1	$-a_1$	0.036	0.2737	$L^2 = 693.03$, df = 5, p<.001	
Y=3/Y<3	$-a_2$	1.922	0.2759	$R'_{MF} = 0.097$; $R'_{NK} = 0.209$; $R^2 = 0.229$	

Daten: Allbus 2008, n = 3423

Interesse sind primär die Regressionsgewichte, die sich am besten im Hinblick auf die Dichotomien interpretieren lassen. Steigt die AWL (X_1) um +1 Einheit, erhöhen sich bei allen Dichotomien der abhänggien Variablen die Odds, in die jeweils höhere statt die niedrigere Kategorie (hier: Kategorienzusammenfassung) zu fallen, um den Faktor exp(b_1) = 3.124, also um 212.4%.

AWL wurde wie in Tabelle 10.2 trichotomisiert und zusätzlich umgepolt. Region hat die Ausprägungen Ost = 1 und West = 0, Vollzeitbeschäftigung ist eine 0/1-codierte Dummy-Variable mit dem Code 0 für nicht vollzeitbeschäftigt und dem Code 1 für vollzeitbeschäftigt.

Die Region (X_2) hat einen negativen Effekt, sodass im Osten die EWL schlechter gesehen wird. Die Odds der Dichotomien sind im Osten um $\exp(b_2) = 0.683$ oder 31.7% geringer als im Westen. Vollzeitbeschäftigung (X_3) hat dagegen einen positiven Effekt, denn die Odds der Dichotomien steigen um den Faktor $\exp(b_3) = 1.844$ oder 84.4% an.

Das Alter wird über ein Polynom zweiter Ordnung berücksichtigt. Das Regressionsgewicht des linearen Prädiktors ist negativ und abgesehen vom Vorzeichen etwa achtmal höher als das Gewicht des quadratischen Prädiktors. Daher dominiert bei kleinen Werten von X_k der negative Wert des linearen Prädiktors zunächst über den positiven Wert des quadratischen Prädiktors, dessen Werte aber bei zunehmenden Werten von X_k schnell ansteigen, sodass der Gesamteffekt immer stärker abnimmt und sich schließlich zu einem positiven Effekt umkehrt. Es gibt daher eine u-förmige Beziehung.[33]

Zur Beurteilung der relativen Einflussstärke können die Werte in der letzten Spalte betrachtet werden, deren Berechnung in Abschnitt 18.4 vorgestellt wird. Die Beurteilung von AWL hat den stärksten Effekt. Deutliche und annähernd gleich starke Effekte haben das Alter und die Vollbeschäftigung.[34] Der Effekt der Region ist deutlich geringer.

Die Gesamterklärungskraft liegt nach Nagelkerkes Pseudo-R-Quadrat mit 21% im mittleren Bereich. Die Devianzreduktion ist wieder deutlich geringer. Die Regressionsgewichte sind alle signifikant, und der LR-Test, dass alle Regressionsgewichte null sind, kann bei einem empirischen Signifikanzniveau p <0.001 abgelehnt werden.

---

33 Es hängt dann von den realisierten Werten des Alters ab, ob die bedingte Regressionsfunktion des Alters den u-förmigen Verlauf aufweist, oder ob nur der linke fallende Teilbereich bzw. der rechte steigende Teilbereich des Kurvenverlaufs empirisch vorkommt.

34 Da das Alter über zwei Design-Variablen im Modell berücksichtigt wird, werden deren Effekte nach Gleichung 17.6. zusammengefasst.

18.3.2 Das Modell der kumulierten Probits

Die Analyse eines gerichteten Zusammenhangs auf eine ordinale abhängige Variable über das Modell der kumulierten Probits erfolgt analog zur Analyse bei einer ordinalen Logit-Regression. In Tabelle 18.5b sind die Ergebnisse der ML-Schätzung des ordinalen Probit-Modells wiedergegeben. Die abhängige Variable und die Prädiktoren sind die gleichen wie im ordinalen Logit-Modell (Tabelle 18.5a). Die Ergebnisse der beiden Modellschätzungen sind sehr ähnlich. Die unstandardisierten Regressionskoeffizienten sind im Probit-Modell als Folge des steileren Kurvenverlaufs der Standardnormalverteilung verglichen mit der standard-logistischen Verteilung (Abbildung 17.2) geringer. Die Größenverhältnisse und die Vorzeichen zwischen den Regressionsgewichten stimmen aber tendenziell überein. So wird auch hier sichtbar, dass die allgemeine Wirtschaftslage (X_1) und Vollzeitbeschäftigung (X_3) einen positiven Effekt aufweisen und die Region einen negativen, was bedeutet, dass im Osten eine negativere Bewertung besteht. Der Effekt des Alters ist wieder kurvilinear.

Im Unterschied zum ordinalen Logit-Modell ist das Probit-Modell nicht multiplikativ-proportional, weswegen wir die Odds auch gar nicht berechnen. Stattdessen können die bedingten Regressionsfunktionen grafisch inspiziert werden. In Abbildung 18.2 sind die bedingten Regressionsfunktionen von Y (= EWL) auf Alter für ganztagsbeschäftigte ($X_3 = 1$) Personen aus dem Westen ($X_2 = 0$) wiedergegeben, die die allgemeine wirtschaftliche Lage mit «teils/teils» ($X_1 = 2$) beurteilen. In Abbildung 18.2a zeigen die bedingten Regressionsfunktionen der beiden Dichotomien von Y deutlich den in Abschnitt 18.3.1 anhand der Regressionsgewichte erwarteten u-förmigen Kurvenverlauf in Abhängigkeit vom Alter. Die obere Kurve gibt die Wahrscheinlichkeit wieder, dass Y>1 ist und die untere, dass Y>2 ist. Die Gleichungen unterscheiden sich nur bei der Regressionskonstante. Je weiter die Regressionskonstanten der Dicho-

Abbildung 18.2

a) Regressionsfunktion der Dichotomisierungen

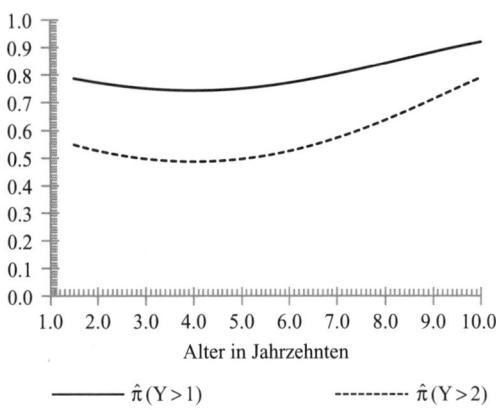

Alter in Jahrzehnten

———— $\hat{\pi}(Y>1)$ --------- $\hat{\pi}(Y>2)$

b) Regressionsfunktion der Ausprägungen

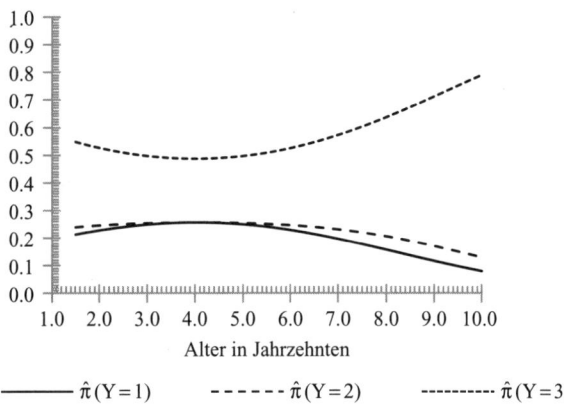

Alter in Jahrzehnten

———— $\hat{\pi}(Y=1)$ ----- $\hat{\pi}(Y=2)$ --------- $\hat{\pi}(Y=3)$

tomien auseinanderfallen, umso größer ist der Abstand zwischen den Kurvenverläufen.

In Abbildung 18.2b sind die Regressionsfunktionen für die einzelnen Ausprägungen von Y wiedergegeben. Die obere Kurve ist identisch mit der unteren in Abbildung 18.2a, da hier Y = 3 und Y>2 bei J = 3 Ausprägungen das Gleiche bedeuten. Die untere Kurve in Abbildung 18.2b ist eine «Spiegelung» der oberen Kurve in Abbildung 18.2a. Dort werden die Wahrscheinlichkeiten abgebildet, dass Y>1 ist, hier, dass Y = 1 ist, was hier das Komplement zu Y>1 ist. Die mittlere Kurve (Y = 2) in Abbildung 18.2b ergibt sich über die Differenz der beiden Kurven in Abbildung 18.2a. Wie bei multinomialen Logit-Modellen können mittlere Kategorien in ordinalen Logit- und Probit-Regressionen einen kaum voraussehbaren Kurvenverlauf aufweisen. Selbst bei monotonen Zusammenhängen sind die bedingten Regressionskurven nichtmonoton und können die Regressionskurven für andere Ausprägungen schneiden. Wir empfehlen bei ordinalen Logit- und Probit-Modellen, für die Interpretation ausschließlich die Dichotomien (Abbildung 18.2a) zu betrachten.

18.4 Beobachtungsäquivalenz zwischen ordinaler Probit- und Logit-Regression und einem latenten linearen Regressionsmodell

Die Ergebnisse ordinaler Logit- und Probit-Regressionen werden häufig als lineare Regressionsmodelle einer unbeobachteten metrischen abhängigen Variablen interpretiert.[35] Die Idee hierbei ist, dass nicht die beobachtete ordinale Variable Y die eigentlich interessierende abhängige Variable ist, sondern eine stetige Variable Y^*, die allerdings nicht direkt beobachtbar ist. Im Beispiel der eigenen Wirtschaftslage könnte so argumentiert werden, dass die Befragten sich im Prinzip ein Kontinuum von einer sehr schlechten bis zu einer sehr guten Wirtschaftslage vorstellen, auf der sie ihre eigene Lage positionieren. Durch die kategorialen Antwortvorgaben wird dieses Kontinuum gewissermaßen in Abschnitte aufgeteilt, die jeweils einer ordinalen Kategorie entspre-

---

35 Da binäre Logit-Modelle auch als Spezialfall ordinaler Logit-Modelle aufgefasst werden können, bei denen die ordinale abhängige Variable nur zwei Ausprägungen hat, gilt dies auch für die in Kapitel 17 vorgestellten binären Regressionsmodelle.

chen. Beobachtet wird dann nicht die exakte Einschätzung der eigenen wirtschaftlichen Lage, sondern nur die grobe (ungenaue) Kategorisierung. Die Grenzen zwischen den Kategorien werden als *Schwellenwerte* (engl.: *thresholds*) bezeichnet. Y ist dann eine *Indikatorvariable* für Y*.

Für die eigentlich interessierende latente abhängige Variable Y* wird dann angenommen, dass deren Regression auf die (beobachteten) Prädiktoren zu einer linearen Regressionsfunktion mit homoskedastisch verteilten Residuen führt:

$$Y^* = \beta_0 + \sum_{k=1}^{K} \beta_k \cdot X_k + \varepsilon \qquad (18.10a)$$

wobei Y^* = unbeobachtete stetig-metrische abhängige Variable

       ε = Residualvariable der Regression der unbeobachteten Variablen Y^* auf die beobachteten erklärenden Variablen X_1 bis X_K.

Weitere Erläuterungen siehe Gleichung 14.1.

Die beobachtete ordinale Variable Y hat dann einen größeren Wert als die Kategorie j (mit j = 1, 2, …, J–1), wenn die latente Variable Y* den Schwellenwert τ_j (τ ist der kleine griechische Buchstabe tau) übersteigt, der die Abschnitte mit der Ordnungsnummer j und j+1 des Wertebereichs von Y* trennt. Aus Gleichung 18.10a folgt dann:

$$\pi(Y > j) = \Pr(Y^* > \tau_j) = \Pr\left(\beta_0 + \sum_{k=1}^{K} \beta_k \cdot X_k + \varepsilon > \tau_j\right) \qquad (18.10b)$$
$$\text{für } j = 1, 2, …, J-1$$

wobei τ_j = Schwellenwert zwischen Kategorie j und j+1 von Y.

Weitere Erläuterungen siehe Gleichung 18.10a.

Wird nun angenommen, dass die Residualvariable ε mit der Varianz $\sigma^2(\varepsilon)$ homoskedastisch normalverteilt ist, folgt:[36]

$$\pi\left(Y > j\right) = \Pr\left(Y^* > \tau_j\right) \tag{18.11a}$$

$$= \Pr\left(\beta_0 + \sum_{k=1}^{K} \beta_k \cdot X_k + \varepsilon > \tau_j\right) = \Pr\left(\varepsilon > \tau_j - \left(\beta_0 + \sum_{k=1}^{K} \beta_k \cdot X_k\right)\right)$$

$$= 1 - \Pr\left(\varepsilon \leq \tau_j - \left(\beta_0 + \sum_{k=1}^{K} \beta_k \cdot X_k\right)\right) = \Pr\left(\varepsilon \leq -\left(\tau_j - \beta_0 - \sum_{k=1}^{K} \beta_k \cdot X_k\right)\right)$$

$$= \Pr\left(\underbrace{\frac{\varepsilon}{\sigma(\varepsilon)}}_{=Z \sim N(0;1)} \leq \frac{\left(\beta_0 - \tau_j\right) + \sum_{k=1}^{K} \beta_k \cdot X_k}{\sigma(\varepsilon)}\right) = \Phi\left(\underbrace{\frac{\beta_0 - \tau_j}{\sigma(\varepsilon)}}_{b_0 \text{ bzw. } a_j} + \sum_{k=1}^{K} \underbrace{\frac{\beta_k}{\sigma(\varepsilon)}}_{b_k} \cdot X_k\right)$$

wobei   ε   = normalverteilte Residualvariable mit Erwartungswert $\mu(\varepsilon) = 0$

  ε/σ(ε) = standardisierte, standardnormalverteilte Residualvariable.

  Weitere Erläuterungen siehe Gleichung 18.10a und b.

Vergleicht man Gleichung 18.11a mit Gleichung 17.2 (bzw. 18.8d), dann wird deutlich, dass das latente lineare Regressionsmodell mit Y^* als abhängiger Variable, das über einen Schwellenwert (bei einer dichotomen Variablen) bzw. mehrere (bei einer polytomen ordinalen Variablen) Schwellenwerte mit einer ordinalen Indikatorvariablen Y verknüpft ist, der binären bzw. ordinalen Probit-Regression von Y auf die Prädiktoren X_1 bis X_K entspricht. Vorausgesetzt wird dabei, dass die latente Residualvariable ε mit Erwartungswert null homoskedastisch normalverteilt ist. Ist die latente Residualvariable stattdessen homoskedastisch logistisch verteilt, ergibt sich für die ordinale Indikatorvariable Y die Gleichung einer Logit-Regression:

---

36 Die Gleichheit der Ausdrücke in der dritten Zeile von Gleichung 18.11a folgt aus der Symmetrie der Verteilung von ε.

$$\pi(Y > j) = \pi\left(\beta_0 + \sum_{k=1}^{K} \beta_k \cdot X_k - \tau_j > -\varepsilon\right)$$

$$= \Lambda\left(\underbrace{\frac{\beta_0 - \tau_j}{\psi}}_{b_0 \text{ bzw. } a_j} + \sum_{k=1}^{K} \underbrace{\frac{\beta_k}{\psi}}_{b_k} \cdot X_k\right). \qquad (18.11b)$$

wobei ψ = Skalierungsfaktor, der angibt, um welchen Wert die Standardabweichung $\sigma(\varepsilon) = \psi \cdot \pi / \sqrt{3}$ einer logistisch verteilten Variablen ε von der Standardabweichung der standard-logistischen Verteilung abweicht. Weitere Erläuterungen siehe Gleichung 17.1 und 18.10a und b.

Aus Gleichung 18.11a bzw. b folgt, dass die Regressionskoeffizienten einer binären bzw. ordinalen Probit- oder Logit-Regression auch als Regressionskoeffizienten einer linearen Regression einer abhängigen latenten Variablen Y^* interpretiert werden *können*. Gleichung 18.11a und b weisen auch darauf hin, dass die Interpretation der ordinalen Logit- und Probit-Regression als latentes lineares Modell *nicht unproblematisch* ist: Im latenten linearen Modell müssen nämlich neben den K+1 Regressionskoeffizienten zusätzlich der Skalierungsparameter ψ bzw. die Standardabweichung $\sigma(\varepsilon)$ der latenten Residualvariablen und auch noch die J−1 Schwellenwerte τ_j geschätzt werden. Da das ordinale Logit- und Probit-Modell aber nur K Regressionsgewichte und J−1 Regressionskonstanten schätzen kann, ist das latente lineare Regressionsmodell *nicht identifiziert*. Inhaltlich bedeutet das, dass sowohl der Nullpunkt als auch die Einheit der latenten Variablen Y^* beliebig sind.[37]

Dieses Identifikationsproblem kann nur durch zwei zusätzliche *A-priori*-Restriktionen gelöst werden, deren Erfüllung unter-

37 Dies gilt grundsätzlich für Modelle mit latenten Variablen.

stellt wird, ohne sie empirisch zu prüfen bzw. prüfen zu können. Dabei wird zum einen die Regressionskonstante β_0 (bei polytom-ordinalen Variablen) bzw. der Schwellenwert τ_1 (bei dichotomen abhängigen Variablen) auf null gesetzt («gefixt»). Zum anderen wird bei logistisch verteilten Residuen der Skalierungsparameter ψ bzw. bei normalverteilten Residuen die Standardabweichung $\sigma(\varepsilon)$ auf eins gesetzt.[38] Unter diesen Restriktionen sind die Regressionskoeffizienten der ML-Schätzung des Logit- oder Probit-Modells mit denen der latenten linearen Regression identisch. Das bedeutet, dass jedes Regressionsgewicht β_k über das korrespondierende Regressionsgewicht b_k der ordinalen Probit- bzw. Logit-Regression geschätzt wird: $\hat{\beta}_k = b_k$.

Solange nur ein Regressionsmodell betrachtet wird, ist die willkürliche Festlegung von Nullpunkt und Einheit der latenten abhängigen Variablen inhaltlich irrelevant. Anders sieht es bei einem Vergleich von verschiedenen Modellen aus. Da im latenten linearen Modell die Residualvarianz $\sigma^2(\varepsilon)$ bzw. der Skalierungsfaktor ψ a priori auf 1.0 festgesetzt sind, ist davon auszugehen, dass die Varianz von Y^* variiert, wenn Modelle mit unterschiedlichen Prädiktoren oder aus unterschiedlichen Stichproben verglichen werden. Ein Vergleich der Regressionskoeffizienten *verschiedener Regressionsmodelle* ist daher *nicht sinnvoll*.

Eine Lösung besteht darin, die standardisierten Regressionsgewichte der latenten linearen Regression zu berechnen.[39] Wenn der Skalierungsparameter der logistischen Residualverteilung bzw. die Standardabweichung der normalverteilten Residuen auf eins gesetzt ist, berechnet sich die Varianz der latenten abhängigen Variablen Y^* durch Anwendung von Gleichung 5.22c nach:

---

38 Dies ist auch der Grund, warum Statistikprogramme für ordinale Regressionsmodelle anstelle der Regressionskonstanten deren negativen Wert ausgeben und oft als Schwellenwert (threshold) oder Schnittpunkt («cut») bezeichnen.

39 Durch die Standardisierung wird die Varianz von Y* anstelle der Residualvarianz von ε auf den Wert 1.0 festgelegt.

$$\hat{\sigma}^2\left(Y^*\right) = \sum_{k=1}^{K}\sum_{j=1}^{K}\hat{\beta}_k \cdot \hat{\beta}_j \cdot \hat{\sigma}\left(X_k, X_j\right) + \sigma^2\left(\varepsilon\right)$$

$$= \begin{cases} \sum_{k=1}^{K}\sum_{j=1}^{K} b_k \cdot b_j \cdot \hat{\sigma}\left(X_k, X_j\right) + 1 & \text{im Probit-Modell} \\[2em] \sum_{k=1}^{K}\sum_{j=1}^{K} b_k \cdot b_j \cdot \hat{\sigma}\left(X_k, X_j\right) + \dfrac{\pi^2}{3} & \text{im Logit-Modell} \end{cases} \quad (18.12)$$

wobei $\hat{\beta}_k$ = geschätztes Regressionsgewicht der latenten linearen Regression.

Weitere Erläuterungen siehe Gleichung 18.11a und b.

Die standardisierten Regressionsgewichte der latenten linearen Regression berechnen sich dann nach Gleichung 13.8. In Tabelle 18.5a und b sind diese Werte in der jeweils letzten mit b* überschriebenen Spalte wiedergegeben.[40] Außerdem ist auch der Determinationskoeffizient R^2 der latenten linearen Regression dokumentiert. Er berechnet sich wie üblich als Quotient der Vorhersagevarianz durch die Gesamtvarianz, hier also nach:

$$R^2 = \begin{cases} \dfrac{\displaystyle\sum_{k=1}^{K}\sum_{j=1}^{K} b_k \cdot b_j \cdot \hat{\sigma}\left(X_k, X_j\right)}{\displaystyle\sum_{k=1}^{K}\sum_{j=1}^{K} b_k \cdot b_j \cdot \hat{\sigma}\left(X_k, X_j\right) + 1} & \text{im Probit-Modell} \\[3em] \dfrac{\displaystyle\sum_{k=1}^{K}\sum_{j=1}^{K} b_k \cdot b_j \cdot \hat{\sigma}\left(X_k, X_j\right)}{\displaystyle\sum_{k=1}^{K}\sum_{j=1}^{K} b_k \cdot b_j \cdot \hat{\sigma}\left(X_k, X_j\right) + \dfrac{\pi^2}{3}} & \text{im Logit-Modell} \end{cases} \quad (18.13)$$

Erläuterungen siehe Gleichung 18.12.

40 Da bei der Standardisierung der unstandardisierten Koeffizienten immer durch den gleichen Nenner s(Y*) geteilt wird, sind die Koeffizienten proportional zu den X-standardisierten Koeffizienten der binären und polytomen Regressionsmodelle. Sie können daher auch ohne Bezug auf das latente lineare Regressionsmodell zur Beurteilung der relativen Erklärungskraft interpretiert werden.

In jüngster Zeit werden Logit- und Probit-Regressionen oft ausschließlich als latente lineare Modelle interpretiert. Zwar können Logit- und Probit-Modelle immer berechnet werden, aber ihre Interpretation als latente lineare Modelle sollte *nicht quasi automatisch* erfolgen. Eine solche Interpretation ist zwar möglich, aber nicht zwingend. Problematisch sind bei der Interpratation als latentes Modell vor allem die gegenüber der Logit- und Probit-Regression *zusätzlichen* Annahmen, wie z. B. die Homoskedastizitätsannahme, die bei einem latenten Modell im Unterschied zu linearen Modellen nicht empirisch überprüfbar ist.[41] Nicht geprüft werden kann auch, ob die latenten Residuen normalverteilt sind, logistisch verteilt sind oder einer anderen Verteilung folgen. Wenn Zweifel daran bestehen, dass die latenten Residuen symmetrisch-unimodal und homoskedatisch verteilt sind, dann ist die Interpretation einer Logit- oder Probit-Regression als lineares latentes Modell ausgeschlossen.

Schließlich ist nicht nur beim Vergleich von Modellen über verschiedene Datensätze, sondern auch bei der Modellmodifikation (wie z. B. bei schrittweiser Regression) Vorsicht angezeigt. Wenn in einer Stichprobe und bei derselben abhängigen Variablen Modelle mit verschiedenen Prädiktoren geschätzt werden, lassen sich die Koeffizienten bei der Interpretation als latentes lineares Modell nicht mehr direkt vergleichen, sondern erst nach einer Gleichsetzung der Varianz von Y^* in den Modellen, etwa durch die Berechnung standardisierter Koeffizienten. Wird von der Interpretation als latentes lineares Regressionsmodell abgesehen, treten keine Identifikationsprobleme auf. Ist also die dichotome oder ordinale Variable Y und nicht eine latente Variable Y^* die interessierende abhängige Variable, können die Regressi-

---

41 Auf der Beobachtungsebene ist Heteroskedastizität nicht von einer nichtlinearen Regressionsfunktion zu unterscheiden (vgl. Johnston & diNardo, 1997: S. 426 f.). Die in Statistikprogrammen implementierten robusten Standardfehlerschätzungen für Probit- und Logit-Modelle beziehen sich nicht auf eine mögliche Heteroskedastizität der latenten linearen Regression, sondern auf Abweichungen von einer einfachen Zufallsauswahl.

onskoeffizienten verschiedener Regressionsmodelle problemlos verglichen werden, solange die Maßeinheiten der erklärenden Variablen vergleichbar sind.

18.5 Zusammenfassung

Die wichtigsten Formeln dieses Kapitels
Modellgleichungen des multinomialen Logit-Modells

$$\hat{\pi}\left(Y = j \big| X_1, ..., X_K\right)$$

$$= \frac{\exp\left(b_{j,0} + \sum_{k=1}^{K} b_{j,k} \cdot X_k\right)}{1 + \sum_{j=1}^{J-1} \exp\left(b_{j,0} + \sum_{k=1}^{K} b_{j,k} \cdot X_k\right)}; \quad \text{für Referenzkategorie } J \tag{18.1}$$

$$\hat{\pi}\left(Y = J \big| X_1, ..., X_K\right)$$

$$= \frac{1}{1 + \sum_{j=1}^{J-1} \exp\left(b_{j,0} + \sum_{k=1}^{K} b_{j,k} \cdot X_k\right)}; \quad \text{für Referenzkategorie } J$$

Antilogarithmus der Differenz zweier Regressionsgewichte: Veränderung des Odds $Y = j / Y = r$ bei einem Anstieg von X_k um $+1$ Einheit

$$\frac{\hat{\pi}_{j|X_1,...,X_k+1,...,X_K}}{\hat{\pi}_{r|X_1,...,X_k+1,...,X_K}} \Big/ \frac{\hat{\pi}_{j|X_1,...,X_k,...,X_K}}{\hat{\pi}_{r|X_1,...,X_k,...,X_K}} = \exp\left(b_{j,k} - b_{r,k}\right)$$
$$= \exp\left(b_{j,k}\right) / \exp\left(b_{r,k}\right) \tag{18.4}$$

Modellgleichung des konditionalen Logit-Modells

$$\hat{\pi}\left(Y = j \big| X_{j,1}, ..., X_{j,K}\right) = \frac{\exp\left(\sum_{k=1}^{K} b_{j,k} \cdot X_{j,k}\right)}{\sum_{r=1}^{J} \exp\left(\sum_{k=1}^{K} b_{r,k} \cdot X_{r,k}\right)}; \quad \text{für } j = 1, 2, ..., J \tag{18.5}$$

Regressionsmodell der kumulierten Logits

$$\hat{\pi}\left(Y > j\right) = \frac{\exp\left(a_j + \sum_{k=1}^{K} b_k \cdot X_k\right)}{1 + \exp\left(a_j + \sum_{k=1}^{K} b_k \cdot X_k\right)}; \quad \text{für } j = 1, 2, ..., J-1 \qquad (18.8a)$$

Regressionsmodell der kumulierten Probits

$$\hat{\pi}\left(Y > j\right) = \Phi\left(a_j + \sum_{k=1}^{K} b_k \cdot X_k\right); \quad \text{für } j = 1, 2, ..., J-1 \qquad (18.8d)$$

Glossar der wichtigsten Begriffe dieses Kapitels

Alternativenspezifische Variable: Prädiktor $X_{j,k}$, dessen Realisierungen im konditionalen Logit-Modell die Linearkombination der Ausprägung j der J Alternativen (= Ausprägungen der abhängigen Variablen) mit einem Regressionsgewicht $b_{j,k}$ beeinflusst

Alternativenspezifische Konstante: einer von maximal J−1 alternativenspezifischen Prädiktoren mit dem konstanten Wert eins

Generische Variable: Menge von J alternativenspezifischen Variablen, die die J Linearkombinationen der Ausprägungen der abhängigen Variablen mit *einem gemeinsamen Regressionsgewicht* beeinflussen

Konditionale logistische Regression: Logit-Modell, bei dem für jede Ausprägung der abhängigen Variablen eine eigene lineare Gleichung spezifiziert wird

Ordinale logistische Regression: Logit-Modell für abhängige ordinale Variablen

Ordinale Probit-Regression: Probit-Modell für abhängige ordinale Variablen

Multinomiale logistische Regression: Regression für kategoriale (nominale oder ordinale) abhängige Variablen mit mehr als zwei Ausprägungen

G Nichtparametrische Tests

19 Die Logik nichtparametrischer und verteilungsfreier Tests am Beispiel von Gruppenvergleichen

Regressionsanalysen abhängiger metrischer, ordinaler oder nominalskalierter Variablen können als *das* Standardwerkzeug in der sozialwissenschaftlichen Datenanalyse aufgefasst werden. Regressionsmodelle sind jedoch immer an Annahmen gebunden. So ist die Normalverteilungsannahme, die in der linearen Regression für T- und F-Tests getroffen wird, zwar robust gegenüber Verletzungen dieser Verteilungsannahme, was jedoch große Stichproben voraussetzt. Bei kleinen Fallzahlen, wie sie etwa bei Experimenten nicht unüblich sind, kann dagegen oft nicht auf die Normalverteilungsannahme und/oder die Homoskedastizitätsannahme bei der Anwendung von T-Tests bei Mittelwertvergleichen oder bei Varianzanalysen verzichtet werden. Ist eine dieser Annahmen verletzt, ist nicht garantiert, dass die α- und β-Fehlerwahrscheinlichkeiten zutreffen.

Ziel der *nichtparametrischen* und *verteilungsfreien Statistik* ist es, inferenzstatistische Methoden bereitzustellen, die in ihren Anwendungen voraussetzungsärmer sind als die parametrischen Methoden. Die typische Vorgehensweise der verteilungsfreien Statistik wird in diesem Kapitel am Beispiel von nichtparametrischen Tests für Gruppenvergleiche vorgestellt.[1]

---

1 Die nichtparametrische und verteilungsfreie Statistik ist ein eigenständiges Gebiet der Statistik. Bei den in den Abschnitten 19.1 bis 19.4 vorgestellten Tests haben wir uns an Bortz u. a. (2008) orientiert.

Auch wenn die Bezeichnungen «verteilungsfrei» und «nicht-parametrisch» bisweilen synonym verwendet werden, können verteilungsfreie von nichtparametrischen Methoden unterschieden werden. Eine nichtparametrische Methode ist z. B. die grafische Darstellung von Verteilungen mittels Kerndichteschätzern, da sie sich nicht auf Parameter einer Verteilung bezieht (vgl. Kapitel 2.7.1, Abbildung 2.3c). Entsprechend können in einem nichtparametrischen Gruppenvergleich metrischer Variablen die über Kerndichteschätzer berechneten Verteilungen in den Gruppen grafisch verglichen werden.[2]

Demgegenüber sind verteilungsfreie Methoden unabhängig von der Verteilungsform der betrachteten Variablen in der Population. So können die T-bzw. Z-Teststatistik in Gleichungen 8.14 und 12.6 auch als *asymptotisch verteilungsfreie Tests* (abgekürzt *ADF* nach *asymptotic distribution free*) verwendet werden, wenn als Testverteilung die Standardnormalverteilung verwendet wird, da diese nach dem zentralen Grenzwertsatz (nahezu) unabhängig von der Verteilungsform der Variablen in der Population gilt.

19.1 Fishers exakter Test auf Gleichheit von zwei Anteilen in unabhängigen Stichproben

Die Logik vieler verteilungsfreier Tests basiert auf kombinatorischen Überlegungen. Dabei wird berechnet, wie viele Möglichkeiten es gibt, die empirisch beobachteten Realisierungen in einer Stichprobe unterschiedlich anzuordnen. Das empirische Signifikanzniveau ist dann der Anteil derjenigen Anordnungen, die (noch) stärker gegen die zu prüfende Nullhypothese sprechen als die in der Stichprobe vorgefundene Anordnung. Solche Tests werden als *Permutationstests* bezeichnet.

---

2 Verallgemeinerungen von Kerndichteschätzern sind nichtparametrische Regressionsmodelle (vgl. Härdle, 1990).

Ein Beispiel ist *Fishers exakter Test*[3]. Geprüft wird dabei die Hypothese der Gleichheit zweier Anteile in unabhängigen Stichproben.[4] Als Beispiel wird geprüft, ob die Ablehnung von Schwangerschaftsabbruch «bei behindertem Kind» davon abhängt, ob eine befragte Person einen Abbruch «bei finanzieller Notlage» befürwortet oder ablehnt (Tabelle 19.1).[5]

Die Randverteilung der Zeilenvariablen zeigt, dass in der Stichprobe 1821 Befragte Befürworter und 271 Gegner von Schwangerschaftsabbruch bei behindertem Kind sind. In der Randverteilung der Spaltenvariablen gibt es 877 Befürworter und 1215 Gegner von Schwangerschaftsabbruch bei finanzieller Notlage. Beim Permutationstest nach Fisher wird die Anzahl der Möglichkeiten berechnet, die 2092 Fälle bei unveränderten Randverteilungen so anzuordnen, dass sich jeweils andere Zellenbesetzungen ergeben.

Um die Anzahl der insgesamt möglichen Anordnungen zu berechnen, kann man sich eine Urne mit 2092 Kugeln vorstellen. 1821 der 2092 Kugeln sind weiß (für Befürwortung bei behindertem Kind), die restlichen 271 sind rot (für Ablehnung von Abbruch bei behindertem Kind). Dies entspricht der Randverteilung der Zeilenvariablen. In einem Zufallsexperiment werden ohne Zurücklegen 877 Kugeln (das entspricht der Häufigkeit (Spaltensumme) der Befürworter bei finanzieller Notlage) ausgewählt. Gesucht wird die relative Häufigkeit der Anordnungen, bei der die Zahl der weißen Kugeln mindestens 838 beträgt, also größer oder gleich der beobachteten Häufigkeit der ersten Zelle in Tabelle 19.1a ist. Dazu wird für jede mögliche Anordnung gezählt, wie viele der 877 Kugeln weiß (also pro bei beiden Indika-

---

3 Ronald Aylmer Fisher 1890–1962, siehe auch Kapitel 8.2. und 12.3.

4 Dieser Test wird in Statistikprogrammen oft standardmäßig neben dem klassischen Chiquadrat-Test von Pearson bzw. dem LR-Test auf statistische Unabhängigkeit in der Vierfeldertabelle berechnet.

5 Zu den Frageformulierungen im Allbus vgl. Fußnote 5 in Kapitel 13.

Tabelle 19.1: Permutationstest nach Fischer und McNemar

a) Fishers exakter Test auf Gleichheit von Anteilen in *unabhängigen* Stichproben am Beispiel der Einstellung zum Schwangerschaftsabbruch «bei behindertem Kind» nach der Einstellung zu Schwangerschaftsabbruch «bei finanzieller Notlage»

Schwangerschaftsabbruch «bei behindertem Kind» (Y)	Schwangerschaftsabbruch «bei finanzieller Notlage» (X)		Summe
	sollte erlaubt sein (Gruppe 1: X = 1)	sollte verboten sein (Gruppe 2: X = 0)	
– sollte erlaubt sein (Y = 1)	838	983	1821
– sollte verboten sein (Y = 0)	39	232	271
Summe	877	1215	2092

Daten: Allbus 2006, Westdeutschland

b) McNemar-Test auf Gleichheit von Anteilen bei *abhängigen* Stichproben am Beispiel der Einstellung zum Schwangerschaftsabbruch «bei behindertem Kind» und «bei finanzieller Notlage»

Unabhängige Variable: Grund für Schwangerschaftsabbruch (X) bei finanzieller Notlage (X = 0); bei Behinderung des Kindes (X = 1)			
Abhängige Variable: Befürwortung oder Ablehnung von Schwangerschaftsabbruch (Y_0 und Y_1)			
Schwangerschaftsabbruch bei Behinderung des Kindes: $Y_1 \mid X = 1$	bei finanzieller Notlage: $Y_0 \mid X = 0$		
	«sollte erlaubt sein» ($Y_0 = 1$)	«sollte verboten sein» ($Y_0 = 0$)	Summe Y_1
«sollte erlaubt sein» ($Y_1 = 1$)	40.0% (838)	47.0% (983)	87.0% (1821)
«sollte verboten sein» ($Y_1 = 0$)	1.9% (39)	11.1% (232)	13.0% (271)
Summe	41.9% (877)	58.1% (1215)	100.0% (2092)

Daten: Allbus 2006, Westdeutschland

tionsgründen) sind.[6] Dabei muss berücksichtigt werden, dass unterschiedliche Ziehungsreihenfolgen zu gleicher Anzahl weißer und roter Kugeln führen.

---

6 Da die Vierfeldertabelle 1 Freiheitsgrad hat, ist damit die Zellenbesetzung eindeutig festgelegt.

Die gesuchten Häufigkeiten lassen sich über die Wahrscheinlichkeiten einer hypergeometrischen Verteilung mit den Parametern $n = 877$, $N = 2092$ und $N_1 = 1821$ berechnen. Die Wahrscheinlichkeit, dass mindestens 838 der 877 Pro-Antworten realisiert werden, ist dann nach Gleichung 5.8a (vgl. Kapitel 5.3):[7]

$$\Pr(y \geq 838 | n = 877, N = 2092; N_1 = 1821) = \sum_{j=838}^{877} \frac{\binom{1821}{j} \cdot \binom{271}{877-j}}{\binom{2092}{877}}$$

Die Wahrscheinlichkeit, dass in der (Teil-)Stichprobe der $n = 877$ Fälle mindestens 838 Pro-Antworten (bei beiden Indikationsgründen) auftreten, ist das empirische Signifikanzniveau beim einseitigen exakten Test nach Fisher. Es kann auch ein zweiseitiger Hypothesentest durchgeführt werden. Bei einer symmetrischen Verteilung wird beim zweiseitigen Test das empirische Signifikanzniveau (bzw. die Wahrscheinlichkeit) des einseitigen Tests verdoppelt. Da die hypergeometrische Verteilung in der Regel nicht symmetrisch ist, muss die Wahrscheinlichkeit für die Häufigkeiten der Realisierungen «am anderen Ende der Verteilung» gesondert berechnet werden. Realisierungen «am anderen Ende der Verteilung» beziehen sich dann auf Anordnungen der Stichprobendaten, die gegen die Nullhypothese einer zufälligen Aufteilung bei der Zeilenvariablen (hier: Befürworter und Gegner eines Abbruchs bei behindertem Kind) innerhalb einer Ausprägung der Spaltenvariablen (hier: Befürworter eines Abbruchs bei finanzieller Notlage) sprechen.

Die Berechnung dieser Wahrscheinlichkeit erfolgt in mehreren Schritten:

1. Zunächst wird die bei Unabhängigkeit erwartete Häufigkeit für das Tabellenfeld n_{11} (Pro-Antworten bei beiden Indika-

---

7 Die gleiche Wahrscheinlichkeit ergibt sich, wenn man Zeilen- und Spaltenvariable vertauscht oder die Häufigkeiten einer anderen Zelle betrachtet.

tionsgründen) in Tabelle 19.1 berechnet. Dies ist gleichzeitig der Erwartungswert der hypergeometrischen Verteilung mit $n = 877$, $N = 2092$ und $N_1 = 1821$ und beträgt nach Gleichung 5.10 bzw. 9.5 $e_{1,1} = 877 \cdot 1821 / 2092 = 763.39$.

2. Die Differenz zwischen der in der Stichprobe beobachteten Häufigkeit und der erwarteten Häufigkeit beträgt $838 - 763.39 = 74.61$.

3. Mit $n_{1,1} = 838$ sind in diesem Tabellenfeld also 74.61 mehr Fälle enthalten, als bei Unabhängigkeit zu erwarten wären. Berechnet wird nun die Wahrscheinlichkeit dafür, dass mindestens 74.61 weniger Fälle im Tabellenfeld n_{11} vorkommen, als bei der Nullhypothese der Unabhängigkeit erwartet wird. Da nur ganze Fälle aufgeteilt werden können, wird also die Wahrscheinlichkeit berechnet, mit der maximal 688 ($= 763.39 - 74.61 = 688.78$) Fälle in der ersten Zelle vorkommen können.

Diese Wahrscheinlichkeit wird nach Gleichung 5.9 berechnet als:[8]

$$\Pr\left(y \leq 688 \,\middle|\, n = 877, N = 2092; N_1 = 1821\right) = \sum_{j=0}^{688} \frac{\binom{1821}{j} \cdot \binom{271}{877-j}}{\binom{2092}{877}}$$

$$= \sum_{j=606}^{688} \frac{\binom{1821}{j} \cdot \binom{271}{877-j}}{\binom{2092}{877}}$$

Die Summe der beiden Wahrscheinlichkeiten, dass $y \geq 838$ und dass $y \leq 688$, gibt die empirische Signifikanz im zweiseitigen Hypothesentest nach Fisher an.

Aufgrund der sehr großen Zahlen können die Wahrscheinlichkeiten hinreichend genau über die Annäherung an die Nor-

---

8 Bei den gegebenen Zahlen tritt die kleinstmögliche Häufigkeit im Tabellenfeld $n_{1,1}$ dann auf, wenn alle $n_{2,+} = 271$ Ablehnungen bei behindertem Kind in das Tabellenfeld $n_{2,1}$ fallen würden. Die kleinstmögliche Häufigkeit für $n_{1,1}$ ist dann: $n_{+,1} - n_{2,+} = 877 - 271 = 606$, wobei $n_{2,+} = N - N_1 = 2092 - 1281 = 271$.

malverteilung nach Gleichung 6.17 berechnet werden.[9] Beim einseitigen Test wird die Wahrscheinlichkeit der Realisierungen am oberen Ende der Verteilung berechnet. Somit beträgt die einseitige Wahrscheinlichkeit bzw. die empirische Signifikanz:

$$\Pr\left(y \geq 838\right) = 1 - \Phi\left(\frac{838 - 0.5 - 877 \cdot \dfrac{1821}{2092}}{\sqrt{877 \cdot \dfrac{1821}{2092} \cdot \dfrac{271}{2092} \cdot \dfrac{2092 - 877}{2092 - 1}}}\right)$$

$$\approx 1 - \Phi\left(9.78\right) = \Phi(-9.78) < 0.0001$$

Beim zweiseitigen Test wird *zusätzlich* die Wahrscheinlichkeit der Realisierungen am unteren Ende der Verteilung berechnet:

$$\Pr\left(y \leq 688\right) \approx \Phi\left(\frac{688 + 0.5 - 877 \cdot \dfrac{1821}{2092}}{\sqrt{877 \cdot \dfrac{1821}{2092} \cdot \dfrac{271}{2092} \cdot \dfrac{2092 - 877}{2092 - 1}}}\right)$$

$$= \Phi\left(-9.88\right) < 0.0001$$

Die Summe der Wahrscheinlichkeiten beträgt dann:

$$\Pr\left(y \geq 838\right) + \Pr\left(y \leq 688\right) = \Phi(-9.78) + \Phi(-9.88) < 0.0001$$

Für die Beispieldaten aus Tabelle 19.1 besteht also sowohl beim zweiseitigen wie beim einseitigen Test eine sehr geringe Wahrscheinlichkeit für die Nullhypothese, dass die Anteile der Befürwortung von Schwangerschaftsabbruch bei behindertem Kind und der Befürwortung von Abbruch bei finanzieller Notlage gleich groß sind.

Die Berechnung der Wahrscheinlichkeit über die hypergeometrische Verteilung wurde erstmals von Fisher vorgeschlagen und wird daher meist als Fishers exakter Test bezeichnet. Da der Test lediglich kombinatorische Überlegungen auf der Basis gegebener Stichprobendaten beinhaltet, handelt es sich um einen verteilungsfreien Permutationstest.

9 Zu berücksichtigen ist dabei die Stetigkeitskorrektur von 0.5 (vgl. Kapitel 6.4.3).

Auch nichtparametrische und verteilungsfreie Methoden sind *nicht* vollkommen *voraussetzungsfrei*. So unterstellen Permutationstests letztlich, dass die Aufteilung der N = 2092 Fälle der Gesamtstichprobe in die beiden Gruppen von $n_{+,1} = 877$ und $n_{+,2} = 1215$ Fällen zufällig erfolgt. Diese Annahme kann nur in einem randomisierten Experiment erfüllt werden, bei dem per Zufall festgelegt wird, ob eine Untersuchungseinheit in die Experimental- oder in die Kontrollgruppe fällt. Bei einem nichtexperimentellen Design muss dagegen die Gesamtstichprobe eine Zufallsauswahl aus der interessierenden Grundgesamtheit sein, sodass die Aufteilung in die beiden Gruppen der erklärenden Variablen als Realisierung eines Zufallsexperiments aufgefasst werden kann und dann die Stichprobenverteilung der abhängigen Variablen eine konsistente Schätzung ihrer Populationsverteilung ist.

19.2 McNemar-Tests für Anteilsvergleiche bei abhängigen Stichproben

Das Prinzip von Fishers exaktem Test, mittels kombinatorischen Überlegungen empirische Signifikanzen zu berechnen, lässt sich auch auf abhängige Stichproben übertragen. Ausgangspunkt des Permutationstests ist hier die Überlegung, dass sich die Randverteilungen in der Vierfeldertabelle nur dann unterscheiden können, wenn die Nebendiagonalelemente unterschiedlich besetzt sind, also $b \neq c$ bzw. $n_{1,2} \neq n_{2,1}$. Bei Gleichheit der Randverteilungen muss daher gelten $b = c$ bzw. $n_{1,2} = n_{2,1}$. Der Permutationstest zählt daher die Zahl der Möglichkeiten, die b+c Fälle in zwei Gruppen aufzuteilen. Das empirische Signifikanzniveau ist dann der Anteil aller Möglichkeiten, die mindestens so sehr gegen die Nullhypothese der Gleichverteilung sprechen wie die Häufigkeiten b und c in der empirisch vorliegenden Stichprobe. Als Beispiel wird die Gleichheit der Randverteilungen in Tabelle 19.1 geprüft, in der es 1022 Fälle in der Nebendiagonalen gibt, von

denen $n_{1,2} = 983$ Fälle in die Zelle b und $n_{2,1} = 39$ Fälle in Zelle c
fallen. Das einseitige Signifikanzniveau ist daher die relative
Häufigkeit, dass mindestens 983 in der zweiten Zelle bzw. höchstens 39 Fälle in der dritten Zelle liegen. Wie in Kapitel 4.2.1 erwähnt wird, gibt es «N über n» Möglichkeiten, ohne Berücksichtigung der Anordnung N Elemente in zwei Gruppen n und N−n
aufzuteilen (vgl. Gleichung 4.10). Wenn, wie in den empirischen
Daten, in Zelle c 39 Fälle liegen, gibt es somit «1022 über 39»
Möglichkeiten, die insgesamt 1022 (= 983+39) Fälle so aufzuteilen, das 39 in Zelle c und 983 in Zelle b fallen. Da in Zelle c theoretisch von minimal kein Fall ($n_{1,2} = 0$) bis maximal alle Fälle
($n_{1,2} = 1022$) fallen können, ergibt sich die Gesamtzahl der Möglichkeiten, die $n_{1,2} + n_{2,1} = 1022$ Fälle auf die beiden Tabellenfelder b und c aufzuteilen, als Summe der Häufigkeiten «1022 über
0» + «1022 über 1» + … + «1022 über 1022»:

$$\sum_{j=0}^{1022} \binom{1022}{j} = \sum_{j=0}^{1022} \frac{1022!}{j! \cdot (1022 - j)!} \, .$$

Beim einseitigen Test ist das Zutreffen der Nullhypothese, dass
die Anzahl der Pro-Antworten bei finanzieller Notlage nicht
kleiner ist als die Anzahl der Pro-Antworten bei Behinderung
des Kindes, umso unwahrscheinlicher, je weniger Fälle in die
dritte Zelle (c bzw. $n_{2,1}$) fallen oder je mehr Fälle in die zweite
Zelle (b oder $n_{1,2}$) fallen. Die Anordnungen, bei denen $n_{2,1} \leq 39$,
sprechen mindestens ebenso sehr gegen die Nullhypothese wie
die empirisch beobachtete Anordnung. Diese Häufigkeit beträgt:

$$\sum_{j=0}^{39} \binom{1022}{j} = \sum_{j=0}^{39} \frac{1022!}{j! \cdot (1022 - j)!} \, .$$

Die empirische Signifikanz im einseitigen Test ist dann der Quotient der gegen die Nullhypothese sprechenden Anordnungen geteilt durch die Gesamtzahl der Anordnungen, die $n_{12} + n_{21} = 1022$
in zwei Gruppen aufzuteilen:

$$\text{einseitig: } p = \frac{\sum_{j=0}^{39} \binom{1022}{j}}{\sum_{j=0}^{1022} \binom{1022}{j}} \quad \text{und} \quad \text{zweiseitig: } p = 2 \cdot \frac{\sum_{j=0}^{39} \binom{1022}{j}}{\sum_{j=0}^{1022} \binom{1022}{j}}$$

Aufgrund der Symmetrie der Fragestellung ist die Signifikanz des zweiseitigen Tests der Nullhypothese, dass die Anzahl der Befürwortungen und Ablehnungen bei beiden Gründen für einen Schwangerschaftsabbruch in der Population gleich groß ist, zweimal die Signifikanz des einseitigen Tests.

Die Berechnung vereinfacht sich, wenn die Aufteilung der 1022 Fälle über ein Urnenmodell mit Zurücklegen berechnet wird,[10] wobei jeder Fall dann eine Wahrscheinlichkeit von 0.5 hat, in das Feld b oder das Feld c zu fallen. Die Wahrscheinlichkeit, dass – wie im Beispiel – maximal 39 der 1022 Fälle im Feld c bzw. mindestens 983 im Feld b sind, berechnet sich dann über die Binomialverteilung (Gleichung 5.6) mit den Parametern $n = 1022$ und $\pi_1 = 0.5$:

$$\Pr(j \leq 39 | n = 1022, \pi_1 = 0.5) = \sum_{j=0}^{39} \binom{1022}{j} \cdot 0.5^j \cdot (1 - 0.5)^{1022-j}$$

bzw. $\Pr(j \geq 983 | n = 1022, \pi_1 = 0.5) = \sum_{j=983}^{1022} \binom{1022}{j} \cdot 0.5^j \cdot (1 - 0.5)^{1022-j}$

Aufgrund der großen Fallzahl erfolgt die Berechnung wieder über die Annäherung an die Normalverteilung (mit Stetigkeitskorrektur) nach Gleichung 6.13:

$$\Pr(x \leq 39) = \Phi \left(\frac{39 + 0.5 - 1022 \cdot 0.5}{\sqrt{1022 \cdot 0.5^2}} \right) = \Phi(-29.50) \approx 0$$

Die empirische Signifikanz des zweiseitigen Tests ergibt sich durch Verdopplung der Signifikanz des einseitigen Tests:

10 Permutationstests gehen streng genommen von einem Urnenmodell *ohne Zurücklegen* aus.

$$\text{Pr}\,(x \leq 39) + \text{Pr}\,(x \geq 983) = \Phi(-29.50) + \left(1 - \Phi\,(29.5)\right)$$
$$= 2 \cdot \Phi\,(-29.50) \approx 0$$

Die Wahrscheinlichkeit, dass maximal 39 der 1022 Fälle im Feld c bzw. mindestens 983 im Feld b liegen, ist nahezu null. In der Literatur wird der Test über die Binomialverteilung als *McNemar-Test* bezeichnet.[11] Bei der asymptotischen Annäherung an die Normalverteilung wird beim McNemar-Test der zur Normalverteilung äquivalente Goodness-of-Fit-Test auf Gleichverteilung nach Pearson (vgl. Kapitel 10.4) berechnet. Die Teststatistik des McNemar-Tests berechnet sich dann nach:

$$\chi^2 = \sum_{i=1}^{2} \frac{\left(n_i - e_i\right)^2}{e_i} = \frac{\left(b - \dfrac{b+c}{2}\right)^2}{\dfrac{b+c}{2}} + \frac{\left(c - \dfrac{b+c}{2}\right)^2}{\dfrac{b+c}{2}} = \frac{(b-c)^2}{b+c} \quad (19.1)$$

Erläuterungen siehe Gleichung 9.5.

Die Nullhypothese der Gleichverteilung wird mit einer Irrtumswahrscheinlichkeit α abgelehnt, wenn die Teststatistik größer ist als der Wert des $(1-\alpha)$-Quantils der Chiquadrat-Verteilung mit df = 1 Freiheitsgrad. Für das Beispiel aus Tabelle 19.1 ergibt sich folgender Wert:

$$\chi^2 = \frac{(983 - 39)^2}{983 + 39} = 871.95$$

Bis auf die Stetigkeitskorrektur bei der Annäherung der Binomialverteilung an die Normalverteilung ist die Teststatistik exakt das Quadrat des oben berechneten Z-Werts: $Z^2 = (-29.50)^2 \approx 871.95 = \chi^2$.

---

11 vgl. Bortz u. a. 2008: S. 160 ff.

19.3 Mediantest und U-Test zum Vergleich der Lage zweier Verteilungen bei unabhängigen Stichproben

Als Alternative zu den T-Tests für Mittelwertvergleiche gibt es eine Reihe von verteilungsfreien Tests, die die Hypothese prüfen, dass sich die zentrale Tendenz der zu vergleichenden Verteilungen nicht unterscheidet. Viele dieser Tests nutzen nur die ordinalen Informationen der Variablen.

Mediantest

Der *Mediantest* prüft die Nullhypothese, dass sich bei einem Vergleich zweier unabhängiger Stichproben der Median in den beiden Gruppen nicht signifikant unterscheidet, wobei die Testverteilung wiederum auf Überlegungen der Kombinatorik basiert. Dazu werden die *zu einer Gesamtstichprobe* zusammengefassten Realisierungen der beiden unabhängigen Stichproben am Median dichotomisiert. Wenn die Nullhypothese zutrifft, dass der Median in beiden Teilgruppen gleich ist, dann sollte die Aufteilung der dichotomisierten Variablen in die beiden Subgruppen wie bei Fishers exaktem Test dem Urnenmodell ohne Zurücklegen entsprechen.

In Tabelle 19.2 sind die Ausgangsdaten für den Mediantest zusammengestellt. Als Beispiel dient (wie beim parametrischen Mittelwertvergleich bei unabhängigen Stichproben) das Einkommen von Männern und Frauen bei den Befragten (im Westen) des Allbus 2008. Tabelle 19.2a zeigt, dass der Median des Einkommens der n = 700 ganztags beschäftigten Befragten bei 1700 € liegt, wobei der Median der Männer mit 1900 € um 500 € höher liegt als der Median der Frauen mit 1400 €. Wird das Einkommen so dichotomisiert, dass die untere Gruppe ein Einkommen ≤1700 € aufweist und die obere Gruppe ein Einkommen >1700 €, dann ergibt sich die in Tabelle 19.2b wiedergegebene Vierfeldertabelle.[12] Die Anwendung von Fishers exaktem Test

---

12 In einer Variation des Tests werden dabei nur Fälle berücksichtigt, die kleiner oder größer als der Median sind.

Tabelle 19.2: **Ausgangsstatistiken für die Prüfung auf Gleichheit des mittleren Einkommens bei Männern und Frauen bei unabhängigen Stichproben über den Median-Test und den U-Test**

a) Median in der Stichprobe:

	Männer	Frauen	Gesamtstichprobe
Median	1900	1400	1700
n	(487)	(213)	(700)

Daten: Allbus 2008; ganztags Beschäftigte in Westdeutschland

b) Kreuztabellierung des am Gesamtmedian dichotomisierten Einkommens nach Geschlecht

Einkommen	Männer	Frauen	Summe
≤1700 €	209	156	365
>1700 €	278	57	335
Summe	487	213	700

Daten: Allbus 2008; ganztags Beschäftigte in Westdeutschland

c) Ausgangsstatistiken für den U-Test

Einkommen	Männer	Frauen	Summe
Rangsumme	190452.5	54897.50	245350
Mittelwert der quadrierten Rangsummen	192151.6	98350.54	163609.3
Fallzahl	487	213	700

Daten: Allbus 2008; ganztags Beschäftigte in Westdeutschland

auf Gleichheit der Aufteilung in die beiden Gruppen führt beim einseitigen Test zu einem empirischen Signifikanzniveau von $p<0.001$, sodass der Mediantest zu dem Ergebnis kommt, dass das mittlere Einkommen der Frauen unter dem der Männer liegt.[13]

13 Die Nullhypothese beim einseitigen Test behauptet, dass Frauen nicht weniger verdienen als Männer. Dann sprechen alle Anordnungen, bei denen $n_{1,1} \leq 209$ mindestens ebenso sehr wie die beobachtete Anordnung gegen diese Hypothese. Die

Der U-Test

Der Mediantest prüft ausschließlich die Gleichheit des Medians in den beiden Gruppen und ist somit unabhängig von anderen Unterschieden in den Verteilungen. Ein Nachteil ist die – verglichen mit dem parametrischen T-Test von Mittelwertunterschieden – meist deutlich geringere Effizienz des Mediantests. Deshalb wird häufiger der *U-Test* verwendet, der in zwei verschiedenen, aber äquivalenten Versionen von *Wilcoxon* sowie von *Mann* und *Whitney* vorgeschlagen wurde und entsprechend als «Wilcoxon-Test» oder «Mann-Whitney-Test» bezeichnet wird.

Beim U-Test werden die (metrischen) Ausgangswerte y_i von Y in Rangplätze $r_{Y,i}$ umgewandelt. Die gemeinsame Rangreihung aller Fälle über beide Gruppen erfolgt so, dass der kleinste Rang 1 und der größte Rang $n = n_1 + n_2$ ist. Haben mehrere Fälle den gleichen Rangplatz, wird ihnen wie bei der Berechnung der Rangkorrelation (vgl. Kapitel 12.4, Tabelle 12.3b) der mittlere Rangplatz zugeordnet.

Die Logik des Tests basiert auf folgender Überlegung: Wenn sich die Gruppen nicht unterscheiden, dann sollten sich die Rangplätze zufällig auf die beiden Gruppen verteilen. Bei insgesamt n Fällen, die sich in n_1 und n_2 Fälle in den beiden Teilgruppen aufteilen, gibt es nach Gleichung 4.10 «n über n_1» Möglichkeiten, die Rangplätze in die zwei Gruppen aufzuteilen. Für jede Rangplatzkombination lässt sich dann die Zahl U berechnen, die angibt, wie oft die Rangplätze in der einen Gruppe größer (oder kleiner) sind als die Rangplätze in der anderen Gruppe. Insge-

---

Wahrscheinlichkeit, dass $n_{1,1} \leq 209$, berechnet sich wieder über die hypergeometrische Verteilung (vgl. Gleichung 5.9 bzw. 6.13):

$$\Pr(X \leq 209) = \sum_{x=0}^{209} \frac{\binom{365}{x} \cdot \binom{335}{487-x}}{\binom{700}{487}} \approx \Phi\left(\frac{209 + 0.5 - 487 \cdot \frac{365}{700}}{\sqrt{487 \cdot \frac{365 \cdot 335}{700^2} \cdot \frac{700-487}{700-1}}} \right)$$

$$= \Phi(-7.30) < 0.001$$

samt gibt es $n_1 \cdot n_2$ Vergleiche. Wenn sich die Rangplätze gleichmäßig auf die beiden Gruppen verteilen, ist der Erwartungswert von U: $\mu(U) = n_1 \cdot n_2/2$. Das empirische Signifikanzniveau ist dann der Anteil der Rangplatzkombinationen, bei denen der jeweilige Wert U mindestens so stark vom Erwartungswert abweicht wie in der empirischen Stichprobe.

Die Statistik U ist eine Funktion der Fallzahlen n_1 und n_2 der beiden Gruppen sowie der Rangsumme in der Gruppe, für die U berechnet wird. U berechnet sich für die beiden Gruppen nach:

$$U_1 = n_1 \cdot n_2 + \frac{n_1 \cdot (n_1 + 1)}{2} - \sum_{i=1}^{n_1} r_{Y,i};$$

$$U_2 = n_1 \cdot n_2 + \frac{n_2 \cdot (n_2 + 1)}{2} - \sum_{i=n_1+1}^{n_1+n_2} r_{Y,i}$$

(19.2)

wobei U_1, U_2 = Wert der U-Statistik für Gruppe 1 bzw. Gruppe 2

n_1, n_2 = Fallzahl in Gruppe 1 bzw. Gruppe 2

$r_{Y,i}$ = Rangplatz von Fall i bei der Zusammenfassung beider Gruppen

$\sum_{i=1}^{n_2} r_{Y,i}, \sum_{i=n_1+1}^{n_1+n_2} r_{Y,i}$ = Summe der Rangwerte $r_{Y,i}$ in Gruppe 1 bzw. 2.

Bei gültiger Nullhypothese ist der Erwartungswert von U gleich der Hälfte der möglichen Vergleiche. Die Varianz der U-Statistik hängt bei vollständigen Rangreihen (ohne Verknüpfungen vgl. Kapitel 10.5.1) nur von den Fallzahlen ab. Bei verbundenen Rangwerten, also Fällen mit gleichen gemittelten Rangplätzen, geht zusätzlich die Summe bzw. der Mittelwert der quadrierten Rangwerte in die Berechnungsformel ein. Der Erwartungswert und die Varianzen der Kennwerteverteilungen mit und ohne Verknüpfungen sind:[14]

---

14 Zur Berechnung der Varianzen gibt es unterschiedliche Formeln, vgl. Bortz u.a., 2008: S. 204.

$$\mu_U = \frac{n_1 \cdot n_2}{2} , \quad \sigma_U^2 = \begin{cases} \underbrace{\dfrac{n_1 \cdot n_2 \cdot (n_1 + n_2 + 1)}{12}}_{\text{ohne Verknüpfungen}} \\[4mm] \underbrace{\dfrac{n_1 \cdot n_2}{(n_1 + n_2 - 1)} \cdot \dfrac{\sum\limits_{i=1}^{n_1+n_2} (r_{Y,i})^2}{(n_1 + n_2)} - \dfrac{n_1 \cdot n_2 \cdot (n_1 + n_2 + 1)^2}{4 \cdot (n_1 + n_2 - 1)}}_{\text{mit Verknüpfungen}} \end{cases} \tag{19.3}$$

Erläuterungen siehe Gleichung 19.2

Bei größeren Fallzahlen ($n_1 > 20$ oder $n_2 > 20$) ist die Teststatistik U um den Erwartungswert asymptotisch normalverteilt.[15] Die Teststatistik berechnet sich dann als Quotient aus der Differenz zwischen dem aus den Stichprobendaten berechneten Wert von U und dem Erwartungswert von U geteilt durch die Standardabweichung von U:

$$Z = \frac{U_i - \mu_U}{\sqrt{\sigma_U^2}} \sim N(0;1) \tag{19.4}$$

Erläuterungen siehe Gleichung 19.3

Bei gültiger Nullhypothese ist die Teststatistik asymptotisch standardnormalverteilt. Die zweiseitige Nullhypothese wird abgelehnt, wenn $Z \le z_{\alpha/2}$ oder $Z \ge z_{\alpha/2}$. In Tabelle 19.2c sind die notwendigen Statistiken für die Anwendung des asymptotischen U-Tests zusammengefasst. Da es Verknüpfungen gibt, berechnet sich die Teststatistik als:

$$Z = \frac{\left(487 \cdot 213 + \dfrac{213 \cdot (213+1)}{2} - 54897.5\right) - 213 \cdot 487 / 2}{\sqrt{\dfrac{487 \cdot 213 \cdot 163609.3}{(700-1)} - \dfrac{487 \cdot 213 \cdot (700+1)^2}{4 \cdot (700-1)}}} = -8.034$$

15 Für kleinere Fallzahlen sind die Quantile in Monografien zur verteilungsfreien Statistik tabelliert.

Die U-Statistik ist im Beispiel für die Gruppe der Frauen berechnet. Bei einer Irrtumswahrscheinlichkeit von 5% ist $z_{\alpha/2} = -1.96$. Da der berechnete Wert der Teststatistik kleiner ist als der kritische Wert, ist die Nullhypothese zu verwerfen.

Der U-Test prüft wie der Mediantest die Gleichheit bzw. Verschiedenheit der Lage der zu vergleichenden Verteilungen. Da er mehr Informationen nutzt als der Mediantest, ist er effizienter. Verglichen mit dem parametrischen T-Test ist er bei Normalverteilung in der Population und gleichen Varianzen in den Gruppen nur maximal 15% weniger effizient.[16] Auf der anderen Seite ist der U-Test verglichen mit dem Mediantest weniger robust gegenüber unterschiedlichen Verteilungsformen in den beiden Gruppen.

19.4 Vorzeichentest zum Vergleich der Lage zweier Verteilungen bei abhängigen Stichproben

Bei abhängigen Stichproben kann als verteilungsfreier Test der *Vorzeichentest* zur Prüfung der Lage der beiden Verteilungen Y_1 und Y_2 herangezogen werden. Der Test basiert auf folgender Überlegung: Wenn die beiden Verteilungen den gleichen Median aufweisen, dann sollte die Zahl der Fälle, bei denen $Y_1 > Y_2$ ist, in etwa genauso groß sein wie die Zahl der Fälle, bei denen $Y_2 > Y_1$ ist. Zum Test der Vermutung werden Y_1 und Y_2 fallweise verglichen, und wie beim McNemar-Test wird geprüft, ob die Zahl der Fälle, bei denen $Y_1 > Y_2$ ist, mit einer Gleichverteilung vereinbar ist. Die Bezeichnung «Vorzeichentest» ergibt sich daraus, dass bei metrischen Variablen für die Durchführung des Tests nur die Vorzeichen der Messwertedifferenzen gezählt werden müssen.[17] Es ist möglich, dass die Messwerte eines Falls gleich sind, sodass die Differenz null ergibt. In dieser Situation können die gleichen Werte entweder ausgelassen werden, gleichmäßig den beiden

16 vgl. Hodges u. Lehman, 1956, zitiert nach Bortz u. a., 2008: S. 212.
17 Wenn $Y_1 > Y_2$, dann ist $Y_1 - Y_2 > 0$ und wenn $Y_1 < Y_2$, dann ist $Y_1 - Y_2 < 0$.

Gruppen der Fälle mit positiven bzw. negativen Vorzeichen zugeordnet werden, per Zufall den Gruppen zugeordnet werden oder im Sinne eines konservativen Testens der kleineren der beiden Gruppe zugeordnet werden.

Als Beispiel dienen die Vorzeichen der Differenzen der Altersangaben der (nicht zusammenlebenden) Paare aus dem Allbus 2008:[18] Es gibt 128 Männer, die älter sind als ihre Partnerinnen und 31 Frauen, die älter sind als ihre Partner. Bei 18 Paaren sind die Partner gleich alt. Die Forschungshypothese lautet, dass in den Partnerschaften die Frauen im Durchschnitt jünger sind als die Männer. Gesucht ist die Wahrscheinlichkeit, dass es bei den 177 Paaren maximal 31 «ältere» Frauen gibt. In Abhängigkeit vom Umgang mit den 18 Befragten gleichen Alters ergeben sich folgende asymptotische Teststatistiken bei Annäherung der Binomialverteilung an die Normalverteilung:

a) Bei Zuordnung der Personen gleichen Alters zur kleineren Gruppe der Frauen, die älter als ihr Partner sind:

$$\Pr\!\left(y \le (31+18) \mid n = 177, \pi_1 = 0.5\right) \approx \Phi\left(\frac{(31+18)+0.5-177\cdot 0.5}{\sqrt{177 \cdot 0.5^2}}\right)$$
$$= \Phi\left(-5.86\right)$$

b) Bei gleichmäßiger Aufteilung der 18 Fälle auf die beiden Gruppen:

$$\Pr\!\left(y \le (31+18/2) \mid n = 177, \pi_1 = 0.5\right) \approx \Phi\left(\frac{(31+9)+0.5-177\cdot 0.5}{\sqrt{177 \cdot 0.5^2}}\right)$$
$$= \Phi\left(-7.22\right)$$

c) Bei Auslassen der Fälle mit gleichen Altersangaben:

$$\Pr(y \le 31 \mid n = 177-18, \pi_1 = 0.5) \approx \Phi\left(\frac{31+0.5-(177-18)\cdot 0.5}{\sqrt{(177-18)\cdot 0.5^2}}\right)$$
$$= \Phi\left(-7.61\right)$$

18 Das Zusammenleben der Paare ist irrelevant, wird hier aber erwähnt, um das Beispiel anhand der Daten nachvollziehbar zu machen.

Bei einer Irrtumswahrscheinlichkeit von 5% wird die Nullhypothese im einseitigen Test nach unten abgelehnt, wenn die Teststatistik $z_\alpha \leq -1.645$ ist. Dies ist bei allen drei vorgestellten Berechnungsformeln der Fall. Da die Nullhypothese abgelehnt wird, wird umgekehrt die Forschungshypothese, dass Frauen im Mittel eher jünger sind als ihre männlichen Partner, bei einer Irrtumswahrscheinlichkeit von 5% aufrechterhalten.

19.5 Nutzung von Monte-Carlo-Simulationen zur Berechnung von Testverteilungen

Die Entwicklung der computerunterstützten Numerik ermöglicht es, komplexe Verteilungen durch die Computersimulation von wiederholten Zufallsexperimenten mit hinreichender Genauigkeit zu berechnen. Sehr hilfreich ist dies, wenn die Formeln für die Verteilungen nicht bekannt sind, die direkte Berechnung von Quantilen zu aufwendig ist, asymptotische Annäherungen an einfach zu berechnende Verteilungen eine sehr große Fallzahl benötigen oder wenn die notwendige Fallzahl unbekannt ist, bei der eine Annäherung hinreichend genau ist. Basis für eine Computersimulation ist ein Pseudo-Zufallszahlen-Generator, das ist ein Computerprogramm, das Zahlen generiert, deren Verteilungen Eigenschaften aufweisen, als wären sie Ergebnis eines tatsächlich wiederholten Zufallsexperiments. In den meisten Statistikprogrammen sind solche Zufallszahlengeneratoren implementiert. Die damit mögliche Simulation von Zufallsexperimenten wird als *Monte-Carlo-Simulation* bezeichnet.

19.5.1 Permutationstest einer Mittelwertdifferenz in zwei unabhängigen Stichproben

Monte-Carlo-Simulationen können insbesondere für die Berechnung von Permutationstests genutzt werden, wenn die mathematische Berechnung aller Kombinationen zu aufwendig ist. Als ein Beispiel wird mit den Einkommensdaten ganztägig beschäftigter Männer und Frauen im Allbus 2008 alternativ zum U-Test ein *Permutationstest* von Stichprobenmittelwerten in zwei unabhängigen Stichproben mittels Monte-Carlo-Simulation berechnet.[19] Die Idee des Tests entspricht der Logik von Fishers exaktem Test. Berechnet wird die Häufigkeitsverteilung der Mittelwertdifferenzen zwischen zwei zufällig gebildeten Teilgruppen von $n_1 = 487$ und $n_2 = 213$ Fällen.[20]

Da es insgesamt «700 über 487» = «700 über 213» mögliche Aufteilungen gibt, ist die Berechnung der Einkommensdifferenzen in allen möglichen Stichproben sehr aufwendig. Als Lösung bietet sich eine Monte-Carlo-Simulation an, bei der eine sehr große Anzahl von Stichproben mit jeweils 700 Fällen simuliert wird, wobei in jeder simulierten Stichprobe diese 700 Fälle zufällig den beiden Teilgruppen zugeordnet werden.

Tabelle 19.3a zeigt die Ergebnisse der Ziehung von 10 000 solcher Stichproben. Aufgrund der hohen Zahl von Wiederholungen ist damit zu rechnen, dass die resultierende Verteilung die tatsächliche Verteilung aller Möglichkeiten gut widerspiegelt. Beim einseitigen Test ist das empirische Signifikanzniveau die relative Häufigkeit, mit der in den 10 000 Stichproben die größere Gruppe der 487 Fälle einen um mindestens 630.01 € höheren Mittelwert[21] aufweist als die kleinere Gruppe der 213 Fälle. Beim zweiseitigen Test ist das empirische Signifikanzniveau gleich dem Anteil der 10 000 Stichproben, in denen die *absolute Mittelwertdifferenz* zwischen den Gruppen mindestens 630.01 € beträgt.

In keiner der 10 000 Stichproben mit der zufälligen Aufteilung in zwei Teilstichproben von $n_1 = 487$ und $n_2 = 213$ wird eine so große Differenz erreicht. Die Wahrscheinlichkeit (empirisches

19 Wir folgen bei der Durchführung dieses Tests dem Vorschlag von Johnston & DiNardo, 1997: S. 359 ff.
20 Die Fallzahlen in den Teilgruppen entsprechen den Fallzahlen von Männern und Frauen in der Allbus-Stichprobe.
21 630.01 € ist der in der Allbus-Stichprobe beobachtete Unterschied beim Durchschnittseinkommen von Männern und Frauen.

Tabelle 19.3: **Simulationen auf der Basis der Einkommensangaben**
der ganztägig Beschäftigten im Allbus 2008

a) Monte-Carlo-Simulation von 10000 Permutationen der zufälligen
    Zuordnungen der n = 700 Fälle auf zwei Gruppen

Gesamtstichprobe	n = 700		
Mittelwert ($\bar{y}$)	1952.4471		
Varianz (s_Y^2)	1292584.322		
Teilstichproben	Gruppe 1 (n = 487)	Gruppe 2 (n = 213)	Differenz
empirische Stichprobe			
Mittelwert ($\bar{y}$)	2144.15	1514.14	630.01
Varianz (s_Y^2)	1478177.206	592109.638	
Standardabweichung s_Y	1215.803	769.487	
Permutationen			
Mittelwert ($\bar{y}$)	1952.74	1951.78	0.96
Varianz ($\hat{\sigma}_Y^2$)	787.70	4117.74	8507.41
Standardabweichung ($\hat{\sigma}_Y$)	28.07	64.17	92.24
Minimum	1840.34	1717.69	−337.43
Maximum	2055.12	2208.77	368.44

Daten: 10000 Permutationen aus dem Allbus 2008, Westdeutschland: n = 700.
Die Permutationen und die resultierenden Statistiken wurden mit SPSS berechnet.

b) Bootstrap von 1000 einfachen Zufallsstichproben mit Zurücklegen mit
    jeweils n = 700 Fällen und zufälliger Verteilung auf zwei Gruppen

	Gruppe 1 (n = 487)	Gruppe 2 (n = 213)	Gesamt (n = 700)	Differenz
empirische Stichprobe				
mittleres Einkommen	2144.15	1514.14	1952.45	630.01
Bootstrap-Stichproben				
Mittelwert ($\bar{y}$)	1950.65	1952.56	1951.23	1.91
Median ($\tilde{y}$)	1949.96	1950.87	1949.80	4.53
Varianz ($\hat{\sigma}_Y^2$)	2706.38	6154.34	1923.05	8656.25
Standardabweichung ($\hat{\sigma}_Y$)	52.02	78.45	43.85	93.04
Minimum	1746.92	1691.78	1818.09	−318.52
Maximum	2126.73	2282.34	2132.34	324.55

Datenbasis des Bootstrap: Allbus 2008, Westdeutschland: n = 700

Signifikanzniveau), bei Gültigkeit der Nullhypothese (gleiches Einkommen in beiden Gruppen) einen Unterschied im Durchschnittseinkommen zwischen den Gruppen von 630.01 € zu beobachten, ist damit kleiner als 1/10000.[22] Insgesamt variieren die Mittelwertdifferenzen in den 10000 Stichproben zwischen −337.43 und +368.44. Die mittlere Differenz in den 10000 Stichproben ist mit 0.96 € fast null. Tatsächlich ist der Erwartungswert über alle möglichen Stichproben genau null, da bei einer zufälligen Aufteilung der Fälle auf die beiden Gruppen der Erwartungswert in jeder Teilgruppe gleich dem Gesamtmittelwert ist und damit auch der erwartete Mittelwert der Differenzen null ist. Die Standardabweichung beträgt 92.24 €. Die beobachtete Differenz von 630.01 € ist damit 6.83 Standardabweichungen vom Mittelwert der Differenzen über die 10000 Stichproben entfernt.

Wie bereits alle anderen Tests kommt damit auch der Permutationstest zu dem Ergebnis, dass die Nullhypothese abzulehnen ist, dass Frauen und Männer gleich viel verdienen.

19.5.2 Bootstrap einer Mittelwertdifferenz in zwei unabhängigen Stichproben

Die *Bootstrap-Methode* basiert auf Monte-Carlo-Simulationen von Zufallsauswahlen. Bei dieser Methode wird die empirische Stichprobe als Population betrachtet, aus der wiederholt einfache Zufallsauswahlen mit Zurücklegen gezogen werden.[23]

---

22 Es kann aber auch Zufall sein, dass keine der simulierten Stichproben diese große Differenz erreicht. Um eine empirische Signifikanz kleiner 0.0001 mit Sicherheit festzustellen, müssten statt 10000 eher 100000 oder 200000 Stichproben gezogen werden.

23 Die Bootstrap-Methode geht auf Efron (1979) zurück, der gezeigt hat, dass mit dieser Methode verteilungsfreie asymptotische Varianzen und Kovarianzen der Kennwerteverteilungen von konsistenten Schätzern berechnet werden können. Eine Einführung gibt Shikano (2010).

Bootstrap bei angenommen gleichen Varianzen

In Tabelle 19.3b sind die Ergebnisse der Analyse von 1000 einfachen Zufallsauswahlen mit Zurücklegen des Umfangs n = 700 aus den 700 Fällen der Allbus-Stichprobe wiedergegeben. In jeder Stichprobe werden die ersten 487 Fälle der Gruppe 1 und die restlichen 213 Fälle der Gruppe 2 zugeordnet.

Von Interesse ist wiederum die letzte Spalte in Tabelle 19.3b, die die Ergebnisse der Mittelwertdifferenzen zwischen den beiden Gruppen wiedergibt. Die Ergebnisse der Bootstrap-Methode entsprechen den Ergebnissen des Permutationstests. Der Mittelwert über die 1000 Mittelwertdifferenzen beträgt 1.91 €, die Standardabweichung 93.04 €. Die realisierten Differenzen liegen zwischen –318.52 € und +324.55 €. Da keine Bootstrap-Stichprobe die Differenz der empirischen Stichprobe von 630.01 € aufweist, ist die Wahrscheinlichkeit für die Nullhypothese (gleiches Einkommen bei Männern und Frauen) sehr gering. Also kommt auch die Prüfung der Mittelwertdifferenz über Bootstrap zum Ergebnis, dass Frauen weniger verdienen als Männer.

Die Standardabweichungen der Bootstrap-Stichproben können als eine empirische Schätzung der Standardfehler in den Teilgruppen verwendet werden. Nimmt man die Stichprobenvarianz des Einkommens der 700 Fälle in Tabelle 19.3a als Populationsvarianz, dann lassen sich nach Gleichung 7.12 die theoretisch zu erwartenden Standardfehler der Teilgruppen über alle Bootstrap-Stichproben berechnen als:

$$\sigma\left(\overline{y}_{n=487}\right) = \sqrt{\frac{1292584.322}{487-1}} = 51.57 \text{ €} \quad \text{und}$$

$$\sigma\left(\overline{y}_{n=213}\right) = \sqrt{\frac{1292584.322}{213-1}} = 78.08 \text{ €}$$

Tabelle 19.3b zeigt, dass die mit der Bootstrap-Methode berechneten empirischen Werte mit 52.02 € und 78.45 € fast identisch mit den theoretisch zu erwartenden Werten sind.[24] Die entsprechenden Standardabweichungen des mittels Monte-Carlo-Simulation berechneten Permutationstests aus Tabelle 19.3a sind deutlich kleiner. Dies liegt nicht an der unterschiedlichen Anzahl an Wiederholungen beim Permutationstest und beim Bootstrap-Verfahren,[25] sondern ist vielmehr Folge davon, dass beim Permutationstest Zufallsauswahlen ohne Zurücklegen gezogen wurden.[26] Permutationstests haben in der Regel eine größere Trennschärfe als Tests der gleichen Nullhypothese über Bootstrap-Stichproben. Berechnet man die theoretisch zu erwartenden Standardfehler für die Stichproben des Permutationstests nach Gleichung 7.12 ergeben sich folgende Werte:

$$\sigma\left(\overline{y}_{n=487}\right) = \sqrt{\frac{1292584.322}{487-1} \cdot \frac{700-487}{700-1}} = 28.47 \, €$$

$$\sigma\left(\overline{y}_{n=213}\right) = \sqrt{\frac{1292584.322}{213-1} \cdot \frac{700-213}{700-1}} = 65.18 \, €$$

Diese Werte liegen dicht bei den Standardabweichungen der 10 000 Permutationen in Tabelle 19.3a.

Das bisher beschriebene Vorgehen bei der Simulation unterstellt, dass die Einkommensvarianzen in den Gruppen der Frauen und Männer gleich sind, denn das Zusammenlegen der beiden Teilstichproben beim Permutationstest und beim Bootstrap zu einer Population bewirkt, dass die beiden Teilgruppen

24 Da für Statistiken wie Mittelwerte und Varianzen allgemeine Formeln für deren Standardfehler vorliegen, ist es wenig sinnvoll, deren Standardfehler über Bootstrap zu schätzen. Anders ist es bei komplexeren Statistiken. Das Bootstrap-Verfahren ermöglicht hier eine verteilungsfreie Schätzung der Kennwerteverteilung dieser Statistiken.
25 Die größere Anzahl von Stichproben hat aber das Ergebnis, dass die Statistiken selbst genauere Schätzungen sind.
26 Ursache ist die negative Kovariation der Auswahlwahrscheinlichkeiten zweier Fälle bei einer einfachen Zufallsauswahl *ohne* Zurücklegen gegenüber der Unabhängigkeit der Auswahlwahrscheinlichkeiten zweier Fälle bei einer einfachen Zufallsauswahl *mit* Zurücklegen. Die negative Kovariation reduziert die Gesamtvariation. So ist bei gleichem Stichprobenumfang die Varianz der hypergeometrischen Verteilung (einfache Zufallsauswahl ohne Zurücklegen) kleiner als die Varianz der Binomialverteilung (einfache Zufallsauswahl mit Zurücklegen).

Tabelle 19.4: **Bootstrap bei ungleichen Varianzen**

a) Ergebnisse von jeweils 1000 einfachen Zufallsstichproben mit Zurücklegen aus der Teilgruppe der Männer und der Teilgruppe der Frauen

empirische Stichprobe	Männer (n=487)	Frauen (n=213)	Stichproben-paare	Differenz
mittleres Einkommen	2144.15	1514.14	1952.45	630.01
Bootstrap-Stichproben				
Mittelwert ($\bar{y}$)	2149.54	1512.24	1955.62	637.29
Median ($\bar{y}$)	2151.63	1511.50	1955.85	638.21
Varianz ($\hat{\sigma}_Y^2$)	2908.15	2776.43	1633.66	5831.04
Standardabweichung ($\hat{\sigma}_Y$)	53.93	52.69	40.42	76.36
Minimum	1963.08	1351.55	1832.02	384.90
Maximum	2320.84	1720.62	2080.18	874.32
2.5%-Quantil	2046.32	1408.79	1879.54	487.47
5%-Quantil	2060.35	1429.62	1889.82	509.74
25%-Quantil	2111.28	1474.61	1926.62	585.14
75%-Quantil	2187.39	1548.21	1982.45	687.94
95%-Quantil	2234.40	1598.78	2020.57	757.47
97.5%-Quantil	2254.33	1613.15	2039.03	779.29

b) Parametrischer Bootstrap, Ergebnisse von 1000 Zufallsauswahlen:

$\bar{x}_1$: Männer: Allbusstichprobe – 191.7028;

$\bar{x}_2$: Frauen: Allbusstichprobe +438.3063

empirische Stichprobe	Männer (n = 487)	Frauen (n = 213)	Stichproben-paare	Differenz
mittleres Einkommen	1952.4471	1952.4471	1952.4471	–0.00005
Bootstrap-Stichproben				
Mittelwert ($\bar{y}$)	1957.83	1950.55	1955.62	7.29
Median ($\bar{y}$)	1959.94	1949.82	1955.87	8.23
Varianz ($\hat{\sigma}^2$)	2908.15	2776.43	1633.66	5831.04
Standardabweichung ($\hat{\sigma}$)	53.93	52.69	40.42	76.36
Minimum	1771.38	1789.86	1832.02	–245.11
Maximum	2129.14	2158.93	2080.18	244.31
2.5%-Quantil	1854.62	1847.10	1879.54	–142.54
5%-Quantil	1868.64	1867.92	1889.82	–120.27
25%-Quantil	1919.57	1912.92	1926.62	–44.87
75%-Quantil	1995.68	1986.52	1982.45	57.94
95%-Quantil	2042.70	2037.09	2020.57	127.46
97.5%-Quantil	2062.63	2051.46	2039.03	149.29

Daten des Bootstrap: Allbus 2008, Westdeutschland: n = 700

keine unterschiedlichen Varianzen aufweisen können. Die Stichprobendaten in Tabelle 19.3a lassen aber vermuten, dass diese Annahme unzutreffend ist.

Bootstrap bei ungleichen Varianzen

Wenn sich – wie im vorliegenden Beispiel – die Varianzen unterscheiden, sollte diese Unterschiedlichkeit in der Simulation berücksichtigt werden. Beim Bootstrap wird dies dadurch erreicht, dass die beiden Teilstichproben der Männer und Frauen als Teilpopulationen aufgefasst werden, aus denen jeweils eigene Bootstrap-Stichproben gezogen werden. Beim Permutationstest ist dies nicht möglich, da die Permutationen ja gerade darin bestehen, alle Fälle zufällig auf die beiden Gruppen aufzuteilen.

Tabelle 19.4a zeigt das Ergebnis von jeweils 1000 Bootstrap-Stichproben des Umfangs $n_1 = 487$ (aus der Teilpopulation der 487 Männer) und des Umfangs $n_2 = 213$ (aus der Teilpopulation der 213 Frauen). Durch die nach den Teilpopulationen getrennte Ziehung wird eine mögliche ungleiche Varianz in den beiden Gruppen berücksichtigt. Bei diesem Vorgehen werden die Gruppenmittelwerte der Männer und der Frauen in der Allbusstichprobe geschätzt, mit der Konsequenz, dass die durchschnittlichen Differenzen zwischen den Mittelwerten der Teilgruppen viel höher sind als bei der ersten Bootstrap-Simulation in Tabelle 19.3b, bei der die gesamte Stichprobe als Population aufgefasst und die Gruppeneinteilung willkürlich vorgenommen wurde. Dies wird deutlich beim Vergleich der Werte in den Spalten «Differenz» in Tabelle 19.3b und 19.4a. Die realisierten Werte liegen zwischen 384.90 € und 874.32 €; der Mittelwert beträgt 637.29 € und die Standardabweichung 76.73 €.

Dieses Bootstrap-Verfahren ermöglicht die Schätzung eines 95%-Konfidenzintervalls für die durchschnittliche Einkommensdifferenz von Männern und Frauen bei unterschiedlichen Verteilungen in den beiden Gruppen. Die Intervallgrenzen liegen bei 487.47 € und 779.29 €. Da der Wert 0.0 € nicht im Konfidenzintervall liegt, ist mit einer Irrtumswahrscheinlichkeit von 5% auszuschließen, dass das durchschnittliche Einkommen von Männern und Frauen gleich ist.

Um die Nullhypothese gleicher Mittelwerte in den Teilpopulationen mit einem Signifikanztest prüfen zu können, müssen die Realisierungen der Teilstichproben (die in diesem Zusammenhang als Teilpopulationen aufgefasst werden) dahingehend modifiziert werden, dass die «Populationsmittelwerte» gleich sind. Dies wird dadurch erreicht, dass *vor* der Ziehung der Bootstrap-Stichproben von der Realisierung jedes Falls in jeder Teilpopulation der Wert der Differenz zwischen dem jeweiligen Teilgruppenmittelwert und dem Gesamtmittelwert der $n = 700$ Fälle abgezogen (Männer) bzw. dazuaddiert (Frauen) wird. Da der Gesamtmittelwert der 700 Fälle $\bar{x}_{gesamt} = 1952.4471$ € beträgt, der Mittelwert der $n_1 = 487$ Männer bei $\bar{x}_1 = 2144.1499$ € und der der $n_2 = 213$ Frauen bei $\bar{x}_2 = 1514.1408$ liegt, wird bei jedem Fall in der Stichprobe der Männer 191.7028 € $(= 2144.1499 - 1952.4471)$ abgezogen und bei jedem Fall in der Stichprobe der Frauen 438.3063 € $(= 1952.4471 - 1514.1408)$ addiert. Nach dieser Modifikation der empirischen Daten werden die jeweils 1000 Bootstrapstichproben von je $n_1 = 487$ Männern und $n_2 = 213$ Frauen aus den beiden Teilpopulationen gezogen.

Wenn bei den Bootstrap-Stichprobenziehungen nur Teileigenschaften der empirischen Stichproben verwendet werden und andere Verteilungseigenschaften (im Beispiel die Stichprobenmittelwerte) vorgegeben werden, bezeichnet man dies auch als *parametrischen Bootstrap.* Die Ergebnisse sind in Tabelle 19.4b zusammengefasst. Durch die Subtraktion bzw. Addition einer Konstanten (hier: des Gesamtmittelwerts) ändert sich die Varianz in den Bootstrap-Stichproben nicht.[27] Obwohl die Popula-

---

27 Das gilt allerdings nur, wenn – wie im Beispiel – für alle Monte-Carlo-Simulationen der gleiche Startwert *(engl.: seed)* für den Zufallszahlengenerator verwendet wird. Bei variierenden Startwerten werden jeweils andere 1000 Stichproben generiert, sodass es Abweichungen zu den in der Tabelle berichteten Werten geben kann.

tionen bis auf vier Stellen Genauigkeit die gleichen Mittelwerte aufweisen und die Bootstrap-Stichproben erwartungstreue Schätzer liefern, beträgt die Differenz der Stichprobenmittelwerte über die 1000 Stichproben im Mittel 7.29 €. Die Grenzen des 95%-Konfidenzintervalls liegen zwischen −142.54 und +149.29 €. Unterschiede in dieser Größenordnung sind also mit einer Wahrscheinlichkeit von 95% zu erwarten, wenn zwar die Teilpopulationsmittelwerte gleich sind, aber Stichproben von $n_1 = 487$ und $n_2 = 213$ Fällen mit unterschiedlichen Varianzen aus den Teilpopulationen gezogen werden. Da die empirische Mittelwertdifferenz von 630.01 € in den Bootstrapstichproben nicht realisiert wurde, ist die zweiseitige Nullhypothese, dass das Einkommen der Frauen im Mittel gleich dem der Männer ist, mit einer Irrtumswahrscheinlichkeit von <0.001 (0 von 1000 Stichproben) zu verwerfen. Die halbe empirische Irrtumswahrscheinlichkeit weist der einseitige Test der Nullhypothese auf, dass Frauen im Mittel nicht weniger als Männer verdienen.

Vergleicht man die geschätzten Standardfehler[28] der Mittelwertdifferenzen aus Tabelle 19.3b und 19.4a bzw. 19.4b, dann wird deutlich, dass die Standardfehler beim nach Geschlecht getrennten Ziehen der Bootstrap-Stichproben mit 76.36 € (Tabelle 19.4a bzw. b) kleiner sind als die Standardfehler mit 93.04 € (Tabelle 19.3b) beim Ziehen aus der Gesamtstichprobe und der zufälligen Aufteilung auf die Gruppen 1 und 2. Dies ist eine Folge davon, dass sich die Mittelwerte in den beiden Gruppen deutlich unterscheiden und dass das Zusammenfassen zu einer Stichprobe die Varianz und damit auch den Standardfehler des Mittelwerts erhöht.

Dieses Ergebnis zeigt, dass das Schätzen von Standardfehlern mit dem Bootstrap-Verfahren unter Verwendung einfacher Zufallsauswahlen mit Zurücklegen in komplexen (mehrstufigen

---

28 Das sind die Standardabweichungen der geschätzten Mittelwertdifferenzen über die 1000 Bootstrap-Stichproben.

Stichproben) zu den gleichen Verzerrungen führt wie die Berechnung von Standardfehlern nach den Formeln für einfache Zufallsstichproben. Die Schätzung von korrekten Standardfehlern mit der Bootstrap-Methode setzt daher eine dem tatsächlichen Stichprobenplan entsprechende (zutreffende) Modellierung der Stichprobenziehung voraus.

19.6 Zusammenfassung

Die wichtigsten Formeln dieses Kapitels

Teststatistik des McNemar-Tests:

$$\chi^2 = \sum_{i=1}^{2} \frac{(n_i - e_i)^2}{e_i} = \frac{\left(b - \frac{b+c}{2}\right)^2}{\frac{b+c}{2}} + \frac{\left(c - \frac{b+c}{2}\right)^2}{\frac{b+c}{2}} = \frac{(b-c)^2}{b+c} \qquad (19.1)$$

Teststatistik U des Mann-Whitney-Tests

$$U_1 = n_1 \cdot n_2 + \frac{n_1 \cdot (n_1 + 1)}{2} - \sum_{i=1}^{n_1} r_{Y,i};$$

$$U_2 = n_1 \cdot n_2 + \frac{n_2 \cdot (n_2 + 1)}{2} - \sum_{i=n_1+1}^{n_1+n_2} r_{Y,i} \qquad (19.2)$$

Erwartungswert und Varianzen der Statistik U

$$\mu_U = \frac{n_1 \cdot n_2}{2} \ , \ \sigma_U^2 = \begin{cases} \dfrac{n_1 \cdot n_2 \cdot (n_1 + n_2 + 1)}{12} & \text{ohne Verknüpfungen} \\[2ex] \dfrac{n_1 \cdot n_2}{(n_1 + n_2 - 1)} \cdot \dfrac{\sum_{i=1}^{n_1+n_2} (r_{Y,i})^2}{(n_1 + n_2)} - \dfrac{n_1 \cdot n_2 \cdot (n_1 + n_2 + 1)^2}{4 \cdot (n_1 + n_2 - 1)} & \text{mit Verknüpfungen} \end{cases} \qquad (19.3)$$

Teststatistik zur Prüfung von U (Gleichheit der Rangreihen in zwei unabhängigen Stichproben)

$$Z = \frac{U_i - \mu_U}{\sqrt{\sigma_U^2}} \sim N(0;1) \tag{19.4}$$

Glossar der wichtigsten Begriffe dieses Kapitels

Asymptotisch verteilungsfreie Tests: (abgekürzt *ADF* nach *asymptotic distribution free*); Tests, die bei großen Stichproben keine Verteilungsannahme für die Variablen in der Population voraussetzen

Bootstrap: Simulationsmethode, um ohne Verteilungsannahme für eine Statistik deren Stichprobenverteilungen zu schätzen

Fishers exakter Test: verteilungsfreie Methode für Anteilsvergleiche bei unabhängigen Stichproben mittels Permutationstest

McNemar-Test: verteilungsfreie Methode für den Anteilsvergleich bei abhängigen Stichproben mittels Permutationstest

Mediantest: prüft die Nullhypothese, dass der Median zweier Gruppen sich nicht unterscheidet

Monte-Carlo-Simulation: Simulation von Zufallsexperimenten

Nichtparametrische Tests: beziehen sich nicht auf spezifische Parameter einer Verteilung wie z. B. Mittelwerte, sondern prüfen generelle Verteilungseigenschaften, z. B. Lage und Ausdehnung einer Verteilung

Permutationstest: Signifikanztest, bei dem die Wahrscheinlichkeiten für alle Anordnungen der Stichprobenfälle berechnet werden

U-Test: auch *Wilcoxon-Test* bzw. *Mann-Whitney-Test*; prüft die Gleichheit der Lage von zwei unabhängigen Verteilungen mittels Vergleich von Rangplätzen der Realisierungen

Verteilungsfreie Statistik: (Test-)Statistik ist unabhängig von der Verteilung in der Population

Vorzeichentest: prüft die Gleichheit der Lage von Verteilungen bei abhängigen Stichproben

Literatur

Agresti, A. (1990). Categorical data analysis. New York: Wiley.

Akaike, H. (1973). Information Theory and an extension of the maximum likelihood principle. In: Petrov, B. N. & Csaki, B. F. (Hrsg.). Second international symposium on information theory, S. 267–281. Budapest: Academia Kiado.

Aldrich, J. H. & Nelson, F. D. (1984). Linear Probability, Logit and Probit Models. Beverly Hills: Sage.

Andreß, H.-J. (1986:) GLIM: Verallgemeinerte lineare Modelle. Braunschweig: Vieweg.

Andreß, H.-J., Hagenaars, J. A. & Kühnel, S. (1997). Analyse von Tabellen und kategorialen Daten. Log-lineare Modelle, latente Klassenanalyse, logistische Regression und GSK-Ansatz. Berlin: Springer.

Bacher, J. (1994). Clusteranalyse: Anwendungsorientierte Einführung. München: Oldenbourg.

Balluerka, N.; Gómez, J. & Hidalgo, D. (2005). The controversy over null-hypothesis significance testing revisited. Methodology, 1(2), 55–70.

Bauer, Gerrit (2010). Graphische Darstellung regressionsanalytischer Ergebnisse. In: Wolf, Chr. & Best, H. (Hrsg.): Handbuch der sozialwissenschaftlichen Datenanalyse, 905–927. Wiesbaden: VS Verlag für Sozialwissenschaften.

Belsley, D. A., Kuhl, E. & R. E. (1980). Regression Diagnostics: Identifying influential data and sources of collinearity. New York: Wiley.

Best, H. & Wolf, Ch. (2010). Logistische Regression. In: Wolf, Chr. & Best, H. (Hrsg.): Handbuch der sozialwissenschaftlichen Datenanalyse, 827–854. Wiesbaden: VS Verlag für Sozialwissenschaften.

Blossfeld, H. P. & Rohwer, G. (1995). Techniques of Event History Modeling: New Approaches to Causal Analysis. Mahwah: Erlbaum.

Boeltken, F. (1976). Auswahlverfahren. Eine Einführung für Sozialwissenschaftler. Stuttgart: Teubner.

Bollen, K. A. (1989). Structural Equations with Latent Variables. New York: Wiley.

Borg, I. & Staufenbiel, T. (1997). Theorien und Methoden der Skalierung: Eine Einführung. Bern: Huber.

Bortz, J. (1993). Statistik für Sozialwissenschaftler. 4. Auflage. Berlin: Springer.

Bortz, J., Lienert, G. A. & Boehnke, K. (2008). Verteilungsfreie Methoden in der Biostatistik. 3. Auflage, Heidelberg: Springer.

Bozdogan, H. (1987). Model selection and Akaike's information criterion (AIC): the general theory and its analytical extension. Psychometrica, 52, 345–370.

Bray, J. H. & Maxwell, J. H. (1986). Multivariate Analysis of Variance. Beverly Hills: Sage.

Browne, M. W. (1984). Asymptotically distribution-free methods for the analysis of covariance structures. British Journal of Mathematical and Statistical Psychology, 37, 62–83.

Büning, H. & Trenkler, G. (1994). Nichtparametrische statistische Methoden. Berlin: De Gruyter.

Chambers, L. & R. Skinner (Hrsg.) (2003). Analysis of Survey Data. New York: John Wiley & Sons.

Chatfield, C. (1996). The Analysis of Time Series: An Introduction. London: Chapman & Hall.

Clogg, C. & Shihadeh, E. S. (1994). Statistical Models for Ordinal Variables. Thousand Oaks: Sage.

Cook, R. D. & Weisberg, S. (1994). An Introduction to Regression Graphics. New York: Wiley.

Cox, T. F. & Cox, M. A. A. (1994). Multidimensional Scaling. London: Chapman & Hall.

Davis, J. A. (1985). The Logic of Causal Order. Beverly Hills: Sage.

Diekmann, A. (1998). Empirische Sozialforschung: Grundlagen, Methoden, Anwendungen. 4. Auflage, Reinbek: Rowohlt.

Diekmann, A. & Mitter, P. (1984). Methoden zur Analyse von Zeitverläufen. Stuttgart: Teubner.

Dobson, A. J. (1990). An Introduction to Generalized Linear Models. London: Chapman & Hall.

Dunteman, G. H. (1989). Principal Component Analysis. Newbury Park: Sage.

Easton, D. (1965). A System Analysis of Political Life. New York: Wiley.

Easton, D. (1975). A Re-Assessment of the Concept of Political Support. British Journal of Political Science, 5, 453–457.

Efron, B. (1979). Bootstrapping methods: «Another Look of the Jackknife». Annals of Statistics, 7, 1–26.

Engel, U. & Reinecke, J. (1994). Panelanalyse: Grundlagen, Techniken, Beispiele. Berlin: De Gruyter.

Evans, M.; Hastings, N. & Peacock, B. (2000). Statistical Distributions. New York: Wiley.

Fahrmeir, L., Hamerle, A. & Tutz, G. (Hrsg.) (1996). Multivariate statistische Verfahren. 2. Auflage, Berlin: De Gruyter.

Faulbaum, F., Prüfer, P. & Rexroth, M. (2009). Was ist eine gute Frage? Die systematische Evaluation der Fragenqualität. Wiesbaden: VS Verlag für Sozialwissenschaften.

Fienberg, S. E. & Olkin, J. (1990). Log-Linear Models. Berlin: Springer.

Finkel, S. E. (1995). Causal Analysis with Panel Data. Thousand Oaks: Sage.

Fisher, R. A. (1925; 1972): Statistical methods of research workers. London: Oliver and Boyd.

Fox, J. (1984). Linear statistical models and related methods with applications to social research. New York: Wiley.

Fox, J. (1991). Regression Diagnostics. An Introduction. Newbury Park: Sage.

Fox, J. (1997). Applied Regression Analysis, Linear Models and Related Methods. London: Sage.

Frank, H. & Althoen, S. C. (1994). Statistics. Concepts and Applications. Cambridge: Cambridge University Press.

Gabler, S., Hoffmeyer-Zlotnik, J. H. P. & Krebs, D. (Hrsg.) (1994). Gewichtung in der Umfragepraxis. Opladen: Westdeutscher Verlag

Garthwaite, P., Jolliffe, I. & Jones. B. (1995). Statistical Inference. Hemel Hempstead: Prentice Hall.

Gill, J. (2000). Generalized Linear Models: A Unified Approach. London: Sage.

Greenacre, M. J. (1993). Correspondence Analysis in Practice. London: Academic Press.

Greenacre, M. J. & Blasius, J. (1994). Correspondence Analysis in the Social Sciences. San Diego: Academic Press.

Greene, W. H. (1997). Econometric Analysis. 3. Auflage, London: Prentice Hall.

Habermann, S. J. (1978). Analysis of Qualitative Data. Introductory Topics. New York: Academic Press.

Härdle, W. (1990). Applied Nonparametric Regression. *Econometric Society Monograph Series 19.* Cambridge: University Press

Hagenaars, J. A. (1993). Loglinear Models with Latent Variables. Newbury Park: Sage.

Hagle, T. M. (1995). Basic Math for Social Scientists: Concepts. Newbury Park: Sage.

Hamilton, L. C. (1996). Data Analysis for Social Scientists. A First Course in Applied Statistics. Belmont: Duxbury Press.

Hamilton, L. C. (1992). Regression with Graphics. Belmont: Duxbury Press

Hawkins, D. L. (1989). Using U statistics to derive the asymptotic distribution of Fisher's Z statistic. The American Statistician, 43, 235–237.

Healey, J. F. (1996). Statistics: A Tool for Social Research. 4. Auflage, Belmont: Wadsworth Publishing Company.

Hinderer, K. (1980). Grundbegriffe der Wahrscheinlichkeitstheorie. Heidelberg: Springer.

Hodges, J. J. & Lehmann, E. L. (1956). The efficiency of some nonparametric competitors of the t-test. Annals of Mathematical Statistics, 27, 324–335.

Hoffmeyer-Zlotnik, J. H. P. (1997). Random-Route-Stichproben nach ADM. In: Gabler, S. & Hoffmeyer-Zlotnik, J. H. P. (Hrsg.). Stichproben in der Umfragepraxis. Opladen: Westdeutscher Verlag.

Hoffmeyer-Zlotnik, J. H. P. & Wiedenbeck, M. (1994). Überlegungen zu Sampling. Qualitätsprüfung und Auswertung von Daten aus Teilpopulationen. ZUMA-Arbeitsbericht 94/01.

Hosmer, D. W. & Lemeshow, S. (1980). A goodness of fit test for the logistic regression model. Communications in Statistics, Vol A10, pp 1043–1069.

Hox, J. & de Leeuw, E. (1999). Introduction to the special issue on missing data. Kwantitatieve Methoden, 20, 37–38.

Huberty, C. J. (1994). Applied Discriminant Analysis. New York: Wiley.

Iversen, G. R. (1996). Calculus. Newbury Park: Sage.

Jackson, S. E. (1991). A User's Guide to Principal Components. New York: Wiley.

Jann, B. (2010). Robuste Regression. In: Wolf, Chr. & Best, H. (Hrsg.). Handbuch der sozialwissenschaftlichen Datenanalyse, 707–740. Wiesbaden: VS Verlag für Sozialwissenschaften.

Jöreskog, K. G. (1990). New developments in LISREL: Analysis of ordinal variables using polychoric correlations and weighted least squares. Quality and Quantity, 24, 387–404.

Johnson, R. A. & Wichern, D. W. (1988). Applied Multivariate Statistical Analysis. Englewood Cliffs: Prentice-Hall

Johnston, J. & DiNardo, J. (1997). Econometric Methods. 4. Auflage, New York: McGraw Hill.

Kaplan, D. (2000). Structural Equation Modeling: Advanced methods and Applications. Thousand Oaks: Sage.

Kim, J.-O. & Mueller, C. W. (1978). Introduction to Factor Analysis. What it is and how to do it. Newbury Park: Sage.

Kim, J.-O. & Mueller, C. W. (1978). Factor Analysis. Statistical Methods and Practical Issues. Newbury Park: Sage.

King, A. C.; Read, C. B. (1963). Pathways to probability. New York: Holt.

Klecka, W. R. (1984). Discriminant Analysis. Beverly Hills: Sage.

Kline, P. (1994). An Easy Guide to Factor Analysis. London: Routledge.

Kline, R. B. (1998). Principles and Practice of Structural Equation Modeling. New York: Guilford

Kohler, U. & Kreuter, F. (2008). Datenanalyse mit STATA. München: Oldenbourg.

Krengel, U. (2003). Einführung in die Wahrscheinlichkeitstheorie und Statistik. 7. Auflage. Wiesbaden: Vieweg.

Kreft, I., & de Leeuw, J. (1998). Introducing multilevel modeling. London. Sage Publications.

Krippendorf, K. (1986). Information Theory: Structural models for qualitative data. London: Sage.

Kromrey, H. (1998). Empirische Sozialforschung. 8. Auflage, Opladen: Leske + Budrich.

Kühnel, S. M. (1997). Benutzerdefinierte Design-Matrizen in log-linearen Analysen: ZA-Information 40, 60–86.

Kühnel, S. (1998). Linear Structural Equation Models. In: Scarbrough, E. & Tanenbaum, E. (Hrsg.). Research Strategies in the Social Sciences. A Guide to new Approaches, 53–70. Oxford: Oxford University Press.

Langer, W. (2008). Mehrebenenanalyse. Eine Einführung für Forschung und Praxis. Wiesbaden: VS Verlag für Sozialwissenschaften.

Lee, E. S.; Forthofer, R. N. & Lorimor, R. J. (1989). Analyzing Complex Survey Data. Newbury Park: Sage.

Levene, H. (1960). Robust tests for equality of variances. In: Olkin, I., Hotelling, H. et al. (Hrsg.). Contributions to Probability and Statistics: Essays in Honor of Harold Hotelling, 278–292. Stanford: Stanford University Press.

Lohmann, H. (2010). Nicht-Linearität und Nicht-Additivität in der multiplen Regression: Interaktionseffekte, Polynome und Splines. In: Wolf, Chr. & Best, H. (Hrsg.). Handbuch der sozialwissenschaftlichen Datenanalyse, 677–706. Wiesbaden: VS Verlag für Sozialwissenschaften.

Long, J. S. (1983). Confirmatory Factor Analysis: A Preface to LISREL. Beverly Hills: Sage.

Long, J. S. (1997). Regression Models for Categorical and Limited Dependent Variables. Thousand Oaks: Sage.

Luce, R. D., Krantz, D. H. & Suppes, P. (1990) Foundations of Measurement. Volume III: Representation, Axiomatization, and Invariance. San Diego: Academic Press.

McCullagh, P. & Nelder, J. A. (1989). Generalized Linear Models. London: Chapman & Hall.

McCutcheon, A. L. (1987). Latent Class Analysis. Newbury Park: Sage.

McKnight, P. E., McKnight, K., Sidani, S. & Figueredo, A. J. (2007). Missing data: A gentle introduction. New York: Guilford Press.

Mood, A. M., Graybill, F. A. & Boess, D. C. (1974). Introduction to the Theory of Statistics. New York: McGraw Hill.

Namboodiri, K: (1984). Matrix Algebra: An Introduction. Newbury Park: Sage.

Neyman, J. & Pearson, E. (1933). On the problem of the most efficient tests of statistical hypotheses. In: Philosophical Transactions of the Royal Society of London. Series A, 231, 289–337.

Ohr, D. (2010). Lineare Regression: Modellannahmen und Regressionsdiagnostik. In: Wolf, Chr. & Best, H. (Hrsg.). Handbuch der sozialwissenschaftlichen Datenanalyse, 639–675. Wiesbaden: VS Verlag für Sozialwissenschaften.

Opp, K. D. & Schmidt, P. (1976) Einführung in die Mehrvariablenanalyse. Reinbek: Rowohlt.

Opp; K. D. (2010). Kausalität als Gegenstand der Sozialwissenschaften und der multivariaten Statistik. In: Wolf, Chr. & Best, H. (Hrsg.). Handbuch der sozialwissenschaftlichen Datenanalyse, 9–38. Wiesbaden: VS Verlag für Sozialwissenschaften.

Orth, B. (1974). Einführung in die Theorie des Messens. Stuttgart: Kohlhammer.

Precht, M.; Voit, K. & Kraft, R. (1994a). Mathematik 1 für Nichtmathematiker. München: Oldenbourg.

Precht, M.; Voit, K. & Kraft, R. (1994b). Mathematik 2 für Nichtmathematiker. München: Oldenbourg.

Ramsey, J. B. (1969). Tests for specific errors in classical linear least-squares analysis. Journal of the Royal Statistical Society. Series B, 71, 350–371.

Rencher, A. C. (1998). Multivariate Statistical Inference and Applications. Chichester: Wiley.

Röhr, M. (1987). Kanonische Korrelationsanalyse. Berlin: Akademie Verlag.

Särndal, C.-E. & Lundström, S. (2005). Estimation in surveys with nonresponse. Hoboken: Wiley.

Saris, W. E. & Stronkhorst, H. (1984). Causal Modelling in Nonexperimental Research: An Introduction to the LISREL Approach. Amsterdam: Sociometric Research Foundation (SRF).

Savage, C. W. & Ehrlich, P. (Hrsg.) (1992). Philosophical and Foundational Issues in Measurement Theory. Hillsdale: Erlbaum.

Schnell, R. (1994). Graphisch gestützte Datenanalyse. München: Oldenbourg.

Schnell, R. (1997). Nonresponse in Bevölkerungsumfragen. Ausmaß, Entwicklungen und Ursachen. Opladen: Leske + Budrich.

Schnell R., Hill, P. & Esser, E. (2011). Methoden der empirischen Sozialforschung. 9. Auflage, München: Oldenbourg.

Schnell, R. (2012). Survey-Interviews. Methoden standardisierter Befragungen. Wiesbaden: VS Verlag für Sozialwissenschaften.

Shikano, S. (2010). Einführung in die Inferenz durch den nichtparametrischen Bootstrap. In: Wolf, Chr. & Best, H. (Hrsg.). Handbuch der sozialwissenschaftlichen Datenanalyse, 191–204. Wiesbaden: VS Verlag für Sozialwissenschaften.

Snijders, T. A. B. & Bosker, R. J. (1999). Multilevel Analysis: An Introduction to Basic and Advanced Multilevel Modeling. London: Sage.

Sodeur, W. (1997). Interne Kriterien zur Beurteilung von Wahrscheinlichkeitsauswahlen. ZA-Information, 41, 58–82.

SPSS Inc. (1991). SPSS Statistical Algorithms. 2. Auflage, Chicago: SPSS Inc.

Srivastava, V. K. & Giles, D. E. A. (1987) Seemingly Unrelated Regression Equations Models. New York: Marcel Dekker/CRC press.

Stata Corp. (2011): Stata Base Reference Manual, Release 12. College Station: StataCorp LP.

Timm, N. H. (1993) MANOVA and MANCOVA: An Overview. In: Keren, G. & Lewis, C. (Hrsg.), A Handbook for Data Analysis in the Behavioral Sciences. Hillsdale: Erlbaum.

Thompson, B. (1985). Canonical Correlation Analysis: Uses and Interpretation. Beverly Hills: Sage.

Überla, K. (1971). Faktorenanalyse. Eine systematische Einführung für Psychologen, Mediziner, Wirtschafts- und Sozialwissenschaftler. Berlin: Springer.

Velleman, P. F. & Welsch, R. E. (1981). Efficient computing of regression diagnostics. In: American Statistician, 35, 234–242.

Vermunt, J. K. (1997). Log-linear Models for Event Histories. Thousand Oaks: Sage.

White, H. (1980). A heteroskedasticity-consistent covariance matrix estimator and a direct test for heteroskedasticity. In: Econometrica 48, 4, 817–838.

Wildt, A. R. & Ahtola, O. T. (1979). Analysis of Covariance. Beverly Hills: Sage.

Wonnacott, T. H. & Wonnacott, R. J. (1990). Introductory Statistics. Fifth Edition. New York: John Wiley & Sons.

Yamaguchi, K. (1991). Event History Analysis. Beverly Hills: Sage.

Anhang

Tabelle A1: **Quantile der Normalverteilung**

α	z_α	α	z_α	α	z_α	α	z_α	α	z_α
0.000	$-\infty$	0.200	−0.842	0.400	−0.253	0.600	0.253	0.800	0.842
0.005	−2.576	0.205	−0.824	0.405	−0.240	0.605	0.266	0.805	0.860
0.010	−2.326	0.210	−0.806	0.410	−0.228	0.610	0.279	0.810	0.878
0.015	−2.170	0.215	−0.789	0.415	−0.215	0.615	0.292	0.815	0.896
0.020	−2.054	0.220	−0.772	0.420	−0.202	0.620	0.305	0.820	0.915
0.025	−1.960	0.225	−0.755	0.425	−0.189	0.625	0.319	0.825	0.935
0.030	−1.881	0.230	−0.739	0.430	−0.176	0.630	0.332	0.830	0.954
0.035	−1.812	0.235	−0.722	0.435	−0.164	0.635	0.345	0.835	0.974
0.040	−1.751	0.240	−0.706	0.440	−0.151	0.640	0.358	0.840	0.994
0.045	−1.695	0.245	−0.690	0.445	−0.138	0.645	0.372	0.845	1.015
0.050	−1.645	0.250	−0.674	0.450	−0.126	0.650	0.385	0.850	1.036
0.055	−1.598	0.255	−0.659	0.455	−0.113	0.655	0.399	0.855	1.058
0.060	−1.555	0.260	−0.643	0.460	−0.100	0.660	0.412	0.860	1.080
0.065	−1.514	0.265	−0.628	0.465	−0.088	0.665	0.426	0.865	1.103
0.070	−1.476	0.270	−0.613	0.470	−0.075	0.670	0.440	0.870	1.126
0.075	−1.440	0.275	−0.598	0.475	−0.063	0.675	0.454	0.875	1.150
0.080	−1.405	0.280	−0.583	0.480	−0.050	0.680	0.468	0.880	1.175
0.085	−1.372	0.285	−0.568	0.485	−0.038	0.685	0.482	0.885	1.200
0.090	−1.341	0.290	−0.553	0.490	−0.025	0.690	0.496	0.890	1.227
0.095	−1.311	0.295	−0.539	0.495	−0.013	0.695	0.510	0.895	1.254
0.100	−1.282	0.300	−0.524	0.500	0.000	0.700	0.524	0.900	1.282
0.105	−1.254	0.305	−0.510	0.505	0.013	0.705	0.539	0.905	1.311
0.110	−1.227	0.310	−0.496	0.510	0.025	0.710	0.553	0.910	1.341
0.115	−1.200	0.315	−0.482	0.515	0.038	0.715	0.568	0.915	1.372
0.120	−1.175	0.320	−0.468	0.520	0.050	0.720	0.583	0.920	1.405
0.125	−1.150	0.325	−0.454	0.525	0.063	0.725	0.598	0.925	1.440
0.130	−1.126	0.330	−0.440	0.530	0.075	0.730	0.613	0.930	1.476
0.135	−1.103	0.335	−0.426	0.535	0.088	0.735	0.628	0.935	1.514
0.140	−1.080	0.340	−0.412	0.540	0.100	0.740	0.643	0.940	1.555
0.145	−1.058	0.345	−0.399	0.545	0.113	0.745	0.659	0.945	1.598
0.150	−1.036	0.350	−0.385	0.550	0.126	0.750	0.674	0.950	1.645
0.155	−1.015	0.355	−0.372	0.555	0.138	0.755	0.690	0.955	1.695
0.160	−0.994	0.360	−0.358	0.560	0.151	0.760	0.706	0.960	1.751
0.165	−0.974	0.365	−0.345	0.565	0.164	0.765	0.722	0.965	1.812
0.170	−0.954	0.370	−0.332	0.570	0.176	0.770	0.739	0.970	1.881
0.175	−0.935	0.375	−0.319	0.575	0.189	0.775	0.755	0.975	1.960
0.180	−0.915	0.380	−0.305	0.580	0.202	0.780	0.772	0.980	2.054
0.185	−0.896	0.385	−0.292	0.585	0.215	0.785	0.789	0.985	2.170
0.190	−0.878	0.390	−0.279	0.590	0.228	0.790	0.806	0.990	2.326
0.195	−0.860	0.395	−0.266	0.595	0.240	0.795	0.824	0.995	2.576
								1.00	∞

Tabelle A2: **Ausgewählte Quantile der T-Verteilung**

df	75.0%	90.0%	95.0%	97.5%	99.0%	99.5%	99.9%	99.95%
1	1.000	3.078	6.314	12.71	31.82	63.66	318.3	636.6
2	0.816	1.886	2.920	4.303	6.965	9.925	22.33	31.60
3	0.765	1.638	2.353	3.182	4.541	5.841	10.21	12.92
4	0.741	1.533	2.132	2.776	3.747	4.604	7.173	8.610
5	0.727	1.476	2.015	2.571	3.365	4.032	5.893	6.869
6	0.718	1.440	1.943	2.447	3.143	3.707	5.208	5.959
7	0.711	1.415	1.895	2.365	2.998	3.499	4.785	5.408
8	0.706	1.397	1.860	2.306	2.896	3.355	4.501	5.041
9	0.703	1.383	1.833	2.262	2.821	3.250	4.297	4.781
10	0.700	1.372	1.812	2.228	2.764	3.169	4.144	4.587
11	0.697	1.363	1.796	2.201	2.718	3.106	4.025	4.437
12	0.695	1.356	1.782	2.179	2.681	3.055	3.930	4.318
13	0.694	1.350	1.771	2.160	2.650	3.012	3.852	4.221
14	0.692	1.345	1.761	2.145	2.624	2.977	3.787	4.140
15	0.691	1.341	1.753	2.131	2.602	2.947	3.733	4.073
16	0.690	1.337	1.746	2.120	2.583	2.921	3.686	4.015
17	0.689	1.333	1.740	2.110	2.567	2.898	3.646	3.965
18	0.688	1.330	1.734	2.101	2.552	2.878	3.610	3.922
19	0.688	1.328	1.729	2.093	2.539	2.861	3.579	3.883
20	0.687	1.325	1.725	2.086	2.528	2.845	3.552	3.850
21	0.686	1.323	1.721	2.080	2.518	2.831	3.527	3.819
22	0.686	1.321	1.717	2.074	2.508	2.819	3.505	3.792
23	0.685	1.319	1.714	2.069	2.500	2.807	3.485	3.768
24	0.685	1.318	1.711	2.064	2.492	2.797	3.467	3.745
25	0.684	1.316	1.708	2.060	2.485	2.787	3.450	3.725
26	0.684	1.315	1.706	2.056	2.479	2.779	3.435	3.707
27	0.684	1.314	1.703	2.052	2.473	2.771	3.421	3.690
28	0.683	1.313	1.701	2.048	2.467	2.763	3.408	3.674
29	0.683	1.311	1.699	2.045	2.462	2.756	3.396	3.659
30	0.683	1.310	1.697	2.042	2.457	2.750	3.385	3.646
40	0.681	1.303	1.684	2.021	2.423	2.704	3.307	3.551
60	0.679	1.296	1.671	2.000	2.390	2.660	3.232	3.460
120	0.677	1.289	1.658	1.980	2.358	2.617	3.160	3.373
∞	0.674	1.282	1.645	1.960	2.326	2.576	3.090	3.291

Tabelle A3: **Ausgewählte Quantile der Chiquadrat-Verteilung**

df	0.5%	1.0%	2.5%	5.0%	10.0%	90.0%	95.0%	97.5%	99.0%	99.5%
1	<.001	<.001	0.001	0.004	0.016	2.706	3.841	5.024	6.635	7.879
2	0.010	0.020	0.051	0.103	0.211	4.605	5.991	7.378	9.210	10.60
3	0.072	0.115	0.216	0.352	0.584	6.251	7.815	9.348	11.34	12.84
4	0.207	0.297	0.484	0.711	1.064	7.779	9.488	11.14	13.28	14.86
5	0.412	0.554	0.831	1.145	1.610	9.236	11.07	12.83	15.09	16.75
6	0.676	0.872	1.237	1.635	2.204	10.64	12.59	14.45	16.81	18.55
7	0.989	1.239	1.690	2.167	2.833	12.02	14.07	16.01	18.48	20.28
8	1.344	1.646	2.180	2.733	3.490	13.36	15.51	17.53	20.09	21.95
9	1.735	2.088	2.700	3.325	4.168	14.68	16.92	19.02	21.67	23.59
10	2.156	2.558	3.247	3.940	4.865	15.99	18.31	20.48	23.21	25.19
11	2.603	3.053	3.816	4.575	5.578	17.28	19.68	21.92	24.72	26.76
12	3.074	3.571	4.404	5.226	6.304	18.55	21.03	23.34	26.22	28.30
13	3.565	4.107	5.009	5.892	7.042	19.81	22.36	24.74	27.69	29.82
14	4.075	4.660	5.629	6.571	7.790	21.06	23.68	26.12	29.14	31.32
15	4.601	5.229	6.262	7.261	8.547	22.31	25.00	27.49	30.58	32.80
16	5.142	5.812	6.908	7.962	9.312	23.54	26.30	28.85	32.00	34.27
17	5.697	6.408	7.564	8.672	10.09	24.77	27.59	30.19	33.41	35.72
18	6.265	7.015	8.231	9.390	10.86	25.99	28.87	31.53	34.81	37.16
19	6.844	7.633	8.907	10.12	11.65	27.20	30.14	32.85	36.19	38.58
20	7.434	8.260	9.591	10.85	12.44	28.41	31.41	34.17	37.57	40.00
21	8.034	8.897	10.28	11.59	13.24	29.62	32.67	35.48	38.93	41.40
22	8.643	9.542	10.98	12.34	14.04	30.81	33.92	36.78	40.29	42.80
23	9.260	10.20	11.69	13.09	14.85	32.01	35.17	38.08	41.64	44.18
24	9.886	10.86	12.40	13.85	15.66	33.20	36.42	39.36	42.98	45.56
25	10.52	11.52	13.12	14.61	16.47	34.38	37.65	40.65	44.31	46.93
26	11.16	12.20	13.84	15.38	17.29	35.56	38.89	41.92	45.64	48.29
27	11.81	12.88	14.57	16.15	18.11	36.74	40.11	43.19	46.96	49.64
28	12.46	13.56	15.31	16.93	18.94	37.92	41.34	44.46	48.28	50.99
29	13.12	14.26	16.05	17.71	19.77	39.09	42.56	45.72	49.59	52.34
30	13.79	14.95	16.79	18.49	20.60	40.26	43.77	46.98	50.89	53.67

Tabelle A4: **Ausgewählte Quantile der F-Verteilung**

df$_2$	df$_1$ = 1					df$_2$	df$_1$ = 2				
	90.0%	95.0%	97.5%	99.0%	99.5%		90.0%	95.0%	97.5%	99.0%	99.5%
1	39.86	161.4	647.8	4052	16211	1	49.50	199.5	799.5	5000	20000
2	8.526	18.51	38.51	98.50	198.5	2	9.000	19.00	39.00	99.00	199.0
3	5.538	10.13	17.44	34.12	55.55	3	5.462	9.552	16.04	30.82	49.80
4	4.545	7.709	12.22	21.20	31.33	4	4.325	6.944	10.65	18.00	26.28
5	4.060	6.608	10.01	16.26	22.78	5	3.780	5.786	8.434	13.27	18.31
6	3.776	5.987	8.813	13.75	18.63	6	3.463	5.143	7.260	10.92	14.54
7	3.589	5.591	8.073	12.25	16.24	7	3.257	4.737	6.542	9.547	12.40
8	3.458	5.318	7.571	11.26	14.69	8	3.113	4.459	6.059	8.649	11.04
9	3.360	5.117	7.209	10.56	13.61	9	3.006	4.256	5.715	8.022	10.11
10	3.285	4.965	6.937	10.04	12.83	10	2.924	4.103	5.456	7.559	9.427
12	3.177	4.747	6.554	9.330	11.75	12	2.807	3.885	5.096	6.927	8.510
15	3.073	4.543	6.200	8.683	10.80	15	2.695	3.682	4.765	6.359	7.701
30	2.881	4.171	5.568	7.562	9.180	30	2.489	3.316	4.182	5.390	6.355
60	2.791	4.001	5.286	7.077	8.495	60	2.393	3.150	3.925	4.977	5.795
120	2.748	3.920	5.152	6.851	8.179	120	2.347	3.072	3.805	4.787	5.539
∞	2.706	3.841	5.024	6.635	7.879	∞	2.303	2.996	3.689	4.605	5.298

df$_2$	df$_1$ = 3					df$_2$	df$_1$ = 4				
	90.0%	95.0%	97.5%	99.0%	99.5%		90.0%	95.0%	97.5%	99.0%	99.5%
1	53.59	215.7	864.2	5403	21615	1	55.83	224.6	899.6	5625	22500
2	9.162	19.16	39.17	99.17	199.2	2	9.243	19.25	39.25	99.25	199.2
3	5.391	9.277	15.44	29.46	47.47	3	5.343	9.117	15.10	28.71	46.19
4	4.191	6.591	9.979	16.69	24.26	4	4.107	6.388	9.605	15.98	23.15
5	3.619	5.409	7.764	12.06	16.53	5	3.520	5.192	7.388	11.39	15.56
6	3.289	4.757	6.599	9.780	12.92	6	3.181	4.534	6.227	9.148	12.03
7	3.074	4.347	5.890	8.451	10.88	7	2.961	4.120	5.523	7.847	10.05
8	2.924	4.066	5.416	7.591	9.596	8	2.806	3.838	5.053	7.006	8.805
9	2.813	3.863	5.078	6.992	8.717	9	2.693	3.633	4.718	6.422	7.956
10	2.728	3.708	4.826	6.552	8.081	10	2.605	3.478	4.468	5.994	7.343
12	2.606	3.490	4.474	5.953	7.226	12	2.480	3.259	4.121	5.412	6.521
15	2.490	3.287	4.153	5.417	6.476	15	2.361	3.056	3.804	4.893	5.803
30	2.276	2.922	3.589	4.510	5.239	30	2.142	2.690	3.250	4.018	4.623
60	2.177	2.758	3.343	4.126	4.729	60	2.041	2.525	3.008	3.649	4.140
120	2.130	2.680	3.227	3.949	4.497	120	1.992	2.447	2.894	3.480	3.921
∞	2.084	2.605	3.116	3.782	4.279	∞	1.945	2.372	2.786	3.319	3.715

df$_2$	df$_1$ = 5					df$_2$	df$_1$ = 6				
	90.0%	95.0%	97.5%	99.0%	99.5%		90.0%	95.0%	97.5%	99.0%	99.5%
1	57.24	230.2	921.8	5764	23056	1	58.20	234.0	937.1	5859	23437
2	9.293	19.30	39.30	99.30	199.3	2	9.326	19.33	39.33	99.33	199.3
3	5.309	9.013	14.88	28.24	45.39	3	5.285	8.941	14.73	27.91	44.84
4	4.051	6.256	9.364	15.52	22.46	4	4.010	6.163	9.197	15.21	21.97
5	3.453	5.050	7.146	10.97	14.94	5	3.405	4.950	6.978	10.67	14.51
6	3.108	4.387	5.988	8.746	11.46	6	3.055	4.284	5.820	8.466	11.07
7	2.883	3.972	5.285	7.460	9.522	7	2.827	3.866	5.119	7.191	9.155
8	2.726	3.687	4.817	6.632	8.302	8	2.668	3.581	4.652	6.371	7.952
9	2.611	3.482	4.484	6.057	7.471	9	2.551	3.374	4.320	5.802	7.134
10	2.522	3.326	4.236	5.636	6.872	10	2.461	3.217	4.072	5.386	6.545
12	2.394	3.106	3.891	5.064	6.071	12	2.331	2.996	3.728	4.821	5.757
15	2.273	2.901	3.576	4.556	5.372	15	2.208	2.790	3.415	4.318	5.071
30	2.049	2.534	3.026	3.699	4.228	30	1.980	2.421	2.867	3.473	3.949
60	1.946	2.368	2.786	3.339	3.760	60	1.875	2.254	2.627	3.119	3.492
120	1.896	2.290	2.674	3.174	3.548	120	1.824	2.175	2.515	2.956	3.285
∞	1.847	2.214	2.567	3.017	3.350	∞	1.774	2.099	2.408	2.802	3.091

df$_2$	df$_1$ = 7					df$_2$	df$_1$ = 8				
	90.0%	95.0%	97.5%	99.0%	99.5%		90.0%	95.0%	97.5%	99.0%	99.5%
1	58.91	236.8	948.2	5928	23715	1	59.44	238.9	956.7	5981	23926
2	9.349	19.35	39.36	99.36	199.4	2	9.367	19.37	39.37	99.37	199.4
3	5.266	8.887	14.62	27.67	44.43	3	5.252	8.845	14.54	27.49	44.13
4	3.979	6.094	9.074	14.98	21.62	4	3.955	6.041	8.980	14.80	21.35
5	3.368	4.876	6.853	10.46	14.20	5	3.339	4.818	6.757	10.29	13.96
6	3.014	4.207	5.695	8.260	10.79	6	2.983	4.147	5.600	8.102	10.57
7	2.785	3.787	4.995	6.993	8.885	7	2.752	3.726	4.899	6.840	8.678
8	2.624	3.500	4.529	6.178	7.694	8	2.589	3.438	4.433	6.029	7.496
9	2.505	3.293	4.197	5.613	6.885	9	2.469	3.230	4.102	5.467	6.693
10	2.414	3.135	3.950	5.200	6.302	10	2.377	3.072	3.855	5.057	6.116
12	2.283	2.913	3.607	4.640	5.525	12	2.245	2.849	3.512	4.499	5.345
15	2.158	2.707	3.293	4.142	4.847	15	2.119	2.641	3.199	4.004	4.674
30	1.927	2.334	2.746	3.304	3.742	30	1.884	2.266	2.651	3.173	3.580
60	1.819	2.167	2.507	2.953	3.291	60	1.775	2.097	2.412	2.823	3.134
120	1.767	2.087	2.395	2.792	3.087	120	1.722	2.016	2.299	2.663	2.933
∞	1.717	2.010	2.288	2.639	2.897	∞	1.670	1.938	2.192	2.511	2.744

df$_2$	df$_1$ = 9					df$_2$	df$_1$ = 10				
	90.0%	95.0%	97.5%	99.0%	99.5%		90.0%	95.0%	97.5%	99.0%	99.5%
1	59.86	240.5	963.3	6022	24091	1	60.19	241.9	968.6	6056	24224
2	9.381	19.38	39.39	99.39	199.4	2	9.392	19.40	39.40	99.40	199.4
3	5.240	8.812	14.47	27.35	43.88	3	5.230	8.786	14.42	27.23	43.69
4	3.936	5.999	8.905	14.66	21.14	4	3.920	5.964	8.844	14.55	20.97
5	3.316	4.772	6.681	10.16	13.77	5	3.297	4.735	6.619	10.05	13.62
6	2.958	4.099	5.523	7.976	10.39	6	2.937	4.060	5.461	7.874	10.25
7	2.725	3.677	4.823	6.719	8.514	7	2.703	3.637	4.761	6.620	8.380
8	2.561	3.388	4.357	5.911	7.339	8	2.538	3.347	4.295	5.814	7.211
9	2.440	3.179	4.026	5.351	6.541	9	2.416	3.137	3.964	5.257	6.417
10	2.347	3.020	3.779	4.942	5.968	10	2.323	2.978	3.717	4.849	5.847
12	2.214	2.796	3.436	4.388	5.202	12	2.188	2.753	3.374	4.296	5.085
15	2.086	2.588	3.123	3.895	4.536	15	2.059	2.544	3.060	3.805	4.424
30	1.849	2.211	2.575	3.067	3.450	30	1.819	2.165	2.511	2.979	3.344
60	1.738	2.040	2.334	2.718	3.008	60	1.707	1.993	2.270	2.632	2.904
120	1.684	1.959	2.222	2.559	2.808	120	1.652	1.910	2.157	2.472	2.705
∞	1.632	1.880	2.114	2.407	2.621	∞	1.599	1.831	2.048	2.321	2.519

df$_2$	df$_1$ = 12					df$_2$	df$_1$ = 15				
	90.0%	95.0%	97.5%	99.0%	99.5%		90.0%	95.0%	97.5%	99.0%	99.5%
1	60.71	243.9	976.7	6106	24426	1	61.22	245.9	984.9	6157	24630
2	9.408	19.41	39.41	99.42	199.4	2	9.425	19.43	39.43	99.43	199.4
3	5.216	8.745	14.34	27.05	43.39	3	5.200	8.703	14.25	26.87	43.08
4	3.896	5.912	8.751	14.37	20.70	4	3.870	5.858	8.657	14.20	20.44
5	3.268	4.678	6.525	9.888	13.38	5	3.238	4.619	6.428	9.722	13.15
6	2.905	4.000	5.366	7.718	10.03	6	2.871	3.938	5.269	7.559	9.814
7	2.668	3.575	4.666	6.469	8.176	7	2.632	3.511	4.568	6.314	7.968
8	2.502	3.284	4.200	5.667	7.015	8	2.464	3.218	4.101	5.515	6.814
9	2.379	3.073	3.868	5.111	6.227	9	2.340	3.006	3.769	4.962	6.032
10	2.284	2.913	3.621	4.706	5.661	10	2.244	2.845	3.522	4.558	5.471
12	2.147	2.687	3.277	4.155	4.906	12	2.105	2.617	3.177	4.010	4.721
15	2.017	2.475	2.963	3.666	4.250	15	1.972	2.403	2.862	3.522	4.070
30	1.773	2.092	2.412	2.843	3.179	30	1.722	2.015	2.307	2.700	3.006
60	1.657	1.917	2.169	2.496	2.742	60	1.603	1.836	2.061	2.352	2.570
120	1.601	1.834	2.055	2.336	2.544	120	1.545	1.750	1.945	2.192	2.373
∞	1.546	1.752	1.945	2.185	2.358	∞	1.487	1.666	1.833	2.039	2.187

df_2	$df_1 = 30$					df_2	$df_1 = 60$				
	90.0%	95.0%	97.5%	99.0%	99.5%		90.0%	95.0%	97.5%	99.0%	99.5%
1	62.26	250.1	1001	6261	25044	1	62.79	252.2	1010	6313	25253
2	9.458	19.46	39.46	99.47	199.5	2	9.475	19.48	39.48	99.48	199.5
3	5.168	8.617	14.08	26.50	42.47	3	5.151	8.572	13.99	26.32	42.15
4	3.817	5.746	8.461	13.84	19.89	4	3.790	5.688	8.360	13.65	19.61
5	3.174	4.496	6.227	9.379	12.66	5	3.140	4.431	6.123	9.202	12.40
6	2.800	3.808	5.065	7.229	9.358	6	2.762	3.740	4.959	7.057	9.122
7	2.555	3.376	4.362	5.992	7.534	7	2.514	3.304	4.254	5.824	7.309
8	2.383	3.079	3.894	5.198	6.396	8	2.339	3.005	3.784	5.032	6.177
9	2.255	2.864	3.560	4.649	5.625	9	2.208	2.787	3.449	4.483	5.410
10	2.155	2.700	3.311	4.247	5.071	10	2.107	2.621	3.198	4.082	4.859
12	2.011	2.466	2.963	3.701	4.331	12	1.960	2.384	2.848	3.535	4.123
15	1.873	2.247	2.644	3.214	3.687	15	1.817	2.160	2.524	3.047	3.480
30	1.606	1.841	2.074	2.386	2.628	30	1.538	1.740	1.940	2.208	2.415
60	1.476	1.649	1.815	2.028	2.187	60	1.395	1.534	1.667	1.836	1.962
120	1.409	1.554	1.690	1.860	1.984	120	1.320	1.429	1.530	1.656	1.747
∞	1.342	1.459	1.566	1.696	1.789	∞	1.240	1.318	1.388	1.473	1.533

df_2	$df_1 = 120$					df_2	$df_1 = \infty$				
	90.0%	95.0%	97.5%	99.0%	99.5%		90.0%	95.0%	97.5%	99.0%	99.5%
1	63.06	253.3	1014	6339	25359	1	63.33	254.3	1018	6366	25464
2	9.483	19.49	39.49	99.49	199.5	2	9.491	19.50	39.50	99.50	199.5
3	5.143	8.549	13.95	26.22	41.99	3	5.134	8.526	13.90	26.13	41.83
4	3.775	5.658	8.309	13.56	19.47	4	3.761	5.628	8.257	13.46	19.32
5	3.123	4.398	6.069	9.112	12.27	5	3.105	4.365	6.015	9.020	12.14
6	2.742	3.705	4.904	6.969	9.001	6	2.722	3.669	4.849	6.880	8.879
7	2.493	3.267	4.199	5.737	7.193	7	2.471	3.230	4.142	5.650	7.076
8	2.316	2.967	3.728	4.946	6.065	8	2.293	2.928	3.670	4.859	5.951
9	2.184	2.748	3.392	4.398	5.300	9	2.159	2.707	3.333	4.311	5.188
10	2.082	2.580	3.140	3.996	4.750	10	2.055	2.538	3.080	3.909	4.639
12	1.932	2.341	2.787	3.449	4.015	12	1.904	2.296	2.725	3.361	3.904
15	1.787	2.114	2.461	2.959	3.372	15	1.755	2.066	2.395	2.868	3.260
30	1.499	1.683	1.866	2.111	2.300	30	1.456	1.622	1.787	2.006	2.176
60	1.348	1.467	1.581	1.726	1.834	60	1.291	1.389	1.482	1.601	1.689
120	1.265	1.352	1.433	1.533	1.606	120	1.193	1.254	1.310	1.381	1.431
∞	1.169	1.221	1.268	1.325	1.364	∞	1.000	1.000	1.000	1.000	1.000

Sachregister

Fettgedruckte Seitenzahl: Begriffsdefinition in einer Kapitelzusammenfassung

02/2012

Manfred Brauneck / Wolfgang Beck (Hg.)
Theaterlexikon 2
Schauspieler und Regisseure, Bühnenleiter, Dramaturgen und
Bühnenbildner (55650)

André Breton
Die Manifeste des Surrealismus (55434)

Herbert Bruhn / Reinhard Kopiez / Andreas C. Lehmann (Hg.)
Musikpsychologie (55661)

Günter Buttler / Klaus Oeckler
Einführung in die Statistik (55708)

Andreas Diekmann
Empirische Sozialforschung
Grundlagen, Methoden, Anwendungen (55678)
Spieltheorie
Einführung, Beispiele, Experimente (55701)

Andreas Diekmann / Peter Preisendörfer
Umweltsoziologie
Eine Einführung (55595)

Hannelore Faulstich-Wieland / Peter Faulstich
BA-Studium Erziehungswissenschaft
Ein Lehrbuch (55680)

Hannelore Faulstich-Wieland / Peter Faulstich (Hg.)
Erziehungswissenschaft
Ein Grundkurs (55692)

Uwe Flick
Sozialforschung
Methoden und Anwendungen.
Ein Überblick für die BA-Studiengänge (55702)
Qualitative Sozialforschung
Eine Einführung (55694)

Uwe Flick (Hg.)
Qualitative Evaluationsforschung
Konzepte – Methoden – Umsetzung (55674)

Uwe Flick / Ernst von Kardorff / Ines Steinke (Hg.)
Qualitative Forschung
Ein Handbuch (55628)

Steffen-M. Kühnel/Dagmar Krebs
Statistik für die Sozialwissenschaften
Grundlagen, Methoden, Anwendungen (55639)

Dieter Lenzen
Vaterschaft
Vom Patriarchat zur Alimentation (55511)
Orientierung Erziehungswissenschaft
Was sie kann, was sie will (55605)

Dieter Lenzen (Hg.)
Pädagogische Grundbegriffe
Band 1: Aggression bis Interdisziplinarität (55487)
Band 2: Jugend bis Zeugnis (55488)

Herfried Münkler (Hg.)
Politikwissenschaft
Ein Grundkurs (55648)

Maurice Nadeau
Geschichte des Surrealismus (55437)

Michael Opielka
Sozialpolitik
Grundlagen und vergleichende Perspektiven (55662)

Nicolas Pethes/Jens Ruchatz (Hg.)
Gedächtnis und Erinnerung
Ein interdisziplinäres Lexikon (55636)

Platon
Sämtliche Werke
Band 1 (55561), Band 2 (55562), Band 3 (55563), Band 4 (55564)

Manfred Pohlen
Freuds Analyse
Die Sitzungsprotokolle Ernst Blums
von 1922 (55695)

Robert von Ranke-Graves
Griechische Mythologie
Quellen und Deutung (55404)

Norbert Rehrmann
Lateinamerikanische Geschichte
Kultur, Politik, Wirtschaft im Überblick (55676)

Siegfried J. Schmidt/Guido Zurstiege
Kommunikationswissenschaft
Systematik und Ziele (55697)

02/2012